湘潭县年鉴

XIANG TAN XIAN NIAN JIAN

2019

（总第23期）

湘 潭 县 人 民 政 府　主办
湘潭县年鉴编纂委员会　承编

方志出版社
Publishing House of Local Records

图书在版编目(CIP)数据

湘潭县年鉴. 2019 / 湘潭县年鉴编纂委员会编. --
北京:方志出版社, 2019.12
ISBN 978-7-5144-4095-9

Ⅰ. ①湘… Ⅱ. ①湘… Ⅲ. ①湘潭县-2019-年鉴
Ⅳ. ①Z526.44

中国版本图书馆 CIP 数据核字(2019)第 300558 号

湘潭县年鉴(2019)

编　　者:	湘潭县年鉴编纂委员会
责任编辑:	齐　笑
出 版 者:	方志出版社
	地址　北京市朝阳区潘家园东里 9 号(国家方志馆 4 层)
	邮编　100021
	网址　http://www.fzph.org
发　　行:	方志出版社图书经销中心
	电话(010)67110500
经　　销:	各地新华书店
印　　刷:	湘潭市沁园春印刷中心
开　　本:	889×1194　1/16
印　　张:	18.25
字　　数:	749 千字
版　　次:	2019 年 12 月第 1 版　2019 年 12 月第 1 次印刷
印　　数:	0001~1000 册

ISBN 978-7-5144-4095-9　　定 价:200.00 元

《湘潭县年鉴》编纂委员会

《湘潭县年鉴》编辑部

编辑说明

一、本卷年鉴坚持以马克思列宁主义、毛泽东思想、邓小平理论、“三个代表”重要思想、科学发展观、习近平新时代中国特色社会主义思想为指导，坚持辩证唯物主义和历史唯物主义的立场、观点和方法。全面、系统、真实地记述2018年湘潭县自然、政治、经济、文化、社会和生态文明建设等方面的基本情况，为各级政府和部门决策提供依据，为社会各界了解和研究湘潭县提供基本信息资料；为续修《湘潭县志》积累史料。

二、本卷年鉴为中编结构，分“类目”“分目”“条目”三个层次。部分涉及面较广的“分目”下增设“副分目”。2019年分卷首、百科、卷末三部分，共30个类目。其中，卷首设图片专辑、特载、大事记、综述4个类目；百科设中共湘潭县委员会、湘潭县人大常委会、湘潭县人民政府、政协湘潭县委员会、民主党派、群众团体、法治、国防建设、经济管理、建设·环保、重点工程建设·园区建设、农业、工业、交通·邮政·通信、贸易·旅游、财政·税务、金融·证券·保险、教育·科技、文化·体育·传媒、卫生医疗·计划生育、社会民生、乡镇、人物·荣誉录、统计资料24个类目；卷末设附录、索引2个类目。除综合性类目分别置于首尾外，其余各类目按自然、政治、经济、文化、社会的顺序，依次排列。

三、为减少层次，避免交叉重复，《湘潭县年鉴》多数“类目”下不设“概述”，仅在“分目”或“副分目”下设“概况”作为第一条目，以对部门、单位期内情况进行综合性或概括性记述。

四、根据图书出版要求，条文中“亩”“公里”“公斤”都换算成“公顷”“千米”“千克”。为延续传统表述方式，书中保留了部分“亩”及“亩产”的单位表述方式。

五、本卷年鉴所载信息资料均由各部门、单位专人撰写，并经领导审阅，文中所用统计数据均由供稿单位审核。照片统一只注明供稿单位和作者，撰稿人随文署名，以示尊重其劳动成果并文责自负。“统计资料”由县统计局提供，凡因统计口径、方法、时间不同造成与条目中数据不一致时，均以《湘潭县2018年国民经济和社会发展统计公报》发布的数据为准。组织结构和负责人名录以2018年12月在位的领导班子为准，由各单位提供，经县委组织部审定。《湘潭县年鉴》编辑部对各部门、单位资料整理编辑，经2019年11月19日年鉴编纂委员会会议审核通过，具有权威性。

湘潭县行政区划图

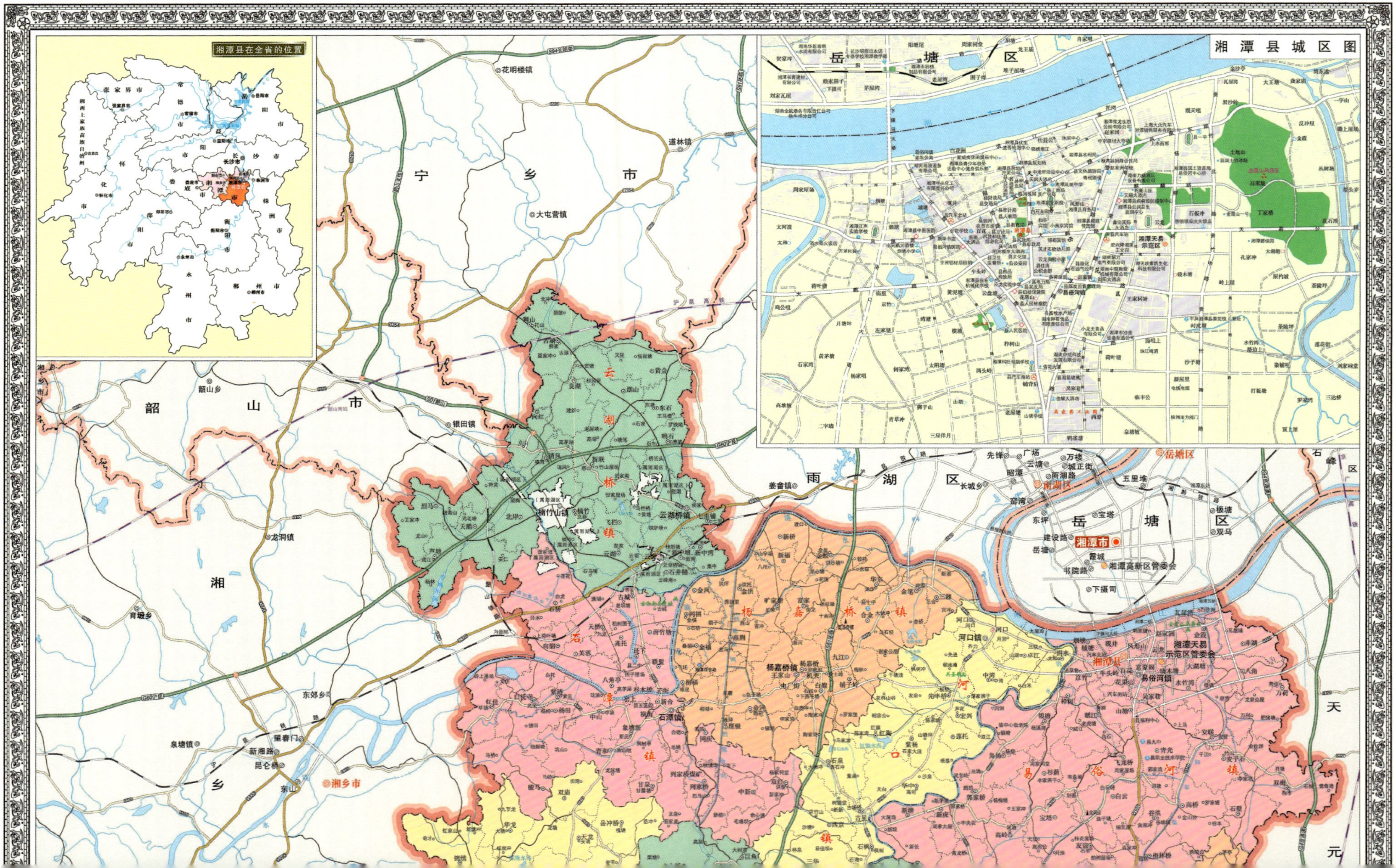

湘潭县在全省的位置
湘潭县城区图
宁
乡
市
韶
山
市
湘
乡
湘乡市
雨
湖
区
岳
塘
区
湘潭市
湘潭高新区管委会
天
元
云湖桥镇
杨嘉桥镇
河口镇
易俗河镇
石潭镇
花明楼镇
道林镇
大屯营镇
银田镇
龙洞镇
东郊乡
泉塘镇

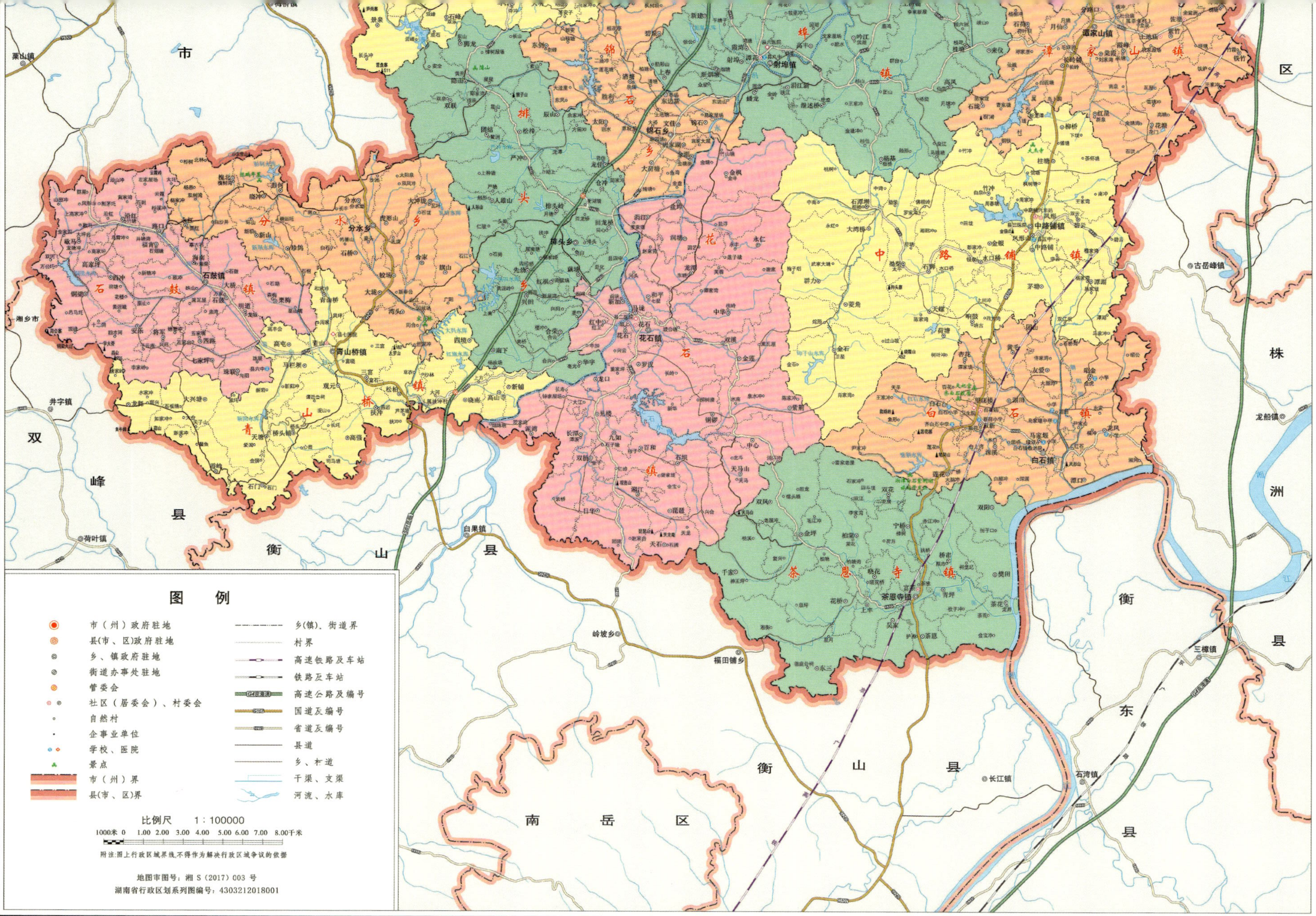

湘潭县人民政府编制　湖南省民政厅监制

湖南省国土资源厅监制　湖南省第三测绘院制作　二〇一八年一月

重要荣誉称号

★中国幸福百县
★全国投资潜力百强县
★全国县域营商环境 100 强
★全国科技进步示范县
★全国法治县创建活动先进单位
★全国农村创业创新典型县
★全国特色专家服务基地
★中国湘莲美食之乡
★全国湘莲特色农产品优势区

★湖南省小康经济强县
★湖南省文明卫生单位
★湖南省级园林城市
★湖南省教育强县
★湖南省省粮食生产标兵县
★湖南省安全生产先进单位
★湖南省发展开放型经济优秀县
★湖南省健康扶贫先进县
★湖南省知识产权建设强县
★湖南省人口和计划生育工作优秀单位
★湖南省河长制湖长制真抓实干先进县

数字湘潭县2018

全县总面积	2132.8 平方千米
全县总人口	97.48 万人
全县生产总值	443.6 亿元
其中:第一产业增加值	51.2 亿元
第二产业增加值	229.9 亿元
第三产业增加值	162.5 亿元
财政总收入	28.71 亿元
规模以上工业企业增加值	168.7 亿元
农林牧渔业总产值	87.5 亿元
固定资产投资	194.8 亿元
房地产开发投资	36.2 亿元
社会消费品零售总额	96.0 亿元
城镇居民人均可支配收入	34843 元
农村居民人均可支配收入	18435 元
城镇居民人均消费支出	19956 元
农村居民人均消费支出	14538 元

12 月 13 日，湖南省委书记、省人大常委会主任杜家毫（右三），省委副书记、省长许达哲（右二）率队深入长株潭绿心地区，专题调研中央环保督察及督察“回头看”反馈绿心地区整改意见的落实工作。在湘潭县易俗河，杜家毫、许达哲一行实地考察碧桂园项目，查看长株潭城市群“两型社会”示范区湘潭易俗河片区规划，听取相关绿心保护工作情况汇报

湘潭县易俗河片区规划图

（摄影 / 罗新国）

9 月 13 日，中国计划生育协会副会长勾清明(中)到湘潭县调研

（摄影 / 杨建）

2 月 7 日，司法部副部长刘志强(中)一行到湘潭县调研司法行政工作

（摄影 / 贺帆）

12 月 20 日，省委政法委常务副书记田福德（左三）一行到县调研综治“三位一体”工作

（摄影 / 何新闻）

3 月 22 日，省军区副政委、省国教委副主任许凤元（中）带队到湘潭县调研国防教育工作

（摄影 / 杨建）

9 月 20 日，省司法厅副厅长唐世月（左一）一行到湘潭县调研公共法律服务工作

（摄影 / 贺帆）

3 月 8 日，湖南省商务厅党组成员、副厅长肖彬（中）一行到湘潭县调研农村电子商务发展情况

（摄影 / 杨建）

12 月 20 日，省农机局副局长肖林（中）率队到湘潭县调研自主选择农机购置补贴试点工作

（摄影 / 彭洁）

11 月 27 日，省安委会考核组一行到湘潭县检查考核安全生产工作

（摄影 / 杨建）

12 月 12 日，湘潭市委书记、市人大常委会主任曹炯芳（中）赴湘潭县花石镇开展乡村振兴工作调研

（摄影 / 陈静）

11 月 8 日，湘潭市委副书记、市长谈文胜（左三）一行到湘潭县考察安生产工作

（摄影 / 曾晓蓉）

“七一”前夕，湘潭县委书记傅国平（左一）慰问县税务局优秀党务工作者

（摄影 / 何新闻）

2 月 13 日，县委副书记、县长段伟长（右一）带队开展环境保护暨安全生产工作督查

（摄影 / 李思源）

3月7日，湘潭县"巾帼心向党 建功新时代"庆"三八"国际妇女节108周年纪念大会暨2018"文明创建 巾帼同行"启动仪式举行

4月28日，湘潭县表彰第五届劳动模范（先进工作者）

（摄影 / 王华）

10 月 31 日，由湖南省文明办主办的“不忘初心　携手‘童’行”湖南省留守儿童关爱帮扶活动在湘潭县举行

（摄影 / 彭圆）

9 月 18 日，埃塞俄比亚、乌干达考察团到湘潭县考察儿童发展社区家庭支持服务项目

（摄影 / 李思源）

5 月 6 日，第四届乌石采茶之旅活动

（摄影 / 贺帆）

6 月 28 日，首届"健康湖南"全民运动会广场舞海选赛（湘潭县站）

（摄影 / 左璎）

9 月 30 日上午，湘潭县在晓霞山森林公园的烈士纪念广场举行烈士纪念日公祭活动，深切缅怀革命烈士的丰功伟绩，弘扬先烈的崇高精神

（摄影 / 彭圆）

2018 年湘潭县“欢乐潇湘·大美湘潭·莲乡大舞台”大型群众文艺会演决赛

（摄影 / 李思源）

9月19日，全国科普日湘潭主场活动启动仪式在湘潭县一中举行

（摄影 / 杨建）

5月11日–8月18日，湘潭县“万步有约”职业人群健走激励大奖赛

（摄影 / 杨建）

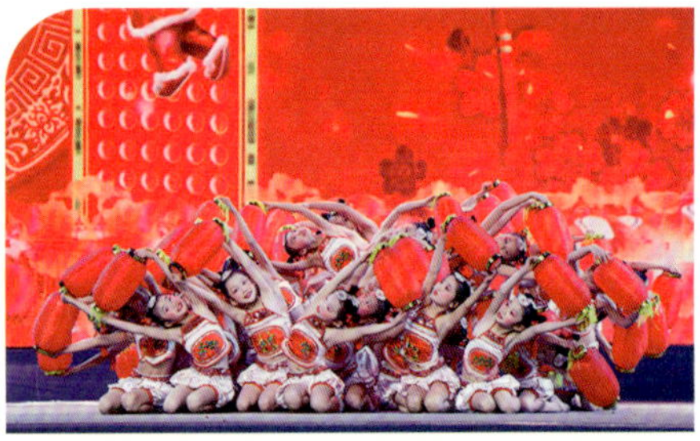

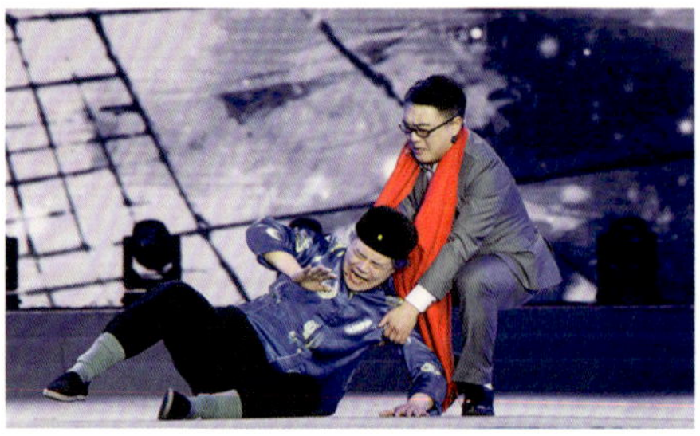

2 月 9 日，湘潭县举行 2018 年百姓春节联欢晚会

（摄影 / 罗建　莫锦文）

3月2日，“庆新春·闹元宵”系列文体活动

（摄影 / 罗建 莫锦文 彭圆 刘杰）

10 月 24 日，彭德怀诞辰 120 周年纪念活动

（摄影 / 周铁东）

3 月 31 日，全国第二届海泡石产业创新发展座谈会在湘潭县举行

（摄影 / 刘安荻）

12 月 29 日，湘潭海泡石新材料科技产业园开工

（摄影 / 何新闻）

3 月 12 日，湘潭铜锣湾广场城市综合体项目落户天易经开区，总投资约 50 亿元

（摄影 / 杨建）

9 月 11 日，日本湖南总商会代表到湘潭县考察，推动双边经贸合作

（摄影 / 杨建）

12 月 21 日，澳门君天集团、澳门蔬菜批发商会负责人等澳门客商到湘潭县考察、洽谈

（摄影 / 杨建）

3 月 4 日，东莞富鼎兴精密电子科技有限公司签约落户天易经开区

（摄影 / 杨建）

6月27日，天易经开区37个重大项目集中开工、竣工

（摄影 / 莫锦文）

9月13日，湘潭县·湘潭天易经开区重大产业项目集中开工

（摄影 / 何新闻）

5 月 5 日,彭德怀故里创 AAAAA 提升规划项目签约

11 月 1 日,“湘莲甲天下”湘潭湘莲推介会在长沙国际会展中心举行

（摄影 / 周赛男）

7 月 27 日，天易惊艳亮相湘台（昆山）电子信息项目对接会

（摄影 / 张缤）

10 月 11 日，湘潭县召开乡镇项目讲评暨乡镇经济发展培训会

（摄影 / 左璆）

5 月 14 日，湘潭县莲乡融资担保有限公司揭牌

（摄影 / 彭圆）

11 月 28 日，湘潭县资本市场县域工程试点工作部署会议

8 月 31 日，湘潭县“湖南电商扶贫小店”推广培训会举行

（摄影 / 杨建）

8 月 25 日，广州·湘潭县智能制造、皮具皮鞋产业招商推介会在广州举行

2 月 7 日，湖南绿信农产品物流有限公司与湘潭天易经开区管委会签订投资协议，斥资 33 亿元，建设全省首创、国内领先的湖南绿信农产品智慧物流产业园项目

4 月 7 日，京东集团董事长刘强东一行到湘潭县考察

10 月 22 日，副市长刘永珍(左一)到湘潭县督查齐白石国际文化艺术节筹备工作

（摄影 / 刘安荻）

2015 年农村广播“村村响”试点。2017 年 11 月完成安装。全县有县机房 1 个，乡镇广播站 17 个，村广播站 360 个，喇叭点 3527 个，信号覆盖率达 98%，80%的群众可听到广播节目。图为 2018 年白石镇的一个喇叭点

长篇评书《彭大将军》开播仪式

云湖桥镇核雕艺人罗根侯正在雕刻作品

看山剪山，看水剪水，白石镇农家妇女胡秀英荣获“中华十大金剪刀”第一把殊荣，市博物馆设专区展示其作品

石鼓油纸伞远销日本、东南亚等地区

1994 年 9 月，县电视（转播）台建成开播。图为建台之初的演播室、调度室和 2018 年的主持群体和采访记者

全县机关单位推行工间操锻炼活动

湘潭“涓江·天易新城杯”自行车邀请赛

11 月 18 日，湘潭县乌石景区创建国家 AAAAA 景区穿越五峰山地越野赛举行

2018 年湘潭县"非遗进校园""戏曲进校园"宣传展演活动

文体广场群众体育活动

学校组织中学生在彭德怀纪念馆开展爱国主义教育活动

8 月 8 日,“大匠之门——重走白石艺术之路”系列文艺采风创作交流活动在白石镇杏花村拉开序幕。中央美院、北京画院、省文联、省美术家协会的知名艺术家,市县文艺家代表共 120 余人参与活动

3 月 24 日，碧泉潭现代农业示范园开园典礼暨锦石乡首届“花朝节”开幕

（摄影 / 杨建）

11 月 3 日，放飞梦想·启航未来“十里风荷”2018 湘潭县第三届青少年才艺大赛

12 月 1 日，“橙美云湖 甜蜜小镇”第四届云湖桥脐橙文化旅游节暨湘潭市青少年生态科普示范活动

7 月 14 日，2018 年打造 “特色小镇·助推乡村振兴”——中国·湘潭花石第五届湘莲文化艺术节暨产业兴旺之成果展示活动在湘潭县花石镇湘莲大市场揭开帷幕

（摄影 / 左璆）

10 月 26-28 日，湘潭县第二十九届中小学生田径运动会举行

（摄影 / 李思源）

7 月 15 日晚，“健康湖南”湘潭县篮球海选赛开幕，35 支队伍参与角逐

湘潭县 2018 年"三创一治"工作汇报会

湘潭县 2018 年"三创一治"工作推进会

（"三创一治"办提供）

湘潭县 2018 年创建省级卫生县城工作调度会

湘潭县 2018 年创建省级卫生县城省级技术考核鉴定工作汇报暨反馈会

（“三创一治”办提供）

2018 年县委中心组扩大集中学习创建国家卫生县城相关知识

2018 年湘潭县城市管理和行政执法局“街长制”工作部署会

（“三创一治”办提供）

6月6日，湘潭县委书记傅国平现场调度“三创一治”工作

湘潭县委书记傅国平慰问环卫工人

湘潭县委副书记、县长段伟长考察重点工程建设

（“三创一治”办提供）

湘潭县 2018 年“与党同心，携手同行，共创文明城市”系列活动启动仪式

8 月 14 日，县城管执法局组织 120 余名志愿者开展卫生清扫，提升城市“绿心”颜值

新建公厕

城区洒水除尘

（“三创一治”办提供）

艾滋病防治宣传活动

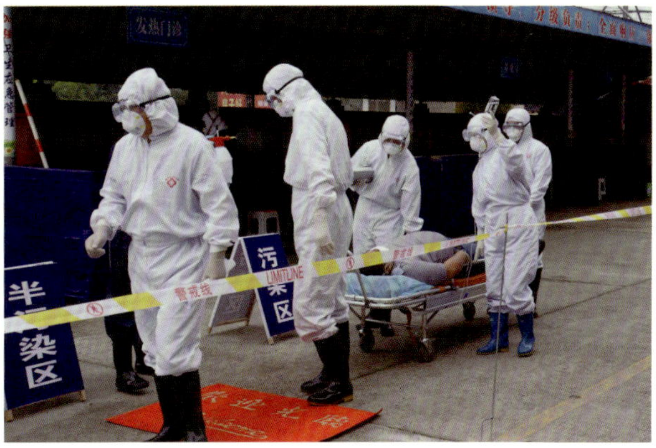

应急知识宣传活动

公共自行车站点维护

市场服务中心工作人员在易俗河农贸市场进行安全生产检查

执法人员对门店在外洗车下达首次告知书

拆除违章建筑

（“三创一治”办提供）

◀志愿者护河行动

▲社区环保志愿者公益活动

◀湘潭县中医院下乡义诊活动

▲小学生学雷锋活动

◀爱鸟护林宣传

（“三创一治”办提供）

金霞山广场

白石公园

（“三创一治”办提供）

县城雪景

乌石雪景

县城全景

湘潭海立方

江湾广场

县城夜景

财富广场

彭德怀纪念馆

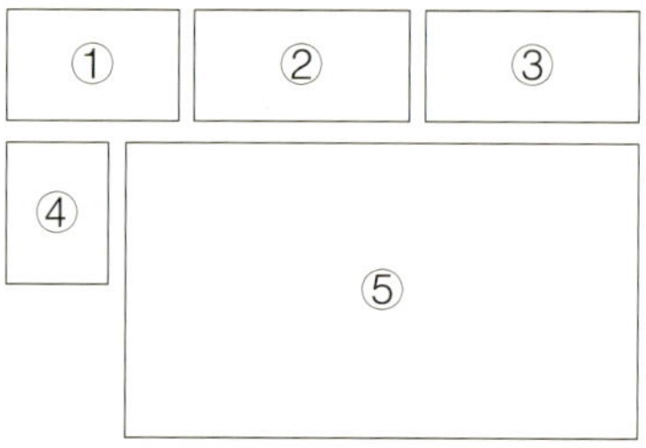

① 晓霞山中林寺
② 隐山
③ 十八罗汉山
④ 金霞山公园
⑤ 乌石峰

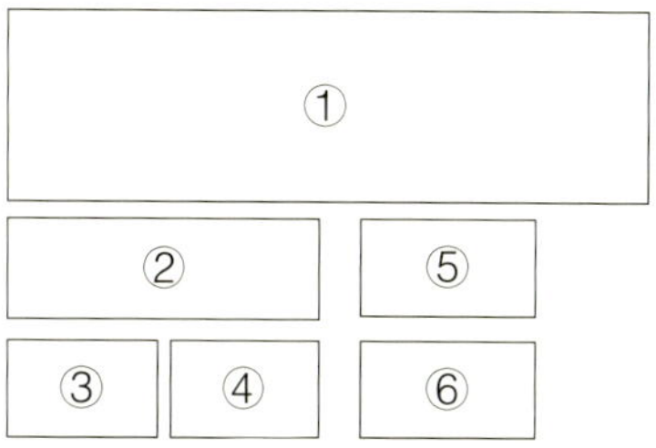

① 超美水库
② 上石坝水库的风力发电场
③ 铜梁水库
④ 谭家山钢铁水库
⑤ 锦石唐家湖湿地公园
⑥ 寺门前义渡

胡耀邦在中路铺栽种的六棵油茶树

云湖桥美丽乡村

花石镇鸟瞰

花石莲花全景

梅林桃花谷

隐山八桥之龙王桥

晨练

晨跑

休闲娱乐

儿童乐园

目 录
CONTENTS

中共湘潭县委员会
THE COMMUNIST PARTY OF CHINA XIANGTAN COUNTY MUNICIPAL PARTY COMMITTEE

湘潭县人大常委会
XIANGTAN COUNTY PEOPLE′S CONGRESS

湘潭县人民政府
THE PEOPLE′S GOVERNMENT OF XIANGTAN COUNTY

政协湘潭县委员会
XIANGTAN COUNTY COMMITTEE OF CPPCC

民主党派·工商联
DEMOCRATIC PARTY·ASSOCIATION OF INDUSTRY AND COMMERCE

社会团体
SOCIAL ORGANIZATIONS

法 治
RULE OF LAW

军 事
NATIONAL DEFENSE CONSTRUCTION

经济管理与监督
ECONOMIC MANAGEMENt AND SUPERVISION

建设·环保
CONSTRUCTION AND ENVIRONMENTAL PROTECTION

重点工程建设·园区建设
CONSTRUCTION OF KEY PROJECTS AND ECONOMIC DEVELOPMENT ZONE

农 业
AGRICULTURE

工 业
INDUSTRY

交通·邮政·通信
TRANSPORTATION, POST OFFICE AND COMMUNICATION

贸易·旅游
TRADE AND TOURISM

财政·税务
FINANCE AND TAXATION

金融·证券·保险
FINANCE, SEURITIES AND INSURANCE

教育·科技
EDUCATION, SCIENCE AND TECHNOLOGY

文化·体育·传媒
CULTURE, SPORTS AND MASS MEDIA

卫生医疗·计划生育
HEALTH CARE AND FAMILY PLAN

社会生活
SOCIAL LIFE

乡 镇
VILLAGES AND TOWNS

人物·荣誉录
FIGURES AND HONOR DIRECTORY

统计资料
STATISTICAL DATA

附 录
APPENDIX

索 引
INDEX

在县委经济工作会议上的讲话

中共湘潭县委书记 傅国平

（2019 年 1 月 21 日）

同志们：

这次县委经济工作会议的主要任务是，以习近平新时代中国特色社会主义思想为指导，深入贯彻十九大和十九届二中、三中全会精神，认真落实中央、省委、市委经济工作会议精神，全面总结 2018 年经济工作，分析把握当前经济形势，安排部署 2019 年经济工作。下面，我先讲五个方面的意见。

一、全面总结成绩，持续巩固稳中向好的发展态势

2018 年，我们克服了推进“三大攻坚战”的重重压力、实施湘潭生活垃圾焚烧发电项目等带来的重重困难，紧紧围绕挺进“全国百强县”、创建“全国文明城市”两大目标，深入实施“强工惠农”发展战略，全力以赴防风险、保稳定、抓改革、促发展，全县经济发展呈现稳中有进、进中向好的良好态势。

1. 主要指标量质齐升。全年实现地区生产总值 442 亿元，同比增长 8.5%；规模工业增加值 162 亿元，同比增长 7.5%；固定资产投资 202 亿元，同比增长 18%；社会消费品零售总额 102 亿元，同比增长 10.2%。天易经开区主要经济指标增速排名全市领先、全省前列；完成技工贸收入 1010 亿元，成功跻身千亿园区行列。同时，全县新增规模企业 24 家，新增高新技术企业 25 家，取得历史最好成效；高新技术产值、进出口总额等保持高位增长。我县和天易经开区分别荣获全省发展开放型经济优秀县（市）区和园区，高质量发展态势日益明显。

2. 三大攻坚战成效显著。牢牢守住不发生重大金融风险的底线，全力保工资、保运转、保民生。全年压减政府性投资项目 70%，压减财政预算支出 10%，政府债务风险总体可控。坚持以“两不愁三保障”▲为标准，选派 94 支农业农村基本现代化帮助队和 355 名第一书记驻村帮扶，组织“百企联百村”开展联村扶贫，全面完成年度脱贫任务，贫困发生率下降至 0.46%，成功通过国、省评估考核。全面落实中央环保督察“回头看”要求，深入开展“蓝天、碧水、净土”保卫战，解决群众反映的突出信访问题 31 个，查处各类环境违法行为 83 起，停产整顿企业 15 家，落后产能淘汰退出和产业转型升级步伐明显加快。

3. 招商引资势头强劲。坚持全面招商、全域招商、全员招商，主动靠前招大引强。荣获“全国投资潜力百强县”，招商引资软实力明显增强。全年引进项目 80 个，到位资金 53 亿元。其中过亿元项目 22 个，过 30 亿元项目 3 个，500 强企业投资项目 4 个。总投资 4.5 亿元的广州酒家集团利口福生产基地项目、总投资 33 亿元的湖南绿信智慧物流园、总投资 50 亿元的湘潭铜锣湾广场商业综合体等重大

产业项目相继签约落户，引进项目数量和质量再创新高。柏屹创新产业园和宏信产业园引进企业100余家，投产项目28个，培育了一批成长型、潜力型中小微企业。积极开展争支争项竞赛，完成争支争项资金9亿元，争取上级转移支付和专项补助资金35亿元，谭家山矿区治理等项目顺利进入国省投资计划，有力支持了县域发展。

4. 项目建设快速推进。按照"产业振兴年"活动部署，加强统筹调度、集中开工竣工、开展百日护建，全力推动项目建设。全年开工重点项目117个、乡镇竞赛项目102个，完成投资133亿元。五洲通药业、ADM、瑞泰科技、国雅彩印、博执医药、伍子醉槟榔等26个产业项目建成投产；德怀大道建成通车，滨江风光带全线贯通，步步高江湾广场全面营业，第二污水处理厂投入使用；皇爷槟榔、莲城贸易等项目稳步推进；广州酒家利口福食品生产基地、海泡石产业园、湘潭联海商贸城、佳海食品医药园等重点项目开工建设。

5. 乡村振兴开局良好。稳步实施乡村振兴战略，整合涉农资金全力支持梅林桥、碧泉潭、天马三个现代农业示范园建设，配套设施逐步完善。积极推进种植结构调整，引导439家新型农业经营主体参与种植结构调整，形成4个万亩、40个千亩、100个百亩示范基地。大力培育新型农业主体，新增规模以上农产品加工企业5家，农民专业合作社达1873家，家庭农场1220家，荣膺"全国农村创业创新典型县"。成功获评全国湘莲特色农产品优势区，湘莲现代农业产业集聚区已通过省级认定，"湘潭湘莲" 成功获评"湖南省十大农业公共区域品牌"，花石镇成功进入全国特色小镇行列。

6. 深化改革纵深推进。深化"放管服"改革，推进"马上就办、最多跑一次"改革工作，实现"一次办"事项199项，"就近办"事项49项，"网上办"事项115项，"马上办"事项130项，行政效能大幅提升。被权威研究机构认定为"全国营商环境百强县"。全面推动国有公司转型发展，完善公司法人治理结构，县农业投、交通投、文旅投三家平台公司完成国有公司整合重组。全面深化农业农村改革，土地确权颁证、农村集体产权制度改革全面完成，耕地流转率达56%以上，居全市第一。有序推进党政机构改革，《湘潭县机构改革方案(审议稿)》即将提交县委全会审议，机构改革按计划将于今年3月底前完成。

7. 民生民利持续改善。全力保障和改善民生，民生支出占财政总支出的比重达70%以上，省、市28项民生实事全部完成。扎实推进就业创业，城乡居民人均可支配收入分别增长7.7%、8.7%。全面推动教育均衡发展，建设标准化学校18所，义务教育阶段学校"全面改薄"全部达标。高考成绩再上新台阶，全县600分以上考生达400人，创历史新高。全面深化医疗体制改革，分级诊疗、综合监管、紧密型医共体、爱国卫生运动等工作稳步推进；全面实施全民参保计划，城乡低保等四类补贴标准全面提标。全面推进"三创一治"▲工作，成功创建省级园林县城、省级卫生县城，文明城市文明指数测评排名全省第三。群众幸福感不断提升，强势上榜 "中国幸福百县榜"。

在肯定成绩的同时，也要看到我县经济发展面临的困难和挑战，主要是：经济高质量发展基础相对薄弱，创新能力不强、产业结构不优、转型升级任务艰巨；基本公共服务均等化水平仍然不高，教育、医疗、住房、养老等方面与群众期待还有较大差距；党员干部干事创业的热情有待提高，行政效能和发展环境需要进一步优化。对此，我们必须坚持问题导向，采取有效措施予以解决。

▲"两不愁三保障"：国家在易地扶贫搬迁中提出的主要目标。"两不愁"即不愁吃、不愁穿，"三保障"即义务教育、基本医疗、住房安全有保障。

二、坚定发展信心，积极抢抓发展的重要战略机遇期

2019年，我县经济发展的困难和挑战预期不会比去年少。但总体来讲，机遇大于挑战。要保持定力、坚定信心，抢抓机遇、迎难而上。具体来说，要把握五个方面的积极因素。

1. 宏观发展政策积极稳健稳定了发展预期。中央经济工作会议指出，我国发展仍处于并将长期处于重要战略机遇期，将继续实施积极的财政政策和稳健的货币政策，这为经济稳健发展定下了主基调。同时，为支持实体经济发展，中央对宏观经济政策作出了一系列调整，比如进一步加大创新研发投入，实施更大规模减税降费，较大幅度增加地方政府专项债券规模，提高直接融资比重，聚焦解决融资难、融资贵问题，支持民营经济和中小企业发展，产业政策逐步由差异化、选择性转向普惠化、功能性，等等。这些政策无疑都是重大利好，将有效推动经济的平稳增长。

2. "三大攻坚战"深入推进夯实了发展基础。"三大攻坚战"仗仗艰难，但机遇向来与挑战并存。防范化解政府债务风险有利于促进和倒逼增长方式转变，推动经济发展由要素驱动转向创新驱动，由依靠政府投资转向更多依靠社会投资。脱贫攻坚促进了农村产业发展和结构调整，深刻改变了农村面貌，带动了农民增收，扩大了农村消费，调动了广大农民实现乡村振兴的积极性。污染防治推动绿色生态发展理念深入人心，加快了高污染、高能耗企业的淘汰，促进了高新科技、生态环保、乡村旅游等新兴产业的崛起，推动了产业结构的优化升级。"三大攻坚战"的实施，为我县高质量发展奠定了坚实基础。同时，通过实施"三大攻坚战"，全县党员干部的工作作风进一步转变，能力得到全面增强，为加快发展提供了强有力的支撑。

3. 沿海地区产业加速转移带来了发展机遇。当前，党中央、国务院正强力实施"中部崛起"战略，出台了一系列支持政策推动中部地区发展。不久前，省委启动了湘南湘西承接产业转移示范区建设，拉开了京津冀、长三角、珠三角等沿海地区产业大规模向湖南转移的新一轮序幕。我县交通区位便利，天易经开区三大主导产业有效集聚，产业配套能力明显提升，"洼地"效应日益明显，完全具备承接

沿海地区产业转移的良好基础。全县各级各部门特别是经济工作部门要抢抓机遇、主动作为，争取承接更多更优质的产业和项目。

4. 长株潭一体化实质启动加快了发展步伐。去年10月，长株潭城市群一体化发展首届联席会议在长沙召开。会议审议并签署了《长株潭城市群一体化发展合作机制》《长株潭城市群一体化发展行动计划（2018—2019年）》《长株潭城市群一体化发展联席会议制度》等文件，建立起了常态化、制度化的协调机制，铺排了一系列项目化、清单式的合作实事。这标志着长株潭一体化正式进入实质性阶段。特别是长株潭区域发展规划的调整和优化，“三干两轨四连线”三大交通工程的实施，全国性物流枢纽工程的建设，将对我县的招商引资、基础设施建设、产业发展带来巨大促进作用。

5. 两大目标的稳步推进提振了发展信心。县十二次党代会上，我们自加压力，提出了挺进“全国百强县”、创建“全国文明城市”两大目标。当时有不少同志心怀顾虑、感觉压力很大。但经过两年时间的努力，顺利实现了一些阶段性目标。据中郡县域经济研究所统计，2018年，我县在全国县域经济和县域发展综合实力排名中位列第107位，在县域经济基本竞争力中排名第168位。在文明城市文明指数测评中，我县取得了全省第三的优异成绩。在成功创建省级园林城市和省级卫生城市的基础上，被省主管部门推荐申报全国园林城市和国家卫生城市。通过两大目标的推进，我们收获的不仅仅是一份成绩，更重要的是收获了一份满满的自信。这份自信就是，只要是县委、县政府确定的目标，就一定能够达成。信心比黄金更重要。有了这份信心，湘潭县的发展将更有底气。

三、明确目标定位，牢牢把握经济工作总体思路和要求

做好今年的经济工作，要坚持以习近平新时代中国特色社会主义思想为指导，全面贯彻中央、省委、市委经济工作会议精神，坚持稳中求进工作总基调，坚持新发展理念和高质量发展要求，坚持以供给侧结构性改革为主线，坚持“强工惠农”发展战略，牢牢锁定挺进“全国百强县”、创建“全国文明城市”两大目标，全力打好“三大攻坚战”，全力加快实体经济发展，全力推进乡村振兴，统筹做好稳就业、稳金融、稳外贸、稳外资、稳投资、稳预期各项工作，推动经济持续健康发展和社会大局稳定，为全面建成小康社会收官打下决定性基础，以优异的成绩庆祝中华人民共和国成立70周年。

县委考虑，今年经济社会发展的主要预期目标是：地区生产总值增长9%；固定资产投资增长18%，其中产业投资增长25%；财政收入保持总量不变，其中税收增长20%以上，税收占比达到88%；社会消费品零售总额增长12%；规模工业增加值增长12%；高新技术产值增长25%；城乡居民人均可支配收入分别增长8%、9%。

实现今年的主要预期目标，关键在于紧扣新发展理念和高质量发展要求，贯彻供给侧结构性改革新要求，在发展目标、发展战略、发展导向、发展举措上再聚焦、再聚力，形成推动经济更快、更好发展的强大合力。

一要坚决锁定两大目标。目标是旗帜、是方向、是动力。“两大目标”是县十二次党代会确定的本届任期的目标，不容犹豫、不容置疑，必须坚定不移向前推进。县十二次党代会以来，我县在经济社会发展各个领域取得了许多有目共睹的成绩，这些成绩都是在挺进“全国百强县”、创建“全国文明城市”两大目标的引领和感召下所取得的。下一步，要紧紧围绕两大目标，切实加强统筹调度，科学确定年度任务，压紧压实工作责任，凝聚力量整合资源，群策群力补短板、强弱项，团结一心、排除万难争取更大的胜利。

二要深入实施两大战略。实践证明，这些年，我县实施的“强工壮县、惠农富民”战略是符合实际、切实可行而且卓有成效的。在今后的工作中，“强工”与“惠农”必须协同推进，不可偏废。一方面，要始终突出工业主导地位，坚持以天易经开区和乡镇工业园区为主阵地，着力招大引强、培优培新，推动工业规模不断状大、发展质效不断提高。另一方面，要坚持以“五个振兴”的要求为导向，稳步实施乡村振兴战略，全面落实惠农富民政策，切实强化惠农富民举措，让农业更强、农村更美、农民更富，推动改革发展成果由城乡居民共享。

三要切实强化三个导向。坚持财政支出向高质量发展和民生领域倾斜，树立过紧日子的思想，优化财政支出结构，重点支持三大攻坚战、供给侧结构性改革、科技创新、农业农村、生态环保、社会民生、公共服务等领域。坚持减税降费向微观主体倾斜，全面落实国家减税降费政策，以制造业企业和小微企业为重点，切实减轻企业负担；同时清理规范收费项目，加大对乱收费的查处和整治力度，让广大市场主体获得更多实惠。坚持投资和金融资源向实体经济倾斜，稳住和扩大有效投资，优化投资结构，重点支持产业项目、优势产业链建设；大力发展多层次资本市场，提高直接融资比重；加强财政、信贷、产业政策联动，鼓励银行加大信贷投放力度，更好满足实体经济融资需求。

四要妥善处理四种关系。一是稳与进的关系，稳是大局、是基础，进是目标、是必需。既要牢牢守住发展底线、风险底线、民生底线，又要锐意进取，通过“进”来扩大经济总量、加速动能转换、提升质量效益。二是新与旧的关系，推动新旧动能转换，要坚持因地制宜，决不能简单的搞“一刀切”。在“育新”方面，要加快培育引进新技术、新产业、新业态，但不能好高骛远、盲目求新。在“弃旧”方面，要坚决淘汰落后产能，但不能简单弃旧，对有转型升级潜力的传统产业和企业要加强扶持和引导。三是加与减的关系，在服务保障上要多做“加法”，想方设法为促进就业创业降门槛，为各类市场主体减负担，为激发有效投资拓空间，为公平营商创条件，为群众办事增便利。在简政放权上要多做“减法”，把应当放给市场和社会的权力坚决彻底的放下去，把程序环节最大程度的简下来，全面激发市场活力。四是亲与清的关系，去年11月，习近平总书记在民营企业座

谈上再次强调，要把构建亲清政商关系的要求落到实处。我县6000多家注册企业基本上都是民营企业，构建亲清政商关系更为紧迫、更加重要。在工作中，要严防两种倾向：一是亲而不清。对那些打着“亲”的旗号，搞权力寻租、权钱交易的不法行为和那些门好进、脸好看但事难办的行为，必须坚决遏制、严厉查处。二是清而不亲。当前，不少干部对正常的政商往来心存顾虑，对企业“敬而远之”，这对我县的发展是极为不利的。各级领导干部要坦荡真诚的与企业家接触交往，做到有交集没有交换、有交往没有交易，大力弘扬企业家精神，努力构建亲清新型政商关系。

四、强化责任担当，抓紧抓实经济工作的重点任务

围绕以上工作要求和目标任务，重点做好六个方面工作。

1. 坚定不移加快产业振兴。经济发展的根基在产业。要深入推进“产业振兴年”活动，全面加快产业振兴步伐。一要保持招商引资强劲势头。抢抓长三角、珠三角等沿海地区产业转移机遇，围绕主导产业、特色产业大力开展主题招商活动，点对点派出招商小分队，重点跟进三类500强意向企业和项目。力争全年新引进项目40个以上，其中500强企业5家以上，实现到位资金50亿元以上。同时，认真研究国省投资计划和投资政策，积极争取国省项目、资金，支持园区及实体经济发展。二要加快主导产业集群发展。立足天易经开区三大主导产业，积极对接湘潭市“1+4”特色产业发展计划和“千百扶培”行动，注重利用技术创新和规模效应形成新的竞争优势，培育和发展一批集群度高、产业链优、影响力大的产业。同时，在政策支撑、资金扶持等方面，全力支持乡镇工业园区发展特色产业。三要释放民营经济发展活力。组织开展“民营企业服务年”专项行动，制定出台支持民营企业发展的配套措施。坚决执行减税降费政策，重点落实好增值税税率下调以及中小微企业普惠性税收优惠政策，精简各项涉企收费，降低企业用工成本、物流成本和制度性成本。积极实施“资本市场县域工程”试点，推动企业股改上市，鼓励企业进入资本市场直接融资。建立领导干部联系民营企业制度，及时协调解决民营企业发展面临的困难问题。

2. 坚定不移打好“三大攻坚战”。2018年“三大攻坚战”初战告捷，今年要总结经验再出发，针对突出问题，打好重点战役。一要聚精会神防风险。按照“坚定、可控、有序、适度”要求，严控政府债务增量，合理规划政府性投资项目，严格压减非生产性支出，坚决遏止违法违规融资、举债、担保等行为，积极消化债务存量。防范化解金融风险，全力支持金融企业降低不良贷款率，引导金融向民营企业、实体经济倾斜，坚决守住不发生系统性金融风险的底线。二要全力以赴抓脱贫。聚焦“两不愁三保障”标准，深入开展脱贫攻坚“三落实”行动，实行最严格的脱贫退出程序，严防数字脱贫、虚假脱贫。大力推进产业扶贫、就业扶贫和教育扶贫等精准措施，巩固提升脱贫成果，探索建立贫困户稳定脱贫长效机制。持续加强扶贫领域作风建设，扎实推进扶贫领域专项巡察问题整改。三要严管重罚治污染。突出源头防控，严把招商选资、项目审批、技术改造等关键环节，逐项整改第二次污染源普查中发现的隐患问题。持续打好“蓝天、碧水、净土”保卫战，重点抓好“一江两水”保护与治理、黑臭水体治理，大力推进谭家山矿区生态修复工程。强化“绿心”管理，加强环保执法，坚持严管重罚，决不允许以罚代管、遮丑护短，确保全县不发生重大环境事件。

3. 坚定不移推进深化改革。以增强经济主体活力为重点，推动相关改革走深走实。一要深化供给侧结构性改革。综合运用法律手段、经济手段、行政手段，推动僵尸企业、落后产能稳步退出，坚决遏制无效供给。出台和落实《湘潭县促进县域经济高质量发展奖励办法》，加快传统产业优化升级，积极发展新产业、新业态，培育厚植新动能。二要深化政务服务改革。建立健全首问负责、限时办结、服务承诺等制度，逐步完善“马上办、网上办、就近办、一次办”审批模式，提升“互联网+政务服务”水平。全面落实行政审批“三集中、三到位”以及项目并联审批制度，探索建立项目容缺审批机制，加快推进县第二政务中心建设。三要深化行政管理改革。严格按照上级要求，全面完成机构改革任务，建设精简高效的县乡管理体系。推动综合行政执法改革，整合执法监管力量，加强乡镇综合执法队伍建设。深化人事制度改革，实施“人才强县”战略，加大高端人才引进和培养力度。加快园区管理体制改革，有效压缩行政层级，建立部门联席会议制度，打破行政壁垒，提高园区行政效能。

4. 坚定不移实施乡村振兴。按照产业兴旺、生态宜居、乡风文明、治理有效、生活富裕的总要求，全力推进乡村振兴。一要突出农业产业建设。按照“一村一品”“一园一品”的要求，稳步推进种植结构调整，深入实施“品牌强农”工程，重点抓好湘莲、槟榔、优质稻等特色农产品品牌建设。用好省“农信担”政策，解决涉农企业“融资难”、“融资贵”问题。大力支持梅林桥、碧泉潭、天马现代农业示范园建设，着力引进和培育农业龙头企业和新型农业经营主体。加强电子商务平台建设，争创全国电子商务进农村示范县，有效破解农产品销售难题。二要深化农业农村改革。加快推进农村土地“三权分置”改革，大力拓展土地承包经营权流转范围，打通土地跨乡镇、跨村组流转通道，培育新型集体经济主体，加快发展适度规模经营。推进城乡建设用地增减挂钩，探索盘活用好闲置农房和宅基地措施。规范村级项目审批程序，完善报告审批制度，严格村级财务管理，适度提高村级资金保障水平，严控新增村级债务。三要完善农村基础设施。加快莲花大道二期、西二环、白马公路、白石至花石公路等道路建设，确保青山大道建成通车。统筹“四好农村路”、农田水利建设及农村电网、危房改造工作，不断完善供水供电供气、污水处理、垃圾转运以及物流配送等配套设施。因地制宜发展特色乡镇，重点推进花石湘莲小镇、乌石军事文化小镇建设。

5. 坚定不移深化“三创一治”。开展“三创一治”▲,是提升城市品位、优化营商环境、提高发展竞争力的有效举措。要坚定信心、乘势而上,全力争创国家级卫生城市和全国园林城市,为成功创建全国文明城市打好基础。一要推动城市品质再提升。全力实施牛头岭棚户区改造,加快湘南路等县城主次干道建设。切实改善城区卫生环境,着力提高县城绿化覆盖率。充分挖掘滨江风光带的旅游价值和商业价值,打造集休闲、购物、餐饮于一体的滨江形象展示区。二要推动城市管理再优化。以“智慧莲乡”建设为总揽,推进智慧城管,实现社会治理精准化、公共服务高效化。持续巩固“街长制”,加强市容市貌监管,严厉查处油烟直排、工地扬尘、乱搭乱建等乱象。开展交通秩序专项整治。强力实施“十大文明工程”,积极倡导文明乘车、文明经营等文明新风。三要农村人居环境再整治。农村人居环境综合整治是今年农业农村工作的重中之重,要结合“乡村振兴”战略的实施,深入开展文明镇村创建、农村环境整治,全面加强农村基础设施,把农村人居环境的改善作为乡村振兴的前提和基础。

6. 坚定不移改进民生福祉。牢固树立以人民为中心的发展理念,精心做好各项民生工作,不断满足人民日益增长的美好生活需要。一要着力提高社会保障水平。统筹抓好城乡就业“311”服务、困难群体就业援助、技能培训、创业带动就业等工作,推动农村转移劳动力、返乡农民工、城镇困难人员等群体实现更高质量和更充分就业。稳步推进社保扩面征缴工作,推行医疗保险异地就医即时结算,实施城乡居民大病保险制度。进一步强化、优化城乡低保、社会救助、社会福利、慈善事业等兜底保障功能。二要着力增强公共服务供给。坚持教育优先发展,完善中小学和公办幼儿园布局规划,重点抓好天易贵竹学校、子敬初中和农村寄宿制学校建设,逐步消除城区学位紧、“大班额”等突出问题。加强基层文化设施建设,完善现代公共文化服务体系。整合宣传文化资源,围绕庆祝建国70周年,精心创作一批体现县域形象的文艺精品。深化医药卫生体制改革,推进医共体建设,打造智慧医疗云平台。优化医疗资源布局,确保县人民医院内科住院楼及医技综合楼、县妇幼保健院建成投入使用,全面提高医疗卫生服务能力。三要着力维护社会安全稳定。大力开展平安建设,加强和创新社会治安综合治理,稳步推进“雪亮工程”“一村一辅警”“一村(社区)一法律顾问”和基层派出所建设,打造共建共治共享的社会治理格局。深化法治湘潭县建设,完善社会矛盾排查化解机制,促进信访形势持续好转。保持打击犯罪的高压态势,推动扫黑除恶与反腐败相结合,深挖黑恶势力“保护伞”。稳妥推进垃圾焚烧发电项目建设,确保圆满完成年度建设任务。牢固树立安全生产红线意识,全面推进应急管理科学化、机制化、体系化,坚决杜绝重特大安全生产事故发生。

▲三创一治:创建全国文明城市,创建国家级卫生县城,创建国家园林城市,开展农村人居环境整治。

五、加强组织领导,全面提高党领导经济工作的能力水平

加强党的领导是做好经济工作的根本保证。要坚持以“党建领航”工程为抓手,全面提升干部能力、鼓励干事创业、加强调查研究、优化工作作风,不断加强和改进党对经济工作的领导。

1. 要全面加强理论武装。全县各级党委(党组)要牢固树立“四个意识”,坚决做到“两个维护”。全县各级领导干部要深学笃用习近平新时代中国特色社会主义思想,自觉学习经济知识、了解经济规律、掌握经济思维,不断增强适应新要求新形势新任务的能力和本领,成为懂经济、用经济的行家里手。要坚决贯彻中央、省委、市委经济工作会议精神,确保上级决策部署落到实处、取得实效。

2. 要全面鼓励干事创业。推动经济高质量发展,关键在党,核心在人。要严格落实中办要求,科学统筹、严格规范督查检查考核工作,确保全年的督查检查考核数量减少一半;精简化、精准化实施年度绩效考核工作。要严格落实“三个区分开来”,完善容错、纠错的保护机制,建立诬告、错告的追究机制,探索建立首错免责机制,让广大党员干部卸下包袱、打消顾虑、轻装上阵。要坚决打破“论资排辈”的思维模式,树立务实担当、注重实干的选人用人导向,让更多“狮子型”干部、“老黄牛式”干部受到尊重、受到重视、受到重用,进一步激发全县干部职工干事创业的热情和活力。

3. 要全面加强调查研究。没有调查就没有发言权,经济工作同样如此。全体县级领导以及各级各部门的负责同志要从事务性工作中抽身出来,带头围绕自己分管的领域、主抓的工作,深入开展调查研究。要通过细致调查,察实情、办实事、解难题,着力破解产业发展、园区建设、人才队伍建设等重点难点问题;要通过深入思考,想办法、出点子、提建议,为县委制定经济政策、破解工作难题、打造工作亮点出谋划策。

4. 要全面深化作风建设。良好的干部作风是推动经济发展的重要保障。要坚持把整治形式主义、官僚主义作为一项重要政治任务,绝不允许有“平平安安占位子、忙忙碌碌装样子、松松垮垮混日子”的“慵懒散”习气在我县存在;绝不允许不作为、慢作为、乱作为、假作为的人占据岗位;绝不允许有墨守成规、毫无担当的人耽误发展。要敢于把加快发展的责任扛在肩头,把攻坚克难的任务抓在手上,以“钉钉子”精神推动工作一项项、一桩桩落实到位。

同志们,做好今年的经济工作任务艰巨、责任重大。让我们紧密团结在以习近平同志为核心的党中央周围,在省委、市委的坚强领导下,深入学习习近平新时代中国特色社会主义思想和中共十九大精神,深入贯彻中央、省委、市委各项决策部署,自加压力、保持定力,攻坚克难、团结拼搏,坚定不移为挺进“全国百强县”、创建“全国文明城市”两大目标不懈奋斗!

湘潭县人民代表大会常务委员会工作报告

湘潭县人大常委会主任　唐剑恒

(2019 年 1 月 1 日)

2018 年工作回顾

一年来,县人大常委会深入贯彻落实习近平新时代中国特色社会主义思想和中共十九大、十九届二中、三中全会精神,坚持党的领导、人民当家作主、依法治国有机统一,在县委的正确领导下,围绕全县发展大局,认真履行法定职权,组织召开常委会会议 7 次、主任会议 20 次,作出重大决议决定 7 项,听取和审议专项工作报告 7 个,组织开展执法检查 3 次,圆满完成了县十六届人大二次会议确定的目标任务,为挺进"全国百强县"、创建"全国文明城市"和县域经济社会高质量发展作出了积极贡献。

一、坚持党的领导,依法行使决定权和任免权

县人大常委会坚持县委总揽全局、协调各方的领导作用,牢固树立"四个意识",坚定践行"两个维护",通过人民代表大会制度,保证县委的决策部署在全县得到全面贯彻和有效执行。

1. 自觉接受党对人大工作的全面领导。人大常委会党组坚持每月向县委请示汇报工作,主动将人大讨论决定重大事项、开展重大活动、召开重大会议等情况及时向县委报告,确保人大工作与县委中心工作同频共振、合力合拍,自觉把党的领导贯穿于人大依法履职的全过程。

2. 依法行使重大事项决定权。依法讨论、决定本行政区域内的重大事项,是人大常委会的一项法定职权。一年来,常委会相继依法就我县 2017 年财政决算、2018 年部门预算及预算调整、14 个政府性重大投资项目等重大事项作出决议决定,确保县委的决策部署通过法定程序成为全县上下的共同意志。

3. 依法行使人事任免权。坚持党管干部与依法任免有机统一,认真行使任免权,严格执行任前考法、任前供职、向宪法宣誓等法定程序,任免国家机关工作人员 18 人次,实现党的意图和人民意志的有机统一。

二、坚持围绕中心,依法开展监督

县人大常委会始终把围绕县委中心、服务发展大局作为监督工作的出发点和落脚点,不断改进工作方式,使人大监督更有作为。

1. 聚焦"两大目标"开展重点监督。围绕挺进"全国百强县",听取和审议了 2018 年"一府两院"《工作报告》上半年执行情况的报告,督促"一府两院"强化工作举措、按时间节点推进全年工作;听取和审议了湘潭县"十三五"规划中期执行情况的报告,提出了 14 条具体意见交政府办理,督促政府加快工作进度,全力实现"十三五"各项工作目标;视察了乌石 AAAAA 级景区创建工作,促进了我县全域旅游工作的稳步发展。围绕创建"全国文明城市",组织了对"精美县城"和居民健身场所建设审议意见落实情况的跟踪督办,听取和审议了全县建设工程质量管理情况的报告,巩固和深化了县城建设成果;开展了智慧城管、城市停车场建设和管理情况的调查,视察了人防建设和维护管理工作情况,为县城的科学有序管理出谋划策;为创建省级卫生县城,开展了《传染病防治法》执法检查,督促政府加强对重点单位、重点人群和重点传染病的防治工作,为我县创建"全国文明城市"和成功创建"省级卫生县城"作出了应有的贡献。

2. 聚焦"三大攻坚战"开展精准监督。强化财政预决算监督,审查和批准了财政决算和预算调整方案,切实将政府性债务纳入全口径预算管理,督促政府守住不发生系统性风险底线;听取和审议了审计工作报告,加大对审计发现问题整改的督办力度,推动政府财政工作不断规范。听取和审议了"乡村振兴战略"实施情况的报告,促进了"三产"融合,推动了经济和社会效益双提升。听取了《环境保护法》贯彻实施情况的报告,就加强我县环境治理提出了工作建议;听取了"河长制"工作情况的报告,督促政府强化水污染治理,实现"河畅、水清、岸绿、景美"目标;视察了寻笔港退耕还林还湿工程,对在全县推广复制同类生态项目建设模式提出了相关意见;深入开展了"环保世纪行"活动,推动政府加强了环保执法,切实守护"蓝天白云"。

3. 聚焦社会民生开展务实监督。常委会坚持"以人民为中心"的发展思想,切实推动解决民生热点难点问题。听

取了全县专业技术人员管理工作的报告，督促政府加大对技术人才引进的力度；听取了中医药事业发展情况的报告，督促政府设立中医药专项资金，降低中医医院住院报销起付线；听取了农村土地确权颁证工作情况的报告，促进了农村基本政策的落实，维护了农民的合法权益；听取和审议了全县城区教育资源整合和优化布局工作情况的报告，推动全县中小学校布局专项规划的出台，加快了贵竹、子敬学校的建设进度，基本解决了学生放学“三点半”难题；听取和审议了社会养老服务体系建设工作情况的报告，推动政府降低了民办养老机构准入门槛，增加了对民办养老机构的建设补贴，开启了敬老院“公建民营”新模式；视察了农村农民建房情况，促进了农村农民建房工作的规范、有序开展。

4. 聚焦“法治湘潭县”开展多方监督。开展了《中小企业促进法》执法检查，提出了完善协调机制、提升促进实效、加大企业权益保护力度等审议意见；开展了《城乡规划法》执法检查，推进了城镇和乡村规划编制，为创建“全国文明城市”提供了长远的规划保障；审查规范性文件46份，督促政府对《湘潭县殡葬管理办法》等规范性文件进行修改，切实维护了法制统一；听取了县人民政府关于加强法制宣传教育、推进诚信建设工作情况的报告，督促政府切实强化法制宣传教育，建立健全诚信体系建设；视察了基层派出所工作，提出了加强基层派出所建设的建议意见；听取了县人民检察院纠正违法工作情况的报告，督促检察院对侦查机关的侦查活动进行严格监督，进一步规范了刑事司法行为；开展了“公平正义就在身边”为主题的“司法公正行”活动，组织人大代表和公民代表100多人参加县人民法院举办的“庭审在身边”活动，进一步提升了公众对司法工作的满意度。

三、坚持人民属性，发挥代表作用

一年来，县人大常委会始终坚持人民属性，切实强化服务和管理，不断凝聚代表力量与智慧，推动代表主体作用充分发挥。

1. 代表评议成效明显。组织100余名省、市、县人大代表对县商务粮食局和县卫计局进行工作评议。评议工作以代表为主体，历时7个月，督促政府建章立制、转变作风，切实解决群众关注的热点难点问题，取得明显成效。督促全县农村马路市场整治基本到位，推动了一批电商扶贫小店的开设，湘潭县电商扶贫经验在全省推广；推动医疗机构管理进一步规范，城乡居民大病保险全面铺开，村级医生考核机制不断完善，村卫生室职能效用进一步发挥。

2. 履职平台不断健全。在全县建立代表工作室21个，在村、社区建立代表工作站238个，在126名代表家中设立“人大代表联系人民群众之家”，规范有序开展人大代表联系人民群众“接待日”活动，收集群众意见和建议500多条，作出解答300多条，向有关部门反馈交办200多条，进一步畅通了民意表达渠道。

3. 履职能力有效提升。组织130名县人大代表赴全国人大培训基地开展履职培训，坚持完善“以会代训”机制，全年共邀请县人大代表90余人次列席常委会会议，有效提升了代表的履职能力。代表小组活动丰富多彩，围绕经济社会发展开展视察调研，撰写了高质量调研报告20余篇，为党委政府科学决策提供参考；积极投身社会事业，全年各代表小组慰问困难群众210余户，出资开展村级基础设施建设、爱心助学、爱老敬老、扶贫帮困300余万元，涌现了陈升根、曹铁光、彭水平等一批履职为民、甘于奉献、群众拥护的优秀代表，充分展现了人大代表的社会责任感。全年收到代表建议333件，代表建议质量不断提高；通过跟踪督办代表建议，督促政府完成了红郭公路的维修改造，提高了边远地区教师待遇，推动了代表建议向具体工作成果的转变。

4. 履职管理规范有序。组织31名由我县选举产生的市人大代表向常委会报告履职情况，对9名会议述职代表进行满意度测评，并形成常态化机制；出台《湘潭县人大常委会关于开展县人大代表向原选区选民报告履职情况的工作方案》，分批次安排本选区县代表向原选区选民报告履职情况，有力促进了代表的积极履职；依法依程序完成33名市县人大代表的辞补事项，强化了对代表的监督和管理。

四、坚持固本强基，加强自身建设

一年来，县人大常委会认真贯彻党的十九大提出的“既要政治过硬，也要本领高强”要求，坚持固本强基，全面加强自身建设，不断提高工作水平。

1. 党建领航深入推进。人大常委会高度重视党的思想建设，全年组织全体干部职工集中学习16次，系统学习了新修订的《党章》、习近平总书记关于坚持和完善人民代表大会制度等重要思想，切实增强了人大机关干部的政治素养；严格执行党支部“三会一课”制度，党组成员和支部书记分别以解读习总书记重要讲话和十九大精神等内容为党员讲授党课；切实推进党员积分制管理，全面铺开党支部“五化”建设，党组织战斗堡垒作用不断增强；全年开展形式多样的主题党日活动12次，切实推进“两学一做”学习教育常态化制度化；积极开展“五联五问”活动，选取农村养老、全县非公经济发展等主题深入开展调研活动，形成了高质量调研文章6篇，为县委重大决策提供了重要参考；全面落实“四责四诺”工作，每月公开常委会党组班子及班子成员、支部、委室工作计划及履诺情况，形成落实责任的“闭环效应”，树立了人大机关为民务实的新形象。

2. 作风建设持续开展。认真落实主体责任、“一岗双责”和中央八项规定精神，严格按规定开展公务活动；切实开展日常督查，在重要时间节点向机关党员干部发送廉政提醒函和廉政提醒短信，对违规使用办公用房等问题进行自查自纠，督促机关干部职工落实个人重大事项报告制度，确保了人大常委会机关的风清气正。

3. 理论宣传不断强化。持续办好了县人大常委会网站和《莲乡人大》内刊；在国家、省级人大主流媒体刊发新闻报道和理论研讨文章30余篇，学术论文《浅议新时代人大制度在践行依法治国“四个善于”中的定位和作用》获全省人大系统理论研讨文章二等奖,《湘潭县:用会议审查机制看紧"红头文件"》获全省人大新闻奖,规范性文件备案审查工作经验在全省推广;山东、陕西等省份市县区多批人大考察团来县交流学习,我县人大工作的社会影响力不断提升。

4. 乡镇人大工作更具实效。严格落实县委关于加强县乡人大工作和建设的实施意见,乡镇党委对乡镇人大工作更加重视,乡镇人大工作人员的配备更加合理、代表活动经费更有保障,视察调研、执法检查、工作评议等监督方式得到充分运用,乡镇人大的地位和作用得到有效提高和增强。

一年来,常委会还积极完成了县委交办的精准扶贫、结对帮扶、民情大走访、重点项目工程建设、群众工作、信访维稳等中心工作任务。

各位代表,常委会所取得的成绩,是县委高度重视、全面领导的结果,是"一府一委两院"自觉接受人大监督、认真落实人大决议决定的结果,是全县人民群众大力支持和全体人大代表共同努力的结果!在此,我谨代表县人大常委会向所有关心和支持人大工作的领导和同志们表示衷心的感谢和崇高的敬意!

在肯定成绩的同时,我们清醒地认识到,我们的工作离县委的要求,与人民群众的期望,还有不少的差距。主要是:对人民代表大会制度的认识还不够深,监督效果还不理想,代表建议的办理实效还有待提高,代表的作用还有待进一步发挥。这些问题我们将认真研究,在今后的工作中逐步加以改进。

2019 年工作谋划

各位代表,习近平总书记指出:"人民代表大会制度是符合中国国情和实际、体现社会主义国家性质、保证人民当家作主、保障实现中华民族伟大复兴的好制度。"我们要深刻领会习近平总书记关于人民代表大会制度的新思想,以服从服务大局为重大时代命题,以维护人民群众根本利益为根本价值取向,以严格依法依规依程序为基本履职要求,以与时俱进开拓创新为促进工作的重要抓手,推动人民代表大会制度在新时代不断取得新发展,以人大工作的担当作为向新中国成立 70 周年献礼。

2019 年县人大常委会工作的指导思想是:以习近平新时代中国特色社会主义思想为指导,全面贯彻落实中共十九大、十九届二中、三中全会精神,始终坚持以人民为中心的发展思想,在县委的坚强领导下,围绕打好决胜全面建成小康社会三大攻坚战和挺进"全国百强县"、创建"全国文明城市"的目标任务,依法履行宪法和法律赋予的职权,推进我县人大工作高质量发展。

一、强化党的领导,开辟人大工作高质量发展新境界

树牢"四个意识",坚定"四个自信",坚决做到"两个维护",始终把党的领导贯穿于人大依法履职的各方面全过程;进一步加强人大机关党的建设,切实履行人大常委会党组管党治党政治责任,不断提高人大党建工作水平;充分发挥根本政治制度作用和优势,行使好重大事项决定权和人事任免权,使党的主张通过法定程序成为全县上下的共同意志,使党组织推荐的人选通过法定程序成为国家政权机关的领导人员,不断夯实我县人大工作高质量发展的政治基础,开辟地方人大工作高质量发展的新境界。

二、提升监督实效,创造人大工作高质量发展新业绩

坚持围绕发展大局,强化人大使命担当,把开展正确监督、有效监督作为我县人大工作高质量发展的主攻方向,不断提升人大监督实效。

1. 在助推重点工作上发力。综合运用专题视察、专题询问和质询、听取和审议专项工作报告等方式,对防范化解重大风险、精准脱贫、污染防治等重点工作开展监督;继续开展对政府重大投资项目的监督审查,强化对政府工作报告的执行监督,对国有土地出让工作开展专项调查,为挺进"全国百强县"加油助力;听取《环境保护法》实施情况的报告,继续开展"环保世纪行"活动,为打好污染防治攻坚战保驾护航;听取《城乡规划法》实施情况的报告,督促政府推进"智慧城管"建设,运用多种方式对创建省级森林城市、园林县城建设等工作开展监督,切实推动县城面貌、人居环境的进一步提升。

2. 在管好"钱袋子"上发力。根据财政监督的时间节点要求,发挥好县人大及其常委会在审查批准预决算、预算调整等工作中的作用;不断强化对政府债务的监督,积极推动人大预算审查监督重点向支出预算和政策拓展。进一步加强审计监督,创新人大常委会审议审计问题整改方式,着重对一些重复出现的问题,督促政府及其审计部门加大审计整改和问责力度,不断提升审计监督威慑力。

3. 在增进民生福祉上发力。围绕社会民生,运用多种方式对民政事务、社会保障、教育事业、医疗卫生、劳动就业、农业农村等工作情况进行监督,推动民生保障持续改善。

4. 在推进法治进程上发力。依法开展对监察委员会专项工作的监督,强化对县人民法院和县人民检察院工作报告执行情况的监督;围绕社会普遍关注的领域开展执法检查,继续做好规范性文件备案审查,推动宪法法律在我县得到有效贯彻实施。

三、优化代表服务,激发人大工作高质量发展新活力

人大代表是人民代表大会制度的主体,进一步优化代表服务、不断激发代表活力是人大工作的永恒主题,也是推进我县人大工作高质量发展的重要途径。一是开展工作评议。继续选取人民群众普遍关心的热点难点问题,以广大代表为主体开展对政府部门工作的评议,确保民有所呼、我有所应。二是搞好代表培训。继续推进人大代表轮训计划,组织部分人大代表和人大工作者到全国人大培训基地进行履职培训。三是深化"三联"工作。开展县代表联系乡镇代表、联系选民等"五个一"活动和"走访代表活动月",指导县代表向原选区选民报告履职情况,持续开展代表工作室(站)接待群众工作,拓宽代表与群众沟通渠道,

畅通民意表达直通车。四是创新履职平台。加大代表建议督办力度，建立湘潭县人大代表履职管理、服务和建议办理网络（含 APP 手机）平台；指导好代表小组活动的开展，不断丰富代表小组活动方式和内容。

四、全面提升素质，增强人大工作高质量发展新动力

始终紧跟新时代发展步伐和要求，把提升人大机关自身素质摆在更加重要的位置，不断提高依法履职效能，为推进我县人大工作高质量发展提供不竭动力。

1. 着力提升履职能力。将 2019 年定为“履职能力提升年”。一是积极“走出去”，明确学习主题，到兄弟单位考察学习先进工作经验；举办一期常委会组成人员能力提升班；二是大力“引进来”，邀请资深专家、教授到机关授课，全方位提升我县人大履职能力和业务水平。

2. 着力推进机构改革。严格贯彻落实机构改革中涉及人大机构改革的相关任务，进一步优化结构，提升整体履职能力，以适应新时代、新任务对我县人大工作的新要求。

3. 着力完善制度建设。建立健全人大讨论决定重大事项制度、政府重大决策出台前向人大报告制度，政府向人大常委会报告国有资产管理情况制度；根据《宪法》《监察法》的要求，抓好人大有关工作制度的清理、修订工作；完善常委会会议制度，切实提升会议质量；加强人大制度理论研讨和人大工作的宣传，严格落实意识形态工作责任制。

4. 着力夯实廉政基础。认真贯彻落实《中国共产党纪律处分条例》，使铁的纪律转化为人大干部职工的日常习惯；认真落实党风廉政建设责任制和中央八项规定精神，把纠正“四风”的新要求落实到人大工作的各个环节、各个方面，以优良的精神风貌履行好各项职责。

5. 着力提高乡镇人大工作水平。按照加强县乡人大工作和建设等文件精神，指导乡镇人大依法运用多种方式开展正确监督、有效监督，指导乡镇人大开展好乡镇人大代表向选民报告履职工作，打造乡镇人大工作亮点，不断提高乡镇人大工作水平。

各位代表，一元复始、万象更新。让我们高举习近平新时代中国特色社会主义思想伟大旗帜，不忘初心、牢记使命，在县委的正确领导下，勇于担当、奋发有为，扎实推进县乡人大工作高质量发展，为加快挺进“全国百强县”、创建“全国文明城市”而努力奋斗！

政府工作报告

——2018年12月31日在湘潭县第十六届人民代表大会第三次会议上

湘潭县人民政府县长 段伟长

一、2018年工作回顾

2018年，我们以习近平新时代中国特色社会主义思想和中共十九大精神为指导，认真贯彻中央、省市决策部署，在县委的坚强领导下，在县人大、县政协的监督支持下，围绕“挺进全国百强县，创建全国文明城市”奋斗目标，坚持“强工惠农”发展战略，实施“五大计划”，推进“五大竞赛”，戮力同心，开拓奋进，迎难而上，较好地完成了县十六届人大二次会议确定的各项任务。

——面对复杂的经济形势，我们紧紧抓住高质量发展这个根本，经济结构主动调优。在全球经济复苏动能减弱、中美贸易争端持续、国内经济下行压力加大等多重困难下，我们全力调结构、稳增长，实现地区生产总值442亿元，增长8.5%(预计，同比，下同)；固定资产投资202亿元，增长18.0%；规模工业增加值162亿元，增长7.5%；财政总收入28.66亿元，税收占比提高15个百分点至75.1%。

——面对艰巨的化债压力，我们紧紧抓住以人民为中心这个主旨，民生底线全面坚守。认真落实化债工作要求，牢固树立过“紧日子”思想，大力压减非生产性支出，把有限的资金用在民生事业上，全县民生支出占财政总支出70%以上，省、市28项重点民生实事全面完成，城镇居民、农村居民人均可支配收入达34810元、18452元，分别增长7.7%、8.7%，群众幸福感不断提升，上榜“中国幸福百县榜”。

——面对严格的督查问责，我们紧紧抓住干部队伍建设这个关键，工作成绩亮点纷呈。坚持党的领导，强化党建领航，认真开展“不忘初心、牢记使命”主题教育，深入践行“四责四诺”，全面推进“五联五问”，干部队伍战斗力进一步增强，创建全国文明城市文明指数测评成绩全省排名第三，荣获全国法治先进县、全国农村创业创新典型县、中国湘莲美食之乡、省安全生产先进单位、省粮食生产先进县、省级卫生县城、省级园林城市、省健康扶贫先进县、全省2017—2018年发展开放型经济优秀县等多项荣誉。

过去一年，主要做了以下工作：

——保增长、促转型，经济发展稳中有进。一区多园加快推进。天易经开区主要经济指标保持25%以上的快速增长，完成技工贸总收入1010亿元，成功跻身千亿园区。工业总产值、固定资产投资、高新技术产值增速在全市园区排名第一，规模工业增加值增速稳居全省园区前列。全年投产产业项目26个，新增高新技术企业22家，创历史新高。五洲通项目一期从开工到试投产7个月，创造了新的天易速度。杨河工业园、青山皮鞋工业园、茶恩竹木工业园成为县域发展的重要力量。深入开展“企业帮扶”行动，成立莲乡融资担保有限公司，解决企业融资需求1.06亿元，永晟农林、和亿莲业等6家企业成功股改挂牌。全县新增规模工业企业24家，实现规模工业总产值578亿元；新增高新技术企业25家，实现高新技术产值388亿元。农业结构加快调整。深化农业供给侧结构性改革，稳定粮食种植面积126.3万亩，出栏生猪175万头。大力推动种植结构调整，调整种植结构面积12.14万亩，超额完成省定任务。农业产业化进程不断加快，梅林桥、天马、碧泉潭三个现代农业示范园建设加速推进，新增规模农产品加工企业5家，完成规模农产品加工总产值270亿元。“湘潭湘莲”成功获评“湖南省十大农业公共区域品牌”。消费市场加快发展。农贸市场提质升级，江湾广场开业运营，县城商贸更加繁荣，实现社会消费品零售总额102亿元，增长10.2%。加快电商平台建设，形成了比较完善的电商体系。深化三产融合，继续开展“石鼓登峰”“花石赏荷”“乌石采茶”“云湖摘橙”“梅林游园”等旅游节会，旅游品质不断提升，旅游品牌日益彰显，旅游综合收入57.7亿元。

——防风险、控源头，三大攻坚初战告捷。全面开展防范化解重大风险攻坚战。牢牢守住不发生重大金融风险底线，全力保民生、保运转、保工资。压减政府性投资项目70%，压减财政预算支出10%；有效盘活资产，做活土地文章，全年出让土地1874亩，收入20.1亿元；全面完成年度化债任务，政府债务风险总体可控。一批信访积案、历史遗留问题有效化解，网上信访工作经验在全省推介。扎实开展扫黑除恶专项行动，强力维护社会大局和谐稳定。持续开展脱贫攻坚战。投入扶贫资金5700万元，推进健康扶贫、教育扶贫、产业扶贫、就业扶贫、兜底扶贫，完成建档立卡贫困户危房改造1216户，发放教育补助8152人次，落实健康扶贫“一站式结算”3526人次，社保托底应保尽保，安全饮水工程稳步推进，全年实现了11008人脱贫。深入开展污染防治攻坚战。以蓝天、碧水、净土保卫战为抓手，全面落实中央环保督察“回头看”和省环保督察要求，查处各类环境违法行为83起，停产整治企业15家。全面开展工地扬尘、渣土车运输、餐饮油烟、秸秆和垃圾禁烧等专项整治，空气质量优良率89.5%；土壤污染防治工作全面实施，河长制责任全面落实，饮用水源地规范化建设全面推进，城镇集中式水源地水质达标率100%，湘江湘潭县段水质稳定在三类以上。

——强基础、促统筹，城乡面貌加速改善。以“三创一治”为主线，认真开展“双修双改”，推进城乡一体化。完成棚户区改造3013户，拆除违法建筑面积2.6万平方米。玉兰北路、滨江风光带全线贯通，湘莲大道三期、湘江渠路、云龙东路、梧桐路等骨干道路快速推进，二污水处理厂、文体公园、云龙路匝道等配套设施全面完成。深入开展“三整三化”，推进城区主干道绿化和亮化建设，全面加强海棠路综合整治，全面提升富豪阁等小街小巷品质，县城环境更加优美。全面做实“街长制”，“门前三包”、礼让行人成为自觉行动。花石、乌石、白石等特色小镇加快建设。青山大道、白马公路有序推进，德怀大道全线通车。完成青山桥、云湖桥、射埠等5个乡镇污水处理设施建设，完成杨嘉桥、石鼓、白石等8个乡镇垃圾中转站以及锦石唐家湖生态湿地建设。全面完成县级以上公路旁的马路市场清理，规范了秩序，改善了环境。完成117个中心村规划编制，修建脱贫攻坚自然村水泥路109千米，改造危房1487户，改造120个建制村农村电网，如质完成省下达的农村厕所改造任务；水利建设再创佳绩，荣获“全省‘芙蓉杯’水利建设竞赛先进县”；新建改建村级服务阵地147个，基层基础进一步夯实。

——抓落实、聚合力，五大竞赛扎实推进。扎实开展项目建设竞赛。全年开工重点项目117个，完成投资120亿元；乡镇开工项目102个，完成投资10亿元。扎实开展争支争项竞赛。争支争项资金达9亿元，争取上级转移支付和专项补助资金35亿元。发改、国土、交通、商粮、住建等部门超额完成任务。扎实开展行政执法竞赛。从严打击各类违法行为，全年查处行政违法案件6.3万起，罚没收入2600万元；破获刑事案件963起，挽回经济损失650万元。扎实开展招商引资竞赛。新引进项目70个，其中过亿元项目16个，过30亿元项目3个，引进500强企业投资项目4个，到位资金53亿元，增幅居全市第一。扎实开展工作创新竞赛。农业创业创新工作被评为全国典型范例，两型小学标准在全省推广，“走出一条让人民满意的养老模式新路子”在全省介绍经验，乡村振兴经验在省委农村工作会议上典型发言，“一次招商就是一段佳话”在湖南日报头版头条报道，全年形成创新成果30余项。

——破瓶颈、激活力，发展动能竞相释放。全面深化“放管服”改革，推行行政审批“三集中、三到位”“马上办”“就近办”“最多跑一次”等系列改革，取消调整65项行政权力事项、277项证明材料，全面推行“多证合一”、并联审批、“互联网+政务服务”，政务一体化平台正式上线，首创项目备案“当场办结”和“容缺办理”制度，实现审批提速2/3以上。稳步推进“智慧莲乡”建设，整合平安城市电子防控系统、地理信息公共服务平台，强化数据成果应用，提升智慧管理水平。全面转型国有公司，完善公司法人治理结构。县建投完成整合重组，成功发行10.8亿元公司债，积极推进30亿元PPN项目，基本保障县域重大基础设施建设；县交发公司多方筹措资金，有力保障交通基础设施建设；县农发公司对外合作新成立3家公司、打造2家全资子公司，大力推进美丽乡村、基层服务阵地、现代农业示范园建设；县文发公司着力推动文化、教育、卫生基础建设；县莲乡土地公司完成开垦项目34个，开垦面积6200亩，实现经济效益10亿元以上。推进人事制度改革，重视人才引进，招录公务员104名，招聘教师316名、医卫技术人员84名。深化农业农村改革，土地确权颁证、农村清产核资任务全面完成，流转耕地面积46.9万亩，位居全市第一。

——办实事、惠民生，人民生活更加美好。大力实施民生工程，推动民生优先向民生优质转变，人民群众的获得感与幸福感不断增强。建设标准化学校18所，“全面改薄”20条底线全部达标，整修扩建任务全面完成，“超大班额”“3点半现象”全面消除。县青少年素质教育综合基地被评为省级研学旅行基地。启动集团办学、融合办学、合作办学，切实解决城区就学和管理难题，助推教育均衡发展。积极开展“百姓春节联欢晚会”“欢乐潇湘”等群众文化活动，成功举办全国第三届“万步有约”健走激励大赛，积极协办“健康湖南”全民运动会。彭德怀纪念馆全面提质，新建彭德怀精神宣讲中心，电视剧《彭德怀元帅》获第31届“飞天奖”，长篇评书《彭大将军》在中央广播电台播出，彭德怀同志诞辰120周年纪念活动圆满完成。率先在全省成立融媒体中心，宣传阵地进一步巩固。稳步推进分级诊疗、乡镇卫生院能力提升、紧密型医共体、爱国卫生运动等工作，公共卫生工作连续八年保持全市第一。实施全民参保计划，社保体系不断健全，城乡低保等四类补贴全面提标，民生保障持续改善。深入开展国防动员、国防教育、兵役征集等工作，民兵调整改革考评成绩名列全国前茅，人防防护与公共服务能力明显提升。严格落实“一岗双责”，驰而不息正风肃纪，坚定不移惩治腐败，廉洁底线扎实坚守。加强效能建设、政务督查、绩效评估和审计监督，行政效能不断提升。积极回应人大代表、政协委员关切，办理人大代表建议315件，政协委员提案123件，见面率达100%，满意率达98.9%。

史志、档案、对台、外事侨务、民族宗教、供销、气象、烟草、消防、通信、供气等工作顺利推进，工会、共青团、妇联、残联、工商联、文联、侨联、计生协、红十字会、科协、老干、关工委、老龄委以及各民主党派和其他社会团体工作不断加强。

各位代表，各项工作成绩来之不易，这是县委坚强领导、科学指挥的结果，是人大、政协矢志支持、合力推进的结果，是百万莲乡人民风雨同舟、团结奋斗的结果。在此，我谨代表县人民政府，向各位人大代表和政协委员，向所有关心支持我县发展的各界人士，向工作在各条战线的干部职工，致以崇高的敬意和衷心的感谢！

我们清醒认识到，去年政府工作报告分解的149项重点工作，有的指标和任务完成不理想，特别是按照“停、缓、调、撤”要求，大力压减政府性投资，部分项目放缓了速度，农村公路、水利设施建设压缩了规模。我们也深刻认识到，县域发展还存在许多薄弱环节，创新发展能力不强，产业结构不优，转型升级任重道远；经济运行基础不牢固，实体经济还有不少困难，发展质量和效益有待提高；基本公共服务均等化水平仍然不高，教育、医疗、住房、养老等方面与群众期待还有差距；干部担当创新能力有待进一步增强，行政效能有待进一步提升，发展环境有待进一步优化。对此，我们将高度重视，采取更加有力的措施，努力予以解决。

二、2019年工作安排

2019年是中华人民共和国成立70周年，是决胜全面建成小康社会第一个百年奋斗目标的关键之年。我们要辩证看待经济发展面临的复杂形势，理性面对中美贸易摩擦，沉着应对经济下行压力，居安思危，抢抓机遇，坚定信心，履职尽责。

“风狂雨急时立得定，方见根底；草繁柳密处拨得开，才是本事”。越是形势复杂，越要沉着冷静。任何时候都要把调查研究摆在首位，深入基层，深入一线，寻找规律，顺应规律，按规律办事；任何时候都要把人民利益摆在首位，亲近群众，理解群众，依靠人民，造福人民，为人民服务；任何时候都要把推进发展摆在首位，发现问题，解决问题，降低成本，提高效益，推动高质量发展。

“自信人生二百年，会当击水三千里”。越是形势复杂，越要艰苦奋斗。一想二干三成功，一等二看三落空。只要有利于中华民族伟大复兴，只要有利于国家更高质量发展，只要有利于社会平安稳定，只要有利于人民群众福祉，即使时机不太成熟、即使条件不全具备，我们也要准确评估风险，大胆果断决策，强力攻坚克难，奋力推动落实。

“军民团结如一人，试看天下谁能敌”。越是形势复杂，越要精诚团结。我们一定要坚持“两个维护”，强化“四个意识”，增强“八项本领”，在省委、市委的坚强领导和县委的直接指挥下，团结一心，众志成城，全心全意谋发展，聚精会神抓产业，保持定力，积极作为，脚踏实地，久久为功，推动经济社会发展和各项工作迈上新台阶。

2019年政府工作的总体思路是：高举习近平新时代中国特色社会主义思想伟大旗帜，深入贯彻中共十九大精神，坚持稳中求进工作总基调，坚持新发展理念，坚持推进高质量发展，坚持以供给侧结构性改革为主线，坚持深化市场化改革、扩大高水平开放，稳就业、稳金融、稳外贸、稳外资、稳投资、稳预期，继续打好“三大攻坚战”，深入实施“强工惠农”战略，统筹推进“五大计划”，扎实开展“五大竞赛”，全力建设富强、民主、文明、和谐、美丽的幸福莲乡。

2019年全县经济社会发展的总体目标是：地区生产总值增长8%左右，力争达到9%；财政税收占比80%左右，力争达到88%；规模工业增加值增长9%左右，力争达到11%；固定资产投资增长16%左右，力争达到18%；社会消费品零售总额增长10%左右，力争达到12%；城镇居民、农村居民人均可支配收入分别增长8%、9%，达到3.7万元、2万元。

2019年，我们将认真抓好八件民生实事：①完成城乡供水一体化PPP项目年度建设任务；②完成126个建制村农村电网改造；③完成800公里脱贫攻坚自然村通水泥路建设；④完成湘莲大道三期、下摄司大桥和莲花大道二期年度建设任务；⑤完成子敬初中、天易贵竹小学建设；⑥完成棚户区改造400户以上，农村危房改造600户以上；⑦完成湘潭谭家山煤矿区生态环境保护修复工程年度建设任务；⑧完成垃圾焚烧发电项目年度建设任务。

围绕上述目标，重点抓好以下七个方面的工作：

1. 聚焦三大攻坚，推动成果再巩固。坚持以人民为中心的发展理念，坚决打好防范化解重大风险、精准脱贫、污染防治三大攻坚战。打好防范化解重大风险攻坚战。全面落实化债要求，盘活存量资产，严控新增支出，切实化解政府债务。全面打击经济犯罪，积极创建“省级金融安全区”，坚决守住不发生系统性金融风险底线。强化应急管理体系建设，严格落实应急管理主体责任，加大对重点地区和高风险领域风险排查整治力度，坚决杜绝较大及以上安全生产事故发生。加强市场监管，确保食品、药品、特种设备安全。抓好“非洲猪瘟”等重大疫情和重大传染病防控工作，切实保障农产品质量安全和公共卫生安全。强力推进信访积案化解，全面落实信访责任，维护社会整体稳定。打好精准脱贫攻坚战。坚持把脱贫攻坚作为头等大事，按照贫困户脱贫“两不愁三保障”和贫困户增收、稳定脱贫不返贫要求，着力推进健康扶贫、教育扶贫、安居工程和人饮工程，继续完善农村低保五保动态管理机制，大力实施造血式扶贫工程，着力推进产业扶贫和就业扶贫，增强贫困群众自我发展能力，鼓励和引导社会力量参与扶贫，确保贫困人口全部脱贫，为打赢脱贫攻坚决胜战奠定基础。打好污染防治攻坚战。继续打好“蓝天、碧水、净土”保卫战，严格落实河长制，继续推进湘江、涓水、涟水流域综合整治，确保“一江两水”断面水质稳定达标。强化集中饮用水水源地保护，确保水源水质达标率100%，全面实施全域垃圾秸秆禁烧、县城烟花爆竹禁燃工作，管控好工地和道路扬尘污染，推动PM2.5浓度持续下降，空气质量优良天数持续上升。继续推进农村人居环境整治，完成谭家山、中路铺、白石、茶恩寺、杨嘉桥、石鼓等乡镇污水处理厂建设，完成锦石、易俗河、花石、石潭、乌石、青山桥、分水、排头等乡镇垃圾中转站建设。扎实推进畜禽粪污资源化利用项目，完成“一江两水”沿线改厕任务。积极争取云湖桥、龙口、王家山、列家桥等矿区生态环境修复治理项目。加强基本农田保护，实行山水林田湖草生态修复治理，实施土壤治理修复工程，持续开展非法采砂洗砂整治行动，确保土壤环境质量不下降。狠抓中央环保督察“回头看”和省环保督察问题整改，确保问题整改到位不反弹。

2. 聚焦实体经济，推动质量再提升。加快构建特色鲜明的现代产业体系，推动经济高质量发展。打造园区主阵地。推进天易创建国家级经开区，创新体制机制，压缩行政层级，提升工作效率。优化园区布局，做强东城区现代服务业和高端制造业，做活西城区商贸、城市综合体和食品医药产业园，做大南部智能制造和新材料基地，推进先进制造业与现代服务业深度融合，力争全年技工贸总收入增长15%以上，规模工业增加值增长12%以上，固定资产投资增长20%以上，税收收入增长25%以上。推动青山桥皮鞋、茶恩寺竹木、花石湘莲、杨河循环经济产业发展，拉长产业链条，壮大园区规模。发展产业主引擎。把国家政策导向作为重要航标，成立产业基金，围绕主导产业、先导产业、传导产业多点发力，重点突破。做强食品医药主导产业，重点推进胖哥槟榔、五洲通、广州酒家、佳海食品医药产业园等项目建设，推进槟榔食品列入国家食品目录，推进国家标准制定，推进产(商)品检验检测中心建设。做大新材料先导产业，重点推进海泡石产业园一期工程、装配式建筑产业建设，以新材料产业带动传统产业转型升级。做优电子信息传导产业，推行大数据、“互联网+”、云计算应用，加快两化融合，培育智能高端制造产业。培育企业主力军。出台促进民营企业高质量发展措施，认真落实减税降费政策，进一步减轻企业负担，全力支持民营企业发展。深入推进企业帮扶计划，组织开展“民营企业服务年”专项行动，实施“稳定工程”“培养工程”“提升工程”，确保新增规模企业18家以上，完成规模工业总产值618亿元以上；鼓励企业科技创新、智能化改造，新培育高新技术企业10家以上，实现高新技术产值400亿元以上。弘扬企业家精神，构建亲清政商关系。实施“县域金融工程”试点，建立股改上市后备企业库，推进企业股改上市，鼓励企业进入资本市场直接融资。加快国有企业转型升级，完善创收目标与薪酬挂钩制度，做大国有经济规模。

3. 聚焦乡村振兴，推动“三农”再夯实。按照产业兴旺、生态宜居、乡风文明、治理有效、生活富裕的总要求，全力推进乡村振兴战略，加速推进农业农村现代化。发展现代农业。持续深化农业供给侧结构性改革，在稳定粮食、生猪等传统优势产业的同时，突出抓好种植结构调整。继续加快梅林桥、天马、碧泉潭现代农业示范园建设，推进涓水绿色经济带建设。深入实施“品牌强农”工程，用足用好支农惠农政策，巩固湘莲、油茶、茶叶、构树、蔬菜等产业发展水平，扩大碧泉潭贡米、中路铺小籽花生、射埠茶油、羊鹿茶叶、云湖脐橙、乌石黄花菜等特色农产品规模，推广“湖湘源泉”“故里湘潭”莲乡特色品牌。培育新型农业经营主体和职业农民，鼓励发展多种形式规模经营，扶持壮大农产品精深加工业，打造现代农业产业体系、生产体系和经营体系。盘活森林资源，发展林下经济，放大森林资源的生态效益、经济效益和社会效益。实施森林抚育工程，实现森林覆盖率达46%以上，积极创建国家森林城市和齐白石国家森林公园。推动基础建设。量力而行，尽力而为，补齐薄弱乡村基础设施短板，切实解决农村交通、水利建设遗留问题。完成15个村“五小”水利项目和500口山塘整修、200公里渠道建设任务。完成危房改造600户以上、农村电网改造126个村。推进中路铺、花石、云湖桥等乡镇燃气管网和储气站建设。推进莲花大道二期、西二环、白马公路、白石至花石公路等道路建设，确保青山大道建成通车。推进三产融合。着力培育龙头企业，加快湘莲、大米、生猪等农产品精深加工步伐。加强电子商务平台建设，加大本地特色产品推介，争创全国电子商务进农村示范县。统筹旅游资源，推动旅学研融合发展。积极推进乌石景区创建国家5A级景区，启动景区停车场和小商品市场建设。加大梅林桥农业采摘体验旅游基地、碧泉潭华绿e家庄园、天马山休闲农业基地建设，开发游居、康养、农耕、特色民宿等乡村旅游产品。举办丰富的文化节会活动，力争全年接待游客1000万人次以上，创旅游综合收入68亿元以上。发展特色乡镇。坚持以产业为基础，发展壮大镇域经济。加快花石镇基础设施建设，谋划设立县第二政务服务中心，打造县域次中心；推进乌石军事文化小镇、花石湘莲小镇、分水黑山羊之乡和谭家山生态小镇建设。支持其他乡镇因地制宜，打造特色。

4. 聚焦三创一治，推动城镇再提质。坚持强化配套与优化环境并举、丰富内涵与塑造特色并行，争创全国文明城市、国家级卫生城市和全国园林城市。坚持规划引领。以全省空间规划改革试点县为契机，突出人文大县特点，展现湘莲、槟榔特色，高水平编制空间规划，修编西城区、东城区、南片区控制性详细规划，完善县城绿地景观、停车场、综合管廊以及学校、医院布局等内容，实现多规合一。强化规划监督执法，坚持先拆违后拆迁，依法打击各类违法违规建设，切实维护规划权威。完善城市功能。持续推进县城提质计划，推进西城片区开发，完成牛头岭片区棚户区改造400户以上。持续优化县城道路交通，加快湘南路等主次干道建设，完成梧桐南路、云龙东路、二污水处理厂配套管网工程建设。提升滨江风光带文化内涵，打造集休闲、餐饮、购物于一体的江边形象展示区，塑造“江边有个湘潭县，县城有个好江边”品牌形象。强化城镇管理。继续推进智慧城市建设，建立跨部门、跨行业、跨层级的大数据共享和开发利用机制，逐步实现人口信息一张卡、资源资产一张图、为民服务一张网。启动“智慧城管”平台建设，实现城市管理数字化、可视化、精细化、智能化。做实“街长制”，持续推进绿化、亮化、美化工程，开展城区公共停车位收费管理试点，启动立体停车库建设。继续加大委托乡镇执法改革力度，加强乡镇执法队伍建设，逐步实现综合执法向乡镇延伸，不断提升城镇治理水平和服务质量。

5. 聚焦五大竞赛，推动活力再激发。推进项目建设竞赛。按照“比建设环境、比建设进度、比投资规模、比建设质量、比建设实效”的要求,在园区和乡镇开展项目建设竞赛,强力推进项目早建成、早投产、早达效。力争全年实施重点项目100个以上,实现投资120亿元以上。推进争支争项竞赛。按照“比总量、比增量、比份量、比贡献”的要求,继续在县直部门开展争支争项竞赛,密切关注国家、省市新政策、新战略,从重点项目、专项资金、转移支付等方面争取更多支持,力争全年争取上级转移支付和专项补助资金35亿元以上。推进行政执法竞赛。在“比监管频次、比办案数量、比程序规范、比执法效果”的基础上,新增“比服务县域经济发展贡献”,将竞赛范围由县直执法单位扩大到17个乡镇,切实营造公平、公正、严格、规范的执法环境。推进招商引资竞赛。按照“比信息采集、比项目签约、比资金到位”的要求,继续在全县所有单位和人员中开展招商引资竞赛,瞄准世界500强、中国500强和民营500强,突出招大引强,力争全年新引进项目40个以上,实现到位资金50亿元以上,引进500强企业5家以上。推进工作创新竞赛。按照“比理念、比举措、比成效”的要求,继续在全县各单位开展工作创新竞赛,着力推动理念创新、制度创新、模式创新,更好地创造全国、全省性的经验典型,力争全年创省级典型10个以上、国家级荣誉5个以上。

6. 聚焦改革创新,推动瓶颈再破解。坚持用改革的思路解决发展问题,激发发展活力,释放改革红利。深化行政审批改革。加快推进“放管服”改革,深入推进审批服务便民化,进一步深化“互联网+政务服务”,推进政务服务“一网、一门、一次”改革,全面推行“马上办、网上办、就近办、一次办”。深化商事制度改革,继续推进“多证合一”,不断优化营商环境。深化行政管理改革。严格按照上级要求,全面完成机构改革任务,建设精简高效的县乡管理体系。推动综合行政执法改革,理顺市场监管体制,整合执法监管力量。深化人事制度改革,实施人才强县战略,继续加大高端人才引进和培养力度;支持鼓励就业创业,招录公务员100名以上,招聘医卫技术人员100名以上、教师400名以上。深入推进财政绩效评价,深化项目支出预算管理,夯实财政基础管理,加快构建现代财政管理制度。深化农业农村改革。以放活土地经营权为重点,创新农业经营体系。推进农村土地综合整治与农业发展、村庄整治、历史文化村落保护等有机结合,推行耕地集中连片保护,推进城乡建设用地增减挂钩,深化耕地占补平衡管理改革,建立补充耕地指标有偿调剂机制,盘活农村资产资源,推动农村经济稳定发展。规范村级项目审批程序,完善报告审批制度,严格村级财务管理,适度提高村级资金保障水平,严控新增村级债务。

7. 聚焦公共服务,推动民生再改善。坚持保基本、兜底线、促均衡,加大边远乡镇民生项目支持力度,切实保障和改善民生。坚持教育优先发展。围绕打造中国素质教育高地的目标,全面构建高水平教育服务体系,促进社会、学校、家庭教育协调发展。加大教育投入力度,完善中小学和幼儿园布局规划,重点抓好天易贵竹学校、子敬初中、公办幼儿园和农村寄宿制学校建设,继续开展课后校内托管服务,逐步消除“大班额”。按照高考改革要求,推进教育教学改革,创新办学模式,完善集团化办学、融合办学、合作办学,提高教学质量,提升办学水平。加强职业教育,推进校企合作,着重培养适用技能人才,支持社会力量办学,形成全社会关心教育、支持教育的浓厚氛围。加快健康莲乡建设。加强健康教育,推进全民健身运动,引导群众养成健康生活良好习惯。深化医药卫生体制改革,推进医共体建设,落实分级诊疗制度,提高家庭医生签约服务质量,建设智慧医疗云平台,打造智慧医疗服务升级版。推进医保机构改革,优化医疗资源布局,筹备打造花石区域医疗中心,推动乡镇中心卫生院创二级医院,确保县人民医院内科住院楼及医技综合楼、县妇幼保健院建成投入使用。逐步改善基层医卫条件,健全县、乡、村三级卫生健康服务网络,着力培养和建设重点专科、特色专科,大力推进中医药事业发展,全面提升医疗服务水平。繁荣发展文化事业。以“江边有个湘潭县”为主题,整合广电、文旅体以及社会力量,精心创作一批体现县域形象的精品文艺节目。继续开展传统节日特色文化活动,举行庆祝建国70周年全县群众歌咏大赛,举办“洛口之夜”“民星演唱会”“全民健身挑战赛”等系列活动,按要求完成建制村村级综合性文化服务中心标准化建设,让人民群众共享县域文化建设成果。着力完善社会保障。稳步推进社保扩面征缴工作,推行医疗保险异地就医即时结算,实施城乡居民大病保险制度。加快殡葬制度改革,规范治丧活动,优化殡仪服务。更加关注关爱困难群体,进一步强化城乡低保、社会救助、社会福利、慈善事业等制度保障,进一步完善多层次的养老服务体系。切实加强社会治理。巩固“平安莲乡”成果,保持扫黑除恶高压态势,推进“雪亮工程”“一村一辅警”“城市快警”和“公安派出所三年建设行动”,完成天易、锦石、排头、石鼓、分水派出所建设。建立健全农村道路交通安全责任体系,推进摩托车“带帽”工程,创建道路交通平安县。加强社会诚信建设,加大普法力度,健全人民调解组织,推行“一村(社区)一法律顾问”,完善公共法律服务体系。持续做好全国第四次经济普查工作。深化全民国防教育,增强全民国防意识,争创“双拥”模范县。加强志愿服务,发展公益事业,让莲乡发展更有温度,让人民幸福更有质感。

三、加强政府自身建设

新起点、新形势、新任务,对政府自身建设提出了新要求。我们将在县委坚强领导下,自觉接受人大的法律监督和政协的民主监督,讲政治、强本领、谋发展、改作风,不断提升推动县域经济社会高质量发展的水平和能力。

旗帜鲜明讲政治。坚决维护习近平总书记核心地位,坚决维护党中央权威和集中统一领导;牢固树立政治意识、大局意识、核心意识、看齐意识;坚持个人服从组织、少数服从多数、下级服从上级、全党服从中央;持之以恒强党性,切实增强对党忠诚、替党分忧、为国尽职、为民造福的政治担当，严守政治纪律和政治规矩，永葆共产党人的政治本色。

与时俱进强本领。深入推动学习常态化，营造善于学习、勇于实践的浓厚氛围，切实增强学习本领。善于结合实际创造性推动工作，善于运用互联网技术和信息化手段开展工作，切实增强改革创新本领。深入贯彻以人民为中心的思想，创新群众工作体制机制和方式方法，发挥联系群众的桥梁纽带作用，切实增强群众工作本领。坚持说实话、谋实事、出实招、求实效，以钉钉子精神做实做细做好各项工作，切实增强狠抓落实本领。健全各方面风险防控机制，善于处理各种复杂矛盾，牢牢把握工作主动权，切实增强驾驭风险本领。

以民为本谋发展。严守法定权限和程序，发挥决策咨询机构和智库的作用，推进依法决策、科学决策、民主决策。实行重大决策合法性审查和社会稳定风险评估，凡是群众反映强烈的问题都要严肃对待，凡是损害群众利益的行为都要坚决纠正，凡是有利于提高人民生活水平的都要坚决实施。坚持以效益为导向的议事规则，加强对政府投资项目的效益评估，注重社会效益和经济效益双丰收。

持之以恒改作风。严格落实全面从严治党主体责任，坚持有腐必反、有贪必肃，以零容忍的态度坚决惩治腐败，努力营造风清气正的政治生态。高标准落实中央八项规定要求，坚决杜绝"四风"问题隐形变异、反弹回潮。围绕权力运行重点领域、关键环节，健全完善惩治和预防腐败体系。严厉整治发生在群众身边的腐败问题和破坏营商环境的不法行为。强化审计监督，提升服务效能。牢固树立过"紧日子"的思想，从严控制"三公"支出。

"潮平两岸阔，风正一帆悬"。各位代表，让我们高举习近平新时代中国特色社会主义思想伟大旗帜，以更加强烈的使命担当、更加开放的胸襟气度、更加务实的工作作风、更加稳健的改革步伐，围绕"挺进全国百强县，创建全国文明城市"奋斗目标，不忘初心，逐梦远行，为全面建成更高质量的小康经济强县而努力奋斗！

政协湘潭县第九届委员会常务委员会工作报告

县政协主席　刘铁强

(2018年12月15日)

2018年工作回顾

九届二次会议以来,政协湘潭县第九届委员会常务委员会在中共湘潭县委的坚强领导下,在县人民政府大力支持下,深入贯彻落实习近平新时代中国特色社会主义思想和中共十九大精神,牢牢把握团结和民主两大主题,围绕发展大局,认真履行职能,为实现"挺进全国百强县、创建全国文明城市"目标作出了积极贡献。

一、坚持党的领导,牢牢把握正确履职方向

人民政协是政治组织,旗帜鲜明讲政治是人民政协的根本要求。常委会始终把政治建设摆在首位,确保政协工作始终沿着正确的政治方向前进。

1. 加强思想政治引领。常委会始终把强化理论武装、坚定政治方向放在首要位置。通过各类会议集中学、专家辅导学、微党课交流学、支部经常学、党组成员深入基层宣讲学等方式,广泛深入学习习近平新时代中国特色社会主义思想和党的十九大精神。围绕习近平总书记关于加强和改进人民政协工作的重要思想开展对标学习研讨,准确把握党对人民政协工作的新要求。认真抓好中共中央办公厅《关于加强新时代人民政协党的建设工作的若干意见》的学习和贯彻落实。一年来,组织十九大精神宣讲活动20余场次。围绕"助力挺进全国百强县""创建全国文明城市,机关干部怎么办""政协云能给我们带来什么"等主题开展大讨论、大交流活动50余场次,收集理论、调研文章和心得体会300余篇。通过学思践悟,引导全体政协委员、机关干部增强"四个意识",坚定"四个自信",践行"两个维护",夯实团结奋斗的共同思想政治基础。

2. 维护县委统一领导。常委会始终坚持将政协工作置于县委工作大局中来谋划。2018年协商与监督工作计划由县委、县政府、县政协共同协商确定,并由"三办"联合发文。坚持围绕县委、县政府的重点工作协商建言;重要工作、重要事项及时向县委请示汇报;重大会议、重要活动主动邀请县委领导出席指导。坚持县委谋划什么,政协就调研什么;县委中心工作推进到哪里,政协履职就跟进到哪里。政协领导班子认真落实县委工作部署,全力推进沿江风光带、天马现代农业示范园、裕鑫房产开发、通信工程、光缆工程等重点项目建设;并在脱贫攻坚、"三创一治"、垃圾焚烧发电项目群众走访等中心工作中勇于担当。全年围绕县委部署安排的20余项重点工作履职尽责,取得明显成效。

3. 强化政协党组建设。县政协党组认真履行政治领导责任,发挥好把方向、管大局、保落实作用。健全政协党组织党建工作责任制,把发挥党组领导作用与政协依章履行职责统一起来,推动了党建工作与政协履职工作同频共振、互促共赢。完善班子各项会议和工作制度,召开党组会10次、主席会15次、常委会4次,保证了各项决议决定的有效落实。切实担负起全面从严治党政治责任,认真组织学习《中国共产党纪律处分条例》和《中华人民共和国监察法》,进一步增强了机关干部的纪律意识、规矩意识。加强对政协组织中党员的教育、管理、监督,严把各项活动政治关,营造了既畅所欲言、各抒己见,又理性有度、合法依章的良好协商氛围。

二、服务发展大局,不断提升协商议政实效

常委会坚持把推动发展作为履职第一要务,紧紧围绕县委、县政府的中心工作和目标任务,积极开展协商议政。

1. 多层次协商议政有力度。积极构建以全体会议为龙头,以专题协商会为重点,以对口协商会、提案办理协商会为常态的多层次协商议政新格局。一是全会协商着眼大局。九届二次全会,委员们通过大会提案、发言、小组讨论等形式,围绕"一府两院"报告以及经济社会发展和财政预决算报告,提出意见建议31条。大会围绕加快彭德怀故里AAAAA级景区打造、加强职校建设等6个主题进行参政议政发言,引起强烈反响,得到县委政府高度重视和有关部门的认真落实。二是专题协商促进工作。常委会围绕海泡石产业开展专题协商,依托"三级联动"助力我县海泡石产业发展,省政协张大方副主席专题视察我县海泡石企业,提出许多建设性意见,市政协周放良主席担任海泡石产业链链长,积极推动海泡石特色产业发展。围绕"优化全县非公经济政务环境"协商议题,常委会提出完善体制机制、营造良好政策环境、提升行政审批服务效能等建议,县委艳希副书记充分肯定"调研协商很及时",周贤常务副县

长组织相关部门专题研究，进行了有效落实。三是对口协商注重实效。专委会先后就县城区道路命名、县城区厕所革命等内容与职能部门协商，推动了创文、创卫工作的深入开展。其中，《关于我县城区道路命名工作的建议案》得到县委国平书记的高度认可，认为所提建议"很有针对性和操作性"，伟长县长第一时间组织召开政府常务会议进行研究，即时出台《湘潭县地名管理办法》，并明确了加紧建立道路命名专家库，将城市道路命名工作纳入智慧城市建设范畴等事项。四是提案办理协商稳步推进。将协商贯穿于提案办理全过程，通过会议、调研、座谈、评议等多种形式，开展提案办理协商200余次，沟通协商率达到100%，提案协商办理成效显著。

2. 多途径民主监督有成效。通过多种途径，推动民主监督工作不断取得新成效。一是协商委派民主监督小组。向县人社局、县教育局、县法院、县水务局、彭德怀故里AAAAA景区创建办等5个单位委派民主监督小组，围绕就业创业政策落实、偏远地区教师待遇、民事审判工作、水利工程建设、彭德怀故里AAAAA景区创建等工作开展民主监督。在监督过程中，各小组收集整理各类问题40条，提出改进建议45条。县人社局和县教育局认真吸纳监督意见，推动出台《关于进一步引导和鼓励高校毕业生到基层工作的实施办法》，进一步优化了就业创业政策，改善了偏远地区教师待遇；县人民法院进一步规范了文书送达、财产保全、庭审秩序等工作；县水务局进一步完善了重点水利工程项目工程质量监督等工作机制；彭德怀故里AAAAA景区创建办进一步加快了编制规划和基础设施建设，加强了旅游市场营销。二是突出视察监督。常委会组织开展重点工程建设、"三创一治"、传染病防治、薄弱学校改造等专题视察4次；专委会及各联工委组围绕农村环境整治、乡风文明建设、道路交通安全、学校校医设置和医务管理等领域开展视察50余次，提出有针对性和操作性的意见和建议300余条，促进了相关工作落地落实。三是扩大社会监督。积极探索政协民主监督与纪委监委党内监督协作新模式，联合开展政协委员走进纪委监委活动。选派50多名委员参加县政法委案件评审大会、观摩县法院涉黑涉恶案件庭审、现场见证县法院的执行工作、参与县政府重大项目前期决策听证等监督活动，为推进部门工作、促进公平正义、优化发展环境发挥了积极作用。四是抓实提案评议监督。对县人社局、县教育局、县科经局、县公安局、县农业局等5家单位的提案办理工作进行民主评议。通过评议，进一步提高了承办单位对委员提案的重视，增进了群众对提案办理单位的理解和支持，促成了校外无证非法培训机构取缔、稽留流产病种纳入医保住院报销范围等一批问题的有效解决。

3. 多角度参政议政有质量。紧扣民生主题，积极建言献策，为加快县域发展献计出力。一是提案办理顺民意。一年来，委员们围绕全县建设和发展的重要课题，提出许多适合我县发展的、有深度的意见和建议。共收到提案127件，审查立案122件，5件转为来信来访。各承办单位认真办理，并在规定期限内回复，办复率为100%，满意率和见面率为98%，落实率为40%。二是专题调研惠民生。各专委会与联工委组落实"五联五问"工作要求，着眼青少年心理健康教育、农村集体经济、农村电子商务、废钢产业、皮鞋皮具产业创新发展等课题开展调研，提出了许多有利于我县经济社会发展的意见和建议。其中，青少年心理健康教育专题调研组，就如何在学校教育中深入、全面地开展心理健康教育提出了有益建议，进一步推动我县中小学心理健康教育的发展。同时，积极响应"三级联动"，配合省市政协"三进三助"、健康扶贫、学前教育等课题的调研，取得良好效果。三是社情民意暖民心。委员通过反映社情民意履职尽责，全年共收到社情民意信息186条，上报省市政协20余条，促成了一批问题得到解决。其中，经开区联工组提出的《关于调整县城中心城区货车限行区域的社情民意》，县交警大队高度重视，迅速组织人员现场踏勘，进一步优化货车限行路线，保障了中心城区的道路畅通和园区企业的正常生产经营。胡志高委员撰写的《关于取缔龙口新街马路市场的社情民意》，县交通运输局和花石镇政府对此进行认真研究，及时拿出了解决方案，既保持了原有市场的繁荣，又解决了道路拥堵的问题，得到群众的称赞。

三、聚焦中心任务，广泛凝聚委员智慧力量

常委会充分发挥优势，聚焦县委政府的中心工作，凝聚各方智慧和力量，形成推动发展的强大合力。

1. 精准扶贫倾注真情。一是党组率先垂范抓落实。党组会议、主席会议多次研究部署扶贫工作，领导班子经常深入团结村、新中塘村、槐北村、回龙桥村等帮扶村走访、调研，与乡、村两级班子座谈交流，指导项目建设和产业发展，及时协调解决扶贫工作中的困难和问题。二是机关干部联村帮扶出实招。26名机关干部与帮扶村52户贫困户结对帮扶，筹措帮扶资金10万余元，通过产业帮扶、危房改造、就医就学等措施，帮助贫困户增收脱贫。同时，机关选派2名优秀科级干部驻村帮扶，因地制宜、因户施策开展扶贫工作，其中协助团结村建设千亩水生花卉园，发展乡村旅游，助力乡村振兴。机关扶贫工作经验在县《驻村工作简报》《湖南日报》新湖南客户端得到推介。三是委员聚力帮扶显成效。一年来，委员们发挥自身优势，帮扶困难群众800多户，提供就业岗位上万个，并解决了许多实际困难。林亚科委员带领民建会员积极为贫困户筹集危房修缮资金。王银亮委员发挥电商行业优势为28个省定贫困村建设三站融合综合服务点。熊梦娜、彭进文、黄志明等委员通过免费发放鸡苗、提供技术支持、负责产品回收等模式，帮助200多户贫困户脱贫致富。刘宪安、刘应龙、肖平等委员促成胖哥、小龙王、伍子醉3家槟榔企业在全县乡镇开办27家代加工厂，为贫困户提供就业岗位5000余个。谭端阳委员吸纳建档立卡贫困户到企业就业，帮助50户贫困户稳定脱贫，其企业被评为市级"扶贫爱心单位""就业安置基地"。文艺组组织开展脱贫攻坚文学采风创作活动，创作作品20余件，展现了我县脱贫攻坚各个领域的生动实践。

2. 服务中心勇于担当。紧紧围绕县委政府中心工作,切实履行工作职责。牵头负责沿江风光带建设指挥部工作,发挥“白+黑”、“5+2”精神,圆满完成工作任务,获评项目建设“特别贡献奖”。协助天马现代农业示范园引进投资规模100万以上的园区企业、合作社10余家,推动了当地种养业的发展。积极为裕鑫房产开发建设等项目协调解决周边矛盾20余次。认真做实“街长制”工作,克服机关人手少、任务重的困难,动员家属参与文明劝导、夜间巡逻等工作,获评“一类街道”。机关干部全员参与民情大走访,所联系社区群众满意度大幅提升。认真落实县委关于河口垃圾焚烧发电项目群众工作要求,牵头组织10个责任单位负责近800户的群众走访工作;政协机关派出4个工作组16人,坚持走村入户,宣讲政策,落实包户责任;区域内委员利用自身影响力,为推动项目建设发挥表率作用。

3. 社会公益彰显大爱。广大政协委员积极投身慈善事业。刘冰薇、郭森泉等委员积极参与为贫困家庭送医送药、爱心义诊等活动,张宁波、张岳龙等委员积极参与送文艺“六进”活动,刘石美、肖荷南等委员十年如一日长期关爱老年人和弱势群体,刘文进、彭银香、刘应龙、释唯静等委员长期坚持捐资助学。据不完全统计,全年全县政协委员围绕捐资助学、扶贫济困等捐赠达300余万元,用实际行动诠释了委员的社会价值。

四、强化自身建设,持续提升履职能力水平

常委会大力加强自身建设,为推动政协工作适应新时代、实现新发展提供了有力保障。

1. 注重发挥委员表率作用。坚持政协领导联系联工委组、定期走访委员制度。加强委员学习培训,完善委员履职考核。搭建委员活动平台,“政协委员之家”增至25家,易俗河镇联工委建立了全县首家政协委员群众工作站,加强了与群众的互动交流。一年来,广大政协委员立足本职和岗位,争当“排头兵”,绽放新光彩。县司法局法援中心主任谢英姿委员积极服务贫弱群体,获评湖南省“最美法律援助人”。分水乡司法所所长宋敏波委员全年化解基层矛盾纠纷78起,被评为“全省优秀调解能手”。云龙中学心理健康教育中心主任蔡子辉委员全心研发心理健康教育课程30个,成为市县心理健康教育的领头人。自主创业者莫丽君委员致力于农村电商推广,荣获湖南省“自主创业就业”先进个人。返乡创业青年宾益衡委员克服重重困难,历经三年探索,在我县成功种植猕猴桃并喜获丰收,带动村民走出一条致富路。以宋志龙为代表的一批企业界委员积极参与科技创新,推动企业转型升级,在“一带一路”中展示风采。

2. 不断扩大政协工作影响。积极推广使用省政协云,委员们在云平台上积极互动,浏览数、点赞数、分享数等指标较去年有大幅提升,获得省政协云征文比赛优秀组织奖。全年出版《莲乡政协》专刊12期,县政协网站刊登各类调研文章、宣传稿件218篇。编辑出版《大美莲乡》文史第一辑《石潭古镇》,展示我县深厚人文资源;编辑文史专辑《彭德怀在家乡的故事》,纪念彭德怀诞辰120周年。省政协湘声报以《湘潭县政协创新履职纪实》《镇起风云 政协有为——湘潭县政协助力乡村振兴的实践》为题,宣传和推介我县政协工作和经验。县政协《政协委员创建电商平台助力产业扶贫》《努力开创新时代政协工作新局面》等20余篇理论和调研文章被省政协云和湘声报登载,进一步提升了我县政协工作的影响力和县域的美誉度。

3. 扎实推进机关自身建设。践行“四责四诺”,突出抓好机关党建工作,积极推动党支部“五化”建设,开展形式多样的主题党日活动,切实加强和改进了党员的思想、组织和作风建设。建立健全政协机关各项管理制度,完善绩效考核实施办法,进一步提升机关工作效率和服务水平。通过廉政谈心谈话、警示教育和学习交流等方式,督促机关干部职工严格落实中央八项规定精神,廉洁做事,干净做人,做到了令行禁止,树立了政协机关良好形象。

各位委员、各位同志,一年来,县政协常委会工作取得了一定成绩,这得益于中共湘潭县委的正确领导,得益于县人民政府、县人大常委会的大力支持,得益于各民主党派、工商联、无党派人士、各人民团体及相关部门的通力合作,凝聚着全体政协委员的辛勤智慧。在此,我谨代表政协湘潭县第九届委员会常务委员会,向大家表示崇高的敬意和衷心的感谢!

在总结成绩的同时,我们也清醒地认识到,工作中还存在一些不足。如:民主监督的渠道有待进一步拓宽,委员主体作用有待进一步发挥,机关服务水平有待进一步提升等等。这些问题和不足,我们将高度重视,认真研究,切实改进。

2019年工作思路

2019年县政协工作的指导思想是:在中共湘潭县委的坚强领导下,全面贯彻落实习近平新时代中国特色社会主义思想和中共十九大精神,切实加强人民政协党的建设,牢牢把握团结和民主两大主题,坚定政治方向,服务发展大局,关注民生福祉,凝聚社会共识,为实现“挺进全国百强县、创建全国文明城市”目标贡献智慧和力量。

一、加强政协党的建设,广泛凝聚政治共识

2018年8月11日,中共中央办公厅印发了《关于加强新时代人民政协党的建设工作的若干意见》,对加强新时代人民政协党的建设作出了全面部署,对指导政协工作具有深远重大的意义。我们要认真学习领会,全面贯彻落实《意见》要求,进一步加强政协组织中党的政治建设、思想建设、组织建设、作风建设、纪律建设、制度建设。建立政协党组成员联系党员委员、党员委员联系党外委员制度,建立联系无党派人士界、宗教界委员机制,实现党的组织对党员委员的全覆盖,党的工作对政协委员的全覆盖。要把党建活动与政协履职活动结合起来,以政协党建工作新成效推动政协事业新发展。

二、认真履行政协职能,着力服务经济发展

要围绕县委的发展思路和奋斗目标,认真履行好政治

协商、民主监督、参政议政三大职能，为全县改革发展献计出力。

协商议政要出实招，谋良策。要健全协商民主制度，完善协商议政内容和形式，推动协商民主广泛、多层、制度化发展。着重围绕园区建设、民营企业发展、乡村振兴、全域旅游等事关发展全局的大事要事开展协商议政、建言献策。要完善协商成果采纳、落实和反馈机制，着力增进共识、推动发展。

民主监督要重创新，求实效。要以《政协湖南省委员会关于开展民主监督工作的操作办法》(试行)》为工作指南，深入学习会议监督、视察监督、提案监督等九种民主监督形式和具体操作程序，准确把握民主监督的七项基本原则，切实提高民主监督的组织化程度。要围绕重点民生项目、生态环境保护、文明城市创建等方面开展民主监督，为县委政府决策提出合理化建议。

提案工作要强督办，重评议。要围绕社会公共事业发展、涉及群众切身利益的民生问题，深入基层，倾听民意，撰写提案。要完善提案交办、办理、督办和成果反馈机制，继续坚持重点提案县级领导领办、政协常委会民主评议、提案委全面跟踪督办等措施，不断提高提案质量和办理实效。

调查研究要听民意，出精品。要把调查研究作为议政建言的基础，创新方式方法，优化队伍组成，深入基层、深入群众、深入实际，提出更加符合社会发展和群众意愿、更有操作性的对策建议。要把专题视察作为议政建言的重要方式，围绕产业升级、乡村振兴、脱贫攻坚，以及群众普遍关心的食品安全等热点难点问题进行专题视察，推动部门工作落到实处。

三、充分发挥政协优势，全力维护社会和谐

要扎实做好协调关系、理顺情绪、扩大共识、促进团结的工作，努力汇聚正能量，画出最大同心圆。

维护和谐政治局面。要牢牢把握团结和民主两大主题，充分发挥人民政协作为统一战线组织的作用，努力促进政党关系、民族关系、宗教关系、阶层关系、海内外同胞关系和谐，巩固和发展爱国统一战线。要创新政协联系群众的方式，拓宽反映民意的渠道，积极了解和反映人民群众的意愿和诉求，主动做好宣传政策、化解矛盾、理顺情绪的工作，全力维护社会和谐稳定。

广泛凝聚各界力量。要积极主动加强与各民主党派人士、工商联、人民团体和社会各界人士的联系交流，加强同党外知识分子、民族宗教代表人士、港澳台同胞和海外侨胞的团结联谊，密切与非公有制经济人士、新社会阶层人士、出国和留学归国人员的联系沟通，引导各界群众积极支持和参与改革发展，努力为改革发展增进共识，凝聚合力。

积极投身脱贫攻坚。要认真贯彻落实县委脱贫攻坚部署，不折不扣完成驻村帮扶、结对帮扶工作任务。围绕脱贫攻坚重大举措、重要政策、重点任务的落实情况，主动开展民主监督。要积极牵线搭桥，吸引县内外社会力量参与结对帮扶，积极为贫困户、贫困村找项目选项目出智出力，为推进脱贫攻坚，巩固脱贫成果贡献政协智慧和力量。

四、切实加强队伍建设，树立政协良好形象

要全面落实从严治党要求，持之以恒加强队伍建设，强化责任担当，营造风正劲足、干事创业的良好氛围。

牢固树立规矩意识。要继续发挥政协常委会的核心作用，坚持常委带头抓学习，带头守规矩、作表率，切实增强常委会组成人员的政治意识、大局意识。要切实发挥政协委员在政协工作中的主体作用，在本职工作中的带头作用，在界别群众中的代表作用，组织委员积极参与协商会议、专题调研、专题视察、公益服务等活动，建设一支“懂政协、会协商、善议政，守纪律、讲规矩、重品行”的委员队伍。

严格落实纪律要求。要落实全面从严治党新要求，严格执行中央“八项规定”及省、市、县委有关要求，不断提高讲政治、守规矩的自觉性。要继续加大对《中国共产党纪律处分条例》和《中华人民共和国监察法》的学习宣传和贯彻落实，切实做到以党规为行为规范，以党纪为行为底线。全面落实党风廉政建设主体责任，完善工作制度，严格工作纪律，努力营造政协机关风清气正、积极健康的工作氛围。

持续提升服务水平。要扎实开展“不忘初心、牢记使命”主题教育，全面从严从实抓好政协机关作风建设，引导机关干部增强政治定力，强化担当作为。健全专委会联系界别和委员制度，加强对联工委组工作的指导，切实提高机关服务意识、服务能力、服务实效，促进全县政协工作再上新台阶。

各位委员、同志们，时代赋予使命，使命呼唤担当！让我们以习近平新时代中国特色社会主义思想为指引，在县委的坚强领导下，不忘初心，牢记使命，不断开创我县政协事业新局面，为实现“挺进全国百强县、创建全国文明城市”目标而不懈奋斗！

大事记

1月

3日,湘潭天马现代农业产业示范园聘请“杂交水稻之父”、中国工程院院士袁隆平为园区荣誉顾问。

4日,为广交、深交党外朋友,县委常委与党外代表人士联谊交友座谈会召开。县领导周艳希、刘耀奇、何晓春参加座谈会。

5日,县安委会召开2018年度第一次全体会议。县领导段伟长、周艳希、周贤、唐仁光、肖燎、杨欣荣、荣虎成、陈义、刘新玉参加会议。

是日,中共湖南湘潭天易经济开发区非公有制企业第一届代表大会第二次会议选举产生第一届纪律检查委员会,是全市首家非公有制企业纪委。天易经开区党工委委员、管委会常务副主任王成林,县委常委、纪委书记、监委主任胡亚湘为其授牌。

8日,中共湘潭县委第十二届三次全体(扩大)会议召开,这是在党的十九大之后召开的第一次县委全会。

是日,湘潭县委经济工作会议召开。县领导傅国平、段伟长、周艳希、唐剑恒、刘铁强、王成林、周贤、谭何龙、刘耀奇、胡亚湘、李豪雄、陈卫兵、谭捍卫、尹明忠、刘云海参加会议。

10日,县委副书记、县长段伟长调度石潭镇重点工作。段伟长一行到石潭农艺园、云湖河道治理工程项目、石潭镇污水处理厂及石潭镇美丽乡村行动计划相关项目现场,了解项目具体情况并进行工作调度。

是日,县人大常委会主任唐剑恒到天易经开区湖南炜达建筑新材料科技有限公司走访慰问县域科技创新型人才伍政华及其团队。

15日,县人民政府第十六届三次全体(扩大)会议暨2018年廉政工作会议召开。县领导段伟长、周贤、赵国政、彭世辉、唐仁光、杨欣荣、荣虎成、韩炎等参加会议。

是日,湘潭县第十六届人大常委会第二十五次主任(扩大)会议召开。县人大常委会主任唐剑恒,副主任赵国政、曾耀辉、刘绵晖、李西文等参加会议。

16日,湘潭县召开2017年度乡镇党委和县直行业系统党(工)委书记抓基层党建述职评议会议,对17位乡镇以及4位县直行业系统党(工)委书记进行“年终盘点”。县领导傅国平、周艳希、周贤、刘耀奇、胡亚湘、李豪雄参加会议。

17日,湘潭县召开现代农业示范园工作推进会。县领导傅国平、周艳希、刘耀奇、曾耀辉参加会议。

是日,县委副书记、县长段伟长率队到县妇幼保健院,调度该院整体搬迁项目建设。县领导杨欣荣、刘新玉、罗义彬、贺玉良参加会议。

是日,湘潭县政协组织召开“在精美莲乡建设中有机融入湘莲元素”专题协商会。县领导周艳希、刘铁强、荣虎成、韩炎,县政协专题调研组成员和相关乡镇、部门单位负责人参加会议。

18日,湘潭县卫生和计划生育工作领导小组会议召开。县领导段伟长、李豪雄、杨欣荣参加会议。

19日,湘潭县武装工作会议召开。县委书记、县人武部党委第一书记傅国平,县委常委、人武部长尹明忠参加会议。

是日,湘潭县城乡规划委员会2018年度第一次会议召开。会议审议《湘潭县新能源汽车充电基础设施专项规划审查》等7个项目规划。县领导段伟长、荣虎成参加会议。

是日,县委副书记、县长段伟长到湘潭江声实验学校调研办学情况。

22日,湘潭县召开2018年春节食品安全检查安排部署会。

23日,县委书记傅国平带队对全县安全生产工作开展督查。县领导周贤、谭捍卫参加。

24日,县委常委班子民主生活会征求意见座谈会召开,听取基层党组织负责人和党员代表的意见建议。县领导傅国平、周艳希、刘耀奇、谭捍卫参加。

是日，湘潭县应对低温雨雪冰冻天气紧急调度会召开。县委常委、常务副县长周贤以及相关部门负责人参加会议。

25 日，湘潭县组织收看全国、全省、全市安全生产电视电话会议。县领导傅国平、周艳希、周贤、唐仁光、肖燎、陈义参加。

27 日，湘潭县涓水二桥、向东渠等地因雨雪冰冻天气导致桥面结冰，发生多起车辆连环相撞事故。湘潭县公安局交警大队第一时间赶赴现场处理事故，疏导交通，县城管执法局立即对路面进行撒盐除冰。短时间内交通秩序得以恢复，现场未出现人员伤亡。

30 日，县委书记傅国平走访慰问部分困难群众和劳模，为他们送去党和政府的关怀。县领导谭捍卫、韩炎参加慰问。

31 日，2018 年湘潭县环境保护委员会第一次工作会议召开。县领导傅国平、段伟长、周艳希、赵国政、唐仁光、韩炎、刘新玉参加会议。

2月

1 日，县委副书记、县长段伟长率各乡镇长、县直属相关单位主要负责人走进全县各乡镇项目建设现场，检阅各地一年来的工作成果。县领导周贤、荣虎成、陈义、刘新玉参加。

是日，县政协主席刘铁强到排头乡宣讲党的十九大精神，到云湖桥镇走访慰问贫困户。

2 日，县委副书记周艳希到青山桥镇，向部分拥军优属对象、贫困户、困难党员送去新春祝福。

是日，2018 年湘潭县安全生产"打非治违百日行动"动员暨岁末年初工作安排部署会议召开。县委常委、常务副县长周贤参加会议。

5 日，县人大常委会第 26 次主任(扩大)会议召开。

是日，湘潭县第三批优秀专家和专业技术骨干人才表彰会召开。县委常委、组织部长刘耀奇参加。

是日，湖南省首家村级 24 小时自助图书馆在云湖桥镇清风村正式开馆。副县长杨欣荣出席活动。

是日，县领导傅国平、段伟长、唐剑恒、刘铁强、谭捍卫先后到县军干所、武警中队、光荣院、消防大队、人武部和预备役营走访慰问。

是日，湘潭县召开 2018 年各界代表人士迎春座谈会，畅叙友情，共话发展，促进全县各项事业全面进步。县领导傅国平、段伟长、周艳希、唐剑恒、刘铁强、王成林、周贤、胡亚湘、陈卫兵、谭捍卫等参加座谈会。

6 日，县委副书记周艳希前往云湖桥镇、易俗河镇等地，为道德模范、困难职工、特困侨眷送上新春祝福。

是日，县委副书记、县长段伟长走访慰问部分环卫工人、困难残疾人和技术专家，向他们送去县委、县政府的关怀和春节祝福。

是日，湘潭县开展优秀专家人才慰问活动。县委常委、组织部部长刘耀奇参加。

7 日，国家司法部副部长刘志强一行到湘潭县调研司法行政工作。市、县领导罗伟、段伟长、谭何龙、彭世辉参加。

是日，湘潭县举行县直机关拥军优属座谈会。部分烈属、伤残军人、军队离退休干部、在乡老复员军人代表和县直机关荣复转退军人代表等欢聚一堂，畅叙军政军民情谊，共迎新春佳节。县领导周艳希、李西文、何晓春参加会议。

是日，湖南绿信农产品物流有限公司与湘潭天易经开区管委会签订投资协议，斥资 33 亿元，建设全省首创、国内领先的湖南绿信农产品智慧物流产业园项目。市县领导陈小山、傅国平、段伟长、王成林及天易经开区其他班子成员参加签约仪式。

8 日，湘潭县 2018 年老干部代表迎春座谈会召开。县领导傅国平、段伟长、周艳希、唐剑恒、刘铁强、王成林、周贤、刘耀奇、谭捍卫与离退休干部欢聚一堂，共迎新春。

9 日，中共湘潭县第十二届纪律检查委员会第三次全体会议召开。县委副书记、县长段伟长主持会议。县领导傅国平、周艳希、唐剑恒、刘铁强、王成林、周贤、谭何龙、刘耀奇、胡亚湘、李豪雄、陈卫兵、谭捍卫、尹明忠等出席。

11 日，市人大常委会党组书记、常务副主任李江南，市人民政府副市长陈小山一行到湘潭县走访慰问困难群众、困难职工、困难党员和劳模。县人大常委会主任唐剑恒、副县长唐仁光参加。

是日，2018 年湘潭县文明委全会召开。县领导傅国平、周艳希、李豪雄、谭捍卫、杨欣荣、荣虎成、陈义参加会议。

是日，市委常委、组织部长廖桂生，市委常委、统战部长杨真平一行到湘潭县，看望慰问湘潭市黄埔同学会会长彭孟良。

是日，中共湘潭县委常委班子 2017 年度民主生活会召开。全体县委常委参加会议，县领导唐剑恒、刘铁强、王成林列席会议，市纪委、市委组织部相关负责人到会指导。

12 日，县政协召开第九届委员会常务委员会第七次会议。县政协主席刘铁强出席并讲话。

是日，县委副书记、县长段伟长主持召开湘潭县人民政府党组专题民主生活会。县领导周贤、彭世辉、唐仁光、杨欣荣、荣虎成、陈义参加会议。副县长肖燎列席会议。

13 日，湘潭县扫黑除恶专项斗争启动仪式在县公安局前坪举行。县委书记、县扫黑除恶专项斗争领导小组组长傅国平宣布全县扫黑除恶专项斗争全面启动。

是日，县委副书记、县长段伟长带队开展环境保护暨安全生产工作督查。县领导周贤、唐仁光、刘新玉及县政府办、安监局、环保局等单位相关负责人参加。

14 日，县委书记傅国平看望慰问坚守在一线工作岗位的民警和交警、电力工人、医务工作者，并代表县委、县政府向奋战在各条战线上的全县广大干部群众，致以新春的问候和诚挚的祝福。县领导唐剑恒、谭捍卫、彭世辉参加。

是日，县委副书记、县长段伟长前往湘潭县中油新兴燃气有限公司、湘潭京湘供水有限责任公司、县保密局等地,看望慰问春节期间坚守岗位的一线工作者,向他们致以崇高的敬意和新春的祝福。县领导周艳希、刘铁强参加。

是日,中国文明网公布湘潭县成功跻身全国县级文明城市提名城市,这标志着湘潭县向着“全国文明城市”这一城市最高荣誉又迈出新的步伐。湖南省有5个地级市、11个县级市入围。

23日,县人大常委会第27次主任(扩大)会议召开。

26日,湘潭县召开重点项目建设暨“五大竞赛”推进会议。县领导傅国平、段伟长、唐剑恒、王成林、周贤、谭何龙、刘耀奇、胡亚湘、李豪雄、陈卫兵、谭捍卫、尹明忠等参加会议。

是日,湘潭县召开种植结构调整及休耕治理工作会议,传达落实省市关于长株潭地区种植结构调整及休耕治理工作会议精神,动员部署相关工作。县领导段伟长、陈义参加会议。

27日,省林业厅党组书记、厅长胡长清到杨嘉桥、射埠、谭家山等乡镇,调研退耕还林还湿工作及林业发展情况。副市长向敏、副县长陈义参加调研。

是日,湘潭县十六届人大常委会第九次会议召开。县人大常委会主任唐剑恒,副主任赵国政、曾耀辉、刘绵晖、李西文、胡自庚参加会议。

28日,湘潭县召开县委政法工作暨“扫黑除恶”专项斗争动员部署会。全体在家在职的副县级以上干部参加会议。

3月

1日,政协湘潭县第九届委员会第十七次主席会议召开。

6日,省委组织部副部长、省委老干部局局长、省委离退休干部工委书记崔永平率调研组到湘潭县调研老干部工作。市委常委、组织部部长廖桂生,县委副书记周艳希,县委常委、组织部部长刘耀奇参加调研。

7日,湖南五洲通药业有限责任公司生产基地奠基仪式在天易经开区举行。县领导傅国平、段伟长、王成林、谭捍卫、刘新玉及天易经开区党工委全体班子成员参加。

是日,湘潭县审计工作领导小组会议召开。

是日,县委书记傅国平到百花社区开展2018年上半年民情大走访活动,了解社情民意,倾听百姓心声。县领导谭捍卫一同参加。

是日,县委副书记周艳希到易俗河镇花果山社区走访群众,听取群众意见建议。

8日,湖南省商务厅党组成员、副厅长肖彬一行到湘潭县调研农村电子商务发展情况。县领导段伟长、肖燎参加。

是日,2018年湘潭县蓝天、碧水、净土三大保卫战工作调度会召开。县领导段伟长、唐仁光、刘新玉参加会议。

9日,香港铜锣湾集团湘潭铜锣湾广场城市综合体项目落户湘潭天易经开区。项目总投资约50亿元,将进一步完善城市功能,提升城市品牌形象和发展水平,打造成为湘潭的一张新经济名片。市县领导赵文彬、傅军、傅国平、段伟长、王成林等参加签约仪式。

12日,时值全国第40个植树节,全体在家县领导到梅林桥现代农业示范园,和广大干部群众一起开展义务植树活动。

是日,湘潭县召开创建“全国文明城市”表彰大会暨“三创一治”工作动员会。县领导傅国平、段伟长、周艳希、唐剑恒、刘铁强、王成林、周贤、谭何龙、刘耀奇、胡亚湘、李豪雄、陈卫兵、谭捍卫、尹明忠等参加会议。

13日,市委常委、政法委书记戴德清到湘潭县调研综治维稳工作,抓实抓好“三位一体”,强化基层基础与矛盾化解。县领导谭何龙参加。

是日,县委书记傅国平到花石镇和平村开展民情大走访,了解群众基本情况,倾听群众心声。县领导谭捍卫参加。

16日,湘潭县召开2018年县委农村工作暨全县脱贫攻坚工作会议。会议回顾总结2017年湘潭县“三农”工作成绩,分析当前农业农村形势,部署实施乡村振兴战略和精准扶贫工作。全体在职在家副县级以上领导参加会议。

17日,湘潭县第四届“无限风光在顶峰——石鼓·顶峰之旅”启动仪式在顶峰生态文化旅游区举行。市旅游外事侨务港澳局局长张湘汉宣布活动启动,副县长杨欣荣参加。

19日,湘潭县召开第二次全国污染源普查工作动员会,县领导唐仁光、刘新玉参加会议。

20日,市委常委、政法委书记戴德清率队到碧泉潭现代农业示范园调研。县领导段伟长、周艳希、刘耀奇、曾耀辉参加。

是日,副市长、市公安局局长、涓水河市级河长罗伟率队到湘潭县开展巡河工作。县领导彭世辉、陈义、刘新玉参加巡河或座谈。

21日,市人大常委会副主任、皮鞋皮具产业链链长彭子玉到湖南省(青山桥)皮鞋皮具特色产业园调研。县领导赵国政、唐仁光一同参加。

是日,湘潭县召开水务工作调度会,分析当前水务工作面临的形势,安排部署当前和今后一段时期的水务工作。县领导段伟长、陈义、刘新玉参加会议。

22日,湘潭市副市长刘永珍一行到湘潭县调研中小学“大班额”消除和优化学校布局等情况。副县长杨欣荣参加。

23日,湘潭县召开2018年教育系统城区学校(幼儿园)项目建设调度会。县领导段伟长、杨欣荣、蒋中军参加会议。

是日,县委副书记周艳希到青山桥镇开展民情大走访,并就项目推进、精准扶贫工作进行调研。县领导刘新玉,县民政局、检察院、信访局等单位相关负责人参加。

26日,县委副书记、县长段伟长带队开展民情大走访,倾听群众心声。县政府办、易俗河镇相关负责人参加。

27日,县委副书记、县长段伟长到射埠镇就项目建设现场办公。县领导唐剑恒、荣虎成、刘新玉参加。

28日,副市长、涟水河市级河长

向敏带队到涟水河湘潭县段巡河，视察石潭镇污水处理厂建设和排污口排污情况。副县长、涟水河县级河长唐仁光，县水务局、环保局、住建局等单位相关负责人参加巡河。

是日，湖南省县域金融工程试点工作研讨会在湘潭县召开。武汉大学经管学院教授、中国金融工程与风险管理研究中心主任叶永刚，省政协经科委主任吴金明，省政府金融办副主任张新青，市、县领导程蓓、傅国平、段伟长、周贤、杨云、胡明伟参加会议。

29日，湘潭市政协副主席胡振湘率队到湘潭县调研湘莱产业链发展规划情况。县领导陈卫兵、马新国参加调研座谈会。

是日，湘潭县人大常委会第29次主任(扩大)会议召开。县人大常委会主任唐剑恒，副主任赵国政、曾耀辉、刘绵晖、李西文、胡自庚参加会议。

30日，县委书记傅国平主持召开政府性债务风险防控工作会议。县领导段伟长、周贤参会。

31日，全国第二届海泡石产业创新发展座谈会在湘潭县举行。中国工程院院士、武汉理工大学资源与环境工程学院名誉院长余永富，中国科学院院士、中国科学技术大学物理系教授陈仙辉，国家部委、省市以及全国协会机构相关负责人，生态环保、建筑建材领域的知名企业家共商海泡石产业创新发展大计。市委书记、市人大常委会主任曹炯芳出席会议并讲话，市委副书记、市长谈文胜主持座谈会。市县领导周放良、陈忠红、陈小山、傅国平、段伟长、刘铁强、王成林、唐仁光、刘新玉等参加。

是日，市委副书记、市长谈文胜到湘潭县督查河长制和城市防洪闭合圈工程建设工作。市县领导向敏、傅国平、段伟长、陈义、刘新玉、蒋中军参加。

4月

3日，湘潭县召开精准扶贫工作领导小组会议。县委副书记、县长段伟长要求，精准扶贫工作的认识要高、任务要明、政策要准、服务要优、措施要硬、考核要严。县委副书记周艳希、副县长陈义参加会议。

8日，湘潭县召开2018年环境保护工作暨“蓝天、碧水、净土”保卫战动员部署会。县领导傅国平、段伟长、周艳希、王成林、胡亚湘、谭捍卫、赵国政、唐仁光、欧建美、刘新玉、胡明伟参加。

是日，京东云事业部总裁申元庆率京东集团考察组到湘潭天易经开区考察，为下一步京东与湘潭县战略合作奠定基础。县领导傅国平、王成林、唐争耀参加考察或座谈。

9日，湘潭天易经开区召开2017年总结表彰暨2018年重点工作推进会、2018年党风廉政建设和反腐败工作会议。县领导傅国平、段伟长、王成林等参加。

10日，湘潭县召开中央、省委巡视组交办纪检监察信访件督办会。会议通报前期中央、省委巡视组交办信访事项的办理情况，安排部署下阶段工作。县领导傅国平、胡亚湘、谭捍卫参加会议。

是日，湘潭县人大常委会召开2018年工作评议动员大会。县领导傅国平、唐剑恒、胡亚湘、赵国政、曾耀辉、刘绵晖、李西文、胡自庚、杨欣荣等参加会议。

是日，县人大常委会就城区教育资源整合和优化布局情况开展调研座谈。县领导唐剑恒、曾耀辉、胡自庚、杨欣荣参加。

是日，全县违法建设整治行动暨村庄规划全覆盖动员大会召开。县领导段伟长、赵国政、荣虎成、刘新玉参加会议。

11日，湘潭县召开创建省级卫生县城工作讲评暨迎接市级预评审工作会。县领导周艳希、杨欣荣参加会议。

是日，县委副书记、县长、县级河长段伟长到涟水河湘潭县段巡河，实地查看涟水河防洪工程建设、污水处理工程建设，以及排污口排污情况。

18日，湘潭县召开基层党建重点工作推进会议。县委书记傅国平出席会议并讲话，县委副书记周艳希主持，县领导刘耀奇、陈义参加会议。

19日，湘潭县通过实地查看和听取汇报的形式对”三创一治”工作开展全面督查。县领导傅国平、周艳希、李豪雄、杨欣荣、荣虎成、陈义等参加。

是日，湘潭县人大常委会第30次主任(扩大)会议召开。县人大常委会主任唐剑恒，副主任曾耀辉、刘绵晖、李西文、胡自庚参加会议。

20日，湘潭县以三会合一的形式，对安全生产、食品安全和行政执法竞赛工作进行安排部署。县领导段伟长、周艳希、周贤、肖燎、荣虎成、陈义参加会议。

23日，县委书记、湘潭县第一河长傅国平率队对涓水河开展防汛检查及巡河工作。副县长荣虎成参加。

25日，湘潭县召开乡村振兴重点工作调度会。县领导傅国平、段伟长、周艳希、刘耀奇、谭捍卫、曾耀辉、欧建美参加会议。

是日，县委副书记、县长段伟长率县委办、司法局、审计局等后盾单位，到省定贫困村石鼓镇将军村就精准扶贫工作现场办公。

26日，湘潭县十六届人大常委会召开第十次会议。县人大常委会主任唐剑恒，副主任赵国政、曾耀辉、刘绵晖、李西文、胡自庚及全体组成人员出席会议。

27日，湘潭县召开纪念中共中央发布“五一口号”70周年座谈会。县领导傅国平、周艳希、陈卫兵、谭捍卫、刘绵晖、刘新玉、马新国以及各民主党派、无党派、工商界、医卫界、新的社会阶层人士、党外干部代表等参加会议。

是日，湘潭县在白石广场举行以纪念中共中央发布“五一口号”70周年、推进“全国文明城市”创建为主题的文艺晚会。

是日，湘潭县召开创建省级卫生县城市级预评审验收工作汇报会。湘潭县顺利通过市级预评审验收。县领导段伟长、周艳希、李豪雄、曾耀辉、杨欣荣、刘新玉以及相关责任单位负责人参加会议。

28日，湘潭县举行第五届劳动模范(先进工作者)表彰大会，隆重表彰20名劳动模范(先进工作者)。傅国平、段伟长、周艳希等县领导和市总工会副主席陈实出席会议。

5月

2日，县政协主席刘铁强到联系的省定贫困村云湖桥镇新中塘村(原新南村)检查指导脱贫攻坚工作。

3日，湘潭生活垃圾焚烧发电项目选址决策听证代表遴选会举行。副县长荣虎成，县监委、县项目建设指挥部、县城管执法局、县城乡规划局、河口镇、杨嘉桥镇、群众代表、市环保协会等参会。

4日，湘潭县举行纪念五四运动99周年暨青年谈奉献座谈会。县委书记傅国平和与会青年代表亲切交流，谈奋斗、谈奉献、谈成功，共话美好未来。县领导周艳希、刘耀奇、杨欣荣参加会议。

是日，县十六届人大常委会第31次主任(扩大)会议召开。县人大常委会主任唐剑恒，副主任赵国政、曾耀辉、刘绵晖、李西文、胡自庚参加会议。

5日，《彭德怀故里创建国家AAAAA级旅游景区提升规划及策划咨询服务》项目在天易经开区328会议室成功签约，标志着彭德怀故里创建国家AAAAA级旅游景区工作迈出关键一步。

6日，“到彭总故里采茶去”—第四届乌石采茶之旅活动在湘潭县乌石镇的羊鹿茶种植基地举行，吸引来自长株潭及周边城市的600余名游客前去体验采茶的乐趣。县领导唐剑恒、杨欣荣参加开幕式。

8日，县委副书记、县长段伟长到湘潭离心机有限公司、湖南杰萃生物科技有限公司开展“五联五问”调研走访，了解企业生产经营情况和下阶段的发展规划，仔细询问企业生产经营中遇到的困难问题，以实际行动带头落实“五联五问”。

是日，县委副书记、县长段伟长到县司法局调研依法治县工作。段伟长在调研中要求，要全面提升依法治县水平，全面理清司法行政职责，全面拓展法律服务功能。副县长、县公安局局长彭世辉参加调研。

是日，湖南希望工程助力脱贫攻坚大型公益行动走进湘潭暨湘潭市“精准帮扶·希望同行”公益助学活动捐助仪式在子敬学校举行。市政协副主席周佩珞、县委副书记周艳希和部分爱心人士出席活动。

8—9日，省爱卫办副主任徐小生一行5人对湘潭县创建省级卫生县城工作进行调研。5月9日，湘潭县召开创建省级卫生县城省级调研工作汇报会。县领导傅国平、杨欣荣、刘新玉参会。

9日，湘潭县第十六届人民代表大会法制委员会召开第九次会议，审查县人民政府6个规范性文件。县人大常委会副主任刘绵晖参加会议。

11日，湘潭县召开垃圾焚烧发电项目前期工作动员大会。全体在家县级领导参加会议。

是日，县委副书记、县长段伟长现场调度大汉·子敬龙城和子敬初中项目建设。

14日，湘潭县召开强招商、促创新、优服务、推进高质量发展大会。傅国平、段伟长、唐剑恒、刘铁强、王成林等县领导及湖南股权交易所、中国农业发展银行市分行相关负责人等出席会议。

16日，湘潭县召开行政审批制度改革工作领导小组会议。县领导段伟长、周贤、唐仁光以及编办、财政、人社、监察等单位的领导小组成员参加会议。

17日，湘潭生活垃圾焚烧发电项目选址决策听证会举行。听证会由副县长荣虎成主持。

18日，湘潭县召开扶贫工作暨脱贫攻坚作风建设动员会。县领导傅国平、段伟长、周艳希、周贤、刘耀奇、胡亚湘、谭捍卫、陈义出席会议。

22日，湘潭县召开中央、省委巡视组移交问题线索和信访件办理情况汇报督办会。县委书记傅国平参会并讲话，县委副书记周艳希主持会议。

是日，湘潭县召开锦石乡唐家湖村农居点项目信访问题工作推进会议，县领导段伟长、荣虎成参加会议。

23日，湘潭县人民检察院驻湖南湘潭天易经开区管委会检察联络室挂牌成立。县检察院检察长胡湘晖，天易经开区党工委委员、纪工委书记陈群量参加。

是日，全县种植结构调整及休耕治理暨湘莲产业发展调度会召开。县委副书记、县长段伟长等参加会议。

是日，县委副书记、县长段伟长到锦石乡碧泉村，看望参加“同吃同住同劳动”主题活动的湘潭县第23期青干班学员，并参加当晚的“我为碧泉村发展建言献策”座谈会。县委常委、组织部长刘耀奇参加。

24日，湘潭县召开智慧城市建设调研会。县领导段伟长、荣虎成参加会议。

25日，县委书记傅国平率队到易俗河镇石壁村就精准扶贫工作现场办公。县领导谭捍卫一同参加。

是日，县委书记傅国平率队到天易农商行现场办公，为天易农商行会诊化难，鼓劲给力。县领导周贤、谭捍卫参加。

是日，湘潭县召开会议对2018年首轮安全生产巡查工作进行汇报总结。县领导周贤参加会议。

28日，湖南省关工委主任杨泰波率队到湘潭县调研关心下一代工作。县领导刘耀奇参加。

是日，省政协人资环委主任张智军一行到湘潭县开展“三进三助”聚力行动，先后到湘潭天易经开区和湘潭源远海泡石新材料有限公司走访调研，市政协副主席刘良廷、县政协副主席马新国以及市县政协人资环委相关负责人等参加。

30日，县委副书记、县长段伟长率队到乌石镇，就彭德怀故里创建国家AAAAA级旅游景区工作现场办公，加快推进创建工作。县领导李豪雄、荣虎成以及县财政、城管执法、国土、发改等单位负责人参加。

6月

1日，县委书记傅国平到烟塘小学、子敬学校、山塘小学、水竹学校看望慰问少年儿童，向孩子们送上党和政府的关爱与祝福。县领导周艳希、谭捍卫、杨欣荣及县教育局、县妇联负责人等参加。

是日，县委副书记、县长段伟长到湘潭县政务服务中心，调研“智慧政务”建设情况。县领导周贤参加。

4日，县委副书记、县长段伟长到杨嘉桥镇现场办公。县领导彭世辉参加。

是日，县委副书记、县长段伟长率队到湖南金风食品有限公司等4家企业走访调研，为企业排忧解难。副县长唐仁光参加。

5日，县委副书记、县长段伟长率有关部门负责人一行前往江声实验学校、云龙实验中学、县一中三个高考考点，检查指导考前各项工作准备情况。

是日，县委副书记、县长段伟长到河口镇现场办公。县领导唐仁光参加。

6日，湘潭县开展“三创一治”工作全面督查，县领导傅国平、段伟长、周贤、李豪雄、谭捍卫、杨欣荣、荣虎成、蒋中军、罗义彬等参加督查和汇报会。督查组一行先后到百花社区、酱园小区、牛头岭路口、步步高商场旁的城中村夜宵摊点、瓦屋湾社区等实地查看“三创一治”工作落实情况，并听取全县“三创一治”工作开展情况汇报。

7日，县委副书记、县长段伟长到县公安局调研“智慧公安”建设情况。县领导彭世辉、唐仁光参加。

12日，湘潭县召开环境保护委员会第二次全会暨污染防治攻坚战工作推进会。县领导傅国平、段伟长、周艳希、唐仁光、荣虎成、陈义、刘新玉参加。

是日，湘潭县人民医院被正式授牌为“三级综合医院”，这标志着湘潭县医疗卫生事业发展又迈上一个新台阶。县领导杨欣荣参加揭牌仪式。

14日，县政协就“县城区道路命名”开展专题协商。县领导刘铁强、陈义、韩炎参加会议。

15日，傅国平、段伟长、唐剑恒、刘铁强、王成林等全体在家县级领导，以及在“三创一治”工作中承担主要创建任务的相关单位的负责人共70余人一同参加湘潭县“美化家园共创文明城”公益活动。

21日，市委常委、宣传部部长吴小月一行到石鼓镇铜梁村给村里的老党员送上节日慰问，并给党员们讲党课。

25日，副县长陈义到湘潭县韶山灌区受益乡镇指导抗旱工作。县水务局负责人一同参加。

是日，市委书记、市人大常委会主任曹炯芳到湘潭县茶恩寺镇茶花村，看望慰问困难党员，并为基层党员干部上党课。曹炯芳勉励广大党员干部，要恪守对党绝对忠诚，牢记为民服务宗旨，打造过硬班子队伍，致力乡村振兴发展。县领导傅国平、刘耀奇参加。

是日，湘潭县召开农村集体产权制度改革工作动员暨脱贫攻坚工作推进会。县领导傅国平、段伟长、周艳希、周贤、刘耀奇、胡亚湘、李西文、陈义、马新国参加会议。

26日，新时代 新思想 新莲乡——湘潭县全民素质提升工程理论宣讲启动仪式在花石镇举行。县领导傅国平、李豪雄、谭捍卫、李西文、何晓春等参加。

是日，湘潭县召开扫黑除恶专项斗争领导小组全体（扩大）会议。县领导傅国平、段伟长、周艳希、谭何龙、胡亚湘、李豪雄、曾耀辉、彭世辉、何晓春参加会议。

是日，县委副书记、县长段伟长调研易俗河镇半年度工作情况，副县长荣虎成参加。

是日，县委书记傅国平到联系乡镇花石镇花石社区上主题为“学习彭总精神，做忠诚、干净、担当的优秀党员”的党课。县领导李豪雄、谭捍卫、李西文、何晓春及花石镇党政班子成员、村（社区）党支部书记、花石社区全体党员等150余人参加。

27日，湘潭县（天易经开区）举行37个重大项目集中开工、竣工（投产）暨湘潭佳海产业新城奠基仪式。市县领导刘永珍、傅国平、周艳希、唐剑恒、刘铁强、王成林、周贤等参加仪式。副市长刘永珍宣布项目集中开工、竣工（投产）。

是日，县委副书记、县长段伟长调研青山桥镇半年度工作情况。县委副书记周艳希参加。

是日，市委常委、纪委书记胡卫兵到花石镇天马山村为近40名基层党员讲主题党课，并走访慰问困难党员。县领导傅国平、刘耀奇、胡亚湘参加。

28日，全国深化“放管服”改革转变政府职能电视电话会议召开，湘潭县设立分会场收听收看会议实况。县领导段伟长、周贤参加。

27日至28日，湘潭县第十六届人大常委会第十二次会议召开。县人大常委会主任唐剑恒，副主任赵国政、曾耀辉、刘绵晖、李西文、胡自庚以及全体常委会委员出席会议。县领导周贤、胡亚湘、杨欣荣、荣虎成、陈义等列席会议。

28日，县委副书记、县长段伟长一行到梅林桥现代农业示范园现场办公，就“多彩梅林”建设和运营工作进行调度。县领导周艳希、陈义、刘新玉参加。

29日，县委书记傅国平走访慰问部分困难党员和优秀党员，向他们送上“七一”的祝福。县领导谭捍卫一同参加。

是日，湘潭县召开庆祝中国共产党成立九十七周年暨加快实施乡村振兴战略座谈会。县领导傅国平、周艳希、刘耀奇、胡亚湘、谭捍卫、陈义参加。

30日，“人文圣地·大美湘潭”湘潭市夏季乡村旅游节启动仪式暨第四届梅林农业公园游园季活动举行。市县领导傅军、傅国平、周艳希、杨欣荣、陈义参加。

7月

2日，县十六届人大常委会第36次主任（扩大）会议召开。县人大常委会主任唐剑恒,副主任赵国政、曾耀辉、刘绵晖、李西文、胡自庚参加会议。

3日,市委副秘书长赵志超带队到湘潭县督导扫黑除恶专项斗争工作。督查组随机深入到县公安局、住房与城乡建设局、人民法院、人民检察院、国土资源管理局、水务局、纪委监委、易俗河镇、石潭镇、天易派出所、梅林桥派出所、石潭派出所等单位实地抽查,听取县、乡镇两级和各重点行业监管单位开展扫黑除恶专项斗争工作汇报,并对下一步工作提出要求。县领导傅国平等参加督查反馈会议。

4日,省司法厅副厅长傅莉娟到湘潭县调研社区矫正教育管理工作。县领导彭世辉参加调研。

5日,县委副书记周艳希到锦石乡督查调研脱贫攻坚、种植结构调整以及项目建设等工作。

是日,县委书记傅国平到云湖桥镇、杨嘉桥镇走访省定贫困村,视察村级服务阵地规范化建设。县领导刘耀奇、谭捍卫一同参加。

9日,湘潭县召开迎中央环保督察"回头看"暨省委环保督察工作专题会议。县领导傅国平、段伟长、周贤、彭世辉、荣虎成、刘新玉参加会议。

10日,县委副书记、县长段伟长调研射埠镇半年度工作开展情况。县领导唐剑恒、唐仁光参加调研。

11日,省司法厅副厅长黄春阳一行到湘潭县督查调研公共法律服务体系建设工作。黄春阳一行到县司法局公共法律服务中心、易俗河司法所、花果山社区、牛头岭社区以及锦石司法所进行调研。县委副书记、县长段伟长参加座谈会。

是日,湘潭市2018年"百企联百村,脱贫奔小康"帮扶活动现场推进会在云湖桥镇召开。与会人员参观云湖桥镇新联村农业项目示范点和企业。各县(市)区统战部、园区、工商联以及部分商会代表齐聚一堂,献计出力,为湘潭市实现精准扶贫、精准脱贫目标贡献智慧和力量。

是日,湘潭县城乡规划委员会2018年度第三次会议召开。会议审议通过《湘潭大汉·紫敬龙城修建性详细规划审查》和《湘潭县县城环境卫生专项规划审查》2个项目规划。县领导段伟长、王成林、荣虎成、欧建美、刘新玉参加会议。

12日,湘潭县召开马路市场整治工作讲评会,总结前段马路市场综合整治工作情况,分析当前存在的困难和问题,安排部署下阶段工作。县领导段伟长、肖燎参加会议。

是日,政协湘潭县第九届委员会常务委员会第八次会议召开。会议由县政协主席刘铁强主持。县政协副主席韩炎、欧建美、何晓春、刘新玉、马新国参加会议。

13日,湘潭县召开乡镇项目竞赛集中调度会。

是日,省委统战部副部长胡东风率队到湘潭县潭口双阳示范片调研同心美丽乡村建设情况。县领导陈卫兵参加调研。

14日,2018年中国·湘潭花石第五届湘莲文化艺术旅游节开幕式暨产业兴旺之成果展示活动在湘潭县花石镇湘莲大市场揭开帷幕。市县领导傅军、周艳希、李豪雄、谭捍卫、杨欣荣、陈义出席活动。

是日,中国·湘潭花石第五届湘莲文化艺术旅游节暨"万步有约"实地健走活动在花石镇湘莲大市场举行。

16日,湘潭县人民政府第十六届四次全体(扩大)会议暨2018年上半年经济形势分析会召开。会议由县委常委、常务副县长周贤主持。县统计局、财政局、发改局、农业局、天易经开区等相关单位负责人分别汇报上半年工作完成情况、存在的困难问题以及下阶段工作打算。县领导傅国平、段伟长、王成林、周贤、赵国政、唐仁光、肖燎、杨欣荣、荣虎成、陈义、欧建美、刘新玉等参加会议。

18日,湘潭县莲乡融资担保有限公司揭牌暨签约仪式举行。市政府办有关负责人,县委常委、常务副县长周贤等参加。

是日,湘潭市优秀党课巡回宣讲活动湘潭县专场在县委党校大礼堂举行。县领导傅国平、周艳希、唐剑恒、刘铁强等参加。

20日,国家税务总局湘潭县税务局挂牌成立,原湘潭县国家税务局、湘潭县地方税务局合二为一。

是日,湘潭市湘菜"毛氏、曾氏、齐氏、黎氏"四大伟人名人菜评审会举行,湘潭县研发的"齐氏""黎氏"各15道菜品参与评审。

23日,县人大常委会主任唐剑恒率队视察莲乡土地公司。

24日,湘潭天易经开区产业项目建设讲评推进会举行。县领导傅国平、段伟长、王成林、蒋中军、胡庚、罗义彬、贺玉良参会。

是日,省人大常委会副主任周农一行,到湘潭县开展促进科技成果转化法"一法一办法"执法检查,市、县领导阳建民、陈小山、唐剑恒、曾耀辉、唐仁光参加。

是日,县委书记傅国平就推进彭德怀故里创建国家AAAAA级旅游景区工作进行调度。县领导李豪雄、杨欣荣、李日方以及筹委会成员单位负责人参加。

是日,为认真做好迎省委环保督察工作,准确研判湘潭县当前存在的突出环境问题,加快问题整改和整治工作,湘潭县召开迎省环保督察暨"利剑"行动工作部署会,县委副书记、县长段伟长参加会议。会上,县政协副主席、环保局局长刘新玉就湘潭县中央环保督察交办和反馈等问题的专项督查情况进行通报。县公安局相关负责人就"利剑"行动进行安排部署。县领导彭世辉、唐仁光参加会议。

25日,湘潭市婚姻家庭纠纷调解工作推进会在湘潭县召开。市委常委、政法委书记戴德清,县委常委、政法委书记谭何龙参加会议。

26日,根据省委、省政府的统一部署,省第三环境保护督察组进驻湘潭市并召开工作动员大会,会议以电视电话会议形式召开。湘潭县组织收看电视电话会议。随后,县委书记傅国平根据湘潭县实际情况对本次环境保护督察工作进行安排部署。县领导段伟长、周艳希、唐剑恒、刘铁强、周贤、谭何龙、刘耀奇、李豪雄、陈卫兵等参会。

是日，省政协副主席张大方一行到湘潭县调研海泡石产业发展情况。市、县领导周放良、谭岳、刘铁强、唐仁光、马新国参加。

是日，湘潭县召开河长制工作培训会议。

27 日，县委书记傅国平就化解城区学位供需矛盾、推进学校项目建设及优化城区公交线路进行现场办公，全力解决城区"上学难"问题。

30 日，县委书记傅国平率队到县农业局调研农业农村工作。县领导段伟长、周艳希、周贤、陈义参加。

是日，2018 年全县粮食收购工作会议召开。

31 日，湘潭县召开招商引资工作领导小组联席会议，县领导段伟长、陈卫兵、肖燎、荣虎成参加。

是日，为深入推进县域金融工程试点工作，加快多层次资本市场建设步伐，湘潭县召开加快企业股改上市工作推进会。湖南股权交易所董事长易卫红，县领导段伟长、王成林、周贤、唐仁光参加会议。

8月

2 日，为落实湖南省 2018 年污染防治攻坚战"夏季攻势"部署，改善湘江流域生态环境，有效防治畜禽养殖污染，县委副书记、县长段伟长带队到杨嘉桥镇、石潭镇，现场检查涟水河沿岸养殖污染治理工作。县领导陈义一同参加。

4 日，东莞富鼎兴精密电子科技有限公司签约落户天易经开区，这是首家入驻天易经开区的台资企业。

6 日，县委副书记、县长段伟长到河口镇、杨嘉桥镇、石潭镇，现场督办省环保督察组信访交办件办理工作。县领导唐仁光参加。

7 日，湘潭县召开挺进"全国百强县"领导小组第二次会议。县领导段伟长、王成林、唐仁光、荣虎成、刘新玉等参加。

7 日，省第三环保督察组对湘潭县开展延伸督察，听取湘潭县环境保护工作和中央环保督察交办反馈问题整改情况的汇报，并深入现场开展环保督察。

8 日，湘潭县召开农业农村面源污染防治暨农作物秸秆禁烧、涟水河沿岸养殖污染治理工作推进会议。

14 日，县委副书记、县长段伟长率县委办、政府办、财政局、司法局等部门，就精准扶贫工作到石鼓镇将军村现场办公。

14 日，省粮食局党组成员、副局长熊小兰率检查组一行，到湘潭县裕湘粮食购销有限公司开展早稻收购工作督查。副县长唐仁光，市县商务粮食局负责人参加。

16 日，湘潭县召开绩效考核工作讲评会。傅国平、周艳希、刘铁强、王成林等全体在家的县级领导参加会议。

17 日，湘潭县举办首届"中国医师节"庆祝活动，进一步营造尊医重卫的良好氛围。县领导杨欣荣参加。

是日，湘潭县召开"稳地价、稳房价、稳预期、促进房地产行业健康稳定发展"工作座谈会。县领导段伟长、荣虎成及县住建局、规划局、国土局、公积金中心、房地产协会等单位相关负责人参加。

20 日，湘潭县召开综治民调暨"扫黑除恶"专项斗争督导讲评工作会。县领导傅国平、周艳希、谭何龙、胡亚湘、李豪雄、谭捍卫等参会。

是日，湘潭县十六届人大常委会第 38 次主任(扩大)会议召开。县人大常委会主任唐剑恒等参加会议。

22 日，湘潭市委副书记何俊峰一行到湘潭县调研，听取湘潭县工作情况汇报，并实地走访相关企业和项目。县领导傅国平、周艳希、蒋中军参加调研或汇报会。

23 日，湘潭市人大就湘潭县贯彻执行《公共文化服务保障法》情况开展执法检查。市人大常委会副主任阳建民，县领导曾耀辉、杨欣荣参加检查活动。

25 日，广州·湘潭县智能制造、皮具皮鞋产业招商推介会在广州举行。市县领导杨真平、傅国平、陈卫兵、肖燎、胡明伟出席会议。广东省湖南商会、广东省湘潭商会、广东省制造业协会、中山市湘潭商会、惠州市湘潭商会等商会负责人，广州市各皮具皮鞋生产销售知名企业家、中山市玻璃灯饰行业知名企业家等百余人应邀参加会议。

28 日，湘潭市纪念抗战胜利 73 周年国防教育进基地活动在湘潭县青少年综合实践基地举行。湘潭县 2018 年全体体检政审"双合格"应征青年以及近 1600 名青年学生参加活动。湘潭军分区司令员贺建，县领导尹明忠、杨欣荣出席活动。

29 日，湖南省副省长陈文浩一行到湘潭县，就中央环保督察反馈问题整改、棚户区改造、黑臭水体治理、农村人居环境治理等工作进行调研。市、县领导谈文胜、向敏、段伟长、荣虎成参加调研。

31 日，县委书记傅国平带领环保、公安、林业、国土等相关职能部门负责人到杨嘉桥镇华东村现场督办非法采洗山砂导致山林大面积破毁的情况的调查工作，并与环保志愿者代表就调查情况交流释疑，同时对全县污染防治工作进行再强调、再部署。县领导李豪雄、荣虎成参加。

是日，湘潭县召开第四次全国经济普查工作推进会暨业务培训会。县领导周贤参会。

是日，县委书记傅国平带领环保、公安、林业、国土等相关职能部门负责人现场督办杨嘉桥镇华东村非法采洗山砂导致山林大面积破毁事件的调查取证工作并与环保志愿者代表就调查情况交流释疑，同时对全县污染防治工作进行强调和部署。

9月

5 日，县委书记傅国平到白石镇调研重点工作，并开展脱贫攻坚"三走访三签字"工作，到该镇省定贫困村湖田村，走访贫困户，听取村上有关情况汇报。当天傅国平还现场查看白马公路及旅游环线建设。县领导谭捍卫一同参加。

是日，湘潭县召开粮食收购工作调度会议。会议要求县农业局、县广电台、县农发行、裕湘公司要加强粮食收购政策宣传力度，迅速启动租仓收粮程序。县领导肖燎参会。

7日，湘潭县召开作风建设讲评暨石鼓镇“12·7”专案警示教育大会。全体在家的县级领导参加会议。会上，全体与会人员集中观看由县纪委监委自主拍摄的警示教育片，县纪委监委相关负责人通报石鼓镇“12·7”专案案情。

是日，湘潭县召开驻村帮助工作调研座谈会，27名市、县派驻村帮助队队员代表齐聚一堂，共话驻村帮助工作。县委常委、组织部长刘耀奇参加会议。

10日，湘潭县召开庆祝第34个教师节暨先进个人表彰大会，一批“最美莲乡教师”“莲乡园丁”“师德标兵”等受到表彰。县领导段伟长、周艳希、李豪雄、曾耀辉、杨欣荣、何晓春等参加会议。

是日，湘潭县召开“三创一治”工作讲评推进大会。县领导傅国平、段伟长、周艳希、唐剑恒、刘铁强及全体在家的县委常委、分管副县长参加会议。

11日，湘潭县乡镇财政所管理体制理顺工作会议召开。县领导段伟长、周贤参加。

是日，日本国际经济文化促进协会理事长、日本湖南总商会会长、三菱总公司高管袁正平率团到湘潭县考察。

是日，县安委会召开2018年度第三次全体会议。

12日，省级示范性县级党校行政学校评定工作组到湘潭县委党校，开展评定考核工作。县委副书记、县委党校校长周艳希参加。

是日，县委书记傅国平走进百花社区普通群众家中进行走访，傅国平与群众们促膝长谈，诚恳地询问群众对县委政府工作、社会治安管理、平安建设、文明创建等方面的意见建议。

是日，县委书记傅国平率队对湘潭县“街长制”运行情况开展巡查督查。县领导谭捍卫参加。傅国平一行先后到县司法局前坪、长江宾馆沿线、鑫田大酒店路口、向东渠等路段，对沿线广告牌改造、“门前三包”落实情况、燃煤改气、交通指示灯建设等工作开展巡查。

是日，县委副书记周艳希带队开展“街长制”巡查。县委常委、宣传部长李豪雄一同参加。

13日，中国计划生育协会副会长勾清明一行到湘潭县调研指导计划生育工作，省计生协负责人，市、县领导刘永珍、谭岳、周艳希参加。

是日，湘潭县·湘潭天易经开区重大产业项目集中开工。市委副书记何俊峰参加活动并宣布开工，县领导傅国平、周艳希、刘铁强、王成林、周贤一同参加。此次集中开工的4个项目分别为利口福食品湘潭生产基地项目、湘潭联海商贸城项目、柏屹创新创业产业园(三期)项目和凯依克物流园(二期)项目，总投资近30亿元，投产后产值和营业收入达100亿元以上。

16日，县委副书记周艳希带队前往易俗河镇花果山社区开展民情大走访，向群众宣传创文、创卫等工作，并听取大家的意见和建议。

17日，湘潭县召开2018年全县安全生产巡查工作汇报会。县领导段伟长、周贤、彭世辉、唐仁光、肖燎、荣虎成参加会议。

是日，县人大常委会主任唐剑恒到射埠镇倾听民意收集民情，零距离服务选民。当天，市县代表唐剑恒、刘蔚、张革文等就群众提出的射埠二桥项目建设、谷石渡改桥项目建设、基层服务阵地标准化建设等问题一一进行登记，表示将向交通、组织等部门进行交办，督促政府尽快解决问题并进行答复。

是日，埃塞俄比亚、乌干达两国政府官员、联合国儿童基金会项目官员及全国妇联联络部项目处相关人员一行，到湘潭县考察儿童早期发展社区家庭支持服务项目。市、县领导刘永珍、周艳希参加座谈会。

是日，县委书记傅国平到乌石镇调度彭德怀故里创建国家AAAAA级旅游景区工作。傅国平一行先后到彭德怀精神宣讲中心、彭德怀故居和彭德怀纪念馆，查看项目建设的进度情况。县领导李豪雄、荣虎成参加。

19日，县委书记傅国平现场调度湘潭至花石快速干道项目建设。县领导刘铁强、唐仁光、刘新玉、罗义彬参加。

是日，湘潭县召开“利剑行动”工作调度会，县“利剑行动”工作领导小组相关负责人通报湘潭县“利剑行动”工作的相关情况。县领导段伟长、彭世辉、唐仁光、刘新玉参会。

是日，2018年全国科普日湘潭主场活动启动仪式在湘潭县一中举行。湘潭市推出科普宣传树新风、科普讲座授知识等五大类112项科普活动。市、县领导阳建民、周佩珞、周艳希参加启动仪式。当天，活动还对湘潭市科技创新之星及科技创新园丁进行表彰通报。

20日，省司法厅副厅长唐世月一行到湘潭县调研公共法律服务工作。

是日，湘潭县组织县科经局、金融办、税务局、人社局等职能部门相关负责人和县内10余家规模企业代表召开座谈会，就如何鼓励支持实体经济发展进行沟通交流，征求意见和建议。县领导段伟长、唐仁光参加。

21日，湘潭县召开脱贫攻坚“三落实”集中行动推进会。傅国平、段伟长、周艳希、唐剑恒、刘铁强等县领导参加会议。

25日，县人大常委会组织相关人员前往易俗河镇、云湖桥镇部分村组，开展农村建房管理工作视察。县领导唐剑恒、赵国政、曾耀辉、刘绵晖、李西文、胡自庚、荣虎成一同参加。

26日，县委副书记、县长段伟长到易俗河镇、石鼓镇、排头乡，开展脱贫攻坚“三落实”集中走访。

是日，县委副书记、县长段伟长到凤凰路开展“街长制”巡查。

27日，县委副书记、县长段伟长就城区学校项目建设现场办公。县领导杨欣荣参加。

是日，市委常委、纪委书记、监委主任胡卫兵到湘潭县花石镇天马山村慰问贫困户。县领导胡亚湘参加。

28日，湘潭县举行县直机关“带头践行文明交通，携手共创平安莲乡”文明交通承诺活动。县领导李豪雄、彭世辉参加。

是日，县人大常委会主任唐剑恒到县城香樟路、碧泉潭路开展“街长制”巡查。

29日，县委书记傅国平一行到彭德怀纪念馆，实地察看彭德怀故里工程项目建设情况。县领导李豪雄、荣虎成参加。

是日，县委书记傅国平主持召开全县落实“乡村振兴”战略和特色小镇发展建设工作推进会，动员全县上下进一步提高政治站位、强化工作责任和举措，切实推动乡村振兴战略的全面实施。县领导谭捍卫、陈义参加。

是日，湖南省第三环境保护督察组督察湘潭市意见反馈电视电话会召开。督察组组长肖国安向湘潭市反馈意见，市委书记、市人大常委会主任曹炯芳作表态讲话。县领导傅国平、段伟长、唐剑恒、刘铁强、王成林等在湘潭县分会场参加会议。

是日，市委常委、常务副市长杨广带队到湘潭县开展安全生产督查，强调坚决防范和遏制各类安全事故发生，确保人民群众生命财产安全。县领导周贤参加督查意见反馈会。

30日，湘潭县在烈士纪念广场举行烈士纪念日公祭活动，县领导傅国平、段伟长、唐剑恒、刘铁强、谭捍卫，县人武部相关负责人及县直单位干部职工代表、团员代表、烈士家属和退伍军人代表、学生代表等共计200余人参加公祭活动。

是日，潭商大会举行湘潭县·湘潭天易经开区专场，来自香港中华总商会、香港湖南联谊总会、香港湘潭同乡联谊会、中央人民政府驻香港特别行政区联合办公室及北京湘潭企业商会、深圳市湘潭商会等商会的50余名嘉宾，实地考察天易经开区，市、县领导谈文胜、傅军、胡振湘、傅国平、段伟长、王成林、陈卫兵、肖燎等参加。

是日，统一战线“泛海助学行动”湘潭县捐助仪式暨扶贫助学阳光行动在县教育局会议室举行，为全县91名建档立卡贫困大学本科新生每人资助5000元共计45.5万元。

10月

8日，湘潭县总工会第十五届委员会第十次全体会议召开。

9日，湘潭县召开马路市场整治工作总结会。县领导段伟长、肖燎参加。

是日，县委副书记、县长段伟长率队赴白石镇实地考察养殖场，并组织召开畜禽养殖污染治理工作推进会。县领导刘新玉参加。

10日，湘潭县召开采砂洗砂整治和秸秆禁烧工作调度会，县委副书记、县长段伟长对非法采砂洗砂整治和秸秆禁烧工作进行再部署。县领导唐仁光参会。

11日，湘潭县组织观摩团，对各乡镇的产业项目建设成果进行观摩，推动经济建设高质量发展。当天，县委副书记、县长段伟长还组织召开湘潭县乡镇项目讲评暨乡镇经济发展培训会。县领导周贤、唐仁光、杨欣荣、荣虎成参加观摩或会议。

是日，县委书记傅国平带队前往易俗河镇石壁村，开展脱贫攻坚“三落实”走访活动，向困难群众送去党和政府的温暖关怀。县领导谭捍卫参加。

11日，湘潭县举行政、企、校海外就业合作签约仪式暨国际海员定向培养就业合作基地授牌仪式，标志着湘潭县首个中职毕业生海外就业合作培养基地顺利建成。

12日，市委常委、政法委书记戴德清率队到湘潭县开展“七五”普法中期检查。县领导周艳希、谭何龙、彭世辉参加。

是日，湘潭县召开“三创一治”工作调度推进会，就2018年“全国文明城市”和“省级卫生县城”迎检工作作动员部署。县委副书记周艳希参加。

15日，湘潭县召开离退休干部工作暨“四先”表彰会议。市委组织部副部长、市老干部局局长、市离退休干部工委书记郭晓春，县领导傅国平、周艳希、刘耀奇、谭捍卫、赵国政、韩炎参会。

是日，湘潭县召开湘潭县河长制工作调度会，县领导段伟长、周贤、唐仁光、陈义、刘新玉参会。

是日，湘潭县召开全面深化改革、全面建成小康社会工作推进会议。县领导傅国平、段伟长、周艳希、唐剑恒、刘铁强等参会。

16日，县领导周艳希、胡亚湘、谭捍卫、杨欣荣分别带队，组织相关部门深入城区重点路段、重点场所，对“三创一治”工作开展督查。

17日，湘潭县召开落实中央环保督察整改暨污染防治攻坚战工作推进会。县领导傅国平、唐仁光、刘新玉参会。

18日，县委书记傅国平率队前往乌石镇，现场就彭德怀同志诞辰120周年纪念活动进行工作调度。县领导段伟长、周艳希、李豪雄、谭捍卫、杨欣荣、荣虎成、李日方参加。

19日，副市长刘永珍率市文广新局、市旅游外侨局等单位到湘潭县中路铺镇、白石镇督查“白石探源”线路及环境整治工作，谋划部署第五届中国（湘潭）齐白石国际文化艺术节“白石探源之旅”相关工作。县领导杨欣荣参加。

22日，湘潭县交通运输工作调度会召开。县领导段伟长、周贤、唐仁光参加。

23日，全国红军小学建设工程理事会在湘潭县乌石镇（原彭德怀希望小学）举行“中国工农红军湖南湘潭彭德怀红军小学”授旗授牌仪式。

24日，湘潭县举办庆祝彭德怀120周年诞辰纪念活动。

26日，湖南五洲通药业有限公司新生产基地一期竣工试投产暨二期开工建设仪式举行。县领导傅国平、段伟长、王成林等参加仪式。

29日，湘潭县召开创建省级卫生县城省级暗访反馈问题整改交办暨迎接省级技术考核鉴定工作推进会议。县领导傅国平、周艳希、李豪雄、杨欣荣参加会议。

30日，推进移风易俗，树立文明新风“文明大舞台，进村倡新风”主题活动在湘潭县杨嘉桥镇文体广场举行。省委宣传部副部长、省文明办主任刘进能，县委常委、宣传部长李豪雄参加活动。

是日，湘潭县召开扫黑除恶专项斗争乡镇党委书记、乡镇长履职集中谈话会，对当前扫黑除恶专项斗争工作进行动员、部署。县领导傅国平、段伟长参加会议。

是日，湘潭县人民政府与建设银行湘潭市分行签署战略合作协议，双方将在项目建设、民生事业、智慧城市、金融创新及中小企业发展等领域深化合作，推动战略合作项目落地实施，实现合作共赢。县领导段伟长、周贤、杨云出席签约仪式。

30—31 日，县十六届人大常委会第十四次会议召开。县人大常委会主任唐剑恒，副主任赵国政、曾耀辉、刘绵晖、李西文、胡自庚参加会议。县领导周贤、胡亚湘、彭世辉、唐仁光、杨欣荣、荣虎成、陈义列席会议。

31 日，湘潭县召开“五大竞赛”(争支争项竞赛、招商引资竞赛、项目建设竞赛、行政执法竞赛、工作创新竞赛)工作调度会。县领导段伟长、周贤、肖燎、刘新玉以及县政府办、县发改局、县财政局等单位主要负责人参加。

是日，湘潭县不动产登记中心、湘潭市住房公积金管理中心湘潭县管理部“联合办理”窗口正式运行。县领导荣虎成参加揭牌仪式。

是日，“不忘初心，携手‘童’行”——2018 年湖南省留守儿童关爱帮扶活动在湘潭子敬学校举行。省委宣传部副部长、省文明办主任刘进能，市委宣传部有关负责人，县领导傅国平、李豪雄、杨欣荣参加。

11月

1 日，湘潭县召开非洲猪瘟防控工作专题部署会议，县委副书记、县长段伟长强调，要严防死守，全力以赴做好非洲猪瘟疫情防控处置工作。县领导陈义参会。

2 日，县委副书记、县长段伟长调研县农发公司重组转型工作。县领导陈义参加调研。

1—5 日，第十六届中国国际农产品交易会(简称“农交会”)暨第二十届中国中部(湖南)农业博览会(简称“农博会”)在长沙国际会展中心举行，湘潭县多种特色农产品“组团”参展。

5 日，湘潭县“火车头”计划党政领导干部高级研修班开学典礼在深圳大学举行。县领导刘耀奇、李豪雄，全县各机关单位、乡镇的 63 名学员参加开学典礼。

6 日，县委副书记周艳希率相关部门负责人，对创卫省暗访专家组反馈意见整改工作进行实地督查并召开工作推进会。县领导杨欣荣参加。

7 日，湘潭县召开城乡供水一体化和交通基础设施建设 PPP 项目调度会。县领导段伟长、陈义参加会议。

是日，县委副书记周艳希到排头乡团结村、花石镇龙潭村走访慰问贫困户，督查脱贫攻坚工作开展情况。

8 日，市委副书记、市长谈文胜率队到湘潭县，就非洲猪瘟防控工作开展督查。

是日，市委副书记、市长谈文胜率队走进湘潭县部分工地、企业，开展安全生产工作督查。县领导傅国平、段伟长参加。

是日，湘潭县正式向中国饭店协会申报“中国湘莲美食之乡”称号并接受专家组考察评审。县领导杨欣荣参加评审活动。

9 日，步步高入驻湘潭县文体公园项目建设调度会召开。县领导段伟长、肖燎，步步高集团党委书记、总裁陈志强参会。

12 日，湘潭县经济发展调研座谈会召开。县领导段伟长、彭世辉参会。

13 日，县委副书记、县长段伟长就非洲猪瘟防控工作现场办公。要求各级各部门高度重视非洲猪瘟防控的现实危险，切实形成防控非洲猪瘟的强大合力，打赢非洲猪瘟防控的人民战争。县领导陈义参加。

14 日，湘潭县召开经济社会发展调研座谈会。县委书记傅国平强调，各乡镇要把基层党建牢牢抓在手上，要把发展重任牢牢扛在肩上，要把民生改善牢牢记在心上，要把社会稳定牢牢顶在头上。县领导周艳希、谭捍卫参会。

15 日，省爱卫办组织考核评估组到湘潭县乌石镇和中路铺镇，进行省级卫生镇考核验收，乌石镇、中路铺镇分别以总分 91.1 分、89.7 分顺利通过考核验收。县领导李豪雄、杨欣荣参加座谈会。

16 日，省民政厅副厅长陈慈英一行到湘潭县调研社会救助兜底保障工作。

19 日，湘潭县召开规模化猪场和种猪场非洲猪瘟防控工作会议，合理安排、引导、保护湘潭县生猪产业发展，有力保障生猪产业和市场供给基础。县领导陈义参会。

20 日，市委书记、市人大常委会主任曹炯芳到湘潭县分水乡、青山桥镇、石鼓镇等地，开展脱贫攻坚“三走访三督导三签字”活动。县领导周艳希参加。

是日，县人大常委会对基层派出所的建设情况进行调研。县领导唐剑恒、曾耀辉、李西文、胡自庚、彭世辉参加。

是日，县委书记傅国平率队现场察看莲花大道和湘莲大道二期、三期的建设情况，并召开现场办公会。县领导段伟长、唐剑恒、谭捍卫、唐仁光参加。

是日，湘潭市第十五届人大代表湘潭县第一代表小组到湘潭县调研“雪亮工程”建设等相关情况。市、县领导李江南、唐剑恒、谭何龙参加调研。

是日，县委副书记周艳希到青山桥镇讲专题党课。青山桥镇全体机关干部、村社区负责人、驻镇单位负责人等参加。

是日，全国工商联办公厅、民政部社会组织管理局到湘潭县，开展乡镇、街道商会登记管理工作专题调研。市、县领导颜集成、刘绵晖参加调研活动。

21 日，湘潭华阳万亩杂交构树全产业链项目暨生物饲料厂在中路铺镇正式竣工投产运行。县领导周艳希、杨欣荣参加竣工投产仪式。

是日，副市长向敏到湘潭县督导脱贫攻坚“三落实”工作。县领导陈义参加。

22 日，湘潭县“后备军”计划青年干部交流座谈会召开。县委常委、组织部部长刘耀奇与年轻干部代表座谈交流。

是日，县人大常委会主任唐剑恒带队开展“街长制”巡查。

是日，县委书记傅国平到花石镇指导软弱涣散村党组织整顿工作。

26 日，湘潭县召开禁毒工作会议暨新一轮禁毒人民战争动员部署会。县领导段伟长、谭何龙、李西文、彭世辉、何晓春参加会议。

27 日，县委书记傅国平带队到花石镇开展脱贫攻坚“三走访三督导三签字”工作。县领导谭捍卫一同参加。

是日，湘潭县以 93.8 的分数通过创建省级卫生县城省级技术考核鉴定，成功创建为“湖南省卫生县城”。县领导傅国平、周艳希、李豪雄、杨欣荣、刘新玉参加考核鉴定反馈会。

是日，省安委会考核组一行到湘潭县检查考核安全生产工作。考核组一行先后来到湖南伍子醉食品有限公司、湘潭蓝天气体有限公司、易俗河镇安监站、县交通运输局等处，检查安全生产工作开展情况。县委副书记、县长段伟长参加。

是日，县政协主席刘铁强率队前往排头乡团结村，调研脱贫攻坚工作。县领导李豪雄、欧建美、何晓春、刘新玉、马新国参加调研。

28 日，市委常委、政法委书记戴德清一行到湘潭县调研政法工作和“三位一体”推进情况。县领导谭何龙参加。

29 日，县政协视察全县重点项目建设情况。县领导刘铁强、韩炎、何晓春、马新国等参加。

是日，湘潭县开展Ⅳ级食品安全事故模拟应急演练，并组织召开 2018 年度食品安全工作新闻发布会。县领导周贤、胡自庚参加。市食药监局局长莫秋华、党组成员、副局长马建忠应邀到场指导。

是日，湘潭县纪念改革开放 40 周年美术书法摄影优秀作品展在天易经开区展览。县领导李豪雄到场观展。

是日，湘潭县综合金融服务平台正式上线。

30 日，县人大召开“学习宣传宪法，弘扬宪法精神”座谈会，以加大普法力度，推动人大系统形成学习宪法、遵守宪法、维护宪法、运用宪法的良好氛围。县领导唐剑恒、赵国政参加会议。

12 月

2 日，湘潭县召开脱贫攻坚工作推进会，传达省脱贫攻坚考核工作的相关精神和要求，指出当前存在的主要问题，并对下阶段工作进行安排部署。县领导傅国平、段伟长、周艳希、唐剑恒、刘铁强及全体在家县级领导参加会议。

3—5 日，为期两天的县委工作务虚会议在鑫田大酒店召开。县领导傅国平、周艳希、唐剑恒、刘铁强、王成林、周贤、谭何龙、刘耀奇、胡亚湘、李豪雄、陈卫兵、谭捍卫等县级领导出席会议。

5 日，湘潭县工会第十六次代表大会开幕。县领导傅国平、段伟长、周艳希、唐剑恒、刘铁强出席开幕式。

10 日，中国共产主义青年团湘潭县第十七次代表大会第一次全体会议召开。县委书记傅国平，县委副书记、县长段伟长，团市委书记王利，县领导周艳希、唐剑恒、刘铁强、王成林、谭何龙、刘耀奇、胡亚湘、李豪雄、陈卫兵、谭捍卫、尹明忠等出席会议。

10 日，县委书记傅国平带队到茶恩寺镇开展脱贫攻坚“三走访、三督导、三签字”工作。县领导谭捍卫参加。

10 日，市人大常委会党组副书记、副主任刘建业一行到湘潭县调研国民经济和社会发展计划工作及财政工作。县领导周贤参加调研。

10 日，县委副书记周艳希带队到青山桥镇、乌石镇开展脱贫攻坚“三走访、三督导、三签字”工作。

12 日，市委书记、市人大常委会主任曹炯芳赴湘潭县花石镇开展乡村振兴工作调研。

13 日，省委书记、省人大常委会主任杜家毫，省委副书记、省长许达哲率队深入长株潭绿心地区，专题调研中央环保督察及督察“回头看”反馈绿心地区整改意见的落实工作。省领导陈向群、傅奎、胡衡华、谢建辉、刘莲玉、陈文浩、张大方，市领导曹炯芳、谈文胜、陈忠红参加调研。

18 日，庆祝改革开放 40 周年大会在人民大会堂举行。傅国平、周艳希、刘铁强等县领导集中收看会议实况。

是日，湘潭县十六届人大常委会第十五次会议召开。县领导唐剑恒、赵国政、曾耀辉、刘绵晖、李西文、胡自庚出席会议。县领导周贤、胡亚湘等列席会议。

是日，市委书记、市人大常委会主任曹炯芳到湘潭县茶恩寺镇茶花村，调研文明乡风建设并开展扶贫工作。市、县领导陈忠红、吴小月、傅国平、李豪雄一同参加。

20 日，省委政法委常务副书记田福德率队到湘潭县调研综治“三位一体”工作。市、县领导戴德清、傅国平、谭何龙参加调研。

是日，政协湘潭县第九届委员会常务委员会第十次会议召开。县领导刘铁强、韩炎、欧建美、何晓春、刘新玉、马新国出席会议。

是日，省农机局副局长肖林率队到湘潭县调研自主选择农机购置补贴试点工作。调研组一行先后到湖南华绿生物科技有限公司、梅林桥现代农业示范园进行实地调研。县领导陈义参加调研。

21 日，澳门君天集团、澳门蔬菜批发商会负责人等澳门客商到湘潭县考察、洽谈，与湘潭县就农业开发项目投资事宜展开深入交流。县领导周艳希、欧建美参加考察。

25 日，县委副书记、县长段伟长一行到县人民医院就医院收费标准、电力保障、智慧医院建设等问题现场办公。县领导李豪雄、杨欣荣参加。

27 日，湘潭县资本市场县域工

程试点工作部署暨股改上市重点企业私董会召开，会议总结2018年湘潭县资本市场县域工程试点工作的开展情况，安排部署试点有关工作，对企业股改挂牌上市进行再动员、再部署、再推进。县领导段伟长、周贤参会。

28日，湘潭市《“一把手”谈法治》栏目进行首期录制，中共湘潭县委书记傅国平应邀参加。

29日，湘潭海泡石新材料科技产业园开工。市、县领导曹炯芳、周放良、陈忠红、陈小山、傅国平、段伟长、王成林等参加开工仪式。

30日，县委副书记、县长段伟长前往县城区各主次干道和重要路口查看道路积雪情况，安排部署相关工作。

是日，政协湘潭县第九届委员会第三次会议正式召开。大会应到委员300名，因病、因事请假9名，实到291名，符合章程规定。大会由县政协副主席韩炎、何晓春共同主持。受政协湘潭县第九届委员会常务委员会的委托，县政协主席刘铁强向大会作工作报告。

31日，湘潭县第十六届人民代表大会第三次会议在县委党校大礼堂开幕。

湘潭县概况

概况

【地理概况】 湘潭县位于湖南省中部偏东，湘江下游西岸，北纬27°20′00″~27°50′44″，东经112°25′30″~113°03′45″。东与株洲市天元区和渌口区相连，东南隔湘江与衡东县相望；南与衡山县接壤，西南与双峰县相邻；西与湘乡市接界，西北与韶山市毗连；北与宁乡县相接、与湘潭市雨湖区、岳塘区隔涟水、湘江相望。

【面积】 湘潭县自宋朝元符元年(1098)至民国时期，县域没有变化。1949年，县境跨湘江下游东西两岸，今湘潭市区、株洲市区全部及韶山市、株洲县大部分都属湘潭县统辖，全县面积为4586平方千米。中华人民共和国成立后，境域析置多变，析出划入相抵，总计减少面积2073.77平方千米。至1990年，全县面积为2512.23平方千米。1991年3月至1994年4月，县国土部门进行县域土地详查，详查后确定县域土地面积为2512.98平方千米。2009年7月1日，根据《湖南省民政厅关于将湘潭县响水乡成建制划归雨湖区管辖的批复》（湘民行发〔2009〕7号）文件规定，湘潭县响水乡成建制划归雨湖区管辖。行政区划调整后，湘潭县总面积2374平方千米。2010年11月20日，根据《湖南省民政厅关于将湘潭县响塘乡和姜畲镇成建制划归雨湖区管辖的批复》（湘民行发〔2010〕15号）文件规定，湘潭县响塘乡、姜畲镇成建制划归雨湖区管辖。行政区划调整后，湘潭县总面积为2132.8平方千米。

【资源】 ①植被。县域内属中亚热带东部常绿阔叶林亚林带，按植被区系划分，属华中偏东亚系。过去对天然植被利用不当，致使现皆为次生植被或人工植被。次生植被的组成主要有壳斗科、樟科、山茶科等；人工植被的组成主要有用材林、油茶经济林及沼泽性水上植物等群落。地貌形态多样致使植被各具特色。县境内野生植物资源较为丰富，名目较多，主要有林木类、竹类、药用植物类、花卉类等数百个品种。②野生动物。县境内野生动物属亚热带林灌丛草地农田动物群，常见的野生动物有鼠、野兔等6个种；禽类有麻雀、野鸡等22个种；鳞类有鲤、鲢等40多个种；介类有龟、蟹等6个种；昆虫类有蜘蛛、蝉等46个种；无脊椎类有蜗牛、蚯蚓等6个种；脊椎爬行类有眼镜蛇、水蛇等14个种；两栖类有泥蛙、泽蛙等5个种。③矿产。县境内已探明的矿产资源主要有煤、锰、铅、磷、石膏、海泡石、矽砂、石灰石、铁、金、高岭土、白云石和矿泉水等。

【县治】 南朝梁天监年间（502—519年）立湘潭县，县治在湘江东岸今衡东县石湾一带。唐天宝八年(749年)，县治移至洛口（今易俗河镇）。南宋年间（1127—1279年），移至今湘潭市雨湖区观湘门直街。1995年9月28日，移至易俗河镇至今。

【历史概况】 境内荆洲老虎坑、锦石乡堆子山发现大溪文化时期聚落遗址（属湘中四大大溪文化遗址），从这里收集的彩绘陶器等文物，证明早在距今5000年左右，县内先民已由狩猎、采集活动，进入畜牧、水稻生产阶段，形成定居。

商周时期，境内出土的文物较多，其中最珍贵最有代表性的是九华桂花村船形山出土的豕尊和青山桥镇高屯村老屋出土的窖藏尊、鼎、觯、铺、爵、钟等青铜器。青铜器的种类、形制和纹饰工艺，说明境内先民已用青铜制作生产工具，懂得酿造技艺，尚祀神饮酒和娱乐活动。

战国时期，县域属楚国。隶长沙郡。境内已使用铁制工具，饮食具“饭稻羹鱼”特点。秦灭楚，置临湘县，今县地属临湘县，隶长沙郡。

西汉，析临湘置湘南县（湘南，临湘之南，非湘水之南），隶长沙国。治所在今花石镇，今县地湘河口（原涟口）以南属湘南县，以北属临湘县。

东汉延光四年（125年），安帝封黄龙为湘南侯，湘南为侯国。永和二年（137年）废湘南侯国，复为湘南县，隶长沙郡。建安十九年(214年)，三国东吴孙权置建宁县(今株洲)。

三国东吴太平二年（257年），分临湘立湘西县，治所在今石潭镇古城村。今县地分属湘南、湘西县，隶衡阳郡。晋，湘南、湘西隶属关系未变。南朝齐建元二年（480年），湘南县废。今县地分属湘西、湘乡、新康县。梁天监年间（502—519年），分阴山县立湘潭县，湘潭县始立，县地多在今衡东县境，治所在衡东石湾附近，隶湘东郡。

隋开皇九年（589年），湘潭县域扩大，将茶陵、攸水、阴山、建宁县并入，今株洲县凤凰山以北部分地域亦属湘潭县，隶衡阳郡。衡山县域亦扩大，湘西、湘乡县、新康县部分并入。今县地属衡山县，隶潭州长沙郡。

唐天宝八年（749年），原湘潭县除凤凰山以北元建宁县域外，余划属衡山县，衡山县北部划属湘潭县，县治移至洛口（今易俗河镇)，隶潭州总管府。至此，县境初定，名地相符。是时，碧泉潭涌泉，利于灌溉。湘潭、易俗河等港口，利于船舶停靠。刘禹锡、杜甫等著名诗人，至此多有诗作，中原文化影响益深。

五代十国时期，县域属马殷楚国，隶潭州长沙府。易俗河商业发达，设置场馆。

宋代，湘潭县隶荆湖南路潭州。县人开采金矿，开垦山田，扩种水稻。株洲商业兴起，开征酒税。元符元年（1098年），湘潭县析出2乡、长沙县析出5乡置善化县。南宋，县治移至今湘潭市观湘门直街，设立学堂。崇安人胡安国从荆门移居县域，筑碧泉书堂讲学，撰成《春秋传》，创湖湘学派，开一代学风。

元贞元年（1295年），湘潭县升为州，隶湖广行省潭州路。元末，人民不堪重负，湘乡人易华据境内乌石寨起兵反抗。后为陈友谅农民起义军参政，抗衡朱元璋。

明初，朱元璋部将常遇春平湘潭，其部杀易华于乌石峰下，并大肆屠戮，全县幸存20053人。湘潭复降为县，隶长沙郡。此后，县民多从江西迁入，经过休养生息，人口渐繁。湘潭成为湘江交通枢纽，县治筑城，工商业发达，易俗河成为著名米市。

清顺治六年（1649年），清军入城，杀明督师大学士何腾蛟，并“以邑人多贰于圣朝”，下令“血洗县城”，全城幸存者不满百人。清康熙十三年（1674年），吴三桂反清，占领县城。清康熙十八年（1679年)，清军复定湘潭，兵戎蹂躏，境荒田20余万亩。清咸丰四年（1854年)，太平军袭占县城。曾国藩以侍郎督师专征东南，治兵衡阳，倚湘潭为饷源，其后筹饷皆取自湘潭，且大兴县城。自此，沿江十余里，商贸繁荣，城中街坊街总，楼宇整峻。时称天下第一壮县。

光绪三十一年（1905年），湘潭辟为寄港地，外国商品涌入，民族工业、手工业受到冲击。同时，县内效兴洋务，电话、电报事业始兴；株萍铁路、粤汉铁路长株、株渌段建成；西医随教会传入；废除书院，兴办学堂，数十名青年东渡日本留学，寻求救国救民之术。刘揆一与黄兴等创立华兴会，任副会长，曾代行总理职务。他与孙中山，黄兴同为同盟会三巨头，曾联络会党谋划反清起义。刘道一参加同盟会，参与领导萍浏醴起义，壮烈牺牲。武昌起义胜利后，湖南首先响应，10月27日，湘潭宣布反正。

民国3年（1914年），湘潭县隶湘江道。民国11年（1922年）撤道，隶湖南省。民国27年（1938年)，隶湖南省第一行政督察区。袁世凯窃国后，县人参与护国反袁运动。

民国8年（1919年）以后，受俄国十月革命和国内五四运动的影响，县人开始研究马克思主义，共产主义运动兴起。毛泽东创建湖南共产党早期组织，一批先进分子加入中国共产党。他们中多数人回县，深入工农群众，宣传马克思主义，建立中共湘潭县基层组织和中共湘潭地方执行委员会，领导湘潭工农运动。蒋介石发动“四一二”反革命政变后，许克祥在长沙发动“马日事变”，其部进驻湘潭，实行白色恐怖，全县共产党员、工农运动领导人及革命群众共200余人惨遭杀害。中共湘潭地方组织被迫转入秘密活动。

抗日战争开始后，国共两党实现第二次合作，中共湘潭县工作委员会建立，开展抗日救亡工作。1939年，“平江惨案”后，国共合作再度破裂，中共湘潭地方组织又被迫转入秘密活动。1944年6月17日，县城沦陷，日军在县境四处扫荡，到处奸淫、烧、杀和掳掠，全县死伤13万余人。1945年9月20日，日军向驻潭国民革命军缴械投降。抗日战争胜利后，蒋介石发动反人民的内战。

1949年8月，湖南和平解放。8月9日，中国人民解放军第一三八师第四一三团进驻湘潭县城。11日，南下途中组建的中共湘潭县委率干部百余人抵城，宣布湘潭和平解放。县域隶长沙专区（1952年10月，长沙专署改名湘潭专区，县域隶湘潭专区)。13日，中共湘潭工委与中共湘潭县委合并。22日，县人民政府成立，接管旧政权，开展筹粮支前，清匪反霸，安定社会，发动群众兴修水利，恢复生产。1950年，县城关区析出，建县级湘潭市。此后，县内开展减租退押，开始土地改革，试办农业互助组，镇压反革命，着手兴办地方国营企业和区、乡供销合作社，动员青年参加中国人民志愿军赴朝参战。

1951年，株洲镇及太平桥等7乡从县境析出，建株洲市。同年，开展土改复查，至1952年结束。

1953年，县内开始进行农业、手工业和私营工商业的社会主义改造。1956年，全县基本实现农业合作化，完成手工业和私营工商业的社会主义改造。同时在农村开展反资斗争。1956年6月，衡山县新岚乡划入，析出昭山区4乡划入株洲市，析出9乡1镇入湘潭市。1957年，第一个五年计划完成，全县工农业总产值1.2897亿元，为1949年的140%。此后，政治运动不断。1957年，县委在党内开展整风运动，后期转到反右派斗争。1958年，开始大跃进、人民公社化运动，办公共食堂，大炼钢铁，共产风、浮夸风等“五风”盛行，加上自然灾害，导致发生1959—1961年的国民经济严重困难。1959年，县境析出五星、卫星、星星、上游4个公社及红旗公社所辖原伞铺、妙泉、马家河3乡及雷打石镇入株洲市。1959年4月，属湘潭市。1960年，县内整风整社，纠正“五风”错误。1961年5月复属湘潭地区。1963年，开展社会主义教育运动。1966年，“文化大革命”开始，历时10年，国民经济遭到严重破坏。1966年，兴建韶山灌区工程，为农业发展创造条件。1968年12月，析出韶山区建省属韶山特区。

1978年，中共十一届三中全会后，县委清理“左”的指导思想，拨乱反正，平反冤、假、错案，以经济建设为中心，实行改革开放，县域经济飞速发展。1980年，全县工农业总产值达32612.29万元，为1949年的3.56倍。

1981年1月复划归县辖。1983年7月，湘潭地区撤销，县属湘潭市。1984年12月，韶山区划出湘潭县。1992年，规划易俗河镇为新县城所在地，并启动新县城建设。1995年9月28日，县治由湘潭市观湘门直街移址易俗河。同年，在首批百家中国特产之乡命名宣传活动组委会举办的首批“中国特产之乡”命名大会上，湘潭县被命名为“中国湘莲之乡”。1997年，全县综合实力进入全省十强县，生猪生产为湖南第一，粮食生产为湖南第二。1998年8月，县内出现严重旱情，经全县人民奋力抗旱，仍有万余亩晚稻减产。同年10月20日，彭德怀诞辰百周年纪念大会暨铜像揭幕仪式在彭德怀纪念馆隆重举行。

2001年，县委、县政府提出“主攻工业，提升农业，大力发展第三产业”发展思路，推动工业园区建设。2009年7月，析出响水乡入湘潭市雨湖区。2010年8月，析出响塘水乡、姜畲镇入湘潭市雨湖区。2016年，坚持“强工壮县、惠农富民”发展举措。2017年，湘潭县围绕“挺进全国百强县、创建全国文明城市”奋斗目标，持续实施“强工壮县、惠农富民”发展举措。2018年，湘潭县紧紧围绕“挺进全国百强县、创建全国文明城市”奋斗目标，坚持“强工惠农”发展思路，深入推进“五大计划”，强力推动“五大竞赛”。县域经济保持稳定增长，各项社会事业稳步发展。实现地区生产总值443.6亿元，增长8.6%。完成财政总收入287110万元，增长0.2%。全县居民人均可支配收入24333元，增长9.3%。城镇居民人均可支配收入34843元，增长7.8%；农村居民人均可支配收入18435元，增长8.6%。

【行政区划】 2018年，湘潭县辖14个镇、3个乡，为易俗河镇、谭家山镇、中路铺镇、白石镇、茶恩寺镇、河口镇、射埠镇、花石镇、青山桥镇、石鼓镇、云湖桥镇、乌石镇、石潭镇、杨嘉桥镇、分水乡、锦石乡、排头乡。全县321个建制村，9156个村民小组；22个社区居委会，12个居委会。

【民族宗教】 湘潭县是全省39个宗教工作重点县（市）之一，县内天主教、基督教、佛教、道教、伊斯兰教等5个宗教派系齐全，1995年6月和2005年12月分别成立佛教协会和基督教协会两个宗教团体，2010年行政区域调整之后，全县现有依法登记的宗教活动场所51处，其中天主教2处，梅林桥镇麦子石管区和锦石乡东坝村各1处；基督教10处，其中市级重点聚会点2个（射埠聚会点和易俗河聚会点）、真耶稣教派1处（易俗河聚会点、位于易俗河镇城塘社区）；佛教活动场所21处，其中省级重点活动场所有1处（中路铺镇的五龙山大杰寺），市级重点活动场所3处（易俗河镇的龙兴寺、慈航阁、射埠镇的西灵寺）；道教14处；民间信仰场所4处。此外，易俗河镇甘霖寺和锦石乡碧圣寺正在建设中。

全县共有教职人员21人，其中佛教17人、基督教3人、天主教1人，宗教届人士进入政协委员的4人，信教群众约17万人；湘潭县是散居少数民族县，境内现有28个少数民族，1800多名常住人口，17个乡镇均有分布，呈散居状，大多数为外来嫁入女性，其中以苗族、土家族、壮族人数居多，2008年根据市少数民族联谊会的要求成立县少数民族联谊活动小组。

【风景名胜】 湘潭县属中亚热带湿润气候区，土地肥沃，植物茂盛，山川相映成趣，雄奇与精微、恢宏与质朴浑然一体，形成众多钟灵毓秀的山水景观，加上地处全省五大旅游区的中心，北有长沙，南有衡山，西有武陵源，东有神农谷，具有明显的区位优势。

湘潭县山川秀丽。湘江和涓水、涟水穿越县境；湖湘文化发祥地之一的隐山、高耸入云的昌山、巍峨挺拔的乌石峰、傍江而立的金霞山可登高览胜；碧泉潭、砚井、汉城桥等名胜古迹可游目骋怀。历代留下“岸花飞送客，樯燕语留人”“绿水暖青苹，湘潭万里春”“杯底还缴龙安云，剑边更落金霞山”等千古绝唱。

湘潭县名人辈出。汲湘江之膏泽，受湖湘文化心性修养、经世致用精神的熏陶，孕育出老一辈无产阶级革命家彭德怀、罗亦农以及世界文化名人齐白石、近代文学艺术界杰出人物黎氏八兄弟、一代文豪王闿运、诗僧释敬安、音乐家吕骥等名人。这里还是台湾地区政要马英九、宋楚瑜的祖籍所在地。

县内有革命纪念地、全国爱国主义教育基地和国防教育基地、国家AAAA级旅游景区——彭德怀故里，世界文化名人齐白石故居，国家AAA旅游景区、湖南省重点佛教活动场所——五龙山大杰寺，湘潭重要的革命传统教育基地、湖南省级文物保护单位、国家级AAA级旅游景区——周小舟故居等名胜，旅游资源丰富。

【交通状况】 湘潭县境内公路总里程为9785千米，其中：高速公路(含辅道) 4条约80千米（即沪昆高速、岳临高速、韶山高速、潭衡高速)、国道3条88千米 (即国道107线、国道320线及国道240线)、省道9条约417千米（省道216线、省道219线、省道325线、省道327线、省道329线、省道330线、省道331线、省道536线、省道545线），其余均为县乡村道。城市公交线路10条，其中：县城公交线路4条（601路、602路、603路、605

路)，县域公交线路6条（10路、23路、101路、108路、116路、123路）。港口1个—湘潭港易俗河港区千吨级码头，码头一期已建成营运。

【气候特点与气象灾害】 2018年，湘潭县年平均气温18.1℃，较常年偏高0.8℃；年降水总量1094.5毫米，较常年偏少21.2%；年日照时数1570.9小时，较常年偏多1.8%。全年气候呈现出：气温显著偏高，为1959年以来第三高值，冬季出现严寒期，春季气温创历史新高；降水正常，但时空分布不均，11月降水异常偏多，多月降水显著偏少。年内出现冰冻、风灾、雹害、高温热害、干旱、连阴雨等灾害性天气。

1.全年平均气温显著偏高

2018年，全县年平均气温18.1℃，较常年偏高0.9℃，与上年持平。按照气温等级评定标准，全县属显著偏高年份，与1963年、1998年以及2017年同为1959年以来的第三高值，仅次于2007年（18.2℃）和2013年（18.3℃）。从1981年至今，湘潭县年平均气温共有20年超过历年平均值、5年持平、13年偏低，最低值出现在1984年（16.4℃）、最高值出现在2013年（18.3℃）。

2018年，极端最高气温：39.2℃（7月21日），其中1995年和2016年持平，同为1981年以来第七高值。全县存在多个极端最高气温中心，极端最高气温在湘潭县北部尤为明显。年内9月20日，极端最高气温38.0℃是有气象记录以来的同期第一高值。

2018年，极端最低气温：-4.1℃（1月29—30日），与1981年以来相比处于中等偏低。年内2月6日，极端最低气温-4.0℃为1981年以来的同期第三低值，仅次于2008年（-8.0℃）和1990年（-7.7℃）。

2.全县降水正常，时空分布不均

2018年，全县年降水总量1094.5毫米，较常年偏少295.0毫米（-21.2%），按照降水量等级标准，评定属正常范畴。全县年降水量近年来总体有增长趋势，近三年表现为逐年减少，2018年降水总量较上年明显偏少373.6毫米(-25.4%)，为1981年以来次于2011年（1039.6毫米）、1986年（1040.7毫米）、1985年（1086.6毫米）和2003年（1087.5毫米）的第五少值。

2018年，全县降水空间分布为“北多南少”。全县降水量比上年偏少406.1毫米（-27.0%），为1981年以来第五极少值。

2018年，各月降水量分布不均，具体表现为11月异常偏多，8月和12月降水显著偏多，其中8月和11月均为1981年以来月均降水量的第八多值；4月、7月和9月降水偏少，2月和5—6月降水显著偏少，与1981年以来的历年平均值相比，6月降水为1981年以来第四少值、4月和5月为第五少值、2月为第六少值；1月、3月和10月接近常年同期。

3.全年日照时数正常

2018年，全县平均总日照时数1570.9小时，较常年偏多28.2小时（1.8%），比上年偏多203.6小时（14.9%），按日照时数年度评定标准，全县日照正常。从1981年以来的历年日照时数整体表现为缓慢下降趋势，但在2013年短暂增加到1739.2小时达历史最高值，且今年有回升趋势。据统计，1981年至今全县日照时数共有22年低于平均值，其余年份均高于平均值。

4.历史最暖春季

2018年春季，全县平均气温为19.0℃~19.5℃，较历年同期偏高2.5℃，为1959年有气象记录以来的最高值。湘潭县1959—2018年春季历年平均气温整体线性趋势表现为上升的态势，具体来看20世纪90年代以前，平均气温变化较为平稳，其后平均气温就表现为波动上升的趋势，在2018年达到顶峰。

（注：以上各气象要素的统计时间划分：年度指本年1—12月；冬季指上年12月—本年2月。）

（黄昱博）

国民经济和社会发展

【概况】 2018年，全县实现地区生产总值443.6亿元，增长8.6%。其中，第一产业增加值51.2亿元，增长2.6%；第二产业增加值229.9亿元，增长7.5%；第三产业增加值162.5亿元，增长12.9%。按常住人口计算，人均地区生产总值51175元。三次产业结构比为11.5∶51.8∶36.7，第一、二、三产业对经济增长的贡献率分别为5.0%、44.8%和50.2%。

2018年，全年完成财政总收入287110万元，增长0.2%。其中税收收入209789万元，增长21.0%，占财政总收入的比重为73.1%，较上年提高12.6个百分点。金融机构本外币各项存款余额431.0亿元，增长7.6%，其中居民储蓄存款339.1亿元，增长5.4%；本外币各项贷款余额310.7亿元，增长27.7%。

【农业】 2018年，全县实现农林牧渔业总产值87.5亿元，增长3.4%。全县粮食播种面积9.04万公顷，粮食总产量62.6万吨，下降8.3%；蔬菜播种面积1.92万公顷，蔬菜产量60.1万吨，增长9.4%；油料播种面积1.05万公顷，油料产量1.11万吨，增长38.9%。水产品产量4.18万吨，增长5.2%；禽蛋产量1.85万吨，增长3.5%；全年出栏生猪92.59万头，下降3.2%；出栏牛0.46万头，增长12.2%；出栏羊5.18万头，增长8.6%。全年水利工程投入资金3.99亿元，开工各类水利工程1.3万处，治理水土流失面积1平方千米，新增农田有效灌溉面积333.33公顷，新增节水灌溉面积339.3公顷。全县年末农业机械总台数31.68万台，总动力达144.67万千瓦。水稻机耕率达98.8%，机收率达98.9%，机插率达36.6%，综合机械化率达75.9%。

【工业、建筑业和交通】 2018年，全县规模以上工业企业完成总产值593.3亿元，增长12.3%，完成规模工业增加值168.7亿元，增长7.8%，其中天易示范区完成规模工业增加值129.3亿元，增长13.5%，占全县规模工业增加值的比重为76.7%。全县规模工业企业实现主营业务收入548.7亿元，增长10.7%，实现利润总额19.0亿元，增长17.1%。

2018年，实现建筑业增加值23.4亿元，增长5.9%。房屋建筑施工面积273.4万平方米，增长23.5%，其中新开工面积164.9万平方米，增长25.1%；房屋建筑竣工面积183.0万平方米，增长35.5%。

2018年，全年完成交通基础设施建设投资10.71亿元，其中干线公路建设7.17亿元，农村公路建设2.31亿元，农村公路养护1.23亿元。完成2018年脱贫攻坚自然村通水泥路109千米，窄路加宽160千米，完成会车平台960个；完成安防工程219千米，危桥改造10座。建制村通客车率达100%。莲花大道、青山大道、白马公路等干线公路建设稳步推进，射埠互通至乌石红色旅游公路一期（德怀大道）主体工程建成通车。

【固定资产投资】 2018年，全县固定资产投资增长13.5%。其中：工业投资117.1亿元，增长28.9%；基础设施投资18.8亿元，下降54.7%；高新技术产业投资11.3亿元，增长86.3%；房地产开发投资36.2亿元，增长28.3%；全年商品房销售面积101.4万平方米，增长63.3%，其中住宅销售面积95.2万平方米，增长56.6%。商品房销售额47.4亿元，增长106.1%，其中住宅销售额42.2亿元，增长94.5%。

【贸易和旅游】 2018年，全县实现社会消费品零售总额96.0亿元，增长10.3%，其中限额以上法人批发零售、住宿餐饮企业实现零售额15.1亿元，增长14.6%。进出口总额16860万美元，增长512.9%，其中，进口总额205万美元，下降36.5%；出口总额16655万美元，增长586.0%。全县有进出口实绩企业33家。全年共签约新项目81个，其中投资规模亿元以上新项目22个。实际引进境内省外资金53.2亿元，增长25.5%，实际利用外资12089万美元，增长40.1%。

全年接待游客957.9万人次，增长17.9%，实现旅游综合收入86.8亿元，增长71.2%；其中境外入境游客1.85万人次，实现境外入境旅游收入2034万元。

【教育和科学技术】 2018年，全县有中等职业教育学校5所，在校学生5023人，教职工421人。普通高中9所，在校学生18348人，教职工1601人。初中学校60所，在校学生29472人，教职工2473人。普通小学142所，在校学生47599人，教职工2462人。特殊教育学校1所，在校学生58人，教职工12人。幼儿园在园幼儿24213人。小学适龄儿童入学率、高中阶段教育毛入学率均为100%。落实义务教育保障资金9391.6万元，发放普通高中国家助学金691.1万元；发放中职国家助学金367.6万元，资助中职学生3676人次；落实中职免学费资金1344.2万元，资助中职学生12025人次。

实现高新技术产业总产值415.3亿元，增长15.7%;高新技术产业增加值122.3亿元，增长16.9%。专利申请372件，其中发明专利申请85件；专利授权270件，其中发明专利授权18件。

【文化、卫生和体育】 全县有文化馆1座，公共图书馆1座，博物馆、纪念馆各1个，国家级非物质文化遗产保护目录1个，省级非物质文化遗产保护目录1个。年末全县有线电视用户达17.9万户，广播综合人口覆盖率、电视综合人口覆盖率均为100%。全年放映农村公益电影7716场。

2018年末，全县共有医疗卫生机构773个，其中医院13个，妇幼保健院1个，疾病预防控制中心1个，卫计综合监督执法局1个，乡镇卫生院17个，诊所、卫生所、医务室200个，村卫生室540个。卫生技术人员3874人，其中执业医师和执业助理医师1624人，注册护士1542人。年末医院、乡镇卫生院共有床位3577张。

2018年末，全县共有体育场地1551个，其中体育馆1座，运动场514个，游泳池11个，各种训练房105个。全年开展全民健身项目22项次，新建农民体育健身工程的行政村15个。

【人口、人民生活和社会保障】 2018年，全县302821户，总户籍人口97.48万人，常住人口86.85万人，其中，城镇人口39.82万人，农村人口47.03万人，城镇化率45.85%。全年出生人口11132人，出生率11.15‰，死亡人口6227人，死亡率6.24‰，人口自然增长率4.91‰。

全县居民人均可支配收入24333元，增长9.3%。城镇居民人均可支配收入34843元，增长7.8%；农村居民人均可支配收入18435元，增长8.6%。全县居民人均消费支出16646元，增长10.8%。城镇居民人均消费支出19956元，增长9.2%；农村居民人均消费支出14538元，增长9.1%。

全县城镇新增就业人员8556人，新增农村劳动力转移就业5363人，新增贫困劳动力转移就业626人，失业人员再就业1353人，城镇登记失业率2.98%。年末全县城镇低保对象2098人、农村低保对象15947人、特困供养对象7314人。全年累计发放城镇居民最低生活保障资金1628.9万元，发放农村居民最低生活保障资金4638.5万元，发放特困供养资金7916.1万元。年末，参加机关事业单位养老保险人数14596人，参加企业单位养老保险人数45157人，参加城乡居民养老保险人数503325人，参加城镇职工基本医疗保险人数56802人，参加城乡居民基本医疗保险人数762947人，参加失业保险人数27005人，参加工伤保险人数53978人。

【资源、环境和安全生产】 资源保护成效明显。2018年末全县耕地保有量65300公顷，基本农田面积55020公顷。全年批准建设用地121.6公顷，其中占用耕地都得到补充，实现耕地占补平衡。全年完成造林面积1267公顷，其中荒地造林面积300公顷，年末实有封山育林面积1333公顷，活立木蓄积量445.69万立方米，森林覆盖率达48.26%。

环境保护扎实推进。2018年空气质量达到优良以上标准323天，优良以上空气质量达标率为88.5%，较上年提升5.8个百分点。湘江湘潭县段水质稳定在三类以上。

安全生产形势稳定。2018年共发生安全生产经营性事故32起，下降49.2%；死亡23人，下降11.5%，无较大及以上生产安全事故。

（说明：地区生产总值、各产业增加值绝对数按现价计算，增长速度按可比价计算）

组织机构和负责人名录

(截至2018年12月31日)

中共湘潭县委员会

书　记　傅国平
副书记　段伟长　周艳希（女）
常　委　周　贤　谭何龙　刘耀奇
　　　　胡亚湘　李豪雄
　　　　陈卫兵（女）　谭捍卫
　　　　尹明忠　赵苏阳（挂职）
　　　　杨　云（挂职）

湘潭县人大常委会

主　任　唐剑恒
副主任　赵国政　曾耀辉　刘绵晖
　　　　李西文　胡自庚

湘潭县人民政府

县　　长　段伟长
常务副县长　周　贤
副　县　长　彭世辉　唐仁光
　　　　　　肖　燎　杨欣荣（女）
　　　　　　荣虎成　陈　义
　　　　　　杨　云（挂职）

政协湘潭县委员会

主　席　刘铁强
副主席　韩　炎　欧建美
　　　　何晓春（女）刘新玉
　　　　马新国

县人民武装部

部　长　尹明忠
政　委　胡轶飞
副部长　罗志军

党群系统

县委办公室

县委常委、县委办主任　谭捍卫
常务副主任　张国富
副主任　余成武　王　军
　　　　潘　娟（女）

县纪律检查委员会、县监察委员会

县委常委、纪委书记、监委主任
　　胡亚湘
副书记、副主任
　　朱良红　刘会琴（女）　肖建祥
纪委常委、县监委委员
　　唐湘鹏　黄拥军　肖　鹏
纪委常委　王　沛　成鹏万
县监委委员　韩进平　谭　义

县委组织部

县委常委、组织部部长　刘耀奇
常务副部长　赵迎新
副　部　长　方继前　左润江（女）

县委统战部

县委常委、统战部部长
　　陈卫兵（女）
常务副部长　王　璧（女）
副　部　长　谷述良（兼）
台办主任　马勇军

县直机关工作委员会

书　记　唐　荣
副书记　周自伦　彭双飞（女）

县机构编制委员会办公室

主　任　谭卫兵
副主任　马　令（女）谭　丹（女）

县委老干部局

局　长　虞　也
副局长　杨艳辉（女）方金平

县委党校

常务副校长　韩　云
校委委员、副校长　王三文
　　王　耀

县史志办

党组书记、主任　胡建军
党组成员、副主任　杨红艳（女）

县档案局

党组书记、局　长　王　剑
党组成员、副局长　胡协邦
　　齐海英（女）

县总工会

主　席　韩　炎
党组书记、副主席　胡理芬（女）
党组成员、副主席　胡　钧（女）
　　陈欣波

团县委

书　记　龙　江
副书记　胡　巧（女）　袁　毅

县妇联

党组书记、主席　邱伶俐（女）
党组副书记、副主席
　　何小梅（女）
党组成员、副主席　刘胜林（女）

县工商联（非公党工委）

主　　席　刘绵晖
党组书记　谷述良
副　主　席　曹　颖（女）
　　徐　琳（女）

县科协

党组成员、主　席　贺　博
党组成员、副主席　曾正芳（女）
副　主　席　杨跃军

县侨联

党组书记、主席　李　言

县计划生育协会

党组书记、常务副会长　莫金明
党组成员、副会长　唐双娟（女）

县红十字会

常务副会长　尹白健

宣传系统

县委宣传部

县委常委、宣传部部长　李豪雄
常务副部长　刘立新
副部长　周　军　苏新波

彭德怀纪念馆

党组书记、馆　长　李日方
党组成员、副馆长　刘晓年
　　谷贻鹏
　　陈　艳（女）

县文化旅游体育局

党组书记、局　长　莫柏槐
党组成员、副局长　符双之
　　黄中柱　张　杰
党组成员　彭志祥

县广播电视台

党组书记、台　长　黄旭术
党组成员、副台长　周　芳（女）
　　莫为利
　　郭　杰

县文联

党组书记、主　席　张宁波（女）

政法系统

县委政法委员会

县委常委、政法委书记　谭何龙
副书记、法学会常务副会长　成　凯
副书记、综治办主任　赵文彬
副书记、维稳办主任　雍灿辉
综治办副主任　周志军　杨正华
维稳办副主任　彭伟强　熊建华

县公安局

党委书记、局长　彭世辉

党委副书记、政委　曾正新
党委副书记、副局长　陈一新
党委委员、副局长　曾文博
谢　伟　樊海冰
胡　鹍
党委委员　郭　松

县消防大队

大队长　付英德
教导员　陈　嘉

县人民检察院

党组书记、检察长　胡湘晖
党组成员、副检察长　谭文见
曾国富

县人民法院

党组书记、院长　余清华
党组副书记、副院长　冯革新
党组成员、副院长　赵超纲
罗　星

县司法局

党组书记、局长　李学军
党组副书记、副局长　刘新群
党组成员、副局长　刘新宇

县民政局

党组书记、局长　邓高燕
党组副书记、副局长　杨立新
党组成员、副局长　王　军
刘　纲

人大常委会各委室

县人大办公室

县人大常委会党组成员、办公室主任　唐新堤
办公室副主任　赵凤华（女）
冯建新

联工委

主　任　倪　波（女）
副主任　王　忠

内司工委

主　任　陈北球
副主任　张　晟（女）

城环工委

主　任　刘天星

农工委

主　任　王佳洪

科教文卫工委

主　任　朱　亮
副主任　胡利芳（女）

法制委

主　任　杨立明
副主任　刘德纯（女）

财经委

主任（预算工委主任）
冯旭辉
副主任（预算工委副主任）
王彩玉（女）
人大专职常委　冯　敏（女）
程密群（女）
徐湘琼（女）
胡志明
谢尚志
王美玉（女）

政府办系统

县人民政府办公室

党组书记、主任　楚荣光
党组副书记、法制办专职副主任
肖云祥
党组成员、副主任　周建新
汤炳葵
唐　术
党组成员、副主任、金融办专职副主任　胡厚浪
党组成员、副主任、信访局局长
汤立新
党组成员、督查室主任　欧少泉
党组成员、县征地拆迁服务中心副主任　左　华

县人力资源和社会保障局

党组书记、局　长　张拥军
党组成员、副局长　杨志强
熊　军　张　昶

县国土资源局

党委书记、局长　肖尽红
党委副书记、副局长　朱建阳
党委委员　彭志高
党委委员、副局长　奚勇军
唐一钧(挂职)

县信访局

党组书记、局　长　汤立新
党组成员、副局长　陈建军
赵庆武

市住房公积金管理中心

湘潭县管理部主任　何湘龙
副主任　周志钢

县政务服务中心

党组书记　张学峰
主　任　肖小年
党组成员、副主任　刘　毅
副 主 任　朱建强

县机关事务服务中心

党组书记、主　任　彭志辉

党组成员、副主任　李　想
欧阳畅（女）

县残疾人联合会

党组书记、理事长　谭海涛
党组成员、副理事长　胡平均
王兰英（女）

政协各委室

县政协办公室

县政协党组成员、秘书长、办公室主任　周　令（女）
办公室副主任　刘放明　周理湘

提案委

主　任　肖和平
副主任　杨永幸（女）

文卫法制群团委

主　任　林亚科
副主任　陈　柳（女）

经科委

主　任　王建军
副主任　李　芳（女）

人口资源环境委员会

主　任　谭甚昭（女）
副主任　周艳洋（女）

学习文史联谊和港澳台侨委

主　任　胡雨雪
副主任　陈艳妮（女）
政协专职常委　欧阳红梅（女）
李映红（女）

人民武装部各科室

政工保障科长　杨跃鹏
军事科长　刘　畅

湘潭天易经开区管委会

党工委书记　傅国平
党工委委员、管委会主任　段伟长
党工委委员、管委会常务副主任
王成林
党工委委员、管委会副主任
蒋中军　胡明伟　胡　庚
罗义彬　唐争耀
党工委委员、总工程师　贺玉良
党工委委员、纪工委书记　陈群量
办公室主任　刘献忠
办公室副主任　龚志刚　许　婷
经济发展局局长　左和平
经济发展局副局长　谭　亮
招商和商务局局长　沈铁强

招商和商务局副局长 彭 合
建设管理局局长 尹锦龙
建设管理局副局长 胡勇星
潘青云
财政和国有资产管理局局长 周凤华
财政和国有资产管理局副局长
宋艳萍（女） 周玉香（女）
公用事业管理和行政执法协调局
局长 冯志远
公用事业管理和行政执法协调局副
局长 陈 虹（女） 易佑斌
组织人事和社会事务管理局局长
方小山
组织人事和社会事务管理局副局长
杨立华 胡 汝（女）
纪工委副书记、监察局局长 胡孝泉
纪工委副书记 胡凌云
监察局副局长 胡启洲（女）
项目服务中心主任 杨应龙
群众工作中心主任 肖 应
企业服务中心主任 何雨陈
创新创业服务中心主任 黎 蜜（女）

发展改革系统

县发展和改革局
党组书记、局长 赵龙江（女）
党组副书记 唐丛虎
副局长 易 文（女）
党组成员、副局长 卢 旺
党组成员 谭文忠

县统计局
党组书记、局 长 刘智勇
党组成员、副局长 尹文湘
副局长 杨 敏（女）

县国调队
队 长 唐泽斌
副队长 谢 卫

经信系统

县科技和经济信息化局
党委书记 罗刚强
局 长 周 毅
党委副书记 邓中华
党委委员、副局长 黄凡强
黄飞龙 徐智勇
党委委员、总经济师 唐定伟

县交通运输局
党委书记、局长 庞 军
党委副书记、副局长 彭友瑜
党委委员、副局长 王 斌
邓艳春
党委委员、总工程师 熊 雄
副局长 苏自立

县食品药品工商质量监督管理局
党委书记、局长 赵勇光
党委副书记 陈向阳
党委委员、副局长 王大洪
曹立明 唐雄飞
党委委员 许 旦（女）
党委委员、县食安办专职副主任
文翰吾

县安监局
党组书记、局长 章建新
党组副书记 龙显清
党组成员、总工程师 陈建强
党组成员、副局长 田 灿
党组成员、安委办专职副主任
张 沙

农业系统

县农业局
党委书记、局长 肖 军
党委副书记 汪文治
党委委员、副局长 罗 超
马红军 罗伟民
丁唯芳（女）袁 冰
李 奇 蔡球辉
党委委员 洪孝昌 阳爱华（女）
党委委员、总农艺师 扶利民

县林业局
党组书记、局长 陈金红
党组副书记、副局长 唐应能
党组成员、总工程师 莫叶青（女）
党组成员、副局长 王迪清
王 翔

县水务局
党委书记、局 长 吴 能
党委委员、副局长 彭义波
林志勇 何天然
贺红宇（女）齐向中
赵向阳

县气象局
局 长 周小兵
副局长 郑仕超 吴先觉

财贸系统

县财政局
党组书记、局 长 杨 林
党组成员、副局长 阳 敏
唐启武 陈先知
刘先辉 张 燕（女）

县审计局
党组书记、局 长 蔡 坚
党组成员、副局长 谭 晋
党组成员（工会主席）裴建新
总审计师 袁英姿（女）

县供销合作社联合社
党组成员、副主任 赵新辉
唐明旺 袁 勇
郭金宗

县农开办
党组书记、主 任 王冬高
党组成员、副主任 李建军
黄文斌

县商务粮食局
党委书记、局 长 周 湘
党委委员、副局长 楚英姿（女）
周志鹏 张 毅
何乐为

县国税局
党组书记、局 长 贺昌泰
党委副书记、副局长 丁武
党委成员、副局长 周朝君
张晓峰 李湘珍
刘黎明 冯 军
官红荣 李 湘
袁 磊 沈 文
党组成员、纪检组组长 楚晓锋

县烟草专卖局
书记、局长、经理 肖铁山
党组成员、副局长 李 丹
党组成员、副 局 长 彭卫东
党组成员、纪检组组长 唐 宾

教科文卫系统

县教育局
党委书记、局 长 李 鹏
党委委员、副局长 彭利红
杨伟军
副 局 长 王兴奇
党委委员 贺鹏程

县卫生和计划生育局
党委书记、局长 贺卫文
党委副书记 曾金华
党委委员、副局长 周 平
党委委员 胡再辉
党委委员、副局长 彭 军
副 局 长 刘冰薇（女）
党委委员 赵英姿（女）
党委委员、副局长 齐先强

城建系统

县住房和城乡建设局

党委书记、局长　韩铁军
党委副书记　杨建军
党委委员　郑良德
党委委员、副局长　康健明
党委委员、总工程师　罗健芳（女）
党委委员、副局长　刘顺奇
　　林　涛
副局长　贺松林

县环保局

局　长　刘新玉
党组书记　胡　勇
党组成员、副局长　彭玉辉
　　王　晋
党组成员、总工程师　蔡艳红（女）
党组成员（工会主席）唐文辉（女）

县城乡规划局

党组书记、局长　胡立新
党组副书记、副局长　姜伟文
党组成员、副局长　冯光志
党组成员　黄　宁
总工程师　谭　勇

县人民防空办公室

党组书记、主　任　周向荣
党组成员、副主任　向日辉
　　贺国泉

县城市管理和行政执法局

党组书记、局长　王铁钢
党组副书记、副局长　赵　伟
党组成员、副局长　冯意果
党组成员、总工程师　刘文斌

征拆中心

党组副书记、副主任　左　华
党组成员、副主任　齐　冕

乡　镇

云湖桥镇

党委书记　刘奇志
党委副书记、镇长　刘江华
党委副书记　阳旭东（女）
人大主席、党委委员　蔡　茁
党委委员、政协联工委主任、
副镇长　尹呈祥
党委委员、纪委书记　陈艳红（女）
党委委员（组织委员）唐　春（女）
党委委员（宣传统战委员）　王建伟
党委委员（武装部长）、副镇长
　　刘治国
副镇长　史江宏

杨嘉桥镇

党委书记　周冬林
党委副书记、镇长　马勇根
党委副书记　赵　珊
党委委员、人大主席　黄杨林
政协联工委主任、副镇长、政协联工委主任　董继兵
党委委员、纪委书记　王格律
党委委员委员（组织委员）　胡玉光
党委委员（宣传统战委员）
　　张　霞（女）
党委委员（武装部部长）、副镇长
　　周鹏程
副镇长　周敬东　冯俊军

石潭镇

党委书记　戴　勇
党委副书记、镇长　冯传强
党委副书记　谭鸿斌
党委委员、人大主席　张学军
党委委员、纪委书记　陈立强
党委委员（组织委员）
　　周琼宇（女）
党委委员（宣传统战委员）
　　唐勉婕（女）
党委委员（武装部部长）、副镇长
　　王　锋
副镇长　莫　凌　彭　坤

乌石镇

党委书记　周　波
党委副书记、镇长　曾慧聪
党委副书记　王　武
党委委员、人大主席　肖铁光
党委委员、政协联工委主任、
副镇长　丁铁它
党委委员、纪委书记　唐军红
党委委员（组织委员）　陈　超
党委委员（宣传统战委员）
　　陈灿辉（女）
党委委员（武装部部长）、副镇长
　　张国强
副镇长　莫柏华　陈方旭

分水乡

党委书记　彭均赞
党委副书记　张　振
党委副书记　陈名勋
党委委员、人大主席　梁　军
党委委员、纪委书记　周　俊
党委委员（组织委员）汤先辉
党委委员（宣传统战委员）
　　谢　敏（女）
党委委员（武装部部长）、副乡长
　　黄　旭
副乡长　章全标　刘　臻

石鼓镇

党委书记　周海洋
党委副书记、镇长　陈万春
党委副书记　徐　彬
党委委员、人大主席　肖经炎
党委委员、政协联工委主任、
副镇长　谭金丹
党委委员、纪委书记　焦乐平
党委委员（组织委员）　陈　良
党委委员（宣传统战委员）
　　莫牡丹（女）
党委委员（武装部部长）、副镇长
　　曾纪兵
副镇长　康安定

青山桥镇

党委书记　彭光宇
党委副书记、镇长　张　宏
党委副书记　唐　滚
党委委员、人大主席　陈耀武
党委委员、政协联工委主任
副镇长　谭铁权
党委委员、纪委书记　周　敏
党委委员（组织委员）　张密湘
党委委员（宣传统战委员）
　　赵　祥
党委委员（武装部部长）胡志勇
副镇长　杨　毅　任志文

花石镇

党委书记　胡　卫（女）
党委副书记、镇长　苏征锋
党委副书记　刘新军
党委委员、人大主席　陈　龙
党委委员、政协联工委主任
副镇长　蔡剑锋
党委委员、纪委书记　彭　龙
党委委员（组织委员）肖　湘
党委委员（宣传统战委员）
　　罗　莎（女）
党委委员（武装部部长）、
副镇长　贺　虎
党委委员、副镇长　张　伟
副镇长　汤进军

排头乡

党委书记　许伟成
党委副书记、乡长　周杏安（女）
党委副书记　张杨佑
党委委员、人大主席　熊志军
党委委员、纪委书记　刘　念（女）
党委委员（组织委员）　陈松波
党委委员（宣传统战委员）
　　徐　俊

党委委员（武装部部长）、副乡长　符　鑫
副乡长　周佳文　周剑波

锦石乡

党委副书记、乡长　何　敏
党委副书记　王新其（女）
党委委员、人大主席　李光灿
党委委员、政协联工委主任、副乡长　方新奇
党委委员、纪委书记　贺细谷
党委委员（组织委员）　张　媛（女）
党委委员（宣传统战委员）　吴海军
党委委员（武装部部长）、副乡长　崔　凯
副乡长　胡忠健　胡　兴

射埠镇

党委书记　符念龙
党委副书记、镇长　向海军
党委副书记　唐晓昆
党委委员、人大主席　刘　蔚
党委委员（组织委员）　胡新国
党委委员（宣传统战委员）　张伟河
党委委员（武装部部长）、副镇长　彭　彰
副镇长　谭思恩　汪海军

河口镇

党委书记　欧阳钧
党委副书记、镇长　朱振华
党委副书记　倪赤炎
党委委员、人大主席　袁谷红（女）
党委委员、副镇长、政协联工委主任　许　鹏
党委委员、纪委书记　王小干
党委委员（组织委员）杨　琴（女）
党委委员（宣传统战委员）贺　超
党委委员（武装部部长）、副镇长　曾立斌
副镇长　段　斌　宋学文

易俗河镇

党委书记　陈　赞
党委副书记、镇长　黄宏伟
党委副书记　宾博韦
党委委员、人大主席　赵应和
党委委员、政协联工委主任
副镇长　周　勇
党委委员、纪委书记　马　耿
党委委员（组织委员）　张海花（女）
党委委员（宣传统战委员）周　伟
党委委员（武装部部长）、副镇长　胡　勇
副镇长　唐建新　唐高明

谭家山镇

党委书记　何海军
党委副书记、镇长　马　立
党委副书记　陈大伟
党委委员、人大主席　胡咏新
党委委员、政协联工委主任
副镇长　胡海军
党委委员、纪委书记　刘泽林
党委委员（组织委员）　陶海峰
党委委员（宣传统战委员）　龙　博（女）
党委委员（武装部部长）、副镇长　周　龙
副镇长　楚放军　朱建国

中路铺镇

党委书记　王　鑫
党委副书记、镇长　陈泽锋
党委副书记　张　勇
党委委员、人大主席　周勇超
党委委员、政协联络委主任、副镇长　朱金凤（女）
党委委员、纪委书记　刘　杰
党委委员（组织委员）　张恩奇
党委委员（宣传统战委员）　崔　强
党委委员（武装部部长）、副镇长　齐志敏
副镇长　廖　湘（女）
　　　　唐　忠（挂职）

白石镇

党委书记　贺斗志
党委副书记、镇长　黄　虎
党委副书记　赵　露
党委委员、人大主席　谢文光
党委委员、政协联工委主任
副镇长　刘　理
党委委员、纪委书记　杨　锋
党委委员（组织委员）　刘佳武
党委委员（宣传统战委员）　董大治
党委委员（武装部部长）、副镇长　王　锋
副镇长　胡孝全　陈发扬

茶恩寺镇

党委书记　唐智锋
党委副书记、镇长　綦　敏
党委副书记　马　亮
党委委员、人大主席　蔡　雄
政协联工委主任、副镇长　宾鸿涛
党委委员、纪委书记　谷敏慧（女）
党委委员（组织委员）　熊小春
党委委员（宣传统战委员）　袁　定
党委委员、副镇长　王令东
副镇长　马人君

中共湘潭县委员会

概 述

【概述】 2018年，全县上下坚持以习近平新时代中国特色社会主义思想为指导，全面贯彻落实中共十九大和中央、省委、市委各项决策部署，坚持新发展理念和高质量发展要求，大力实施“创新引领开放崛起”战略，认真落实“伟人故里、大美湘潭”建设部署，牢牢锁定“全国百强县”“全国文明城市”两大目标，始终坚持“强工惠农”发展思路，统筹做好防风险、保稳定、抓改革、促发展各项工作，扎实开展防范化解重大风险、精准脱贫、污染防治三大攻坚战，做大做强实体经济，全面振兴农业农村，全县经济社会发展呈现稳中有进、进中向好的良好态势。成功跻身“全国投资潜力百强县”“全国县域营商环境百强县”行列，强势上榜社科院“中国幸福百县榜”。在全省“经济十强县”中位居第六位。县本级和天易经开区分别荣获全省发展开放型经济优秀县（市）区和园区。成功创建省级卫生县城、省级园林县城，在年度文明城市文明指数测评中位列全省第三。

一、毫不动摇坚持和加强党的领导

全面强化四个意识。坚持以习近平新时代中国特色社会主义思想为指导，始终把旗帜鲜明讲政治摆在首位，恪守绝对忠诚，牢固树立政治意识、大局意识、核心意识、看齐意识，坚决维护习近平总书记的核心地位、坚决维护党中央权威和集中统一领导，始终在思想上政治上行动上同以习近平同志为核心的党中央保持高度一致。不折不扣落实习近平总书记重要指示、党中央重大决策以及省委、市委的部署安排，确保政令畅通、令行禁止。每月组织1次县委理论中心组（扩大）学习，重点围绕习近平新时代中国特色社会主义思想以及生态文明、精准扶贫、依法治国等新理念新思想新战略主题开展学习研讨，掀起大学习、大讨论的热潮，真正做到深学笃用、学以致用。

切实加强统筹协调。坚持立足全局、着眼长远，科学统筹全县各项工作，确保经济社会发展平稳有序。出台《中共湘潭县委关于深入学习贯彻党的十九大精神全力挺进“全国百强县”、创建“全国文明城市”的意见》，把习近平新时代中国特色社会主义思想的基本原理、基本方略贯穿到全县党的建设和改革发展稳定各领域、全过程，为各项工作的开展提供方向指引、理论指导。每月召开县“四大家”主要负责人碰头会、常委部门工作碰头会，统筹协调各方力量和行动步调，安排部署阶段性工作目标和工作措施，督促推动工作落实和决策执行。及时召开县委常委会会议传达上级重要指示精神，研究解决事关全局的重大问题，有效保障全县各个领域、各条战线的工作，朝着既定目标和方向稳步前进。整合工作力量，部署开展“三大攻坚战”“三创一治”▲、民情大走访等全局性工作，形成工作有抓手、协作有机制、争先有动力的良好工作格局。

不断夯实基层基础。牢固树立“抓好党建就是最大政绩”的工作理念，以“党建领航工程”为载体，以“九个100”为抓手，深入推进党支部“五化”建设，不断夯实基层党建基础。“五化”建设亮点纷呈，15个基层党组织获市委组织部首批“五星”党支部荣誉称号。党建格局不断优化，将乡镇学校、医院、农电所党组织调整为行业系统党（工）委主管，将县直机关党建工作全部移交县直机关工委管理，打破条块分割的状况。村级阵地逐步规范，全年投资9500万元建设147个村级服务阵地，全面打造功能齐全、布局科学的村级党群服务中心。抓党建促脱贫精准发力，从44个单位抽调优秀干部105人次，向94个村派出脱贫攻坚帮助队。设立1120万元村级集体经济红色孵化基金，帮扶和支持原省定贫困村发展村级集体经济。始终坚持“以实绩论英雄”的选人用人导向，着力锻造素质过硬的干部人才队伍。将8名在乡镇工作扎实、实绩突出的干部重用为乡镇党政正职。加大不胜任现职干部的调整力度，因违纪违法、行政问责等原因免职4人。竞争性选拔4名30岁以下优秀年轻干部进入乡镇领导班子，新招录104名公务员。加强干部教育培训，组织61名党政正职、54名党政副职及后备干部分别赴深圳大学、浙江大学开展专题培训研修。面向社会公开招聘教育、卫生专业技术人才422人，专业技术人才队伍结构进一步优化。全面实施精准考核、科学考核，按比例拉开绩效考核奖金差距，全县广大干部职工干事创业热情有效激发。

持续推进正风肃纪。坚持把党风廉政建设与经济社会发展等中心工作同研究、同部署、同落实，先后召开纪委全会、作风建设讲评和警示教育大会、经开区党风廉政建设和反腐败工作会等专题会议，为全县改革发展提供坚强纪律保障。县委常委带头执行党风廉政建设“6+1”责任清单▲，认真履行“一岗双责”，将“两个责任”层层传导、扣紧压实。深入学习宣传《中国共产党纪律处分条例》《监察法》等党纪法规，不断增强党员领导干部的纪律规矩意识。着力深化监察体制改革，配齐配强县监委人员力量，完善相关配套制度，规范纪法贯通、法法衔接体制机制，实现公职人员监察全覆盖。持续加大反腐败斗争力度，全年共处置问题线索458条，立案397件397人，给予党纪政务处分382人。认真贯彻中央八项规定精神及其实施细则，查处“四风”问题91起。严格责任追究，对不担当、不作为、缓作为的43名领导干部严厉问责。鼓励干事创业，落实容错免责机制，为43名干部澄清是非、担当负责。认真落实中央、省委、市委巡视巡察要求，上级交办问题如期整改到位。深入开展扶贫领域（群众身边）腐败和作风问题专项整治，立案查处257起257人，清理追缴资金980余万元。严肃查处石鼓镇领导班子“塌方式”腐败、花石镇龙潭村扶贫领域腐败案件，严肃查处“雁过拔毛”式腐败问题167起167人，追缴违纪资金960万元。扎实开展3轮巡察，特别是从严开展扶贫领域专项巡察，通过发现问题、线索移送，将作风问题和腐败问题一起查，形成强大震慑。

▲ 1.“三创一治”即：创建全国文明城市、创建国家卫生县城、创建国家园林县城和省级风景名胜区、开展农村人居环境整治。

2.主体责任和监督责任“6+1”清单制度：“6+1”责任清单包括县委常委会及其成员、县人大常委会党组、县人民政府党组及领导班子成员、县政协党组等6个方面的主体责任和县纪委的监督责任。其中县委常委会主体责任包括统筹谋划部署、健全工作机制、强化权力制约监督、选好用好干部、深化作风建设、坚决惩治腐败、加强法规制度建设、深化党风廉政教育8类27项内容，县纪委监督责任包括加强组织协调、维护党的纪律、深化作风检查、严查腐败案件、加强监督问责、强化警示教育、加强自身建设7类34项内容。“6+1”责任清单不仅包括上级规定必须履行的责任，还根据分管部门和分工领域的特点，实行“一级一清单，一人一清单”，在把握共性的同时突出个性，明确督促分管部门预防和纠正错误等个性错误。

二、全力以赴推动经济高质量发展

始终突出强工壮县。紧紧锁定“全国百强县”目标，加强对经济运行的研判调度，全年实现地区生产总值442亿元，同比增长8.5%；规模工业增加值162亿元，同比增长7.5%；固定资产投资202亿元，同比增长18%；社会消费品零售总额102亿元，同比增长10.2%；财政收入质量大幅提升，税收占比提高13个百分点；土地出让收入达20亿以上，创历史新高。始终突出工业主导地位，加快推进“一区多园”发展，天易经开区主要经济指标增速排名全市领先、全省前列；完成技工贸收入1010亿元，成功跻身千亿园区行列。同时，全县新增规模企业24家，新增高新技术企业25家，取得历史最好成效；高新技术产值、进出口总额等保持高位增长。“一区多园”规模工业总产值全县占比达到90%以上，青山皮鞋工业园成功获批湖南省皮鞋皮具特色产业园。县本级和天易经开区分别荣获全省发展开放型经济优秀县（市）区和园区，高质量发展态势日益明显。

加快推进项目建设。坚持把项目建设作为经济工作的重要抓手，按照“产业振兴年”活动部署，克服防范化解债务风险压力，全力推动项目建设。先后组织开展专题调度、专项督查、集中开工、“百日护建”等活动30余次，对园区产业项目、湘莲大道、莲花大道、彭德怀故里项目、子敬初中部等重大项目进行统筹调度，有效维护项目建设环境，破解项目建设难题。全年开工重点项目117个，乡镇动工项目102个，完成投资133亿元。五洲通药业、ADM、瑞泰科技、国雅彩印、博执医药、伍子醉槟榔等26个产业项目建成投产；德怀大道建成通车，滨江风光带全线贯通，步步高江湾广场全面营业，第二污水处理厂投入使用；皇爷槟榔、莲城贸易等项目稳步推进；广州酒家利口福食品生产基地、海泡石产业园、湘潭联海商贸城、佳海食品医药园等重点项目开工建设。

大力开展招商引资。坚持全面招商、全域招商、全员招商，主动靠前招大引强。荣获“全国投资潜力百强县”，招商引资软实力明显增强。紧盯长三角、珠三角、京津冀地区的产业转移，分别向北京、上海、广州等一线城市派驻招商小分队，组织开展“迎老乡、回故乡、建家乡”招商活动，积极参加“沪洽周”等重大节会活动，成功举办广州·湘潭县智能制造、皮具皮鞋产业招商推介会和潭商大会天易专场，吸引各界人士到县投资兴业。进出口贸易发展取得历史性突破。积极发挥异地商会的作用，搭建招商平台捕捉招商信息。全年引进项目80个，到位资金53亿元。其中过亿元项目22个，过30亿元项目3个，500强企业投资项目4个。包括总投资4.5亿元的广州酒家集团利口福项目、总投资33亿元的湖南绿信智慧物流园、总投资50亿元的湘潭铜锣湾广场商业综合体等重大产业项目，引进项目数量和质量创历史新高。作为项目孵化器的柏屹创新产业园和宏信产业园引进企业100余家，投产项目28个，一批成长型、潜力型中小微企业正在加速培育，发展形势向好。积极开展争支争项竞赛，完成争支争项资金9亿元，争取上级转移支付和专项补助资金35亿元，谭家山矿区治理等项目顺利进入国省投资计划，有力支持县域发展。

持续推进深化改革。坚持把深化改革创新作为加快发展的内生动力。全面深化“放管服”改革，出台《关于全面推进“马上就办、最多跑一次”改革工作方案（试行）》，制定第一批政务服务事项目录清单，实现“一次办”事项199项，“就近办”事项49项，“网上办”事项115项，“马上办”事项130项，行政效能大幅提升。被权威研究机构认定为“全国营商环境百强县”。实施财政所管理体制改革，实现责、权、利的有机统一。全面推动国有公司转型发展，完善公司法人治理结构。县农建投、交建投、文旅投三家平台公司完成国有公司整合重组，县建投公司成功发售10.8亿元企业债券，积极推进30亿元PPN项目，有力保障重大基础设施建设。县莲乡土地公司完成开垦项目34个，开垦面积413多公顷，实现土地收益10亿元以上。全面深化农业农村改革，土地确权颁证、农村集体产权制度改革全面完成，全县耕地流转面积3126.67公顷，流转率达56%以上，居全市第一。有序推进党政机构改革，圆满完成县总工会、团县委换届工作。《湘潭县机构改革方案（审议稿）》正式提交全会审议，机构改革按计划将于2019年3月底前完成。

三、坚定不移贯彻以人民为中心的发展理念

坚决打赢“三大攻坚战”。坚持把打好打赢“三大攻坚战”作为重大政治任务，推动责任上肩、举措落地，取得阶段性成效。牢牢守住不发生重大金融风险的底线，全力保工资、保运转、保基本民生。压减政府性投资项目70%，压减财政预算支出10%，实现政府债务风险总体可控。自觉把脱贫攻坚任务扛在肩上。以“两不愁三保障”为标准，以“五大工程”和“五大活动”为重点，以“三落实”集中行动为抓手，全力打赢打好脱贫攻坚战。选派94支农业农村基本现代化帮助队和355名第一书记驻村帮扶，组织“百企联百村”开展联村扶贫，安排1万余名机关、企事业单位工作人员、农村党员与贫困户结对帮扶，确保贫困户结对帮扶无遗漏。采取强力措施强化扶贫领域作风建设，加强突出问题集中整改，推动贫困户脱贫“五个清零”，确保行业扶贫政策到位。有效实施产业扶贫、就业扶贫，推动扶贫方式从“输血”向“造血”转变，经验做法获得省委高度肯定。全年完成4051户11008人脱贫任务，贫困发生率下降至0.46%，成功通过国、省评估考核。深入开展污染防治攻坚战，以“蓝天、碧水、净土”保卫战为抓手，全面落实中央环保督察“回头看”工作要求，解决群众反映的突出信访问题31个，查处各类环境违法行为83起，落后产能淘汰退出和产业转型升级步伐明显加快。全面开展秸秆和垃圾禁烧、饮用水水源地保护等专项整治，全年空气质量优良率达到89.5%，地表水质和集中式饮用水源水质达标率达到100%，土壤环境质量总体保持稳定。

着力推动乡村振兴。牢牢抓住产业振兴这个关键，整合涉农资金全力支持梅林桥、碧泉潭、天马三个现代农业园区建设，园区道路、水利、服务中心等配套设施逐步完善。花石镇成功进入全国特色小镇行列，调整提升花石镇建设规划，着力突出湘莲特色和一、二、三产业融合发展。引导439家新型农业经营主体参与种植结构调整，调整面积达8060公顷，形成4个万亩、40个千亩、100个百亩示范基地，超额完成省市下达的年度任务。大力培育新型农业主体，新增规模以上农产品加工企业5家，农民专业合作社达1873家，家庭农场1220家。县“湘潭湘莲”成功获评“湖南省十大农业公共区域品牌”，成功获评全国湘莲特色农产品优势区，湘莲现代农业产业集聚区已通过省级认定，荣膺“全国农村创业创新典型县”。积极开展“乡镇项目建设竞赛”，不断加强农村基础设施建设，为乡村振兴奠定坚实基础。

持续改善民生福祉。全力保障和改善民生，民生支出占财政总支出的比重达70%以上，省、市28项民生实事全面完成。采取务实举措稳定就业创业，城乡居民人均可支配收入分别增长7.7%、8.7%。全面推动教育均衡发展，建设标准化学校18所，全县义务教育阶段学校“全面改薄”20条底线全部达标，青少年素质教育综合基地被评为省级研学旅行基地，集团化办学、融合办学、合作办学等模式成效明显。启动贵竹学校建设，努力增加城区学位。高考成绩再上新台阶，全县600分以上考生达400人，创历史新高。全面深化医疗体制改革，稳步推进分级诊疗、综合监管、紧密型医共体、爱国卫生运动等工作，公共卫生工作连续八年保持全市第一。持续增强民生保障力度，城乡低保等四类补贴标准全面提标，实施全民参保计划，实现应保尽保。成功举办全国第三届“万步有约”健走大赛、莲乡大舞台、闹元宵等群众性文体活动，努力提高群众幸福感和获得感。

强力开展“三创一治”。坚持以“创建全国文明城市、创建省级园林城市和省级风景名胜区、创建省级卫生县城、开展农村人居环境整治”为目标，全面提升城乡环境。大力开展“三整三化”▲，全面加强城区主干道绿化、亮化建设，有效解决城区闲置土地、旱厕、菜地、黑臭水体等问题。深入推进农村人居环境整治，强力整治镇区“六乱”现象，全面取缔马路市场，完成农村改厕任务。文明城市文明指数测评排名全省第三，顺利创建省级园林县城、省级卫生县城，并成功申报创建国家园林城市、国家卫生城市；隐山风景名胜区已成功通过省级风景名胜区验收会审，正在报省政府审批。“三创一治”的工作成效，大幅提高县域的对外形象和人民群众的获得感、幸福感，强势上榜社科院“中国幸福百县榜”。

▲ “三整三化”的主要内容为整治城区道路交通秩序，城区出店占道流动经营，城区控违拆违；城区道路绿化提质，城区道路亮化提档，城区道路净化提标。

四、尽职尽责维护社会大局和谐稳定

务实创新社会治理。坚持把“促一方稳定、保一方平安”作为重要政治责任，扛在肩上、记在心上。广泛深入开展“民情大走访”，收集并解决问题意见2600余个，群众满意度创新高，由全省80多位跃居前20位，进入全省先进行列。深入推进扫黑除恶专项斗争，率先侦办全市首例“套路贷”涉恶团伙案件，一举端掉以张仪为首的盘踞在石潭地区的恶势力团伙，主犯张仪被一审判处死刑。“扫黑除恶”机制建设和宣传发动工作受到省委主要领导高度肯定。着力优化社会治安综合治理，确保“彭德怀同志诞辰120周年”纪念活动等重大节点平安稳定，重点人员信访下降45%，全县社会面平稳可控。全面加强法治建设，获评全国法治创建工作先进单位。积极推进“打非治违百日行动”和“强执法防事故”行动，安全生产工作再获“全省安全生产先进单位”。

稳妥控制重大风险。坚定不移推进湘潭生活垃圾焚烧发电项目建设，组织3800余人次到永州、益阳、常州等地考察观摩。采取“县级领导包村、县直部门包组、机关干部包户”的有效措施，群众工作组1000余人夜以继日开展群众工作。现场处置组出动警力5400人次处置各类应急事件66次，及时排查、处置稳定风险，果断处置在自媒体发布不实信息造谣惑众的案件10余起，严厉打击煽动不明真相的群众堵塞交通、冲击党政机关的违法犯罪行为。有力的维护项目建设秩序和社会大局稳定。指挥部统筹协调，全县上下紧密配合，加紧项目前期工作，已完成项目选址、社会稳定风险评估审查、用地预审、可研报告评审、项目立项等工作，项目建设平稳有序。

筑牢意识形态防线。始终扛牢意识形态主体责任，牢牢掌握意识形态的领导权、管理权、话语权。坚持正向引导，积极弘扬主旋律，传播正能量。夯实意识形态工作责任网，县乡村各级负责人认真履行一岗双责，层层明晰职责、夯实责任。出台《湘潭县意识形态工作联席会议制度》，形成宣传部等17个部门联席研判意识形态情况动态的工作机制。县委常委带队开展意识形态落实情况督查，全面压实乡镇和县直机关党委（党组）工作责任，确保意识形态工作抓好、抓实、抓细。加强县管媒体建设，整合广播、电视、报纸、网络、微信公众号、APP客户端等宣传载体的人员、技术、硬件设施等资源，组建融媒体中心，媒体融合改革工作走在全省前列。切实做好网络舆情引导，构建全方位风险管控和突发舆情应对处置机制，及时妥善处置垃圾焚烧发电项目等敏感舆情。

妥善化解社会矛盾。坚持把排查化解矛盾纠纷作为维护社会大局稳定的基础性工作。全面实行县级领导“谁主管谁负责”“谁联点谁负责”的责任机制，县级领导坐班接访群众近500批1600余人次，县级领导带头包案252件，有效化解、缓解部分退役军人集访、城区“上学难”等一批重大信访事项。公检法司立足各自职能，积极参与矛盾纠纷排查化解，取得良好成效。依托“三调联动”，调解各类纠纷4100余起，调解成功率达95%。深入推进多元化纠纷解决机制，以调解、撤诉方式结案951件，调撤率超过50%。积极推进检调对接工作，促成刑事和解58件。全年没有发生因调处不当发生“民转刑”案件。通过县级领导率先垂范、各级各部门群策群力，为社会大局和谐稳定打下坚实基础。

五、深入广泛凝聚加快发展的强大合力

积极发展民主法治。积极发展社会主义民主政治，充分发挥县委统揽全局、协调各方的政治优势，巩固和发展团结民主的政治局面。全面支持县人大依法履行职能，县人大及其常委会在县委领导下，坚持正确监督、有效监督，聚焦“两大目标”“三大攻坚战”以及社会民生，审议专项工作报告7个，组织开展执法检查3次，有力推动县委的重大决策部署在全县得到全面贯彻和有效执行。充分发挥代表主体作用，组织100余名省、市、县人大代表对县卫计局和县商务粮食局开展工作评议，人大工作的针对性、实效性和权威性不断提升。全力支持县政协依照章程开展工作，县政协紧紧围绕县委提出的中心任务开展民主协商，先后在加快海泡石产业发展、加强职业教育和促进教育均衡发展等方面建言献策，广大政协委员广泛反映社情民意，参政议政实效显著提高。综合运用监督小组、视察监督、社会监督、提案评议监督等民主监督手段，累计提出监督建议350余条，民主监督取得新成效。同时，加强和改进民主协商方式，广泛拓展协商途径、积极搭建协商平台，逐步提高人民政协协商民主制度化、规范化、程序化水平。

高位推动督查督办。坚持把督查督办作为推动工作落实的有力抓手。结合“四责四诺”▲“五联五问”▲活动开展，县委常委带队督查重点项目建设、创文创卫、垃圾焚烧发电项目推进、各级巡视巡察交办问题和环保督察交办问题整改、民生实事工程、防范债务风险等中心工作，解决具体问题150余个。切实加大督查通报力度，坚持真督实查不含糊，点名道姓不回避，结果运用不手软，敢于动真碰硬，直言不讳地指出问题，力促各项决策部署落地落实。全年共下发《督查通报》17期，点名批评33家单位或项目，扣减20家单位绩效考核总分。通过真督实查，进一步改进工作作风、提高工作效率。

认真做好统战工作。坚持把凝心聚力作为追求目标，不断加强与民主党派、工商联、无党派和各界人士的团结合作，落实县委常委与党外代表人士交友制度，切实加强党内党外的联系和交流。加强党外干部的培养、教育和使用。切实做好党外代表人士的政治安排，统筹做好民族、宗教、外事侨务、对台、港澳等工作。举办纪念中共中央“五一口号”发布70周年系列活动，加强党外人士的政治引领，着力做好非公经济领域统战工作。开展营商环境的调研和督查，切实解决非公经济领域的困难问题110多个，积极构建“亲”“清”新型政商关系。大力开展联谊交友活动，组织成立北京·湘潭县企业商会，搭建招商引资、招才引智平台，最大限度统一发展共识、凝聚发展合力。

着力加强党管武装。认真履行党管武装职责，把党管武装工作列入重要议事日程，坚持经济建设与国防建设协调发展。认真贯彻学习上级有关国防动员和后备力量建设的系列方针政策和决策部署，引导武装力量积极融入地方经济社会发展，在应急处突、综治维稳、精准扶贫、文明创建等方面做出积极贡献，推进军民融合深度发展。召开县委议军会议，对民兵调整改革、“双拥模范城”创建、专武干部选拔培养等重大事项进行专题研究和统一安排。民兵调整改革成功通过中央军委国防动员部的检阅和考核，考评排名全国第二。深入开展国防动员、国防教育等工作，兵役征集、民兵整组、国防教育基地建设、村级民兵连长集训等工作取得显著成效。

精心组织重大活动。按照隆重、热烈、俭朴的原则组织彭德怀 120 周年诞辰纪念活动，以县委、县政府的名义在省级媒体发表纪念文章，召开纪念彭德怀 120 周年诞辰座谈会，市党政主要领导和部队首长、彭德怀亲属以及身边工作人员等 300 余人出席纪念活动，得到社会各界的高度认可。坚持把纪念活动与彭德怀故里创 AAAAA 景区结合起来谋划，按照 AAAAA 景区建设规划，实施德怀大道、宣讲中心、改陈布展等九大建设项目，推动景区硬件提档提标。坚决贯彻习近平总书记关于弘扬彭德怀精神的指示精神，深入挖掘彭德怀精神内涵，参与拍摄电影《彭大将军》，录制长篇评书《彭大将军》，编发“两书一册”(《彭德怀元帅纪念文集》《彭德怀元帅》《巍巍丰碑 风范长存——纪念彭德怀诞辰 120 周年影像集》)，掀起缅怀彭德怀丰功伟绩、弘扬彭德怀宝贵精神的热潮，同时，也有力的推介和展示彭德怀故里地良好形象。

▲1.“四责四诺”：即依责承诺、尽责践诺、问责督诺、全责履诺这一理念。

2.“五联五问”：是指通过联系企业问环境好坏、联系项目问进展快慢、联系人才问工作优乐、联系群众问民生冷暖、联系基层问为政得失。

重要会议和决策

【中共湘潭县委第十二届三次全体（扩大）会议】 1月8日，中共湘潭县委第十二届三次全体（扩大）会议在县委党校六楼会议室召开，此次会议是在党的十九大之后召开的第一次县委全会。会议由县委副书记周艳希主持。全体县委委员、候补委员，纪委委员，全体在职副县级以上干部，各乡镇党委书记、乡镇长，县委各部委主持日常工作的负责人，县直机关各单位（含垂直管理单位）党政主要负责人，县委办、县政府办班子成员，县人大、政协委室负责人，天易经开区管委会各局室负责人，县属国有企业党委书记、董事长，县党代表中的基层代表参加会议。县委书记傅国平向全会作工作报告；县委副书记、县长段伟长就《关于深入学习贯彻党的十九大精神 全力挺进“全国百强县”、创建“全国文明城市”的意见（草案)》作起草说明；会议审议并表决通过《关于深入学习贯彻党的十九大精神 全力挺进“全国百强县”、创建“全国文明城市”的意见（草案)》《关于免去易剑光同志县委委员职务的决定（草案)》和《关于递补尹忠同志为县委委员的决定（草案)》。

【湘潭县委经济工作会议】 1月8日，湘潭县委经济工作会议在县委党校六楼会议室召开。县领导傅国平、段伟长、周艳希、唐剑恒、刘铁强、王成林、周贤、谭何龙、刘耀奇、胡亚湘、李豪雄、陈卫兵、谭捍卫、尹明忠在主席台就座。县委副书记、县长段伟长就全县经济工作强调三点意见：关于工作谋划，一定要做好安排；关于工作推进，要以扁平化管理为方向，强化区域竞争，以一线工作法为标准，强化效率意识，以产业链为基础，强化园区保障；关于工作考核，一定要精准。县委书记傅国平就如何做好 2018 年经济工作从四个方面进行强调：要全力保持“稳中有进、进中趋优”的良好发展态势，进一步坚定乘势而上、加快发展的信心;要准确把握经济发展的新形势新要求，明确全年经济工作的总体思路和基本要求;要全面贯彻新发展理念和高质量发展要求，推动经济持续健康快速发展;要坚持和加强党对经济工作的领导，切实提高驾驭新时代经济建设的能力和水平。

【县委政法工作暨“扫黑除恶”专项斗争动员部署会】 2月28日，县委政法工作暨“扫黑除恶”专项斗争动员部署会在县委党校一楼大礼堂召开。县领导傅国平、周艳希、唐剑恒、王成林、谭何龙、刘耀奇、胡亚湘、李豪雄、陈卫兵及全体在家县级领导参加会议。会上，县委常委、政法委书记谭何龙作工作报告，全面回顾总结 2017 年全县政法工作，并对 2018 年的政法工作、群众大走访、“扫黑除恶”专项斗争等相关工作进行安排部署。县委书记傅国平在会上充分肯定 2017 年湘潭县政法工作取得的成效，要求全县上下要立足岗位、凝心聚力，奋力开创政法工作新局面。他强调，要把服务发展作为政法工作的根本目标；要把群众满意作为检验工作的首要标准；要把重心下移作为维护稳定的重要基础；要把“扫黑除恶”作为弘扬正气的关键举措；要把“两会”维稳作为当前工作的重点任务；要把党的领导作为政法工作的坚强保障，推动政法工作沿着正确方向砥砺前行,谱写莲乡政法工作的新篇章。

【2018 年县委农村工作暨全县脱贫攻坚工作会议】 3月16日，2018 年县委农村工作暨全县脱贫攻坚工作会议在县委党校一楼大礼堂召开。会议回顾总结 2017 年湘潭县“三农”工作成绩，分析当前农业农村形势，部署实施乡村振兴战略和精准扶贫工作。县领导傅国平、段伟长、周艳希、唐剑恒、刘铁强、谭何龙、刘耀奇、李豪雄、陈卫兵、谭捍卫、陈义在主席台就座，全体在家县级领导参加会议。会上，县委副书记、县长段伟长作工作报告。段伟长指出：要总结成绩，正视问题，切实担负起实施乡村振兴战略的历史重任；要突出重点，统筹谋划，切实抓好实施乡村振兴战略的

主要任务；要全面发力，强化保障，切实提升实施乡村振兴战略的工作水平。县委书记傅国平作出5个方面的要求：要深刻领会乡村振兴战略的重大意义；要准确把握乡村振兴战略的目标任务；要始终遵循乡村振兴战略的基本原则；要坚决履行乡村振兴战略的职责使命；要切实完善乡村振兴战略的体制机制。

【2018年环境保护工作暨“蓝天、碧水、净土”保卫战动员部署会】 4月8日，2018年环境保护工作暨“蓝天、碧水、净土”保卫战动员部署会在县政府五楼会议室召开。县领导傅国平、段伟长、周艳希、王成林、胡亚湘、谭捍卫、赵国政、唐仁光、欧建美、刘新玉、胡明伟参加。县委副书记、县长段伟长主持会议并讲话，他要求：高站位，高要求，认识环境保护工作；快节奏，快速度，处理环保问题；严执法，严标准，查处环保违法；好方法，好结果，展现环保成绩。县委书记傅国平充分肯定过去一年全县环境保护工作所取得的成绩，并就“为什么要开展污染防治攻坚战”以及“怎么打赢这场污染防治攻坚战”提出具体要求：务必高度重视环境保护工作。这是一份责无旁贷的政治责任、一项刻不容缓的补救措施、一项利在千秋的宏伟事业、一个实实在在的民生保障、一次执政能力的重大考验;务必积极推进环境保护和污染防治工作。要构建严密的责任体系、要解决突出的环境问题、要采取严厉的惩处措施、要建立严格的产业门槛、要推动全面绿色发展。

【中共湘潭县委工作务虚会议】 12月3日和12月5日，中共湘潭县委工作务虚会议在鑫田大酒店召开。会议进一步统一思想，回顾总结2018年工作，科学谋划2019年工作。傅国平、段伟长、周艳希、唐剑恒、刘铁强、王成林、周贤、谭何龙、刘耀奇、胡亚湘、李豪雄、陈卫兵、谭捍卫等县级领导参加会议。会上，各乡镇、县直有关部门、县级领导根据职责分工，分别汇报2018年的工作成绩和2019年的工作思路。同时，大家还结合自身工作领域，着眼全县工作，就如何推进乡村振兴、如何开展“三创一治”、如何招商引资、如何促进产业升级等内容积极建言献策。县委副书记、县长段伟长在会上提出，大家要转而不折，有使命必须承担。要转理念，抓住发展高质量、成绩全考量、决策多调研三大原则；要降预期，抓住素质教育、三产融合、安居乐业三个示范；要换动能，抓住创新驱动、消费拉动、产业推动三种动力；要抠重点，抓住主导产业、先导产业、传导产业三大方向；要强规矩，抓住新上项目未经依法决策不上、产业扶持未经全面评估不出、奖金福利没有政策文件不发“三不”要求；要推改革，抓住精简职能、精简机构、精简人员“三简”目标。政府在2019年要打造精忠政府、精锐政府、精明政府、精廉政府。县委书记傅国平就相关工作作出指示：政府投资，要不增加任何隐性债务，不发生政府债务风险，这是不可逾越的底线，控制政府债务不等于全停政府投资项目，关系到重大国计民生的项目，关系到产业项目落地的基础设施，关系到人民群众生命财产安全的项目，必须毫不犹豫地投入；关于生态环境的保护，要严格控制矿山类、养殖类、风电类项目审批，要谨慎审批耕地开垦项目、占用林地项目，要严禁审批重污染、重化工、简易建材加工类项目；关于“三创一治”工作的推进，必须持续发力，“创卫”要争创国家级卫生城市，“创园”要成功创建全国园林城市，创文要在全省评估中保持前三；关于乡村振兴的推动，乡镇要认真思考，因地制宜推动乡村振兴，县本级要在资金、项目、土地、招商政策、环境维护等方面为乡村振兴注入活力；关于管党治党的强化，要时刻绷紧这根弦，认真履行党风廉政建设主体责任，始终保持管党治党的力度，旗帜鲜明深入推进全面从严治党，旗帜鲜明保护党员干部，旗帜鲜明严管纪检监督队伍。

【2018年第一次县委常委会议】 1月2日，由县委书记傅国平主持召开。会议传达学习省委、市委经济工作会议精神；审议《关于深入学习贯彻党的十九大精神，全力挺进“全国百强县”，创建“全国文明城市”的意见（草案）》及起草说明、县委书记傅国平在十二届三次县委全会上的工作报告、县委书记傅国平在县委经济工作会议上的报告；听取关于创建省级森林城市的汇报；听取2017年全县意识形态工作督查情况汇报；审议《关于推进审计全覆盖的实施意见》；审议《2018年度部门预算（草案）》；审定湘潭县第三批优秀专家和专业技术骨干人才名单；听取县委委员递补情况汇报。

【2018年第二次县委常委会议】 1月22日，由县委书记傅国平主持召开。会议传达学习市“两会”精神；传达学习中共湖南省委组织部印发的《关于加强干部选拔任用纪实工作的实施意见》《关于从严加强组织部门干部监督工作的意见》；审定《关于进一步规范和落实党办报告工作制度的意见》；审定机关单位工作人员年休假有关事项；听取关于湘潭县“推动移风易俗 建设文明莲乡”工作方案的汇报；审议《关于深化文化市场综合执法改革的实施方案》；听取湘潭县创建全省卫生城市工作情况汇报；审议《关于推进城市执法体制改革改进城市管理工作的实施意见》；审定湘潭县第三批优秀专家和专业技术骨干人才名单。

【2018年第三次县委常委会议】 2月7日，由县委书记傅国平主持召开。会议审定《县委常委班子民主生活会对照检查材料》；传达全市“雁过拔毛”式腐败问题专项整治协调领导小组会议精神；传达学习十九届中央纪委二次全会、省第十一届纪委三次全会、市第十二届纪委三次全会主要精神，审议县委常委、县纪委书记、县监委主任胡亚湘代表县纪委常委会所作的工作报告；听取《湘潭县党员干部参赌涉赌、吸毒涉毒、酒驾醉驾问题专项整治方案》汇报；传达学习关于选人用人和基层党建方面案例的通报；研究干部人事工作。

【2018年第四次县委常委会议】 2月12日，由县委书记傅国平主持召开。会议听取湘潭县扫黑除恶专项

斗争情况汇报，审议湘潭县扫黑除恶有关文件；听取《湘潭县政协2018年协商与监督工作计划》汇报；听取《关于编外用工人员待遇调整情况》的汇报；听取全国“两会”期间信访维稳工作准备情况汇报及讨论《2018年信访工作责任追究办法》；审议关于湘潭县2017年度重点工程、乡镇项目竞赛和固定资产投资获奖建议名单；听取《关于壮大我县槟榔产业发展情况》的汇报。

【2018年第五次县委常委会议】 2月24日，由县委书记傅国平主持召开。会议传达学习中央第八巡视组巡视湖南省工作动员会议精神；听取县人大常委会、县人民政府、县政协、天易经开区、县人民法院、县人民检察院党组（党工委）工作情况汇报（2017年工作情况汇报及2018年工作要点）；审议县委2018年工作要点；听取关于召开全县政法工作会议情况的汇报；听取关于2017年综治考核结果和2018年群众大走访工作情况的汇报。

【2018年第六次县委常委会议】 3月9日，由县委书记傅国平主持召开。会议传达学习全市产业项目建设年暨投资和重点项目建设动员大会会议精神；组织学习4起省直机关处级干部违纪案查处情况的通报；审定《湘潭县全面落实“四责四诺”加强执行力建设的实施方案》；听取“三创一治”及“八大行动”工作相关情况汇报；听取2018年县委农村工作会议相关事项汇报；审议《中共湘潭县委关于修改〈中共湘潭县委巡察工作办法（试行）〉的决定》和《十二届县委第六轮巡察工作方案》。

【2018年第七次县委常委会议】 3月21日，由县委书记傅国平主持召开。会议听取关于对县财政局副科级干部张德立给予处分的相关情况汇报。

【2018年第八次县委常委会议】 4月2日，由县委书记傅国平主持召开。会议听取县广电台关于湘潭县广播电台有关情况汇报；听取常委部门及工青妇工作情况汇报（2017年工作情况汇报及2018年工作要点）；审定全县党务工作暨“四责四诺”“五联五问”工作推进会议相关事项；听取县委组织部关于2018年湘潭县基层党建工作情况的汇报；听取湘潭县政府债务总体情况的汇报；研究有关干部人事工作。

【2018年第九次县委常委会议】 4月13日，由县委书记傅国平主持召开。会议审定《中共湘潭县委常委会关于坚决维护党中央集中统一领导的规定》；审定《中共湘潭县委关于进一步贯彻落实中央八项规定精神的实施办法》；审定湘潭县扫黑除恶专项斗争文件；听取民情大走访工作情况汇报；听取食品安全重点工作情况汇报、审定《关于落实食品安全党政同责的实施意见》；听取关于明确湘潭县机关事业单位工作人员工资奖金津贴补贴及福利发放范围的情况汇报；听取《中央、省委巡视组交办案件》及在全县开展信访工作“五大攻坚战”专项行动汇报。

【2018年第十次县委常委会议】 4月27日，由县委书记傅国平主持召开。会议传达学习习近平总书记安全生产重要论述；传达学习市开展违反中央八项规定精神突出问题专项治理工作会议精神，审定湘潭县《湘潭县关于开展违反中央八项规定精神突出问题专项治理的工作方案》；传达学习全省扶贫暨作风建设动员大会精神、听取湘潭县精准扶贫工作情况汇报；听取2018年湘潭县劳动模范（先进工作者）推荐评选工作情况汇报；听取关于大力推动殡葬改革工作的汇报；听取2017年度鼓励开放型经济发展奖励的情况汇报；审定《湘潭县县直机关工作人员到基层开展公务活动用餐交纳伙食费的有关规定》；审议给予县人民法院伍湘文党纪政纪处分的决定。

【2018年第十一次县委常委会议】 5月9日，由县委书记傅国平主持召开。会议审议县委全面深化改革领导小组工作，听取相关改革工作汇报；审定《湘潭县环境保护工作责任规定和湘潭县重大环境问题（事件）责任追究办法》等文件；听取湘潭生活垃圾焚烧发电项目相关工作情况汇报；听取扶贫领域作风建设相关情况汇报；审议《关于对省委第二巡视组交办湘潭市涉嫌违反中央八项规定精神突出问题开展自查自纠的实施方案》；审议《2018年湘潭县政府性投资项目清单》；审议《湘潭县“党建领航”工程2018年工作要点》。

【2018年第十二次县委常委会议】 6月1日，由县委书记傅国平主持召开。会议传达学习湘潭市办理中央、省委巡视组移交问题线索情况汇报会会议精神；听取县城区学位供需情况及大班额化解工作情况汇报，审议《湘潭县改革县域办学模式促进教育均衡发展实施方案》；听取农村集体产权制度改革工作相关情况汇报；听取湘潭县理顺乡镇财政所管理体制的情况汇报；听取加快公务卡制度改革情况的汇报；听取关于石鼓镇12·7专案处理情况的汇报。

【2018年第十三次县委常委会议】 6月21日，由县委书记傅国平主持召开。会议传达全省纪检监察系统领导干部培训班精神；听取2018年县委农村工作会议相关事项的汇报；审议《关于围绕三大攻坚战解决群众突出问题的工作方案》；听取关于做好庆祝中国共产党成立97周年有关工作情况的汇报；审议《在县城区实施“三创一治”街长制工作方案》；听取湘潭县2018年上半年党委（党组）意识形态工作责任制落实情况汇报、审定意识形态相关文件；审议《湘潭县深入学习宣传贯彻习近平新时代中国特色社会主义思想工作方案》；听取关于开展县委第七轮巡察工作有关情况汇报。

【2018年第十四次县委常委会议】 7月19日，由县委书记傅国平主持召开。会议传达全省党政领导干部脱贫攻坚培训班精神，研究脱贫攻坚农村危房改造工作；听取群团部门改革工作情况汇报；听取上半年民调工作情况汇报；听取关于“基本解决执行难”工作的情况汇报；研究有关干部人事工作。

【2018年第十五次县委常委会议】 8月15日，由县委书记傅国平主持召开。会议深入学习贯彻习总书记对湖南工作的指示精神;审定《关于推进湘潭县产业项目建设年活动的实施方案》;审定《彭德怀同志120周年诞辰纪念活动工作方案暨宾客邀请方案》;听取全县绩效考核相关工作情况汇报;审定《2018年湘潭县社会治安综合治理考评办法》;审定《关于明确湘潭县纪委常务副书记的请示》。

【2018年第十六次县委常委会议】 9月14日，由县委书记傅国平主持召开。会议传达学习中央巡视组巡视湖南省情况反馈会、省委第二巡视组巡视湘潭市情况反馈会上的讲话精神；传达学习扶贫领域作风问题专项治理工作罗霄山片区座谈会会议精神及市扶贫领域作风问题专项治理工作暨脱贫攻坚“三落实”集中行动推进会议精神；传达学习中办有关化解地方债务的文件；通报衡东县故意驾车恶性伤人案件，提出湘潭县对策；审定《湘潭县县管国有公司重组转型实施方案》；审定《湘潭县县管国有公司绩效薪酬管理暂行办法（草案）和湘潭县县管国有公司绩效考核办法（试行）》；审定《关于解决机关事业单位人员夫妻两地分居问题，异地工作配偶流动调配的实施办法》；研究干部人事工作。

【2018年第十七次县委常委会议】 9月25日，由县委书记傅国平主持召开。会议传达学习新修订的《中国共产党纪律处分条例》；传达学习5起党员干部搞封建迷信的情况通报；组织学习新修订《中国共产党纪律处分条例》；学习习近平总书记关于宗教工作的重要论述和重要讲话精神，传达全国、省、市宗教工作会议精神，汇报全县宗教工作情况；传达学习省委下发的《关于落实食品安全党政同责的意见》《2018年湖南省食品安全工作评议考核方案》；审议《中共湘潭县委巡察工作规划（2018—2021年）》；审议《湘潭县2018年度落实党风廉政建设责任制推进惩治和预防腐败体系建设检查考核实施办法》；听取湘潭县2018年度项目建设计划调整建议等有关情况汇报；听取加强和改进新形势下的县直机关党建工作汇报；听取天易经开区范围内取缔非法洗砂工作情况的汇报；听取湘潭生活垃圾焚烧发电项目指挥部关于下阶段项目建设工作对策的汇报；听取县农业局正科级干部王正河违纪问题审理情况汇报。

【2018年第十八次县委常委会议】 10月19日，由县委书记傅国平主持召开。会议学习全国宣传思想工作会议精神；传达学习省委办公厅《关于一些地方政绩观存在偏差以及搞形象工程政绩工程等引发政府债务风险问题的通报》；传达学习习近平总书记关于全面依法治国重要论述和在中央全面依法治国委员会第一次会议上的讲话精神，听取湘潭县“七五”普法中期情况汇报；审议《天易经开区“百日护建”专项行动工作方案》；听取关于进一步引导和鼓励高校毕业生到基层工作的情况汇报；审议《县委第八轮巡察工作建议方案》；听取扫黄打非工作情况汇报；听取关于召开湘潭县总工会第十六次代表大会、团县委第十七次代表大会的情况汇报；听取关于加强湘潭县党史工作相关情况汇报；审定湘潭县防范和化解债务工作方案。

【2018年第十九次县委常委会议】 11月1日，由县委书记傅国平主持召开。会议传达全省深入学习贯彻习近平总书记精准扶贫工作重要论述大会精神，研究湘潭县精准扶贫相关工作；传达学习贯彻落实中央关于加强党内法规制度建设的意见；传达学习省委《关于全面加强生态环境保护坚决打好污染防治攻坚战的实施意见》，研究湘潭县迎接中央环保督察组督察湖南“回头看”相关工作；传达学习全国、省、市组织工作会议精神；审定《全县组织工作会议暨机关党建工作推进会建议方案》；听取关于进一步提高村干部报酬标准的情况汇报；听取关于统一全县食堂就餐结算方式的情况汇报；听取湘潭县机构改革工作情况汇报。

【2018年第二十次县委常委会议】 11月16日，由县委书记傅国平主持召开。会议传达学习习近平总书记在民营企业座谈会上的讲话精神；听取议事协调机构清理工作情况的汇报；听取湘潭县创建国家园林县城申报工作的汇报；听取湘潭县反恐怖工作情况的汇报；审定《广播电视扩面工作方案》；研究干部人事工作。

【2018年第二十一次县委常委会议】 12月14日，由县委书记傅国平主持召开。会议传达学习习近平总书记关于全国党委秘书长会议的批示精神，全国、全省党委秘书长会议精神，全市党委办公室主任会议精神；审议县委常委会2018年工作报告；听取县第十六届人民代表大会三次会议，政协湘潭县第九届委员会第三次会议筹备工作情况汇报；审定县人大、“一府两院”、县政协工作报告；听取湘潭县关于认真做好统筹规范督查检查考核工作情况汇报，审定《湘潭县督查检查考核工作保留清单》；审定《天易经开区园区投融资平台公司转型改革实施方案》；研究干部人事工作。

重要调研

【胡长清调研林业发展情况】 2月27日，省林业厅党组书记、厅长胡长清，由市县领导向敏、陈义陪同，深入湘潭县杨嘉桥、射埠、谭家山等乡镇，调研退耕还林还湿工作及林业发展情况。胡长清一行先后到杨嘉桥镇寻笔港退耕还湿试点项目、湘潭县森林防火物资储备库、射埠镇高风村新造油茶林项目、谭家山镇百里醇油茶产业项目进行实地考察。胡长清对全县林业发展工作、寻笔港退耕还湿试点项目和油茶新造建设项目给予充分肯定。胡长清强调，要建立长效管理机制，确保还林还湿工作取得实效，为全省湘江流域退耕还林还湿工作提供有益借鉴和示范样板。他指出，要以更高的标准、更亮的特色、更新的抓手和更严的监管推动林业工作再上新台阶。

【崔永平调研老干部工作】 3月6日，省委组织部副部长、省委老干部局局长、省委离退休干部工委书记崔永平，由市县领导廖桂生、周艳希、刘耀奇陪同，到湘潭县调研老干部工作。崔永平一行实地察看县老年活动中心，深入了解湘潭县离退休干部党建、待遇保障落实等情况。崔永平对湘潭县老干部工作给予充分肯定和高度评价。他强调，要加强政治建设，精心组织学习中共十九大精神，引导老干部深入开展好为党和人民的事业增添正能量活动；要以提高组织凝聚力为重点，着力加强组织建设，努力实现老干部工作的转型发展，更好地为当地发展贡献力量。

【蔡振红调研宣传思想文化工作】 3月20日，省委常委、省委宣传部部长蔡振红，到湘潭县调研彭德怀纪念馆建设管理工作。蔡振红到湘潭县乌石镇，详细了解彭德怀纪念馆和故居的建设管理工作。他强调，彭德怀是德高望重的老一辈无产阶级革命家、政治家和军事家，是我们党、国家和军队的杰出领导人，建立不朽的历史功勋。2018年是彭德怀120周年诞辰，要以此为契机，进一步丰富展陈内容、创新展陈方式、拓展教育功能，充分发挥彭德怀纪念馆作为全国爱国主义教育示范基地的作用，在新时代更好地用红色文化和革命精神引导人们不忘初心、攻坚克难、砥砺奋进。

【许凤元调研国防教育工作】 3月22日，省军区副政委、省国教委副主任许凤元，由湘潭军分区政委刘新文，县领导李豪雄、尹明忠陪同，到湘潭县调研国防教育工作。许凤元一行到江声实验学校，察看学校开展的“国防在我心中”征文优秀作品、手抄报优秀作品展；实地走访县一中，详细了解海军航空兵实验班办学情况，并对全县国防教育工作取得的成绩给予肯定。他强调，湘潭县是兵源大县，要加强管理、创新载体，深化研究并拓展全民国防教育工作，开展不同种类、不同形式的国防教育活动，使国防元素更加鲜明。

【陈文浩调研湘潭生态环保工作】 8月29日，副省长陈文浩由市县领导谈文胜、赵新文、段伟长陪同，到湘潭县就中央环保督察反馈问题整改、黑臭水体治理、棚户区改造、农村人居环境治理等工作进行调研。陈文浩一行先后实地走访洪顺采石场、牛头化工片区棚户区、杨嘉桥镇九江村天子美丽屋场，详细了解相关工作开展情况。他强调，要深入贯彻习近平生态文明思想，以对党和人民高度负责的态度抓好生态环保工作。他指出，要始终把中央环保督察反馈问题整改落实工作作为一项重大政治任务、重大民生工程和重大发展问题来抓，压实环保责任，坚决防止问题反弹，确保中央环保督察所有反馈问题全面整改到位。他表示，要抢抓政策机遇，加快推进棚改取得新成效；要积极搭建好平台，引导和鼓励社会资本参与美丽乡村建设。

【谈文胜调研脱贫攻坚“三走访、三督导、三签字”活动】 11月8日，市委副书记、市长谈文胜，由市县领导向敏、段伟长陪同，到湘潭县分水乡、石鼓镇、青山桥镇，开展脱贫攻坚“三走访、三督导、三签字”活动。谈文胜强调，驻村帮扶队要实打实地做好工作，详细了解贫困户情况，做到精准识别、精准脱贫。他指出，互联网经济下，偏远不是经济发展不起来的理由，关键是要找准产业发展的路子。他建议，要让农产品插上互联网的翅膀，做好品牌和包装的策划，提升产量促进农民增收。

【陈慈英调研社会救助兜底保障工作】 11月16日，省民政厅副厅长陈慈英一行到湘潭县调研社会救助兜底保障工作。陈慈英一行先后到青山桥镇青山桥村村部和杨嘉桥镇老年福利服务中心，了解建档立卡贫困人口、低保对象、特困人员、残疾人相关保障情况，查看区域性（中心）敬老院建设和照料护理区改扩建进展情况。陈慈英表示，湘潭县高度重视社会救助兜底保障工作，思路清晰，创新举措，亮点纷呈。她要求，要认真做好社会救助兜底保障工作，正确处理好与扶贫之间的关系，努力探索并解决今后的社会救助走向问题，做出成绩，在全省打造出可复制、可推广的样板。

【曹炯芳调研脱贫攻坚“三走访、三督导、三签字”活动】 11月20日，市委书记、市人大常委会主任曹炯芳，由县领导周艳希陪同，到湘潭县开展脱贫攻坚“三走访、三督导、三签字”活动。曹炯芳一行实地走访分水乡、青山桥镇、石鼓镇等地，详细了解当地脱贫攻坚政策落实、扶贫产业发展等方面的情况，对产业扶贫举措给予充分肯定。他强调，要严格按照脱贫攻坚“三落实”行动，着力做好产业扶贫，增加贫困户内生发展动力，在“两不愁三保障”扶贫政策的基础上，将产业扶贫做实做强；要强化政治担当，狠抓政策落实，因地制宜发展特色产业，用情用力做好精准扶贫工作，扎实推动扶贫政策和举措落到实处。

【曹炯芳调研乡村振兴工作】 12月12日，市委书记、市人大常委会主任曹炯芳到湘潭县花石镇开展乡村振兴工作调研。曹炯芳详细了解花石镇党建领航、脱贫攻坚、湘莲产业发展、县域次中心与特色小镇建设等情况。他指出，花石镇在推进湘莲产业园和县域次中心建设时，要切实围绕“特而强”“聚而合”“精而美”，理顺产业发展与城建规划定位，推动一、二、三产业融合发展。曹炯芳实地考察当地污水处理厂、垃圾中转站及新村部建设。他强调，要深入实施乡村振兴战略，围绕产业特色、区位优势、自然条件，争取在产业强、百姓富、环境美、文明兴上推出更实举措，创造更多成果。

【杜家毫、许达哲在长株潭绿心地区调研】 12月13日，省委书记、省人大常委会主任杜家毫，省委副书记、省长许达哲，省领导陈向群、傅奎、胡衡华、谢建辉、刘莲玉、陈文浩、张大方到湘潭县调研中央环保督察及绿心地区整改意见落实情况，市领导曹炯芳、谈文胜、陈忠红陪同。杜家毫、许达哲一行实地考察湘潭县碧桂园项目，详细了解长株潭城市群“两型社会”示范区湘潭县易俗河片区规划，听取相关绿心保护工作情况汇报。杜家毫指出，长株潭绿心是长株潭城市群的重要生态屏障，要处理好经济发展与环境、问题整改与维护稳定、条例实施前与实施后、严格执行规划与调整优化规划之间的关系，有力有序推动绿心问题整改到位，倒逼经济发展方式和产业转型升级，切实把中央环保督察整改任务落实好、把生态绿心保护好。许达哲要求，要切实扛起生态建设和环境保护的政治责任，牢固树立“生态优先、绿色发展”理念，进一步加快问题整改推进力度，建立完善绿心保护长效机制；要加紧优化完善生态绿心总体规划，更好突出绿心地区生态屏障和生态服务功能。

【曹炯芳调研文明乡风建设、开展扶贫工作】 12月18日，市委书记、市人大常委会主任曹炯芳，由市县领导陈忠红、吴小月、傅国平、李豪雄陪同，到湘潭县茶恩寺镇茶花村，调研文明乡风建设、开展扶贫工作。市县领导陈忠红、吴小月、傅国平、李豪雄一同参加。曹炯芳一行与村民一同观看“文明大舞台·进村倡新风”主题宣传活动，并对活动给予高度评价。随后，曹炯芳看望建档立卡贫困户，详细询问脱贫情况，并鼓励贫困户积极发展生产、增加收入，同时要求驻村工作队、镇村扶贫工作人员多关心贫困户的生活，下大力气推动贫困户脱贫。

【许显辉调研政法工作】 12月19日，省人民政府副省长、公安厅党委书记、厅长许显辉，由市县领导曹炯芳、陈忠红、戴德清、罗伟、傅国平陪同，到湘潭县调研政法工作情况。许显辉一行先后实地视察湘潭垃圾焚烧发电项目所在地、走访河口派出所和湘潭县公安局业务技术大楼，详细了解垃圾焚烧发电项目工作开展、派出所三年行动建设情况，认真检查“百日会战”“三大措施”以及重点项目安保维稳工作。他强调，派出所要配合村支二委做好治安防范、信息收集、人口管理和服务群众等工作，切实加强农村社会治安防控能力。他表示，公安机关要抢抓机遇，建好用好“驻村辅警”，大力夯实农村治安防控基础；要打造科学高效、符合本地实际的“城市快警”，全面加强社会治安防控体系建设；要加快推进派出所三年建设行动，迅速补齐公安基层基础工作短板。他强调，要深化“百日会战”防控各类风险隐患，统筹打击突出违法犯罪，坚决做到“两个防止”。

【田福德调研综治“三位一体”工作】 12月20日，省委政法委常务副书记田福德，由市县领导戴德清、傅国平、谭何龙陪同，到湘潭县调研综治“三位一体”▲工作。田福德一行先后到云龙社区综治中心和河口镇综治中心开展实地调研，现场察看综治中心建设、网格化服务管理中心系统操作流程等。田福德充分肯定湘潭县综治“三位一体”工作。他强调，要将“三位一体”抓好抓实，强化矛盾化解，推动矛盾纠纷第一时间、第一现场排查化解，筑牢维护社会稳定的第一道防线；要加强作风建设，乡镇干部要下沉到网格，带着真心实意开展大走访，为百姓解决问题。

▲ 综治“三位一体”，即综治中心、“雪亮工程”和网格化服务管理平台一体化建设

县委办公室工作

【概况】 中共湘潭县委办公室是县委的综合办事机构，内设5个组室，分别是秘书组、综合组、行政组、政工组、法规室；归口管理机构6个，分别是县委政策研究室、县委督查室、县委机要局（县国家密码管理局、县保密局）、县委县人民政府接待工作办公室、县电子政务网络管理中心、县领导决策服务中心。县委全面深化改革领导小组办公室与中共湘潭县委办公室一个机构、两块牌子。

2018年，县委办牢固树立“五个坚持”理念，充分发挥参谋辅政、服务领导、协调各方的作用，圆满完成各项工作任务。坚持把党建引领作为第一抓手，着力加强政治建设，深入开展党建主题教育，积极组织支部主题活动，大力实施党员结对帮扶，着力深化党风廉政建设。坚持把服务中心作为第一要务，切实抓牢参政设谋，围绕领导决策参谋辅政，围绕中心工作强力督查，围绕改革小康高位推进，围绕党委信息全面发力。坚持把敢于担当作为第一标准，高效完成中心工作，务实开展群众工作，切实提高执行效率，全面推动调查研究，高效统筹重大活动。坚持把统筹协调作为第一职责，突出做好牵头抓总，严谨细致做好公务安排，严格程序做好公文办理，严格高效做好后勤接待，严密规范做好保密政务。坚持把自身建设作为第一目标，全面提升队伍素质，组织开展能力提升活动，积极开展素质拓展活动，务实创建市级文明标兵单位。高质量完成“四责四诺”“五联五问”、绩效考核及中央、省委巡视问题交办、彭德怀120周年诞辰纪念活动等全县性的中心工作。

【政策研究工作】 认真落实省委“抓重点、补短板、强弱项”和市委“五联五问”大调研要求，牢牢抓住挺进“全国百强县”、创建“全国文明城市”两大战略目标，围绕县域发展和县委主要领导关注的方向精准选题，深入开展新材料产业、种植结构调整、县域次中心建设、提高干部执行力、优化非公企业发展环境等专题调研7次，并形成高质量调研报告，为县委决策提供有力参考。其中，推动新材料产业发展、优化种植结构调整、打造县域次中心等调研中的建议得到县委主要领导认可，转化为推动发展的实际决策和举措。统筹开展全县“五联五问”大调研活动，积极督促各乡镇、县直部门切实转变工作作风，深入基层、深入群众、深入一线、深入企业、深入项目建设现场进行多层次、多方面、多角度的调研活动。共收集解决人才、企业、基层、群众各领域问题2000个，破解产业发展、园区建设、人才队伍等重点难点问题，形成高质量调研报告80多篇，上报市委优秀调研文稿9篇。37名县级主要领导领衔开展33个课题调研，其中《关于推动湘潭县新

材料产业集群发展的调研报告》在《县域经济参考》等省级刊物上发表。年内，共起草和把关各类讲话材料、汇报材料300余篇，积极加强成果转化，全年在市级以上刊物和媒体发表文章40多篇。编发《莲乡之声》4期，编辑《领导参阅》6期，强化县域经济社会发展成果交流。

【综合信息工作】 积极发挥党委信息主渠道作用，加强对全县办公室系统信息工作的业务指导、统筹调度和工作考评，推动信息工作的常态化制度化规范化。2018年共向省委、市委上报信息600余条，一大批精品信息被省、市采用，信息工作排名全省第二，稳居全市第一。规范紧急信息报送制度，统一报送口径，严格执行24小时值班。梳理分析不稳定因素和倾向性、苗头性问题，全年上报紧急信息220余条，编发《要情汇报》70余期，没有发生漏报、迟报、误报、瞒报等现象。

【督查工作】 湘潭县委督查室紧紧围绕中央和省市县重大决策部署和主要领导批示交办事项的贯彻落实，坚持真督实查，突出工作重点，持续工作创新，强化工作实效，进一步巩固大督查格局，完善大督查机制，树立大督查权威，凸显大督查效果。全年共组织或参与各类督查活动54次，下发《督查通报》17期，发出交办函51件，点名批评58个单位或项目， 20个单位绩效考核扣分；参与县委书记调度会（现场会）达50余次，有效督办解决具体问题150余个；撰写督查调研报告5篇，受理上级和本级党委、政府主要领导批示交办件56件，受理书记信箱件43件，办结率100%。经验文章《高位推动动真碰硬党的督促检查工作开创新局面》被省级期刊《县域经济参考》刊发，获得2018年度省级“督查工作先进单位”称号。

【办文办会】 2018年，县委办法规室承担党内法规、收发文、档案、保密等工作，围绕中心、服务大局，认真履职、扎实工作，较好地完成年度目标任务，各项工作在原有基础上取得新的进步，办文工作继续保持及时高效传送和制发，法规工作继续在全市保持领先。2018年，处理各级来文2485余件，县委（办）共发文201件，向市委备案党内规范性文件41件，其中经县委第十二届三次全体（扩大）会议审议通过1件，县委常委会会议审议通过34件，县政府常务会审议通过2件，党内规范性文件会议审议通过占比90%，报备的党内规范性文件全部通过市委备案审核，无一件提醒和纠正件，文件报备率、及时率、合法合规率100%。同时，办理县委主要领导同志批示件200余件，传阅中央、省、市三级密级文件127件，整理2017年度文书档案119卷(其中永久档案37卷、定期档案37卷，副卷45卷，永久档案完成电子扫描) ，均无延误、无滞留、零失密、零遗失。

坚持统筹协调，确保会议活动畅通无阻。会务服务工作周密细致。严格会议活动审批，坚持全县性会议的统筹协调和归口审批制度。以县委、县政府名义召开的全县性大会，由县委办、县政府办加强协调、统筹安排，利用电子政务内网积极推进会议、活动预报告制度。限制会议数量。实行整合开会，压缩会议规模和时间。县委全会、县政府全会不超过1天，其他会议时间不超过半天。同时，科学设置议程，开短会，发言精炼，严格会议经费管理。共发放会议通知291个，6500余人次，完成141个重要会议活动的协调服务工作。领导公务活动精准高效。坚持执行县“四大家”主要领导碰头会议、县委常委工作部门碰头会议， “6+5”周工作协调联动机制▲，全年编制并下发全县重要会议活动周安排表49期，服务领导公务活动53个，妥善做好领导公务活动的各项衔接联络工作，其中重点做好彭总诞辰120周年纪念活动的统筹，市委书记曹炯芳、市委副书记何俊峰等上级领导到县调研等的综合协调工作。值班备勤工作。严格执行24小时值班工作制度，确保上传下达畅通无阻。编制值班安排表，及时安排好元旦、春节、清明节、劳动节、端午节、国庆、中秋等节假日的值班工作，统筹调度全县领导干部集中休年假事宜。日常事务。热情接待来访群众，及时登记处理来访信件，树立县委办良好形象。积极发挥县委办“办公室”的职能，主动办理领导交待的各项工作，为全办搞好日常服务，确保机关日常运转有序。完成湘潭县重要的党内规范性文件的起草工作、印制并下发全县各单位常用电话号码本，清理和规范全县性议事协调机构。

▲ “6+5”周工作协调联动机制的工作模式即：每周一（如遇节假日顺延）上午9点前，县委办公室、县人大办公室、县政府办公室、县政协办公室、天易示范区管委会综合管理部、县人武部政工科和县纪委、县委组织部、县委宣传部、县委统战部、县委政法委办公室将本周重要工作安排报送至县委办秘书组，由县委领导审定后反馈至各单位，非特殊情况，各单位按预定工作安排统一执行。此外， “6+5”各单位除日常工作和内部事项外，需其他县级领导出席或要求乡镇、县直机关单位负责人参加的会议活动；县级领导集中出席的会议活动；需县委常委、县“五大家”主要负责人出席的上级会议活动等工作也纳入协调联动范围。

【接待工作】 县接待办紧紧围绕全县发展大局，服务中心工作，认真贯彻落实接待新规，充分发挥接待工作辅政职能，全面提升接待服务水平，开创全县接待工作新局面。

2018年，接待办共接待来宾87批次1900余人次，其中，省部级领导7批次，国家各部委、省、市副厅级以上领导52批次；省内外地市、县考察团、考核组22批次；其他接待6次。优质高效地完成中央军委国防动员部民兵预备役局副局长王永盛，省委常委、宣传部部长蔡振红，副省长、公安厅厅长许显辉，副省长陈文浩，省军区副政委、省国教委副主任许凤元，省老年保健协会张义昌，市委书记、市人大常委会主任曹炯芳，市委副书记、市长谈文胜等重宾接待。做好彭德怀120周年诞辰纪念活动、县委经济工作务虚会议，赴广州项目推介会等大型活动和会议，以及埃塞俄比亚和乌干达项目考察团外事活动的后勤接待工作。

【机要保密工作】 大力开展保密法制宣传教育。全年讲保密知识课10堂，24课时次，抓好日常保密宣传教育，开展以“学习保密知识，强化保密意识，提升工作水平，压实工作责任”为主题的“保密法制宣传教育”活动，组织各单位保密工作分管领导、工作人员等共计350人进行保密知识集中学习和闭卷考试，督促各单位结合自身实际开展保密宣传教育活动，绝大多数单位按要求组织保密知识学习。严格保密工作日常管理。组织县内85家单位递交目标管理责任书，511名涉密人员签订保密承诺书。加强党政机关和涉密单位保密管理，重点加强计算机保密管理，督促有关单位建立健全保密管理制度，完善人防、物防、技防措施。加强信息公开保密审查工作，规范信息公开保密审查程序，加强对信息公开保密审查工作的督促检查。加强不存档文件资料的缴销工作，全年收缴各类文件资料近3吨。切实加强保密工作监督检查。加强对全县重大活动、会议及国家级考试等的保密监督和服务，协助教育部门和其他用人单位做好高考、高中学业水平考试、中考以及录用、招（竞）聘考试考点安全和试卷保密等工作，全年共参与有关保密监督10余次。加强保密工作日常检查和专项督查，对不符合要求的单位提出整改意见。

【电子政务工作】 2018年，协助民政局、档案局、应急办、商务粮食局的纵向专网迁移到电子政务外网平台；配合易俗河镇将OA系统服务器安装到电子政务中心机房；协助政法委起草政法视频会议系统延伸到乡镇的网络方案，并配合实施；配合县政府办安装隔离网闸；协助政务服务中心完成“12345”市长热线服务器的搬迁工作；将电子政务外网网络平台向村级延伸，并将分水乡大陇村和花石镇见楼村接入电子政务外网平台，作为村级电子政务试点单位；新增湘潭县莲乡融资担保有限公司、花石特色镇建设指挥部办公室、湘潭县莲乡土地开发经营有限公司、湘潭县创建湖南省卫生县城工作领导小组4个收文单位；全年处理设备故障40多次，更换网络设备4台；上报软件故障20多次；调试党委视频会议系统和书记幻真会议系统16次；按省、市要求布署国产安全可靠系统终端98台。 （何　妍）

纪检监察工作

【概况】 2018年，是贯彻中共十九大精神的开局之年，也是县监察委员会成立后开展工作的第一年。中共湘潭县纪律检查委员会、湘潭县监察委员会坚持对标看齐，认真履行党章和宪法赋予的职责，不松劲、不停步、再出发。在各方的共同努力下，全县上下纪律规矩意识明显增强，党风政风持续向善向好，党内政治生态气象更新，反腐败斗争取得压倒性胜利，全面从严治党取得重大成果。

切实加强党的政治建设，党员干部“两个维护”自觉性明显增强。县委以高度的政治自觉，带头深入学习贯彻习近平新时代中国特色社会主义思想和党的十九大精神，特别是把习近平总书记关于湖南工作的重要讲话指示精神纳入常委会议题，第一时间传达学习、贯彻落实。在县委的示范引领和教育督促下，全县党员干部“四个意识”“四个自信”“两个维护”的思想自觉、政治自觉、行动自觉明显提高。全县纪检监察机关始终坚守政治机关定位，自觉把“两个维护”作为特殊历史使命和重大政治责任，加强对“三大攻坚战”、扫黑除恶专项斗争等重大决策部署的监督检查，严肃问责40名主体责任落实不力、不敢担当的党员领导干部，坚决查处石鼓镇党政领导班子“塌方式”腐败、花石镇龙潭村脱贫攻坚弄虚作假等一批重大案件，有力地维护全县政治生态大局，确保上级重大决策的贯彻落实。

全面深化监察体制改革，制度优势转化为治理效能。县委切实担负起推动改革的主体责任，县委书记亲自担任“施工队长”，亲力亲为、靠前指挥，县纪检监察机关和相关部门通力协作、按图施工，涉改干部听从指挥、步调一致，全面完成县监委机构组建、人员转隶和内设机构调整。县委切实加强对反腐败工作的全过程领导，定期分析研判政治生态、听取重大案情报告，对县管干部审查调查和处置严格把关。建立健全公安机关、检察机关、审判机关与纪检监察机关问题线索双向移送机制、重大问题会商机制，推动纪法贯通、法法衔接，集中统一、权威高效的反腐败工作体系更加科学完备。全县纪检监察机关坚持对标对表，编印《湘潭县纪检监察机关监督执纪监察工作实用手册》，提升纪检监察工作规范化水平。试用留置调查措施，成功办理全市留置“第一案”和《中华人民共和国监察法》实施后全省首例由监委移送检察机关审查起诉的案件，取得较好的社会反响。

着力做好巡视巡察整改，巡察利剑作用进一步彰显。县委把巡察工作摆在突出位置，县委常委会议、县委书记专题会议、县委巡察工作领导小组听取专题汇报18次，制定出台《中共湘潭县委巡察工作办法》《县委巡察工作规划（2018—2021年）》，绘制本届县委巡察“时间表”“路线图”，推动巡察工作向纵深发展。高度重视中央、省委巡视组交办件办理，高质量办结中央、省委巡视交办件79件，立案16起，处分37人。突出政治巡察定位，分两轮次对9个县直单位、3个乡镇开展常规巡察，对13个乡镇开展1轮次扶贫领域专项巡察，在全市率先实现扶贫领域专项巡察“全覆盖”。坚持问题导向，提升巡察实效，探索实行“一拖二”“一拖三”“常中有专”“对口式”等巡察方式，三轮巡察共发现问题406个，移交问题线索16条，追缴补缴各类资金1031.3万元。扎实推进巡察整改，及时向被巡察党组织反馈巡察意见，把巡察整改纳入纪检监察机关和组织部门日常监督的重要内容，督促被巡察党组织在整改落实上动真格、见实效。

持续纠“四风”树新风，中央八项规定精神化风成俗。县委带头贯彻落实中央八项规定精神，坚决维护省委“约法三章”，制定出台县委关于贯彻落实中央八项规定精神的实施办法，以上率下、锲而不舍改作风、树新风。全县共清理自查违反中央八项规定精神突出问题9830起，清退违规公款吃喝、违规公款旅游费用447万余元，清缴违规收送红包礼金57.8万余元，纠正违规配备使用办公用房1.1万余平方米。紧盯“四风”新动向，针对“一桌餐”等问题，会同相关部门开展明查暗访8轮次，查处“四风”陋习91起，纪律处分78人，下发通报5期，点名道姓通报批评50人次。紧盯作风顽疾，制定出台《关于严禁党员干部和国家公职人员违规操办和参加“升学酒”“谢师宴”的通知》，扎实开展“酒毒赌”、涉矿涉砂等专项治理，查处党员干部涉赌涉毒酒驾问题55起55人，查处科级干部涉矿问题2起2人。坚持约束与激励并重，严格按照“三个区分开来”要求，健全容错纠错机制，为43名受到错告诬告的党员干部澄清是非，营造干事创业的良好氛围。

坚定不移履行监督首责，常态化监督网络逐步健全。坚持定位向监督聚焦、责任向监督压实、力量向监督倾斜。着力提升监督的精准性、针对性，组织开展“精准监督”调研，对全县各乡镇和县直单位政治生态、领导干部廉洁从政等情况进行“精准画像”，动态掌握。严把党风廉政意见“回复关”，对2200余名党员干部出具审核意见，严防干部“带病提拔”“带病评优”。发挥“互联网+监督”平台作用，通过大数据对比分析，发现问题8011个，立案审查7起7人。赋予派驻机构监察职能，出台《湘潭县派驻机构干部管理办法》，规范派驻监督流程，全年13家派驻纪检监察组开展监督检查306轮次，提出意见建议421条，立案101件，处分101人，“探头”和“常驻不走的巡察组”作用发挥明显。探索推进县乡纪检监察一体化，分片管理、统一调度、交叉检查、联合办案等制度逐步完善。加强非公企业纪检组织建设，成立天易经开区非公企业纪委，推动执纪监督工作向非公有制经济领域延伸。深化运用监督执纪“四种形态”，运用第一种形态处置8900余人，占比76.6%，监督执纪向“管住大多数”拓展。

保持惩治腐败高压态势，反腐败斗争压倒性胜利已经形成。坚持惩治腐败力度不减、温度不降、节奏不变，全年分类处置问题线索489条，立案397件，党纪政务处分382人，移送司法机关10人，分别同比增长154%、49.8%、47.2%、25%。严肃查处陈虎彪、彭进高、汤有良等一批群众反映强烈的案件，配合省、市纪委监委办理邵阳市人大常委会原副主任周某、望城区人大常委会原副主任杨某、湘乡市城市建设综合开发公司原经理陈某等严重违纪违法案。坚持行贿受贿一起查，依法严肃处理3名肆意围猎、拉拢腐蚀党员干部的工程老板。在法纪震慑和政策感召下，4名党员干部主动到县纪委监委投案自首。强化安全文明办案意识，建立全县谈话室远程监控平台，落实安全文明办案监督检查制度，确保全年办案安全“零事故”。坚持挺纪在前，深化纪律教育，扎实开展廉政文化“十进”、领导干部上廉政党课，征集家风家规家训，编印《莲乡廉韵·清风徐来》优秀廉政作品文集，营造崇廉尚洁的浓厚氛围。做好审查调查“后半篇文章”，分析研判审查调查过程中发现的问题，下发纪律检查建议书、监察建议书5份，督促相关单位整章建制、堵塞漏洞；开展党纪政务处分执行情况专项监督检查，纠正各类执行不到位问题58个，切实维护党纪国法的权威。深化以案促改，收集近两年查处的典型案例，拍摄《有权不可任性》警示教育片，组织3万余人次观看；督促发案单位召开警示教育大会30余场，实现查处一案、警示一片的良好效果。

深化扶贫领域作风建设，侵害群众利益行为得到有效遏制。县委高位推动扶贫领域腐败和作风问题专项治理，认真落实“五级书记亲自抓作风”要求，县委常委带头采取“四不两直”▲方式开展调研督导。全县纪检监察机关聚焦扶贫领域资金使用和项目管理不规范、工作措施不精准、责任落实不到位、工作作风不扎实等“六大问题”，开展专项督查、专项巡察、专项审计，揪出张德立等一批侵害群众利益的“蝇贪”，全年共查处群众身边腐败和作风问题257起，给予诫勉谈话等组织处理76人，党纪政务处分181人，追缴资金1595万余元。开展违规发放转诊费、有偿家教家养、中小学违规征订教辅资料以及学校食堂问题等专项治理，收缴违规转诊费43.2万元，清退违规试卷费24.3万元，追缴或退还食堂资金124万元。深挖细查黑恶势力“保护伞”，处置问题线索32条，立案3起，给予党纪政务处分3人。

坚持打铁必须自身硬，纪检监察队伍建设取得新进展。围绕“打造一流机关、培养一流作风、创建一流业绩”目标，不断加强机关党的建设，成立机关党委，深入开展“不忘初心、牢记使命”主题教育，通过领导干部讲党课、主题党日活动等形式，鞭策纪检监察干部以担当诠释忠诚、用奉献书写初心。以争创省级文明标兵单位为契机，坚持以“工匠精神”淬炼干部队伍，开设“莲乡卫士”大讲堂，开展封闭式专题培训，加强传帮带，切实提升以法治思维和法治方式反腐败的能力。坚持严管与厚爱相结合，邀请“两代表一委员”走进县纪委监委，邀请特邀监察员参与监督执纪问责，建立健全纪检监察干部廉政档案，精心组织干部家访。坚持刀刃向内，严防“灯下黑”，对5名违纪的纪检监察干部、巡察干部立案审查调查，对1名不适宜继续从事纪检监察工作的干部坚决“礼送出境”。

▲“四不两直”即：不发通知、不打招呼、不听汇报、不用陪同接待、直奔基层、直插现场。

【湘潭县纪委监委机关党委成立】2018年1月12日，湘潭县纪委监委召开全体党员会议，选举产生中国共产党湘潭县纪委监委机关委员会委员，标志着湘潭县纪委监委机关党委正式成立。

机关委员会下设6个党支部（含老干支部）。经选举，朱良红、黄拥军、傅登奎、胡婷、毛星芝、方亚洲、杨维当选湘潭县首届纪委监委机关委员会委员。会后，召开湘潭县纪委监委机关党委第一次委员会议，选举朱良红为机关党委书记、黄拥军为机关党委副书记，并进行委员分工。

【湘潭县监委成立首月 立案数增长6.37倍】 2018年1月29日，湘潭县监察委员会挂牌成立满月，县纪委监委共立案51件，其中科级干部1人，机关党员干部24人，村干部及农村党员26人，立案数为上年同期的6.37倍，晒出一张亮眼的成绩单，形成强大的监督执纪震慑效果。

【湘潭县召开第十二届纪律检查委员会第三次全体会议】 2018年2月9日，中共湘潭县第十二届纪律检查委员会第三次全体会议召开。县委副书记、县长段伟长主持会议。县领导周艳希、唐剑恒、刘铁强、王成林、周贤、谭何龙、刘耀奇、李豪雄、陈卫兵、谭捍卫、尹明忠等出席。县委常委、纪委书记、监委主任胡亚湘代表县纪委常委会作工作报告。

县委书记傅国平出席会议并讲话，他强调全县各级党组织和广大党员干部要提高政治站位，不折不扣推动全面从严治党的战略部署在湘潭县落地落实。要以坚定正确的政治立场，坚决维护党的集中统一领导；要以自我革新的政治品格，坚决落实新时代党的建设总要求；要以久久为功的政治定力，扎实践行永远在路上的庄严承诺；要以风清气正的政治生态，切实凝聚共促发展的正向合力。

【湘潭县纪委监委召开扶贫领域腐败和作风问题专项治理工作推进会】 2018年4月12日，湘潭县纪委监委召开全县扶贫领域腐败和作风问题专项治理工作推进会，总结回顾2017年扶贫领域监督执纪问责工作情况，动员部署2018年专项治理行动，确保专项治理工作深入有序开展。

会议宣读《湘潭县2018年至2020年开展扶贫领域腐败和作风问题专项治理工作方案》，明确专项治理工作重点、工作举措和工作要求。

【湘潭县纪委监委组建“莲乡清风”微信群】 2018年4月中旬，湘潭县纪委监委组建“莲乡清风”微信群。全县副县级以上领导干部,各乡镇正科职干部及纪委书记,各县直机关党政主要负责人,各派驻纪检监察组组长,县纪委监委班子成员等200余人加入微信群。

微信群定期发布纪检监察系统的重要新闻和上级领导的重要言论，中央、省、市党内法规以及政策解读文章,监督执纪问责及调查处置的相关知识,领导干部违纪违法的典型案例剖析,有关纪检监察工作的重要廉政文章、廉政访谈、视频、微电影和重要宣传报道。

【湘潭县纪委监委编撰《执纪监督监察工作实用手册》】 2018年4月，湘潭县纪委监委编印《执纪监督监察工作实用手册》，发放给全县近300名纪检监察干部，成为文明规范办案的教科书，科学指导全县纪检监察干部审查调查工作，进一步规范办案程序。

该手册收录《湖南省纪委监委机关执纪监督监察工作试行办法》《湖南省纪委监委机关审查措施使用规范》、试点省份监委运用12项调查措施的经验做法、相关文书式样等内容，并结合案件实例对各文书格式的结构要求、细节把握和注意事项等作出详细说明，具有很强的指导性和实用性。

【湘潭县纪委监委102名党员接受红色革命教育洗礼】 2018年6月26日，湘潭县纪委监委组织102名党员赴湖南省博物馆和杨开慧纪念馆开展主题党日活动，接受红色革命文化熏陶和教育洗礼。

全体党员自主参观湖南省博物馆，在三湘历史文化陈列馆中，从“家园”“我从哪里来”“洞庭鱼米乡”“生活的足迹”“湘魂”五个部分，充分了解湖南人创造三湘历史到积累湖湘文明的过程。在长沙马王堆汉墓陈列馆中，领略汉代时期中国高度的物质文明和精神文明，以及在世界文明史上的科技成就及重大贡献。在杨开慧陵墓前，庄严宣誓，重温入党誓词，随后各党员怀着无比敬仰的心情参观杨开慧纪念馆和故居，在讲解员的讲解和珍贵的历史资料中，了解杨开慧的学习、生活和成长经历以及她和杨昌济、毛岸青、毛岸英等亲人的革命事迹，深刻体会这位共产主义战士无私、无畏、崇高的革命情怀。

【湘潭县纪委监委召开“七一”表彰大会】 2018年6月29日，湘潭县纪委监委机关党委召开“七一”表彰大会，县纪委监委全体党员干部共100余人参加会议，共同纪念中国共产党成立97周年，表彰先进典型。会上，机关党委副书记宣读表彰文件，通报表彰11名党员先锋岗、22名优秀共产党员以及7名优秀党务工作者，2名受表彰代表作典型发言。

会上，机关党委书记简要回顾中国共产党97年的光辉历程和十八大以来在党的带领下取得的伟大成就，用五个“进一步”全面总结机关党委成立以来党建工作开展情况，并对机关党委全体干部下半年提出要求，并指出，要聚焦“学”这个基础，着力强化理论武装；要聚焦“严”这个标准，着力强化自身建设；要聚焦“做”这个关键，着力强化工作推动。

【湘潭县纪委监委深入践行“五联五问”大走访、大调研】 自2018年4月份开展“五联五问”大走访、大调研活动以来，湘潭县纪委监委班子成员带队，深入基层、深入群众、深入一线，集中开展调查研究。围绕“五联五问”主题，县纪委监委成立4个调研组，要求各调研组走进企业生产一线、项目建设一线、人才培养一线、群众生活一线、基层工作一线听取意见和建议，了解社情民意、总结基层经验，对在调研中反映和发现的问题进行全面梳理，找准症结、分析原因，制定针对性的解决方案，提出有效的破解措施，以钉钉子精神解决好每一个问题。各调研组在走访后，及时总结思考，撰写调研报告，并将调研成果体现到决策部署中去，转化为推动工作的举措办法。

截至2018年7月6日，县纪委监委组织召开调研座谈会22次，联系走访各类企业、项目10余家，协调解决基层对党风廉政建设、“纠四风、树新风”、村级财务管理等方面的问题10余件，进一步密切干群关系，改进干部作风，形成调研报告4篇，提升工作质效。

【湘潭县纪委监委召开执纪审查调查总结表彰大会】 2018年9月29日，湘潭县纪委监委召开湘潭县执纪审查调查总结表彰暨纪检监察干部作风建设讲评大会，集中表彰12名办案“能手”，并对干部作风建设进行讲评。县委常委、纪委书记、监委主任胡亚湘出席会议并讲话。

2017年以来，县纪委监委坚持挺纪在前，保持高压态势，严肃查办县教育系统系列腐败案、石鼓镇“12·7”专案等案件，查处党员干部55名（其中科级干部32名），移送司法机关8人，挽回经济损失1400万元，形成强大震慑。在查办上述系列案件中，涌现出一批不畏险阻、表现突出的有功人员，县委、县政府决定对办案表现突出人员进行表彰。会上，县纪委副书记、监委副主任刘会琴宣读《中共湘潭县委办公室湘潭县政府办公室关于表彰查办湘潭县教育系统系列腐败案、石鼓镇“12·7”专案表现突出人员的通报》，陈健雄、赵国庆、赵亮3人记三等功，9人获嘉奖，赵国庆、李鸽、王沛、刘红旗分别代表受表彰人员和先进典型作发言。

【湘潭县纪委监委启动扶贫领域专项巡察】 2018年10月23日，湘潭县召开十二届县委扶贫领域专项巡察进驻动员大会。县委常委、纪委书记、监委主任、县委巡察工作领导小组组长胡亚湘作动员讲话。县委常委、县委组织部部长、县委巡察工作领导小组副组长刘耀奇主持会议，并代表县委对参加本轮巡察的工作人员进行授权。

会议总结县委第七轮巡察工作开展情况，并对扶贫领域专项巡察工作进行动员部署。县委派出五个巡察组，采取“一拖二”或“一拖三”的方式，分别对云湖桥镇、石潭镇、乌石镇、河口镇、易俗河镇、白石镇、茶恩寺镇、锦石乡、排头乡、花石镇、青山桥镇、分水乡、石鼓镇13个乡镇，开展为期1个月的现场巡察。

【湘潭县纪委监委赴帮扶村开展“送科技、送医疗、送法律下乡”志愿服务活动】 2018年11月22日，省级文明单位湘潭县纪委监委组织县科协、县司法局、县人民医院等单位，赴石鼓镇结对帮扶村珠联村开展“送科技、送医疗、送法律下乡”志愿服务活动，受到周边群众的喜爱和欢迎。

活动现场，醒目位置设立宣传点，悬挂横幅、摆放展板，在科技咨询点前，工作人员发放科普宣传资料、物品等，耐心地为群众解答农业生产中的难题。医疗咨询点前，医务人员向群众免费发放医疗保健资料和免费药品，现场开展义诊，为群众量血压、听心率、测心电图等，普及健康知识。法律咨询点前，工作人员发放《监察法》、“互联网+监督”宣传资料，并为他们提供现场咨询和法律援助。据悉，此次活动赠送科学技术、健康资料、法律宣传资料共1000多份，100多名群众接受健康检查和义诊。

【湘潭县纪委监委举办“两代表一委员”走进县纪委监委活动】 2018年11月28日，湘潭县纪委监委举办“两代表一委员”走进县纪委监委活动，主动“亮家底”“晒成果”“答疑问”，接受社会监督，听取意见建议，以开放的姿态凝聚正风反腐正能量。45名县党代表、人大代表、政协委员受邀走进县纪委监委，“零距离”感受正风反腐前沿阵地，“多角度”接触纪检监察干部，“全方位”了解纪委监委职能职责。

参观结束后，召开座谈交流会。会上集中观看专题汇报片《莲乡纪检谱“廉”章》，县纪委监委通报全县党风廉政建设和反腐败斗争工作情况，县人大常委会通报人大监督工作开展情况，县政协通报政协民主监督工作开展情况。

【湘潭县纪委监委向人大常委汇报专项工作报告】 2018年12月18日，湘潭县十六届人大常委会召开第十五次会议，听取县监察委员会专项工作报告，这是自县监察委员会挂牌成立以来，县人大常委会首次依法进行专项监督。

县监察委员会主任胡亚湘向大会作报告，内容包括县监察委员会成立以来的机构组建、队伍建设和工作开局等情况。据悉，2018年，县纪委监委共分类处置问题线索489条，立案397件，党纪政务处分382人，移送司法机关10人，彰显出有腐必反、有贪必肃的坚定决心，监委工作取得良好开局。（肖　莹）

组织工作

【概况】 2018年，中国共产党湘潭县地方组织1867个。其中，党委31个，工委3个，党总支321个，支部1512个。党员39086名，其中女党员8398名，占比21.5%，大专及以上学历党员14065名，占比36.0%。全年发展党员419名，其中女党员112名。

夯实党建基础。抓实“党建领航工程”，深入推进“六大计划”“九个100行动”，其中“火车头计划”选派200人次到省、市委组织部和深圳大学学习，“后备军计划”招录100名公务员，遴选27名“党政协理员”，“人才库计划”设立1000万元的人才引进专项资金，选派科技特派员126人等等；党支部“五化”建设，15个基层党组织获市委组织部首批“五星”党支部荣誉称号；重点推进村级服务阵地规范化建设两年行动，全年投资9500万建设147个村级服务阵地（新建66个、改建81个），全面打造功能齐全、布局科学的村级党群服务中心；进一步提高村（社区）干部报酬待遇，全县村党组织书记基本报酬标准提高到3000元/月；强化驻村帮扶力量，共派出94支帮助队282名驻村干部。

优化干部结构。全年招录104名公务员，遴选29名党政协理员，完成400多名后备干部的考察工作，为基层发展储备一批新鲜血液。组织54名党政副职及后备干部、61名党政正职分别赴浙江大学、深圳大学开展专题培训研修，通过理论教学与现场观摩相结合的方式，优化干部队伍“火车头”的发展思路；按照“事业为上”的导向选人用人，全年调整干部5批132人次，提拔重用42人，将8名在乡镇工作扎实、实绩突出的干部重用为乡镇党政正职，竞争选拔4名30岁以下优秀年轻干部进入乡镇领导班子。同时，加大对不胜任现职干部的调整力度，因违纪违法、问责、健康问题等原因免职6人，让干部真正“能上能下”；经过实地调研，多方呼吁，积极争取在乡镇设立副科职事业站所，引起市委主要领导和市委组织部的高度重视，市委已发文同意将部分事业站所负责人明确为副科级，畅通事业编制干部晋升渠道。全面恢复乡镇专业技术人员职称评定工作，推进村干部待遇全面提标，印发《关于解决机关事业单位人员夫妻两地分居问题异地工作配偶流动调配的实施办法》，将县委、县政府对基层干部的关心、关怀落到实处。

规范干部管理。严格落实干部“凡提四必”要求，坚决防止“带病提拔”。更新维护全县2360名公务员信息系统数据，严格落实职务与职级并行制度，主动做好57名副科级及以上干部职务与职级并行的工作。根据省、市要求，在2017年全面清理的基础上，与县公安局人口大队再次对全县17个乡镇、67个县直机关单位以及教育、卫计、县属国有企业3个系统开展领导干部因私事出国（境）管理数据进行比对和清理。通过单位自查与组织核查，共新增报备39人，撤销报备197人，变更报备信息57人；至11月底，全县共有报备人员832人，确保备案人员全口径、无遗漏，备案信息准确、无差错。共造册登记、集中保管科级以上干部出国（境）证件330人，462本。

提升干部素养。举办第二十三期青干班，培训优秀年轻干部48人；第二十五期科干班，培训科级领导干部46人；公务员初任培训班1期，培训新录用的公务员93人。联合浙江大学举办为期12天的湘潭县“后备军”计划科级领导干部能力提升班，选派54名年轻科级领导干部及后备干部参加培训。11月，举办深圳大学—湘潭县“火车头”计划党政领导干部研修班,选派61名科级领导干部参加培训。选送80名科级领导干部和副科级后备干部参加市干部教育培训网络学院主体班学习，1812名市级网络学院注册学员累计学时达到16.9万个学时以上，全面完成学时任务。“湘潭县干部在线学习网”进一步完善，平台教学资源更加丰富，学员学习积极性进一步高涨，县干部学习网注册学员2230人，年度学时达到16.2万以上，基本实现全县干部网络在线学习全覆盖。

创新人才工作。面向社会公开招聘教育、卫生专业技术人才422人，采用“不求所有、但求所用”的柔性引才方式，引进高层次产业人才65人。通过公开招聘、企业自主引进等方式引进硕士研究生、博士研究生、高级职称人才34人，进一步优化湘潭县专业技术人才队伍结构；成立农业种植、畜牧水产、土木建筑、规划、名校长等9个专家工作室，为专家沟通交流搭建平台，实现人才的倍增效应。严格落实县级领导联系专家人才制度，组织优秀专家人才开展免费体检、暑期休假等活动，鼓励创新、尊重人才的氛围更加浓厚；选派科技特派员（专家）126人次到农村、企业开展技术指导工作，出台《湘潭县科技特派员（专家）管理办法》，实行科技特派员和派出单位双重承诺机制，建立科技专家企业巡诊服务机制，畅通科技特派员进出渠道。

“两新”党工委。推进党支部“五化”建设，两新组织认真贯彻落实党支部工作条例，对标党支部“五化”建设标准，全面推进“五化”建设。引导两新党组织打造“红色品牌”，通过“党建+电商”“先锋工程”等品牌创建，有效激发两新党组织的活力。倡导两新党组织开展形式多样的帮扶活动，开展企业联村，积极参与公益慈善、扶贫帮困、抢险救灾、精准扶贫等社会公益事业，全年累计捐资捐物近500余万。

深入推进精准考核。严格按照“精准考核”的规定，对全县17个乡镇、61个县直单位和20个单列考核部门、476名科级领导干部及所有单位的内部工作人员实现精准考核。共评出一等单位25个、二等单位64个、三等单位9个；领导干部年度考核评出优秀等次148人，称职等次322人，不定等次6人，约谈10人，诫勉17人。2018年继续在单位内部实行“全员、全过程”的精准考核，按规定比例评定一、二、三类人员，并拉开考核奖金的差距，有效打破吃大锅饭的现象，牢固树立“以实绩论英雄”、推动高质量发展的良好导向。同时，湘潭县“精准考核”的经验作法得到上级的充分肯定和高度评价，并在2018年全市的绩效考核中进行推广。

【党建领航工程】 对接省、市有关精神，结合湘潭县发展实际，大力实施“党建领航”工程，实施“火车头”“后备军”、人才库、谈心交心、“三力”提升、夯基固本六大计划，创新推进“九个100”的工作举措。明确：2017—2019年，每年公开招录100名公务员、集中培训100名优秀领导干部、公开招聘100名专业技术骨干人才、选派100名科技特派员、选树100名优秀典型、开展100场主题微宣讲、组织100个非公企业联村帮扶、建设100个基层党建示范点、建设100个规范化村级服务场所，使党建工作统揽全局的功能和作用进一步提升。

【党支部“五化”建设】 分8个行业领域制定党支部星级考评标准，开展党支部星级创评工作，高标准建设14个“五化”建设市级示范点和86个县级示范点。推进村级服务阵地规范化建设两年行动。2018年共有项目村147个，其中新建66个，改建81个，截至2018年年底，已经投入使用的项目村有7个，主体已完工的共62个。

【精准考核工作】 2018年，根据发展方向和战略布局的不同，将湘潭县17个乡镇分为园区建设、工业和综合发展、农业生态3个类别；根据职能定位不同，对57个县直单位，分为经济管理、社会事业、执法监督、党委工作、群团组织等5个类别，将考核指标、考核分值进行科学匹配，量体裁衣，因地制宜。同时，机关干部的考核依据干部全年履职表现情况，按25%、70%、5%的比例精准评定一、二、三类工作人员，其个人绩效奖金既与单位考核等次挂钩，又与个人考核等次挂钩，每档按不少于15%的比例拉开差距，将考核结果与考核奖金、职级晋升、评先评优直接挂钩，切实解决干与不干、干多干少、干好干坏一个样的问题，营造“创先争优、争创一流”的干事氛围。

【成功创建省级文明单位】 通过开展“三项教育”“三同教育”“三亮三比”“道德讲堂”等系列活动，引导机关干部树立文明、廉政、法治意识，强化部机关干部精神文明建设，打造“四个过硬”组工队伍。立足实际，营造创建氛围，彰显文化底蕴。修整会议室、规范办公室、增设健身室和图书阅览室，打造功能齐全、文明卫生的办公条件，着力营造“党员之家、干部之家、人才之家”的温馨氛围，让部机关工作环境和亲和力大幅提升。将组工文化、时政新风、作风建设等内容结合起来，做成文明展板，布置在走廊、楼梯间，让文明新风内化于心、外化于行。根据机关干部不同的兴趣爱好，成立篮球队、羽毛球队、登山队，开展团队活动，丰富干部文化生活，凝聚团队力量。2018年底成功通过省级文明单位验收。 （胡宸睿）

宣传思想工作

【概况】 2018年，湘潭县宣传思想文化工作坚持围绕中心、服务大局，坚持稳中求进、守正创新，切实履行“举旗帜、聚民心、育新人、兴文化、展形象”的使命任务，理论武装、意识形态、精神文明建设、文化事业发展、新闻宣传等各项工作任务均圆满完成。

理论武装方面。每月组织1次县委理论学习中心组（扩大）集中学习,先后开展习近平新时代中国特色社会主义思想、党的十九大精神、乡村振兴、精准扶贫、垃圾焚烧发电等专题讲座共19堂，邀请省、市领导和中国人民大学、国防大学等全国重点大学知名专家学者授课，专题研讨2次。全民素质提升工程理论宣讲工作全域覆盖，县级层面成立6支理论宣讲队，共在180多个村（社区）、单位开展宣讲；组织“好声音讲坛——新思想进基层”百姓微宣讲比赛，微宣讲作品花鼓戏《新思想如春风拂煦农家》获省“好声音讲坛——新思想进基层”决赛一等奖。理论文章《让湖湘文化薪火相传生生不息》《基层党建工作应谋求“大”“实”“活”“好”》在《湖南日报》刊发，《“唯我彭大将军”——学习和弘扬彭德怀元帅的革命精神》在《新湘评论》刊发，《论初心与使命》在《宣讲家》刊发。

意识形态工作方面。县委常委会议4次专题研究意识形态工作，县委常委带队开展专项督查，各级党委（党组）均成立意识形态工作领导小组，层层签订意识形态工作责任书。建立湘潭县意识形态工作联席会议制度，将意识形态工作督查纳入全县督查工作计划，纳入全县绩效考核范畴。积极做好舆情引导，全年交办舆情62件，召开专题舆情商讨会4次，办理网络留言投诉1069条，妥善处理垃圾焚烧发电项目、教育、环保等方面舆情。

精神文明建设方面。深入开展文明城市创建工作，实行主次干道“街长制”管理，精心打造农贸市场、小区、街道等一批示范创建点，大力实施广告招牌整治、违法建筑整治、交通秩序整治、市容环境整治和市民素质提升工程、基础设施优化工程、健康莲乡推进工程、农村人居环境改善工程（即“四大整治、四大工程”），2018年文明指数测评继续名列全省前三。积极推进“移风易俗”，开展6场“文明乡风大舞台”活动，积极打造文明乡风示范村，选送新婚夫妇参加湘潭市首届农村集体婚礼，27家市级以上文明单位与村镇“结对”。积极开展“我评议·我推荐”身边好人活动，傅义武、陈畅、盛艳、张伏秋等先后被评为“湖南好人”，陈畅、张伏秋入围“中国好人”评选；进一步强化未成年人思想道德建设，2018年10月31日，“不忘初心，携手‘童’行”湖南省留守儿童关爱帮扶活动在湘潭县举行。

文化事业发展方面。组织开展各类文化活动，如纪念彭德怀120周年诞辰和纪念改革开放40周年系列活动、湘潭县“欢乐潇湘·大美湘潭·莲乡大舞台”大型群众文艺会演和群众美术、书法、摄影活动、“莲乡之夜”首场迎新年大型交响音乐会等。积极开展文艺创作，组织“大匠之门——重走白石艺术之路”文艺采风创作、“践行文明理念，弘扬文明风尚”主题诗词联、诗歌征集和“我健康 我快乐”主题征文等各类文艺作品征集评选活动。建成文化馆公共电子阅览室，新建图书馆分馆5个，建成并投入使用4个乡镇文体广场，按“七个一”标准新建村级综合文化服务中心117家，在浙江大学举办湘潭县文化人才能力提升班。融媒体改革工作典型经验在省红网、《湘潭日报》等省市媒体推广，原创节目花鼓戏表演唱《晓南互通顺民心》获“三湘群星奖”金奖。

新闻宣传方面。积极向上级媒体宣传推介县域发展成就，中央主流媒体上稿83篇,中央电视台1套《朝闻天下》播出《为了民族复兴英雄烈士谱罗亦农：最英勇的战士》,《人民日报》刊发《竹树青葱的乌石》；省级主流媒体上稿376篇，其中《湖南日报》上稿89篇、专版4个，湖南卫视上稿41条，湖南经视17条、专题片4期，红网上稿221篇；市级主流媒体上稿600余篇，其中《湘潭日报》上稿435篇、头版头条13条，市电视台上稿167条。切实讲好莲乡故事弘扬时代正能量，县台、县报、县网开设“在习近平新时代中国特色社会主义思想指引下——新时代 新气象 新作为”“三创一治在莲乡”“大美莲乡”等专题专栏，开展“扫黑除恶”“四责四诺”“莲乡好人好事”“改革开放四十周年”“彭德怀120周年诞辰”等宣传。

【深入开展湘潭县全民素质提升工程理论宣讲】 6月26日，新时代 新思想 新莲乡——湘潭县全民素质提升工程理论宣讲启动仪式在花石镇举行，县领导傅国平、李豪雄、谭捍卫、李西文、何晓春参加启动仪式。按照“六个宣讲到一线”要求，湘潭县组建习近平新时代中国特色社会主义思想宣讲分队、政策法律宣讲分队、发展思路宣讲分队、湖湘文化宣讲分队、莲乡故事宣讲分队、农业技术宣讲分队。启动仪式上，县委书记傅国平分别为6支宣讲队授旗，并以《学习彭总精神，做忠诚干净担当的优秀党员》为题在花石社区开讲第一堂课。2018年宣讲队共在180多个村（社区）、单位开展宣讲。

【深入开展“三创一治”工作】 3月12日，湘潭县召开创建“全国文明城市”表彰大会暨“三创一治”工作动员会，会议充分肯定2017年以来湘潭县深入开展“五大整治”“五大行动”，全面推动文明城市创建取得的成绩。会议提出力争用2—3年时间，成功创建全国文明城市、国家园林县城和省级风景名胜区、省级和国家卫生县城，会议提出2018年的年度目标任务是：创文成绩在全省公共文明指数测评中排名全省前三；成功创建为省级卫生县城、省级风景名胜区；完成申报创建国家园林县城工作。6月6日，湘潭县开展“三创一治”工作全面督查，县领导傅国平、段伟长带队先后到百花社区、酱园小区、牛头岭路口、步步高商场旁的城中村夜宵摊点等地查看“三创一治”工作开展和落实情况，就下阶段的工作开展提出要求。9月10日，召开“三创一治”工作讲评推进大会，全体在家的县委常委、分管副县长参加会议，会议对“三创一治”工作开展情况进行讲评， 对进一步推进“三创一治”工作进行再安排、再部署。10月16—18日，省检查组测评湘潭县全国文明城市创建工作，成绩再次名列全省前三。11月27日，湘潭县以93.8的高分通过创建省级卫生县城省级技术考核鉴定，成功创建“湖南省卫生县城”。

【湘潭县获湖南省“好声音讲坛—新思想进基层” 微宣讲决赛一等奖】 9月28日，在湖南省教育电视台演播厅举办的全省“好声音讲坛—新思想进基层”微宣讲决赛中，湘潭县微宣讲队队员王叶松、周树良、刘大方演出的花鼓戏《新思想如春风拂煦农家》代表湘潭市参加比赛，荣获一等奖。《新思想如春风拂煦农家》以茶恩寺镇茶花村为背景，以微宣讲队入村宣传土地调整、休耕政策为题材，以村民老李不理解为线索，通过宣讲员小薇耐心讲解，最终帮助老李析疑释惑，逐步解开村民心中的顾虑，打通党的方针、政策进入千家万户的最后一公里。

【2018年湖南省留守儿童关爱帮扶活动在湘潭县举行】 10月31日，“不忘初心，携手‘童’行”2018年湖南省留守儿童关爱帮扶活动在湘潭子敬学校举行。活动由省文明办主办，县委宣传部、县文明办承办。省委宣传部副部长、省文明办主任刘进能，市委宣传部副部长、市文明办主任罗玲玲，县领导傅国平、李豪雄、杨欣荣参加。活动全面展示湘潭县在关爱留守儿童方面取得的成果，云龙小学、湘潭子敬学校等学校学生以歌舞、小品、朗诵等艺术形式，逼真展现社会各界关爱留守儿童的情景，同时呼唤社会各界给予留守儿童更多的温暖和关爱。 （刘　杰）

统一战线工作

【概况】 2018年，全县深入贯彻落实中央、省委和市委关于统一战线一系列重要会议和文件精神，坚持以“大统战”为统揽，围绕县委“挺进全国百强县”“创建全国文明城市”的战略目标，积极争取重视，加强宣传引导，抓实基层基础，充分发挥优势，广泛凝心聚力，统战工作成效明显。

“大统战”工作格局构建方面。县委常委会3次专题研究统战工作，每月常委部门工作碰头会听取研究统战工作。落实县委常委与党外代表人士交联谊交友制度，抓好乡镇党政负责人联系重点统战对象。进一步落实《湘潭县统一战线凝心聚力“十三五”，助力挺进“百强县”行动实施方案》《全县基层党委（党组）履行统战工作职责示范创建活动实施方案》《关于加强新的社会阶层人士统战工作的实施意见》《关于进一步加强党外代表人士队伍建设工作的意见》等文件精神。召开县宗教工作领导小组会议，健全县、乡镇、村（社区）三级统战工作网络。坚持涉统单位月度工作例会制度，构建“大部制”工作模式。

宣传教育方面。邀请市专家为县委中心组集中授课、组织统战系统集中学习中共十九大精神。县委常委、统战部长为青干班学员讲授统战理论课程。县委常委会、县政府常务会议集中学习习近平总书记对宗教工作的重要讲话精神。通过多种途径，抓好统战人士的学习培训。先后组织14名非公经济代表人士赴中山大学、中国人民大学培训，组织5期中小微企业、200余名会员培训，分别组织40名执委、基层商会会长、秘书长参加交流培训，全年选派统战系统干部10余人次参加上级各类专题培训。通过党派服务进社区、广场文艺会演、主题讲座进企业等多种活动形式，宣传统战工作。持续在民主党派中开展以“学系列讲话、学优良传统、助力挺进‘百强县’”为主题的“两学一助”活动。开展理想信念教育活动，举办“不忘创业初心，接力改革伟业”年轻一代民营企业家理想信念报告会。

服务大局方面。民主监督议政，优化县域发展环境。召开全县各界代表人士迎春座谈会，收集办理34条建议。完成全县第四届特约人员换届，新聘特约人员39名，特约单位增加至14家，民主监督范围已覆盖全县主要行政执法单位。组织民革易俗河总支开展“农业供给侧结构性改革”课题调研，形成3篇高质量调研论文。“同心”主题引领，助力县域经济发展。深入推进“同心美丽乡村”创建活动、“企业联农村、脱贫奔小康”帮扶活动。组织宗教界人士筹资2.7万元扶助贫困学生27名。举办统一战线“泛海助学行动”湘潭县捐助仪式，对全县91名建档立卡贫困大学生新生发放捐助资金45.5万元。积极倡导和引导非公经济人士感恩回报社会，组织非公企业参与“光彩事业”“扶危救济”“金秋助学”等各类主题活动，共筹集资金31.6万元，捐助贫困学生195名。围绕“两个健康”，突出抓好非公经济领域统战工作。加强全县商会建设，成立商会人民调解委员会，做好企业维权服务。指导成立天易经开区商会、北京·湘潭县分会。开展“发挥基层商会作用,服务乡村振兴战略”和全县装备制造业发展状况专题调研。发挥统战优势，招商引资引智成果丰硕。先后走访北京、广州、上海、深圳等地相关企业家，与江西省万载县、广州市白云区、越秀区工商联结成友好商会。成功举办广州·湘潭县智能制造皮具皮鞋产业招商推介会。

基层基础建设方面。建立健全统战对象信息。建立知名人士信息库，收集 1042 人县籍知名人士信息。督促指导乡镇和县直单位完善 12 类统战对象台账。坚持民主党派主委例会、学习制度，做好民主党派成员的政治安排、实职安排，全年有 32 名党派成员被聘为特约监督员。组织民主党派主委赴河北正定县开展暑期谈心活动。在民主党派成员中组织开展“与党同心、携手同行，共创文明城市”“不忘初心携手前行”等主题实践活动，引导他们立足“双岗”建功立业、服务社会。引导宗教界开展“五进五好”活动，组织开展全县宗教界人士谈心谈话、政策法规学习和“送法进宗教活动场所”活动。强力化解龙兴寺系列矛盾纠纷，选派新任住持及教职人员，追缴资金 300 万元，违规购塔资金全部清理清退到位，确保一方平安稳定。推进涉台知识进社区、校园、机关活动，编印《习近平总书记论对台工作》，授牌县内 8 家中小学校“县级涉台教育基地”。推荐白石镇创建省级海峡两岸交流基地。开展侨法宣传“三进”活动，设立大型宣传栏 6 块。做好侨商的引资引智工作，接待澳洲侨商国际贸易考察团，促成“湘潭郭立明进出口贸易有限公司”落户湘潭县。

【纪念中共中央发布“五一口号”70 周年系列活动】 2018 年是中共中央发布“五一口号”70 周年。县委统战部开展纪念中共中央发布“五一口号”70 周年系列活动：3 月 17 日，在茶恩寺镇双阳村举办“万亩油菜花争艳，美丽双阳等你来 与党同心，携手同行，同心共建美丽乡村启动仪式”，吸引长株潭地区以及市县各民主党派部分成员近千名游客。启动仪式上，旗袍秀、腰鼓、器乐、歌舞等文艺表演精彩纷呈。4 月 27 日，组织召开纪念中共中央发布“五一口号”70 周年座谈会，县委书记傅国平与县内 6 个民主党派主委齐聚一堂，共商发展。当晚，举行“不忘初心跟党走 同心共筑中国梦”纪念中共中央发布“五一口号”70 周年文艺晚会。杨真平、段伟长等市县领导以及县直统战系统单位全体工作人员，县知联会、各民主党派成员，工商界人士，各乡镇党委书记、宣传统战委员、统战干事，县直机关各单位党组（党委）书记、分管统战工作负责人等参加观看。通过微信直播收看晚会的人数达到 8.5 万余人。

【“同心美丽乡村”创建活动】 2018 年，认真贯彻落实省委统战部《湖南统一战线凝心聚力“十三五”行动实施方案（2016—2020 年）》精神，继续深入开展“同心美丽乡村”创建活动，助推乡村振兴战略的实施。年内，易俗河镇梅林桥村等 3 个村成功创建为市级“同心美丽乡村”示范点，白石镇杏花村等 5 个村创建为县级“同心美丽乡村”示范点。

【“基层党委党组履行统战工作职责示范创建”活动】 2018 年，继续推进基层党委（党组）履行统战工作职责示范创建活动，全年有 15 个乡镇和 7 家县直单位申报创建，9 月份在杨嘉桥镇召开全县创建工作讲评推进会议，并组织现场观摩。2018 年共有 10 个乡镇和 4 家县直单位创建成功。通过创建活动，进一步落实各级党委（党组）履行统战工作的主体责任，提升基层统战工作规范化、科学化水平，增强基层统一战线服务中心大局的能力，构建全县“大统战”工作格局。此项工作被湖南省委统战部授予“2018 年度全省统战工作实践创新成果奖”。 （胡晓丹）

县直机关党建工作

【概况】 2018 年初，县直机关工委共辖 56 家机关单位，156 个基层党组织，其中 22 个单位设立基层党组织 122 个（6 个机关党委下辖 47 个支部，16 个机关党总支下辖 53 个支部），34 个单位设立 34 个机关党支部，党员 2400 名。10 月起，湘潭县调整改革机关党建管理体制，明确机关工委统一归口管理所有县直机关单位党建工作，县直机关党建首次实现“大一统”。管理范围扩充到 73 家机关单位 488 个基层党组织，其中 8 个机关党委、43 个机关总支、437 个机关支部，7906 名党员。

政治责任落实方面。压实各单位党组（党委）书记和机关党组织书记两方面人员抓党建的责任。县委印发《关于加强和改进新形势下机关党建工作的若干规定》，全年组织机关党建随机督查 6 次，全面检查 2 次，召开 2 次机关党组织负责人会议进行通报讲评，对党建工作滞后的 6 个单位党组织负责人集中约谈、1 个单位专题约谈。对各单位党组（党委）书记和机关党组织书记抓机关党建的情况组织述职评议，加大绩效考核中党建工作分值比例。

管党治党方面。实施“凝心亮旗”“党建领航”工程。扎实提升党员素质。举办入党积极分子、预备党员、党组织书记培训班 3 期，培训学员 460 人次。推进“两学一做”常态化制度化，每月定期开展主题党日活动。“七一”评比表彰一批先进党组织、优秀党务干部及党员。开展“不忘初心、牢记使命”主题教育，组织县直机关“学习中共十九大精神和习近平新时代中国特色社会主义思想征文比赛”。全年审批预备党员 17 人、转正 23 人。收缴党费 774910.67 元（其中补交 93394 元），转接组织关系 368 个。处分党员 18 人。认真做好党员积分、民主评议工作。

支部“五化”建设方面。全面开展支部设置标准化、组织生活正常化、管理服务精细化、制度建设体系化、阵地建设规范化的支部“五化”建设。县直机关党建活动阵地全部建立。

服务中心方面。结合湘潭县挺进“全国百强县”“三创一治”的目标任务，广泛开展“服务型党组织”“共产党员示范窗口”创建活动，深入开展“干群一家亲，党群心连心”“机关比作风比文明”、党员志愿服务等系列活动，引导广大党员立足本职岗位，创先争优，服务发展大局。在精准扶贫中，机关各党支部联系农村党支部，积极支持农村精准扶贫、基础设施建设等村级事业。机关党员积极参与结对帮扶，想方设法帮助贫困户脱贫。在文明创建中，机关党员带头示范践行，主动参与文明劝导、治安巡逻、民情走访等志愿活动。

【党员教育培训】 2018年，县直机关工委先后分三批举办入党积极分子、预备党员、党组织书记培训班。5月9—11日，在县委党校举办入党积极分子培训班，来自县直机关各单位103名入党积极分子参加培训。培训采取集中授课、自学教材、交流发言、结业考试相结合的形式开展。11月1—3日，在县委党校举办预备党员培训班，来自县直机关各单位98名预备党员参加培训。培训采取集中授课、自学教材、交流发言、结业考试相结合的形式开展。10月10—12日，在县委党校六楼会议室举办县直机关党组织书记培训班，来自县直机关各单位259名党组织书记参加培训。集中学习习近平新时代中国特色社会主义思想、机关支部“五化”建设业务、意识形态、党风廉政建设等内容。

【庆“七一”系列活动】 2018年6月28日，县直机关工委在县政协五楼会议室召开党的工作会议暨“七一”总结表彰会。全体工委委员、县直机关工委所辖56个单位党组织书记等61人参加会议。会议总结回顾2017年机关党建工作所取得的成绩，安排部署2018年的党建工作，表彰12个“先进基层党组织”，4个“学习型党组织”，8个“共产党员示范窗口（岗位）”，24名“优秀共产党员”，7名“学习型党员”，12名“优秀党务工作者”。7月1日，县直机关工委组织县直机关各单位62名预备党员到县委党校进行集体入党宣誓，并参观县党风廉政教育基地，接受廉政教育。6月底，县直机关工委开展走访慰问优秀党务干部、优秀共产党员、困难党员活动，慰问31人，发放慰问金15700元。

【县直机关党支部“五化”建设现场观摩会】 2018年7月18日，县直机关工委在县委党校组织召开党支部“五化”建设现场观摩会。机关工委全体人员及县直机关党组织党务干部60人参加会议。会上，机关工委负责人首先就机关支部“五化”建设特别是资料整理中存在的问题进行讲评，并就如何进一步整改完善进行指导。随后现场展示县人大机关、县委党校、县人社局、县农开办四个单位支部“五化”建设全部资料，并参观县委党校党员活动阵地。

（李姣红）

机构编制工作

【概况】 2018年，全县党政群机关单位84家，事业单位636家，行政实有人员2308人，事业实有人员11745人。取消和调整71项县级行政权力事项，规范102项与行政审批相关的中介服务事项，公布第一批180项乡镇政务服务目录，出台第一批政务服务事项“马上就办、最多跑一次”目录清单，其中“一次办”事项199项，“就近办”事项49项，“网上办”事项115项，“马上办”事项130项。事业单位办理年度报告公示330家，变更登记107家，新设立4家，补领6家，注销17家。

始终坚持编委会议事规则及“三个一”的审批制度，县直单位、各乡镇行政编制、事业编制分类核定、分开使用，严禁混编、混岗，坚持行政事业单位新进人员凡进必考，严把机关事业单位人员入口。切实开展控编减编工作，行政空编首先用于消化党政机关超编人员；对超编单位进行编制冻结，人员实行退一补一，多退少补；机关工勤编制人员只出不进，逐一消化。

【切实做好“放管服”改革工作】 2018年，编办牵头县委深改办行政机构改革专项小组27项具体改革工作任务，县政府重点工作任务3项，重点是围绕“放管服”改革工作开展。调整县级行政审批领导小组；牵头负责行政机构改革专项小组各项改革工作的组织及督办工作，涉及政务中心、食药监、国土、住建、公安等12个部门的27项具体改革工作；切实做好全县“三集中，三到位”的推进工作；加速湘潭县“市民之家”工程的建设步伐，“最多跑一次”改革工作进行升华。全年起草并印发《关于全面推进“马上就办、最多跑一次”改革工作方案（试行）》（潭县办〔2018〕48号）、《“马上就办、最多跑一次”目录清单》（潭县政办函〔2018〕105号）、《乡镇政务服务目录（第一批）》（潭县政办发〔2018〕25号）、《取消和调整了一批行政权力事项》（潭县政发〔2018〕4号）、《湘潭县行政审批中介服务事项总目录》（潭县政办发〔2018〕26号）。

【承担行政职能事业单位改革工作】 2018年，编办按照“程序到位，实质到位”的要求，对承担行政职能事业单位改革的后续工作进行分工布置，已经顺利完成《湘潭县承担行政职能事业单位改革人员安置方案》和涉改单位“三定”规定的印发；统一收缴撤销、更名单位公章；统一刻制设立、变更机构公章；完成部分涉改事业单位的设立、变更、注销登记手续；涉改人员的事业编制转行政编制工作已完成，其中41个参公身份的涉改人员已转40人，待转1人；未参公登记的已转55人，其余人员不符合转行政编制的条件，已与其他事业单位的完成编制调整优化。湘潭县率先试点圆满完成承担行政职能事业单位改革任务，其成效得到省政府真抓实干的通报表彰，其经验做法可复制、可推广。

【积极筹划党政机构改革工作】 根据省市成立机构改革领导小组的要求，湘潭县成立深化机构改革领导小组，并抽调3名工作人员集中在县编办办公，协助完成机构改革工作。在筹备阶段，编办对全县党政、人大、政协、群团机构编制情况进行全面摸底并对全办成员进行分组安排，明确分工，确定专职联系人。同时，对党政、人大、政协、群团所有部门“三定”规定及职能职责变化情况进行自查摸底和意见征集，为机构改革做好前期相关准备工作。

（易博琨）

党校工作

【概况】 2018年，县委党校县行政学校（以下简称党校）深入贯彻落实习近平新时代中国特色社会主义思想和中共十九大精神，紧紧围绕县委、县政府“挺进全国百强县”“创建全国文明城市”的核心目标，全力实施“三大工程”（即实施目标工程、重点工程、创优工程），做强湘潭县干部教育培训中心、湘潭县会务中心，着力打造湖南省示范性县级党校行政学校，党校整体工作水平全面提升。

培训任务圆满完成。2018年共举办各级各类培训班36期，共培训学员9434人次。尤其是4月16日至6月1日，连续举办6期“全省贫困村暨民族地区和革命老区村党支部书记集中轮训班”，共培训村党支部书记607名，这是第一次承办省一级高规格的培训班，也是对办学水平的一次全方位检验。

政策理论宣讲深入人心。2018年选派6名政策理论宣讲员参加市委党员教育中心组织的集中培训，通过集体备课、集思广益、精心准备，形成6个专题，包括全面从严治党、家风建设等内容。按照湘潭县党建领航工程的要求，组织教员积极参加“六个宣讲到一线”活动，共有9个专题纳入湘潭县全民素质提升工程理论宣讲课程清单。2018年，赴机关、乡镇、社区、企业开展宣讲共计173场次，培训10481人次，较往年有大幅度提升。

科研工作常抓不懈。2018年立项湖南省党校行政学院系统社科规划课题1项；5篇论文在市级以上公开刊物发表；11篇论文在湖南省科学社会主义学会理研会上获奖，1篇论文获2018年湖南省党校行政学院系统理论研讨会二等奖。

行政后勤工作务实推进。2018年，承办会议69场次，服务21686人次，培训19136人次。继续加强设施完善。图书和档案工作稳步推进。按照创省级示范性县级党校行政学校的要求，投入2万余元，对图书室的所有图书进行重新编目并录入系统，同时采购一批新书，目前图书室藏书达2万余册，正式挂牌为湘潭县图书馆分馆。档案室已经成功获评为省一级档案室。因院内水泥雨水盖板损坏严重，投入近4万元将其更换为铸铁盖板。继续加强后勤保障。严格分工，紧密协作，不断提升服务质量和工作水平，确保各项工作开展的有效供给。加强教育和日常管理，平安校园建设稳步推进。加强院内安全巡查，设施设备维护保养、资产管理等工作有序开展。

支部建设有新成效。2018年，党校党总支、机关支部、老干支部认真对标支部“五化”建设标准，对支部日常工作进行规范，做到基础台账详实、党员日常管理到位。党总支被县直机关工委表彰为“先进基层党组织”，有1人被表彰为优秀党务工作者；校内有6名优秀党员受到表彰。老干支部被表彰为五好党支部。

群团工作开创新局面。年内，工会组织“万步有约”、干职工体检、春蕾助学、职工医疗互助等活动，通过活动进一步推动工作，融洽氛围。同时，党校高度重视并做好老干部工作，拨付1.6万元举办党校门球邀请赛，对离退休老同志给予充分关心，对优秀的离退休老党员进行表彰，多次召开座谈会，使他们充分感受组织的温暖。

【获评湖南省综合示范性县级党校行政学校】 2018年初启动省级示范性党校行政学校创建工作，严格对照评选的51项指标，对2013—2017年的工作进行全面梳理和总结。4月12日，通过市委党校评估组的检查，作为湘潭市的唯一县级党校单位代表参加全省党校行政学校系统的评选复查。9月12—13日，省委党校行政学院副校（院）长张思京一行到校开展省级示范性县级党校行政学校评定工作，评定组认为县委党校教学、科研咨询等工作成绩突出，校园建设规划合理，管理服务精细，其经验值得全省借鉴和推广。经湘潭市初评推荐，省评定工作组实地考察和综合评比，湖南省委干部教育工作领导小组审定，于12月11日下发《关于全省示范性县级党校行政学校评定结果的通报》（湘干教办〔2018〕2号）文件，湘潭县委党校县行政学校被评定为“湖南省综合示范性县级党校行政学校”。

（钟　丽）

党史地方志工作

【概况】 2018年，湘潭县史志办公室积极履行职责，坚持以服务为宗旨，增强史志服务大局功能，不断发掘、利用全县丰富的史志资源，依法编史修志，取得丰硕的成果。

落实上级党委政府关于进一步加强党史工作的重要决策部署。2018年，中央和省委先后印发关于进一步加强党史工作的相关文件，全市史志工作会议具体部署。全市史志工作会议后，县史志办迅速组织全办工作人员学习传达，并向县委作关于加强全县党史工作的专题报告，县委书记傅国平和县委常委、县委办主任谭捍卫先后作批示。2018年10月19日，县委常委会专题听取史志工作汇报，充分肯定近年来史志工作成绩,同意将史志工作列入意识形态工作责任制，将史志办列入党建工作领导小组成员单位，将学习党史纳入到县委理论学习中心组重要课程，县委常委会每年听取一次党史地方志工作汇报，乡镇和县直单位明确一名班子成员分管史志工作。

落实省委建党百年献礼工程任务。《湖湘红色基因文库》编修是省委常委会进行专门部署、迎接建党百年的献礼工程。县委书记傅国平要求湘潭县高质量完成任务。县史志办召开党组专题会议研究部署，保障《文库》编纂工作有序高质推进。《湘潭县革命斗争史》编纂以习近平总书记关于党的历史和党史工作重要论述精神为遵循，以收集整理历史文献（文件、文稿、文电、报纸、书刊、日记、书信、照片、地图、标语等）、当事人回忆等重要史料为主，并配以生动故事，用生动平实文体解读湘潭县的主要党史事件、党史人物及其思想，集中展示全县30多年来党史征集、研究、宣传的主要成果，全书已完成初稿，分5编，约20余万字。

紧扣大局，强化史志资政作用。

2018年，为纪念改革开放40周年，县史志办组织史志联络组老同志开展系列纪念活动，向《湘潭改革开放40周年专题文集》投稿7篇并入选，编纂出版《回忆与研究——湘潭县史志文集》，共收录文章59篇。为发掘和利用好史志资料，讲好莲乡故事，创办期刊《今昔湘潭县》。

开展地方党史研究，党史征研取得新成果。组织《中国共产党湘潭县历史（第三卷）》编写工作。2018年组织人员不断修改完善写作纲目，到县委办、县档案馆等单位收集资料，通过手抄、翻拍、录入等方式，收集史料120余万字，完成初稿42万余字。做好《湖南党委工作纪事（2018）》组稿工作。该书由省委办公厅、省委党史研究室编著，是地方党委展示工作成果、特色的重要窗口。由于涉及面广，要求高，县史志办明确专人负责，主动对接，及时完成县委执政纪事。

开展革命遗址遗迹保护工作。2018年，坚持“保护为主、抢救第一”的方针，完成湘潭县石潭坝区委地下党支部南二支部原址革命遗址竖标立识，在卢冬生烈士故居附近建设一座卢冬生烈士故居遗址标识，成为进行爱国主义教育和革命传统教育的新阵地。

依法治志，全面完成地方志编修任务。组织精干力量，加强业务指导，落实党中央提出史志工作要及时把握时代节奏，实现“一突出，两跟进”的要求，及时完成《湘潭县年鉴（2018年）》的编纂出版工作。为科学、合理地开发利用地方志，加强名志宣传，发挥地方志在促进经济社会发展中的作用，启动古志书点校翻印工作。光绪版《湘潭县志》是湘潭县清末民初文化名人王闿运组织撰写，全面反映湘潭县厚重的历史、广阔的地域、繁盛的商业，为全国名志，天下第一壮县之名即来源于此。为弘扬湖湘文化，讲好莲乡故事，增强湘潭县人的文化自信，为湘潭县招商引资打造文化名片，经县委县政府同意，翻印光绪版《湘潭县志》（全套10册）。年内已完成政府采购、文字录入、序言撰写、书样设计等工作。

【《湘潭县年鉴（2018）》出版发行】 2018年，县年鉴编辑人员在上年全面改版创新升级的基础上，紧跟年鉴编纂新动向，开拓进取，精益求精。广泛吸取全国同仁（尤其是全国年鉴编校特等奖《临安年鉴（2017）》《栖霞年鉴（2017）》）年鉴编纂的先进经验，大幅度调整年鉴的框架结构之后，实现年鉴框架优化稳定。《湘潭县年鉴（2018）》设30个类目，并由地方志专业出版社——方志出版社审核通过。年鉴编撰期间，按照出版社的要求，启动“中国年鉴精品工程”，从单位年鉴的概况到条目的拟定进行全程指导，从严要求，严把年鉴质量关。9月底，方志出版社经过初审、复审、终审后给予很高的评价：“《湘潭县年鉴（2018）》全面、系统、翔实地记载湖南省湘潭县2017年度的政治、经济、文化、社会生活等方面的重大事项和基本情况，反映湘潭县在改革开放和现代化建设中的新情况和新成就，具有一定的年度特色、时代特色和地方特色。全书指导思想明确，结构合理，编排规范，层次清楚，体现年鉴的科学性、客观性和实用性，为各界人士认识、了解、投资湘潭县提供一部信息量大、准确度高的地情资料，为各级领导决策提供参考依据，为开展对外交往、招商引资以及全民创业提供窗口和桥梁。”2018年6月，《湘潭县年鉴（2017）》荣获第五届湖南省年鉴奖县（市区）级综合年鉴一等奖，这是《湘潭县年鉴》连续第三届获此殊荣，同时获全国第五届年鉴提名奖。图片专辑紧扣中心，共48个彩页，全部为公共版，突出志书特点，提升年鉴品位。

【卢冬生烈士史料征集工作】 卢冬生1905年出生于湘潭县云湖桥镇一佃农家庭，1927年经陈赓介绍加入中国共产党，在红军中担任过连长、营长、团长、师长和师政治委员，成为优秀的军事将领。1945年9月任东北松东军区司令员兼哈尔滨卫戍司令，同年底光荣牺牲。省委宣传部和市委党史研究室批示：缅怀先烈浴血奋战的英雄业绩，弘扬历久弥新的革命精神，对于推动社会主义核心价值观的培育和践行具有重要现实意义，对卢冬生烈士史料进行征集，适度举行相关纪念活动是有必要的。为落实上级批示精神，县史志办迅速制定关于卢冬生烈士史料征集工作方案，报县委、县政府审定同意，从5月中旬开始，该办组织人员先后赴湘乡市陈赓故居、湖南省委党史研究室、湖南省党史陈列馆、湖南省档案馆、湖南省军区、张家界市永定区史志办、桑植县贺龙纪念馆、黑龙江省哈尔滨市烈士陵园、哈尔滨市抗日纪念馆、黑龙江省军区等单位征集卢冬生烈士史料，并多次到湘潭县云湖桥镇新联村组织烈士家属、当地村民座谈，通过省市党史室领导征集卢冬生将军在苏俄学习期间有关革命活动史料。征集工作长达三个月。通过外出征集、查阅档案，获得史料100余万字，并对以前史料中的有关细节进行考证和认定。组编一本《卢冬生纪念文集》，分五大编，第一编是纪念文章，第二编是卢冬生革命历程，第三编是卢冬生传略，第四编是卢冬生年表，第五编是纪念卢冬生有关文学作品。

【创办期刊《今昔湘潭县》】 2018年，为深入贯彻落实习近平总书记中共十九大报告“讲好中国故事，强化文化自信”的精神，结合县委县政府创建“全国文明县城”的相关要求，经县委县政府同意，创办史志期刊《今昔湘潭县》。刊物主旨是深入挖掘湘潭县历史、文化、地理等地情资料，弘扬湖湘文化，讲好莲乡故事，增强湘潭县人的文化自信，为县委、县政府提供智力支持和资政服务。编辑部设县史志办，《今昔湘潭县》设置卷首语、一代风流、莲乡纪实、湘潭地理、乡风民俗、史海钩沉、史志经纬、老照片、莲乡故事等栏目，第一期于10月中旬印刷出版，在彭德怀120周年诞辰活动中发放给所有来宾，并作为湘潭县人大政协两会会议资料，获得一致好评。中央党史研究室原副主任高永中亲自题词祝贺。

（杨　柳）

对台工作

【概况】 2018年，湘潭县积极贯彻

党的对台方针政策，认真落实中央、省、市对台工作会议精神，扎实完成各项工作任务。

涉台宣传教育。编写《习近平论对台工作》，开展“涉台知识进社区”“涉台知识进校园”“涉台知识进机关”等系列活动，宣讲《港澳台居民居住证申领发放办法》，深入普及广大干部群众的涉台知识。指导湘潭江声实验学校创建省级涉台教育基地。指导白石镇创建省级海峡两岸交流基地。

对台交流服务。接待台湾中延菌菇业有限公司、天津台企协会、杭州农冠生物科技有限公司、台湾区电机电子工业同业公会等台商团体到湘潭县观光考察，积极推介县域各种资源、项目和优惠政策。年内，东莞富鼎兴精密科技有限公司成功落户湘潭天易示范区，填补湘潭县对台招商引资的空白。帮助河口镇特困台属冯女士申领民政救助。及时处置好湘潭县一居民与四川省合江县台商的经济纠纷事宜。全年办理各类赴台证明15起，为服务台胞台属起到积极作用。

潭口—双阳同心美丽乡村建设。省台办主任肖祥清、市委常委、统战部长杨真平、民革省委、省委统战部分别到片区开展实地调研活动。年内，组织实施三处水塘清淤、塘堤硬化工程和深溪村国土整治项目。在双阳村成功举办“万亩油菜花争艳，美丽双阳等你来——与党同心，携手同行，同心共建美丽乡村”活动。配合民革省委、民革市委在深溪村开展义诊活动。活动均取得良好的社会反响。（李　佳）

老干部工作

【概况】 2018年，湘潭县有行政、事业单位离退休人员8423人，其中离退休干部6791人。离休干部和享受副县级三项待遇以上的退休干部中，80岁以上的71人，年龄最大的97岁。

2018年，全县老干部工作以习近平新时代中国特色社会主义思想和中共十九大精神为指导，围绕“党建领航工程”和“增添正能量，共筑中国梦”主题活动，圆满完成“新思想、新党章、新宪法”学习宣讲、征文赛、书画赛、“情暖夕阳红”大走访、健康体检、举办老干部党组织负责人（骨干）培训等10件实事。认真开展习近平新时代中国特色社会主义思想和中共十九大精神学习宣传贯彻，组织老干部集中学习11次。2018年“新思想、新党章、新宪法”宣讲1000余场，集中学习近100余场次，为离退休干部送去书籍1000册。8月，开展“新思想、新党章、新宪法”知识竞赛，各乡镇、各单位共3000余名离退休干部参赛，评选出一等奖10人，二等奖20人，三等奖50人，优秀奖80人，组织奖7个，对获奖者给予通报表彰。在全县老干部中开展“莲乡抒怀——纪念改革开放四十周年”书画赛、“喜看改革开放新成就，点赞莲乡新变化”诗文征集活动，共收到参赛作品书画80余幅，诗文120余篇，对获奖作品进行通报表彰。在老干部中开展“纪念改革开放四十周年”访谈活动，活动情况在“湘潭县新闻”头条播放，访谈文章在县报、县网、微信公众号上刊载。6月至12月，在全县离退休干部党组织中开展“五化”建设，10个支部申报“五星”支部，26个支部申报“四星”支部。11月，建成集学习、教育、会议、活动于一体的全县离退休党员党性教育中心，使广大离退休党员有一个“家”。开展“情暖夕阳红”“送清凉、送学习”走访活动，全年共走访老干部及离休干部遗孀800余人次，为105位离退休干部祝寿，探望生病老干部54人次，吊唁12位去世老干部并协助治丧事宜。

切实落实湘老干〔2018〕26号、潭老干〔2018〕18号文件精神，做好离休干部交通费提标工作。及时发放老干部各项经费300余万元。县委、县政府春节慰问行政、事业单位离退休干部标准提高到500元/人，并列入常年财政预算。全国文明城市提名奖、综治考核奖全额发放至每位离退休干部。6月5—12日，在湘潭县中医医院组织全县离休干部和副县级及以上退休干部进行健康检查。创新开展“三个一”精准服务，即为高龄老干部购买一次家政服务活动，共为85户提供服务，重点进行卫生清扫等工作；为离退休老干部开展签约家庭医生结对帮扶，共结对签约31对；为困难离退休老干部解决一个突出问题活动，健全《湘潭县困难离退休干部帮扶制度》，2018年解决困难老干部突出问题50余起，送去困难慰问金5.71万元。

【主题活动】 继续开展“我为‘挺进全国百强县，创建全国文明城市’作贡献”主题活动，动员老干部为县委县政府两个目标献计出力。广大老干部积极参加“三创一治”宣传、文明劝导、环保志愿、万名“五老”结对帮扶青少年等活动。在全县老干部和老干部工作队伍中开展“学英雄、见行动、作奉献”主题活动。10月，县委老干部局与县卫计局、县人民医院联合开展“为党旗党徽添光彩、夕阳红健康行”主题活动，老医务工作者为边远山区老年人、贫困户送去家门口的就医服务。

【湘潭县召开离退休干部、离退休干部工作“四先表彰会”】 10月15日，召开湘潭县离退休干部、离退休干部工作“四先表彰会”会议，表彰19个离退休干部先进集体，27名离退休干部先进个人，10个离退休干部工作先进单位，13名离退休干部工作先进个人。市委组织部副部长、老干部局局长、离退休干部工委书记郭晓春，县领导傅国平、周艳希、刘耀奇、谭捍卫、赵国政、韩炎出席会议。会上，县委书记傅国平强调，要充分认识做好离退休干部工作的重要意义。做好离退休干部工作是履行职责使命的需要，是传承优良传统的需要，是发掘宝贵资源的需要，是凝聚发展合力的需要，是提升社会公德的需要；要准确把握做好离退休干部工作的重点环节。要在思想上引导他们，在生活上照顾他们，在精神上关怀他们，在待遇上优待他们，在活动上支持他们；要认真落实做好离退休干部工作的基本要求。要确保领导到位、人员到位、保障到位、责任到位、感情到位。

【崔永平到湘潭县调研老干部工作】

3月6日，省委组织部副部长、省委老干部局局长、省委离退休干部工委书记崔永平带队到湘潭县开展“抓重点、补短板、强弱项”调研活动。调研组先后实地调查了解湘潭县基层离退休党支部党建工作开展情况，走访部分离退休干部，并召开专题调研座谈会。调研座谈会上，听取县委副书记周艳希就湘潭县落实上级相关会议文件精神、离退休干部党建工作、离退休两项保障、老干部活动阵地建设、老干部工作队伍建设、存在的困难和建议等方面的详细汇报。县委老干部局局长虞也汇报2018年全县老干部工作思路。老干部代表向调研组就关心下一代工作、老年大学等工作的开展提出意见和建议。县委常委、组织部部长刘耀奇表示，组织部门将不遗余力落实好中央、省、市关于老干部工作的会议文件精神，用心用情为老干部做好事、办实事。调研组组长崔永平予以充分肯定。

【老干部迎春座谈会】 2月8日，县委、县政府在天易经开区组织召开老干部代表迎春座谈会。县四大班子主要领导、县委老干部工作领导小组正副组长及县委办、县政府办、县委组织部、县财政局、县人社局、县卫计局、县委老干部局等老干部工作领导小组成员单位负责人参加会议。县委副书记、县长段伟长通报2017年全县经济社会发展成就及2018年工作思路与目标，县委书记傅国平讲话。座谈会上，老干部们围绕打造政治品牌、实施乡村振兴战略、基础设施建设、旅游开发、环境保护等方面提出意见和建议。

（胡京卫）

档案工作

【概况】 2018年，湘潭县档案局（馆）接待查阅档案3894批，6012人次，查阅档案11370卷次，复印12125页,解决各类问题3213起。县档案局（馆）坚持以“为党管档、为国守史”为己任，按照新时代档案工作发展要求，通过全体“兰台人”扎实工作和奋力拼搏，在思想建设、作风建设、队伍建设、档案资源建设和档案信息化建设等方面取得较好成绩，档案在服务经济建设、服务社会稳定、服务民生的“三服务”中发挥独特作用。

档案宣传工作。2018年，在电子政务内网刊发《档案园地》4期，刊登档案史料和档案法律法规，进一步宣传和增强领导的责任意识和全民的档案意识。及时更新湘潭县档案信息网站内容，优化网站栏目，不断加强和完善档案信息平台建设。积极上报档案信息，在县级及以上媒体共采用档案新闻和调研信息46篇。县档案局荣获2018年全省档案宣传工作先进集体。

指导基层档案工作。2018年，对县机关事务服务中心等21个单位档案管理和社区建档工作进行业务指导；对县交通局的湘湘、韶茶两条干线公路的档案资料进行规范化整理并入库；对县纪委、农业局、审计局等31个单位的第六个十年档案移交事项进行指导和审查；指导县委党校档案工作规范化管理晋升省一级、县直机关工委和茶恩寺镇人民政府档案工作规范化管理晋升省二级。

档案数字化工作。在档案数字化处理方面，2018年，完成馆藏重点档案文件级目录数据录入20万条；审核接收花石镇政府等19个单位的档案移交总文件目录31358条，原文数量29337件，数据容量119.7G，新增馆藏扫描件和彭德怀纪念馆图片等文件数221398个，备份数据总计容量676.21G，全县档案综合管理平台新增数据1TB。

档案资源建设。2018年，共接收县委政法委、花石镇政府等30家单位第六个十年档案8758盒进馆；接收征集《延安精神永放光芒》和《周氏族谱》等62卷册入馆珍藏；接收县属10个单位报送的获省级以上的《湘潭县荣誉资料》。

档案安全工作。档案馆认真做好档案“十防”工作，改善档案存放的条件，严格落实安全生产责任，聘请专业保安人员，24小时值守档案库房，确保安全无事故。同时，指导并督促全县各立档单位做好档案保管保护工作，确保档案安全。

档案编研工作。2018年，在档案编研工作方面,成功完成抗战档案申报和国家领导人与湘潭档案的收集申报工作。利用馆藏档案和向全县征集的档案制作《湘潭县改革开放四十周年成就展》在全县巡展。展示馆藏，在纪念彭德怀120周年诞生之际，将彭德怀写给湘潭报委的亲笔信发表在《中国纪检监察报》（2018年11月19日）“传承”版面。

开展档案执法检查工作。2018年12月，由县两办发文开展全县档案执法检查工作，对全县17个乡镇和县直机关单位档案工作情况进行检查验收，并将各单位开展档案工作情况在全县通报。

【开展国际档案日宣传活动】 2018年6月9日，在县档案局前坪举办以“档案见证改革开放”为主题的第11个“国际档案日”宣传活动，活动现场有档案法律、法规、政策宣传，有档案史料图片展，有馆藏声像档案播放，有档案业务咨询等多项宣传服务。

【开展《湘潭县改革开放四十周年成就展》】 2018年，由县委、县政府主办，县委宣传部、县档案局承办的，利用馆藏档案和向全县征集的档案制作《湘潭县改革开放四十周年成就展》在白石广场展出，全面展示百万莲乡儿女发扬“自强不息，敢为人先”的县域精神，回顾艰苦卓绝的奋斗历程，激发广大人民群众的成就感、自豪感、荣誉感，激励全县人民在新时代撸起袖子加油干，在新时代创造新的业绩中谱写更加绚丽的乐章。

【档案业务培训和学术交流】 2018年，编印《档案业务资料汇编》400份免费赠阅，4月28日，组织全县140多名档案学会会员（档案员）和县内档案服务公司进行档案业务培训和学术交流；3月29日，宁乡市史志档案局组织全市110余名档案员到湘潭县档案局（馆）开展学术交流。

（谢伦丙）

湘潭县人大常委会

概　述

【概况】　2018年，县人大常委会深入贯彻落实习近平新时代中国特色社会主义思想和中共十九大、十九届二中、三中全会精神，坚持党的领导、人民当家作主、依法治国有机统一，围绕全县发展大局，认真履行法定职权。年内，组织召开县人民代表大会会议1次、常委会会议7次、主任会议20次，作出重大决议决定7项，听取和审议专项工作报告7个、开展执法检查3次、组织专题视察调研5次，任免地方国家机关工作人员18人次。

县人大常委会依法行使重大事项决定权，相继就县人民政府重大投资项目等7项重大事项作出决议决定。湘潭县第十六届人大二次会议及闭会期间，收到代表建议333件。

重要会议

【湘潭县第十六届人大常委会第九次会议】　2月27日召开。会议审议通过湘潭县人大常委会2018年工作要点。2018年，县人大常委会将重点做好五个方面的工作：围绕经济社会发展，实行正确监督有效监督；服务全县大局，依法行使决定权和人事任免权；完善工作机制，进一步发挥人大代表主体作用；强化联系指导，形成县乡人大工作整体合力；加强自身建设，不断提升履职能力水平。会议还决定任免县人民政府工作部门负责人3名。

【湘潭县第十六届人大常委会第十次会议】　4月26日召开。会议审议通过《湘潭县人大常委会关于组织代表开展工作评议的办法》，听取《环境保护法》贯彻实施情况和全县专业技术人员管理情况的报告，作出授予刘素芳等20人县级劳动模范（先进工作者）荣誉称号的决定；会议听取和审议城区教育资源整合和优化布局工作情况的报告，审查和批准2018年政府重大投资项目计划；会议组织部分市人大代表向常委会报告履职情况，还审议批准2名市人大代表辞职事项。

【湘潭县第十六届人大常委会第十一次会议】　5月28日召开。会议审议批准1名县人大代表辞职事项。

【湘潭县第十六届人大常委会第十二次会议】　6月27—28日召开。会议听取农村土地承包经营权确权登记颁证工作情况的报告、2017年度预算执行及其他财政收支情况的审计工作报告；听取并审议全县社会养老体系建设情况的报告、县人民政府关于湘潭县中小学布局专项规划和关于检查《中华人民共和国城乡规划法》实施情况的报告；会议审查和批准县人民政府关于2017年度县级财政决算（草案）的报告。会议组织部分市人大代表向常委会报告履职情况，审议批准4人市人大代表辞职事项，补选市人大代表4名，免去县人民法院工作人员1名。

【湘潭县第十六届人大常委会第十三次会议】　8月30日召开。会议听取和审议"一府两院"工作报告上半年执行情况和上半年财政预算执行情况的报告，听取和审议《中华人民共和国传染病防治法》贯彻实施情况的报告；会议还审查通过湘潭县第十六届人大代表资格异动情况的报告。

【湘潭县第十六届人大常委会第十四次会议】　10月30—31日召开。会议审议关于召开县十六届人大三次会议的议案，听取和审议全县建设工程质量管理情况、湘潭县十三五规划中期实施情况、"乡村振兴战略"实施情况的报告，审查和批准2018年预算调整情况的报告；会议听取县人民政府关于推进诚信建设、中医药事业发展、"河长制"工作情况的报告，听取县人民检察院关于检察意见纠正违法工作情况的报告，听取和审议《中小企业促进法》执法检查报告。会议组织部分市人大代表向常委会报告履职情况，审议批准1名市人大代表和6人县人大代表辞职事项，补选市人大代表2名；审查通过湘潭县第十六届人大代表资格异动情况的报告。

【湘潭县第十六届人大常委会第十五次会议】 12月18日召开。会议审议湘潭县十六届人大三次会议有关事项和县人大常委会工作报告，并推定唐剑恒为报告人，听取规范性文件备案审查工作、法制委和财经委年度工作、“四行”活动、“三联”工作情况的书面报告；会议听取和审议“同级审”问题整改情况的报告和“一府两院”办理代表建议批评意见的报告，听取县监委员会关于机构组建、队伍建设和工作开局情况的报告；会议审议批准1人县人大代表辞职事项，审查通过湘潭县第十六届人大代表资格异动情况和补选代表资格审查报告，决定任命县人民政府副县长1名（挂职），任免县人民检察院工作人员4名。

【湘潭县第十六届人大三次会议】 12月30日—1月2日召开。此次会议共召开三次全体会议，三次主席团会议。12月31日上午，大会在鑫田大酒店举行第一次全体会议暨开幕式，1月2日，大会举行第三次全体会议暨闭幕式。大会听取和审查县人大常委会和“一府两院”工作报告，书面审查计划、财政报告。会议以举手表决的方式通过上述六大报告，并做出相应决议。

决定决议

【概况】 2018年，县人大常委会依法行使重大事项决定权，依法做出《湘潭县第十六届人大常委会关于审查批准县人民政府2017年财政决算的决议》《湘潭县第十六届人大常委会关于审查批准县人民政府2018年预算调整报告的决议》《湘潭县第十六届人大常委会关于审查批准县人民政府重大投资项目情况报告的决议》《湘潭县第十六届人大三次会议关于湘潭县2018年国民经济和社会发展计划执行情况与2019年国民经济和社会发展计划（草案）报告的决议》《湘潭县第十六届人大三次会议关于湘潭县2018年财政预算执行情况和2019年财政预算（草案）报告的决议》等7项决议、决定。

执法检查

【概况】 2018年，县人大常委会将《中华人民共和国传染病防治法》《中华人民共和国城乡规划法》《中华人民共和国中小企业促进法》三部法律确定为执法检查选题。3—4月，执法检查组对县人民政府及有关单位2016年以来贯彻实施《中华人民共和国传染病防治法》的情况进行检查。检查组先后听取卫计、农业、教育等部门传染病防治工作情况报告，走访卫计系统和教育系统有关单位、有关乡镇、社区听取意见、建议，比较广泛地收集《中华人民共和国传染病防治法》实施工作情况。经县十六届人大常委会第十三次会议审议后，列出11项重点问题清单，交县人民政府进行办理，要求搞好重点单位、重点人群和重点传染病预防，结合“创文”“创卫”工作，加大对违法行为的处罚力度；进一步加强工作保障，解决设施、经费不足等问题。

5—6月，执法检查组对县人民政府及有关单位2016年以来贯彻实施《中华人民共和国城乡规划法》的情况进行检查。检查组先后听取城乡规划、国土资源、住建等部门的情况报告；走访天易经开区、有关乡镇，开展座谈并查阅资料，察看部分街区、背街小巷和建设现场；深入社区听取建议、意见，比较广泛地收集《中华人民共和国城乡规划法》实施工作情况。经县十六届人大常委会第十二次会议审议后，列出五大类22项重点问题清单，交县人民政府办理，建议清理整顿违法开发项目，限时治理影响城镇文明形象、隐患突出的违法建筑。

9—10月，执法检查组对县人民政府及有关单位2016年以来贯彻实施《中华人民共和国中小企业促进法》的情况进行检查。检查组先后听取金融办、科技经信、财政、税务、环保等部门关于中小企业政策扶持、服务指导、权益保护等情况的报告；通过走访、座谈，听取天易经开区、有关乡镇、企业、人大代表的建议和意见。经县十六届人大常委会第十四次会议审议后，列出8项重点问题清单，交县人民政府办理，建议进一步完善协调管理机制，高位协调促进中小企业发展，增强各部门在中小企业促进方面的工作合力，帮助企业解决面临的现实困难；设立产业发展基金、完善企业担保方式支持企业融资，把政策法律赋予企业的优惠落到实处。

规范性文件备案审查

【概况】 2018年共收到规范性文件46份，其中县人民政府及其办公室报送44份，中路铺镇人大主席团报送2份，建议县人民政府修改规范性文件2份，建议有关单位自行整改5份，消除文件与法律的冲突，切实维护法制统一。

专题考察

【概况】 2018年，县人大常委会以基层派出所建设、寻笔港退耕还林还湿工程、农村建房、人防工程建设、全域旅游发展等为主题，组织常委会组成人员和部分人大代表进行专题视察。

4月3日，由城环工委牵头，组织部分常委会组成人员和人大代表对县人防工程建设情况进行视察。视察组一行重点视察县人民医院、金霞山公园、天易江湾广场及人防指挥中心的建设和管理，并召开座谈会，观看人防宣传视频、指挥通信演习，听取县人防工作的汇报。通过视察，向县人民政府提出要加大人防工程建设和人防宣传教育阵地建设的力度，确保人防事业有序、有效地向前推进。

6月22日，由农工委牵头，组织部分常委会组成人员和人大代表对寻笔港退耕还林还湿项目进行视察。视察组一行实地察看寻笔港的生活污水处理系统、区间管护廊道、科普宣教台等工程，听取退耕还林还湿项目的推进情况汇报。通过视察，向县人民政府提出建议，要围绕寻笔港的人文故事做文章，打造亮点；要用足、用活、用好政策，争取项目；要引进市场经营主体，进一步完善相关基础设施的建设，形成合力。

9月25日，由城环工委牵头，组织部分常委会组成人员和人大代表对全县农村农民建房情况进行视察。视察组一行先后到易俗河镇、云湖桥镇部分乡村，详细了解村民旧房改造建设和农房不动产登记情况，并听取县国土资源局对农村宅基地审批、农村建房用地监管、打击违法建房等方面的情况汇报。通过视察，向县人民政府提出建议，要充分利用村村响、电视、手机报等宣传途径，加大相关政策的宣传力度；要加快推进新型村规划的编制，改善农村居民点用地布局散乱和违法违规建房情况；要加强违法用地的监管力度，完善监管体制机制，明晰执法程序，形成农村宅基地管理新格局。

11月20日，由内司工委牵头，组织部分常委会组成人员和人大代表对全县基层派出所建设进行视察。视察组一行实地察看杨嘉桥、河口、易俗河派出所，并听取县公安部门的工作汇报。通过视察，向县人民政府提出建议，要重点推进“一村一辅警”制度的建设，提高全县辅警待遇，维护社会和谐稳定；要进一步加快基层派出所信息化和“智慧莲乡”的建设，通过科技化手段提高破案速度；要全力支持公安系统基层派出所的建设，确保各项措施落到实处。

11月29日，由教工委牵头，组织部分常委会组成人员和人大代表对乌石AAAAA级景区创建工作进行视察。视察组一行到乌石景区等地进行实地视察，并听取乌石创建国家AAAAA级旅游景区工作的汇报。通过视察，向县人民政府提出建议，要直面困难，部门联动，积极解决资金缺口大、创建氛围不浓厚等问题；要锁定目标，在软件设施逐步完善的同时加强各项硬件设施的建设；要充分扶持各行各业的发展，振奋精神，全力推进各项工作开展。

重点建议督办

【概况】 2018年，县人大常委会继续实施代表建议“大督办”机制。各委室按照分工安排，由分管领导亲自带队，分赴建议承办单位开展现场督办，指导建议办理工作。县人大常委会主任会议确定2018年度以下6件建议重点督办。

1.贺新民代表关于规范农村集中居住的建议（51号，主办单位：县城乡规划局，督办委室：城环工委）。

2.冯美芝代表关于边远地区教师流失问题的建议（121号，主办单位：县教育局，督办委室：教工委）。

3.刘光辉代表关于对实体经济给予过桥资金支持的建议（127号，承办单位：县金融办，督办委室：法制委）。

4.肖经炎代表关于恢复湘潭县公安局石鼓派出所的建议（49号，主办单位：县公安局，督办委室：内司工委）。

5.齐正良代表关于支持射埠镇油茶林万亩连片建设的建议（138号，主办单位：县林业局，督办委室：农工委）。

6.肖伏清代表关于加快红郭公路改造的建议（110号，主办单位：县交通运输局，督办委室：财经委）。

县人民政府通过各方协调和努力，6件建议均已办结，代表对重点建议办理结果表示满意。

（代奇峰）

湘潭县人民政府

概 述

【概况】 2018年，湘潭县辖14个镇、3个乡，321个行政村， 9156个村民小组，12个居委会，22个社区居委会。总面积2134平方千米，耕地65300公顷，基本农田面积55020公顷。年末人口97.48万人，常住人口86.85万人，其中，城镇人口39.82万人，农村人口47.03万人，城镇化率45.85%。出生人口11132人，出生率11.15‰，死亡人口6227人，死亡率6.24‰，人口自然增长率4.91‰。

年内，湘潭县创建全国文明城市文明指数测评成绩全省排名第3，荣获全国法治先进县、全国农村创业创新典型县、全国科技进步示范县、全国特色专家服务基地、荣登“中国幸福百县榜”第69位、“全国县域营商环境100强”第97位、省小康经济强县、中国湘莲美食之乡、省安全生产先进单位、省粮食生产先进县、省级卫生县城、省级园林城市、省健康扶贫先进县、省知识产权建设强县、全省2017–2018年发展开放型经济优秀县等多项荣誉。

县域经济稳中有进。实现地区生产总值443.6亿元，增长8.6%。其中，第一、二、三产业增加值分别为51.2亿元、229.9亿元、162.5亿元，分别增长2.6%、7.5%、12.9%。三次产业结构比为11.5:51.8:36.7，第一、二、三次产业对经济增长的贡献率分别为5.0%、44.8%和50.2%。财政总收入28.71亿元，增长0.2%。居民人均可支配收入24333元，增长9.3%。城镇居民人均可支配收入3.48万元，增长7.8%；农村居民人均可支配收入1.84万元，增长8.6%。城镇居民人均消费支出2.00万元，增长9.2%；农村居民人均消费支出1.45万元，增长9.1%。

农业生产平稳增长。实现农林牧渔业总产值87.5亿元，增长3.4%。粮食播种面积9.04万公顷，粮食总产量62.6万吨，下降8.3%；蔬菜播种面积1.92万公顷，蔬菜产量60.1万吨，增长9.4%；油料播种面积1.05万公顷，油料产量1.11万吨，增长38.9%。水利工程投入资金3.99亿元，开工各类水利工程1.3万处，治理水土流失面积1平方千米，新增农田有效灌溉面积333.3公顷，新增节水灌溉面积339.3公顷。年末农业机械总台数31.68万台，总动力达144.67万千瓦，水稻机耕率达98.8%，机收率达98.9%，机插率达36.6%，综合机械化率达75.9%。农业产业化进程不断加快，梅林桥、天马、碧泉潭三个现代农业示范园建设加速推进，新增规模农产品加工企业5家，完成规模农产品加工总产值270亿元。“湘潭湘莲”成功获评“湖南省十大农业公共区域品牌”。

规模工业稳步提升。规模工业总产值593.3亿元，增长12.3%，规模工业增加值168.7亿元，增长7.8%，其中天易示范区完成规模工业增加值129.3亿元，增长13.5%，占全县规模工业增加值的比重为76.7%。全县规模工业企业实现主营业务收入548.7亿元，增长10.7%，实现利润总额19.0亿元，增长17.1%。深入开展“企业帮扶”行动，成立莲乡融资担保有限公司，解决企业融资需求1.06亿元，永晟农林、和亿莲业等6家企业成功股改挂牌。新增高新技术企业25家，实现高新技术产值388亿元。

建筑业发展迅速。实现建筑业增加值23.4亿元，增长5.9%。房屋建筑施工面积273.4万平方米，增长23.5%，其中新开工面积164.9万平方米，增长25.1%；房屋建筑竣工面积183.0万平方米，增长35.5%。商品房销售面积101.4万平方米，增长63.3%，其中住宅销售面积95.2万平方米，增长56.6%。商品房销售额47.4亿元，增长106.1%，其中住宅销售额42.2亿元，增长94.5%。消费市场持续活跃。社会消费品零售总额96.0亿元，增长10.3%。全年进出口总额16860万美元，增长512.9%，其中，进口总额205万美元，下降36.5%；出口总额16655万美元，增长586.0%。全县有进出口实绩企业33家。旅游产业蓬勃发展。继续开展石鼓登峰、花石赏荷、乌石采茶、云湖摘橙、梅林游园等旅游节会，全年接待游客957.9万人次，增长17.9%，实现旅游综合收入86.8亿元，增长71.2%；其中境外入境游客1.85万人次，实现境外入境旅游收入2034万元。

投资保持较快增长。固定资产投资194.8亿元，增长13.5%。按经济类型分，国有投资31.7亿元，非国有投资16.3亿元。按投资方向分，其中工业投资117.1亿元，增长28.9%；基础设施投资18.8亿元，下降54.7%；高新技术产业投资11.3亿元，增长86.3%；房地产开发投资36.2亿元，增长28.3%。签约新项目81个，其中投资规模亿元以上新项目22个。实际引进境内省外资金53.2亿元，增长25.5%，实际利用外资12089万美元，增长40.1%。

项目建设加快推进。全年开工重点项目117个，完成投资120亿元；乡镇开工项目102个，完成投资10亿元。引进项目70个，到位资金53亿元，增幅居全市第一。玉兰北路、滨江风光带全线贯通，湘莲大道三期、湘江渠路、云龙东路、梧桐路等骨干道路快速推进，二污水处理厂、文体公园、云龙路匝道等配套设施全面完成。花石、乌石、白石等特色小镇加快建设。完成青山桥、云湖桥、射埠等5个乡镇污水处理设施建设，完成杨嘉桥、石鼓、白石等8个乡镇垃圾中转站以及锦石唐家湖生态湿地建设。完成117个中心村规划编制，新建改建村级服务阵地147个，基层基础进一步夯实。深入开展“三整三化”，推进城区主干道绿化和亮化建设，全面加强海棠路综合整治，全面提升富豪阁等小街小巷品质，县城环境更加优美。

交通建设再上新台阶。全年完成交通基础设施建设投资10.71亿元，其中干线公路建设7.17亿元，农村公路建设2.31亿元，农村公路养护1.23亿元。完成2018年脱贫攻坚自然村通水泥路109千米，窄路加宽160千米，完成会车平台960个；完成安防工程219千米，危桥改造10座。建制村通客车率达100%。莲花大道、青山大道、白马公路等干线公路建设稳步推进，射埠互通至乌石红色旅游公路一期（德怀大道）主体工程建成通车。

社会事业全面进步。完成棚户区改造3013户，拆除违法建筑面积2.6万平方米。改造120个建制村农村电网，改造危房1487户，建设标准化学校18所，修建脱贫攻坚自然村水泥路109千米，新建改建村级服务阵地147个，水利建设再创佳绩，荣获“全省‘芙蓉杯’水利建设竞赛先进县”；投入扶贫资金5700万元，推进健康扶贫、教育扶贫、产业扶贫、就业扶贫、兜底扶贫，完成建档立卡贫困户危房改造1216户，发放教育补助8152人次，落实健康扶贫“一站式结算”3526人次，社保托底应保尽保，安全饮水工程稳步推进，全年实现11008人脱贫。大力实施民生工程，推动民生优先向民生优质转变，人民群众的获得感与幸福感不断增强。

全县有文化馆1个，公共图书馆1个，博物馆、纪念馆各1个，国家级非物质文化遗产保护目录1个，省级非物质文化遗产保护目录1个。县青少年素质教育综合基地被评为省级研学旅行基地。全年开展全民健身项目22项次，新建农民体育健身工程的行政村15个。有线电视用户达17.9万户，广播综合人口覆盖率、电视综合人口覆盖率均为100%。全年放映农村公益电影7716场。积极开展“百姓春节联欢晚会”“欢乐潇湘”等群众文化活动，成功举办全国第三届“万步有约”健走激励大赛，积极协办“健康湖南”全民运动会。彭德怀纪念馆全面提质，新建彭德怀精神宣讲中心，电视剧《彭德怀元帅》获第31届“飞天奖”，长篇评书《彭大将军》在中央人民广播电台播出，彭德怀120周年诞辰纪念活动圆满完成。建立城乡统一的居民养老保险制度、社会保障体系不断完善，社保待遇不断提升。全县城镇低保对象2098人、农村低保对象15947人、特困供养对象7314人。全年累计发放城镇居民最低生活保障资金1628.9万元，发放农村居民最低生活保障资金4638.5万元，发放特困供养资金7916.1万元。信访积案、历史遗留问题有效化解，网上信访工作经验在全省推介。狠抓安全生产，全年未发生较大及以上安全事故。扎实开展扫黑除恶专项行动，强力维护社会大局和谐稳定。积极回应人大代表、政协委员关切，办理人大代表建议315件，政协委员提案123件，见面率达100%，满意率达98.9%。严格落实“一岗双责”，驰而不息正风肃纪，坚定不移惩治腐败，廉洁底线扎实坚守。加强效能建设、政务督查、绩效评估和审计监督，行政效能不断提升。

重要会议

【县政府2018年第一次常务会议】 1月18日，由县长段伟长主持召开。会议听取湘潭垃圾焚烧发电项目建设的情况汇报，听取明确乡镇园区管理委员会责任人的建议的情况汇报，听取部分村名更名的情况汇报，审议《关于推进城市执法体制改革改进城市管理工作的实施意见》，听取推进省级卫生县城工作的情况汇报，听取加强湘潭县乡镇专职消防站建设的情况汇报，审议《湘潭县政府投资项目评审管理暂行办法》，听取编外用工人员待遇调整的情况汇报。

【县政府2018年第二次常务会议】 2月8日，由县长段伟长主持召开，会议审议《湘潭县工作创新竞赛实施方案（试行）》《湘潭县行政执法竞赛实施方案（试行）》，听取2017年度县直单位争资争项考核结果的情况汇报，听取2017年度重点工程、乡镇项目竞赛和固定资产投资考核结果的情况汇报，审议《湘潭县2018年乡镇竞赛项目安排计划》，听取机关事业单位工作人员工资奖金津贴补贴及福利费发放范围的情况汇报，审议《关于推进金融支持县域经济发展的实施意见》《湘潭县政府性资金存款管理暂行办法》《湘潭县县属国有投融资公司绩效考核办法》《槟榔行业税收奖励办法》《关于落实党政同责加强食品安全工作的实施意见》，听取尿毒症患者信访事件的情况汇报。

【县政府2018年第三次常务会议】 3月1日，由县长段伟长主持召开。会议审议《湘潭县中小学校幼儿园优化布局专题规划》，听取县十六届人大二次会议、政协湘潭县九届二次会议所提建议、提案办理意见的情况汇报，审议《湘潭县劳动模范管理办法》《湘潭县2018年劳动模范（先进工作者）评选方案》《湘潭县县城城市总体规划（2009—2020）（修改）》《湘潭县种植结构调整及休耕治理工作实施方案》《关于全面推进乡村振兴战略的实施意见》《湘潭县鼓励现代农业发展投资暂行办法》《关于2017年度农业产业化企业、农民专业合作社、粮食生产先进集体和先进个人考核结果的通报》《湘潭县整合涉农建设资金支持现代农业园区发展实施方案》《湘潭县支持农村创客发展推动创新创业的意见（试行）》《湘潭垃圾焚烧发电项目建设实施方案》。

【县政府2018年第四次常务会议】

3月26日，由县长段伟长主持召开。会议传达学习全国“两会”和全国、全省教育、住建工作会议精神，审议《湘潭县马路市场综合整治工作方案》《湘潭县加快推进生态文明建设的实施意见》《湘潭县环境保护委员会成员单位职责与议事制度》《湘潭县环境保护工作责任规定》《湘潭县重大环境问题（事件）责任追究办法》《2018年湘潭县蓝天保卫战实施方案》《2018年湘潭县碧水攻坚战实施方案》《2018年湘潭县土壤污染防治方案》《2018年湘潭县食品安全工作考评方案》《湘潭县食品安全行政责任追究与奖励暂行办法》《湘潭县人民政府关于贯彻落实〈湖南省食品安全生产加工小作坊小餐饮和食品摊贩管理条例〉的实施意见》《湘潭县高标准农田建设统一上图入库工作方案》《湘潭县新能源汽车充电基础设施专项规划（2017—2020年）》，听取湘潭县拟实行“朝九晚五”作息制度的情况汇报，审议《湘潭县河流河长制责任落实实施方案》。

【县政府2018年第五次常务会议】

4月19日，由县长段伟长主持召开。会议传达贯彻中央“八项规定”相关文件精神，听取关于2018年县劳动模范（先进工作者）推荐评选工作的情况汇报，听取一季度经济形势分析的情况汇报，审议《湘潭县城市“双修”、点缀计划实施方案（2017—2020年）》《湘潭县农村“双改”实施方案（2017—2020年）》《湘潭县推进特色小镇建设加快构建新型城镇体系工作方案》《湘潭县2018年招商引资竞赛实施方案》，听取2017年度招商引资和鼓励企业创新奖励的情况汇报，听取大力推进殡葬改革工作的情况汇报，审议《2018年湘潭县种植结构调整奖补试行标准》《湘潭县全面推进农村集体产权制度改革实施方案》《湘潭县农村集体产权制度改革清产核资实施办法》。

【县政府2018年第六次常务会议】

5月21日，由县长段伟长主持召开。会议传达学习习近平总书记对安全生产十个方面重要论述和《地方党政领导干部安全生产责任制规定》等文件精神，审议《湘潭县污染防治攻坚战暨2018年夏季攻势综合整治实施方案》，听取扫黑除恶专项斗争的情况汇报，听取开展政治建警工作的情况汇报，审议《湘潭县消除义务教育大班额专项行动实施方案》《湘潭县改革办学模式促进教育均衡发展实施方案》，听取湘潭县县城生活垃圾处理费伴水费征收的情况汇报，审议《湘潭县防范和化解地方债务风险工作实施方案》，听取湘潭县2018年度年初预算支出压减方案的情况汇报。

【县政府2018年第七次常务会议】

5月30日，由县长段伟长主持召开。会议审议《湘潭生活垃圾焚烧发电项目规划选址初审意见》《湘潭生活垃圾焚烧发电项目选址决策听证会听证报告》，听取理顺乡镇财政所管理体制的情况汇报，审议《湘潭县行政事业单位公务卡结算方案》《湘潭县公务卡结算实施细则》《关于湘潭县实施预算单位公务卡强制结算目录的通知》，听取湘潭县金顺炉料有限公司、湘潭锴瑞资源循环有限公司实行奖励扶持相关问题的情况汇报，审议《湘潭县县属国有公司绩效薪酬管理暂行办法》《湘潭县县属国有公司绩效考核办法》《湘潭县村级财务管理暂行办法》《推进装配式建筑发展的实施意见》《湘潭县2018年厕所革命实施方案》，听取2017年度招商引资先进单位和先进个人考核结果的情况汇报，听取提高城乡特困人员供养、城乡低保救助、残疾人“两项补贴”和孤儿基本生活费标准的情况汇报，听取撤销《关于同意王孝志同志辞去公职的批复》的情况汇报。

【县政府2018年第八次常务会议】

6月21日，由县长段伟长主持召开。会议听取进一步推进精准扶贫工作情况的汇报，听取森林消防直升机场项目建设情况的汇报，听取确定彭德怀故里创建国家AAAAA级旅游景区规划红线图的汇报，听取健康扶贫贫困人口“一站式”结算工作情况的汇报，听取规范全县议事协调机构有关情况的汇报，听取湘潭县2017年度财政决算（草案）情况的汇报，听取湘潭县2017年度县本级预算执行和其他财政收支审计结果的汇报。

【县政府2018年第九次常务会议】

7月26日，由县长段伟长主持召开。会议听取湘潭县脱贫攻坚自然村通水泥（沥青）路建设的情况汇报，听取调整湘潭县交通基础设施建设PPP项目范围的情况汇报，听取城区新增环城公交线路的情况汇报，听取湘潭县推进产业项目建设年活动实施的情况汇报，审议《湘潭县加快企业股改上市三年行动计划(2018—2020年)》，听取部分特许经营权出让和部分国有资产划转的情况汇报，听取动态调整湘潭县权力清单的情况汇报，听取推进“马上就办、最多跑一次”改革工作的情况汇报，听取湘潭县申报隐山省级风景名胜区的情况汇报，听取湘潭县乡镇社会工作服务站建设的情况汇报，听取湘潭县禁养区养殖污染治理、湘潭县涟水河沿岸养殖污染治理及湘潭县畜禽资源化利用工作的情况汇报，听取深圳大生农业“智慧农业体”项目的情况汇报，听取荣强·铭城项目历史遗留问题的情况汇报。

【县政府2018年第十次常务会议】

8月16日，由县长段伟长主持召开。

会议学习传达国务院总理李克强在国务院第一次全体会议上的讲话，听取进一步引导和鼓励高校毕业生到基层工作的情况汇报，听取湘潭县推进安全生产领域改革发展的汇报，听取落实乡村振兴战略推进农村土地制度改革的情况汇报，听取湘潭县水稻生产功能区和油菜籽生产保护区划定的情况汇报，听取湘潭县畜禽粪污资源化利用整县推进项目建设的情况汇报，听取湘潭县校外培训机构专项治理工作和小学生课后服务工作的情况汇报，听取湘潭县化债工作的情况汇报，听取湘潭县花石湖湘村落田园项目前期工作的情况汇报。

【县政府2018年第十一次常务会议】 10月22日，由县长段伟长主持召开。会议组织学习《习近平谈治国理政（第二卷）》有关精神，学习传达全省深化机构改革动员大会的有关会议精神，听取彭德怀诞辰120周年工作筹备的情况汇报，听取湘潭县加强工业用地管理和湘潭县解决城镇开发国有建设用地权证办理历史遗留问题的情况汇报，听取天易经开区解决遗留经营性建设用地问题的情况汇报，听取湘潭县2018年预算调整的情况汇报，审议《湘潭县防范和化解地方政府隐性债务工作实施方案》《湘潭县化债账户管理办法》，听取统一全县食堂就餐结算方式的情况汇报，听取天易经开区国有企业整合工作的情况汇报，听取2018年粮食收购工作的情况汇报，听取调整义务兵家庭优待金的情况汇报，听取禁毒工作的情况汇报。

【县政府2018年第十二次常务会议】 10月23日，由县长段伟长主持召开。会议组织学习省委《关于全面加强生态环境保护坚决打好污染防治攻坚战的实施意见》，审议《湘潭县城区禁止露天焚烧垃圾管理及责任追究办法》，听取2018年第五届中国（湘潭）齐白石国际文化艺术节“白石探源之旅”相关工作的情况汇报，听取财政国库库款管理专项督办工作的情况汇报，审议《湘潭县财政投资评审管理实施办法》，听取城区道路命名工作的情况汇报，审议《关于湘潭县2017年生猪调出大县奖励资金和畜禽规模养殖污染防治设施配套建设工作奖补资金使用方案》《湘潭县自主选择农机购置补贴品目试点实施方案》，听取非洲猪瘟防控工作的情况汇报，听取中央环保督察“回头看”工作的情况汇报。

【县政府2018年第十三次常务会议】 12月4日，由县长段伟长主持召开。会议认真贯彻习近平总书记在民营企业座谈会上的讲话精神，学习传达《关于进一步加强环保督查整改防止生态环境领域“一刀切”的通知》和防范化解政府债务有关文件，审议《湘潭县促进县域经济高质量发展奖励办法》《湘潭县资本市场县域工程试点工作实施方案》，听取涓水绿色经济带建设项目的情况汇报，审议《湘潭县稻谷补贴工作实施方案》，听取违规举债整改和问责的情况汇报，审议《湘潭县城市规划区烧结制砖企业关停退出工作方案》，听取脱贫攻坚当前工作的情况汇报，审议《湘潭县发挥品牌引领作用推动供需结构升级行动计划》，听取湘潭垃圾焚烧发电项目群众工作队员补助标准的情况汇报，听取规范县城“一江两水”砂场设置工作的情况汇报，听取乡镇政务服务目录和行政审批中介服务事项目录的情况汇报。

【县政府2018年第十四次常务会议】 12月13日，由县长段伟长主持召开。会议审议《政府工作报告》《湘潭县2018年国民经济和社会发展计划执行情况和2019年国民经济和社会发展计划报告》《湘潭县2018年财政预算执行情况和2019年财政预算报告》《2019年重点工程项目建设计划及责任分工》，听取接收部分原县矽砂矿改制土地产权的情况汇报，审议《湘潭县农村人居环境整治三年行动实施方案（2018—2020年）》，听取创建国家卫生县城工作的情况汇报，听取引入高等教育资源助推县管国有企业市场化转型的情况汇报。

重要调研

【湘潭县创建国家卫生县城迎接省级调研】 7月8—9日，创建国家卫生县城省级调研专家就湘潭县创建国家卫生县城工作到湘潭县进行调研。县领导周贤、李豪雄、杨欣荣、刘新玉参加调研活动。调研组一行前往赵家洲社区、自来水厂、污水处理厂等地，对湘潭县创建国家卫生县城工作进行检查，并就湘潭县爱卫组织管理、传染病防治，环境卫生、食品安全、市容环卫等方面工作情况进行意见反馈。

【全国工商联调研组到湘潭县调研】 4月11日，全国工商联调研组到湘潭县，围绕“民营企业参与‘一带一路’建设”开展调研。省工商联副主席李曦参加调研。县领导刘绵晖参加座谈。调研座谈会上，县工商联负责人就湘潭县相关情况进行介绍，调研组建议湘潭县抢抓机遇，及早行动，积极主动地融入“一带一路”重大发展战略。

【陈飞一行到湘潭县调研工业经济等工作】 2月21日，湖南省副省长陈飞一行到湘潭县调研工业经济、农业产业现代化和交通建设等工作。陈飞一行先后到射埠互通至乌石公路（德怀大道）项目、湘潭县梅林现代农业示范园、湖南五洲通药业有限责任公司等地进行考察调研，并就湘潭县现代农业发展等工作的开展提出希望。（刘莉骏　黄思博）

实事项目建设

【实事项目建设】 2018年，湘潭县人民政府承担省、市重点民生实事项目28项，涉及交通、水利、电力等基础设施建设和提质改造，以及群众住房、就业、卫健等基本需求保障。全年28项考核指标全面完成任务（其中9项考核指标超额完成任务），共投入资金36273.34万元，让广大群众充分享受到实事带来的红利（见表1）。

（李圣权）

2018年湘潭县落实省、市重点民生实事情况一览表

表 1

序号	主要责任单位	实事类型	考核项目	考核指标	完成情况	完成进度
1	县人社局 相关乡镇人民政府	省（市）重点民生实事	新增城镇就业	6300人	已完成8556人	135.%
2		市重点民生实事	新增农村劳动力转移就业	5000人	已完成5363人	107%
3	县交通运输局 相关乡镇人民政府	省重点民生实事	自然村通水泥（沥青）路	107.808千米	已完成109.36千米	100%
4			提质改造农村公路	53.8千米	已完成153.617千米	285%
5		市重点民生实事	建好、管好、护好、运营好农村公路，新增农村公路会车平台	960处	960处	100%
6			新建农村公路安保设施	118千米	已完成123.461千米	104%
7	县供电公司 相关乡镇人民政府	省重点民生实事	改造和完善行政村10千伏及以下配电网	705.778万元	已完成投资705.778万元	100%
8	县住建局 相关乡镇人民政府	省重点民生实事	农村危房改造	1487户	已完成1693户	113%
9			完成城镇黑臭水体整治	2个	已完成2个	100%
10		省（市）重点民生实事	城镇棚户区改造	1950户	已完成2650户	135%
11		市重点民生实事	重点完成“一江两水”沿线重点村庄厕所革命	15037座	已完成15037座	100%
12	县卫计局 相关乡镇人民政府	省重点民生实事	农村适龄妇女“两癌”免费检查	15500人	已完成23470人	151%
13			孕产妇免费产前筛查	6000人	已完成6083人	100%
14		市重点民生实事	救治救助贫困重性精神障碍患者	180名	已完成180名	100%
15			完成农村适龄妇女、城市区低保妇女“两癌”免费检查	22000人	已完成23470人	106%
16			实施新生儿免费疾病筛查	6160名	已完成6160名	100%
17			扶助60周岁以上失独老人	全覆盖	已完成19440小时	100%
18	县环保局 相关乡镇人民政府	省重点民生实事	开展县级饮用水水源地环境整治	1个	已完成	100%
19	县民政局 相关乡镇人民政府	省（市）重点民生实事	困难残疾人生活补贴发放标准提高	不低于70元/人/月	已完成	100%
20			重度残疾人护理补贴发放标准提高	不低于70元/人/月	已完成	100%
21			提高城乡低保标准和救助水平	城市低保标准不低于500元/月，救助水平不低于320元/月；农村低保标准不低于460元/月，救助水平不低于170元/月	已完成	100%
22		市重点民生实事	资助解决农村特困户建房	85户	已完成85户	100%
23			实现特困供养人员提标	不低于600元/月	已完成	100%

续表 1

序号	主要责任单位	实事类型	考核项目	考核指标	完成情况	完成进度
24	县水务局 相关乡镇人民政府	省重点民生实事	农村饮水安全巩固提升	3940 人	已完成 3940 人	100%
25	县教育局 相关乡镇人民政府	省重点民生实事	基本消除义务教育超大班额（消除超大班额班级数）	140 个	已完成 140 个	100%
26		市重点民生实事	新建农村公办幼儿园	4 所	天易水竹幼儿园、白石镇幼儿园 2 个建设项目潭县债发〔2018〕1 号（储备项目），延迟至 2019 年验收。云湖桥幼儿园、杨嘉桥幼儿园已完成主体建设。	100%
27	县文旅体局 相关乡镇人民政府	市重点民生实事	完善基层综合性文化健身服务中心设施	2 处	已完成 2 处	100%
28	县食品药品工商质监局相关乡镇人民政府	市重点民生实事	全面清理整治规范豆制品、米粉、炒货加工	监督抽查 100 批次，合格率 96%以上	已完成抽查 100 批次，结果均合格，合格率 100%	100%

县人民政府办公室工作

【经济研究】 2018 年，县政府办公室围绕县政府中心工作，深入园区、乡镇、机关和项目建设一线全面开展经济社会发展调研，为县域经济发展、三大攻坚战、改革创新、乡村振兴等工作发挥积极的参谋作用。政府办围绕全县经济社会发展情况深入开展专项调研，先后起草《关于深化财税体制改革 提升经济发展质量》《优化教育生态 助推经济发展》等高质量的调研报告。认真撰写领导讲话材料和有关综合材料，全年撰写各类文章、领导讲话、工作汇报等综合性材料 160 余篇。及时从全县经济建设、社会发展、群众生活、社情民意的各个领域捕捉信息，搜集汇总，宣传推荐经验做法，全年共向省市上报信息 600 余条。深入推进工作创新竞赛，牵头开展工作创新竞赛，对照《湘潭县工作创新竞赛实施方案》要求，对各单位、部门亮点、特色工作开展情况及时总结提炼，向上推介县内好的经验、做法，形成 30 余项创新成果，形成一批“莲乡经验”，获得一批上级荣誉。

【办文办会】 2018 年，全年共牵头组织全县性会议 12 次，政府常务会议 14 次，各类专题会议 140 余次。做好上传下达，认真记录、传达来电信息，及时、准确发放会议通知，确保政令畅达。认真做好公文办理，全年以县政府、县政府办的名义发出正式文件 515 份，收上级机关来文 2400 余份，收县直各单位和乡镇来文 2500 余份。同时将办理完毕的文件材料及时收集归类，立卷归档，全年共整理归卷档案 75 盒。

【政务督查】 2018 年，全年共组织参与各类督查 100 次，编发《政务督查》19 期，开展调研 2 次,办理市、县领导批办件 30 件。

【建议提案】 2018 年，全县共承办市人大代表建议 16 件，市政协委员提案 4 件，承办县人大代表建议 316 件，县政协委员提案 122 件，审议意见交办函 10 件；建议案 4 件，参政议政发言 6 件，意见与建议 4 件。各建议提案均按法定时限办结，办复率、见面率均达 100%，办理工作满意率进一步提高。

【优化经济发展环境工作】 2018 年，湘潭县优化经济发展环境全市综合排名第一。优化服务流程。推行审批服务“马上办、网上办、就近办、一次办”，全力推行“八个一”行动，简化审批程序，提供审批效率；推进“一窗受理、集成服务”并联审批工作，整合涉企证照事项 37 项。优化企业服务。开展全县优化经济发展环境大调研 2 次，走访企业 34 家，解决涉企问题 100 余个；优化政务环境。推进“政策不落实和招商违约”专项整治，严肃查处违规招投标行为，为县域经济发展营造良好的政务环境。

【行政后勤】 2018年，抓好实物采购、财务管理、公务消费管理、汽车管理等各项工作。加强车辆管理，坚决杜绝重特大事故。严格按车辆管理制度办事，坚决做到定点加油、定点维修，每月及时清算各车的行车千米数和油耗情况，节假日有专人登记车辆去向，做到问题发现早，解决及时。坚决堵塞维修、加油的漏洞。汽车维修、汽车加油、三公经费比上年下降23%。同时每月召开司机班例会，加强对驾驶员的安全教育，提高安全意识和服务水平。加强实物和财务管理，做到合理理财。实物的采购和领出手续健全，公开透明，并对全办固定资产进行全面清查。财务人员严格按财务制度办事，对各项支出均认真审核、合理调度，正确指导各组室合理、合规、合法使用有限的财政资金，保证全办干部职工工资、福利的按时发放和日常经费开支的正常运转。

【协调服务】 2018年，共排查矛盾纠纷隐患25起，接受协调处理有关单位之间矛盾纠纷94起，接待上访群众214人次，矛盾纠纷调处率为100%。扎实推进驻县央企省企办社会职能移交工作。与中央储备粮白云分库、中国电信集团公司湘潭分公司、国网湖南湘潭县供电公司、中国邮政湘潭县分公司、中国移动湘潭县分公司、烟草公司湘潭县公司等8个单位分别签订移交工作协议，各项移交工作顺利完成。湘潭矿业公司“三供一业”工作稳步推进，印发《关于推进湘潭矿业公司社会职能移交的实施方案的通知》，赴省政府、省国资委汇报沟通原湘潭矿业公司职工住户供水设施改造项目情况，筹集供水改造项目资金，争取解决矿区农排机台资金，确保矿区农排机台正常运转。参与制定《湘潭县电力发展“十三五”规划》，协调和解决全县电网规划建设中出现的矛盾和问题。

【外事侨务工作】 2018年，完善湖南网上政务服务和电子监察系统的公共服务事项和行政许可事项。全年配合审批因公出国（境）3批4人次。年内，走访慰问困难侨眷侨属、重点侨眷侨属和留学生家庭30余户，共计发放慰问金及物资2.75万余元。接待华人华侨和香港同胞7批次，其中接待日本湖南同乡会会长袁正平先生一行到天易经开区开展商务考察。维护侨益，协调处理1户芬兰侨眷的山地纠纷，落实一名阿联酋“三侨考生”加分政策。选送1名教师赴印度尼西亚侨校支教1年，组织归国的外派教师代表参与全市华文教育汇报演出。接待香港教育大学40名准老师在分水较场中心学校开展1周的义教活动。加强与友好城市美国得克萨斯州梅斯基特市的联络，明确两县市正式缔结友城的时间和协议内容。

【应急管理工作】 2018年，严格落实24小时应急值守管理制度，同时加强应急信息报告工作制度，所有值班人员都能在岗在位，并做好记录登记，建立好信息台账。全年，收到各类突发事件信息750余条并一一按程序进行处理。积极参与协调处置河口镇垃圾焚烧发电项目建设引发的群体性事件、非洲猪瘟防控、“10·17”岳临高速重大交通事故、涉军上访群体冲击政府和民政部门等突发事件30余起。对超过时效以及其他需要修订的预案进行修订，全年共组织修订《湘潭县防汛应急预案》等专项应急预案8个，指导各部门修订部门应急预案30多个。注重对预案的演练，开展环保、公共卫生、地质灾害、地震、火灾等领域的应急演练30余场。抓好应急宣传，出动宣传车辆12台，展出展板110余块，悬挂横幅、条幅240余条，发放各类宣传资料10万余份，开展各类培训、讲座20余场。

【民族宗教工作】 2018年，全县依法登记的宗教活动场所51处，少数民族人口约1800人，28个族种。组织举办宗教政策法规培训，深入学习中共十九大精神、习近平新时代中国特色社会主义思想和全国、省、市宗教工作会议精神以及新修订的《宗教事务条例》；组织开展宗教界人士谈心暨“送法进宗教活动场所”活动，向宗教活动场所赠送《中华人民共和国宪法》《“七五”普法读本》和《宗教事务条例》等法律书籍；开展基督教私设聚会点、佛教场所商业化、非法殡葬设施等宗教领域专项整治行动；选派新任住持及4名出家僧众进驻龙兴寺；拆除龙兴寺内非法殡葬设施，筹措300余万元退还270多位购塔老人款项，寺庙管理日渐规范。全力配合经开区做好佳海食品项目选址内观音寺的征拆工作；妥善处理中央巡视组和省委巡视组交办的3起信访件；化解稳控天主教教产返还和石潭基督教聚会点原教产处置问题；妥善处理55名甘南藏族务工人员与小龙王槟榔公司因劳务报酬发生的纠纷问题，维护藏族务工人员合法权益，确保民族团结、社会稳定。认真做好湖南省普通高校招生享受民族优惠政策考生、湘潭市高中招生享受民族优惠政策考生资格审核认定工作，办理少数民族成份变更2人，少数民族考生资格审核17人。

（刘莉骏　黄思博）

机关事务管理工作

【概况】 2018年县机关事务服务中心贯彻落实县委工作部署和县政府中心工作，积极履行管理、保障、服务职能，圆满完成县委县政府中心工作。

精心打造、细心维护，成功创建省级园林式单位。定期对物业所辖区域内草坪、灌木、乔木、绿篱进行养护、修剪整形，及时对坏死、缺损的进行补种补植，定期开展病媒生物防治工作，在院内园林绿化区域以及政府后山安装绿化取水系统。2018年共计绿化修剪整形12次、全面施肥2次、白蚁和“四害”防治28次。院内现有停车位达到212个，绿地面积2万平方米，绿化覆盖面积2.5万平方米，绿地率50%，绿化覆盖率65%。2018年，县人民政府机关荣获“湖南省园林式单位”称号。

创新思路、精细管理，积极推进物业服务再上新台阶。推行物业服务网格化管理模式，把政府机关大院、县纪委监委二办公区、机关工委院、群团综合楼物业管理区域内的安全保卫、绿化保洁、信访维稳、会务保障、车辆引导、维修维护等物业服务工作融入网格，责任落实到具体人员。制定《湘潭县机关事业单位物业服务内容及标准》，为各单位规范物业服务与管理提供参考依据。积极做好水电保障工作，坚持保电值守制度，定期对管理区域内的水电、消防等公共设备设施进行隐患摸排和维修维护，先后对政法楼强电、人大楼强弱电进行改造，全面解决两栋楼跳闸、短路等用电问题。8月，对信访局1楼大厅突然破裂的自来水管道进行抢修。对政府院内无法维修的废旧、老化门窗进行全面更换，清理各办公楼零乱的外挂线。对不文明停车行为向业主单位发工作函、违规车辆张贴温馨提示，引导车辆规范停放。所管理会议室共举办各种会议、培训、讲座共1100多场次，会务服务无任何差错。实行24小时值班和定时巡逻制度，新增高清监控点39个，实现物业管理所辖区域高清监控全覆盖。协助做好院内信访秩序维护工作，劝导、引导上访人员合理合法上访。加强对物业公司的监管，全年开展4次考核，6次环境卫生安全大检查。

整合资源、规范管理，认真做好全县党政机关办公用房协调工作。认真贯彻落实《党政机关办公用房管理办法》，先后两次会同县纪委监委、县委督查室、县政府督查室等单位开展党政机关办公用房督查，对全县67家县直单位、17个乡镇执行基本办公用房和附属用房规定情况进行全面摸底督查。对发现存在问题的35家单位现场下发交办函，责令限期整改。结合全县机构改革，先后为县纪委监委、县“三创一治”办、县商务粮食局、易俗河镇派出所等12家单位调剂好办公用房，并按有关规定配备好相应的办公家具、电器等。积极做好县直机关单位及乡镇国有资产清查，进一步加强国有资产日常管理，完成原县公路局、县房产局等单位待处置固定资产的调查、摸底、原始证件的收取等工作，有效整合国有资产资源，提高国有资产使用效率。

严格程序、稳中求进，全力推进项目建设。按要求组织实施县办税服务大厅升级改造项目，于2018年11月底启动施工，积极解决县税务部门体制改革后无办事服务大厅问题。按要求组织实施县人武部标准化建设项目，12月底进行项目施工前期工作。2018年先后完成县委4楼卫生间、县人大楼卫生间、县文联办公楼屋顶防水和县商务粮食局6楼卫生间、屋顶防水以及食堂屋顶防水维修改造，为各使用单位提供良好的办公用房服务。

安全驾驶、优质服务，全力保障公务用车出行。深化安全教育，实现“零事故”。制定司勤人员年度安全教育培训计划，定期通过短信、微信等方式，加强安全驾驶的提醒，邀请4S店专业技术人员讲授车辆维修维护日常知识、驾驶注意事项等内容，邀请县交警大队讲授道路交通安全文明驾驶知识，组织学习高温天气和冬季恶劣天气安全驾驶知识，从源头上做好安全防范工作，切实保证乘车人员的人身安全，着力提高司勤人员的交通安全意识和处置突发事件能力。强化管理到位，实现“零误差”。抓好人员管理，落实车队例会制，每月召开1次例会，进行工作讲评；抓好车辆管理，严格落实“四个严禁”“三个严格执行”，开展县本级公车平台公务车辆使用管理检查和车辆归队入库、卫生情况、车钥匙上交等情况督查，对车辆的使用管理、制度规范及执行进行指导，按“一车一档”建立车辆的信息、保险、年检、维修保养等档案，定期对所有车辆油耗分析。提供保障服务，实现“零差评”。根据全年派车指标，秉承轻重缓急、时间先后的原则，做好县直机关各单位的用车服务，全年共派出车辆3019趟次，行程达36万千米。4月，开展一次提升公务用车服务质量大走访，实地走访17家公务用车使用单位。

高度重视“三创一治”工作。快速主动为县“三创一治”办提供办公用房和办公家具，营造良好工作环境。制定创文创卫方案，加强“三创一治”工作组织领导，明确各股队创建工作责任和任务。通过电子显示屏、宣传牌等形式在单位和机关大院全面营造浓厚工作氛围，动员全体干部职工广泛宣传、大力支持、积极参与创建工作。在物业管理区域设置文明公约牌5块、花草牌32块、创卫宣传牌4块、节约用水等警示标牌133块，并合理设置吸烟区。落实“街长制”，坚持开展责任路段巡查工作。全力推进河口垃圾焚烧发电项目群众工作。从4月份开始就派出1名班子成员长驻群众工作组担任大组组长，先后有7名同志长期参与，工作组积极上户走访，大力宣传垃圾焚烧发电项目知识和县委县政府决策部署，与群众加强沟通联系，针对重点人员、重点对象积极想办法、出主意，耐心细致地做群众工作，争取为他们解决一些实际困难。在节假日也是坚守岗位，积极上户做工作。

【园区商务中心建设项目】 该项目纳入2018年全县重点工程。项目占地0.59公顷，建筑总面积9161平方米。项目建成后，可同时容纳1700人就餐，解决县行政中心片区内各单位干部职工用餐问题，可提供公务接待用餐，有利于进一步规范公务接待行为，节约开支；提供2000平方米写字楼满足对园区企业金融和股改服务；新增停车位155个，缓解停车压力。同时，以建设园区商务中心为契机积极推进全县机关食堂结算方式统一，实行自助刷卡结算方式，在全县实现“一卡通”，进一步降低行政运行成本、改善就餐待遇、简便县内公务出行就餐流程、促进“智慧莲乡”建设，推动机关后勤规范化、标准化建设。

【县政府后山绿化提质改造工程】 该项目于2018年4月竣工投入使用。通过清山除杂、疏树移树、整修山亭、新增凉亭、点缀山石、新植草皮、重植花草树木、新修游步道、新建浮雕墙、新绘山水文化墙、新塑景观挡土墙、新装路灯监控等，打造一个理想的休闲、健身、避暑场所，为县城文明创建提升质量，为周边居民生活提升品位，为县行政中心片区提升形象。

【县行政中心片区拆围透绿工程】 该项目于2018年12月竣工。项目所涉范围东至金桂路、西至银杏路、北至凤凰路、南至大鹏路，规划总面积24.9万平方米，围绕“亲民共享、拆围透绿”这一主旨，还绿于民、共享于民，对县行政中心片区内所涉机关单位的部分围墙进行拆除、改造、绿化、置景、建停车位等，完善相关便民设施，提升行政中心环境品位，缓解片区内停车压力，将机关大院公共绿地与民共享，实现机关大院公共资源有效利用。

【彭德怀120周年诞辰纪念活动交通保障工作】 机关事务服务中心与交警、交通、信访维稳等部门精准对接，先后多次踩点调研，精心合理确定行车线路，制定应急预案，做到每一次车辆出行安全、每一个时间节点精准，确保活动现场秩序井然，各项议程按时举行，做到无缝对接。纪念活动中，共安排各类型车辆37台，出车200余趟次，接送嘉宾700多人次。（刘博文）

信访工作

【概况】 2018年，湘潭县信访局创新信访工作思路，强化信访工作措施，进一步规范信访秩序，切实化解信访矛盾纠纷，2018年，县信访局共接待群众来访1515批3971人次，同比批次增加3.55%、人次减少26.89 %，其中集体访89批1143人次，同比批次减少53.16%、人次减少57.32%；认真阅处群众来信、来电65件，同比减少3%。2018年，湘潭县被市委、市政府评为全市信访工作先进单位；县信访局被省信访局评为2018年度全省信访工作基层业务“百佳业务规范单位”。

【县级领导挂牌接访制度】 2018年，县级领导坐班接待来访群众546批1886人次，涉及具体问题316件，截至2018年年底化解245件，缓解47件；县级领导约访10批次，其中集体访9批次，有效地化（缓）解一批重大信访事项。进一步完善联合接访模式，依法分流办理各类诉求，加大对来访事项当场调处化解的力度。继续强化领导干部挂牌接访制度，新推行县级领导约访制度，实现各级领导干部接访下访包案常态化。

【开展群众工作日活动】 2018年，结合“四责四诺”“五联五问”工作的推进，继续深入乡镇、村（社区），开展每月24、25日群众工作日活动。以群众工作统领信访工作，在全县以县委群众工作部为“龙头”，以乡镇和县直部门为“关节点”、以村为工作基础，以村民小组为工作前哨，构成“上下联动、责任明确、运行高效”的群众（信访）工作组织体系和工作网络。2018年全县干部职工共走访63万户次，排查矛盾纠纷4172件次，化解4001件次。

【互联网+信访“四通工作法”】 2018年，继续大力推行互联网+信访“四通工作法”，及时处理初信访。严格规范信访“12345”工作流程，促使责任单位及时办理群众反映的诉求，同时积极引导群众依法逐级上访，规范信访秩序。

2018年，湘潭县通过省网上信访信息系统共办结信访事项2738件。其中：群众来访570件1565人次；群众来信、来电395件；网上投诉1773件，回复办结率100%。截至12月31日，信访事项及时受理率99.9%，按期办结率99.9%，群众满意率99.5%，参评率93.6%，网信占比64.1%。湘潭县网上信访工作多次被省联席办在全省推介，9月21日，在全省办信暨网上信访工作推进会上，湘潭县作先进典型发言。10月24日和12月11日，山东省济南市信访局和四川省绵阳市委群工局一行到湘潭县考察交流信访工作，对网上信访工作平台和“四通工作法”给予高度肯定。

【中央、省委巡视组交办件办理】 2018年，中央第八巡视组、省委第二巡视组分别交办湘潭县群众身边问题共8批66件、7批85件。对于巡视组交办件的办理，湘潭县始终坚持高位部署，高位包案，高位督办，县委常委会议3次专题听取情况汇报，151件巡视组交办件均由县级实职领导进行包案办理，县委书记傅国平、县委副书记周艳希等8次主持召开专题集中督办会和调度推进会，通过一系列高规格、紧锣密鼓的督查督办，确保交办件全部如期、高质量的办结。

【信访积案攻坚化解专项行动】 2018年，根据上级要求，县委常委专题研究3次，在全县开展环保、扶贫、金融领域等信访问题“三大攻坚战”专项行动，共办理突出问题53件，其中环保领域27件，扶贫领域20件，金融领域6件。已于9月25日前全部办结，其中：办结满意22件，部分满意13件。

2018年，国家、省、市信访部门开展“四大攻坚战”活动，湘潭县根据实际，新增“遗留问题攻坚战”，开展“五大攻坚战”活动，共交办“重点群体”18类、“重点遗留问题”20件，“重点问题”9件、“重点领域”1件，截至2018年年底已全部化（缓）解到位。市级交办第一批18件，已于9月25日前全部办结，其中：办结满意6件、部分满意2件；第二批交办21件，已于10月底前全部办结，其中：办结满意5件。

【依法治访】 2018年，县联席会议下发《湘潭县信访法治化建设责任清单》，明确各牵头单位和责任单位的工作目标和内容，分别制定9个工作方案，要求各单位通力合作，全面深入开展信访法治化建设。加大宣传力度，切实做好“信访法治宣传月”和“网上信访五周年”的活动，引导广大群众依法依规办事。5月25日和10月26日，信访局2次牵头组织17家单位开展户外集中宣传活动，邀请县电视台进行专题报道，全县17个乡镇和72个县直单位也同步开展集中宣传活动。进一步加大对非正常上访人员的教育、训诫、处置力度。2018年，共依法训诫77人次，治安拘留4人次，立刑事案件1起、刑拘3人，树立违法上访依法处置的正确导向，整肃净化信访工作环境。（张宇恒）

政务服务工作

【概况】 2018年，县政务服务中心推出“三项重点”工作，上下同心，奋力拼搏，各项工作稳步推进，成绩显著。在通过国家级政务服务标准化试点验收后，成功入围全省7个基层政务公开标准化规范化试点县，县人民政府门户网站荣获2018年度中国政务网站优秀奖。市长热线工作连续四年获市级先进单位称号，被评为县级全面深化改革工作创新先进单位，中心不动产登记窗口被提名为全国百佳不动产中心。

【政务服务工作】 全面推行“马上就办、最多跑一次”改革。全面梳理目录清单，出台《湘潭县全面推行“马上就办、最多跑一次”改革工作方案》，梳理公布第一批“最多跑一次”目录清单493项，其中“一次办”199项、“就近办”49项、“网上办”115项、“马上办”130项。持续开展“减证便民”行动，全面清理烦扰企业和群众的“奇葩”证明、循环证明、重复证明等各类无谓证明，大力减少盖章、审核、备案、确认、告知等各种繁琐环节和手续，取消没有法律依据的证明材料182项。着力推行帮代办制度，在政务大厅设立4个帮代办服务窗口，为有需求的办事群众和企业提供业务咨询等，致力于为群众和企业提供“一站式”、“保姆式”贴心服务。力促改革触角延伸，按照“硬件建设标准化、管理运行规范化、服务群众人性化”的要求，指导全县乡镇、村（社区）的服务中心和便民服务点建设，“最多跑一次”改革在县乡村三级全面铺开。继续推动“三集中、三到位”改革。重点推进建设投资项目“三集中、三到位”改革，由常务副县长组织牵头单位主要负责人赴宁乡市民之家学习改革举措，进一步推动建设投资领域审批服务事项进驻政务大厅统一办理，并联审批发改、国土、规划、建设四个牵头单位审批后台进驻中心，建立健全部门联办机制，完善“前台综合受理、后台分类审批、综合窗口出件”的并联审批工作模式，实现“一窗受理、集成服务”，审批提速2/3以上。不断创新便民利企审批服务方式。在中心各窗口开展“马上办、最多跑一次”工作竞赛、办件质量大检查、季度工作讲评，评选出一批红旗窗口、党员先锋岗和服务示范岗，创新一批便民利企的审批服务方式。

【政务公开工作】 基层政务公开标准化试点成效显著。梳理试点领域，聚焦不动产登记等重点领域、重点事项，按照减环节、减材料、减时限、减费用的要求，逐项编制标准化工作规程和办事指南，推行一次告知、一表申请，对试点领域的行政权力和公共服务事项共计确立梳理要素46个、事项424项。围绕公开事项逐项确定公开标准，覆盖“五公开”▲的全流程和发布、解读、回应等全环节。健全标准体系，根据实际情况，建立包括通用基础标准、政务事项公开内容、基层政务公开流程标准等分体系以及湘潭县政务公开体系标准，标准覆盖率达95%以上。创新公开模式，在县政府门户网站开辟试点工作专栏，集中展示九大试点领域的权力运行动态过程，并设置回应关切、政策解读等栏目。发布九大试点领域424个服务指南。利用开发建设的“莲乡微政务”公众号和政务APP，发布与民众息息相关的各类政务信息；政府网站建设成绩斐然。中国信息化研究与促进网发布《2018年中国优秀政务平台推荐及综合影响力评估结果通报》，县政务服务中心承办的湘潭县人民政府门户网站荣获2018年度中国政务网站优秀奖。保障栏目与内容，严格按照国省市相关要求设置网站栏目框架，全站内容更新及时、发布准确、信息实用，全年共更新信息6517篇，其中县政府门户网更新3827篇，向市政府门户网站报送信息1000余条。落实日常监测机制，建立健全监测台账，按季度向上级部门报送监测情况，并在县政务中心单位网页的“统计信息”栏目进行公示。整合政府网站，规范域名管理，敦促“湘潭县残疾人联合会网站”等5家单位网站停止使用湘潭县人民政府门户网站的二级域名。高度重视政府网站安全工作，全年共计进行5次政府网站应急演练，确保网站安全无漏洞。全面保障公民个人信息安全，进行为期4天的全站检索及整改，并加强对网站管理员的业务培训、严格发布审核；“互联网+政务服务”深入推进。6月1日，县委副书记、县长段伟长组织各相关单位到中心开展智慧政务调研工作。力促“互联网+政务服务”一体化平台实现互联互通。10月24日，县政府门户网站“办事服务”栏目进行切换，实现与市一体化平台互联互通，并按要求举办“互联网+政务服务”一体化平台操作培训。12月底顺利实现在新系统中办理业务。及时梳理修正事项实施清单。按照省市相关要求将事项录入省“互联网+政务服务”一体化平台，并及时修正事项实施清单，事项填报率和发布率均达到100%，政务服务事项网上可办率达90%。配合县纪委完成好“互联网+监督”平台日常运维工作；依申请公开稳步推进。2018年，全县各级行政机关及单位收到公开政府信息申请127条，其中县人民政府收到14条，相关职能部门受理政府信息依申请公开合计113条。

【政务监督工作】 率先建设12345公共服务和投诉举报县级平台，24小时接受群众咨询投诉举报，成为全省首个与省、市完成平台数据对接的县（市区），县长段伟长和常务副县长周贤多次到热线平台进行现场指导和现场电话接听；完善平台系统的短信、统计、分析等功能，网站、微信等宣传渠道，实现多平台同步展示，将县长信箱整体数据迁移整合到县级“12345”热线平台，加强平台功能的整合和建设。印制10000余份《湘潭县12345市民服务热线宣传画册》，发放张贴至县、乡、村三级便民服务点、县直机关各单位等，重点向群众宣传热线拨打注意事项及办理流程等事项。制定《湘潭县“12345”公共服务和投诉举报平台各类诉求办理细则》，明确各类诉求的受理范围、办理流程、时限要求。通过加大工单督办力度，对每个工单的回复内容都进行把关，组织召开督办会对办理诉求突出、办理不力等情况进行督办整改，联合县政府督查室下发《政务督查》通报。 （刘蓉蓉）

▲“五公开”：决策公开、执行公开、管理公开、服务公开、结果公开。

人事工作

【概况】 2018年，湘潭县严格执行

"凡进必考"制度。年内，招录公务员104人；招聘事业单位工作人员400人(其中，教师316人，卫计系统专业技术人员84人)。组织彭德怀纪念馆、人大常委会、财政局等单位开展公开选调考试和多个单位开展退役士兵竞岗考试，湘潭县人才队伍结构进一步优化。

不断加大高层次人才的引进力度，根据《湘潭县人才引进实施办法》，结合市莲城人才行动计划，全年引进高层次人才48人。

全力推进"人才素质提升"工程，强化培训教育，全年开展培训8期4048人(其中，退役士兵岗前培训1期28人、新录用公务员初任培训1期84人、事业单位新进人员初任培训2期89人，专业技术人员公需科目继续教育培训4期3847人)。

深化工资收入分配制度改革，提升公务员津贴补贴水平，落实事业单位岗位绩效工资制度，规范机关事业单位津贴补贴发放。

开展编外用工清理规范工作，严格按照《湘潭县机关事业单位编外用工管理暂行办法》规范管理，全县减少编外用工152人。

做好事业单位岗位设置动态调整工作，全县17个乡镇均完成岗位设置工作，涉及1192人全部对岗聘用并兑现工资待遇。

出台《关于进一步引导和鼓励高校毕业生到基层工作的实施办法》和《湘潭县机关事业单位工作人员异地工作配偶交流调配办法》，提高基层工作人员福利待遇，解决干部职工实际困难。

2018年，湘潭县共有教育、卫生、林业、工程、土建、党校、政工、农业、会计、经济10个系列的专业技术人员申报201个高级职称评审职数，其中申报正高级职称评审职数9个，申报副高级职称评审职数192个。评定2017年各系类取得高级专业技术职称人员158人，确认各系列取得中级专业技术职称人员350人，确认各系列取得初级专业技术职称人员243人。

【工资福利】 2018年，对全县各机关事业单位2016年奖励性绩效工资进行全面结算，审批2017年奖励性绩效工资12165人次，审批义务教育学校2018年上半年奖励性绩效工资4082人次。调整公务员级别档次和事业单位人员薪级工资16185人次，办理各类人员待遇核定1756人。对2017年综治考核结果为先进或合格单位的在职正式工作人员和离退休人员，发放综治工作考核奖金，人均发放综治奖金5156元。进一步落实全县乡镇机关事业单位工作人员乡镇工作补贴，共涉及8408人，并对青山桥、石鼓、分水、茶恩寺、花石镇龙口片、石坝片的乡镇机关事业单位工作人员实施倾斜，乡镇工作补贴另提高400元/月。认真审核审批企业参保、退休人员信息确认工作，办理原国有集体企业特殊工种提前退休人员160人，病退48起。开展全县各机关事业单位奖金福利等发放清查工作，共计查处7类违规问题641起，清退1763万元。 (李圣权)

民政工作

【概况】 2018年，县民政局坚持发挥民政在公平建设中的骨干作用和在民生保障中的兜底作用，规范建设救助体系不断健全、救助水平不断提高、救助程序公开透明的"阳光民政"；积极推进基层组织政权建设、社会组织管理等各项工作改革，努力打造社会治理不断创新的"法治民政"；积极维护全县社会稳定，全力建设尽职尽责、勇于担当的"服务民政"；加强资金、人员的安全监管，塑造纪律作风优良、行业生产安全的"廉洁民政"。全年接受公众电话咨询3700余次。办理人大代表建议、政协委员提案18件。

【基层组织政权建设】 2018年，动工建设147个村级服务规范化阵地，截至2018年年底10个已完工；在过去成功创建62个农村社区的基础上，2018年湘潭县民政局结合村级组织活动场所建设和农村综合服务平台建设项目，选取67个村作为2018年试点后备单位，工作推进顺利；2018年选取射埠镇杨基村和中路铺镇柳桥村作为村民小组自治试点单位，并安排专人加强对试点工作的指导，切实抓好村民小组自治试点工作；2018年，湘潭县民政局对全县321个村的村务监督委员会1647名成员基本情况进行一次摸底，掌握全县村务监督委员会的组成情况和成员的个人信息，全县村务监督委员会的履职已基本步入正轨。

【双拥工作】 2018年春节、建军节期间，县四大家及县委、政法委领导分别对全县驻军、武警官兵、军队退休干部、一至四级残疾军人、市精神病院及县光荣院住院优抚对象、军队退役人员重点对象进行走访慰问，直接发放慰问金(物资)47万元，下拨乡镇走访慰问、军功奖励、困难优待等经费1300万元，并组织召开全县的县直机关拥军优属座谈会。

【民间组织管理】 2018年新成立社会组织30家，其中社团12家，民办非企业18家。变更登记7家，注销登记1家；依法对204家民办非企业单位、127家社会团体和1家基金会进行年度检查，先后下发年检通知和通报：年检合格的民办非企业单位192家，社团109家，基金会1家；不合格的民办非企业单位11家，依法注销的民非3家；不合格的社团17家，申请注销的1家，依法撤销登记的社团2家；对全县390家社会组织进行名称规范的清理。同时，开展打击非法社会组织专项活动。

【行政区域界线管理】 按照省民政厅2018年界线联检的任务安排，湘潭县2018年"潭衡线"(2段)、"潭娄线"等2条边界联检任务。湘潭县认真准备、精心筹划、积极配合完成"湘潭—衡东""湘潭—衡山""湘潭—双峰"3段边界线的联检工作。"湘潭衡阳线"全长101千米，共涉及10个乡镇(街道)，45个村(居)，实地埋设界桩15个；"湘潭娄底线"全长26.9千米，共涉及4个乡镇(街道)，13个村(居)，实地埋设界桩3个。

【地名管理】 2018年，湘潭县聘请6名文化功底深厚、原来从事县志、史志编纂工作的文化专家组成地名成果转化编辑部。编辑部已经完成国家地名词典、国家地名志、国家地名录的编纂工作。共计完成上报国家地名条目43条，11000余字。7月27日上报省级地名录460条、7月31日上报市级地名录615条，确保市级提出的7月底前完成省市级地名录条目的上报工作。湘潭县编辑部同时展开市级地名词典、地名志、县级地名词典、地名志的编辑整理工作，截至2018年年底完成县本级地名条目21252条，完成县本级地名词典编纂125万余字。

【优抚工作】 2018年，湘潭县对系统所有优抚对象进行全面的清理核查以及身份证信息和档案资料扫描。湘潭县民政局在原有数据12612人的基础上，再次进行清理核查，清理出问题数据以及自然减员人数1218人。整个优抚系统数据为11575人，其中已录入身份证信息和档案资料的11394人，信息录入率为98.44%，针对信息数据未完善181人。2018年，全县各类优抚对象来信来访1500余人次，群体上访23批次，其中：进京上访6批次，赴省上访2批次，到市上访7批次，来县上访11批次。在县委、县政府的正确领导下，全县各有关部门和乡镇认真落实维稳工作责任，扎实有效开展优抚双拥稳定工作，全县复员退役人员各类群体总体比较稳定。

【安置工作】 2018年，湘潭县共接收符合指令性安置的退役士兵45名（服役满12年以上的转业士官其中士官41人、全程退役士官1人，大学生士官2人，带安置卡的城镇退役士兵1人），对45人的退伍档案进行认真审核。县民政局与县人社局一起组织好文化考试，及时将考试成绩、量化评分、总成绩在湘潭县政府网站、湘潭县人力资源与社会保障局网站、湘潭县民政局网站进行公示，公示期为7天。及时将省属企业和央企在湘潭市招录计划告知每名待安置人员，收集其就业意向，年底前安置到岗。安置率为100%。

【开展烈士公祭活动】 2018年9月30日，是中华人民共和国第五个法定的烈士纪念日，为深切缅怀革命先烈，弘扬民族精神，中共湘潭县委、县人民政府在地处晓霞山森林公园的湘潭县烈士纪念广场举行烈士纪念日公祭活动。县领导傅国平、段伟长、唐剑恒、刘铁强、谭捍卫、尹明忠，烈属、退伍军人代表、县武装部部队官兵代表、共青团员代表、少先队员代表、公安干警代表、路政方阵、城管方阵等200余人参加活动。

上午8点48分，公祭活动正式开始。全体肃立，奏唱《中华人民共和国国歌》，县委副书记、县长段伟长宣读祭文，深切缅怀为民族独立、人民解放、国家富强而献身的莲乡革命先烈；少先队员深情献唱《我们是共产主义接班人》；县委、县人大、县政府、县政协、县人武部领导分别向烈士敬献花篮，并整理缎带。随后参加公祭的全体人员脱帽，向革命烈士行鞠躬礼，并瞻仰人民英雄纪念碑。

截至2018年年底，湘潭县有罗学赞、彭公达、林蔚、杨昭植、卢冬生、梁鸿钧、韩联生等997名革命烈士。

【省民政厅领导调研指导湘潭县民政工作】 7月3日，由湖南省纪委监委驻省民政厅纪检监察组副厅级纪检员曹壮波、怀化市民政局局长张勇、湘西自治州民政局局长彭图瑜带队的调研组抵达湘潭县，听取全县民政重点工作汇报，了解工作进展情况和推进过程中的困难和问题，并反馈检查意见建议。

曹壮波一行对湘潭县民政部门全面从严治党、重点民生实事、资金使用和项目建设、重点工作推进、五化民政建设、基层民政能力建设等工作进行全面督查。采取走村入户的方式，实地查看谭家山镇、射埠镇2个乡镇的村务公开栏和民政能力建设工作，抽查养老服务机构安全生产工作。走访孤儿及倒房重建户等民政服务对象。

曹壮波指出，湘潭县民政工作整体趋势良好，取得较好的工作成绩。同时也对湘潭县今后的民政工作提出几点要求：研究新情况。当前，经济社会发展进入新时代，民政事业要以习近平新时代中国特色社会主义思想为指导，按照新形势的要求，进一步研究新情况、解决新问题；探索新路子。努力在实现民政事业高质量发展中有新作为、新气象，特别是要立足新时代对民政工作提出的新要求、老百姓对民政工作的新期待，深入研究民政事业如何解决不平衡不充分的问题；实现新跨越。民政工作要紧紧围绕更好履行保障基本民生、创新社会治理、强化社会服务的基本职责,在机制上更顺畅、在帮扶上更精准、在服务上更优质，在全面深化改革中实现民政发展新跨越。

【省级领导到湘潭县开展全省殡葬领域突出问题专项整治联合检查】 2018年9月18日，由湖南省理工职院原党委书记秦裕武、湖南省民政厅社会事务处处长邓洪波等领导带队对湘潭县殡葬领域突出问题专项整治行动落实情况进行专项督查。湘潭市民政局局长禹尚良、副局长戚红亮、湘潭县人民政府副县级干部杜孟洋、县民政局局长邓高燕、副局长刘纲等相关同志陪同。

杜孟洋就前阶段湘潭县在殡葬领域突出问题专项整治行动上所做的工作及落实情况向督查组一行进行详细汇报。督查组一行对湘潭县在乱埋乱葬和豪华墓大墓整治、城乡殡葬秩序治理、殡葬领域突出问题专项整治工作的相关文件资料进行现场查阅，并给予专业的指导意见和建议。随后，督查组对湘潭县湘水缘长生陵园及湘潭县龙兴寺进行实地检查。督查组一行对湘潭县在殡葬领域突出问题专项整治行动前阶段的工作开展情况表示肯定，并提出三点建议：要加强组织领导，做好统筹协调，进一步推进殡葬领域突出问题专项整治及移风易俗工作；要强抓重点，针对公众反映的突出问题制定有效措施，通过排查摸底、全面整改、督促检查，加大打击惩处力度，形成有效震慑；要加大宣传力度，广泛宣传殡葬法规政策、节俭操办婚丧喜庆理念，做到政策深入社区，家喻户晓，要积极引导干部群众树立厚养薄葬、移风易俗的殡葬新风尚。

（黄添水）

政协湘潭县委员会

概述

【概况】 2018年，湘潭县政协深入贯彻落实习近平新时代中国特色社会主义思想和中共十九大精神，牢牢把握团结和民主两大主题，围绕发展大局，认真履行政协职能，为湘潭县“挺进全国百强县、创建全国文明城市”目标作出积极贡献。

坚持党的领导，牢牢把握正确履职方向。加强思想政治引领。通过各类会议集中学、专家辅导学、微党课交流学、支部经常学、党组成员深入基层宣讲学等方式，广泛深入学习习近平新时代中国特色社会主义思想和中共十九大精神。全年组织各类十九大精神宣讲活动20余场次，围绕“助力挺进全国百强县”“政协云能给我们带来什么”“创建全国文明城市，机关干部怎么办”等主题开展大讨论、大交流活动50余场次，收集理论、调研文章和心得体会300余篇。维护县委统一领导。由县委、县政府、县政协共同商定2018年协商与监督工作计划，并由“三办”联合发文。坚持“县委中心工作推进到哪里，政协履职就跟进到哪里”，全年落实县委决策部署谋划的20余项重点工作，取得明显成效。强化政协党组建设。县政协党组认真履行政治领导责任，发挥好把方向、管大局、保落实作用。健全政协党组织党建工作责任制，把发挥党组领导作用与政协依章履行职责统一起来，推动党建工作与政协履职工作同频共振、互促共赢。建立完善班子各项会议和工作制度，召开党组会10次、主席会15次、常委会4次，保证各项决议决定的有效落实。

服务发展大局，不断提升协商议政实效。积极构建多层次协商议政新格局,其中，围绕“海泡石产业发展”“优化非公经济政务环境”协商议题，得到县委政府的高度肯定与重视。向县水务局、县法院等5个单位委派民主监督小组，围绕水利工程建设、民事审判工作、就业创业政策落实、彭德怀纪念馆AAAAA景区创建、偏远地区教师待遇等工作领域开展民主监督。组织政协委员走进纪委监委，积极探索政协民主监督与纪委监委党内监督协作新模式。同时，对群众关注度高、承办提案较多的县人社局、县教育局、县科经局等5家单位的提案办理工作进行民主评议，校外无证非法培训机构取缔、稽留流产病种纳入医保住院报销范围等一批问题得到解决。2018年，县政协共收到提案127件，审查立案122件，办结率和见面率均为100%；当年解决率为40%，委员对提案办理的满意率为98%。各专委会与联工委组落实“五联五问”大调研工作要求，着眼城区道路命名、县城区厕所革命、青少年心理健康教育、农村集体经济、农村电子商务、废钢产业、皮鞋皮具产业创新发展等课题开展调研建言，提出许多有利于县域经济社会发展的意见和建议。同时，委员通过反映社情民意履职尽责，全年共收到社情民意信息186条，上报省市政协20余条。

聚焦中心任务，广泛凝聚改革发展合力。精准扶贫倾注真情。全年政协党组召开专题会议研究扶贫工作12次，多次深入定点帮扶村，为团结村、新中塘村、槐北村、回龙桥村等联点村，协调解决扶贫资金70万元。26名机关干部与帮扶村52户贫困户结对，帮扶责任人全年走访5轮次以上，筹措帮扶资金10万余元，为多个贫困户家庭解决住房、就医、就学等问题。服务中心勇于担当。政协机关抽调9人奋战在重点项目建设一线，为推进项目建设作出积极贡献。认真落实“街长”制工作要求，全体机关干部和部分家属参与文明劝导、夜间巡逻，所联系滨江路获评“一类街道”。机关干部全员参与民情大走访，全年走访居民680户次，做到走访宣讲全覆盖、无遗漏。在河口垃圾焚烧发电项目群众工作中，牵头组织10个责任单位负责一个村31个组近800户，机关干部工作组16人天天走村入户，落实包户责任，了解诉求，宣讲政策，确保联系村的稳定。社会公益彰显大爱。广大政协委员参与送医药下乡、捐资助学、扶贫济困等慈善公益事业，承担社会责任，用实际行动诠释委员的社会价值。据不完全统计，全年全县政协委员围绕助学、助残、助老进行捐赠达300万元。

强化自身建设，持续提升服务能力水平。加强委员学习培训，完善委员履职考核、联工委（组）经费保障等机制。搭建委员活动平台，全县“政协委员之家”增至25家，易俗河镇联工委建立全县首家政协委员群众工作站，加强与群众的互动交流。积极推广使用省政协云，委员们在云平台上积极互动，浏览数、点赞数、分享数等指标均居全省前列。全年出版《莲乡政协》专刊12期，县政协网站刊登各类调研文章、宣传稿件218篇。扎实推进机关自身建设。践行“四责四诺”，突出抓好机关党建工作，不断丰富主题党日内容和形式，积极推动党支部“五化”建设，切实加强和改进党员的思想、组织和作风建设。建立健全政协机关各项管理制度，完善绩效考核实施办法，进一步提升机关工作效率和服务水平。通过廉政谈心谈话、警示教育和学习交流等方式，督促机关工作人员严格落实八项规定精神，廉洁做事，干净做人，树立政协机关良好形象。

重要会议

【政协湘潭县第九届委员会常务委员会第七次会议召开】 2月12日，政协湘潭县第九届委员会常务委员会第七次会议召开。会议由副主席韩炎主持，县政协主席刘铁强，全体常委会议组成人员参加会议，县纪委派驻第二纪检监察组组长及各委室副主任列席会议。

会议组织学习传达中共湘潭县第十二届纪律检查委员会第三次全会精神；协商通过《政协湘潭县第九届委员会常务委员会2018年工作要点》（草案）及《湘潭县政协2018年度协商与监督工作计划》（草案）。

【政协湘潭县第九届委员会常务委员会第八次会议召开】 7月12日，政协湘潭县第九届委员会常务委员会第八次会议召开。会议由县政协主席刘铁强主持，全体常委会议组成人员参加会议，县委常委、常务副县长周贤、天易经开区副主任胡明伟、县纪委派驻第二纪检监察组组长及各委室副主任列席会议。

会议协商通过政协湘潭县第九届委员会常务委员会第八次会议议程；听取县委常委、常务副县长周贤关于县人民政府2018年上半年工作完成情况的通报；协商通过《关于优化我县非公经济政务环境的调研报告》《关于全力推进海泡石产业发展，打造中国“海泡石之都”的调研报告》；组织集中学习政协云操作、汪洋主席在全国政协十三届一次会议闭幕会上的讲话及《宪法》修正案；协商通过辞去、增补委员名单及有关人事任免事项。

【政协湘潭县第九届委员会常务委员会第九次会议召开】 11月13日，政协湘潭县第九届委员会常务委员会第九次会议暨民主评议提案办理工作会议召开。县政协主席刘铁强，县委常委、常务副县长周贤，县政协副主席韩炎、欧建美、何晓春、刘新玉、马新国参加会议。

会议对县农业局、县人社局等5个单位2018年提案办理工作进行民主评议。听取被评议单位本年度政协提案办理工作情况汇报、5位领衔提案委员及县政协提案委负责人的评议综合汇报。县政协常委会议组成人员对被评议单位进行百分制民主测评，根据测评结果，县人社局、县教育局、县科经局、县公安局、县农业局5个被评议单位得分均在90分以上。会议协商通过有关人事任免事项。

【政协湘潭县第九届委员会常务委员会第十次会议召开】 12月20日，政协湘潭县第九届委员会常务委员会第十次会议召开。会议由县政协主席刘铁强主持，副主席韩炎、欧建美、何晓春、刘新玉、马新国，秘书长周令及常委会议组成人员参加会议，县政府办负责人、县纪委派驻第二纪检监察组组长及各委室副主任列席会议。

会议听取《湘潭县人民政府工作报告（征求意见稿）》起草情况的说明；协商通过相关人事任免事项及政协湘潭县第九届委员会第三次会议的相关事项；听取《政协湘潭县第九届委员会常务委员会工作报告（征求意见稿）》《政协湘潭县第九届委员会常务委员会关于九届二次会议以来提案工作情况的报告（征求意见稿）》的起草情况说明并讨论审定。

【政协湘潭县第九届委员会常务委员会第十一次会议召开】 12月31日，政协湘潭县第九届委员会常务委员会第十一次会议召开。会议由县政协主席刘铁强主持，全体常委会议组成人员参加会议，县纪委派驻第二纪检监察组组长列席会议。会议听取各讨论组讨论意见汇总，协商通过《补选办法》（草案）；增补常务委员候选人名单（草案）；总监票人、监票人名单（草案）；大会决议（草案），听取大会期间提案征集、审查情况。

【政协湘潭县第九届委员会第三次会议召开】 政协湘潭县第九届委员会第三次会议于2018年12月29日至2019年1月1日召开，共召开4次全体会议。2018年12月30日上午，大会举行第一次全体会议暨开幕会。2019年1月1日上午，大会举行第四次全体会议暨闭幕会。

会议期间，委员们听取并审议通过刘铁强主席所作的《政协湘潭县第九届委员会常务委员会工作报告》、欧建美副主席所作的《政协湘潭县第九届委员会常务委员会关于九届二次会议以来提案工作情况的报告》。委员代表作《充分发挥区位优势 高质发展废钢产业》《加快人才队伍建设 促进医卫事业发展》《推动青山桥皮鞋皮具产业转型升级的建议》《继续鼓励社会力量办学促进教育事业健康发展》《以乡村振兴为引领 推进碧泉潭现代农业示范园建设》《加快发展农村电子商务 推动产业扶贫上新台阶》的参政议政发言。委员们认真听取县委书记傅国平同志的讲话。会议协商讨论并赞同县人民政府县长段伟长同志所作的《湘潭县人民政府工作报告》。赞同《湘潭县2018年国民经济和社会发展计划执行情况与2019年计划的报告》《湘潭县2018年财政预算执行情况和2019年财政预算安排的报告》《湘潭县人民法院工作报告》《湘潭县人民检察院工作报告》。会议经过酝酿、协商，补选政协湘潭县第九届委员会常务委员1名。 (杨 明)

政协湘潭县第九届委员会常务委员会组成人员名单

主 席 刘铁强

副主席 韩 炎 欧建美 何晓春（女） 刘新玉 马新国

秘书长 周 令（女）

常务委员（按姓氏笔画为序）

马剑雄 王 勇 王 璧（女） 王建军 左润江（女） 龙 江 刘石美 刘冰薇（女） 刘应龙（路桥） 刘海云 何小梅（女） 吴 可 宋志龙 张文忠 张宁波（女） 张岳龙 李 言 李 芳（女） 李泽英（女） 李映红（女） 杨 敏（女） 肖和平 谷述良 谷洪兵 陈宏望 周红霞（女） 周理湘 林亚科 欧阳红梅（女） 段 晖（女） 胡学军 胡雨雪 胡理芬（女） 宾鸿涛 符小乔（女） 符利辉（女） 彭进文（女） 彭银香（女） 释唯静（女） 谭甚昭（女）

民主党派·工商联

民主党派

中国国民党革命委员会湘潭县总支委员会

【概况】 2018年，民革湘潭县总支共有在册党员67人，其中省人大代表1人、市人大代表1人，市政协委员2人，县政协委员16人，其中县政协常委4人。年内组成课题组15人，开展三农课题调研，分赴11个乡镇、4家相关单位，对种、养业及农村专技人才三个专题形成报告，提交县政协。两会期间，代表、委员共提交各级提案、建议案30件，并分别与提案、建议案承办单位对接，争取建议落地，积极履行参政党职能。

支部工作。民革湘潭县总支积极响应民革中央号召，组织开展“观故居、走多党合作之路”活动，赴陈铭枢故居参观学习活动；响应民革湘潭市委、县委统战部号召，在茶恩寺、白石潭口开展调研视察活动，为构建潭口现代田园综合体建言献策；省市人大代表符利辉、周毅为乡村振兴战略提出建议6件；市政协委员章金标积极参与民革市委打造湘莲品牌工作调研，并组织民革界别非公经济委员在分水乡进行扶贫帮困助学活动，全年组织资金5万余元，对8户困难群众、5户困难学生进行重点帮扶，并进行槐北糯米酒产业扶贫工作。

支部活动。各支部分别组织开展学习习近平总书记系列讲话精神、中共十九大精神；积极参加民革市委趣味运动会活动；四支部组织赴江西安源路况俱乐部参观学习；天易支部组织开展对石鼓镇将军村4名贫困户慰问；刘应龙、彭银香等继续对县一中贫困学生进行一对一助学活动；对女党员“三八”节开展慰问活动；组织开展对原国民党抗战老兵慰问活动等。 (杨跃军)

中国民主同盟湘潭县易俗河支部委员会

【概况】 民盟易俗河支部有盟员27人，其中教师20人，17人具有高级技术职称；机关干部5人，其中3人担任副科级职务；医疗卫生机构1人；私营企业主1人。盟员中有5人担任县政协委员，其中2人任县政协常委，1人担任市政协委员。4人担任特约人员，1人担任县、市信访局的信访听证员。

考察学习。思想建设是民主党派贯彻中国共产党的多党合作和政治协商制度的根本保证，考察研究则是联系实际联系群众的重要手段。2018年7月，支部组织盟员到株洲炎陵参观学习，走红军时期的重要纪念地，进行革命传统教育。8月支部组织盟员赴韶山参观毛泽东故居，瞻仰毛泽东铜像，观看《中国出了个毛泽东》实景演出，组织学习毛泽东思想和中国共产党艰苦朴素的精神，提高广大盟员的思想觉悟。

教育扶贫。4月，支部组织盟员去湘潭县歇马中学进行教育扶贫，送教下乡。利用盟员中的优秀教师、县级学科带头人、县教研室教研员上语文、物理、化学、生物四堂示范课，并进行教学点评和座谈，同时向学校图书馆捐赠图书220册，向学校11名贫困学生捐资助学4400元。

参政议政。2018年，支部有吴可、马剑雄、杨智辉、何灿辉、陈明6人担任县政协委员，其中吴可、马剑雄为县政协常委，曾平为市政协委员。吴可、马剑雄、何灿辉、陈明被聘为特约人员。2018年度撰写政协提案3份，《关于县九中提质改造的建议》《关于优化县城学校路口交通秩序的建议》《关于整顿牛头岭菜市场卫生秩序的建议》，并参加县政协常委组织的教育精准扶贫的调研活动。

支部建设。年初，在长江宾馆召开支部上年度总结和本年度工作安排会。7月中旬组织盟员到梅林山庄参加采葡萄、赏荷、卡拉OK活动，既有益身心健康又增进盟员间的友谊。2018年，培养和发展郭彪1位新盟员，加强支部的力量。

2018 年度，何灿辉被评为全国法院系统先进个人，赵遗志被国家统计局评为统计系统国家级监察员；吴可、马剑雄被评为县优秀政协委员；罗松林画作被省美协评为优秀作品。 (马剑雄)

中国民主建国会 湘潭县易俗河支部委员会

【概况】 2018 年，民建易俗河支部共有会员 40 人，其中县人大代表 1 人，县政协委员 12 人，县政协常委 4 人。

注重理论学习，提高整体素质。全年开展支委学习 4 次，会员分组学习 4 次，增强会员接受中国共产党领导的自觉性。邀请副县长肖燎，为全体会员上一堂如何结合县委政府中心工作开展调研的培训课，提高会员的参政议政能力。全年上报信息 8 篇，其中被市级采用 2 篇。积极参与县市调研活动，撰写高质量调研报告 5 篇。

加强自身建设，提高组织活力。支委坚持重大事情事先向民建市委和县委统战部请示和班子集体研究制度，班子分工明确，团结协作，整体风貌积极向上。支部活动中心由吴家巷工业园搬至杨柳路万邦房产公司二楼，硬件条件进一步提升。支部创新方式，由会员自导一场高水平的年会，达到凝聚会员力量，激发组织活力，提升支部影响的效果。

围绕中心工作，积极参政议政。支部会员围绕县委县政府中心工作，深入基层，及时了解社情民意，深入开展调研，积极建言献策。会员周理湘代表支部在县政协九届二次大会上作《借力种植结构调整，助推我县乡村振兴》发言，所提建议得到县委县政府领导的高度肯定；唐筱毅等会员积极撰写政协提案和社情民意，反映人民群众的呼声；会员杨巧作为县人大代表，积极为弱势群体代言。会员们的积极参政，有效扩大党派的的影响力。

立足本职工作，热心服务社会。支部在主委林亚科的带领下，结合县委政府中心工作，积极参与社会服务工作，广泛传递正能量。为助力全县脱贫工作，派出一名会员在排头乡团结村驻村帮扶，全体会员捐款 12000 元帮助贫困户进行危房改造。同时有彭建平、杨季卓、彭坤、方伟等会员积极捐款，参与多地精准扶贫工作。会员饶治宇退休后仍然发挥余热，积极参与社会活动，被评为湘潭市“最美同心人”。 (周理湘)

中国民主促进会 湘潭市委易俗河支部委员会

【概况】 2018 年，民进易俗河支部有会员 27 人，其中男 15 人，女 12 人，其中市政协委员 2 人，县人大代表 1 人，县政协委员 12 人（副主席 1 人、常委 2 人），全年发展新会员 2 人。

加强会史教育，弘扬民进传统。2018 年是民进市委思想政治教育主题年。2 月，支部组织会员学习会章会史，并做 2017 年度工作总结及 2018 年工作部署；3 月 17 日，组织会员赴茶恩寺镇参加县委统战部组织的“与党同心，携手同行，同心共建美丽乡村”活动；4 月，支部组织方阵参加“不忘初心跟党走 同心共筑中国梦”文艺晚会活动，接受同心爱国教育；7 月 14 日，支部组织部分会员赴花石镇与该镇政协联工委举行联谊活动，并参加荷花节赏荷活动，活动还邀请民进省委、市委领导参加；10 月 20 日—21 日，支部骨干力量参加民进市委在江西萍乡举办的“学会章、明使命、强意识”主题培训班学习，增强自觉履行参政党职能的使命感和责任感，尤其是新会员黄杰、尹妍嘉，更加坚定热爱民进，忠于民进，服务大众的信心。

发挥参政优势，展示民进风采。1 月，李芳、齐延龄参加市政协十二届二次会议，积极建言献策；2 月，马新国、杜孟洋参加湘潭县 2018 各界代表人士迎春座谈会会议；4 月 27 日，马新国参加县委统战部举办的“湘潭县纪念中共中央发布‘五一口号’70 周年座谈会”并发言；为弘扬白石文化，3 月 3 日，支部邀请民进省委、市委领导到白石镇调研文化旅游产业；为发挥会员主体民主监督作用，3 月 21 日，在县委统战部召开特约人员换届工作大会上，李芳、杨敏、齐延龄分别被聘为县公安局、县法院、县监委的特约人员，齐延龄被评为优秀特约人员；为助力市委、市政府“创森”活动，5—6 月，马新国、李芳参加民进市委“创建国家森林城市”政党协商活动，李芳撰写调研报告，马新国作典型发言；6 月 4—8 日，李芳被推荐参加市委统战部在上海交大举办的创新能力提升培训班；7 月 15 日，马新国参加市委统战部在井冈山举办的暑期谈心和培训活动；8 月 26 日，莫映社撰写的社情民意《破解就近入学公平隐患的建议》获市委书记曹炯芳批示；11 月 15 日，马志刚领办的湘潭云飞电子商务有限公司通过股份制改造在湖南股权交易所成功挂牌；12 月 13 名支部委员参加湘潭县政协九届三次会议，李芳作参政议政发言，肖平被评为优秀政协委员。莫映礼、董建伟、胡芳等老师承担繁重的教育教学任务，积极承担公开课、示范课，在省、市学校赛课获奖，为基础教育培养一批又一批人才。12 月 5 日，胡芳带领的百花小学团队在湖南省第三届中小学教师信息技术与学科教学深度融合在线集体备课大赛中荣获特等奖；莫映礼老师积极参与湖南省教科课题申报，在省级刊物发表多篇论文，在湘潭市微课比赛中获得职业教育专业比赛二等奖。

扶贫扶能扶智，助力同心工程。支部响应现实关切，坚持扶贫与扶智并行，经常开展扶贫帮困活动。教师等会员们坚持帮扶弱势青少年群体，从思想上解惑、心灵上解结、学习上解疑、生活上解困。莫映礼会员及单位职业技术学校致力于帮助就业创业，对农村青年农民、退伍军人进行致富创业培训、考证培训，提供技术和智力支持。支部 2018 年资助排头乡团结村贫困学生邓良完成高中阶段学业，为贫困村“同心书屋”捐赠书籍和衣物。5 月，马新国、李芳、彭红光代表支部赴排头乡团结村慰问 4 名贫困学生(2000 元)，引入湘潭市南方公益基金捐助联系的 2 户贫困户每户 1000 元；10 月，支部派出黄杰参加县委统战部在分水乡举办的“国家扶贫日活动”，并捐助1000元慰问贫困学生；同月马新国赴杨嘉桥同福村调研“同心美丽乡村”建设工作，并从支部经费中拿出1万元支持该村建设。（李 芳）

中国农工民主党湘潭县易俗河支部委员会

【概况】2018年，中国农工民主党湘潭县易俗河支部委员会围绕湘潭县委、县政府提出的坚定不移挺进“全国百强县”，毫不动摇创建“全国文明城市”两大核心目标，围绕中心，服务大局，发挥自身优势带领党员在本职岗位上建功立业。目前有会员24人，其中市政协委员2人、县政协委员6人（副主席1人、常委1人）。

加强学习，提高素质。支部制定学习制度和学习计划，坚持每季度集中学习1次，2018年共组织学习4次，通过学习提高全体党员政治思想素质，增强了他们的责任感和使命感，在思想上、政治上与党中央保持高度一致。

组织建设，增强活力。通过考察吸收县中医医院副主任医师黄奇、县人民医院副主任医师周成、县发改局彭斌3位党员，为支部注入新鲜血液。

积极参与社会服务。2018年，组织党员到杨嘉桥镇、茶恩寺镇、分水乡开展送医下乡活动。累计发放健康宣传资料2000份，免费发放价值4000多元药品和计生用品，义诊义检200余人次。

积极参政议政。支部党员紧紧围绕县委、县政府中心工作，针对人民群众普遍关心的热点、难点问题，积极参政议政，参与调研，撰写提案。委员唐高明撰写《关于加强快递派送车辆管理的建议》《关于完善道路井盖设施规划建设，消除交通安全隐患的建议》《关于加快完善易俗河海棠路以东区域城市道路安保设施的建议》《关于进一步规范城区弱电设施标准化建设的建议》4篇提案；委员刘红霞、赵晓红撰写《关于稽留流产病种纳入医保报销的建议》提案；委员陈娜参与县政协赴福建尤溪县开展深化医药卫生体制改革和卫生人才建设调研工作；符小乔、陈娜对全县部分中学学校医务室进行实地调研，并向在校老师和学生发放传染病防治的宣传手册。

立足岗位，发挥模范作用。2018年9月，市政协委员邓述东带领的团队富硒米+稻草种菇循环生态高效种植模式产业化扶贫项目获湖南省第三届青年志愿服务项目大赛和青年社会组织公益创投大赛金奖。（陈 娜）

中国致公党易俗河支部委员会

【概况】2018年，致公党湘潭市易俗河支部有党员25人，其中本科以上学历16人，副科级以上党员6人。党员分布于全县多个行业系统。县政协常委、湘潭市国土资源和规划局登记科科长陈宏望任支部主委，肖华辉、谭勇、彭红娟、徐鑫成担任支委委员。

参政议政。2018年，支部有10名党员担任各级人大代表、政协委员，在市、县人大和政协会议上共提交建议、提案10余件。其中县政协委员、湘潭凤凰中学校长徐鑫成《关于继续鼓励社会力量兴办教育促进教育事业健康发展的建议》在县政协九届三次大会上作参政议政发言。

组织建设。通过致公党市委和县委统战部的联合考察，2018年，发展党员1人。为丰富支部活动，支部不定期组织党员分组讨论学习、听取专题报告、到其他支部学习等方法，培训新党员和骨干成员10人次。

社会服务。根据上级有关部门的要求，支部党员中的人大代表、政协委员联系1~2名精准扶贫对象，不定期走访和看望，解决他们在生活中的问题和难题，真正做到精准扶贫。支部全体党员每年都向市委缴纳致助金和爱心基金，由市委统一安排慰问困难党员，充分发挥致助金和爱心基金雪中送炭的作用。（谭 勇）

工商业联合会

【概况】2018年，湘潭县工商联有会员988个，比上年增加90个，增幅为9%。其中，企业会员729个，团体会员20个，个人会员329个，县工商联直属会员27个，商会组织会员20个。有执委184名，其中，常委52名，兼职副主席16名，兼职副会长12名。2018年，县工商联紧紧围绕中心，服务大局，以“两个健康”为工作主题，努力打造“三大品牌”，坚持政治建会、团结立会、服务兴会、改革强会，服务民营经济高质量发展。

参政议政。认真做好非公经济人士的政治思想工作，密切与会员的联系，畅通反映意见建议的渠道，组织部分会员企业参加2018年各界人士迎春座谈会，并就非公经济发展提出建议和意见；开展调研座谈，听取非公经济人士的建议和意见。6月7日，召开主席、会长会议，共同商讨2018年工作，围绕县域经济发展提出建议；10月16日，召开县工商联建筑行业发展情况调研座谈会，掌握了解工商联会员企业中建筑行业发展情况，对县委、县政府及职能部门提出意见建议；10月17日，参加省工商联组织的“市州商协会工作调研座谈会”，为推进基层商协会改革提出建设性意见；开展“发挥基层商会作用,服务乡村振兴战略”专题调研，形成专题调研报告。引导非公经济人士中的人大代表、政协委员围绕全县中心工作、发展大局及人民群众普遍关心的问题，认真选题，深入调研，提交建议25件、提案16件。

维权培训。加大培训力度，提升非公经济人士的素质，以总商会主办、基层商协会承办的方式，举办5期中小微企业负责人培训班，参加培训达350人次；组织部分企业参加省市各类培训班8期，参加培训达140人次；组织10名非公企业家参加在中国人民大学举办的专题培训；组织基层商会会长、秘书长参加工作总结会，通过培训、交流提升基层商会的业务水平，基层商会形成你追我赶的良好态势。依法维护会员企业合法权益，坚持“有求必应，尽力而为”的宗旨，完善会员投诉接待处理制度，为会员企业解决困难问题22个；深入走访会员企业，了解企业的所思所盼所求，积极牵线搭桥，为会员企业提供融资、信息服务，力促合作共赢。密切联系会员企业，当好非公经济人士的娘家，建立机关干部联系非公经济人士制度，加强与非公经济人士沟通联系，构建亲清新型政商关系；关心企业家身心健康，8月组织全体执委进行身体健康检查；为兼职副主席、副会长赠阅《中华工商时报》29份。

宣传教育。着力构建宣教工作网络，引导会员走爱国、敬业、诚信、守法、贡献之路，扩大工商联影响，树立良好形象。坚持办好每月一期的会刊《商会动态》，通过微信群发送《商会动态》电子版，进一步扩大覆盖面；积极发挥湘潭县总商会网的作用，宣传党对非公经济方面的有关方针政策，积极推介优秀企业和非公经济人士，宣传湘潭县招商引资的优惠政策；开展理想信念教育活动，9月20日，举办“不忘创业初心，接力改革伟业”年轻一代民营企业家理想信念报告会，其中5名年轻企业家的先进事迹被市级媒体报道，并入编《湘潭市工商联年轻一代民营企业家理想信念先进事迹汇编》；10月，组织部分企业参加纪念改革开放40周年企业家座谈会暨红色领航跨越发展湘潭功勋民企、卓越创新民营企业家专题片启动仪式，配合做好湘潭县民营企业家采访报道工作，宣传推介先进事迹；总结提炼“湘潭县民营企业家精神”，即“心忧天下的家国情怀、敢为人先的创新韧劲、舍我其谁的责任担当”，形成具有县域特色的“潭商文化”品牌，以“潭商文化”为指导，深入开展廉洁文化进企业活动，倡导和培育积极健康、富有特色的企业文化。中国改革网、中华工商网、环球网以《优化服务、擦亮全国五好县级工商联金字招牌——湖南省湘潭县工商联创新工作侧记》为题，对县工商联先进事迹进行报道。

组织建设。召开好执委会，9月20日，召开湘潭县工商联（总商会）第十二届执委三次会议，会上增补1名副会长、7名常委、12名执委。全县乡镇（开发区）商会已全部组建，成为服务非公经济的一支重要力量。修改完善了《湘潭县基层商会考核实施细则》，领导班子成员按区域和行业分别下到基层指导工作，指导天易经开区商会完成换届任务，督促开展“四好”商会创建活动，经常开展外出考察、维权服务、培训教育等活动，各会员企业、乡镇商会之间活力增强。基层商会对外交流频繁，茶恩寺镇商会在广州召开“迎老乡、回故乡、建家乡”座谈会，服务招商引资；谭家山镇商会组织非公经济人士赴江西学习考察，杨嘉桥镇商会组织非公经济人士赴内蒙古湖南商会考察学习；通过举办中小微企业培训班搭建平台，促进相邻的基层商会会员之间的交流学习。

精准扶贫。深入开展“党建领航，非公企业助力，共筑脱贫致富梦”活动，全县21家非公企业与19个省定贫困村对接，新增精准扶贫项目5个，非公企业和基层商会累计帮扶资金42.2万元，带动460户贫困户脱贫。7月上旬，湘潭市“百企联百村、脱贫奔小康”帮扶活动现场推进会在云湖桥镇召开，云湖桥镇商会、花石镇商会、青山桥镇商会作典型发言。全县广大非公经济人士纷纷参与“光彩事业”“金秋助学”“扶贫帮困”等活动，累计捐资236万元用于助学、助建、助困，彰显非公经济人士的良好形象。

交流合作。坚持“走出去”与“请进来”相结合，拜访湖南异地商会联合会、北京湖南企业商会、广州湘潭商会、晋江湖南商会以及湘潭市行业商会等10余家商会；湖南异地商会联合会、宁波湖南商会、余杭湖南商会等15批次客人到湘潭县考察交流；与江西省万载县商会、广州市越秀区商会、白云区商会结为友好商会，缔结的友好商会达到37个。主动联系、服务在外的湘潭商会、经济界人士，发挥异地商会的资源优势服务县域经济发展。召开“迎老乡、回故乡、建家乡”座谈会2次，引导县籍在外经济界知名人士为家乡发展出谋划策，为家乡招商引资牵线搭桥。成立北京湘潭企业商会湘潭县分会，做好广州·湘潭县智能制造皮具皮鞋产业招商推介会、潭商大会·天易经开区专场的客商邀请及联络服务工作，为县域经济发展做出积极贡献。

（谭　浪）

湘潭县工商业联合会
（总商会）

主席、会长：刘绵晖
党组书记、副会长：谷述良
党组成员、副主席：徐　琳
党组成员、副主席、秘书长：曹　颖
兼职党组成员：刘　广
兼职副主席、副会长：尹立仁
刘仁波　张祖洪　周　建
周卫东　周国强　赵　胜
赵延安　胡红辉　胡海强
侯建荣　俞晓阳　袁扩军
宾海龙　彭　瑛　谢荣光
兼职副会长：马正湘　马　嫩
王　勇　方金泉　刘孟龙
杨良南　赵康宇　段　晖
郭铁球　黄力攻　章成文
赵声安

总工会

【概况】 2018年，县总工会认真贯彻落实中共十九大精神和中国工会十七大精神，团结和动员全县广大职工群众深入贯彻落实习近平新时代中国特色社会主义思想，主动融入工作大局，着力强“三性”、去“四化”，在挺进“全国百强县”，创建“全国文明城市”中做出积极贡献。

组织建设工作。2018年，新组建工会220家，发展会员7589人，新增农民工会员6154人，其中企业工会26家，村级工会13家，行业工会3家。年内指导17个乡镇工会联合会、20余个机关企事业单位工会召开代表大会，进行换届、增补选。组建湘潭大易经井区工会联合会，指导召开第一次代表大会。公开招聘20名社会化工会工作者参与工会工作，并严格执行月考核制度。指导小龙王食品有限公司等18家单位工会创建县级模范职工之家。

劳动竞赛工作。以“建功“十三五”、奋力进百强”为主题，举办2018年职工职业技能焊工工种、砌筑工工种培训和竞赛，来自全县的23家非公企业的96名选手参加，带动相关行业技术练兵4000余人次。支持指导县教育工会、县卫计系统工会等开展专业技能竞赛和劳动竞赛，参赛单位276家，参赛职工5912人。选派3名农民工参加全省农民工“六项全能”大赛，陈萌、吴美获三等奖。继续在全县职工中广泛开展“师带徒”活动，全县共实现师徒结对165对，其中农民工结对名师127对，规模以上企业结对31对，涵盖机械制造、软件设计、槟榔加工等12个行业。温超建、李志伟等17对师徒获评湘潭县首批“名师高徒”。

劳模管理工作。制订《湘潭县劳动模范管理办法》，进一步改善和落实劳模待遇，2018年春节期间，共计发放市级及以上劳模“三金”30余万元，发放县级劳模慰问金5万余元。评选表彰湘潭县第五届劳动模范（先进工作者），选树左铁根等14人为湘潭县劳动模范，选树王沛等6人为湘潭县先进工作者。培养选树中路铺镇竹冲村支部书记陈升根为全国五一劳动奖章、省级劳动模范。为全县各级劳模、“五一先锋”144人次进行免费体检，组织8位劳模进行疗休养。

维权帮扶工作。2018年，全年共签订工资集体协议242份，覆盖企业587家，覆盖职工15847人，分别占规模企业和职工总数的90%。接待来访职工127人次，接听处理维权热线电话8个。联合县人社局调解劳动侵权案件57件，成功为760名农民工追讨工资及补助金630万元，协调工伤工亡案件2件，争取补助金21万元。组织14000多名女职工参加“全省女职工维权暨工会十七大知识微竞赛”活动，组织园区400多女职工参与全省女职工保护条例修订工作调研。建立律师坐班制度，接待法律咨询21人次，参与解决职工（包括农民工）欠薪问题5次。“冬送温暖”活动，共计慰问职工1223户，发放慰问金100万元（其中，双联慰问1129户，发放慰问金88.79万元）。积极开展“迎老乡、回故乡、建家乡”志愿服务活动，为3000多名返乡农民工提供暖心服务。为重点项目建设者、环卫工人、交警、电力抢修人员和公交车司机等2800多名户外劳动者送去防寒用品（围巾、皮手套）。联合县人社局举办“春送岗位”活动专场招聘会，为各类求职群体，提供就业岗位1800余个，达成初步就业意向200余个。开展“夏送清凉”活动，为坚守在高温一线的环卫工人、交警、重点项目建设工地工人、非公企业职工送去清凉药品3600余份；基层工会共筹集送清凉资金50余万元，走访慰问职工、农民工16000余人次。金秋助学活动中，县总工会共计组织、发放助学金34.57万元，帮扶困难学生102人。全县各级工会组织共计募集、组织并发放助学金228.86万元，帮扶困难职工、农民工子女1006人。第五期职工医疗互助活动，共计报销2150人次，发放医疗互助补助金107.38万元，其中女职工特殊疾病受益4人，共计补助4万元。第六期职工医疗互助活动共有176家企事业单位的19946名职工参加，其中非公企业14家，参保职工1286人，合计收缴互助金139.62万元。定期开展“职工志愿服务”和“职工心理健康讲座”，邀请知名心理学专家给机关干部和非公企业职工开展职场情绪管理专题讲座9场，组织职工心理关爱志愿者服务活动500余人次，有针对性地进行心理干预服务20余人次。

宣传教育工作。组织开展“新时代、新蓝领、新作为—使命与风采”职工摄影大赛，共评审作品443件，专业组优秀作品30件，手机组优秀作品20件，“七一”前夕在沿江风光带展览。在乡镇和非公企业中开展习近平新时代中国特色社会主义思想微宣讲活动5场。加强县总工会微信公众平台管理，共计发布信息94次113条，向县内外媒体发稿66篇，被采用46篇。2018年，在全县范围内组织开展习近平新时代中国特色社会主义思想、湖南省工会第十六次代表大会精神和中国工会第十七次代表大会精神专题学习。

“一户一产业工人”培养工程。先后在排头、中路铺、花石、茶恩寺、谭家山等5个乡镇举办“一户一产业工人”培养工程育婴师培训班，培训学员262人，全部取得从业资质证书。青山桥皮鞋生产、伍子醉槟榔加工、龙凤茶庄茶艺、船形茶场茶叶加工、油纸伞制作等五个培训基地培训职工12000多人次。

自身建设工作。加强干部教育培训，举办工会干部培训班1期，189名工会主席和财务人员参加培训，并举办工会财务知识竞赛活动，63名选手获奖。选送29人次工会干部到高校、工会培训学校学习。严格履行全面从严治党的政治责任，持续加强工会系统党风廉政建设和反腐败工作，持之以恒纠“四风”、转作风。主动配合纪检部门的专项督查和县纪委监委派驻第二纪检监察组的日常监督，加强督查问题整改，形成风清气正的政治生态。严格规范工会经费管理，严肃财经纪律，加大对基层工会经费使用的督查和审计力度，开展工会财务检查1次，审计基层工会8家。工会经费收入实现稳步增长，乡镇、机关事业单位工会经费独立核算全覆盖。深入推进“四责四诺”“五联五问”工作，主动服务中心服务大局。深入园区、乡镇的20余家非公企业，开展大走访、大调研，就“如何发挥工会组织在产业工人队伍建设改革中的作用”等课题，发放调查问卷200余份。按照工会系统深化改革的统一部署，组织召开湘潭县工会第十六次代表大会。大会总结过去五年工会工作的成功经验，共同确定未来五年全县工会工作的目标任务，选举产生县总工会第十六届委员会、经费审查委员会、女职工委员会。

【湘潭县工会第十六次代表大会】 2018年12月5日，湘潭县工会第十六次代表大会开幕，县委书记傅国平,县委副书记、县长段伟长，市总工会党组成员、经审委主任刘岸鸿，县领导周艳希、唐剑恒、刘铁强、周贤、谭何龙、刘耀奇、胡亚湘、李豪雄、陈卫兵、谭捍卫、韩炎、贺玉良出席会议。大会选举产生湘潭县总工会第十六届委员会委员35名。湘潭县总工会第十六届委员会第一次全体会议选举产生湘潭县总工会第十六届委员会主席、副主席、常务委员，韩炎当选为县总工会主席，胡理芬、胡钧、陈欣波、彭林波、邓新辉、兰金远当选为县总工会副主席。2018年12月6日，在圆满完成各项预定任务后，湘潭县工会第十六次代表大会胜利闭幕。

（胡　伟）

共青团

【概况】 2018年，围绕创建“全国文明城市”目标，结合“三创一治”工作任务，进一步擦亮青年志愿服务品牌，相继开展“青春志愿行 温暖回家路”“青春共创文明城”“学雷锋 做创卫先锋”“助力创森青年当先”“保护母亲河”等各类志愿服务活动30余场次，发放创文宣传团扇6000把、宣传折页3000份、环保袋2000个、拉画笔1000支，有效扩大湘潭县成功创建文明城市提名资格城市及继续争创全国文明城市的知晓度。继续开展“共青团路”“红领巾街”创建活动，在少年儿童中开展“小小志愿者”活动，大力弘扬文明新风。

扶贫帮困工作。全力参与全县脱贫攻坚工作大局，成功承办湖南希望工程助力脱贫攻坚走进湘潭大型公益活动。开展“子敬阳光”“湘窖·我的大学梦”“华融湘江·绿色助学”等希望工程助学活动，全年累计帮扶贫困学生503人，发放助学金189.9万元。继续对接东莞“千分一”助学团队，累计帮助近50名学生达成长期助学结对。募集希望工程一元捐资金94972元并足额上缴团市委。做好机关结对帮扶联系村的走访帮扶工作，全年集中走访贫困户6次，提供助学资金、生活援助等有效的帮扶措施。

学少工作。组织开展“新时代·正青春”五四悦读分享会，全县团干、团员青年、少先队员代表近600人共同感受读书的乐趣；组织开展“新时代·新青年·新征程”主题征文，评选表彰优秀征文15篇。六一儿童节，在白石镇金虎小学开展“弘扬国学经典 情暖留守儿童”主题活动，带领全校学生乐读国学经典，并送上国学书籍、文具、台灯等慰问物资。“10·17”扶贫日前后，为青山桥镇新阳小学等三所学校200余学生赠送爱心校服和书籍。

青少年维权。积极开展青少年禁毒防艾、假期自护、普法宣传教育，努力提高青少年法律意识。切实发挥县综治委预防青少年违法犯罪专项组组长单位职责，做好综治工作年度考核工作。联合县心理咨询师协会，开展困境青少年心理疏导等帮教活动。争取团省委支持，在县五中开展“12355”高考减压公益讲座，覆盖200余名高考学生。

创新创业工作。围绕挺进“全国百强县”目标，大力实施青年参与乡村振兴行动。组织策划“乡村振兴 多彩梅林”青年与文明同行毅行活动，带领青年了解乡村实情，感受乡村发展，投身乡村建设。开展“凝聚青春力量 助力乡村振兴”主题座谈会、“共青团与人大代表、政协委员面对面”交流座谈会，广泛搜集意见建议为县两会建言献策。进一步深化县青年企业家创业协会、县农村致富带头人协会的建设，探索组织协会会员开展常态化的青年创客沙龙活动。持续开展第三季“莲乡创新创业新星”系列报道，10位创业青年事迹在《湘潭日报》、湘潭县电视台等市县媒体刊播报道。深入开展“青”字号创建活动，表彰6个县级青年文明号集体，引导青年立足岗位作贡献。

思想宣传工作。深入开展习近平新时代中国特色社会主义思想学习宣传教育，组织中共十九大精神和团的十八大精神等专题学习，做好“青年大学习”网上主题团课第一、二季的组织宣传工作。开展“我的中国梦”“核心价值观记心中”“红领巾相约中国梦”等主题实践活动50余场次。以“两微一端一网一声”为重点，积极创新青少年思想引领方式，组织开展清明“网上祭英烈”等网络宣传活动，引领网络文明风尚。

基层团建工作。联合县委组织部印发《全县乡镇团委集中换届选举工作方案》，指导全县17个乡镇团委集中完成换届选举工作，16个乡镇由党员领导班子成员兼任团委书记（其中11个乡镇由35岁以下的党员领导班子成员兼任），并配备专职副书记，明确中层干部身份。明确村（社区）团组织工作经费纳入乡镇年初预算统筹使用。借助党支部“五化”建设契机全面推行村级“青年之家”建设。印发《关于做好2018年全县发展团员调控工作的通知》，严格控制团员发展数量，加强团员先进性建设。开展近三年来团员发展摸底调查，重点掌握中学中职共青团团员发展情况，确保从源头控制团员数量。严格落实“三会两制一课”制度，加强和改进团员关系接转等基础团务。全面落实“智慧团建”系统建设，基本完成全县团组织信息和团员信息的录入工作。

【共青团湘潭县第十七次代表大会】 2018年12月10日，共青团湘潭县第十七次代表大会开幕，县委书记傅国平，县委副书记、县长段伟长，团市委书记王利，县领导周艳希、唐剑恒、刘铁强、王成林、谭何龙、刘耀奇、胡亚湘、李豪雄、陈卫兵、谭捍卫、尹明忠、李西文、何晓春、贺玉良出席会议。大会选举产生共青团湘潭县第十七届委员会委员31名。共青团湘潭县第十七届委员会第一次全体会议选举产生共青团湘潭县第十七届委员会书记、副书记、常务委员，龙江当选为团县委书记，胡巧、袁毅、赵浩、陈文静、唐庆5人当选为团县委副书记。2018年12月11日，共青团湘潭县第十七次代表大会胜利闭幕。

（袁　毅）

妇女联合会

【概况】 2018年末，湘潭县有乡镇妇联17个，乡镇妇联主席17名，副主席68名，执委446名,其中14个乡镇妇联主席由班子成员兼任，村（社区、居委会）妇联主席355名，副主席756名，执委5790名，非公企业妇联组织5个。

深入推动妇联改革。围绕强“三性”、去“四化”，抓好顶层设计，县委出台《湘潭县妇联改革方案》，为今后一段时间湘潭县的妇联组织改革指明方向。县、乡、村三级妇联经费按照方案要求足额保障，为工作开展提供财力支持。打造专、兼、挂相结合的妇联干部队伍，争取县委支持，配备1名挂职副主席参与县妇联业务工作；创新妇联基层组织设置，推动乡镇妇联主席由乡镇女性班子成员兼任，除3个乡镇党政班子成员中无合适女性班子成员担任妇联主席人选外，其余14个乡镇妇联均已完成妇联改选，由乡镇党政班子中的女性成员兼任乡镇妇联主席，并配备多名专、兼职工作人员。妇联干部教育培训纳入党员干部教育培训总体规划，镇、村妇联干部参训率达100%，提高基层妇联工作者的履职水平。县妇联干部分片联系乡镇、乡镇妇联联系村、村（社区）妇联联系妇女群众，打造21个区域化妇建示范点，通过织好一张网、建好一个家、出台一批制度、打造一支队伍，实现“七有”目标，并通过典型引领整体推动，不断深化妇联基层组织建设改革创新。12月1日，天易经开区妇联成立。

推动妇女建功立业。实施巾帼脱贫行动，把推动妇女创业就业作为助推妇女脱贫致富的重要途径来抓，组织17名贫困妇女参加手工编织技能培训，举办农村实用技术培训18期。实施巾帼双创行动，累计开展女性双创培训500多人次，联合北京农家女培训学校举办SYB专题班，送训35人；争取小额贷款152万元，为创业女性解决融资难题；县女性创业者协会创建县级电子商务示范基地，对接“京东”电商平台，拓展销售渠道。实施巾帼建功行动，县妇幼妇女保健科获评省级“巾帼文明岗”；开展巾帼环保行动，举行“乡村生态振兴 巾帼环保行动”公益讲座2场，开展“垃圾分类 绿色生活”趣味竞赛活动2场。弘扬文明新风，评选10户“文明家庭标兵户”、24户“文明家庭”、48户“两型家庭”、55户“平安家庭”、55户“最美农户”荣誉称号；开展好家风好家训宣传展示活动、道德模范事迹巡讲活动和“家书抵万金”现代家书家信征集活动，表彰57篇优秀作品；成立湘潭县妇联幸福家·家长成长中心，开展家庭教育公益讲座10场；开展“不忘初心 快乐成长”未成年人思想道德教育活动和双合格家庭教育实践活动，表彰在活动中表现突出的30对“优秀母亲”和“三好孩子”。

做实妇女儿童维权服务。拓宽维权渠道。全市婚调工作现场会在湘潭县召开；举办全县妇联系统婚调工作培训班；全年共调处婚姻家庭纠纷180例，其中调和89例；接待来电来信来访94起，办理率100%；开展“三八”维权宣传月活动，组织举办“家庭律师基层行”主题宣传活动6场，线上线下多种方式开展反家暴、婚姻法等妇女维权相关政策和知识宣传。推进规划实施。组织县妇儿工委成员单位认真履职，积极协调、配合各职能部门落实妇女儿童发展两个规划目标任务，完成“两个规划”中期评估；创建全国妇联儿童快乐家园2个、省级示范儿童之家1个、省级家庭教育指导中心1个。做实民生实事。关爱农村留守儿童心理健康“知心屋”项目扎实推进，县妇联获湖南省“知心屋”项目先进集体荣誉称号；农村适龄妇女两癌免费检查2.3万余人，完成率107%；为260名农村贫困妇女免费赠送50元/人的女性健康“两癌”公益保险；关爱困境妇儿。争取中央、省、市两癌救助金94.4万元慰问203名贫困两癌患病妇女；对接迅达争取爱心款109万元慰问1064个困境家庭；慰问贫困离任村妇代会主任61人，送去慰问金3.05万元；发放春蕾助学金6.01万元，救助83名春蕾女童。

【庆“三八”节系列纪念活动】 3月7日上午，湘潭县“巾帼心向党 建功新时代”庆“三八”国际妇女节108周年纪念大会暨2018“文明创建·巾帼同行”启动仪式在子敬学校和乐馆举行， 活动现场对全县首届文明家庭标兵户、巾帼文明岗、示范妇女之家和2017年度妇女工作先进集体进行颁奖。3月8日，县委书记傅国平与湘潭县优秀女性人才座谈，了解湘潭县女性人才基本现状，探讨新常态下女性人才发展存在的困难和问题，广泛听取和吸纳好的意见和建议，为湘潭县全面深化改革增添强有力的人才智力支持。

【庆“六一”系列活动】 5月30日上午，湘潭县庆“六一”表彰会暨“春蕾助学”现场发放仪式在县政府五楼会议室举行。县人大常委会副主任李西文，县妇儿工委主任、副县长杨欣荣，县政协副主席何晓春及“春蕾女童”“双合格”家庭、“家书抵万金”获奖代表、乡镇妇联主席和家长们近200人参加大会。会议现场为38名春蕾女童发放了助学金，并表彰了30对“双合格”（优秀母亲和三好孩子）和57名“家书抵万金”获奖者。会后，组织“春蕾女童”及其监护人近90人到市博物馆开展“不忘初心 快乐成长”未成年人思想道德教育活动。

【埃塞俄比亚、乌干达政府项目考察团到县考察ECD项目】 2018年9月18—19日，埃塞俄比亚和乌干达项目考察团一行到湘潭县考察儿童早期发展社区家庭支持服务项目（简称ECD项目）。考察团一行15人，由埃、乌两国政府官员、联合国儿基会驻两国项目人员、全国妇联工作人员及联合国儿基会驻华办事处项目官员组成，省、市妇联相关负责人陪同，市人民政府副市长刘永珍、县委副书记周艳希出席考察交流座谈会。考察团一行还实地走访射埠镇高风村和河口镇涓水村2个ECD项目点。 （陈思瑶）

科学技术协会

【概况】 2018年，湘潭县科学技术协会围绕“挺进全国百强县，创建全国文明城市”奋斗目标，聚焦主责主业，持续深化科协系统改革，团结带领全县广大科技工作者积极进军科技创新和经济建设主战场，求真务实，开拓奋进，各项工作迈上新台阶,被评为2018年度全市科协系统先进集体。

《湘潭县科协系统深化改革实施方案》经第13次县委常委会议审议通过并正式印发。将3个大方面内容细化，分解落实到党组领导、机关各股室，各乡镇制定路线图、时间表，稳步推进改革任务。全县17个乡镇均成立科协组织，由专职副书记分管，农推中心主任或经发办主任兼任科协主席，配备1名以上科普专干，并建立科普志愿者队伍；推动科协组织向园区延伸，天易经开区成立科协组织。湘潭县成为全市首批出台科协系统深化改革方案的县市区，改革工作走在全市前列。

元旦春节期间，组织科技人员到石鼓、杨嘉桥等乡镇开展“三下乡”春节慰问活动，发放各类科普书籍和资料10余类3000多份，提高农民科技意识、科技致富能力和科学素养。

9月19日,全国科普日湘潭主场活动在湘潭县一中举办。活动现场，机器人表演、青少年科技创新作品展等9类大型科普活动让前来参加活动的嘉宾、学生、群众大开眼界，充分享受着别开生面的科技大餐。此次主场活动共展出科技展品30件，科普展品50块，科技创新作品20项，科幻绘画80幅，发放科普资料3000余份。县科协还围绕青少年科技创新、科普实践体验和电信诈骗等内容开展科普宣传活动4场次，有效提高公众科学素质。

经过申报、推荐和评选，县科协分两批评定湘潭县自然水稻种植协会等11个农技协、湖南科星良种繁殖等12个科普示范基地、晓木塘社区等1个社区为2018年湘潭县基层科普行动计划奖补单位，共奖补资金49.5万元。争取市级基层科普行动计划8个项目奖补资金65.5万元、省级基层科普行动计划1个项目奖补资金5万元，湘潭县获奖补项目和资金居全市首位，现获奖资金已全部投入乡村振兴计划中。

2018年，建成11家科普E站：凤形山社区和晓木塘社区2个社区E站，青山桥镇青山桥村、中路铺镇竹冲村和乌石镇众兴村等6个乡村E站，县青少年综合实践基地、子敬学校和云龙小学3个校园E站。

组织举办第38届县青少年科技创新大赛，共收到各类作品598件，经过大赛评审委员会认真评审，评选出“优秀科技创新成果”“优秀科技实践活动”“优秀科幻绘画”“优秀科技创意”“优秀科学DV”一等奖71个，二等奖100个，三等奖145个，易俗河镇中心学校等5个单位获优秀组织奖，何文芝等6人获优秀科技教师奖。

3月，县科协印发《关于开展湘潭县籍在外人才摸底调查工作的通知》，由各乡镇摸底在外的技术、管理、财务和风投专家，以及新兴行业骨干带头人。各乡镇积极收集专家的资料，并及时向县科协上报，县科协建立第二批50余人的科技专家库。 （彭 乐）

归国华侨联合会

【概况】 2018年，湘潭县归国华侨联合会以习近平新时代中国特色社会主义思想及中共十九大精神为指引，以建设“现代壮县，幸福莲乡”为目标，坚持“以人为本，为侨服务”的宗旨，充分发挥侨联的特点和优势，团结和带领全县归侨侨眷，围绕县委、县政府的“挺进全国百强县”和“三创一治”目标，积极服务县域经济发展。2018年，湘潭县侨联被评为湘潭市侨联系统先进组织，归侨郭立明被评为湘潭市归侨侨眷先进个人。

以“四责四诺”要求为总抓手，大力开展“五联五问”。深入涉侨企业和侨属、侨眷，了解企业发展存在的困难，帮助侨属侨眷维护合法权益，解决实际困难。利用春节走访慰问时机，向广大归侨侨眷通报湘潭县过去一年经济社会发展情况和取得的成绩，简要介绍县人大十六届二次会议和县政协九届二次会议精神，广泛听取归侨侨眷意见和建议。

春节前夕，县委副书记周艳希走访慰问市精准扶侨对象郭爱明家庭，县委统战部副部长王璧看望重点困难侨眷武素洲。春节期间，县侨联共走访慰问困难、空巢、高龄、重点归侨侨眷41户，发放慰问金21800元；按照湘潭县2018年“双联”帮扶活动安排，筹措慰问资金2000元，做好原县汽车队、原县运输公司困难职工走访慰问活动。针对低温雨雪冰冻天气持续影响，安排人员了解高龄、空巢侨眷群众生活情况，帮助解决实际困难，让他们感受到党和政府的温暖。按照县委组织部“干群一家亲，党群心连心”活动的要求，走访慰问联系单位白石镇湖田村的困难党员尹雪莲、马术兵，送去慰问金。根据县扶贫办的要求，对白石镇湖田村三户贫困户开展结对帮扶工作，向贫困户宣传和解读脱贫攻坚政策，为他们巩固脱贫成果出谋划策。

围绕中心，开展引资引智工作。邀请县委常委、统战部部长陈卫兵到株洲考察、对接侨商企业。通过省市侨联引荐，湘潭铜锣湾广场城市综合体项目正式签约，接待澳洲侨商国际贸易考察团一行到湘潭县考察，在湘潭县注册成立“湘潭郭立明进出口贸易有限公司”。接待省侨联党组书记朱建山一行到县调研考察，参观梅林农业示范园、天易经开区，就招商引资、人才引进等方面与县委书记傅国平、统战部长陈卫兵进行交流座谈。对县籍在外国的学术界人才进行一次全面摸底，为湘潭县院士工作站成立和人才引进提供高科技人才保障。前往中国科技大学拜访中国科学院院士、国家自然科学一等奖获得者陈仙辉，陈院士对湘潭县海泡石产业提出建议，同意在污水污泥处理方面提供帮助。

组织全县重点侨眷代表参加市侨联举办的第三届“春满莲城·情暖侨心”侨界新春联谊活动；协助湘潭市侨联做好湘潭市第八次归侨侨眷代表大会的相关工作，推荐、组织12名代表参加大会。对全县8家涉侨企业进行走访，进一步掌握县内涉侨企业的基本情况，为筹备参加湘潭市侨商会第三届会员大会奠定良好的基础。

召开第五届三次委员会，全体委员、部分侨眷代表和归国留学人员代表参加，会上通报县侨联2017年主要工作完成情况，确定2018年工作思路和工作重点。

开展侨法宣传进乡镇、进社区、进学校的“三进”活动，在易俗河牛头岭社区进行侨法宣传，发放涉侨法律法规宣传资料，在河口镇人民政府、易俗河镇晓木塘社区、杨嘉桥镇同福村设立大型宣传栏。

密切与侨界人大代表、政协委员的联系，组织侨界县人大代表、县政协委员围绕全县经济社会发展热点、社会焦点、民生重点积极履职，广泛参政议政、建言献策。侨界政协委员王立方撰写《请求筹办卢冬生110周年诞辰纪念活动》的提案得到县政协、县委宣传部的高度重视。

【湘潭县侨联拜访陈仙辉院士】 为加强与湘潭籍高层次人才的联系，筹备成立湘潭海外高层次人才联谊会，2018年9月20日至21日，湘潭市、县侨联负责人前往中国科技大学拜访中国科学院院士、国家自然科学一等奖获得者陈仙辉。

湘潭市、县侨联一行人得到陈院士的热情接待，侨联负责人向陈院士介绍湘潭近年来的发展情况和人才引进政策，表达成立院士工作站的愿望。

陈院士是湘潭县乌石镇人，中国科技大学物理系教授、博士生导师、中国科学院强耦合量子材料物理重点实验室主任，先后任教于德国、日本、美国、新加坡等有关知名高校。陈院士十分关心家乡的发展，客观分析湘潭科学技术成果转化及科技人才发展的现状，对湘潭县海泡石产业提出建议，同意在污水污泥处理方面提供帮助。

【澳洲侨商国际贸易考察团到湘潭县参观考察】 2018年6月5日，澳洲侨商国际贸易考察团一行到湘潭县参观考察，天易经开区、县侨联、县商务粮食局负责人陪同。上午，考察团一行先后深入天易经开区伍子醉食品有限公司、湖南新向维包装有限公司、湖南弘茂湘莲有限公司、湘潭县梅林美丽乡村示范片进行参观考察。考察团饶有兴趣地参观伍子醉槟榔厂生产车间，在新向维有限公司就产品新工艺等情况与企业负责人进行深入交流，仔细了解弘茂公司发展经营状况、主要产品、市场规模等情况。5日下午，考察团一行与天易经开区、县侨联、县商务粮食局负责人在天易经开区多功能厅进行交流座谈，天易经开区负责人向考察团重点介绍园区建设、招商引资、国际贸易产品进出口等有关情况。考察团成员介绍各自公司基本情况和主要业务，在听取相关情况后，考察团成员表示，湘潭县文化底蕴厚重，发展前景良好。县侨联还陪同考察团到湘潭经开区和韶山海关参观、交流。

【县委统战部长陈卫兵走访侨商企业】 2018年12月13日，县委常委、统战部部长陈卫兵在县侨联负责人陪同下到湘潭郭立明进出口贸易公司走访调研。详细了解公司的发展状况、困难问题、建议意见。该公司自8月17日注册成立以来，公司已经与澳大利亚、巴西等国的奶粉、红酒、咖啡、食品、冷鲜、木材供应商达成出口协议，公司负责人表示，希望掌握全县特色产品产业结构、生产经营状况和出口需求等信息，愿意为县域产品扩大出口作出积极努力。

【湘潭县新增一家进出口贸易公司】 2018年8月17日，湘潭郭立明进出口贸易有限公司在湘潭县注册成立。该公司注册资本100万美元，经营范围涵盖酒类、日用品、机械设备、家用电器、海鲜水产、肉制品冷冻冷藏等进出口服务。

湘潭郭立明进出口贸易有限公司是由阿联酋GLM国际贸易公司出资注册成立，该公司法人、阿联酋湖南商会会长郭立明在湘潭县侨联的大力引荐下，于2018年6月邀请澳洲金帆公司、BRAU公司负责人一道组成考察团对湘潭进行为期一周实地考察，在与湘潭县天易经开区、韶山海关、湘潭县商务粮食局负责人进行深入交流后，该考察团对湘潭县的投资环境和招商政策十分满意，对在湘潭县开展进出口贸易表示浓厚兴趣。经县侨联积极跟进，最终促成公司注册成立。

（胡　彪）

文学艺术界联合会

【概况】　2018年，湘潭县文学艺术界联合会下辖12个文艺家协会，联系指导乡镇文联17家，拥有骨干会员1200人左右，从事文艺创作人员20000人左右。

深化改革工作。2018年，县委常委会专题研究文联深化改革工作，以县委办名义印发工作方案。稳步推进工作，制定“湘潭县文联深化改革工作进度表”，分两年倒排工期，确定22项改革任务。通过县委深化改革推进会、县文联深化改革动员会就相关工作进行落实。部分文艺家协会会员培训呈现常态化，县人才发展专项资金支持文艺人才培训的长效机制得到健全完善，协会建设与队伍建设进一步增强，文艺志愿服务活动实现常态化，文联党建工作责任进一步落实。

【纪念彭德怀120周年诞辰系列文艺活动】　2018年，文艺评论家协会协助筹委会做好《丰碑铭刻的记忆——彭德怀同志纪念文集》编印、《彭大将军》长篇评书创作。湘潭县文联牵头承办“两书一册”首发式，组织文学作品征集活动。摄影家协会编辑出版系列活动影像集。嘤鸣诗社策划编辑出版纪念专集。

【文艺创作】　2018年，以推出精品人才和作品为目标，鼓励艺术家冲击国家级刊物、赛事和会员资格，赵炽光、刘联群、杨会昌、朱建光等4人加入中国美协、中国书协，周伟红3件作品入选、6件作品入围全国美术展览，冯再新作品入展第二届全国行书展，鄢德全创作的《荷魂》发表于《光明日报》（10月19日）。以主题创作为手段，紧扣县委、县政府中心工作，洛口诗词楹联协会组织“践行文明理念，弘扬文明风尚”主题诗词联、诗歌征集活动颁奖仪式，从180余人的400余件作品中评出获奖作品80余件；组织“我健康·我快乐”主题征文，收集文艺作品300余件；县摄影家协会组织国税杯、森林城市创建、最美蓝领等摄影作品征集赛。县作协开展了“梦圆2020——扶贫攻坚文学创作采风活动”。《白石文苑》编辑部、书法家协会、摄影家协会、美术家协会策划组织了纪念改革开放40周年文艺作品征集、青少年书法赛和“欢乐潇湘·大美莲乡”书法美术摄影暨“视野无限·聚焦天易”摄影图片展览。以重要赛事为平台，组织“欢乐潇湘·大美莲乡”书法美术摄影赛，省级赛中，入展7件，1件获一等奖，2件获二等奖，1件获三等奖；市级赛中，入展36件，3件获一等奖，7件获二等奖，26件获三等奖。组织省第六届艺术节书法美术摄影创作，入展9件，其中1件获“齐白石艺术奖”（湘潭市仅1件）。马立准、周游入选省首届刻字艺术展。许琼璇、罗艳红等9人入展“书道湖湘·墨韵芳菲”湖南省女书法家作品展。

【文艺活动】　2018年，组织“大匠之门——重走白石艺术之路”文艺采风创作系列活动，联合市、县美协组织了启动仪式、白石故里采风创作笔会、书画名家笔会、“重走白石路——白石故乡书画家四川扶贫公益行作品展览”、马边彝族自治县采风创作及作品爱心捐赠活动、江西及陕西采风创作活动，市县120余名书画家参与，“中国网”等媒体进行报道。组织“文学照亮三湘——向上向美的文学王跃文主题讲座”，县作协组织600余名市县文学爱好者聆听讲座，中国都市新闻网等10余家媒体进行宣传报道。组织参与高端艺术交流，尹柱中、朱文智2人参加在西班牙、希腊举办的“从齐白石故乡吹来的风”中国湘潭书画家作品展（湘潭市共17人参展），赵炽光等应邀参加中国·湘潭齐白石国际艺术节名家作品展。年内12个协会及谭家山镇、云湖桥镇等组织“三下乡”“文艺进机关、进学校、进社区、进厂矿、进乡镇、进村组”文艺培训及文艺采风交流活动近200次。音乐家协会、舞蹈家协会、戏剧曲艺家协会积极组织或参与“欢乐潇湘”“周周乐”“青少年才艺赛”“戏曲进社区”等活动。

【文艺队伍】　加强协会的管理，2018年制定《湘潭县文艺家协会管理办法》和《湘潭县文联专项资金管理办法》，加强对各协会年检的初检工作。加强联系文艺家工作。建立县文联主席团成员联系协会和文艺家制度，各主席团成员参与协会活动2次以上。县文联健全完善文联主席团、退休艺术家、资深艺术家、协会负责人走访制度，共走访艺术家30余人；美术家协会等12个协会建立健全骨干会员走访制度，各协会走访会员代表不少于10人。加强乡镇文联工作。文联走访乡镇文联8家，指导参与活动12次。建立协会与乡镇文联结对联谊制度。洛口诗词楹联协会与谭家山镇文联、书法协会与青山桥镇文联和茶恩寺镇文联、美术协会与云湖桥镇文联和易俗河镇文联、民间文艺家协会与乌石镇文联、嘤鸣诗社与杨嘉桥镇文联联谊活动开展经常。推进文艺人才的培养培训。将文艺人才培养纳入到县党建领航工程序列，争取人才经费20万元。推进文艺专家工作室创建。制定专家工作室建设实施方案及考核办法，策划建立专家工作室2个。书法家协会组织“书艺半月谈”看稿活动。洛口诗词楹联协会每月组织诗词培训课。据统计，全年发展新会员20人以上。

（刘　鸽）

残疾人联合会

【概况】　2018年，湘潭县残联认真贯彻落实残疾人小康进程的决策部署，加强残疾人康复服务，推进残疾人脱贫攻坚，残疾人事业得到全面发展。

残疾人脱贫攻坚工作。全面完成2018年中央和省对湘潭县残疾人脱贫攻坚考核工作，落实扶残助学政策，积极配合民政、人社部门发放全县7832名建档立卡贫困残疾人两项补贴，代缴贫困重度残疾人城乡居民医保和最低缴费档次城乡居民养老保险政策。

开展“连千村帮万户”“干群一家亲,党群心连心”工作。县残联结对帮扶茶恩寺镇晓花村、杨嘉桥镇雁银村和中路铺镇菱角村共29户贫困残疾人家庭，一户一策制定帮扶方案，帮扶资金10万余元，建立长效的助残扶贫解困机制。实施农村残疾人阳光增收计划，对330名农村贫困残疾人展开帮扶，增强就业创业脱贫技能，提升造血功能。培育30名自主创业脱贫致富优秀残疾人典型，每人创业扶持5000元。开展贫困残疾人和残疾人工作者慰问活动，县乡残联系统共走访慰问320人，发放慰问金及物资合计16万元。

残疾人精准康复工作。2018年开展“0~7岁贫困残疾儿童抢救性康复项目”，全县120名贫困家庭残疾儿童得到免费康复训练；开展贫困精神病患者免费服药救助，组织市五医院医生下乡为670名贫困精神障碍患者免费检查，发放500元/人·年基础类药物，救助资金34万元；免费为26名贫困家庭成年残疾人适配高品质耳塞式助听器；联系湘潭爱尔眼科医院，到全县17个乡镇，免费为700多名贫困残疾人实施白内障复明手术；联系省民政厅假肢矫形康复中心为35名肢体残疾人免费安装假肢；开展辅具器具服务车下乡适配活动，适配辅具1020人次，帮助残疾人恢复或者补偿功能，减轻功能障碍。扶持建设4个乡镇（社区）残疾人辅助器具服务站，为基层残疾人就近就便提供辅助器具供应和适配服务。

残疾人民生保障服务。认真开展全县残疾人基本服务状况和需求信息数据更新工作，争取政府重视，投入40万元，组织全县355个村（社区）27022名残疾人进行现场调查（全县持证残疾人26226名，建档立卡贫困残疾人7832名），及时掌握残疾人基本状况与需求信息。县残联认真落实残疾人“两项补贴”省市政府实事工作，2018年起两项补贴标准分别提高至70元/人·月，全县11295名残疾人享受困难生活补贴，8626名残疾人享受重度护理补贴，全年发放“两补”资金1732.391万元。全面落实资助政策，开展“智力扶残、后代扶强”助学活动，扶持476名残疾人学生和贫困残疾人家庭子女，资助资金共计63.62万元。实施阳光家园计划，采取政府购买服务方式，争取省、市资金12.8万元，县配套0.4万元，共投入13.2万元，组织湘潭县三湘福星园残疾人托养中心为全县80名就业年龄段重度肢体残疾人提供居家服务、日间照料。开展贫困残疾人家庭无障碍改造，为60户贫困残疾人家庭消除日常生活障碍。审核申报2019年度残疾人机动轮椅车燃油补贴1235人。

残疾人平等权益保障。5月份，市人大到湘潭县对贯彻落实《中华人民共和国残疾人保障法》和《湖南省实施〈中华人民共和国残疾人保障法〉办法》进行执法调研，实地视察县2家残疾人基地、机构建设情况，听取县政府关于“一法一办法”实施情况的汇报。切实维护好残疾人合法权益，信访办公室接待来访来电168批次、通过网上信访信息系统办理网上信访27件，处理市、县交办件8件，回复网络舆情信息12条，回复办结率100%。全年及时妥善处理残疾人各类诉求，化解矛盾，维护社会稳定。

残疾人就业。2018年，开展残疾人职业技能培训4期，开展农村残疾人实用技术培训班15期，共培训残疾人450名。密切配合县人社部门在全县9个乡镇共举办9场专场招聘会，为残疾人就业搭建平台。实施残疾人创业扶持专项行动，争取省级扶持全县37名残疾人创业，市级帮扶26名农村残疾人阳光致富带头人、建档立卡贫困残疾人创业对象。

残疾人文化体育。选拔10名残疾运动员进入市队参加省第十届残疾人运动会，获得金牌14枚、银牌6枚、铜牌2枚，助力市队取得全省第三的好成绩。开展第二十八次全国助残日系列活动。指导残疾人专门协会开展集中观看爱国主题电影等符合各类别残疾人情况的文体活动。继续推进文化助残“五个一”工程，按照公平、就近、便捷的原则，为残疾人提供必要的文化活动用品，开展丰富多彩的基层残疾人文化体育活动。

（彭志颖）

计划生育协会

【概况】 2018年，湘潭县计生协通过大力推广“支部+协会”“行业+协会”“总会+分会”等模式，加强在企业和流动人口计生协会建设力度。创建湖南伍子醉食品有限公司流动人口计划生育协会。全县已建立各级协会组织395个，协会会员7.8万余人，其中骨干会员7120人，重点联系户7120户，逐步建立县乡村三级协会组织网络，着力推进计生基层群众自治示范点创建工作，全县各级计生协指导村（居、社区）依法重新修订《计划生育村规民约》150余个。全年创建县级以上计生基层群众自治先进村13个，云湖桥镇被省计生协评为“省级计生基层群众先进乡镇”。

慰问帮扶。开展计生困难家庭慰问、计生“三结合”、计生家庭创业贷款贴息、计生特殊家庭健康保险、计生特殊家庭重病大病住院护理补贴等五大“生育关怀”项目。年初，县委副书记周艳希，县人民政府副县长、计生协会会长杨欣荣慰问计生困难家庭；7月1日，县计生协全体机关党员干部到排头乡严冲村，对严冲村30名困难党员和群众进行慰问；9月10日，湘潭县计生协全体干部职工到易俗河镇敬老院，对48位老人进行慰问。积极争取省、市项目资金，扶持计生“三结合”项目8个，投入资金23万元。6月20日，县计生协争取省计生协资金14.97万元，为998户计生特殊家庭购买健康保险150元/人/年；同时，扎实开展计生特殊家庭重病大病住院护理补贴工作，全年，审核和发放住院护理补贴对象191人次，补贴金额19.28万元。7月19

日，湖南省财政厅委托第三方中介机构对湘潭县计生协省级专项资金进行绩效评价，对湘潭县资金管理给予高度肯定。

宣传教育。县计生协积极开展宣传教育活动，为庆祝中国计划生育协会成立38周年暨全国第20个会员活动日，县计生协会于5月22日在中路铺镇开展以“会员心向党，建功新时代”为主题的大型宣传服务活动。同时，利用“7·11”世界人口日“12·1”世界艾滋病防治日等重大时期，举行集中宣传活动。11月28日，在县职业技术学校举行“生育关怀——青春健康教育”知识讲座，学校400余师生参加。12月1日，在步步高同丰广场开展第31个“世界艾滋病日”集中宣传活动。县计生协与县儿童早教发展示范基地合作，建立0~3岁婴幼儿档案，举行早教进万家系列公益活动，市计生协相关负责人到湘潭县调研，给予充分肯定。县计生协在云湖桥镇新中塘村创建家庭发展服务中心，其做法被中国计生协微信公众号关注。

2018年度，县计生协在省考核评估中，成绩优异，在全市排名第一，被湖南省计生协授予“模范单位”荣誉称号，被评为“全省计划生育协会先进集体”。

【“5·29”会员活动日活动】 为庆祝中国计划生育协会成立38周年暨全国第20个会员活动日，2018年5月29日，县计生协会在中路铺镇开展以“会员心向党，建功新时代”为主题的大型宣传服务活动。现场举行群众卡拉OK赛和知识抢答，慰问22名计生特困群众，组织会员和志愿者宣讲中共十九大精神、开展义诊、发放优生优育宣传资料和宣传品。市、县领导出席此次活动，县电视台、县网站等县级主流媒体进行宣传报道。

【中国计生协到湘潭县计生协调研】 2018年9月13日，中国计生协副会长勾清明、中国计生协副秘书长、党组成员范晓敏、中国计生协巡视员、组宣部负责人朱扶庭、省计生协会会长石玉珍、省卫计委党组成员、常务副会长康代四一行赴湘潭县调研。调研组实地考察湘潭县易俗河镇银塘村，与村支两委、村计生协会负责人现场交流，了解基层计生协组织建设和活动开展情况，召开座谈会，分别听取县、乡镇、村各级计生协工作情况汇报，勾清明会长对湘潭县计生协工作给予充分肯定和高度评价。 （谭素文）

红十字会

【概况】 2018年，县红十字会加强队伍建设，坚持党建促业务，履行“三救”“三献”等法定职责，增强全县红十字事业发展劲势，提升改善困难群体生活境况的能力。

认真履行法定职责。2018年，开展“红十字博爱送万家”活动。采购棉被、粮油、大米等救助物资47900元，统筹安排省、市红十字会转拨的救助物资609件，在春节前对特殊病种患者和县城困难家庭、精准扶贫对象等70户，以及10个乡镇的350户特困家庭，发放救助物资，让其过上温暖祥和的春节；邀请市红十字会赴青山桥镇霞岭敬老院送慰问物资120件，市、县红十字会慰问金6000元和2000元。8月1日，“送清凉”慰问凤凰路环卫工人24人。落实人道救助政策。指导并受理困难群众提交人道救助申请，县网公示14名申请省级人道救助对象，县级人道救助11个困难群众15600元。5月18日，对易俗河镇金霞小学的10岁贫困女生胡甜进行家访，送去毛巾被2床和床上四件套物品1份。推动“三献”工作。4月29日晚，协调处理新邵县周小云在湘潭县境内受重伤抢救无效的器官捐献，帮助1名换肝、2名换肾的危症病人重获新生。第71个“5·8”世界红十字日，组织64名红十字志愿者发放红十字知识宣传折页3800余份，采购2600元物资慰问13名新登记的遗体和人体器官捐献志愿者（全年登记15人）。第15个“6·14”世界献血者日，开展义诊咨询和宣传动员活动，发放宣传资料2000份，县红十字会陈均亮带头无偿献血300毫升，另有23名志愿者无偿献血，其中3人同时采集造血干细胞捐献血样入库（全年采样入库92名），向无偿献血者赠送价值4800元纪念品，致以节日的问候。9月10日，县妇幼保健院何嘉欣医生在湘雅二医院志愿捐献造血干细胞，拯救一个素未谋面的12岁重病儿童。组织急救知识培训和普及。1400名机关干部、学校师生参加全国红十字防灾避险知识竞赛活动。围绕第19个“世界急救日”的主题，在县社会组织孵化中心、百花学校、县委组织部、湘潭凤凰初级中学、县云龙中学、县交通运输局等举办应急救护培训进社区、进学校和进机关活动。

扎实开展结对帮扶工作。及时对接排头乡党委及仓冲村党支部，制定《湘潭县红十字会“干群一家亲，党群心连心”帮扶活动实施方案》，召开动员部署会和工作推进会，领会精准扶贫和脱贫攻坚政策，实行在职党员“一对一”到户帮扶，组织6次走访慰问5户帮扶对象和2名困难党员、1名留守儿童，听民意、讲政策，出点子、送物资，发放2000元慰问物资、3500元慰问金，4户年底实现脱贫。

切实加强支部建设。2018年，严格按照《中国共产党章程》《中国共产党支部工作条例（试行）》等规定，自觉履行党要管党、全面从严治党、党风廉政建设和意识形态等工作的主体责任，切实加强支部建设和党员教育管理，不断提升政治功能和服务本领。加强支委班子建设和管理，保持稳定性纯洁性先进性，发挥战斗堡垒作用和先锋模范作用，确保支部设置标准化。推行党员日常行为积分管理，开展慰问困难党员和推荐优秀党员活动，陈均亮被县直机关工委评为“学习型党员”，推进管理服务精细化。认真梳理机构及机关党支部从建制设立、自主运行以来的弱项、短板和现实需要，完善《湘潭县红十字会机关党支部基本工作制度和基本组织生活制度汇编（2018年）》，狠抓执行落地，保障党员的各项权利，确保工作制度体系化。规范建设模块和内容等，加强支部阵地建设，党员活动室达到“八有”标准（有场地、有设施、有标识、有党旗、有誓词、有书报、有制度、有电子显示屏），专人维护管理，推进阵地建设规范化。按照“加强组织领导强责任、加强理论武装强思想、加强阵地管理强宣传”的思路，积极征订党报党刊和辅导读本，定期开展主题党日和理论学习活动，贯彻中共十九大精神、习近平新时代中国特色社会主义思想、全国“两会”精神、脱贫攻坚政策、生活垃圾焚烧发电科普知识、扫黑除恶专项斗争精神，规范管理自媒体，把牢意识形态领导权，抓好意识形态工作。

（唐碧泉）

法 治

政法委及综治

【概况】 2018年，全县政法机关不断创新、积极担当、主动作为，始终肩负“护一方平安、助一方发展”的双重重任，为促进县域经济发展和社会平安稳定创造良好的法治环境。湘潭县省级公众安全感测评成绩跃居全省第17名，“三位一体”、扫黑除恶、案件讲评等工作获省市肯定，并获得“全国法治县”先进单位荣誉。

主动护航发展，营造宜商宜业的发展环境。先后召开各类会议158场次，组织7轮全覆盖走访，连续10个月落实警力守点，稳妥处置应急事件80余起，有力确保湘潭垃圾焚烧发电项目稳妥推进。开展“百日护建”行动，实施保护性施工7次，裁决39起涉征涉拆诉讼案件，依法强制执行涉征拆非诉案件9起，广州酒家、下摄司大桥、联海商贸城等11个建设项目顺利推进。组织“决胜执行难”“除虫护花”等行动，破获经济犯罪案29件，执结执行案2197件10.4亿元，公诉非法集资等涉众涉企经济案19件44人。将服务关口前移，化解涉企矛盾纠纷21起，办结金融领域突出问题6件，解决涉企矛盾纠纷76件，24名“假奖券兑换槟榔”侵犯伍子醉公司权益嫌疑人被提起公诉，龙畅房产公司部分债务得到减免、购房人全部拿证入住息访。

全力维护稳定，确保社会大局的安定有序。统筹抓实意识形态、国家安全等工作，落实反奸防谍主体责任，16名关注人员全部在控。组织安保维稳“百日会战”，落实学校、医院、广场、车站、农贸市场人、物、技、群、心五防措施，全县公共秩序良好。确保彭德怀120周年诞辰等重大节点社会大局稳定。

推进扫黑除恶。成立高规格领导小组，建立10大机制，印发宣传资料110万份，收集群众举报和政法单位自主摸排的涉黑涉恶线索388条，破获涉恶类刑事案件64起199人，打掉7个涉恶团伙，33个村、2个社区党组织软弱涣散的问题得到解决，工作经验、扫黑战果先后在《湖南日报》等媒体刊（播）发。

优化社会治理，奠定“三治”融合的工作基础。创新社会治理，全县网格化基础数据录入率达到98.6%，网格员上报事件办结595件；平台上线1892个农村监控探头，湘潭县在全省率先实现“雪亮工程”村级全覆盖，被《法制日报》采访报道；355个村（社区）综治中心全部挂牌，晓木塘等6个社区接入综治视联网。382个调解组织成功调处矛盾纠纷2434起，网格微调解经验在《法制周报》等媒体刊发。29个职能部门列出《依法分类处理信访诉求清单》，非访训诫、拘留人数达83人，诉访分离真正落地。

深化平安创建。扎实推进立体防控和重点治乱，全面排查登记肇事肇祸精神病人，全县刑事发案同比下降18.4%。同时，县乡各级扎实推进民情大走访，各单位、各乡镇大力开展平安创建，茶恩寺镇茶恩村获评“湖南省平安村（社区）创建示范单位”，全县省级公众安全感测评获得90.93分，摘掉民调排名全市末位的帽子。

始终坚持党对政法队伍的绝对领导，扎实开展“四责四诺”“五联五问”，精心组织“不忘初心、牢记使命”主题教育活动，切实加强政法系统的政治建设、思想建设、文化建设、能力建设，锻造政法铁军。涌现“全国创建‘平安医院’活动先进单位”“省优秀公安局”“市先进基层检察院”等一批先进集体和“全国县级公安机关先进局长”彭世辉、“全国优秀法官”崔赣、“全国模范司法所长”杨铁强、二等功臣张浩繁等一批模范。

【民情大走访活动】 2018年，召开动员会议，组织全县干部职工全面深入开展民情大走访活动，建立“县级领导联社区、机关单位进网格、干部职工包楼栋”的走访工作机制，和收集、整理、交办、督查、评价、考核、反馈的群众工作机制。全年参与走访的干部共4141人，走访群众22.62万户，收集群众问题

2684个，通过县群众意见交办中心交办8批次134条，已经办结82条，长期办理52条，有效提高了群众满意度。

【垃圾焚烧发电项目建设】 2018年，召开动员大会，项目选址决策听证会，加强项目宣传与舆情引导，组建群众工作驻村工作队并立即开展群众工作，加大维稳处置工作力度，湘潭生活垃圾焚烧发电项目周边环境基本可控，项目建设稳妥推进。编印《生活垃圾焚烧发电知识手册》1.5万份发放千家万户，在各网络平台发布宣传信息909条，点击量56万次；300余名驻村工作队员分片包干、分户到人，已完成第三轮走访；动员、组织人大代表、政协委员、企业职工、教师和当地居民2500余人赴益阳、常州考察观摩；共处置各类应急事件80余次，出动警力2800人次，依法行政拘留20人，刑事拘留9人，没有发生打砸事件。完成社会稳定风险评估工作前期公众调查和省住建厅专家组实地勘查工作。牵头组织10余次群众工作组长会议，完成公参区所有住户五轮次走访。

【彭德怀120周年诞辰纪念活动维稳安保工作】 2018年，紧盯"四个绝对"和"五个明显"工作目标，认真落实"三大措施"，严格执行"三个一律"，及时召开保畅保安工作推进会议，扎实做好隐患排查、风险防范、秩序维护等工作，有效化解处置"10·18"全国涉军人员规模集访、"10·22"垃圾焚烧发电项目"维权"群体集访省政府等，圆满完成彭德怀120周年诞辰纪念活动维稳安保任务。

【歌舞娱乐场所集中整治】 2018年，组织公安、文旅体、消防、环保、城管、食药监等部门开展为期3个月的歌舞娱乐场所集中整治专项行动，集中整治营利性陪侍、超时经营、未成年人消费、环保隐患、拖欠工资、食品安全等问题。2018年共出动执法人员2000余人次，检查256家次，下达整改通知书20余份，现场整改各种安全隐患及违规行为86处，强制关闭以及自行闭门整顿歌舞娱乐场所21家。

【"百日护建"行动】 2018年，召开湘潭县"百日护建"动员部署会议，制定并印发《湘潭天易经开区项目推进"百日护建"专项行动实施方案》，成立工作领导小组，明确各自职责和行动步骤。组织公安、城管、天易经开区等部门展开"百日护建"，切实做好一项目一研判、一项目一调度，精准制定保护性施工方案，精准组织群众思想疏导和矛盾分化瓦解等工作，为广州酒家集团利口福（湘潭）食品有限公司和湖南湘潭佳海食品医药有限公司等11个项目实施保护性施工，确保项目有序实施。

【安保维稳"百日会战"】 2018年，衡东"9·12"事件后，密集召开专门会议传达中央、省、市领导批示指示精神，制定下发《关于进一步加强社会面治安防控工作的通知》等文件，组织开展"百日会战"。9月13日，全面启动社会面治安巡逻，参与警力100余人，县直机关、城管、社区巡逻队员200余人。9月14日，在湘潭县汽车站组织进行反恐实战演练。同时，扎实开展重点人员摸排和重点部位、重点物品隐患排查，严格管控重点人员，积极消除安全隐患；对重点部位加强物防、技防措施，落实硬质隔离，实行人车分流，在学校、农村集市设置减速带，全面开展道路交通安全、消防安全和突出社会治安问题整治。

（肖 淦）

法治政府建设

【概况】 2018年，湘潭县严格规范性文件审查，为营造良好法制环境提供有力保障。

县政府全年共出台规范性文件49件，所制定的每一起规范性文件均报市人民政府及县人大常委会进行备案审查，还组织对2012年以来全县制定的规范性文件进行全面清理，共清理规范性文件457件，其中拟失效的规范性文件85件，确认废止150件、重新发布41件、继续有效181件。

加强重大合同审查，有效预防和化解经济纠纷。全年共审查政府各类合同80余起。

认真办理行政复议和应诉案件，有效化解行政争议。全年共受理行政复议案件35起，共审结35起。行政应诉方面，全年县级政府作为被告共有62起，行政应诉案件的特点是案件数量多，除继续办理盛家山、鸿泰宇、联营三个煤矿关闭诉案大案外，会同有关部门认真办理好每一个涉及政府的应诉案件，全年无败诉案件。

狠抓行政执法竞赛活动，强化执法监督，不断改进执法模式。根据县委、县政府工作安排，在全县开展比监督频次、比办案数量、比执法质量、比执法效果的行政执法竞赛活动，执法竞赛领导小组办公室设在县政府法制办。制定方案、考核细则和督查办法。在3月、7月、10月三次召开执法竞赛推进会，并适时督查竞赛活动进展情况，对如何做好执法竞赛活动及时进行指导。12月份，法制组牵头组织2018年行政执法竞赛工作的年度考核考评，通过案卷评查，督查核实各竞赛单位的月报和季报数据，结合各单位执法亮点，对2018年执法竞赛情况进行全面总结，并将结果汇报办党组。

不断强化执法监督、改进执法模式。加大案卷评查力度。利用执法竞赛活动，12月份组织对县直机关22个执法单位和乡镇执法中队200多本案卷进行交叉评查，对案卷存在的问题及时指出，并对他们执法过程中相关法律文书不断加以修改。进一步完善委托乡镇执法工作。对执法责任也进行明确划分，委托乡镇执法工作得到省、市相关部门的高度认可。《湘潭日报》十大改革创新案例特别报道湘潭县委托乡镇执法的新实践"让看得见的管得着"。

积极履行法律顾问职责，为政府各项重大决策提供法律保证。随着依法行政、依法决策的意识不断提高，法制组参与各类政府决策事项大幅增加，为确保各类决策的合法性，政府各类决策均派人参加，及时提供相关的法律建议，县国土资源决策委员会、县政府常务会所涉及的决策事项，均事先熟悉决策的相关事项并寻找相关的法律政策依据，会议上提供相关的法律建议，由领导依法决策。湘潭县人民政府被评为全市法治政府建设优秀单位。

（欧阳柳）

公　安

【概况】 2018年，湘潭县共接“110”报警电话14.5万个，有效报警7.9万起，各类报警中刑事类报警1597起，占比2%；治安类报警3022起，占比3.8%；交通类报警14635起，占比58.6%；全县共立刑事案件2089起，同比下降17.9%；破获刑事案件983起，移诉819人，现行案件破案率达到46.4%；受理查处治安案件3404起，行政拘留830人。县公安局先后被评为“全省三年禁毒大行动先进集体”“全省公安刑事技术工作先进集体”，再次夺得“全市公安机关绩效评估先进单位”称号，在2018年全省社会治安和公众满意度测评中取得好成绩，排名全省前15位。

2018年，处置各类突发性事件96起，圆满完成各级“两会”以及彭德怀120周年诞辰等敏感节点安保任务以及大型警保卫任务45批次。弘扬新时代“枫桥经验”，依托“三调联动”，推进依法治访，受理的6040起纠纷调解成功率达90%，摸排的3471起不稳定因素化解率达95%，配合信访部门接待上访人员1496批3922人次。

依托“三创一治”大力开展交通秩序整治，现场查处交通违法行为2.3万起、行政拘留70人。牵头开展“利剑行动”，破获刑事案件9起，移诉15人；查处行政案件27起、行政拘留7人。依托“五联五问”深入排查企业、学校等单位内部及周边不安定因素105家（起），解决矛盾纠纷118起，破获湖南长欣公司拒不支付劳动报酬案，伪造伍子醉、胖哥食品有限公司印章案等。积极配合开展“百日护建”行动，教育训诫96人、行政拘留2人，发展环境不断优化。落实落地“放管服”改革，积极推广“政务服务一体化平台”“湖南公安服务平台”，“互联网+政务服务”延伸至“最后一米”，警务服务全面升级。

深入开展扫黑除恶专项斗争、“集中打击整治突出犯罪斗争”，破获刑事案件983起、移诉819人，现行案件破案率达46.4%，其中破涉恶案件62起，打掉涉恶团伙7个，打击处理197人，侦破全市首个“套路贷”团伙。依托“反电诈”“打非”等专项行动，破获电信网络诈骗案件23起，刑拘30人，打掉团伙4个；破经济犯罪案件39起，移诉35人，挽回经济损失350余万元。充分运用警务改革和科信建设成效，精准开展社会面防控、群防群治等工作，实时开展特殊人员收治、取异，刑事发案在2017年下降19.6%的基础上再下降至17.9%。常态整治黄赌毒，成功侦破省督目标案件，全县吸毒贩毒现象、卖淫嫖娼现象公众满意度测评得分排名全市第一。全面排查整治各类安全隐患，全县道路交通事故数、死亡人数同比分别下降25.43%、15.46%，火灾事故同比下降6.35%，县看守所连续17年安全无事故，连续4次被评为全国一级看守所。

有序开展“派出所建设三年行动计划”工作、“一村一辅警”建设工作，派出所警力占全县总警力的45.05%。推进县乡两级警务机制改革，警务模式不断优化。刑事犯罪现场“1+N”勘查模式作用凸显，刑事案件现场勘查作用率达到28%。依托“平安城市”“雪亮工程”建设，新增视频监控2078个、无线WiFi采集点200个；加强“智慧公安”基础建设，采集维护“一标三实”信息22.3万余条，利用信息手段发现犯罪线索195条，发挥关键作用破案277起。

贯彻政治建警“1+5”意见，落实“三个服从”“十个严禁”“二十个不准”要求，全力支持驻局纪检组工作，队伍“四个意识”明显增强。战训合一深化能力建设，民警应对处置突发情况、抵御不法侵害的能力提升。积极参与县政府行政执法竞赛，全面加强执法管理，不断规范执法运行，全局刑事案件办理和行政处罚准确率均达到100%，公安执法工作继续保持全市第一、全省先进。有序推进“两个职务序列”改革，在全市率先落实值勤岗位津贴和加班补贴。办理民警执法维权案件37起，刑事拘留30人，妥善处置“3·13”暴力阻碍执行职务案，民警执法权益得到有效保障。先后有1个集体获记三等功，1人记二等功，7人记三等功，35人受到市县嘉奖，涌现出刘浩、王磊、肖明、赵赣龙等先进模范人物。工青妇、老干、审计等工作得到进一步提升。

【湘潭县举行扫黑除恶专项斗争启动仪式】 2018年2月13日，湘潭县扫黑除恶专项斗争启动仪式在县公安局前坪举行。县扫黑除恶专项斗争领导小组组长、县委书记傅国平，县扫黑除恶专项斗争领导小组副组长兼办公室主任、县委常委、政法委书记谭何龙、县扫黑除恶专项斗争领导小组副组长、副县长、公安局长彭世辉出席，仪式由彭世辉主持。法院、检察院、司法局、综治办相关领导及公检法司100名干警参加。谭何龙在启动仪式上作动员讲话；傅国平宣布全县扫黑除恶专项斗争全面启动。随后各单位带队赴一线开展工作。

【湘潭县公安局党委深入推进新时代政治建警工作】 2018年4月25日，湘潭县公安局召开党委会议深入推进新时代政治建警工作。会上，彭世辉认真解读《湖南省公安机关政治建警实施方案》以及《湖南省公安机关政治建警责任制规定》《湖南省公安机关请示报告规定》《湖南省公安机关改进作风规定》《湖南省公安机关规范民警交往行为规定》《湖南省公安机关关爱民警工作规定》五个规定。政委曾正新领学市局政治建警方案及副市长、市公安局局长罗伟的讲话。

【湘潭县公安局举办“留守儿童警营一日”警营开放暨“6·26”禁毒宣传日活动】 2018年6月26日，湘潭县公安局开展“留守儿童警营一日”警营开放暨“6·26”禁毒宣传日活动，邀请“湘潭小西藏”——青山桥地区的50名留守儿童走进警营，探秘民警工作，零距离体验民警生活，进一步了解警察职业，传播勇敢、正直、坚强和责任的公安正能量，培育孩子们勇于担当、勤奋钻研、自立自强的精神品质。

【湘潭县公安局正式启动“为民服务中心”】 为全面贯彻落实“放管服”改革要求，更好地满足新时代广大人民群众对公安政务服务的新期待，2018年7月20日，县公安局组织召开“为民服务中心”建设工作推进会议，局直各相关单位负责人参加。县局“为民服务中心”现已挂牌成立，各业务单位均已按要求派人入驻中心开始受理群众办事申请。

【湘潭县顺利开通港澳台居民居住证申领业务】 2018年9月1日，湘潭县顺利开通港澳台居民居住证申领业务，受理点设天易派出所，并成功为2名在校读书的台湾学生办理居住证的申领手续。

【湘潭县公安局开展“我想有个家”公益募捐活动】 2018年10月17日是全国扶贫日。当日，县公安局组织开展“我想有个家”公益募捐活动。副县长、公安局局长彭世辉，政委曾正新及其他在家局领导带头参与现场募捐。局直各党支部及各派出所党支部负责人和党员代表参与募捐。此次募捐活动筹集的资金，全额用于困难群众的扶贫帮困工作。

【湘潭县公安局圆满完成纪念彭德怀120周年诞辰信访维稳安保工作】 2018年10月23日至24日，彭德怀120周年诞辰系列纪念活动在湘潭县举行。其间，县公安局攻坚克难、全面统筹、精心组织，先后出动安保力量近900人次，确保活动期间没有发生有影响的政治性事件和群体性事件，没有发生交通拥堵现象，没有发生任何安全事故，实现纪念活动平安、文明、庄重、有序。

【湖南省财政厅公安厅到湘潭县公安局调研公用经费保障工作】 2018年4月12日，湖南省财政厅行政政法处副处长黄晓兰、省公安厅警务保障部副主任孟晓丽等一行到县局调研公安机关公用经费保障情况。副县长、公安局局长彭世辉，市财政局、市公安局相关领导陪同调研。联合调研组视察县局业务技术大楼指挥情报中心、侦查实战中心、治安防控中心等，对县局基础建设、科信建设及良好的民警队伍形象给予充分肯定。座谈会上，彭世辉同志向联合调研组作相关工作情况汇报。与会的其他领导同志先后就如何保障公安公用经费进行发言。

【“三十春秋如一日 她用岁月写芳华”——湘潭县公安局召开左亿平刑侦工作三十年座谈会】 2018年6月20日，县公安局刑侦大队办公室主任左亿平在大队内勤岗位工作满30年，县局在这特殊而具有纪念意义的日子专门召开左亿平刑侦工作三十年座谈会。副县长、公安局局长彭世辉，政委曾正新、副局长曾文博、樊海冰及曾共事的老领导、老同事、刑侦大队全体民警参加。

【湘潭县召开全县禁毒工作会议暨新一轮禁毒人民战争动员部署会议】 2018年11月26日，全县禁毒工作会议暨新一轮禁毒人民战争动员部署会召开。县长、禁毒委主任段伟长，县委常委、政法委书记、禁毒委副主任谭何龙，人大常委会副主任、禁毒委副主任李西文，副县长、禁毒委副主任、公安局局长彭世辉，政协副主席、禁毒委副主任何晓春等出席会议。会上，彭世辉作全县禁毒工作报告；组织学习习总书记关于禁毒工作的重要指示精神及相关会议精神；宣读《关于表彰2017年度禁毒工作先进单位、先进个人的决定》。县禁毒委成员单位、各乡镇主要负责人、县公安局相关部门负责人、派出所所长、禁毒大队全体民警参加会议。

【湘潭县公安局荣获全省三年禁毒大行动先进集体】 2015—2018年，湖南省禁毒委组织开展三年禁毒大行动。三年来，县公安局大力加强禁毒宣传、禁毒执法、禁吸戒毒、禁毒管理工作，取得显著成效，荣获“全省三年禁毒大行动先进集体”称号。

【戴德清督导湘潭县扫黑除恶工作】 2018年2月14日，市委常委、政法委书记戴德清在市公安局党委副书记、副局长杨笠新以及市委政法委相关负责人的陪同下，到湘潭县督导扫黑除恶工作。戴德清一行先到天易、易俗河派出所督导考察工作，随后到县公安局听取相关工作情况汇报。县委常委、政法委书记谭何龙，副县长、公安局局长彭世辉，县法院、县检察院、县司法局，县综治办等相关单位负责人参加汇报会。

【湘潭县公安局圆满完成埃塞俄比亚和乌干达项目考察团到县考察安保任务】 2018年9月18日、19日，根据全国妇联《接待埃塞俄比亚和乌干达项目考察团计划》（妇外字〔2018〕20号），埃塞俄比亚、乌干达两国政府官员和联合国儿童基金会项目官员及全国妇联联络部项目处相关人员一行15人到湘潭县射埠镇、河口镇考察儿童早期发展家庭社区支持项目和妇女发展工作。县公安局落实警力，明确责任，为考察活动保驾护航，圆满完成此次安保任务。

【许显辉赴湘潭县调研检查工作】 2018年12月19日，湖南省人民政府副省长、公安厅党委书记、厅长许显辉到湘潭县调研检查工作。市委书记、市人大常委会主任曹炯芳，省公安厅党委委员、副厅长谭和平，市委常委、秘书长陈忠红，市委常委、政法委书记戴德清，市人民政府副市长、公安局党委书记、局长罗伟，县委书记傅国平等领导参加。许显辉指出，湘潭县公安在当地党委政府的领导下做大量扎实而卓有成效的工作，各项成绩始终保持处于全省第一方阵，许多工作走在全省前列，是一支让领导放心、满意，获得群众肯定的高素质队伍。

【湘潭县公安局打掉一涉食品安全犯罪团伙】 2018年2月，县公安局刑侦大队联合白石、中路铺、茶恩寺等派出所共同作战，抓获犯罪嫌疑人文某某、冯某某、蔡某某、马某某、黄某某，成功打掉一涉及食品安全的犯罪团伙，破获盗窃及生产销售有毒有害食品案件各1起，现场缴获有毒狗肉200余千克，扣押作案工具弓弩2付，毒镖38支，为群众“舌尖上的安全”提供保障。文某某、冯某某因盗窃被依法执行逮捕，蔡某某、马某某、黄某某因涉嫌生产、销售有毒有害食品于3月21日被依法刑事拘留。

【湘潭县公安局成功打掉茶恩寺“2·11”涉恶犯罪团伙】 2018年1月20日至4月11日期间，县公安局“扫黑办”迅速抽调人员成立“2·11”涉恶案件专案组，历经三个月，通过多方走访摸排，结合深度研判查明以侯某为首，黄某一、钟某一、钟某二、黄某二（均为湘潭县茶恩寺镇人）等人为成员组成的团伙，多次实施欺行霸市、强迫交易、寻衅滋事等严重扰乱社会秩序的犯罪事实。经相关部门联合作战、持续攻坚，先后抓获涉恶犯罪嫌疑人侯某、钟某二、黄某二、黄某一、唐某、钟某一等6人，其中侯某、黄某一、钟某二、黄某二因涉嫌寻衅滋事被依法执行逮捕，钟某一因涉嫌寻衅滋事被依法刑事拘留，唐某因寻衅滋事被依法行政拘留，破获涉恶刑事案件2起，查处涉恶行政案件3起，缴获管制刀具4把，有效震慑黑恶势力犯罪。

【湘潭县公安局破获一起组织卖淫案】 2018年7月23日，县公安局组织治安大队、易俗河派出所、梅林桥派出所、谭家山派出所、中路铺派出所、巡防大队专题部署，50余名警力对县内某酒店八楼数间客房及足浴场所展开集中清查，现场传唤涉案人员31人。经查：自5月以来，龚某某（河南省人）、张某某（河南省人）、沈某某（广东省人）招揽多名妇女在上述酒店内卖淫，杨某某（河南省人）负责收取嫖资，每日按照嫖资对半分的方式付款给卖淫女，按每单100元支付介绍卖淫人员酬劳，结算后的金额上交至龚、张处；胡某（湘潭县龙口乡人）等人负责介绍嫖客到上述足浴场所从中获取酬劳。杨某某、胡某某因涉嫌组织卖淫被依法刑事拘留，另刑拘追逃3人，姜某、曾某、丁某、岳某等10人因卖淫嫖娼被依法行政拘留，成功打掉一组织卖淫团伙，破获一起组织卖淫案。

【湘潭县公安局成功打掉一制售假发票犯罪团伙】 2018年6月，湘潭县国税局向县公安局移送线索：湘潭县某饭店出售假发票3000份。9月14日，县公安局民警通过蹲守，在易俗河某饭店内将正在进行假发票交易的唐某某（株洲市天元区人）、罗某（湘潭县易俗河镇人）两人抓获，经审讯查明，犯罪嫌疑人唐某某、麻某某(在逃）自3月以来，两人共同出资以35元/本的价格从李某（在逃）处购进“湖南省国家税务局通用定额发票100元版”假发票共计2000本（10万份），再以100元每本的价格出售给湘潭市岳塘区、雨湖区、九华以及湘潭县范围内的餐馆、饭店。办案民警连夜在株洲市天元区唐某某住处查获尚未出售的假发票597本，共计29850份，票面金额300余万元，收缴唐某某私刻的各类饭店假印章46枚。唐某某、罗某因涉嫌出售非法制造的发票罪被依法刑事拘留，成功打掉一个长期在湘潭市多地制贩假发票的犯罪团伙，破获出售非法制造发票案1起。

（谭　稀）

交通管理

【概况】 2018年，湘潭县交警大队始终围绕“安全第一、民生至上、服务为本”的工作思路努力奋进，取得较好的工作成效。

抓实城区秩序治理，打造共建共治格局。积极推进机制建设。牵头制定方案和责任分解表，开展联合执法，积极推进协调联动机制建设；认真分析影响测评的各类突出交通问题，研究部署整改措施，明确责任分工，全员进入创文治理状态。协调治理重点问题。依托“街长制”管理模式，大队明确20个路长联系人，组建10支执法小分队，对责任区域交通乱象进行全方位排查。适时调整货车限行区域，限行抓拍和现场查处劝返相结合；常态化开展酒驾查处，强力推动摩托车、电动车“收伞戴帽”工程，通过多种方式督促规范行车、停车，免费向驾驶员发放头盔2000余顶，收缴遮阳伞1527把，查处不戴头盔行为2539起。联合教育局及城区学校开展中小学交通组织优化现场观摩活动；联合交通、城管等部门集中整治乱停乱靠、僵尸车、二手车经营及占道洗、修车等行为。完善交通安保设施。在县城区复杂路口安装电子警察3套、道路监控9处、增加施划“礼让行人”文字115处、增设汽车停车位1382个、摩托车停车位791个、安装货车限行标志牌48套，增设中央隔离护栏1200余米。

抓实农村秩序治理，全力预防交通事故。推进交通安全社会化管理。进一步发挥道交委办公室职能作用，加强监督检查与指导协调，促进工作落到实处。推动全面取缔“马路市场”，积极争取各乡镇政府重视，重要节假日在交通易堵路段安排专人值守。农村交通安全管理无盲区的工作格局初步形成。强化交通秩序日常治理。常态化强化秩序治理，抓好重点节假日疏堵保畅工作，抓好彭德怀120周年诞辰警保卫等大小型警保卫60余次，做好107国道提质改造、七里铺通湖桥路段、下摄司大桥（滨江路段）、杨柳路改造等项目施工路段交通秩序维护，先后开展“农村道路交通秩序百日集中整治行动”、“打非治违”百日行动、农村集中攻坚专项行动，最大限度地预防和减少交通事故，全年查处交通违法行为33422起，其中查处涉牌涉证4692起，查处酒后驾驶268起，醉驾95起，毒驾5起，查处客车超员59起，面包车超员15起，行政拘留71人。抓好重点车辆管理。全年共查处货车违法行为899起，其中货车超载668起，非法改装改型231起；全力推进校车规范化、智能化运营管理，联合县教育局、县交通局、校车公司、乡镇及中心学校开展联合执法，2018年下发整改通知书89份，查处校车交通违法行为37起；打好“蓝天保卫战”，做好大气特防期和重污染天气下重型柴油车及高排放车辆的禁限行工作。全力做好湘潭垃圾焚烧发电项目交通安保工作。常态化安排警力积极做好交通管制分流疏导等工作，有效处置项目周边路段的交通事故10余起，迅速破获“6·18”河口双板桥街上交通肇事逃逸案。

做实交通安全宣传，构建立体运行网络。聚焦路面宣传，拓展社会影响。创新推出交通安全宣传教育“喇叭工程”。依托“文明交通示范路口”创建活动，对示范路口发现的轻微交通违法行为、非机动车违法当事人，采取抄写法规、签订交通安全承诺书或参加交通志愿体验活动等形式进行教育，并配合罚款、记分处罚综合管理，以点带面改善城区道路交通秩序。聚焦活动宣传，强化示范引领。精心策划“平安在路上、文明在莲乡”交通安全征文比赛、“家校警携手共创平安路”学校交通安全主题活动、县直机关干部“平安莲乡齐努力 文明交通我带头”签名承诺等系列活动，推动文明交通共建共治共享。聚焦曝光宣传，提高震慑效应。邀请媒体随警作战，依托官方微信公众号及县网、县电视台等主流媒体公开曝光交通违法，开展典型案例警示教育；建立全县公职人员私家车信息库，利用“湘潭县交警”微信常态曝光公职人员交通违法行为7期39人，涉及单位21个，阅读量达到5万余人，起到“曝光一起、警示一片”的作用。

深化公安交管改革，落实便民利民措施。加强车辆驾驶人管理工作。以机动车检验改革、车管所等级评定工作为契机规范车驾管工作。全年办理摩托车注册登记2258辆，汽车注册登记2299辆，摩托车年检8056辆，汽车年检11301辆，补换驾驶证10671本，满分学习599人次，驾驶证注销151本，驾驶员审验5213人次，恢复驾驶资格72人次，小型汽车类驾驶人科目一考试7745人次。至2018年12月31日，全县机动车保有量191642台。深化“放管服”改革。“放管服”改革20项措施基本落地，实现车驾管、交通违法处罚窗口“一次办、马上办”；深化“互联网+交管服务”，实现“网上办、掌上办”；延伸下放业务，实现“就近办、便捷办”；加强监督管理，保证“依法办、规范办”等一系列工作。积极推行“警保联动”新模式，协调保险机构建立“警保联动”机制；积极借助“交管12123”交通事故快处快赔系统，快速处置财产损失交通事故，提升交通事故处理效率，进一步推进农村交通事故快处快赔工作向网上发展。优化交通事故处理工作。2018年共接交通事故报警16753起，快处快赔中心受理案件2431起，受理一般程序道路交通事故502起，道路交通事故共造成110人死亡，763人受伤，直接经济损失219.06万元，与上年同比受伤人数下降16.2%，未发生一次死亡3人（含）以上的较大交通事故。将人民调解模式向乡镇、街道延伸，构建互动协作、依法调处、就地化解的大调解格局。全年，人民调解中心共受理道路交通事故案件712起，调解成功700起，调解成功率达98.31%。

以政治建警为引领，促进队伍廉洁规范。加强政治建警工作。以政治建警统领思想建设、组织建设、作风建设和纪律建设，规范民警交往行为20个不准。践行“四责四诺”机制，切实落实“三会一课”制度，提升党组织的亲和力、凝聚力和战斗力。健全工作机制。完善事故处理工作规范、财务管理制度、文书管理制度、涉案财物管理制度、请销假制度等，制定精细化管理考核办法，细化任务，奖惩结合。继续实行大队领导带队周督查机制和考核奖惩兑现机制。强化谈心谈话制度，落实帮扶教育措施，做到问题早发现，早解决，2018年共发布督查通报36期。规范执勤执法。建立健全法制员制度，充分发挥法制员的审核把关作用；强化执法装备使用，对执法记录仪、肩灯、锥筒、反光背心和雨衣等安全防护装备的使用管理情况进行经常性检查，及时上报更新维护；对执勤执法过程中急需的后勤保障物资及时摸底、主动调拨、保障到位。

（谭 稀）

消 防

【概况】 2018年年初，湘潭县消防大队提请县政府召开全县消防工作会议，部署全年消防安全工作，与各乡镇、部门签订目标责任书，各乡镇分别成立消防安全领导小组。将消防工作作为社会综合治理和平安建设的一项重要考评内容，纳入政府年度工作目标和经济社会发展考核指标体系。县委、县政府主要负责人高度重视消防工作，县委县政府主要领导多次带队开展消防安全检查。

公共消防设施建设不断完善。大队结合辖区实际，多次向县委政府领导汇报，政府常务会议已明确在2018年投入158万元专项经费在茶恩寺、青山桥、花石和石潭建立4个政府专职队，车辆、器材已购置齐全，车辆器材将分发至各乡镇，正式投入使用。大队结合“消防安全社区创建”文件要求和“微型消防站”建设标准，对全县22家社区和102家重点单位的微型消防站统一标准，对重点单位分批次安装视频远程监控系统，落实“三知、四会、一联通”，切实发挥作用。

公共消防安全环境明显改善。大队将日常检查工作与全年各项专项整治行动相结合，联合县直相关单位、乡镇及公安派出所等部门结合电气火灾、大型商业综合体、电动自行车、“下店上宅前店后宅”经营门店等专项整治工作，对公众聚集场所、人员密集场所开展消防安全大检查，消除一大批火灾隐患。全年大队共检查单位1839家次，发现火灾隐患4791处，督促整改火灾隐患4740处，下发责令改正通知书908份，下发行政处罚决定书27份、临时查封36家，责令“三停”15家，罚款55.15万元，拘留29人。大队提请县公安局报请县人民政府挂牌督办重大火灾隐患6家，约谈重大火灾隐患单位法人、负责人二次。媒体曝光一家，全面整改5家，正在整改中1家，进一步提升全县消防工作质量，切实解决一大批影响公共消防安全的突出问题。

城乡消防基础全面夯实。强化消防网格作用。积极推动“网格化”及“户籍化”管理。大队积极督促落实消防责任制，结合县委政法委综治办和公安局 “4+X”工作将辖区实际划分大、中、小三级网格226个，确定226名专职管理人员，开展“网格化”排查治理。深入推进消防安全重点单位“户籍化”管理工作，实行一户一档的户籍化管理模式。推进公安派出所消防监督检查工作。2018年，组织全县公安派出所执法培训班，派出所领导、专兼职消防民警100%参与培训，同时与公安派出所开展联合执法，有效提高派出所民警消防业务能力和网上执法水平。县公安局根据实际情况对消防安全重点单位每年进行调整。落实火灾技术防范措施。结合各类消防宣传周的主题活动，对全县养老福利机构、临街门店及“三合一”场所集中密集区域，推广安装简易喷淋、独立式感烟火灾探测报警器等实用技术。

消防宣传普及率明显提升。将消防法律法规和消防知识纳入党政领导干部及公务员每周培训课程；利用政府购买公共服务组织重点单位、社区、物业服务企业、楼栋长等开展消防安全教育培训200余次；教育和消防部门联合开展“消防进军训、进学校”活动，将消防宣传纳入学校军训课时安排；社会单位定期派送消防安全责任人、管理人、控制室操作人员及相关从业人员，赴长沙社会化消防培训中心接受培训200余人；消防部门组织全县派出所及各乡镇消防专干、全县劳动密集型企业负责人开展集中培训30余次；在“湘潭县消防大队”微信公众号为群众推送丰富有趣消防安全常识1000余条；2018年共张贴消防安全提示挂画及安全公告等3000余份；利用短信平台向党政机关、社会群众发送消防温馨提示2000余条；努力提高广大干部群众消防安全意识和自防自救能力。县宣传部在“村村响”活动中增加消防宣传知识。县政府安排58万元启动消防宣传“外包”工作。

（冯雅丽）

检　察

【概况】 2018年，湘潭县检察院紧紧围绕全县发展大局、坚决执行县委决策部署，忠诚履行法律赋予的职责，努力维护社会稳定，不断强化法律监督，深化司法体制改革，加强队伍建设，着力检务保障，促进公平正义，为推进县域经济社会发展贡献检察力量。全年受各级各类表彰67人次，获全省检察机关宣传综合工作先进单位、全省检察机关检察文化活动先进单位等集体荣誉，涌现出了全省检察机关未检业务能手等优秀干警，《检察建议调研报告》被《大东方》杂志采用并获该杂志全国论文一等奖，冯某某放火、故意杀人案被省检察院评为优秀公诉案件，胡水平与湘潭县新发煤矿工伤保险待遇纠纷执行检察建议案被省检察院评为民事行政检察优案，案件质量工作连续6年位居全市基层检察院第一，全年民调工作在全县政法单位排名第一、在全市检察系统排名第二。

【服务发展大局】 落实“除虫护花”工作机制，创新观念服务非公经济，成立驻天易经开区检察联络室，深入园区宣传法律法规，为企业提供法律咨询、行政执法活动监督等优质检察服务。着眼于营造诚信有序市场环境，重点打击合同诈骗、金融犯罪等破坏市场经济秩序犯罪，批捕15件21人，起诉25件47人。围绕深入实施创新驱动战略，依法起诉侵犯知识产权犯罪4件11人，起诉短信、网络等诈骗犯罪7件12人。打击危害食品药品安全犯罪，依法批捕生产、销售有毒、有害食品等犯罪2件4人，起诉4件13人，有力保护人民群众食品安全。对污染环境、非法采矿等犯罪批捕5件8人，起诉9件23人，有力保护大美莲乡的绿水青山。办理公益诉讼案件44件，其中行政公益诉讼40件，刑事附带民事公益诉讼4件，发出诉前检察建议34份。办理全省首例重大破坏生态环境刑事附带民事公益诉讼案件，促使被告人出资100余万元对被污染的环境进行全面修复，省检察院组织全省140余名民行干警现场观摩庭审，取得较好的政治效果、法律效果和社会效果。做好涉法涉诉信访工作，落实检察长接待日、点名约访等制度，通过风险排查、释法说理等举措，办结各类信访57件。设立集案件查询、控告申诉受理、律师接待等多功能于一体的“12309”检察服务中心，推行一站式服务。全面落实“谁执法谁普法”责任制，将以案释法贯穿案前、案中、案后全过程。协同法院开展刑事案件庭审进乡镇，做好警示、预防犯罪的文章。开展“检察在身边”司法公正行、“美丽乡村绿色无毒”等活动。推行未成年人刑事案件捕诉监防一体化，积极开展犯罪记录封存、亲情会见等工作。开展法治宣讲进校园活动10场，受教育学生3000余人，发放法律知识读本6000余册，未检工作走在全市前列。11月，联合湘潭市电视台进天易金霞小学，共同开启普法教育进校园之旅。

【维护社会稳定】 积极开展“平安莲乡”建设，切实增强人民群众安全感。全年受理批捕案件434件549人，同比增长16.7%；批准逮捕331件411人，逮捕率74.3%，同比下降6.3%。受理审查起诉案件644件819人，同比增长1.8%，审结650件810人（含积案），审结率87%（位居全市基层院第一）；提起公诉530件667人，起诉率81.4%，同比下降5.5%。严厉打击严重扰乱社会秩序的犯罪行为，对在河口镇高速路口涉嫌聚众扰乱交通秩序等犯罪的多名犯罪嫌疑人做到快审快结。落实各级党委和上级检察机关对扫黑除恶专项斗争的工作部署，切实加强组织领导和制度建设，成立由检察长任组长的领导小组，制定工作方案、出台相关举措。积极与县法院、县公安局等单位沟通协调，定期召开扫黑除恶衔接工作联席会议，完善重大涉黑涉恶案件会商机制。建立情况报送制度，坚决贯彻落实重大涉黑涉恶案件提交上级检察机关、县委政法委请示报告、备案审查制度。对涉黑涉恶的犯罪嫌疑人必捕必诉，批捕恶势力犯罪6件13人、起诉恶势力犯罪3件12人。落实宽严相济刑事政策，对犯罪情节较轻、社会危害性较小等情况的犯罪嫌疑人依法从宽处理，决定不批捕105件142人（存疑不捕24人，无社会危险性不捕118人），不捕率25.7%。不起诉96件114人，附条件不诉5件6人，不诉率14.8%。推进检调对接工作，促成刑事和解61件。落实律师参与化解和代理涉法涉诉信访案件制度，主动致函法律援助机构，对确有特殊困难的刑事案件被害人、涉法涉诉信访人、刑事申诉人积极开展司法救助。开展羁押必要性审查15人，经审查后建议改变强制措施14人，被采纳14人。

【强化法律监督】 对侦查机关应当立案而未立案的，要求说明不立案理由8件，监督公安机关立案7件、撤案1件；纠正漏捕17人，其中14人被判处三年以上有期徒刑；追诉漏犯10人，追诉漏罪22笔。对侦查活动违法行为发出纠正违法通知书15件，采纳15件。在审查批捕犯罪嫌疑人冯某、文某涉嫌盗窃、抢劫一案时，发现黄某、马某、蔡某等人对盗窃的毒狗肉进行销售，致使毒狗肉流向餐桌，遂对此三人涉嫌销售不符合安全标准的食品犯罪进行立案监督，要求公安机关立案侦查，并向法院提起刑事附带民事公益诉讼，县法院当庭宣布徒刑以上有罪判决，并支持了民事公益诉讼请求。提出刑事抗诉7件8人，已获改判3件4人；对审判活动中违反法定程序、侵犯当事人合法权益等违法情况提出意见15件，纠正15件，纠正率100%，发出检察建议6件。受理民事行政诉讼监督案件150件，同比增长4.3倍，审结83件。其中办结不服生效裁判监督案2件，作出不支持监督申请决定1件，终结审查1件；办结审判程序违法活动监督案件41件，发出检察建议40份；办结执行监督案18件，其中作出不支持监督申请决定3件，发出检察建议15份；办结督促履职案件20件，发出检察建议20份。支持起诉2件，监督暂予监外执行案件3件，审查社区矫正评估意见295份，书面纠正刑罚执行和监管活动违法10件。发出检察建议13份，采纳11件，采纳率84.6%。受理控告申诉6件，均回复到位。进一步推进开展判处实刑未收监执行专项清理活动，通过手术取出4名被告人体内异物，重拳打击利用吞食异物逃避刑罚的行为。监督收监暂予监外执行犯罪1名。重点开展打击“牢头狱霸”和体罚虐待等违法行为，通过办理在押人员黄某故意伤害案有效保护在押人员的合法权益。

【落实司法体制改革】 切实提高政治站位，按照监察体制改革相关要求，完成职务犯罪侦查预防职能、人员转隶和线索移送等工作。继续发挥检察职能在反腐败斗争中的重要作用，积极探索与监委办案衔接机制，完善提前介入、案件移送、补充调查等程序，成立专门办案组办理职务犯罪案件。全年受理监委移送案件12件13人，起诉7件7人，判决3件3人。对员额检察官、检察辅助人员、司法行政人员实现分类管理，26名员额检察官均配置到一线办案，入额院领导带头办理疑难复杂等各类案件113件。推行“捕诉合一”办案机制，扁平化管理体制得到进一步加强。强化检察职业保障建设，完成检察官职务套改、等级确定、按期晋升等工作。高度重视“科技强检”战略，有条不紊推进智慧检务、检察信息化建设。贯彻证据裁判规则，严防案件“带病”进入审判程序。强化诉前主导、审前过滤和证据审查，对故意杀人等严重暴力案件、电信网络诈骗等涉及面广、有重大影响案件提前介入9件。推进“轻案快办”程序办理案件落地有效，立足检察环节认罪认罚从宽制度处理工作特点，明确适用范围，规范办案流程，办理案件85件，办案周期平均缩短9.3天/件。

【狠抓队伍建设】 持续深化“两学一做”学习教育，检察长中共十九大精神学习笔记在《检察日报》征文活动中获“百优笔记”。狠抓作风建设，扎实开展“干净干事创新业”作风建设专项行动。抓实机关党建工作，认真落实党风廉政建设主体责任和监督责任。及时主动向县人大及其常委会报告检察工作和专项工作的开展情况。出台关于进一步加强与人大代表沟通联络工作的实施方案，实现人大代表联络工作常态化、规范化，全年走访人大代表、政协委员100余人，举办检察开放日2次。认真办理代表、委员对司法改革等工作提出的建议、意见。加强案件质量管理，开展案件评查和讲评工作，全年评查案件1035件。开展干警分类分层培训，组织干警参加各级各类学习培训140余人次。积极推进检察文化建设，通过学训结合、以赛代训等多种形式挖掘好苗子、培养好人才。突出青年干警培养，采取竞争上岗、以老带新、轮岗交流等措施，促进青年干警成长成才。积极推进省院指定的青年干警列席检委会试点工作，切实提高青年干警综合素能和检委会科学决策，省院于7月10日在该院召开全省检察机关教育培训工作推进会并现场观摩该院青年干警列席检委会会议情况，省院党组成员、政治部主任董石桂高度评价该院相关做法，并向全省检察机关予以推广。推进检察权阳光运行，全面推进案件信息网上公开，全年发布案件程序性信息1377条、公开法律文书519份、重要案件信息16条。编发莲乡检察报4期，编发莲乡检察手机报5期，依托“两微一端”，发布相关动态300余条，主动发布重点工作、重要改革和重大案件信息，及时回应社会关切。加大检察宣传力度，在各级各类新闻媒体发表宣传稿件110余篇。

（汪炳祥）

法 院

【概况】 2018年，湘潭县法院忠诚履行宪法和法律赋予的职责，坚持党建领航、公正司法，不断提高审判质量效率、队伍素质能力和司法公信力，各项工作取得新成效。全年共受理各类案件7918件，办结6743件（含旧存，下同），同比分别上升24%和21%，收、结案数量均创历史新高。员额法官人均结案164件，同比增加38件。信访室主任何灿辉荣获全国法院信访工作先进个人，司法宣传工作稳居全省法院前十名，办案质量、效率、效果主要指标，继续保持在全市法院前列。

依法惩治刑事犯罪。审结各类刑事案件552件，判处罪犯703人。深入开展扫黑除恶专项斗争，成立专门合议庭，积极摸排涉黑涉恶犯罪线索，并及时移送。依法审结侯勇等5人涉恶势力犯罪案件，5名被告人分别以寻衅滋事、强迫交易罪被判处1年至4年不等有期徒刑。严惩严重影响社会治安和群众安全感的各类犯罪行为，审结故意伤害、抢劫、强奸等暴力犯罪及诈骗、盗窃等多发性侵财犯罪198案207人；严惩涉毒品犯罪67案69人；审结寻衅滋事等妨害社会管理秩序犯罪111案132人。严惩电信网络犯罪，审结网络传销等涉众型经济犯罪7案14人。依法审理以李旭成等罪犯组织、领导的“天津天狮”传销团伙案件，严厉打击“精神传销”，切实维护社会和谐稳定。严惩危害食品药品安全、污染环境犯罪，及时审理文建忠等6名罪犯生产销售有毒、有害食品案件，切实维护人民群众生命健康安全。依法审结我省首例由检察机关提起公诉的重大破坏生态环境污染刑事附带民事公益诉讼案，并当庭宣判，使公益诉讼成为依法保护环境的“重武器”。该案作为典型案例，在中央电视台、湖南经视台播出。严惩贪污贿赂犯罪，审结贪污贿赂案件9案9人。公开审理首例由县监察委员会调查终结移送检察机关提起公诉的国家工作人员贪污扶贫资金一案，依法严惩扶贫领域犯罪。积极参与社会治安综合治理，依法打击非法上访，维护正常的信访秩序。公开审理胡某平、胡某忠、胡某波三人因非法上访危害社会公共秩序的寻衅滋事案，三罪犯分别被判处一年六个月至二年六个月不等的有期徒刑。规范暂予监外执行工作，集中开展收押未羁押罪犯专项清理活动，加大对为逃避打击而吞食异物的犯罪分子的打击力度，对5名罪犯实施了异物取出手术，并全部收监。

妥善处理民商事案件。共受理民商事案件4270件，审结3587件，同比分别上升20%和9%。依法保障民生权益，审结交通事故、产品责任、医疗纠纷等人身、财产侵权纠纷1479件。审结婚姻、继承等家事纠纷766件，切实保障未成年人、妇女、老年人、残疾人等合法权益。畅通劳动者维权绿色通道，审结劳动争议案件55件。充分发挥简易程序办案快捷特点，分流近千件案件进入速裁庭办理，其中一名员额法官一年结案550余件。积极审理破产案件，移送、裁定3家企业破产，涉案总标的额7.3亿元，并充分运用破产清算、和解等手段，积极稳妥办理破产案件，其中湖南龙畅房产及关联企业的破产工作，已经办理好所建房屋入住和房产证手续，小区绿化、水电等设施已全部到位，并与部分银行达成《破产债权清偿协议书》，免除部分债权，提高普通债权的清偿率。积极适用督促程序，引导银信部门针对标的数额不大、事实清楚、权利义务关系明确的案件优先适用支付令，841件案件平均结案时间不到20天。一年来，审结涉及各商业银行金融案件近千件，标的9.21亿元，为市场主体营造安全的投资创业环境。

监督支持依法行政。共受理行政诉讼案件127件，审结94件，同比分别上升55%和27%。坚持合法性审查标准，注重实质性化解行政争议，经法院协调促成和解、撤诉25件。受理非诉行政审查案件33件，裁定准予执行25件。强力推进项目建设环境治理，构建和谐拆迁环境。共审结征收拆迁行政诉讼案件31件，受理拆迁行政强制执行案件18件，全部处理完毕，没有出现一例重大信访案件和不稳定事件，保障重点建设项目征收拆迁工作的顺利推进。

强力推进“基本解决执行难”工作。受理执行案件2690件，执结2373件，同比分别上升33%和50%，执行到位金额4.5亿元，同比增长114%，执行工作综合考核评价领先全市法院。全面决胜执行难。根据最高法院部署，2018年是“基本解决执行难”的攻坚之年，为此，成立决胜执行难领导小组，院长任组长，全体院领导参与。主动向县委汇报“基本解决执行难”各项工作部署，得到党委、人大、政府、政协对人民法院执行工作的强力支持。已建立“基本解决执行难”联席会议机制，有效解决被执行人财产线上线下查控难、拒执犯罪打击不力等难题。针对2016年以来的5200余件执行案件进行全面清理，执行效果较好。截至年底有财产可供执行案件执结率达92%，终结本次执行案件合格率达97%，涉执行信访案件化解率90%。年内先后三次开展“雷霆行动—金融执行风暴”、涉民生案件专项执行，召开新闻发布会、执行兑现大会，其中当场兑现执行款5800余万元。继续推进“反规避执行”行动。加大对被执行人隐瞒、藏匿、转移财产行为打击力度，共司法拘留125人，判刑2人，并将371名“老赖”纳入失信被执行人名单，这些人将在乘坐飞机、高铁（二等座以上）和列车软卧、出境、招投标、贷款、担任公司高管、获得政府奖励和荣誉等方面受到严格限制，使“老赖”一处失信，处处受限。积极开展司法救助。主动协调相关部门，对部分因被执行人确实无能力履行裁判、导致生活陷入困难的119名申请执行人进行救助，共发放129万元的执行救助金，彰显司法关怀。强力推进执行行为规范化。为杜绝不规范执行行为，加强执行案件流程管理，严格规范终结本次执行的所有程序。全面施行“一案一账号”执行案款管理，规范执行款项收取和发放，降低廉政风险。全面推行阳光执行，执行文书全部上网公开。涉案财产处置一律依法在互联网上拍卖，成交1.57亿元。

【司法改革工作】 完善立案登记制。实行立案首问责任制，确保符合条件的案件有案必立、有诉必理，当场立案率达96%。推广案件当事人及其代理人在网上完成立案登记全部手续的新型立案方式，网上立案31件。深化利民惠民举措，依法为追索抚育费、赡养费、人身损害赔偿金、劳动报酬但经济上确有困难的115名当事人，在立案阶段缓、减、免交诉讼费用180万元，确保有理无钱的当事人打得起官司。

稳步推进庭审实质化。继续推动刑事案件非法证据排除和庭前会议制度，保证庭审在查明事实、认定证据、保护诉权、公正裁判中发挥决定性作用，并为61名限制行为能力、开庭审理时不满十八周岁的被告人提供法律援助，指定律师出庭辩护，从而切实防范冤假错案。

大力建设智慧法院。对标智慧法院“三全三化”建设要求，将6000余案件电子卷宗随案同步生成，依法应当上网的裁判文书全部上网。全面开通门户网站和微博、微信，开辟“裁判文书、审判流程、执行信息、庭审直播录播”四个公开平台，形成“一网两微四平台”司法公开新格局。该院已通过互联网向当事人公开刑事、民事、行政、国家赔偿案件的审判流程信息，当事人可凭借提交给法院的有效身份信息和立案时获取的查询码，登录中国审判流程信息公开网便可查询案件流程信息。实现庭审直播常态化。已升级改造所有科技法庭，并通过新浪网等新媒体平台直播百余场庭审活动全过程，让法院的审判经得起公众的“围观”。

严格落实司法责任制。2018年，出台司法责任制改革实施方案，明确审判职责清单、夯实院、庭长管理责任，做到用权有据、用权有序、用权有责。进一步落实员额法官文书签发权，将院长、庭长的审判管理权由个案审批、文书签发，转向监督案件质效和统一裁判尺度。建立专业法官会议制度，就疑难复杂案件、统一法律适用等问题提供咨询意见上百次，进一步提高裁判质量。

严格法官业绩考评。入额必办案，院庭长办案常态化。全年院庭长带头办案5369件，占全院结案总数的79.6%。科学制定法官业绩考核办法，并直接考评到每名员额法官，改变“吃大锅饭”弊端，进一步激发队伍内生动力。

【司法公开工作】 依法接受人大监督和政协民主监督。积极邀请人大代表、政协委员视察调研、见证执行、庭审观摩，充分展示法院工作全貌。及时办结人大代表书面建议1件、口头建议27件。

广泛接受社会监督。开展“让人民群众走进法院，让法院走进人民群众心中”活动，主动邀请社会各界人士参加法院“公众开放日”活动，参观人数累计近千人次。积极开展“公平正义就在身边”为主题的司法公正行活动，开展巡回审判24场次，让公众了解法院、理解和信任法院，进一步提升公众对司法的满意度。制订科学的随机排案机制，杜绝法官选择案件办理。进一步加强人民陪审工作，81名人民陪审员先后参与1526件案件的审理，参审率达到100%。加强与新闻媒体合作沟通，主动邀请新闻记者来院旁听庭审或参与执行，传播法院好声音。切实履行司法领域意识形态安全责任，筑牢“互联网+”时代网络安全“防火墙”。利用法院官方微博及微信公众平台，及时发布2000余条工作状况信息，弘扬司法正能量。

（黄戎娟）

司法行政

【概况】 2018年，全县司法行政系统深入贯彻落实习近平新时代中国特色社会主义思想和中共十九大会议精神，紧紧围绕县委、县政府“挺进全国百强县，创建全国文明城市”的战略目标，以推进全县法治建设进程为主线，以维护社会大局稳定为目标，全面开展司法行政各项业务工作，为县域经济的健康快速发展营造一个良好的法治环境。2018年，湘潭县被评为“全国法治先进县”，湘潭县司法局被评为“全国创建‘平安医院’先进单位”，全省社区矫正信息化建设现场会和全市婚姻家庭纠纷调解工作推进会陆续在湘潭县召开。国家司法部副部长刘志强，省司法厅党组副书记、副厅长黄春阳，副厅长傅莉娟、唐世月，市委常委、政法委书记戴德清等上级领导也先后到该县视察指导司法行政工作，均给予高度评价。

【人民调解】 注重基础基层建设，不断完善基层人民调解组织。2018年，全县共有人民调解组织387个，人民调解员1476名。其中乡（镇）和村（社区）调委会376个；医疗、交通、婚姻等行业性、专业性调委会10个，驻法院、公安派出所等调解室19个。

注重排查化解效率，以“四查四防化纠纷 千乡万村创四无”专项调解活动为载体，大力推行“枫桥经验”开展矛盾纠纷排查化解活动，将各类矛盾纠纷消灭在萌芽状态，2018年，全县共调解纠纷3327起，调处成功3264起。调解成功率98.1%，没有因调处不当而发生“民转刑”案件。7月25日，全市婚姻家庭纠纷调解工作推进会在湘潭县召开，该局在会上作题为《确保“三个到位” 筑牢社会和谐稳定基础》的典型经验发言。

【普法依法治理】 2018年，司法局以宪法修正案、中国特色社会主义法律体系和党内法规作为法治宣传教育工作的重要内容，围绕服务“三大攻坚战”“乡村振兴”“扫黑除恶”等党委政府中心工作，积极开展“农村法治宣传月”“青少年法治教育宣传周”“12·4”国家宪法日等一系列主题法治宣传教育活动。2018年，共悬挂横幅80条、张贴标语2771幅、添置和更新法制宣传栏75块、发放宣传资料48000份、接受信访事项20余件、解答法律政策咨询200人次、出动宣传车40台次、举办普法讲座17场次。

实施“互联网+法治宣传”工程，打造以报刊、电视、网络、微信等为载体的全媒体法治宣传平台，主办的《法治天地》《法在身边》《掌上学法》《以案说法》等栏目，受到人民群众的普遍喜爱和欢迎。全面落实“谁执法谁普法”责任制，大力开展“民主法治示范村”“依法办事示范窗口”等法治创建活动，坚持普治并举，不断提升全社会的法治化水平。同时，全县还涌现出“新时代最美法律服务人”冯华宇、“全省最美法律援助人”谢英姿等一批法治人物。7月8日，《湘潭日报》以头版头条对湘潭县法治建设工作经验进行专题报道，全市“七五”普法中期督查组对湘潭县推进法治建设过程中取得的成绩给予充分肯定。

【社矫安帮】 继续强化监管措施。2018年，全县共有在册社区矫正对象299人，全部按照宽管、普管、严管分级落实监管措施，无一脱管漏管。坚持创新教育模式。通过政府购买服务与专业心理咨询公司签合作协议，在社区服刑人员中广泛开展心理矫治活动，在刑满释放人员中深入开展“三帮一促”“情暖高墙、关爱孩子”“五个一”三大主题帮教活动，帮助困难刑释解教人员解决实际问题，促进其尽快融入社会。进一步加快信息化建设步伐，启动全县社区矫正指挥中心建设项目。6月底，该项目已经竣工验收，交付使用。依托综治视频会议系统，将社区矫正信息化建设的触角延伸到全县各乡镇，成为全省信息化建设的样板工程，省内兄弟县市到县交流学习络绎不绝。

【法律援助】 坚持以法律援助工作为突破口，着力提升人民群众对公共法律服务体系的知晓率和满意度，共受理各类法律援助案件490件，其中刑事诉讼案件74件，民事诉讼案件415件，行政诉讼案件1件,较上年同期超额完成办案任务。为当事人挽回经济损失2000多万元，避免经济损失3000多万元，共免去法律服务费用90余万元。

【法律服务管理】 以人民群众的法律服务需求为落脚点，不断健全公共法律服务体系。2018年，该局以村民（居民）小组为单位，构建公共法律服务“网格”，打通公共法律服务“最后一公里”。同时，按上级要求完成“一村（居）一法律顾问”工作，满足人民群众多方面的法律需求。同时以律师制度改革为切入点，在县公共法律服务中心设立律师调解室，充分发挥律师在公共法律服务中的积极作用。2018年，中心共接待人民群众3685人次，其中法律援助窗口接待群众1400余人，律师咨询窗口接待群众1000余人，为当事人解答法律咨询800余件。按质按量完成“法润三湘”公共法律服务志愿点认领、录入工作。全县共认领、录入“法润三湘”公共法律服务志愿点3562个，完成率达100.33%，在湘潭市五个县市区排名第二。

【公证事务】 按照上级的统一安排部署，县公证处完成从行政转换成公益二类事业单位的改制工作。坚持改革与发展两不误，全年为天易的征拆、彭德怀纪念馆建设等重点项目和沿江风光带、下摄司大桥等民生工程提供公证服务，并对涉企、涉建公证事项优先接待、优先受理、优先出证，对经开区规划范围内的征地拆迁事务提供现场保全证据公证，建立起为项目建设提供公证服务的绿色通道。2018年，湘潭县公证处共受理各类公证事项1061件，无一例错证、假证。

（周　旭）

人民武装

【概况】 2018年，湘潭县人武部以习近平新时代中国特色社会主义思想和强军思想为指导，抓根本铸军魂，抓改革转职能，抓备战谋打赢，抓安全保稳定，以更高标准、更严要求、更实作风推进各项工作落实，实现国防动员和后备力量建设跨越式发展。县人武部被军委国防动员部记集体三等功1次，被省军区表彰为“先进人武部”。

思想政治建设全面加强。持续兴起学习宣传贯彻中共十九大精神热潮，认真抓好党委中心组理论学习，积极开展“读原著、学原文、悟原理”活动，不断夯实“四个意识”“四个自信”的思想根基。毫不动摇贯彻军委主席负责制，全面彻底肃清郭、徐、房、张流毒影响。广泛开展“传承红色基因、担当强军重任”主题教育，听党话、跟党走的思想意识融入血脉。认真推动“民兵学习宣讲”活动，逐级建立民兵工作微信群，用好“莲城兵事”微信公众号，定期推送学习资料和宣讲动态。大力加强党的组织建设，严格党的组织生活制度，坚持民主集中制，领导干部带头讲党课，探索在民兵分队中预建党的组织，民兵队伍的凝聚力战斗力不断增强。

战备训练工作扎实有效。牢记习主席训令，深入开展“和平积弊大起底大扫除”，强化当兵打仗、练兵打仗、带兵打仗的使命感责任感。着眼任务要求，立足县域实际，修订完善各类应急处突预案，扎实开展机关带应急分队战备拉动演练，战备水平有效提升。突出军事训练中心地位，严格落实党委抓训管训，严格遵照新的军事训练大纲，抓好现役干部军事理论学习、业务培训和个人研究作业考核，分批组织森林灭火、抗洪抢险、反恐维稳、情报侦察、保交护路等民兵分队训练，实训7期355人。广泛开展群众性练兵比武活动，出色完成全省“湘江-2018”综合演练和全市轻舟分队抗洪抢险综合演练任务，民兵军事训练水平稳步提升。抓好学生军训工作，圆满完成9所初高中8000余名学生军训任务。6月下旬，在县委党校分2批组织全县355个村级民兵连长集中进行军事训练和业务培训，提升民兵连长的组织指挥和业务能力。据统计，全年县本级和各乡镇先后出动民兵140余批1800多人次，执行扑灭山火、抗冰、植树、治安巡防等任务。

国防动员工作创新发展。认真贯彻《国防动员建设“十三五”规划》，扎实开展潜力调查，联合县国防动员“一综七专”办公室，更新完善辖区潜力数据，实现潜力数据常态保鲜。按照应急队伍均衡编、专业队伍对口编、特殊队伍重点编的办法，严格标准程序，调整优化布局，强调人装结合，完成全县应急、专业、特殊3类队伍基干民兵、普通民兵的编组任务，形成应急力量围绕行政中心，专业力量贯穿“两线”的整体布局，打造一支建在身边、抓在手中、用在急时的突击力量。按照“一季征兵、四季准备”的要求，紧紧围绕征兵“五率”，加大宣传力度，最大程度激发广大青年的参军热情，统筹城乡义务兵家庭优待金，提高进疆进藏家庭一次性补助，圆满完成义务兵的征集任务，其中大学生士兵征集比例达61%。

民兵调整改革顺利推进。充分发挥湘潭县党管武装优良传统，不断深化对民兵调整改革的认识，成立以常务副县长为组长的民兵调整改革领导小组，先后10多次召开动员部署会、工作推进会和迎检调度会，形成军地各级合力抓民兵调整改革的良好局面。完善体制机制，县委议军会明确提出“四个纳入”，即：将民兵调整改革工作领导班子纳入县委深化改革工作领导小组；将民兵预建党组织建设纳入乡镇党建工作范围；将民兵调整改革工作落实情况纳入党管武装工作绩效考核；将民兵调整改革工作纳入县委、县政府重点工作督查范围。11月，接受军委国防动员部检查考评，综合排名位列全国县级单位第三，易俗河镇武装部实现零扣分。

全民国防教育务实展开。经县国教委专题研究，进一步明确领导机构、成员单位及职能职责，赋予相关任务。为提升全民国防意识，强化青少年国防观念，统一为全县所有中小学订阅一批国防报纸杂志，与县报、电视台定期联办“爱我国防”专题节目，与县红网、政务网联合开设“国防教育专栏”，与移动、联通建立协作关系，定期群发国防教育短信，构建电台里有声音、电视上有图像、报刊上有文字、网站上有网页、手机上有短信的“五位一体”国防教育宣传网络。利用纪念抗战73周年的有利时机，推动国防教育进基地、进学校活动，组织1600名应征青年和青年学生集体宣誓并签名，号召广大青年奋发图强报效祖国。精心打造国防教育文化长廊，协调县直有关部门和企业在步步高广场电子显示屏滚动播放国防教育宣传片，营造崇军尚武、爱国拥军的良好氛围。

党管武装氛围更加浓厚。湘潭县历来有拥军优属的优良传统和浓厚氛围，在当前经济下行压力加大的情况下，县委议军会坚持优先保障武装工作经费，对民兵调整改革、“双拥模范城”创建、专武干部选拔培养、基层阵地建设、国教专干配备等重大事项进行专题研究，实际问题得到有效解决。积极开展双拥共建，联点帮扶青山桥镇天塘村，积极参与“三创一治”活动，广泛开展“四走访、四助力”活动，为湘潭县籍现役军人和文职人员直系亲属提供免费家庭医生签约服务，让军人成为全社会尊崇的职业。

（杨跃鹏）

武警湘潭县中队

【概况】 2018年，武警执勤五中队支部一班人坚持以习近平系列重要指示精神为指导，贯彻落实中共十九大精神，狠抓经常性、基础性工作落实，在全体官兵的共同努力下，圆满完成以执勤、处突为中心的各项任务。

班子建设。2018年，中队党支部注重从统一思想、深化认识上入手，支部“一班人”始终能做到互相信任，互相沟通，相互提醒，相互促进，相互关心。特别是在研究重大问题上，支部一班人能够主动交流意见，充分发扬民主，不搞暗箱操作，营造团结互助的良好氛围，增强党支部的凝聚力和战斗力。

军事训练。中队坚持把军事训练作为和平时期提高部队战斗力的主要途径，严格按照《军事训练大纲》科学组训，从难从严从战需要摔打部队，坚持以提高执勤和“处突”能力为目的，按纲施训，科技练兵，不断提高官兵军事训练素质。

思想政治建设。中队始终坚持把思想建设摆在首位，从思想上、组织上、行动上牢牢掌握部队，针对驻地环境复杂、拒腐防变形势严峻等特点，努力探索思想政治工作的新特点、新规律和新方法，围绕“永远做党和人民的忠诚卫士”这一最高政治目标，结合官兵思想实际，制订教育计划。强化思想政治建设的首位意识，进一步校正官兵的人生观、世界观和价值观，筑牢拒腐防变的思想防线。开展密切内部关系教育、法纪教育、爱装管装教育、时事政策教育、心理健康教育、执勤教育、爱国奉献主义教育系列教育活动，进一步激发官兵爱岗敬业精神，提高官兵明辨是非的能力。官兵理想信念坚定、思想稳定、纪律严明，争先创优意识明显提高。

双拥共建活动。中队继承和发扬部队的光荣传统，开展警民共建活动，做好拥政爱民工作。积极投身地方建设，开展“把驻地当故乡，视人民为父母”的拥政爱民活动，为驻地群众排忧解难、支援建设、抗洪抢险。积极配合县公安局、目标单位开展联合演练，出动60人次，协助看守所圆满完成押解任务15次，押解犯人300人次。利用节假日参加“送温暖、献爱心”、义务献血、看望慰问困难群众等活动。通过扎实有效的拥政爱民工作，促进警政警民关系和谐，得到地方政府和人民群众的好评和大力支持。节假日各级政府和群众主动到中队慰问，使官兵们深深感受到湘潭县父老乡亲的深情厚谊，筑牢战士们扎根部队建设、安心服役的思想，激发为第二故乡奉献青春的热血信心。

（罗怀远）

人民防空

【概况】 2018年，湘潭县人防工作认真贯彻落实省、市人民防空工作会议精神，按照“长期准备、重点建设、平战结合”的方针，坚持以“质量提升年”“四全人防”发展理念和“四责四诺”“五联五问”“五大竞赛”活动为抓手，切实落实县委县政府各项安排部署，加快推进人防建设发展，全面完成年初各项目标任务。

加强人防工程审批服务和建设。认真落实人防法律法规和政策，严格执行《湘潭县规范人民防空工程建设与维护管理实施办法》，优化审批和服务、加强执法和巡查，切实推进人防工程的审批、建设、维护、使用和管理工作。人防审批服务规范有序。加强“放管服”和“互联网+政务服务”工作，认真梳理人防行政权力清单和公共服务事项33项，进行流程再造，启用新“互联网+政务服务”行政审批系统，方便群众办事。积极参加“五大竞赛”活动，加强对建设方的指导和服务，协调人防图审、质监、监理、设备安装等工作，确保各个项目建设的时效和质量，全年共审批54个项目，进一步提高项目建设效益和效率。人防结建面积和人防易地建设收费倍增。截至2018年12月底，共计审批建筑面积240万平方米，其中：工业企业中民用建筑3万平方米，工业生产厂房建筑面积近70万平方米，直接为工业企业减负近1400万元；审批地下室面积40万平方米，审批结建防空地下室面积9万平方米，征收防空地下室易地建设费3563万元。人防工程建设稳步推进。人防工程建设坚持“应建尽建”的原则，2018年，动工建设的人防工程有70980.5平方米（其中人员掩蔽工程54980.5平方米，物资库工程16000平方米），涉及项目11个，其中主体验收2个项目，面积14000平方米；主体完工4个项目，面积23440.8平方米；正在建设5个项目，面积33539.7平方米。正在进入施工图审的项目2个，面积28707平方米；进入施工设计阶段的项目1

个，面积约为4000平方米。顺利通过省人防办行政执法稽查。8月，接受省办对湘潭县的人防行政执法稽查，县人防办主动对接，争取上级人防部门的重视和支持，顺利通过行政执法稽查。在稽查中，稽查组调阅县人防工程审批档案和台账，实地查看项目现场，对该县人防行政审批、执法、工程建设等给予充分肯定和高度评价。

加强人防工程的维护管理和安全生产工作。随着全县人防工程建设的面积和工程数量的成倍增长，人防工程的维护管理和安全生产工作越来越重要。2018年，全县已建人防工程4个，在建人防工程10个，封堵老旧人防工事1个。县人防办克服人手少，无执法巡查车辆等困难，强化对项目的检查和服务。实行网格化管理。与4家已建人防工程维护管理单位签订年度目标责任书，明确责任人及职责，实行网格化管理，定期不定期开展巡查，确保已建人防工程结构完好及灯明、路洁、水畅。加强对项目的监督检查和服务。协调人防图审、质监、监理、设备等各方，使项目建设少走弯路、节约成本、提高效益。加强人防施工质量监督，及时指导和纠正施工中每道工序中存在的问题，确保人防工程项目按时按质完成。将人防工程施工图审查费用纳入部门预算，2018年为万通逸城等项目审图4.9万平方米。高度重视安全生产工作。制订《2018年度安全生产工作要点》，出台《湘潭县人防工程建设施工安全专项治理行动实施方案》，对建设和施工企业开展定期约谈，与10家在建未竣工验收的人防工程建设单位和施工企业分别签订《企业安全生产承诺书》，定期不定期对施工项目开展安全巡查，加强春夏火灾防控和防讯工作检查，确保不发生安全生产事故。

加强人防指挥通信体系建设。圆满完成《湘潭县人民防空方案》的修订工作任务。强化对全县警报器的维护管理，在子敬学校新增一台警报器，成功开展“11·1”防空警报试鸣，鸣响率和覆盖率均达100%，指导县五中、子敬、江声等学校开展人防疏散演习。人防宣传教育工作成绩凸显。认真落实“五进四化”要求，切实加强人防宣传教育工作，增强国防观念和人防意识。主要负责人到党校主体班开展人防专题讲座2次。组织开展“5·12”防灾减灾应急宣传日、“11·1”防空警报试鸣日人防专题宣传、普法宣传等活动，效果良好。向机关、学校、企业、社区等发放《人民防空知识读本》，宣传人防，方便群众办事。积极支持湘潭县青少年综合实践基地人防场馆建设，多次前往湘潭县青少年综合实践基地开展调研、座谈，研究在资金、建设模式、展馆设计、社会效益等方面的改进措施，并积极争取省、市支持青少年综合实践基地人防展馆建设。准军事化机关建设再上台阶。制定《2018年“准军事化”机关建设训练年活动方案》，设定训练104天，754个训练小时，已完成85天，680个训练小时。积极参加省市的联合演练训练活动，高标准、高质量完成了湘潭市“天盾-2018”人防疏散演习任务。开展人防大讲堂活动，采取聘请专家教授、班子成员带头讲课、股室长互帮互学等形式，提高开展业务知识水平，通过活动开展，提高全办工作人员履职能力。积极开展人防疏散基地项目建设的前期工作。根据县政府2018年度工作要点的要求，县人防办从4月起，广泛开展调研活动，并形成专题调研报告《人防疏散基地建设模式探讨》，于8月中旬编制《湘潭县人防疏散基地项目建议书》，拟投资1亿元、占地10公顷，在彭德怀元帅家乡建设集国防人防教育基地和研学旅行实践基地的人民防空疏散基地，因政府防范化解地方政府债务风险、压缩地方政府投资等原因，已经县人民政府同意暂停启动。

（谭　亮）

经济管理与监督

发展与改革

【概况】 2018年，县发展和改革局紧紧围绕县委、县政府总体思路，坚持稳增长、促改革、调结构、惠民生、防风险等工作措施，解放思想、迎难而上，推动县域经济健康发展。申报国省预算内资金和国家专项建设基金项目23个，涉及城镇基础设施、农林水利、工业经济、能源交通、服务业发展、生态节能环保和社会民生等项目，累计争取国省预算内资金13041万元（中央预算内投资10509万元，省级投资2532万元）。开展国民经济和社会发展“十三五”中期评估，在对经济指标、社会事业综合评估的基础上，加强对纳入全县“十三五”规划中重大项目的动态管理、分类指导和统一调度。

投资保持较快增长。全县完成固定资产投资194.8亿元，增长13.5%，其中按经济类型分，国有投资31.7亿元，非国有投资163.1亿元。按投资方向分，工业投资117.1亿元，增长28.9%；基础设施投资18.8亿元，下降54.7%；高新技术产业投资11.3亿元，增长86.3%；房地产开发投资36.2亿元，增长28.3%。实现第三产业增加值161亿元，增长10.6%；旅游业持续升温，全年接待游客957.9万人次，实现旅游综合收入86.82亿元。

继续深化经济体制和社会体制改革。全面深化“放管服”改革。完成发改权限内企业投资项目核准、企业投资项目备案、政府出资的投资项目审批、依法必须招标的基建项目（特许经营项目）招标方式和招标范围的核准等4项标准化工作，审批服务事项办理时限压缩2/3以上。深入开展产业项目建设年活动。建立健全产业项目建设年联席会议制度，出台《推进湘潭县产业项目建设年活动的实施方案》，着力推进项目加速、科技创新、招商落地、动能转换、环境优化、要素保障等10个子方案，进一步推进产业项目建设，助力实体经济振兴。加快推进社会信用体系建设。出台《湘潭县建立完善守信联合激励和失信联合惩戒制度加快推进社会诚信建设的实施方案》和《湘潭县加快社会信用体系建设的实施方案》等文件，全县推送公共信用数据16.05万条。

2018年，易地扶贫搬迁工作严格按照国家和省“对象精准的界线、面积标准的红线、建房不举债的底线、项目资金管理的标线”要求，组织召开易地扶贫工作专题推进会议3次，对全县“十三五”时期84户242人的易地扶贫搬迁项目建设开展“拉网式全覆盖”专项督查2次，清退不合规搬迁对象4户9人。顺利接受省易地扶贫搬迁工作联席办第4批工作核查和国家脱贫攻坚第三方实地评估。

纵深推进“两型社会”改革。按照一化一改一保护的要求，成功组织申报湖南省2018年两型社会建设项目4个。深入推进2018年度县级两型示范创建工作，评先表彰云湖桥镇清风村、锦石乡文佳村等15个两型村庄。对接省、市两型部门，完成全部4宗违法违规项目整改及工业企业退出问题的销号备案工作。全面完成李家矿区和洪顺矿区地质环境恢复治理，复绿面积4.5余公顷。完成麦子石采石场弃土区复绿生态生态治理5.33公顷。

（王廷玉）

物价管理

【概况】 2018年，县发展和改革局以解决群众关注的热点、难点价格问题为突破口，进一步加强价格调控，深化价格机制改革，强化市场价格监管，着力维护公平竞争环境，防止市场垄断行为，为全县经济社会持续健康发展营造良好价格环境。

深化重点领域价格改革。制定湘潭县城区生活垃圾处理费伴消费征收标准。控制教育费用负担增长，适时调整湘潭江声实验学校学费标准。加大服务价格改革力度，完成水资源有偿使用收费、机动车停放服务收费、基础医疗服务价格收费调研工作。

着力加强市场价格监管。开展春运客运票价、春秋季开学收费、医药卫生服务价格、转供电、涉企收费等专项检查，全年共立案查处价格违法案件15件，清退不合理收费50余万元，没收违法所得57万余元。完善提醒告诫等预防性监管措施，密切关注教育、医疗、交通运价、停车、物业等民生价费热点问题，切实加强对水、电、气的价格监管。扎实推动价格诚信建设，全面推进明码标价工作。充分发挥12358价格监督平台作用，全年共接到电话咨询和举报126件，案件及时回复率100%。

做好价格公共服务工作。开展涉案、涉纪、涉税等价格认定工作，全年受理案件268宗，涉案金额357.4万元，办结率100%。扎实做好粮食、主要畜禽饲料、城乡居民服务、农业生产资料、省内省外活畜禽运输、鲜猪肉等112个项目的价格监测和重要节假日市场价格监测，及时向省市县上报价格动态。为保障全县“菜篮子”有效供给，2018年投入“菜篮子”扶持资金63万元，对30家蔬菜基地进行扶持。

（贺　飞）

审计管理

【概况】　2018年，县审计局完成审计项目157个。其中，预算执行审计和财政财务收支审计项目4个，专项审计调查项目2个，政府投资审计项目142个，领导干部经济责任审计项目9个。审计共查出各类违规资金604万元，管理不规范资金13351万元，审计收缴180.5万元。投资审计送审金额54200万元，审定金额41600万元，审计核减12600万元，审计核减率达23.2 %。向县政府报送审计要情1份、呈阅件5份，向纪检监察和相关部门提交移送处理书8份。

预算审计。6月21日，县审计局在县人民政府常务会议作《关于湘潭县2017年度县本级预算执行和其他财政收支的审计结果报告》。6月28日该局受县政府委托，向县人大常委会作《关于2017年度湘潭县县本级预算执行和其他财政收支的审计工作报告》，报告有针对性地提出6条审计建议。县人大常委会对县级财政预算执行情况审计予以肯定。

经济责任审计。完成9个单位11名领导干部的经济责任审计工作。审计查出违规资金342万元，管理不规范资金414万元，向纪检监察和相关部门提交移送处理书4份。

完成工程结算审计项目142个，施工单位送审金额54200万元，建设单位初审金额47800万元，经审计审定金额41600万元，在施工单位送审的基础上核减12600万元，核减率23.2%，在建设单位初审的基础上核减6200万元，核减率13%；配合县纪委监委对5个建设项目进行审计，挽回经济损失1500万元。

完成全县2016年至2017年扶贫资金管理使用情况专项审计调查。反映出扶贫资金在资金使用、政策执行、项目管理等方面的问题，查出违规资金10万元，管理不规范资金812万元，向纪检监察提交移送处理书3份。

完成交办工作任务。年内，完成2017年度招商引资奖励审计、全县债务数据的再次核实、云龙中学和江声中学资产评估、市精美乡村、美丽屋场124个项目的审计核查、全市交叉经济责任审计项目1个，首次进行领导干部自然资源（资产）离任审计；参与、支持省委、市委、县委巡察工作、县纪委办案工作及其他工作共16批46人次。

（汤雨常）

统计管理

【概况】　2018年，湘潭县统计局以提高统计能力、统计数据质量、统计公信力为主线，以决胜全面小康、挺进全国百强县、扎实推进全国第四次经济普查为中心，加强经济形势研判和预警预测，及时准确反映问题，并提出针对性强的工作建议，为抓好经济工作赢得主动、竭力服务县域经济社会发展。

开展统计监测。紧盯目标任务，强化经济运行监测分析。紧紧围绕全县“十三五”规划和主要经济指标完成情况，加强统计监测预警；定期对县域经济运行情况进行研判，抓住重点、关注热点、破解难点，不断提高预警预测能力。通过加强与上级统计部门、与县发改、科经等部门沟通，对GDP、三产、规模工业、固定资产投资、社会消费品零售总额等重点指标加强监控；对经济运行中的难点指标，及时做好工作预案，并向分管县领导请示汇报，积极主动到市赴省沟通汇报，多次邀请上级统计部门有关专业科（处）室领导到县实地指导工作。同时，积极配合县小康办做好小康指标监测工作，深入分析县全面建成小康社会进程情况，及时提供监测建议给领导及有关部门；持续加大短板指标攻坚力度，督促短板指标单位对标对账、分头落实，确保全面小康整体实现程度持续稳步提升。

开展统计服务。坚持服务全县经济社会发展，认真做好《统计公报》《统计综合月报》《统计年鉴》等系列资料的编印和发布工作。撰写统计工作信息48条，撰写统计分析文章每季度经济形势分析在全县经济形势会上作重点发言。依托县民意调查中心，开展民意调查电询工作，对全县355个乡镇村（社区）和290个县直机关、二级机构、驻县单位和县属学校等单位随机抽取30万个样本电话进行调查访问，取得有效样本电话10800个，对群众反映的突出问题及时汇总反馈，为县委政府提升群众工作水平提供参考。

开展统计法制。建立健全“企业一套表”制度，严格按照“先进库，后有数”“要进库，走程序”的原则，及时更新维护基本单位名录库，企业联网直报数据基本走上常规化的轨道，全县纳入全国“企业一套表”联网直报平台的“四上”企业和投资5000万元以上企业每月都顺利完成联网直报工作，联网直报率均达100%。逐步建立联网直报工作长效机制。大力宣传《中华人民共和国统计法》，结合“七五”普法、“统计法进党校活动”、培训会和法律法规知识考试等多种手段开展统计法制宣传。坚持常态化统计执法检查，严格依照统计执法程序，随机抽查县20家企业单位以及统计局、政法委、政府办、科经局等县直机关进行统计执法检查。

打好统计基础。严格把关，确保“四上”企业及时入库。深入调查对象，指导各调查单位建立健全统计电子台账、工作制度和数据审核报送流程，做好原始记录，确保数据采集通畅、规范到位。对联网直报进度进行实时监测，对遇到的各种问题及时解决，确保联网直报顺利运行。

开展经济普查。2018 年是全国第四次经济普查年，第四次全国经济普查是中共十九大之后开展的首次重大国情国力调查，是决胜全面建成小康社会、开启全面建设社会主义现代化国家新征程的一项重要综合性基础工作。县统计局高度重视，强力推进，扎实开展各项工作。2018 年 9—11 月单位清查阶段，选聘 600 余名普查员和普查指导员，召开动员大会和业务培训会，组织开展“地毯式”单位清查，单位清查过程中，多次组织乡镇经济普查工作负责人及业务人员召开经济普查推进工作会议，全面了解全县经济普工作进展，解答普查工作中遇到的具体困难和问题。同时，多次组织县经济普查工作人员到乡镇进行业务指导，对普查实施中的每个环节实行质量控制。通过全县 600 余名普查员和普查指导员的共同努力，全县第四次经济普查工作共登记非一套表法人单位 5519 家、产业活动单位 475 家。清查后期完成全面查遗补漏和审核、编码、改错，为下阶段正式入户普查打下良好的基础。（雷　静）

国土矿产资源管理

【概况】 2018 年，湘潭县批回土地 121.67 公顷，征地 181.03 公顷，拆迁房屋 6.93 万平方米。实现土地经营收益 20.1 亿元。清查闲置土地 13.96 公顷，盘活存量用地 8.53 公顷，成为 5 个县市区中唯一供地率达标的地区。

耕地资源量质齐升。完成土地开发项目 40 个，新增耕地 388.97 公顷，完成市政府指标 66.67 公顷；完成城乡建设用地增减挂钩项目 11 个，新增耕地 12.70 公顷，新立项 6 个，可新增耕地 40 公顷；完成农村土地整治项目 26 个，建设规模 2933.33 公顷，新增产能 2500 个，圆满完成高标准农田 2000 公顷的工作目标。

矿产资源开发管理规范有序。坚决按照中央环保督察的要求，对“绿心”范围内的李家采石场、洪顺建材有限公司两家矿山企业予以关闭；严格按照矿山开发利用方案进行督促和检查，做好矿山超深越界检查和矿山储量动态核查工作；积极推进矿山关闭整治，整合矿山 3 家，退出 3 家，注销采矿许可证 2 家。

地质灾害防治和地质环境治理扎实到位。排查地质灾害隐患点 148 处，重点监测 54 处，未发生因地质灾害导致的人员伤亡事故；健全地质灾害防治体系，认真开展地质灾害防治宣传和应急演练，申报地质灾害治理项目、应急补助项目等项目资金 305 万元；稳步推进矿山地质环境治理，完成洪顺、李家两家“绿心区”矿山地质环境恢复治理，成功申报谭家山煤矿区生态修复工程项目，争取国家治理资金 3 亿元。

违法行为制止和查处有力。进一步理顺执法机制，构建打击非法开采的长效机制；严格执法查处，立案查处土地、矿山违法案件 65 宗，取缔非法采砂点 16 处，拆除违法建筑及附属设施 5.2 万平方米，责成违法当事人恢复治理破坏耕地面积 3.4 万平方米，收缴罚没款 172.4 万元，移送公安机关刑事追责 12 人，移送涉黑、涉恶线索 5 起；创新执法模式，开发移动执法动态巡查系统，将卫星影像、土地现状、土地利用总体规划等数据集合为一体，实时、实地进行地块属性查看、地类分析，执法能力和效率取得较大提升。

不动产登记群众满意度大幅提升。登记发证能力稳步提升，实行“一窗受理”，一般抵押、转移类登记业务提速超 50%，公积金贷款登记办理实现“共跑一次”，全年办结登记业务 5.8 万余宗；积极推进历史遗留问题解决，出台《湘潭县解决城镇开发建设历史遗留问题权证办理的实施意见》，全面加强不动产登记历史遗留问题处理，县食品厂、谭煤沉陷区等一大批不动产登记历史遗留问题得到有效化解；争先创优成绩突出，积极争创”全国百佳便民利民登记示范窗口”，荣获“红旗窗口”“巾帼文明岗”“文明窗口”等荣誉。

测绘地理信息工作成效明显。统一全县测绘基准，从 2018 年 7 月 1 日起湘潭县全面启用 2000 国家大地坐标和 1985 国家高程基准；稳步推进湘潭县资源资产一张图建设，建立湘潭县地理信息数据清单；强化数字湘潭县示范应用系统的开发和运用，开发、推广国土动态巡查系统和数字湘潭 APP，运行效果良好。

改革创新深入推进。认真实施乡村振兴战略，出台《关于落实乡村振兴战略推进农村土地制度改革的实施方案》，优先足额保障现代农业示范园和特色小镇用地需求，“一户多宅”“空心房”“大棚房”专项整治工作有序开展；改革农村宅基地管理模式，出台《湘潭县农村宅基地管理办法》，下放宅基地审批权限到乡镇，全年办理宅基地批准书 1015 个；稳步推进国有资产（资源）确权登记，对全县国有资产进行清理登记发证，完成 1216 宗国有资产的外业测绘工作。

精神文明建设成果丰硕。坚持党要管党、从严治党，以落实“两个责任”为抓手，扎实推进组织和干部队伍建设，形成风清气正的政治生态。全面开展基层党建工作，顺利完成支部“五化”建设，认真践行“四责四诺”，落实“五联五问”，坚持“三会一课”制度，深入开展“两学一做”教育活动和“不忘初心”大讨论活动。不动产登记中心支部和机关二支部通过基层示范支部和五星支部验收。积极开展茶恩寺镇茶花村、双阳村，石鼓镇福宵村驻村扶贫和易俗河镇赋江村、郭家桥村、安联村、青光村等联点村的结对帮扶工作，投入帮扶资金 10 万元。作风建设严抓不懈，全年共开展作风纪律督查 42 次，诫勉谈话 3 人次，提醒谈话 12 人次。严格落实中央“八项规定”，控制“三公”经费支出，公务接待费用同比下降70%。民调成绩全县排名第二，

3家二级机构土地整理中心、测绘队、易俗河国土所并列全县第一。全力助推湘潭县全国文明城市、省级卫生县城、国家森林城市创建工作。（李 森）

工商行政管理

【概况】 2018年，湘潭县新发展各类市场主体7137户，同比增长7%，增长速度位于全市前列，其中企业1468户（含农民专业合作社），个体工商户5669户。办理变更登记864户，办理注销登记145户。办理企业名称预先核准登记1135户。办理股权出质设立登记7件、股权出质注销登记9件，办理动产抵押登记51件。协助司法冻结股权13件。药品经营许可24件，第二类医疗器械备案登记4件，第三类医疗器械经营企业许可3件。

是年，全程电子化登记量、名称自主申报率名列全市各县市区第一位，企业登记全程电子化工作列入湘潭市商事制度改革试点单位。支持县深化供销合作社综合改革工作，加快审批进程，压缩办结时限，办理供销惠农服务有限公司65家。积极支持永晟农林、和亿莲业等6家企业进行股改上市。鼓励和支持返乡人员投身农业创业创新，创办领办农民合作社、家庭农场、农业产业化龙头企业等新型农业经营主体，发展规模种养、农产品加工和农村服务业，发展休闲农业、林下经济和乡村旅游业，全县现有农民专业合作社1798家，家庭农场1023家，农业公司215家。特色农业产业居全市首位。

企业登记管理。继续深化商事制度改革，创新服务理念，优化服务举措，打通“放管服”改革“最后一公里”，不断优化营商环境，切实增强群众和企业获得感，推进简政放权、释放市场潜力，全力助推工商登记“湘潭县速度”，全面落实各项改革任务，较好地促进全县经济社会持续健康发展。积极推进“多证合一”改革，整合涉及21个部门的37项涉企证照事项至营业执照，实现“一网通办、一窗核发、数据共享共用”。落实“证照分离”改革，对第一批106项涉企行政审批事项分别按照直接取消审批、审批改为备案、实行告知承诺、优化准入服务等4种方式实施“照后减证”，解决“办照容易办证难”“准入不准营”等问题。压缩企业开办时间，企业开办平均时间压缩至4个工作日以内。持续推进工商登记便利化，加快全程电子化登记和电子营业执照应用，全面实行名称自主申报制度，全程电子化登记申报企业308家，审核通过280家，对市场存量主体全部赋码电子营业执照。

企业个体监管。全面归集和公开涉企信息，实现行政许可信息、行政处罚信息100%公开。部门信息归集达到76.53%以上，双告知推送信息13163条。全面开展年报试点工作，完成各类市场主体年报信息公示26476户，内资企业、个体和农村专业合作社年报率均居全市第一。大力推广“双随机”抽查工作，建立“一单两库一细则”，基本建立市场主体和执法人员名录库。对785家企业依法列入经营异常名录并公示，对168户被列入经营异常名录届满3年仍未履行相关义务的企业列入严重违法失信企业名录，吊销无法联系并且长期停业的企业119户。

精准实施商标广告战略。加大商标宣传力度，提高企业和全社会商标法律意识。采取多种形式，做好实施商标战略宣传工作。利用“3·15”国际消费者权益日的活动和“4·26”世界知识产权日的活动，共向群众发放保护商标权的宣传资料300份，接待咨询30起。深入走访企业，上门进行商标宣传，向企业发放湖南省著名商标认定与保护办法和驰名商标认定和保护规定等宣传资料，帮助企业树立商标意识，品牌自我保护意识。共走访企业20家，发放商标宣传资料40份。在市场巡查过程中，主动向经营者、消费者宣传商标法规知识，发放宣传材料200份；指导经营户做好申请注册商标、驰名商标申报工作。指导帮助165家企业和个人申请注册商标。商标转让8件，商标提出异议5件，商标变更1件，商标续展2件，新注册1257件，辖区共有注册商标6719件。认真开展品牌调研活动，走访调研石鼓镇的油纸伞经营户，指导帮助企业树立品牌战略意识；加强走访广告经营企业。指导其强化广告经营自律和内部管理，检查落实广告管理制度情况，针对问题提出改进意见，规范广告发布行为，确保广告真实、合法，共走访广告经营企业和广告经营个体工商户216户，帮助51户广告经营企业完善广告管理制度。严厉查处商业贿赂、商标侵权、虚假广告和其它违法违章案件。借助媒体广告监测系统实现对县级广播电视媒体广告全时段、全方位的监管。

加大焦点领域执法办案力度。以提高案件质量为重点，严格执行案件核审制度，提升办案水平。全年立案查处各类违法违规案件146起，结案141起，文书处罚金额395万元，同比2017年结案数增加90%，文书处罚金额增加201%，获得湘潭县2018年度行政执法竞赛二等奖。积极开展打击传销和非法会议营销工作。组织召开打击传销工作联席会议，加强部门协作配合，建立三级联动机制。对县城区域内能提供会议场地的大型宾馆每周进行1~2次核查，及时掌握会销场所动态。组织6次会销场所的全面排查，查处、劝退非法会销企业23家，劝退群众600余人次。打击非法会议营销工作受到省、市的肯定和社会各界的好评，工作经验被国家市场监督管理总局工作简报刊发，同时被省市场监管局向全省推广。全年解救传销人员6人，进一步巩固全县打击传销和创建“无传销县”工作成果。

推动消费环境持续改进。开展和参与护苗、护老、烟花爆竹、电取暖器、消防产品质量、四轮电动车、校园周边文化用品店、建材产品质量、娱乐场所食品安全、成品油质量、红盾护农、采砂整治、暑期旅游市场、麻将馆等20多项专项整治，全力保障健康有序的市场秩序。开展放心消费创建活动。确定信誉度高、社会评价好的23家经营单位为“放心消费示范单位”。开展“3·15”国际消费者权益保护日系列活动。发放法律法规宣传材料2000余份，接受咨询100余人次。进一步加强维权网络建设，2018年共收到市工商局“12315 ”指挥中心下派、市食药局“12331”转办、市质量技术监督局“12365”转办、市长热线、信箱、县长热线、信箱等转办和自行登记受理的消费者投诉、举报696件。其中投诉550件，举报146件，涉及消费金额170万余元，为消费者挽回经济损失35万余元。利用投诉、举报线索查办案件29件，罚款28万余元。

（贺　飞）

质量技术监督

【概况】 2018年，湘潭县积极推动以质取胜战略，发展品牌经济，把质量强县工作作为一项中心工作来抓，较好的完成阶段性目标任务，实现质量强县工作的稳步推进。加强监督抽查，切实维护市场经济秩序。科学制定监督抽查计划，结合全县产业发展和民生关注重点，扩大监督抽查覆盖面，将重点工业产品纳入监督抽查目录。强化不合格后处理工作，确保每个不合格生产企业处理到位，完成闭环管理，完成食品相关产品不合格后处理工作4个批次，处置率达到100%。扎实做好监督抽查结果的运用、公开和通报工作，对监督抽查数据进行科学分析，为质量决策提供数据支撑。深入开展“地条钢”“农资”“汽油”等产品质量专项整治行动，全面排查质量安全隐患。“严打、狠打、痛打”违法违规企业，坚决守住不发生系统性、区域性、行业性产品质量安全事故的底线。组织“质监惠民”活动，精准对接民生需求，服务中小微企业，完成企业质量技术服务需求调查问卷40余份，发放“质量提升行动年”产品质量免费检测服务券30余张。开展“质量月”活动，向群众宣传日用消费品、食品相关产品等质量安全知识，为企业质量提升提供技术服务与支持。

制定全县特种设备监管执法工作计划。全县3020台特种设备，根据属地监管原则，划分到各有关单位和乡镇监管所，从责任分解、执法方法、内容、频次、措施以及定点行政执法检查对象及检查时间作出详细明确的说明和安排。开展安全生产大检查。重点做好特种设备、打非治违执法工作，出动1600人次，组织执法活动48起，检查生产单位385家，下达执法文书120份，共排查隐患120起，整治120起，解决投诉举报8起，立案2起，处罚人民币18.5万元。

加强计量管理和监督。对强制检定工作计量器具进行备案。组织开展医疗卫生用计量器具和贸易结算用衡器的免费检定工作。推进标准网上公示工作，指导和督促企业进行标准网上公示，公示企业86家，公示标准383项，涵盖849种产品。对机动车安检公司等涉安企业加强日常监督检查，对区域内的3个高速公路通道的超载超限用衡器以及吴家巷超限监测站、河口卸载场在用衡器进行检查，对县内3家检验机构及其检验服务活动进行监督管理。组织开展医疗卫生用计量器具专项检查以及集贸市场、超市贸易结算用衡器专项计量监督检查。处理计量投诉30起。对辖区内7家加油站加油机超期未检的行为进行立案查处。

加大产品商品检验检测。扎实开展计量器具检定工作，累计检定计量器具3000余件次。对乡镇和社区医疗机构的强检计量器具、农贸市场计量器具进行免费检定。全年共处理计量纠纷30起。积极推进湖南省地方特色产品（湘莲）质量监督检验中心项目建设。（贺　飞）

食品药品安全监管

【概况】 2018年，全县有各类餐饮服务单位1407家，从业人员3950人。其中，社会餐饮单位839家、学校幼儿园食堂438家、企事业单位食堂130家。食品流通企业5100家，食品生产企业131家。涉药涉械单位1081家。其中，医疗器械生产企业1家，医疗器械批发企业6家，医疗器械经营企业21家，药品生产企业3家，药品经营企业215家，各类医疗机构835家。

加强食品安全监管。严格落实食品安全党政同责，将食品安全工作纳入绩效考核体系。强化食用槟榔生产企业、食品生产企业、经营企业、经营主体、学校幼儿园落实食品安全主体责任意识，落实各食品安全生产经营主体的主体责任。对130家食品生产企业进行全面巡查，对持证的1407家餐饮单位开展食品安全量化分级等级评定。协同食安委各成员单位深入开展食品安全日常监管和专项整治工作。与县教育局、乡镇食安委联合，对全县227所中小学校、211家幼儿园开展春秋两轮食品安全全面的检查和复查，下达整改文书788份，责令整改299户。与县商务粮食局、乡镇食安委联合开展食品行业无证无照经营整治，规范引导办理证照690户。全力推进创文创卫工作，规范小餐饮店749户，改造提升55户，县城食品、餐饮监管水平和文明卫生经营得到质的提升，高分通过省卫生县城验收，顺利通过全国文明城市复查。扎实做好各类重大活动食品安全保障工作。率先启动预防食用野生蘑菇中毒的防控宣传工作。开展“一桌餐”“私房菜”专项治理工作，查处取缔28家。落实市实事工程，组织第三方检测机构抽检各类食品949批次，食品快速检测4429批次，抽查60批次食品相关产品，超额完成省市抽检任务。与县公安局、县商务粮食局联合开展槟榔、豆制品、米粉、炒货等专项食品整治，食品质量大幅提升，槟榔抽检合格率100%，超过全省抽检合格率3个百分点。加快茶恩寺食品安全示范乡镇的创建工作，以点带面促进全县食品安全监管水平提升。全面推进农村集体聚餐与食品小摊贩登记备案管理。“农村集体聚餐”规范实施纳入村（社区）食品安全信息员考核。青山桥、石潭、云湖桥等乡镇对摊贩实施集中区域经营管理，乌石镇、中路铺镇成功获评省卫生乡镇。

强化药品医疗器械安全监管。加强药品监管，全年完成33家零售药店的认证工作。依法依规开展行政许可工作，全年受理行政许可事项86项，均已办结。持续推进全县不良反应监测工作，上报药品不良反应报告共537例，完成市局下达年度任务的118%，开展“两非”整治行动，随机抽查涉药涉械单位13家，检查计生药械125个品规。在药品经营企业推行“多证合一”，已发放“多证合一”的“药品经营许可证”182张，药品医疗器械不良事件检测工作获全市第一名。

开展专项整治。开展豆制品米粉炒货专项整治工作。加强豆制品、米粉、炒货全程监管，监管覆盖面100%，抽检豆制品米粉炒货100批次，全部合格；开展食品安全进农村工作。出动执法人员900余人次，对辖区内农村市场所有食品经营单位进行大排查，检查经营主体1680户，下达日常监督检查书900余份，检查农村集贸市场等各类市场16家；开展非洲猪瘟防控工作。将非洲猪瘟防控工作列入重点工作，采取一系列行动防控非洲猪瘟。出动执法人员1200人次，出动执法车辆410车次，对8家猪肉及猪肉制品生产企业多次进行现场检查，对全县所有餐饮单位进行清查，对辖区内所有冻库进行登记造册，组织集体约谈5次，发放宣传资料4000余份，立案查处销售未经检验检疫肉案件7起，销毁未经检疫的肉类产品3700千克；开展食品经营环节散装白酒普查登记专项行动。出动执法车辆180台次，执法人员410人次，排查全县400多家酒类产品销售者和餐饮服务提供者，对14家经营散装白酒的食品经营户、1家白酒生产小作坊进行登记造册；开展节假日的餐饮食品安全专项整治。元旦、春节、国庆等重大节假日期间加强餐饮食品安全监督检查，检查餐饮服务单位350家次，督查整改62家；开展全县学校幼儿园春、秋两季食品安全专项检查暨护苗行动工作。3月、9月完成春、秋两季全县学校幼儿园食品安全专项检查工作。出动执法人员646人次，出动执法车辆272台次，对17个乡镇230所中小学校、211所幼儿园进行两轮全面的检查，检查各类食品原料580余种，检查食堂从业人员2400余人次，查阅食品原料采购台账、餐具消毒、食品留样、从业人员晨午检、餐厨废弃物流向登记表册2100余本（册），下达整改文书788份，责令整改299户，责令有关单位迅速整改，全面落实食品安全主体责任；开展食品行业无证经营治理。按照“责任网格化、检查格式化、监管痕迹化”管理的要求，严格落实日常检查责任，对辖区食品生产经营主体进行全面检查，准确掌握无证食品生产经营的基本情况，建立无证经营监管台账，督促、引导符合办证法定条件且有继续经营意愿的经营者依法办理相应证照，对无照经营又不积极办理证照的经营户进行立案查处。辖区内食品经营户共有4655户，违法食品经营户有897户，其中无证无照小餐饮212户、无证无照小作坊2户、无证无照小食品店91户，有照无证小餐饮253户、有照无证小作坊21户、有照无证小食品店197户，证照过期小作坊3户、证照过期小食品店118户，规范引导办理证照690户，下达责令整改书493户，已整改583户，立案调查21户，查处结案17户，一般性处罚后合法经营17户；开展“一桌餐、私房菜”整治工作。出动执法人员202人次，在各大社区、小区门口、楼宇楼道等醒目位置张贴公告640份，媒体播放、刊载公告3篇次，依法取缔“一桌餐、私房菜”等无证无照经营的餐饮单位28家；开展保健食品监督暨“护老”行动工作。出动执法人员420人次，共检查食品、保健食品经营店408家次，其中食品经营者307家次，保健食品经营者101家次，重点对中老年奶粉、核桃粉、麦片、无糖食品等进行检查和筛查，下达责令整改书166份。开展养老机构食堂食品安全专项检查工作，共摸底38家养老机构食堂，对检查中存在的问题下达责令改正通知书，要求限期整改到位；开展网络订餐监管。根据《网络餐饮服务食品安全监督管理办法》要求，对全县境内网络服务第三方平台提供者进行全面监督检查，针对检查中发现的问题下达监督意见书并督促整改；开展药品流通领域药品质量安全交叉检查。采取“双随机，一公开”的原则，对全县辖区内24家药品经营使用单位进行飞行检查。检查中发现8家单位有涉嫌违法行为，11家单位存在违规行为，对8家存在违法行为的单位进行立案查处；开展处方药销售、终止妊娠药品专项整治。出动执法人员26人次，检查药品经营企业、医疗机构40余家；开展麻醉药品、精神药品专项检查，联合县卫计局、县公安局禁毒大队检查辖区内12家医疗机构，针对各医疗机构存在的安全隐患，提出整改意见与建议，各单位对其存在的问题提交书面整改措施，并作出有效整改；开展无菌和植入性等医疗器械监督检查。出动执法人员27人次，执法车辆9台次，检查无菌和植入性医疗器械经营使用单位23家；开展2018年严厉打击违法违规经营使用医疗器械专项整治。出动执法人员56人次，执法车辆28台次，检查医疗器械经营使用单位54家，下达《责令改正通知书》8份，立案查处1家，罚没款2万余元。

法治培训与宣传。开展食品安全知识培训，落实食品安全主体责任。8月17日、9月17日召开落实食品安全主体责任暨食品安全知识培训会，大中型食品经营企业负责人106人和学校幼儿园负责人443人参加。对《中华人民共和国食品安全法》、食品生产经营单位索票索证等内容进行讲解。强化食品安全责任意识、自律意识，进一步落实食品生产经营者主体责任，提高食品安全管理水平；开展“食品安全宣传周”“12331”“12315”等主题活动，通过启动仪式、食品安全“五进”公众开放日、有奖问答、专题讲座等活动，向公众普及食品安全知识、曝光食品安全违法案件。累计发放宣传资料3万余份，制作、张贴宣传海报（宣传栏）500余张，举行各类培训、讲座10余次。通过各大媒体、网站以及微信公众号发布卤凉菜、野生蘑菇等6个案例分别进行食品安全消费提示，及时破除食品谣言，有效消除群众恐慌；开展食品安全事故应急演练，召开新闻发布会。提高全县食品安全应急处置能力，按照科学化、规范化、实用化的要求，突出实战特点，精心组织全县食品安全事故应急演练，通过模拟演练切实提高处置能力。组织新闻发布，通告全县2018年食品安全工作及重点民生实事工程开展情况，现场就民众关注的食品安全问题答记者问；开展安全用药月宣传活动。在中路铺镇中心小学开展“安全用药、共享健康”为主题的安全用药月宣传活动暨“药品安全知识进校园”活动，发放药品医疗器械宣传资料1600余份，接受群众及师生现场问答110人次，药品安全知识讲座授课70分钟，发放赠品30份；开展“6·26”国际禁毒日禁毒宣传活动。通过摆放宣传海报、悬挂横幅标语、现场答疑等方式，全方位、多角度向人民群众宣传毒品知识和毒品危害，发放宣传资料4000余份，现场受理群众咨询300人次。（贺 飞）

安全生产监督

【概况】 2018年，全县安全生产形势平稳可控，共发生生产安全事故32起、23人死亡，同比分别下降49.2%、11.5%，无较大及以上事故。其中：道路交通事故29起，20人死亡；工商贸事故3起，3人死亡；其他领域零事故。县安监局全面实施年度计划执法，对264家企业进行计划执法，全年共检查企业622家次，制作现场检查记录622份，下达责令限期整改指令书253份，现场处理措施决定书4份，整改复查意见书253份，整改隐患1056条，巩固省级“安全生产示范县”创建成果，湘潭县再次荣获省、市“安全生产工作先进单位”称号。

深入推进安全生产行政审批制度改革。优化安全生产行政审批工作流程，落实首问责任制、限时办结制等，实行一站式受理。2018年共计受理办结危险化学品生产、使用、经营单位换发证初申请6件，烟花爆竹零售经营许可证换发证申请133件，发证120件，经审查不合格退回13件，受理行政审批事项办结率100%。严格落实部门联合审批，规范高危行业建设项目安全核准（审核）、项目核准和资源配置程序。城区或园区新建单位必须依法进行建设项目安全评价、职业病危害评价，办理建设项目安全设施、职业病防护设施、消防设施、防雷设施等审批事项，杜绝“先上车后买票”现象，从源头上消除安全隐患。实行高危行业企业复工复产部门联合审批制度，不符合安全生产条件的一律不予立项或复工复产。

深入推进“双预防”▲机制建设。在矿山、危化企业双重预防机制管理的基础上，遴选傲农生物科技和韶力电气两家企业进行试点，并在所有工贸企业推广，指导企业全面系统地组织风险因素辨识和风险等级划分，制定相应管控方案，完善隐患排查、登记、评估、治理、报告、销账等管理工作机制。建立安全生产监督管理部门牵头的职业病防治联席会议制度，将职业病防治纳入政府民生工程及安全生产工作考核范围。实行职业卫生与安全生产一体化监管，夯实基础工作，深入开展职业危害现状评价，指导湘潭电机车制造有限公司和湘潭县宏发塑料助剂有限公司开展职业卫生示范创建，25家企业完成职业危害现状评价，3家完成预评价，新增3家企业申报作业场所职业危害。推进高危行业安责险工作；在矿山、危险化学品、冶金、交通运输、建筑施工等高危行业全面推进安责险工作。2018年共计完成企业投保安责险50余万元，排名全市第一。严抓隐患整改环节，落实“一单五制”▲，加大监管执法力度，强力推进隐患整改落实，督促企业落实主体责任。为提高隐患排查整治的针对性和有效性，聘请专家会诊企业安全隐患，逐一提出整改意见，督促企业严格履行主体责任，积极抓整改促落实。深入开展行政执法竞赛、计划执法和“强执法，防事故”专项行动。按照“比监管频次，比办案数量，181比执法质量，比执法效果”的要求，县安委办会同县政府法制办对县直部门和乡镇的安全监管执法工作进行指导和考评，做到执法主体合法、处罚认定事实清楚、证据确凿、执法程序规范、适用法律法规准确、处罚决定适当、文书制作规范。2018年立案309件，行政处罚案件309起，罚款104万元；实现安监系统职业监管零处罚突破。按照“科学严谨、依法依规、实事求是、注重实效”和“四不放过”的原则，认真开展事故调查处理工作，依法严肃追究责任，并及时向社会公布事故调查报告，用事故教训推动安全生产工作。

开展安全生产巡查工作。进一步完善安全生产巡查制度，增选6名科级领导干部充实到巡查队伍。实现乡镇安全生产巡查全覆盖，针对发现的问题，以县安委会（办）名义下发安全生产督办函44份，督促整改安全隐患和问题231条，有效解决一批安全生产隐患和问题。

大力开展宣传教育活动。以安全生产宣传教育“七进”活动为主线，以“落实企业安全生产主体责任”行动为重点，以“安全生产月”“安全咨询日”“安康杯”等活动为载体，做到季度有主题、月月有活动，一季度集中开展安全过节活动和城区禁止燃放烟花爆竹宣传，二季度集中开展农村法制宣传月活动、职业病防治、应急宣传周、安全生产主题演讲比赛、安全生产月启动仪式和宣传咨询日等活动，三季度集中开展防溺水、消防安全和有限空间作业安全知识宣传活动，2018年，发放宣传资料5万余份，悬挂横幅100余条，组织观看安全生产警示教育片51003人次。“莲乡安监”微信公众号每周3次定期推送安全信息，全年推送信息122期、622条，阅读量全省（县市区）排名稳居前列。

着力推动示范创建活动。积极开展乡镇安监站标准化建设试点工作，配齐安监系统114名安监员执法制服，以易俗河镇为省级试点单位，云湖桥、河口和石潭镇为市级试点单位推进乡镇安监站“三化”建设▲。加强安全生产示范创建工作。2018年，全县创建市级示范乡镇覆盖率达100%，省级示范乡镇8个，覆盖率达47.09%，推动基层基础工作的全面提升。推进企业安全生产标准化创建和行业平安创建工作，指导17家企业开展标准化创建，做好标准化达标企业到期复审工作，督促15家化工企业和加油站、24家工贸企业完成复审。

行业专项整治。大力开展重点行业领域及人员密集场所安全专项治理行动，依法严厉打击非法生产经营建设行为，有效遏制各类生产安全事故发生。矿山安全方面，关闭退出不符合安全条件的地下非煤矿山，已注销观山采石场、方上桥石灰岩矿等18家企业《安全生产许可证》。落实长株潭城市群区域规划和加强生态绿心保护的规定，对李家采石场有限公司与洪顺建材有限公司作出关闭决定；开展利剑行动，取缔非法采砂洗砂点65处，立案查处非法开采行为22宗，捣毁非法开采生产设备34处，扣押生产设备8台，刑事拘留10人，网上追逃1人。烟花爆竹和危险化学品方面，以“前店后宅，下店上宅”专项整治行动为抓手，对全县所有烟花爆竹门店进行全面摸排和整顿，整改零售门店300余家，取缔不符合要求的经营门店100余家。大力开展打非治违专项行动，联合公安、交通等单位，对经营和运输烟花爆竹过程中的非法违法行为进行严厉查处和打击，共计查处25起，收缴烟花2876箱，鞭炮3548件。持续推进危险化学品专项整治行动，制定联合审批制度和联席会议制度，定期组织召开联席会议，研究部署危化行业综合治理工作，积极调动和协调相关职能部门，明确工作职责。摸底排查危险化学品行业企业安全风险，建立安全风险分布图、安全隐患排查落实表、危险化学品风险分布档案和重大危险源台账，大力推进信息录入和应急救援信息平台的应用，确保全县危化行业底子清、责任明，危险化学品和烟花爆竹行业执法立案109起，处罚金额191053元。工贸企业安全方面，以粉尘防爆和有限空间作业为重点开展专项整治，对全县86家粉尘防爆企业进行专项检查，指导企业对烤房、污染物处理池等91处有限空间作业场所张贴警示标志标识，建立和完善作业制度，组织员工培训，督促其配发作业护具。（陈　杰）

▲ 1.双预防：即安全风险分级管控和隐患排查治理双重预防。

2.一单五制：即实行清单、交办、台账、销号、通报制管理。

3.“三化”：即基础建设标准化、监督管理法治化、综合工作规范化。

国有资产管理

【概况】 2018年，湘潭县各投融资平台公司进行重组转型，成立湘潭县农业农村建设发展有限公司、湘潭县交通运输建设投资有限公司、湘潭县文化旅游建设投资开发有限公司3个县管国有企业，着力打造产权清晰、权责明确、政企分开、管理科学的现代企业，更好的服务于湘潭县经济发展需求。牵头制定《湘潭县县属国有企业薪酬管理办法（试行）》和《湘潭县县属国有企业绩效考核管理办法（试行）》，明确事、人、财的具体规定。对全县范围内的国有资产进行清查核实，全县清查核实出国有资产共16.65万条。同时完善相关资产管理具体要求，明确各个管理环节的责任分工，为建立政府向人大报告国有资产情况提供准确数据夯实基础。为落实债务防控风险责任，把部分闲置资产进行划拨、处置，清理出部分特许经营权划归国有企业，进行资产盘活。为切实推行公务车改革，对行政单位补贴发放情况进行检查，完成国有企业公务车改革工作，并对事业单位涉及车改的人员、车辆、补贴各方面费用进行测算、并收集整理相关意见。进一步促进公车资源合理配置，节约党政机关三公经费。

（杨　晶）

建设·环保

城乡规划

【概况】 2018年，湘潭县城乡规划局组织召开县规委会6次、规划审查例会32次、专家评审会22次，审议通过湘潭生活垃圾焚烧发电项目等5个重大基础设施规划选址方案，彭德怀故里游客接待中心等17个修建性详细规划方案，中心城区教育设施布局等6个专项规划，涓水风光带等3个景观设计方案，现代农业示范园等3个控制性详细规划，生态环保（海泡石）科技产业园等2个概念性规划，湘莲大道三期暨武广客运专线株洲站湘潭连接线工程等2个公路线形调整方案，7宗用地性质及经济技术指标调整方案，153个村庄规划编制项目、花石湘莲特色小镇总体规划、石潭镇历史文化名镇保护规划等。

住房和城乡建设

【概况】 2018年全县建筑业产值约49亿，比上年同比增长约30%。全年完成商品房销售7811套，面积为91.12万平方米，完成商品房销售金额45.67亿元。8个房地产重点工程项目计划总投资9.38亿元，房地产业全年完成重点工程项目投资10.33亿元。全年完成房地产固定投资35.2亿元，圆满完成年度固定资产投资任务。共完成建设工程项目初步设计审批107个（含经开区核发），实施招标投标监管71个，公开招标率达到100%，核发施工许可证107个（含经开区核发）、竣工备案证73个。全年完成非税收入270万元。

结合“精美莲乡”建设、乡镇项目竞赛、农村环境卫生整治、农村双改等工作，全面推进新型城镇化进程。2018年，共完成云湖桥镇、杨嘉桥镇、射埠镇、石鼓镇、谭家山镇、茶恩寺镇、锦石乡、石鼓镇、青山桥镇、中路铺镇10个乡镇垃圾中转站建设，乌石镇、花石镇垃圾中转站启动施工，预计2019年完成农村生活垃圾治理设施全面覆盖。污水处理厂（站）有青山桥镇、云湖桥镇、射埠镇、石潭镇、花石镇5个乡镇开工建设，谭家山镇、中路铺镇、茶恩寺镇、石鼓镇、杨嘉桥镇、白石镇污水处理设施建设已启动，到2019年年底实现污水处理全覆盖。针对黑臭水治理，制定《湘潭县邯郸港黑臭水体综合治理工程方案》，将一污水处理厂日处理量5万吨以外近2万吨污水引入二污水处理厂进行处理。

【住房安全保障】 实施农村危房改造是贯彻落实科学发展观、构建社会主义和谐社会的一项重要惠民政策，建档立卡贫困户危房改造是脱贫攻坚 “两不愁、三保障”目标的重要组成部分。2018年农村危房改造1989户全部开工，竣工1693户，超额完成省市农村危房改造和实事工作任务，由财政直接通过银行一卡通系统将1652户危改资金共计3481.13万元直接发放给农户。其中建档立卡贫困户农村危房改造1352户，拨付建档立卡贫困户危房改造补贴3219.35万元，顺利通过国家、省脱贫攻坚检查。

【建筑执法】 通过加强日常巡查、季度检查和开展专项行动，对全县在建工程和燃气企业严格按照相关法律、法规和检查标准进行常态化检查，检查中对项目部和施工现场存在的问题及时提出整改意见，对存在安全隐患的项目下发整改通知书，并督促将隐患整改到位，重点整治施工现场防坍塌事故、施工起重机械、深基坑防护、高处坠落、施工用电、非法倒灌燃气等重大危险源。全面贯彻落实中央、省、市、县环保督察有关文件和会议精神，进一步落实建设领域“三创一治”和“蓝天保卫战”工作，严格执行8个100%要求，有效降低建筑工地扬尘污染，在建工地现场推广使用远程视频监控系统，将建筑扬尘PM10和安全生产管理纳入视频监控系统，进一步提升施工现场安全文明施工管理水平。结合创文创卫和质量安全大检查等工作，累计检查项目650

余项次，查改隐患1500余处，下发质安隐患限期整改通知书300余份，停工通知书80余份，设备限制使用通知书45份，重大隐患交办函8份，约谈项目8项次，下发不良行为告知书13份。全县建筑行业、燃气行业做到全年无事故，安全生产年死亡率继续保持为零。

【建筑设计】 2018年，湘潭县建筑规划设计院设计总产值完成约650万元，设计总建筑面积近42万平方米。设计项目主要为房地产项目,天易经开区的市政项目，招商引资的工业厂房项目，以及部分私人联建项目及乡镇小城镇开发项目以及2018年度精美城镇，精美乡村项目。全年承担各类项目总计70多个；完成了全县乡镇镇区道路提质改造工程设计，所有背街小巷的提质改造设计，乌石镇、白石镇、花石镇、茶恩寺镇的乡村建筑改造设计。此外，还承担了上级主管部门或关键客户安排的工程检查、验收、鉴定及技术咨询等工作。

【重点工程项目建设】 滨江风光带（杨河段）提质改造工程。2018年，项目计划总投资1.8亿元，年内完成投资1.17亿元，其中征拆和协调完成4100万元左右，工程建设完成7600万元左右。该工程项目水利建设部分年内进入扫尾阶段，迎水面滩头防护全线完工，大堤薄弱处加厚补强，沿线所有涵洞、闸门完成接长、维修，寺冲闸和万赛港两处穿堤建筑物完成施工。万通逸城、银港国际、涓江天易新城、米罗云山、天易江湾、水岸龙庭、天元·海棠湾、十里风荷8个房地产开发项目。2018年，全县列入重点工程的房地产开发项目计划总投资9.38亿元，全年完成投资10.33亿元，为年度投资计划的110.13%。棚户区改造工作。2018年，全县棚户区改造任务1950户，分别是烟塘片区城中村项目、砚井片区城中村项目、赵家洲片区城中村项目，按照棚户区货币安置计算办法完成2650户，超额完成年度工作任务。农村危房改造工作。全年农村危房改造任务1989户，开工1989户、开工率100%，竣工1693户、竣工率85%，全面完成省、市、县实事工作任务。

【特色小镇建设】 2018年，成立县特色小镇建设领导小组，出台《湘潭县推进特色小镇建设加快构建新型城镇体系工作方案》。国家级特色小镇花石镇年度基础设施投资项目6个，完成投资额7246.88万元，市级特色小镇花石湘莲小镇和云湖桥森林小镇基础设施投资共7882万元。其中花石湘莲小镇项目以基础设施建设和项目前期工作为主，投资马垅路、大桥路道路提质改造项目，推动公共服务设施建设项目，预计年度投资5500万元，并与湘潭产业投、中建国际初步达成投资开发合作意向，着重片区开发。

【新型城镇化发展】 2018年，出台《湘潭县农村“双改”实施方案（2017—2020年）》，推动2018年农村“双改”实施项目计划任务工作，落实村镇规划“全覆盖”工程、农村生活污水治理和垃圾治理工程、农村危房改造工程、农村公共空间整治工程、特色小镇培育工程、农村建筑工匠培育工程，年度投资城乡基础设施建设项目共22个，预计投资额1.78亿元。青山桥、云湖桥、射埠、石潭、花石5个镇的污水处理厂（站）已建设完成，谭家山、中路铺、茶恩寺、石鼓、杨嘉桥、白石6个镇的污水处理设施建设已启动，年底完成中路铺镇、杨嘉桥镇的污水处理设施建设任务。云湖桥、杨嘉桥、石鼓、谭家山、茶恩寺、锦石、青山桥、中路铺8个乡镇的垃圾中转站已建设完成，乌石镇、花石镇垃圾中转站正在建设，2019年实现农村生活垃圾治理设施全面覆盖。

【房地产市场管理】 2018年，共发放“预售许可证”39个，预售面积121.92万平方米。根据《湘潭县商品房预售款监管实施办法》的相关要求，对权限范围内经批准预售的商品房预售款的收取、支付、使用实施全程监管，共38个开发项目使用审批583宗，拨付商品房预售款23.86亿元。2018年，参与湘潭县城市建设的房地产开发企业共有40家，其中三级资质17家、四级资质14家、暂定资质9家。全县有8个在建房地产项目列入县级重点工程，计划总投资9.38亿元，全年实际完成投资10.33亿元，占计划总投资的110.13%。根据全县房地产市场的发展状况，县住建局进一步加强房地产市场的监管，依据商品房预（销）售合同网上签约与备案登记系统、县商品房预售款监管系统的相关数据，抓好房地产市场情况的月度、季度、半年度数据统计工作，对全县房地产开发项目实施动态管理。

【绿色建筑和装配式建筑融合发展】 2018年，新申报绿建项目7个，建筑面积67.86万平方米，占新建建筑面积比例51.4%，总投资24.7亿元。其中县妇幼保建院整体搬迁、园区商务中心综合楼、天易江湾综合楼及高层住宅区、文体公园等4个项目采用一星绿色建筑标准设计，天易水竹学校采用二星绿色建筑标准设计。装配式建筑方面，出台《湘潭县推进装配式建筑发展实施方案》，组织县内企业参加湘潭市装配式建筑技术交流大会，德客隆*十里风荷住宅小区率先使用装配式建筑，建筑面积26.7万平方米，占全县全年新建建筑总面积的20%。

（刘宇雨）

城市供水

【概况】 2018年，湘潭京湘供水有限责任公司以安全优质供水为中心，坚持稳中求进的工作基调，坚持高质量发展的根本方向，以增效驱动发展，以创新谋求突破，以管理保持长效，全年实现销售水量1527万吨，综合水费回收率98.71%，出厂水水质综合合格率99.65%。公司先后获得“省级文明单位”“省级文明卫生单位”“省级城镇供水行业文明创建工作先进单位”“省级集中式供水卫生管理先进单位”“省五四红旗团支部”“省级青年文明号”“省级巾帼文明岗”等荣誉称号。

【安全供水】 公司以安全生产二级标准化复评审为契机，承办湘潭县第17个安全生产月启动仪式，组织应急救援演练活动，职工安全生产意识提升、作业场地安全设施齐全、工作过程安全操作规范等管理目标得到实现。11月份，公司顺利通过省职安协会安全专家组的复评审。公司积极做好湘潭县饮用水源地保护区的巡查和维护，全年维修更换饮用水源保护区围网82处、组织清理私自开垦的菜地6次，新安装围网300米、警示标牌7处、设置取水口航道警示标牌趸船3台，全面达到环保督察要求；城市供水执法中队加大稽查力度，对偷盗水、转供水等行为严厉打击，全年查处违章用水17起，处理管道破坏13起，补交水费和管道材料安装费10余万元。同时，公司通过采取日常巡查和不定期暗查的方式对城区供水主管网、阀门、消防栓等进行巡查，认真做好巡查记录，发现问题及时处理，全年日常维修2902处，DN100以上主管网抢修328处，维修和更换DN100以上阀门12处，自测和专业测漏53处，每日减少水损3000吨。

【深化服务】 公司以年创省级文明单位活动为契机，结合事业新发展和用户新需求，将水费缴纳、新开户办理、低保登记、阶梯水价人口申报、销户管理、维修服务调度、客户综合咨询等对外服务工作进行整合，用户办理业务更便捷，“一站式服务”体验感更强。公司窗口人员坚持“服务为荣幸”理念，热情服务于用户，走上街头积极开展“世界水日”和“中国水周”主题活动，增强用户科学用水观念；坚持开展“服务进小区”活动，宣传政策、听取意见、优化服务；推广拓展单位用水户走访活动，为企业搭建沟通平台；公司服务热线和抢修人员24小时受理解决用户用水方面的问题，全年接听热线电话9592个；采用专人专管，处理各类网上投诉80起，答复率、及时率达100%。为推动供水服务工作上新台阶，公司在营业大厅组建一支由35岁以下青年员工全员参与的“学雷锋文明示范岗”志愿者队伍，对客户进行文明倡导、宣传文明礼仪，提供业务咨询、解答用水疑问，引导办理业务、普及用水知识，有效提高客户的服务感知，培养职工心系群众、服务群众、立足岗位、无私奉献的精神。

【严守水质】 公司严格按照卫生主管部门要求的检测项目和检测频率，加强对出厂水、管网水实行11项日常规检测和43项常规项目全分析，保障城区安全、正常、优质、恒压供水。按照“2018年湘潭县农村饮水安全工程水质检测时间安排表”的要求，全面完成全县17个乡镇、31家供水单位、408件水样、43项常规指标的检测任务，每月按时向县水务局报送农饮水水质检测报告，并配合城乡水务股向水质不合格单位下达整改意见书，为供水单位改进制水工艺提供重要参考。

【项目建设】 公司紧紧围绕经开区道路建设与改造任务，实现供水管网同步规划、同步设计、同步施工，全年完成大鹏西路、海棠路、鸿雁路、湘莲大道三期等供水主管安装14.5千米，全力确保经开区引进项目的供水需求；优质开展新开户供水项目建设服务工作，全年完成银港国际等38个小区，电力局等5个“三供一业”项目的供水安装工程；针对老旧管网频繁爆管停水、供水漏损严重的问题，公司更换凤凰中路DN630PE管和DN800水泥管820米、杨柳中路DN560PE管1257米、杨柳北路DN315PE管550米；完成雪松北路DN200PE管、杨柳北路DN225PE管及锦绣滨江、金铃东苑、凯旋华府、江岸名城等小区PE管改球墨管的改造工程2200多米；水表智能化改造1392台，用户满意率达100%。 （段海艳）

城市供电

【概况】 2018年，国网湖南省电力有限公司湘潭县供电分公司完成售电量11.63亿千瓦时，同比增长15.41%；电费回收率100%，售电均价701.84元/兆瓦时，累计台区线损率5.42%，同比降低1.12个百分点；综合线损率7.89%，同比降低0.46个百分点。营业收入8.16亿元，同比增长14.01%；电费自然回收率达到99.29%，同比提升4.76%。

2018年，公司获得国家电网公司“昌吉—古泉直流1100千伏渝鄂背靠背、新一代调相机工程先进集体”、“2017—2018年度示范县级供电企业”、“安全工作先进集体”、“电费回收先进单位”、“配网建设先进县级供电企业”、市公司“先进单位”等荣誉称号，同业对标综合排名全省A段第8名，2018年度绩效市公司排名A段。

严抓严管，安全生产稳中有序。深入开展“精益安全生产管理”活动，加强作业现场安全管控，狠抓各级、各类人员责任落实，依托公司、部门、班所三级稽查队伍，进一步落实全员稽查制度，实现稽查全覆盖，稽查现场3557处。加强对供电可靠性、配损及配变异常数据监管工作，对跳闸率较高的线路进行集中综合整治。重点做好风险预控和化解，紧盯检修、基建、网改等作业现场。隐患治理卓有成效，全年排查隐患34项，治理问题数据541条，整改率均达100%。结合月度安全分析会，组织开展安全通用制度培训考试。全年未发生被省公司查处的典型及以上违章现场，公司连续安全生产3847天，保持长周期安全生产记录。

政企联动，电网建设如火如荼。全力推动电网发展建设，与县人民政府签订战略合作协议，成立县人民政府电网建设领导小组、县电力工作指挥部，建立健全相关工作机制，出台一系列电网建设支持政策，将协调、配合电网建设工作纳入政府部门、乡镇的年度绩效考核，将电网建设项目纳入县重点工程管理。2018年，农网改造总投资2.65亿元，涉及277个单项工程，累计完成119个村农网改造，新建10千伏线路252.64千米，新建、改造配变802台、低压线路1621.617千米，投资1793万元，完成留田、茶恩寺等变电站扩建工程，以及仙女变、井月线新建工程。加快天易经开区园区内重要用户的电力配套项目建设，为园区发展注入强劲动力。

实干为基，经营管理提质增效。深入开展经营诊断分析，持续优化经营策略。深化“互联网+”服务应用，积极推广“掌上电力”、电E

宝、微信、支付宝等新型电费结算方式，电费自然回收率达到99.29%，同比提升4.76%；线上缴费应用率90.9%，跟班稽查效果显著，通过三级跟班稽查，共计完成26户特殊用户的治理工作,全年追补电费74.99万元，违约使用电费77.33万元。强势开展反违章工作，完成省、市公司下达稽查异常问题工单873张，自查各类问题564起，行为性严重违章4起、管理性严重违章2起、三类供电服务过错2起，经济考核直接责任人602人次，经济考核连带责任人16人次，考核责任人金额31440元。开展“双百台区”治理，高损台区减少10个；做好电费风险防控，低压费控比例达99.99%、专变费控比例98.4%。

惠民行动加速发力。公司多措并举，初步建成“以客户为中心”的现代化服务体系，电力营商环境持续改善。通过“简化程序，提前介入，并行实施”的管理原则，压缩5项串联流程，打造互联网与业扩报装相结合的新模式，低压居民业扩平均时限缩短65%，低压非居民业扩平均时限缩短70%，高压业扩工程平均时限缩短17.8%；加快业扩配套项目实施进度，高效完成柏屹、宏信等产业园配套工程，为园区客户降低电力投资成本共计800余万元。积极服务脱贫攻坚，按时间节点圆满完成28个省定贫困村的农网改造工作，优先解决贫困村供电能力、供电质量等用电问题；充分发挥技术优势，开辟绿色通道，提供技术指导，光伏扶贫项目全部实现并网发电，上网电费悉数支付到位。圆满完成“两会”、高考、中考、彭德怀120周年诞辰纪念活动等重大保电任务，得到县委、县政府充分肯定。

坚决落实各项改革部署。进一步整合公司资源，对营销等专业进行全面改革,成立供电服务指挥中心，撤销调控中心，形成服务管控中枢，实现营配调协同融合，推行网格客户服务经理制与设备主人制协同融合模式，设立2个供电服务站，打破专业壁垒，减少管理内耗，贴近客户需求，服务管控成效明显。盘活固有人力资源，降低用工成本，通过公、专变费控集约大幅缓解减员缺员的压力，释放一线员工工作精力，多专业业务末端融合实现人员一专多能，缩短服务链条，客户服务效率大大提升。营销专业通过班组长与班员之间签订《岗位意向书》，真正做到双向选择竞聘上岗。“三供一业”分离移交工作按要求完成。

全面落实党建工作。深入开展习近平新时代中国特色社会主义思想和中共十九大精神学习，大力实施“旗帜领航·三年登高”计划，推进“对标管理年”各项任务。落实党建工作“4+4”责任体系，开展“党建+”五大工程和“联学联创”活动，推行党建量化计划管理。制定党风廉政建设“两个责任”清单、党风廉政建设和反腐败重点工作任务，明确各级党员干部党风廉政建设履责要点，压实党员干部党风廉政责任，全年廉政谈话29次，廉政风险季度排查、预警预控风险12次。以“大学习”“大讨论”“大体检”“大整改”为主要载体，组织开展一系列党员主题教育活动。完成8个供电所党支部，173名党员、党组织关系转接工作。强化保密、信访和舆情管理，公司发展保持和谐稳定。（彭翔晖）

城市管理

【概况】 2018年，湘潭县城市管理和行政执法局内设办公室、督查室、计财股、规划建设股、行政审批股5个内设机构，下设城市管理综合执法大队、市场服务中心、环境卫生服务中心、园林管理处、市政设施维护管理处、城市照明设施维护站、渣土大队、义务监督员管理大队、金霞山公园管理处9个二级机构。湘潭县城市管理和行政执法局围绕创建全国文明城市核心目标，坚持“行政执法严谨规范、城市管理精益求精”的理念，不断提升城市净化、绿化、亮化、美化水平，促进城市管理工作健康发展。

环卫清扫保洁工作。推进环卫市场化，上马垃圾场全面实现市场化运营。加强对局属市场化公司的监管和考核，督促市场化公司及时调整机械作业时间及程序，与环卫工人清扫保洁工作相互配合，有效保持城市卫生洁净，做到城区垃圾日产日清，2018年，共清运垃圾9.9万余吨。开展市容环境专项整治，清理城区卫生死角300余处；清理无物业小区内建筑垃圾、废弃杂物1200余车；清理道路边沟1500余平方米，冲洗城区道路面积6000余万平方米；开展城区“牛皮癣大整治”行动，清理各类牛皮癣20万余张。

园林绿化美化工程。元旦、春节双节期间，在白石广场等4处设置主题鲜明的精美立体花艺造型花坛，在莲花广场、滨江风光带等位置摆放立体花柱10个，在城区主干道、广场悬挂灯笼6500余盏，利用公交站台、大型交通指示牌等载体设置“欢迎莲乡儿女回家过年”等宣传80处，营造祥和、喜庆的节日气氛。以“林荫大道”为标准，加强道路绿化建设，提档升级城区主干道绿化，补植各类苗木630株，新增绿化面积1434平方米。提升城区绿化档次、增强街头彩色，对城区交通四岛绿岛、金霞山广场按季节栽植鲜花2次，美化面积4200平方米。清除城区违规种菜1.3万平方米，将海棠路与鸿雁路交汇处、滨江路与贵竹北路西南角、吴家巷与迎春路、天鹅路等四处改建为绿色停车场。

照明亮化工程。推广绿色照明节能改造，对城区路灯、景观灯进行巡查，排除吴家巷、海棠路等安全隐患20余处，更换维修灯头80余盏、路灯井盖100余套、电线电缆500余米，确保城区主次干道装灯率100%，主次干道亮灯率达99%，背街小巷亮灯率达97%。支持杨嘉桥、河口路灯建设，在当地安装路灯105盏。在银杏北路新建路灯18盏，对大鹏路至杨柳路沿线的亮化绕树灯带拆除，并将灯带重新利用安装。对涓水二桥景观灯进行亮化，通过点光源和景观亮化灯的有机结合，将涓水二桥打造成城区一座标志性的景观亮化桥。

市政设施建设。新增8个自行车站点，新安装228套锁止器，新建公交候车亭10处，新增公交车路线站点14处，提质改造城区公交站台33处，完成金桂路（大鹏路—白石广场）西侧人行道和云龙路（玉兰路—雪松路段）北侧人行道提质改造。在大鹏路转盘、雪松路转盘、县一中等17处安装人行道防护栏2496米。加强对城区的日常巡查，及时修复城区零星破损的井盖、雨水篦、人行道彩板、路沿石、平石、树池等设施，对县城区排水系统进行彻底清淤，清掏雨水篦1578座，清掏雨污井975个，完善排水管道的防汛功能，确保城区无内涝。在雨雪冰冻期间，做好城区防冻救灾工作。

农贸市场管理。加强日常管理，做好禽流感防控、非洲猪瘟防控、低温雨雪防冻工作。狠抓市场及周边的秩序管理，针对市场及周边出店经营、乱摆乱占等现象，开展专项整治，市场管理得到进一步规范。根据创文创卫要求，制定《湘潭县城区农贸市场集中整治工作方案》《关于城区农贸市场治理畜禽存栏、宰杀、销售“三分离”专项联合整治方案》，完成城区各农贸市场的“三分离”的改造。在雷公塘择址新建宵夜市场，完善宵夜市场的硬件设施，起到疏导作用。根据政府统一安排，完成易俗河市场整体提质改造。

【“三创一治”公益宣传】 2018年，围绕“三创一治”工作在城区进行全方位的公益宣传。其中，设置大型钢结构宣传17处，大型交通指示牌39块，公交站台宣传位161块，交通要道护坡宣传4处，公园广场绿化带宣传牌180块，车辆电子显示屏20个，环卫车辆、渣土车辆车身宣传380辆，并动员沿街商户进行公益宣传，形成浓厚的宣传氛围。

【“街长制”工作】 2018年，积极向县委、县政府谏言，推行“街长制”工作，在县城20条主次干道制作安装40块“街长制”指示牌，公示内容包括：责任路段范围、街长、牵头单位、责任单位、临街责任单位、牵头单位召集人、城管联系人、易俗河镇联系人、交警大队联系人等信息。由县领导任街长，由20名城管人员联系街长制工作，周三、周五为“街长”巡查日，周一、二、四、六、日为城管整改落实日，在“街长制”巡查中，对于不能当场整改的，涉及城管职责的由城管联系人领回任务再进行落实，确保“街长制”工作效果。

【市容秩序整治】 对城区主次干道及校园周边马路市场、流动摊贩占道经营、出店经营、六乱等违规乱象进行强化治理，巩固全国县级文明城市提名城市创建成果。注重疏堵结合，继续优化牛头岭便民服务点，在云龙路与荷花路交界处黄线区域内增设早餐便民疏导点，制定《便民疏导点若干规定》，规定经营时段，要求摊贩严格遵守，确保疏导点周边市容秩序正常。2018年，共进行市容集中整治160余次，纠正出店经营、沿街叫卖、乱牵乱挂等各类违章行为17300余件次，规范门店装修228户。

【户外广告管理】 2018年，制定《湘潭县城区户外广告整治行动方案》，发放《致临街商户的一封信》共计2000余份，对主次干道、公共场所及其周边区域内破损的门店牌匾、墙面宣传布幅广告、地面铺垫宣传布幅广告、横幅和占道摆放的小型广告招牌等进行全面整治，共拆除违章破旧广告、店招、灯箱461个，拆除违章条幅、横幅广告310条，查处散发小广告违法行为84起，没收非法小广告26000余张。对银杏路司法局前的11家门店招牌进行统一规范，设计制作安装精美的广告招牌，在城市形成一道靓丽风景。

【“蓝天保卫战”】 集中开展渣土扬尘、禁止露天焚烧垃圾、城区餐饮店油烟、禁止燃放烟花爆竹、禁燃区禁燃煤等环保专项整治工作。2018年，开展大气污染专项行动68次，督促城区531家餐饮经营门店安装油烟净化设施，处置各类餐饮经营门店油烟扰民投诉81起，拆除运离经营性小煤炉、烧烤灶175个，制止燃放烟花爆竹行为60起，阻止露天烧烤经营行为243次，阻止焚烧垃圾135起。在全市率先全部采用改型渣土车及新型环保渣土车进行渣土运输作业。全县改型车辆77台，添置新型环保车47台。从2018年3月1日起恢复征收渣土处置费，全年共收取渣土处置费26.5万元，收取卫生保证金67.2万元，行政处罚金额7.29万元。有效打击垃圾焚烧、道路污染等行为，确保空气质量。

【金霞山公园管理】 根据县委县政府的安排，2018年3月1日，金霞山公园移交县城管执法局管理。县城管执法局对金霞山公园内相关标识和指示牌进行规范，对所有游步道、排水沟渠两边的杂草、树叶进行彻底清理，对园区所有亟待维修的路灯，破损路面等基础设施进行排查清理，修复破损路灯50余盏，破损石凳2张。做好森林防火工作，特别是在清明节期间，成功阻止8起公园内焚烧纸钱的行为。开展“学雷锋志愿服务活动”，对公园内寺庙的生活垃圾及建筑垃圾进行集中清理，支持寺庙安放垃圾桶10个。根据“三创一治”要求，在公园内新建一座无障碍公厕和学雷锋志愿服务站，新增公益宣传牌50处。

（宋波南）

住房公积金管理

【概况】 2018年，湘潭县住房公积金管理工作立足支持住房消费，坚持服务民生、改善民生，把人民群众对美好生活的向往作为工作目标，各项工作顺利推进，各项经济指标完成情况良好。

全年共归集住房公积金3.51亿元，同比增长6.95%，累计归集住房公积金21.89亿元，归集余额9.2亿元；共办理提取业务64911笔，提取金额2.67亿元，同比增长18.99%；累计个人提取住房公积金13.52亿元，发放住房公积金贷款2.86亿元，同比分别下降13.1%、6.93%，个人住房贷款余额占缴存余额的比例为110.43%，累计发放住房公积金贷款16.41亿元，贷款余额10.16亿元；共回收住房公积金贷款1.13亿元，同比增长14.5%。

继续扩大公积金覆盖面。抓好政策宣传，借助主流媒体和新兴媒体，向社会公开各项业务政策、办事流程；以非公规模以上企业为建制扩面重点，逐步开展新市民、自由职业、灵活就业人群缴存住房公积金的业务，着力拓宽制度覆盖面。

个贷业务调控有力。根据房地产市场形势和国家宏观经济调控政策要求，实行“保一限二禁三”的差别化信贷政策，优先保证缴存职工购买首套房的贷款需求，适当提高第二套房或第二次公积金贷款首付比例（由20%提高至40%）和贷款利率（提高至1.1倍），停止发放第三套房及以上或第三次及以上使用公积金贷款。

提高服务质量和效率，加快推动“马上就办、最多跑一次”改革落地见效。通过减少审批要件、压缩审批时间，全面梳理、落实改革措施，最大程度增加人民群众的获得感。改革前职工要办理公积金贷款，需要先到公积金管理中心办理贷款手续，再到不动产登记中心办理抵押手续，至少要跑两趟路，分别到两个部门现场办理。11月开始，不动产登记中心以抵押登记窗口延伸的方式，在公积金管理中心设立不动产登记中心便民服务点，实现了住房公积金贷款和不动产抵押登记“共跑一次”的目标。建立数据共享平台，中心与民政、公安以及人社、住建、不动产登记、人民银行、税务、工商等13个部门建立数据共享机制，可联网核查住房公积金业务申办人的婚姻登记、大病医疗、房产备案等方面信息，基本实现数据共享全覆盖，做到让数据多跑路，让群众少跑路。

（何湘龙）

环境保护

【概况】 2018年，湘潭县环境保护局以改善全县的环境质量为核心，以提高人民群众的幸福感和获得感为目标，以改善环境质量为重点，全力整治突出环境问题，严格环境执法和环保准入，全面实施“蓝天、碧水、净土”三大保卫战，持续推进大气污染综合治理，全县环境质量得到进一步改善，全年空气质量优良率为88.5%，同比上升5.8个百分点，优良天数323天，湘江湘潭县段水质稳定在三类以上，有力推动县域经济发展与环境保护的协调发展。

项目审批工作。严格按照相关法律法规及相关规定开展环评审批工作，2018年共审批项目102个，其中报告书4个，报告表98个，拒批13个（含暂停审批10个），不符合窗口受理要求（提交资料不齐全）共计退窗16个；对重点项目开辟审批“绿色通道”，实行“提前介入、联合审批、专人督办、限时办结”，最大限度精简审批环节，缩短审批时限，实现项目快速审批，会同国土、发改、规划等部门参加并联审批重点项目1个。2018年，共指导企业落实“三同时”制度，安华消防有限公司、五洲通药业、萧湘制泵等25家涉水、涉气企业完成自主验收。组织屠宰及肉类加工、淀粉及淀粉制品制造行业的企业完成排污许可培训、申请资料的提交。全年共发放排污许可证121个，审查资料及查勘现场140余次，退窗18家，移交监察大队2家。

【环境监察】 2018年，全县共接受省厅交叉执法检查4次，其中“蓝天利剑专项行动”2次，固体废物专项检查1次，饮用水保护区专项督查4次。检查组共交办22个交办件，该局均按照交办要求全部办理到位。严格依法行政，保持高压态势，加强与公安、检察机关联系，组织开展联合执法检查，通过开展环境执法大练兵、“双随机”检查、“砖瓦玻璃行业环境问题专项整治行动”“饮用水源保护区专项执法行动”“危险废物专项整治行动”“湘潭县采洗砂行业专项整治”等10多个专项行动，全年共出动执法人员900多人次，查处各类环境违法行为80余起，其中立案查处74起，查封扣押5起，取缔关停5起（主要以塑料造料为主）、移送公安行政拘留8起，拟处罚款320万余元，对未批先建、超标排污、非法转移处置危险废物、取缔“散乱污、脏乱差”等各种环境违法行为进行严厉打击。执法工作在系统考核名列全市第一，全年无一起行政复议案件。共受理群众诉求340件，办结完毕338件，办结率99%，其余2件尚在办理中。先后18次召集召开环境污染纠纷协调会，无一起因处置不及时引起的群体性上访或越级上访情况。切实做到群众投诉的“每一个问题”都有回音，查处的“每一个案件”都有结果。

【省环保督察及中央环保督察“回头看”】 2018年，湖南省第三环境保护督察组于7月26日—8月14日进驻湘潭市开展环保督察工作，交办湘潭县信访问题20批80个。截至12月31日，已办结省环保督察交办信访问题60件，交办信访问题剩余的20个正在按要求办理；期间责令整改20家企业，立案处罚企业7家，刑事拘留2人，罚款35万余元。中央环保督察“回头看”于10月30日—11月30日进驻湖南省期间，共交办信访问题56个，立案调查5起，行政处罚59万元，移送公安部门3起。截至12月31日，湘潭县已按要求完成56个交办信访问题回复材料，后续整改工作正在有序开展。所有整改情况按要求公示到位，湘潭县在配合省环保督察及中央环保督察“回头看”工作中，没有被上级通报问责情况。

【污染防治攻坚战】 湖南省生态保护红线已经国务院同意，由省人民政府公布。起草湘潭县“绿盾”2018自然保护地专项监督检查行动小组方案；制定出台《湘潭县2018年蓝天、碧水、净土保卫战实施方案》《湘潭县污染防治攻坚战暨2018年夏季攻势综合整治实施方案》，先后6次召开了污染防治攻坚战相关工作推进会，将工作任务分解到相关县直部门及乡镇，明确责任单位及完成时限，并配合县委、县政府督查室，及时开展工作督查。2018年，市政府下达湘潭县的年度考核任务涉及蓝天、碧水、净土三大类35项具体工作任务，各项交办的工作任务已全面完成。

【“蓝天”保卫战】 2018年，制定《燃煤锅炉窑炉治理专项方案》《湘潭县挥发性有机物治理专项方案》《湘潭县城区工业企业粉尘无组织排放治理专项方案》等专项方案，积极推进大气污染防治工作；督促全县蓝天保卫战中涉及的各重点行业企业进行规范化治理以及逐步淘汰工作；完成重点企业的污染防治设施分表计电工程建设、污染源自动监测工作和空气小微站建设申报工作，并将名单上报至市局。

【“碧水”保卫战】 2018年，加强湘潭县顺业污水处理厂的监督管理，确保出水水质稳定达标；对青山桥镇关闭的6家小造纸纳污坑塘进行有效治理，已通过验收；完成县级以上饮用水源保护治理，顺利通过验收;对全县涟水流域的排污口以及沿岸1000米范围内的工业企业、规模养殖加强监管频次，并对排污口采样分析，全面了解涟水流域的污染状况。完成饮用水水源地环境基础信息系统的信息录入；划定1000人以上农村饮用水水源地保护区6处，并经省环境保护厅批复后，进行公布。

【“净土”保卫战】 2018年，实施并完成牛头化一期土壤专项资金项目，已完成验收；启动实施2018年度土壤专项资金红燕锌业土壤修复项目；以农村面源污染治理为基础，全面推进农村环境综合整治推进项目；完成重点行业企业调查，排查35家企业所在地的土壤情况；牛头化二期土壤污染治理项目已申报入库，石潭镇的宏峰化工的危废处理项目已经完成并通过验收。

【第二次污染源普查工作】 2018年，制定印发《关于做好湘潭县第二次全国污染源普查宣传工作的通知》等一系列文件。根据文件及省市要求，开展培训9次，召开各种形式会议26次。按照国家普查办下发的名录库，进行实地调查，共普查生活源锅炉10台；入河排污口普查39个；调查行政村321个，移动源77个；工业企业和生产单位普查817家；集中式污染治理设施普查6家；农业源规模化养殖场纳入普查280家，规模以下畜禽抽样调查106家，典型地块抽样调查160家，按规范化的要求完成13个入河排污口的监测工作，按时间节点完成空间采集和数据上报工作。 （周　田）

重点工程建设·园区建设

重点工程建设

【概况】 2018年，全县实施重点工程98个，完成投资130.8亿元，年内已竣工投产和建成投入使用的项目36个。实施乡镇竞赛项目99个，完成投资9.3亿元，建成投产或交付使用的项目64个。县域2018年市级重点工程项目35个（停缓调撤后），年度投资计划56.0612亿元。年内全部实现开工，竣工项目18个，实际投资66.1459亿元，完成年度投资的118%。市级重点工程综合考核全市排名第一。

湖南五洲通药业生产基地一期工程、瑞泰科技、软包装生产基地、年加工500吨保鲜剂项目、ADM饲料生产与服务基地、年产40万件（套）汽车饰件生产线、年产3万吨HDPE市政排污管道生产线、年产2500万件通用零配件生产线、液压环卫水工机械生产基地、中药现代化生产基地、湘潭华阳生物饲料厂等20个工业项目建成投产，其中投资3亿元的湖南五洲通药业生产基地一期工程从开工至投产只历时7个月，刷新天易经开区大体量产业项目建设速度纪录；华阳构树一期年产20万吨的构树饲料加工基地项目在100天内实现了竣工投产，刷新乡镇招商引资项目建设速度纪录。湘潭柏屹自主创新产业园二期、铝合金模板生产线、佳海食品医药创新产业园、广州酒家等产业项目均按时序进度要求快速推进。

彭德怀故里创建国家AAAAA级旅游景区建设、第二污水处理厂二期工程、文体广场建设、园区商务中心建设、青少年综合实践基地、农村危房改造6个社会民生项目建成投入使用；德怀大道、湘江防洪堤、天马路等基础设施项目建成通车；县人民医院扩建工程、县妇幼保健院整体搬迁、湘莲大道三期工程、交通基础设施PPP项目、污水提升泵站、电网建设工程、天易贵竹学校及梅林、天马、碧泉潭三个现代农业示范园等项目有序推进。

【湖南五洲通药业生产基地一期工程】 该项目用地12公顷，建设10个冻干粉针剂车间、3个小容量注射剂车间、1个生化提取车间、1个外用制剂车间、1个口服固体制剂车间等，于2018年3月7日动工建设，10月建成投产，完成投资30000万元。

【瑞泰科技（湘潭）工业园】 该项目用地12.67公顷，新建国家重点“863”计划科技成果产业化项目——低导热AZS及α-β耐火材料生产基地，计划投资10000万元，于2018年12月建成投产，实际完成投资11000万元。

【中药现代化生产基地】 年内计划建设中药提取车间、中药制剂车间、保健食品车间、综合质保楼、仓库、食堂宿舍楼，年计划投资8400万元，于年底建成投产，实际完成投资8600万元。

【年产40万件（套）汽车饰件生产线项目】 该项目用地3.4公顷，设计年产能达60万台套/年汽车饰件生产项目，主要为北汽集团株洲分公司及长株潭附近整厂车配套服务。2018年，计划投资4000万元，实际完成投资6000万元，于年底建成投产。

【ADM饲料生产与服务基地】 该项目用地2.67公顷，总建筑面积1.2万平方米，建设一条年产3万吨预混料自动化生产线和一条年产8万吨浓缩料配合料自动化生产线，包括办公楼、综合楼、混料主车间、原料仓库和成品仓库等，年计划投资3000万元，于年内建成投产，实际完成投资3400万元。

【年产3万吨HDPE市政排污管道生产线建设项目】 该项目占地3公顷，总建筑面积4万平方米，建设两栋钢结构厂房和两栋框架结构厂房及相关配套设施等，购置8条管材生产线。计划投资5000万元，实际完成投资5500万元，于年底建成投产。

【年加工500吨保鲜剂项目】 该项目占地0.93公顷，总建筑面积约0.6万平方米，主要建设生产车间、物流仓储、综合办公大楼及配套设施等。计划投资5000万元，实际完成投资5600万元，于年底建成投产。

【液压环卫水工机械生产基地建设项目】 该项目占地5.33公顷，主要建设生产车间、办公大楼、仓库及其生产配套供水、供电设施和宿舍、食堂、绿化区域等生活区。计划投资16000万元，全部完成投资计划，年底已竣工投产。

【湘潭华阳生物饲料厂】 该项目用地1.57公顷，建设年产20万吨构树饲料厂房，计划投资3000万元，从项目选址建设至投产仅用100天左右时间，完成投资3000万元。

【彭德怀故里创建国家AAAAA级旅游景区建设】 该项目包括景区道路一期工程、综合管网改造项目、彭德怀精神宣讲中心建设项目、游客接待服务中心建设项目、文物保护与陈列更新项目、维修维护项目、环境整治建设项目和核心景区建设项目等。在筹委会的统筹调度下，克服工程体量大、子项多、建设资金不足等一系列问题，敢于担责、勇挑重担，采取统筹调度和分线调度相结合的方式，以9月30日为时间节点，将各项工作责任细化到每天，不分昼夜，攻坚克难。在规定时间内，高效优质完成彭德怀精神宣讲中心、景区道路一期工程、综合管网改造、文物保护与陈列更新、馆舍维修维护、环境整治和部分核心景区建设等，并实现对外开放。

【岳临高速射埠互通—乌石连接线建设项目（德怀大道）】 该项目全长11.659千米,起于岳临高速射埠互通出口与石中线的交叉口，止于德怀大道与韶茶干线公路的交叉口，按一级公路标准建设。年内计划投资18640万元，实际完成投资27800万元，于2018年10月实现主干道通车。

【第二污水处理厂二期工程】 该项目规划占地12公顷，设计总规模为20万立方米/天，配套建设40公顷人工湿地公园及截污管网。其中，二期主要为湿地公园、配套管网建设。年内计划投资12000万元，全部完成投资计划，于2018年7月竣工投运。

【天马路道路工程】 该项目自香樟路至雪松路，道路长度为717米，道路宽度为24米。年内计划投资4000万元，全部完成投资计划，于2018年9月竣工通车。

【园区商务中心建设】 该项目用地0.45公顷，总建筑面积9036平方米，地下一层，地上五层，计划总投资4473万元，于12月31日建成并投入使用。

（王廷玉　杨庆丰）

2018 年湘潭县部分重点工程建设项目投资进度情况一览表

表 2　　单位：万元

项目类别	序号	项目名称	主要建设规模和建设内容	2018 年建设任务		1—12 月累计完成投资	项目建设进度	是否开工
				责任目标	计划投资			
总计					1761928	1309782		
城镇基础设施	1	湘莲大道三期工程（莲花线至海棠路）	海棠路至潭衡西高速引线，全长 10.3 千米，宽 58 米的道路、景观、管线等建设	完成路基工程，启动桥梁建设	100000	95800	主车道水稳已完成，雨污管网全部完成	是
	2	湘江防洪堤（银杏路至凤凰西路）	银杏路至凤凰路段道路工程及道路配套景观设施、排水设施、堤防改造；凤凰路至芙蓉大道段道路工程及排水设施等配套工程建设	完成道路工程	8200	21079	竣工	是
	3	梧桐路（碧泉潭路至海棠路）道路工程	用地 19.4 公顷，道路长 3900 米，宽 40 米的道路、景观、管线等建设	碧泉潭路至海棠路竣工通车	11000	16785	黄莺路至 107 国道段路基排水基本完成，目前由于资金问题，基本处于停滞状态	是
	4	云龙路（向东渠西路至芙蓉大道）道路工程	道路长 1684 米，宽 40 米的道路、桥梁、景观、管线等建设	主车道竣工	2800	6843	路基排水基本完成，桥梁完成 75%	是
	5	第二污水处理厂二期工程	规划用地 12 公顷，设计总规模为 20 万立方米/天，配套建设 50 公顷人工湿地公园及截污管网。其中，二期主要为湿地公园、配套管网建设	完成一、二期建设	120000	120000	竣工	是
	6	湘江风光带（县二水厂至龙盛华府）夜景亮化	滨江路两箱夜景照明工程及部分建筑立面改造，包括滨江路南岸建筑亮化、滨江路亮化、湘江风光带景观亮化及其他公共配套工程等	竣工	3000	3091	竣工	是
	7	污水提升泵站建设	东城区 4 万吨/天和西城区 2 万吨/天的泵站及配套管网建设	建成投入使用	6000	12428	东城区污水提升泵站泵竣工，配套提升管网完成部分建设	是
	8	湘潭县县城第二污水厂配套管网工程建设项目	完善县城污水配套管网建设，设置 4 个污水提升泵、1 个调节池，铺设 11200 米污水管道，完善第二污水厂管网配套功能，并实现县城第一污水厂污水向第二污水厂调节功能，缓解第一污水处理厂污水处理压力。	完成部分子项目建设	2000	1258	湾东港提升泵站已竣工，邯郸港、涓江路提升泵站启动建设，西城区提升泵站完成招投标，未启动建设	是
	9	天马路（香樟路至雪松路）道路工程	路长 717 米，宽 24 米的道路，景观，管线等建设	竣工	4000	4000	9 月竣工	是

续表 2

单位：万元

项目类别	序号	项目名称	主要建设规模和建设内容	2018年建设任务		1—12月累计完成投资	项目建设进度	是否开工
				责任目标	计划投资			
城镇基础设施	10	湖南省湘潭县城市防洪工程涓水（凤凰西路—胜利闸段）项目	对现有2.30千米堤防进行防洪达标建设（加高培厚）；结合涓江路景观以及长沙航电工程，对堤防进行护脚、护坡；结合防洪排涝规划对和平桥泵站和京竹泵站等2处泵站及和平闸、京竹低排闸、万旦闸、胜利闸等4处涵闸进行改造和扩建。	完成京竹泵站建设	3500	0	尚未启动	否
	11	八斗坵路（洛口大道至玉兰路）道路工程	长611米，宽20米的道路，景观，管线等建设	完成部分工程建设	1000	180	完成前期工作，暂未启动建设	否
	12	湘江风光带（涓水桥至涟水桥段）建设	东起涓水桥西至涟水桥（河口镇、杨嘉桥镇域内）沿江9192米路段，路宽7米	建成投入使用	17700	13320	堤防工程加固，主提增高加厚	是
	13	莲花线（湘潭下摄司经易俗河至花石公路）	北起下摄司，南至花石镇，全长约47.17千米（含下摄司跨湘江大桥）。全线按一级公路标准建设，设计速度60千米/小时，路基宽32米，双向六车道	一期工程部分通车，二期工程县城区段6.65千米完成路基	50000	17000	南北岸钢栈桥已全部完成；南岸已全部签订土地协议，已全部完成房屋协议签订并腾房倒地,；北岸继续组织房屋协议签订，已有107户签订房屋协议；已办理正式施工许可证，施工图批复已经批复。桩基累计完成276根。承台累计完成45个;墩身累计完成41个,盖梁累计完成2个。飞羊西路互通主线桥已完成三联现浇箱梁浇筑。飞羊西路箱涵开挖基础并进行路基施工	是
	14	德怀大道（岳临高速射埠互通–乌石连接线）	起于岳临高速射埠互通出口与石中线的交叉口，止于德怀大道与韶茶干线公路的交叉口，建设里程长11.66千米，按一级公路标准建设,设计速度80千米/小时,设绿道路基宽度29米，不设绿道路基宽度22.5米	主车道建成通车	18640	27800	路基、水稳、路面沥青、绿道已完成100%，主干道已试通车	是
	15	青山大道	潭衡西线高速（S61岳临高速）晓南互通至G240湘青公路青山桥段，里程6.80千米，按二级公路标准建设	建成通车	3200	3582	路基工程已完成96%（路基土石方已完成96%；涵洞工程已完成98%；防护工程已完成90%）；桥梁工程已完成88%；（下部结构已完成，支座垫石已完成砼浇筑）；上部结构小箱梁完成12片预制并已完成梁体架设）进行湿接缝、中横隔板施工	是

续表 2

单位：万元

项目类别	序号	项目名称	主要建设规模和建设内容	2018 年建设任务		1—12 月累计完成投资	项目建设进度	是否开工
				责任目标	计划投资			
城镇基础设施	16	S331 白石—马家堰公路	G107 白石至马家堰，全长 5.68 千米，按二级公路标准建设	建成通车	3000	2678	路基土石方工程已完成 80%，碎石垫层完成 1.68 千米，水稳完成 K1+200~K1+500 段底基层及下基层全幅摊铺，K1+500~K2+500 段完成底基层及下基层右半幅摊铺；防护排水工程已完成 38%，预制梁场已完成上庵子中桥 12 片箱梁及马家堰大桥 1 片箱梁预制；上庵子已完成桩基、墩柱、盖梁及桥台耳背墙施工，马家堰大桥完成 10 根桩基施工及 2# 系梁砼浇筑	是
	17	市西二环线湘潭县段	全长 5.78 千米 (其中省规划的湘水缘陵园环线公路项目 4.901 千米)，按城市主干道标准建设，路基宽度 55 米，其中二期 1.07 千米、三期 4.710 千米	主车道基本建成	50000	2600	该项目前期工作已基本完成，成立项目协调指挥部，已基本完成征拆工作	否
	18	自然村通水泥/沥青路	省定贫困村 109 千米建设	完成建设任务	4580	21105	完成新建农村公路 309 千米 (含县级 200 千米)，拓宽改造农村公路 160 千米	是
	19	农村公路生命防护工程	完成渡改桥 2 座，完成 2018 年安保工程、危桥改造项目	完成建设任务	16000	5240	安保完成 219 千米，标志标牌已安装 249 套；危桥完成 10 座	是
	20	电网建设工程	160 个行政村的配电网改造升级，包括新建 10 千伏线路 400 千米，新建、改造配电台区 1000 个，新建、改造配电容量 120000 千伏安，新建、改造低压线路 1400 千米	完成 160 个行政村配电网改造升级	25000	25000	160 个全部完成现场设计，160 个村完成省电力公司设计对审，项目批复已下达，施工框架招标完成，施工二次匹配完成，已签订施工合同，整体工程进度 100%	是
	21	向韶站站场改扩建工程（湘潭县段）	1.路基土石方填筑及附属工程；2.新建信号楼、宿舍楼、办公楼、消防水池；3.接长涵与顶进涵工程；4.兴建轨道工程 500 米	完成全部建设内容	3000	1115	2018 年 10 月 12 日，开始施工建设	是
	22	农村平安网及 4G 接入光缆工程	建设县社会治安综合治理“雪亮”视频监控工程、城乡 FTTH 接入光缆扩容工程、局间中继光缆双路由保护工程、农村线路整治工程、800 兆 4G 基站续建工程等	建成投入使用	6126	6821	1.雪亮工程基本完成，已经交付验收.2.完成高铁沿线 12 个基站的建设和优化。3.完成各乡镇与易俗河城区 FTTH 接入光缆扩建，完成扩建 FTTH 端口 1282 个。4.完成乌石镇区线路迁改整治。完成项目总投资比例的 99.45%.	是
小计	22	城镇基础设施	基础设施项目	467346	415325			

续表 2

单位：万元

项目类别	序号	项目名称	主要建设规模和建设内容	2018 年建设任务		1—12 月累计完成投资	项目建设进度	是否开工
				责任目标	计划投资			
工业经济	23	湘潭柏屹自主创新产业园	用地 32.33 公顷，总建筑面积约 37 万平方米（一期 7 万平方米、二期 9.1 万平方米），主要建设单层厂房、多层厂房、研发中心、总部大楼、公租房及配套用房、设施等	完成二期建设，引进相关企业入园并投产	68000	40000	二期主体竣工及装饰装修	是
	24	佳海食品医药创新产业园	总规划面积约 66.67 公顷，一期 22.6 公顷，二期 43.87 公顷，以多层厂房、单层厂房为主，总部大楼、研发中心、配套用房及相关配套设施为辅，总建筑面积约 80 万平方米，其中一期建筑面积约 25 万平方米	完成一期厂房主体建设	50000	13500	展厅正在进行装修，场平进入扫尾	否
	25	湖南皇爷食品有限公司总部及生产基地建设	用地 11.07 公顷，主要建设槟榔加工车间 6.5 万平方米，冷库 5000 平方米，办公室及配套用房等	建成投产	50000	30000	设备安装、附属工程进入扫尾	是
	26	湖南五洲通药业生产基地	用地 12 公顷，建设 10 个冻干粉针剂车间、3 个小容量注射剂车间、1 个生化提取车间、1 个外用制剂车间、1 个口服固体制剂车间等	完成厂房主体建设	30000	30000	二期其中 1 栋基础施工，1 栋主体建设	是
	27	年产 2 万吨铜母线及深加工生产线	占地面积约 10 公顷，总建筑面积 63124 平方米。项目分两期建设，一期新建 1#、2# 生产车间 2 栋及仓库，员工宿舍楼、科研楼、办公楼各 1 栋及相关附属设施；二期新建 3#、4#、5# 生产车间 3 栋	建成投产	20000	5400	正在进行厂房主体建设	是
	28	年产 30 万台（套）汽车座椅骨架及头枕制造生产线建设项目	总用地面积 31571.5 平方米，总建筑面积 21880 平方米。新建汽车座椅骨架及头枕制造生产线 1 条，含冲压车间、焊接组车间、发泡车间等。建设办公楼 1 栋，含宿舍、食堂等	建成投产	4000	1000	正在进行基础施工	是
	29	年产 1000 吨地铁有色铸件加工生产线及牵引电机修造车间建设项目变更	总用地面积 3.8 公顷，总建筑面积 15828 平方米。新建轻钢厂房 2 栋，建筑面积 10900 平方米；新建 3 层仓库 1 栋（2 期），建筑面积 1080 平方米；新建 3 层办公楼 1 栋、食堂 1 栋，建筑面积 3848 平方米	建成投产	10800	9200	办公楼装修，厂房主体建设	是

续表 2

单位：万元

项目类别	序号	项目名称	主要建设规模和建设内容	2018 年建设任务		1—12 月累计完成投资	项目建设进度	是否开工
				责任目标	计划投资			
工业经济	30	15 万吨工业废渣资源化利用建设项目	占地面积 2.33 公顷，总建筑面积 23630 平方米。建设年处理 10 万吨工业废渣及年处理 5 万吨建筑渣土生产线各 1 条及原材料配送中心，新建厂房及办公楼 1 栋，建筑面积 23630 平方米	建成投产	10000	6000	正在进行厂房主体建设	是
	31	年产 5 万吨不定型耐火材料生产线	项目总占地面积 2.35 公顷，总建筑面积 14258.09 平方米。新建钢结构厂房 2 栋，建筑面积 10275.92 平方米。新建五层办公楼 1 栋，建筑面积 3982.17 平方米	建成投产	5000	2500	正在进行办公楼、厂房主体建设	是
	32	年产 3000 万套塑料软包装生产项目	用地 1.33 公顷，总建筑面积 0.8 万平方米，建设砖混结构厂房、办公楼及配套设施等	建成投产	4000	4000	正在进行办公楼和厂房内装修	是
	33	年加工 500 吨保鲜剂项目	用地 0.93 公顷，总建筑面积 0.6 万平方米，建设生产车间、物流仓储、综合办公大楼及配套设施等	建成投产	5000	5600	建成投产	是
	34	瑞泰科技（湘潭）工业园	项目用地 12.67 公顷，新建国家重点“863”计划科技成果产业化项目——低导热 AZS 及 α-β 耐火材料生产基地	建成投产	10000	11000	建成投产	是
	35	中药现代化生产基地	建设中药提取车间、中药制剂车间、保健食品车间、综合质保楼、仓库、食堂宿舍楼	建成投产	6000	6800	正在申请 GMP 认证	是
	36	软包装生产基地建	规划用地 6.93 公顷，分三期建设，总建筑面积 5 万平方米，建设厂房、附属用房、研发办公楼、宿舍等，配套建设道路、绿化、环保设施等公用辅助工程。建成后，形成年产软包装袋 1.2 万吨的生产能力	完成一期厂房主体建设	10000	10500	建成投产	是
	37	ADM 湘潭添加剂预混合浓缩饲料生产线建设	用地 2.67 公顷，总建筑面积 1.2 万平方米，建设一条年产 3 万吨预混料自动化生产线和一条年产 8 万吨浓缩料配合料自动化生产线，包括办公楼、综合楼、混料主车间、原料仓库和成品仓库等	建成投产	3000	3400	建成投产	是
	38	年产 40 万件（套）汽车饰件生产线	用地 3.4 公顷，设计年产能达 60 万台套/年汽车饰件生产项目，主要为北汽集团株洲分公司及长株潭附近整厂车配套服务	建成投产	4000	6000	建成投产	是

续表 2

单位：万元

项目类别	序号	项目名称	主要建设规模和建设内容	2018 年建设任务		1—12 月累计完成投资	项目建设进度	是否开工
				责任目标	计划投资			
工业经济	39	年产 3 万吨 HDPE 市政排污管道生产线	用地 3 公顷，总建筑面积 4 万平方米，建设两栋钢结构厂房和两栋框架结构厂房及相关配套设施等，购置 8 条管材生产线	完成一期厂房主体建设	5000	5500	建成投产	是
	40	年产 200 吨医药中间体、30 吨 OLED 材料中间体和 5200 吨锂电池材料生产线项目	项目总占地面积 5.87 公顷，总建筑面积 28766.75 平方米。新建年产 200 吨医药中间体、30 吨 OLED 材料中间体和 5200 吨锂电池材料生产线各 1 条。含原料合成车间、原料精烘包车间、电解液车间、公用工程车间、预留综合制剂车间等	建成投产	8600	8400	装修、设备安装及附属工程建设进入扫尾	是
	41	年产 2 万台高端制冷展示柜项目	用地 2.87 公顷，建设生产厂房及办公楼、宿舍及相关配套设施	建成投产	6500	1500	正在进行基础施工	是
	42	年产 100 台套高温真空设备生产线建设项目	用地 2 公顷,生产厂房及办公楼、宿舍及相关配套设施	建成投产	5000	2400	正在进行厂房主体建设	是
	43	年产 30 万平方米铝合金模板生产线二期工程建设项目	占地约 2.3 公顷，总建筑面积约 19000 平方米。新建钢结构厂房 1 栋，建筑面积约 19000 平方米，建设铝合金模板生产线 1 条，购置铝合金模板加工设备 30 台套，建设铝合金建筑模板研发、检测平台等	完成二期 2 万平方米厂房建设并投产	8000	5000	厂房建设进入扫尾	是
	44	年产 10000 吨槟榔生产线扩建项目	总占地面积 16.86 公顷，扩建总建筑面积 40770.8 平方米。建设食用槟榔生产线 3 条，新建车间 1 栋，建筑面积 3936.0 平方米；厂房 1 栋，建筑面积 7779.0 平方米；办公楼 1 栋，建筑面积 4031 平方米；6 层员工宿舍 2 栋，建筑面积 10480.8 平方米；生产配套用房 2 栋，建筑面积 14544.0 平方米	建成投产	8000	5200	办公楼投入使用	是
	45	湖南苏普瑞大功率柴油发动机双燃料系统生产项目	购买宏信产业园内 6 栋厂房，总面积 38000 平方米。建设大功率柴油发动机双燃料系统生产线 1 条	建成投产	50000	6000	部分试生产	是
	46	长沙丰达铂赛汽车零部件有限公司项目	占地面积 3.82 公顷，建设内容为厂房、办公楼、及其它附属设施	前期租赁厂房投产；启动主体工程建设	5000	5000	租赁厂房投产	是

续表 2

单位：万元

项目类别	序号	项目名称	主要建设规模和建设内容	2018 年建设任务		1—12 月累计完成投资	项目建设进度	是否开工
				责任目标	计划投资			
工业经济	47	广州酒家集团利口福（湘潭）食品生产基地建设项目	总占地面积 19.03 公顷，总建筑面积约 210624 平方米。建设月饼馅料生产线 3 条、月饼生产线 2 条、速冻产品生产线 2 条	完成土地平整，力争启动主体工程建设	15000	3500	正在场平	否
	48	湘潭海泡石新材料产业园建设项目	项目占地面积约 86.67 公顷，产业园内已入驻青岛众祥海泡石活性白土项目，主要内容为：海泡石产业项目、关联项目、海泡石工程技术研究中心、实验中心、检测中心、办公行政服务中心、中试厂房、标准厂房及公共配套等	完成土地报批和征地拆迁，力争启动主体工程建设	50000	7000	正在土地报批及征拆工作	否
	49	宏信创新产业园入园项目建设	年产 800 吨多层复合膜、袋建设项目、食品用脱氧剂生产线项目，餐具集中消毒配送、布草洗涤项目，门窗外墙铝型材精加工项目等 4 个项目	建成投产	11730	10000	部分投产	是
	50	年产 2500 万件通用零配件生产线项目	购置厂房面积 1500 平方米，购置压铸机机器设备、钝化线、喷油柜、喷粉柜等设备及安装，建设五金零配件加工生产线 1 条，配套建设消防、环保、安全生产等相关设施。建成后，达到年产五金零配件 2500 万件的生产能力	建成投产	3800	3800	已投产	是
	51	液压环卫水工机械生产基地建设项目	占地面积约为 53335 平方米（折合 5.33 公顷），实际利用面积为 48795.4 平方米，总建筑面积为 30134 平方米。主要建设内容包括：新建生产车间、办公大楼、仓库及其生产配套供水、供电设施和宿舍、食堂、绿化区域等生活区	建成投产	16000	16000	已投产	是
	52	网营物联（长株潭）智能供应链运营中心一期工程项目	新建双层高坡道丙二类自动化立体高标库 6 座，含仓储配送区 55000 平方米、供应链金融仓配中心 50000 平方米等；后期运营投入 AGV 码垛机器人等物流控制系统 1 套，仓储管理、供应链金融、产业供应链、城市供应链、物流大数据等营运管理系统各一套	开工	3000	500	土地已摘牌	否

续表 2

单位：万元

项目类别	序号	项目名称	主要建设规模和建设内容	2018年建设任务		1—12月累计完成投资	项目建设进度	是否开工
				责任目标	计划投资			
工业经济	53	湖南伍子醉食品有限公司生产线智能化改造及科研平台建设项目	对现有年产1.5万吨食用槟榔人工生产线进行智能化改造，建设智能化改造科研实验平台，新建机器人包装生产线4条；购置槟榔点卤机器人40台，切子机器人67台，单口包装机器人35台。项目建成后，达到取代人工60%以上的目标	完成部分生产线智能化改造	8000	6500	完成部分生产线智能化改造	是
	54	年产800吨汽车冲压部件项目	购置厂房建筑面积2327平方米。建设汽车配件产品生产线两条，项目建成后，达到年产汽车配件800吨的生产能力。	建成投产	6000	4800	试投产	是
	55	柏屹自主创新园入园项目建设	年产1080吨锌钢护栏及120吨铝合金制品项目、年产12000台机箱机柜建设、年产850万件精密机械零件生产线、年加工20000吨金属材料热处理生产线、年产120万件锂电池正极材料专用匣钵等5个重点产业建设项目	部分项目建成投产	20000	8000	部分投产	是
	56	年产10万千米特种电缆、橡套电缆生产线建设项目	占地面积6.67公顷，总建筑面积17376平方米。建设特种电缆产品生产线4条，煤矿橡套电缆、柔软橡套电缆生产线共5条，特种电缆材料生产线3条	启动建设	4000	4000	已开工建设	是
	57	湘潭垃圾焚烧发电项目	建设湘潭生态公园暨固体废弃物处置中心，一期建设规模不少于1300吨/天；二期规模增加不少于1000吨/天	完成项目前期工作，启动主体工程建设	5000	0	已完成选址和核准等前期工作，正在办理环评和土地报批相关工作	否
	58	昌山风电场	设计安装22台单机容量为2000千瓦的机组，装机规模为44兆瓦	完成22座风力发电塔安装、调试试用	39670	0	省项目环评未通过，各项审批已暂停	否
	59	国雄食品有限公司整体搬迁新建	用地2公顷，总建筑面积3.5万平方米，新建厂房即生产流水线、添置设备	建成投产	5000	0	项目已经停止	否
	60	天易示范区杨河工业园河口片区一期工程建设	总规划面积3.7平方千米。一期计划引进和建设入园企业20家，2018年计划引进和建设入园企业4家，完善园区部分基础设施建设	新增4家企业并建成投产	11500	1970	天易和建建设项目正准备进行土地摘牌；凤翔项目也准备进行土地摘牌;佳程建材正在进行土地上网公示,顺捷沥青正在进行土地摘牌	是

续表 2

单位：万元

项目类别	序号	项目名称	主要建设规模和建设内容	2018年建设任务		1—12月累计完成投资	项目建设进度	是否开工
				责任目标	计划投资			
工业经济	61	天易示范区杨河工业园杨嘉桥片区一期工程建设	总规划面积3.7平方公里。一期计划引进和建设入园企业20家，2018年计划引进和建设入园企业3家（用地16.9公顷，总建筑面积6.5万平方米），完善园区部分基础设施建设	征地16.9公顷，新引进和建设入园企业3家，完善相关配套设施	10000	7000	目前园区大道以北约16.87公顷山地已进行预征，签好各项协议并预付征地款到九江村泉塘组。正在进行土地报批程序。新引进入园企业三家，湘钢循环有限公司，湘潭觉之味食品公司，新光燃气有限公司	是
工业经济	62	天易示范区青山皮鞋工业园三期工程	用地20公顷，计划引进和建设入园企业14家及相关配套设施建设	完成4栋标准厂房（1.6万平方米）建设，并完善相关基础设施，引进企业6~8家	12450	920	完成7栋房屋征拆,部分土方工程，引进企业一家	是
工业经济	63	天易示范区茶恩竹木工业园	需完成10.73公顷征地，场地平整，给排水设施电网线等，光缆改造，水，路建设等	完成征地，三通一平基础工程	2000	375	6月完成场地平整招投标；7月完成园区规划调整。8月已开始进行土地平整，完成三分之一的工程量。9月份完成平整2/3，10月份国防光缆改迁	是
工业经济	64	湘潭华阳生物饲料厂	用地1.57公顷，建设年产20万吨树构饲料厂房	3565平方米厂房建设和厂内基础建设	3000	3000		
小计	42	工业经济	工业项目	612050	301265			
农业	65	涓水流域生态综合治理PPP项目	包括41.65千米堤防加固及三座河坝整修工程、19千米景观带工程、13条涓水支流的生态治理等	完成卓江堤堤防治理10.7千米、皂杨堤堤防治理6千米、回龙桥水生态治理13千米、向东河生态治理8.6千米、中湾村美丽乡村项目主体工程	30000	1000	已由县水务局启动易俗河镇杨溪堤6.04千米中小河流治理工程，完成进度约70%	是

续表 2

单位：万元

项目类别	序号	项目名称	主要建设规模和建设内容	2018 年建设任务		1—12 月累计完成投资	项目建设进度	是否开工
				责任目标	计划投资			
农业	66	湘潭县城乡供水一体化 PPP 项目	新、扩建四个水厂、新建五个加压泵站及主管网建设等	完成石鼓铜梁水厂扩建工程、石潭水厂新建主体工程	20000	1340	设计：1.完成青山桥管网的平面定位,已转交地勘单位。2.对乌石镇管线和青山桥管线进行了修改。并已提交概算。3.完成第五水厂的初步设计，并已提交湘潭市水务局走评审程序。4.已完成第五水厂（石鼓）施工图作业图。已提预算。5.完成了谭家山管线的平面定线，已转交地勘单位。6.乌石管线校队完成，进入审核阶段。7.正在对六水厂工艺专业初步设计；完成乌石管线的初步设计说明书。8.易俗河至谭家山镇主管网蓝图已出。测量：1.已提交谭家山主管改线测量初步资料。2.完成易俗河镇村部支管坐标测量。3.完成易俗河至杨河工业园的地形测量。4.完成整理易俗河至杨河工业园地形最终资料。5.提交分水乡各村供水主管坐标测量正式资料。6.进行第四片区中部地形测量。施工：1.完成管网施工组织设计方案。2.继续对石潭至乌石沿线的农田、菜地、旱地等数量进行了汇总。3.继续进行第五水厂挡土墙施工的前期准备工作，施工班组及材料的落实。4.石鼓至青山桥沿线测量已完成。5.乌石镇、石潭镇官网正在等待管网及备料评审结果。6.石鼓镇、青山桥镇官网正在等待管网及备料评审结果。7.石鼓水厂土地平整基本完成。8.第五水厂取水泵房位置清障 200 平方米；修筑取水泵房进出便道完成。9.取水泵房基坑土石方完成 90%，护壁全部完成，引桥人工挖孔桩完成 50%。地勘：1.继续完成石潭水厂的野外钻探工作。2.完成石潭水厂取水泵房的野外钻探工作。3.完成石潭水厂项目的地质资料整理工作。4.完成青山桥管线项目的地质资料的室内整理工作；进行青山桥至石鼓管线项目（设计变更后）的野外钻探工作。5.进行石潭水厂项目的野外钻探工作（共布设 76 个，已完成 60%，由于部分征地拆迁未完成，无	是

续表 2

单位：万元

项目类别	序号	项目名称	主要建设规模和建设内容	2018 年建设任务		1—12 月累计完成投资	项目建设进度	是否开工
				责任目标	计划投资			
农业	66	湘潭县城乡供水一体化 PPP 项目	新、扩建四个水厂、新建五个加压泵站及主管网建设等	完成石鼓铜梁水厂扩建工程、石潭水厂新建主体工程	20000	1340	法继续进行钻探）。6.青山桥至石鼓管线项目在野外钻探工作结束后发生设计变更，变更前后的工作量相差约九公里；且地质情况与钻探要求发生变化，需对设计变更后的管线重新进行钻孔布设和钻探工作。7.对易俗河至河口管线项目的勘察报告进行整理和编写，提交易俗河至河口管线项目的详细勘察资料给设计院。	是
	67	湘潭县畜禽粪污资源化利用整县推进项目	建设 1 个区域性粪污集中处理中心；实施 9 个大型沼气工程、323 个规模场户分类实施粪污治理工程、粪污处理设施改造工程、粪污处理配套设施改造升级工程	建设 1 个区域性粪污集中处理中心；新建 3 座大型沼气工程和 2 座大型沼气工程建设配套设施；实施杨嘉桥镇和石潭镇规模场户项目	8000	1500	已经完成 27 户的治理，150 户已经完成设计	是
	68	小型农田水利工程生态化标准化建设试点项目	白石镇紫荆湖灌区，以高效节水灌溉、小型渠系工程节水改造、小型提灌站为主要建设内容	竣工验收	1450	400	30%	是
	69	高标准农田示范工程	建设高标准农田 886.67 公顷，包括衬砌渠道、山塘防渗加固、新修机耕路	2017 年项目竣工验收，2018 年项目主体竣工	2000	780	第一批已通过招投标阶段，进入项目实施阶段。第二批已完成招投标进入实施阶段	是
	70	农村土地整治项目	2017 年 2600 公顷的剩余部分主体工程及 2018 年 1192 公顷农村土地整治	完成 2017 年续建项目的工程扫尾、道路铺砂及验收报备工作；完成 2018 年工程 1192 公顷农村土地整治项目建设任务的 50%	4465	4997	2017 年续建项目已完成全部建设任务；2018 年项目已开工建设	是

续表 2

单位：万元

项目类别	序号	项目名称	主要建设规模和建设内容	2018 年建设任务		1—12 月累计完成投资	项目建设进度	是否开工
				责任目标	计划投资			
农业	71	梅林桥现代农业示范园	梅林万亩蔬菜基地，“三化一拆”400 户，道路“白改黑”9 千米，梅花园、紫薇园、桃花谷提质等	建设 133.33 公顷蔬菜基地，“三化一拆”90 户，道路“白改黑”9 千米，梅花园、紫薇园、桃花谷分别拓展到 3.33 公顷、10 公顷、13.33 公顷	4000	4000	完成 100 公顷土地流转、穿衣戴帽 30 户、梅花园、紫薇园、桃花谷分别拓展到 3.33 公顷、10 公顷、13.33 公顷、2 千米道路建设	是
	72	天马山现代农业产业园	规划面积 2000 余公顷，建设为“一心两园五区”：“一心”为农产品交易中心；“两园”分别为特种水产养殖园及特色水果种植园；“五区”分别为高标准蔬菜栽培区、绿色环保畜禽养殖区、粮油生产及加工区、天马山云雾茶种植区、中药材及花卉种植区	年内完成山地流转 666.67 公顷，100 公顷流转土地的平整；平整、硬化河堤和通往天马山道路；项目区域内耕地平整、线缆地埋、河道清淤并修建桥梁 5 座、拦河坝 1 座。建设 60 公顷高标准蔬菜栽培基地，完成畜禽养殖区建设	5000	4700	完成建设任务的 95%	是
	73	双溪农业合作社土地流转项目	流转农田 80 公顷，山地 100 公顷。主要以药材、湘莲、粮食、蔬菜种植为主。提质、改造水利建设，规划农田道路建设设施，河道易毁加固	建设湘莲基地 26.67 公顷、药村基地 13.33 公顷、粮食生产基地 13.33 公顷、蔬菜基地 10 公顷	2000	2500	已完成年度建设任务	是

续表 2

单位：万元

项目类别	序号	项目名称	主要建设规模和建设内容	2018 年建设任务		1—12 月累计完成投资	项目建设进度	是否开工
				责任目标	计划投资			
农业	74	碧泉潭现代农业示范园	规划面积 1720 公顷，建设生态种植区、生态养殖区、生态水源区、康体养生区、文旅休闲度假区（碧泉潭、碧泉书院、民居改造、碧泉溪景观提质改造、胡氏宗祠、春秋湖水上乐园）等	启动碧泉书院恢复重建；15 千米村道硬化亮化；碧泉溪 6.5 千米景观提质改造；2 千米“四合一”生态景观长廊；建设 2 千米碧泉大道；大力发展“泉水农业”，建设华绿万亩高档优质水稻综合示范片、种植富硒米 33.33 公顷以上、打造两个绿色种养殖基地（有机茶叶栽种基地、稻虾稻鱼混养基地）	15000	4600	示范园区共计划“9 路 1 桥”项目（9 条道路和 1 座危桥改造），目前已完成全部设计方案和财政评审，10 月 29 日已挂网招标公示，11 月 23 日已全部开标，相关工作已全部完成，待施工方进场即可动工；项目一期工程 1 千米河道景观、防洪等生态工程建设已进入扫尾阶段，二期工程余下 5.38 千米已完成方案设计和评审，县农建投正在走招投标程序；万亩泉水农业基地建设项目已完成核心区 333.33 公顷高档优质稻土地流转等前期工作，计划向外围辐射 333.33 公顷，两年内完成。体验观光农业基地已完成规划和土地流转工作，完成稻鱼 20 公顷、稻蛙 20 公顷、油菜 666.67 公顷、向日葵 1.33 公顷种养殖。有机农业栽培技术推广应用基地已完成核心区 133.33 公顷农田的害虫诱灯、监控的安装工作。顺天富硒彩米基地已完成富硒米 33.33 公顷的土地流转工作，种植再生稻 2 公顷、稻菇 13.33 公顷、油菜 20 公顷	是
	75	青山河石鼓段河堤加固（山花线改线段）	全长 11.064 千米,河堤路基 7.5 米、路面 6 米沥青路铺设	完成歇马桥、青山河桥、CK0 +213.4 小桥等项目建设	5000	1955	青山河石鼓段全线清表已基本完成，现主要进行沿河段挡墙施工；现场累计完成填土方 11900 立方米,弃土外运 7800 立方米,沿河浆砌片石挡墙完成 767 立方米，CK6+488.5 盖板涵已完成基础砼浇筑；青山河桥完成桩基 4 根	是
	76	3500 万羽一体化养鸡项目	建成年产 18 万吨的现代化饲料厂、年交易商品成鸡 3500 万只的销售平台、年出雏量 4000 万羽的现代化孵化中心各 1 座，建设存栏种鸡 40 万套的自动化种鸡场 2 座	总部办公物流区建成投入使用；启动饲料厂主体工程；1 个鸡场完成主体工程量 50%，另 1 个完成前期工作；孵化厂完成主体工程量 30%	11200	11245	1.在建项目总部办公物流区建设全部完工，正在竣工验收手续，物流平台试运行。2.完成水口桥孵化厂项目发改备案、环评备案、林地批复手续办理，农业设施用地复垦方案已经批复，设施用地备案办理中；委托政府开展的清表修路工作进行中。3.石潭坝村种鸡场土地协调工作开展中，正在做土地租赁手续的准备工作。4.饲料厂用地选址射埠镇，与当地政府就投资细节沟通中	是

续表 2

单位：万元

项目类别	序号	项目名称	主要建设规模和建设内容	2018 年建设任务		1—12 月累计完成投资	项目建设进度	是否开工
				责任目标	计划投资			
小计	12	农业	农业项目		108115	39017		
第三产业	77	文体广场建设	用地 19.6 公顷，建设地下商场、地下车库、广场、文化馆及博物馆等	竣工	40000	42500	正在扫尾，即将开园	是
	78	湘潭联海商贸城建设项目	用地 8 公顷，设有商贸市场、电子商务两大板块，整个商贸城定位为“批发+零售”市场，有家具建材、五金机电、汽配汽贸、电子商务、酒店公寓等五大市场业态组成	完成部分主体工程	20000	12200	正在场平	是
	79	棚户区改造项目	货币安置易俗河镇 1750 户、谭家山煤矿 200 户	货币安置 1950 户	117000	117000	完成棚改 700 余户，按照货币政策统计，完成 3100 余户	是
	80	天易贵竹学校	总用地 5 公顷，建设九年一贯制学校，包括教学楼、综合楼、食堂、学生公寓、教师周转房、运动场、篮球场、足球场、连廊及配套附属工程	完成前期工作，启动主体工程建设	3000	810	正在进行场平施工	否
	81	子敬学校初中部建设	总用地 5.78 公顷，开设 48 个班，新建教学楼、行政楼、综合楼、教师学生公寓、食堂及相关配套设施	完成基础工程施工	10000	510	场平工程完成	是
	82	农村危房改造	改造全县农村危房 1000 户	竣工	6000	2512	共 1487 户，开工 1520 户，开工率 102%	是
	83	园区商务中心建设	用地 0.45 公顷，总建筑面积 9036 平方米，地下一层，地上五层	建成投入使用	4473	6272	二次装修已竣工，准备全面验收和用交付使	是
	84	湘潭县殡仪馆及公墓建设项目	项目预计总规模用地 100 公顷，第一期工程规划建设 26.67 公顷，主要完成县级殡仪馆（含办公区、殡仪区、火化区、餐饮服务区、骨灰寄存与祭悼区、入口广场区、停车场）及公墓区建设，其中殡仪馆用地规模约 6.67 公顷、公墓山用地规模约 20 公顷	完成前期工作，启动土方工程	10000	0	暂未启动	否
	85	惠农综合服务工程示范县及河口镇 433.33 公顷水稻土地托管	建设电子商务运营中心暨农产品展示中心、乡镇惠农综合服务中心 5 个、新建和改造村级电商惠农综合服务社 61 个及改建粮食周转库及农资仓库及相关配套设施等	完成全部建设内容	1361	544	河口 433.33 公顷水稻土地托管中心项目已暂停；县级电子商务中心建设已完成挂牌、内部装修已完成设计、预算、财政评审工作，正在走招投标程序	否

续表 2

单位：万元

项目类别	序号	项目名称	主要建设规模和建设内容	2018年建设任务		1—12月累计完成投资	项目建设进度	是否开工
				责任目标	计划投资			
第三产业	86	彭德怀故里创建国家AAAAA级旅游景区建设	包括景区道路一期工程、综合管网改造项目、彭德怀精神宣讲中心建设项目、游客接待服务中心建设项目、文物保护与陈列更新项目、维修维护项目、环境整治建设项目和核心景区建设项目等	景区道路一期工程建成通车，宣讲中心和文物保护与陈列更新项目等9月底对外开放	11400	20000	已经全部完成建设，正在进行扫尾工作（清理工作、打扫卫生）	是
	87	黎氏故居保护修缮工程	用地0.73公顷，恢复故居原有的40余间房屋，文物本体修缮面积约1700平方米，做好故居的消防、安防、征集文物的陈列布展，故居周边环境整治长塘清理、村道改道、绿化、游步道、停车坪等基础设施建设	完成本体修缮工程建设和消防、安防、陈列布展、相关配套设施建设	2185	1303	征拆基本完成，新迁户集中安置区正在进行项目招投标	否
	88	乌石镇田园及农村生态休闲综合体	用地166.67公顷，建设集夏橙基地、黄花菜基地、油菜基地、羊鹿茶基地、香米基地、蔬果基地、特色农家乐、乡村民宿、游客接待、农特产品展销平台等于一体的综合体	完成建设任务	4000	4000		是
	89	花石湖湘村落田园建设	总面积3.5平方千米，拆迁面积约10万平方米，计划打造湖湘民居展示区和村落文化体验区两大板块，建设游客服务中心、花石非物质文化体验区、湘莲博物馆和农耕博物馆、传统手工湘莲产业展示体验区、酒店、传统生活体验区高端民宿。配套公共设施，包括停车场、公共卫生间、售卖点	完成征拆、游客服务中心和部分景点建设等工作	5000	260	已完成花石湖湘村落田园片区建设的地形测绘、概念性规划设计，已形成策划咨询的初步成果，已完成策划咨询方案第一次汇报会；对项目建设范围内需动迁房屋进行调查摸底；提交冯小刚艺术工作室建设的3个预选地址和相应的初步设计方案；PPP全过程咨询服务、可行性研究报告编制已进入咨询服务单位公开招标阶段	否
	90	湘莲市场四期建设	用地2.9公顷，总建筑面积12万平方米，其中私人联建8万平方米，开发商业门店200余个，兴宏运建设锦绣莲城项目4万平方米。配套建设水、电、路、通信、绿化、环保、消防等相关设施	完成3万平方米建设任务	6000	5400	完成建设任务的90%	是

续表 2

单位：万元

项目类别	序号	项目名称	主要建设规模和建设内容	2018 年建设任务		1—12 月累计完成投资	项目建设进度	是否开工
				责任目标	计划投资			
第三产业	91	长株潭南环仓储物流中心	用地 2.67 公顷，总建筑面积 9.3 万平方米，主要建设平房仓库 4 栋，建筑面积 1.2 万平方米，标准化厂房 4.8 万平方米，农机市场 0.5 万平方米，职工宿舍等配套设施 2.8 万平方米。配套建设水、电、路、环保等相关设施	竣工投入使用	8000	8000	标准化厂房收尾工作及外围设施的完善	是
	92	青少年综合实践基地	用地 13.47 公顷，在原湘潭县二职中专校园进行改造，建设 6 个展览馆，可容纳 1500 人的生活、训练基地	新建四个馆室，完善室外拓展训练基地并对外开放	3900	3900	已建成，投入使用	是
	93	梅林山莊建设	总用地面积 85.73 公顷，其中长期租用流转土地面积 66.73 公顷，分三期建设。主要建设养老公寓、养身别苑、游客服务中心、生态农产品生产加工及展销基地、CSA 有机农场、生态养殖场及乡村俱乐部、商务会所、培训基地等	完成核心区景观及各功能配套、市政等工程；完成主入口组团及一期组团样板区建设	20000	13760	1.企业培训基地（尚雅苑）A、C、D 栋内装修顶板已完成；2.空调内机已完成；3.强、弱电线管预埋已完成；4.园区新建综合楼基础完成，已动工建设；5.新增变压器配电房已完成，高压线路完成。	是
	94	县人民医院内科住院楼及门急诊医技综合楼建设工程	用地 2.8 公顷，总建筑面积 6.4 万平方米，建设内科住院楼（13 层、2 万平方米）、医技综合楼（4 层、2.9 万平方米）、地下层（1.4 万平方米）及相关配套设施等	竣工投入使用	15000	15000	主体已经竣工，正在室内装修	是
	95	湘潭县妇幼保健院整体搬迁	用地 3.77 公顷，其中净用地 2.33 公顷，高压走廊配套用地 1.44 公顷，总建筑面积 6 万平方米，分二期实施，其中一期建筑面积 4.5 万平方米，二期建筑面积 1.5 万平方米；建设门诊楼、住院楼、医疗辅助用房、后勤保障楼及相关配套设施	完成主体、外墙装饰和相关配套设施建设	15000	15000	门诊楼住院楼内部装饰，外墙装饰，管网安装	是
	96	标准化学校及教学点建设工程	创建标准化学校 12 所，建设标准化教学点 8 所、公办幼儿园 2 所，其中建设维修、改扩建校舍面积共 5.58 万平方米	完成晓南中心小学、彭德怀希望小学、中路铺幼儿园、云湖桥泉坝小学、山塘学校改扩建及杨家岭小学等 23 所改薄规划建设	12298	10000	建设项目已完成	是

续表 2

单位：万元

项目类别	序号	项目名称	主要建设规模和建设内容	2018年建设任务		1—12月累计完成投资	项目建设进度	是否开工
				责任目标	计划投资			
第三产业	97	德客隆·十里风荷一期房地产开发项目	用地面积积6.99公顷，规划总建筑面积约27万平方米。项目分两期建设，本期建设高层住宅7栋、综合楼1栋，幼儿园1栋。建筑面积约13.8万平方米。配套建设水、电、路、气、消防、环保等相关设施	完成一期主体工程	30000	23400	四栋主体完成约60%，另有四栋完成主体40%	是
	98	天元·海棠湾建设项目	总用地面积4.63公顷，总建筑面积20.5万平方米。建设商业楼、住宅楼9栋，含地下车库、地下室等。配套建设水、电、路、环保、消防等相关设施	完成主体工程建设	10000	16000	1、2号栋完成主体建设；3号栋完成主体70%；5号栋完成主体95%；6号栋完成基础施工；7至9号栋完成主体20%	是
	99	湘潭万通逸城住宅小区一期	用地2.87公顷，总建筑面积12.6万平方米，开发商品房730套，停车位458个	4#、5#、6#、12#竣工交房	8000	53023	10#、19#23层，9#三层	是
	100	银港国际住宅小区	用地13.2公顷，总建筑面积65万平方米（其中商业开发面积7万平方米），绿地率35%，总停车位4206个，建设商品房1400套	1#、2#、3#竣工交房，4#、5#、6#、12#完成主体工程	7000	9360	4栋、5栋贴外墙砖	是
	101	涓江天易新城住宅小区	用地3.2公顷，总建筑面积13.4万平方米（其中居住面积9.9万平方米），容积率3.49、建筑密度24.49%、绿地率35.34%。总居住户数786户，机动车停车位890个	完成9栋主体建设	10000	18100	1~9栋全部封顶	是
	102	米罗云山二期	用地面积5.13公顷，现正开发建设的2.1期规划总建筑面积4万平方米，总停车位1089个	二期9栋房屋竣工交房	5000	5120	111栋12栋已经完工，12月已经交房，10、13栋已经封顶配套设施绿化完善中	是
	103	天易江湾住宅小区	用地2.53公顷，总建筑面积11.6万平方米，开发商品房684套，地下车位528个，配套建设广场、绿化等	住宅完成主体工程，广场竣工投入使用	20000	19521	裙楼外墙幕墙基本完成；1#~6#外粉基本完成；4#栋外墙瓷砖完成；3#、5#、6#栋外墙瓷砖完成90%；1#、2#内粉完成100%；外墙拆架1#~6#栋全部完成；1#~6#栋屋顶构架全部完成。室外工程已完成50%	是
	104	裕鑫水岸龙庭住宅小区三期建设	用地4.72公顷，总建筑面积20万平方米（商居面积14.3万平方米、地下面积5万平方米），开发商品房1284套，地下车位1309个	完成三期主体建设	3800	3690	8栋主体封底，9栋完成13层	是

续表 2

单位：万元

项目类别	序号	项目名称	主要建设规模和建设内容	2018 年建设任务		1—12 月累计完成投资	项目建设进度	是否开工
				责任目标	计划投资			
	105	湘江外滩商业街建设项目	该项目占地约 1.13 公顷，建筑面积约 1.2 万平方米，全部属于商业地产，集文化、休闲、娱乐、餐饮于一体商业街	完成一期 0.5 万平方米商业门面建设	9000	8100	基础建设	是
	106	大汉紫敬龍城	总用地 7 公顷，总建筑面积 31 万平方米（计融面积 24.4 万平方米），建设以住宅、商业为主的高品质楼盘及相关配套设施	完成 15 万平方米主体工程	70000	49690	7# 栋八层楼面混凝土浇筑完成；8# 栋九层楼面混凝土浇筑完成；9# 栋地下室底板至顶板墙柱钢筋绑扎；10# 栋十四层楼面混凝土浇筑完成；11# 栋十一层楼面混凝土浇筑完成；13# 栋九层楼面混凝土浇筑完成；15# 栋五层楼面混凝土浇筑完成；16# 栋十层楼面混凝土浇筑完成	是
第三产业	107	湘潭县碧桂园天玺房地产开发项目	总用地 6.64 公顷，总建筑面积约 29 万平方米。新建高层住宅楼及公寓 14 栋，建筑面积约 22 万平方米，商业建筑 4 栋，建筑面积约 1.2 万平方米；配套建设地下车库、物业用房、幼儿园等	完成部分主体工程建设	90000	69200	1# 栋一层,2# 栋正负零,6# 正负零,8# 栋正负零,5# 栋完成九层	是
小计	31	第三产业	三产项目		577417	554175		

园区建设

湘潭天易经开区

【概况】 2018年，天易经开区全力实施招商一号工程、产业发展工程、能力提升工程，全面推进项目建设年、招商突击年、产业振兴年、能力提升巩固年和作风建设年五大活动，保持稳定健康的发展态势。园区技工贸总收入突破千亿元。

转方式调结构，经济实力显著提升。面对全球经济复苏动能减弱、中美贸易争端持续、国内经济下行压力加大等复杂的宏观经济形势，园区牢牢把握高质量发展这个根本，全力转变增长方式，调优发展结构，完成技工贸收入1005亿元，增长25.4%（预计，下同），完成工业总产值685亿元，增长21.5%（同比，下同）；完成规模工业产值455亿元，增长15.2%；完成固定资产投资148亿元，增长28%。累计完成税收收入15.56亿元，增长14.27%。其中，规模工业增加值、固定资产投资、产业投资、高新技术产值增速均领跑全市园区；部分指标在全省140多家国、省级园区中排名前10位；创建国家级经开区进入培育期。

引项目促开放，产业集聚力显著提升。围绕三大主导产业，着力开展龙头招商、产业链招商、主题招商，引进一批产业龙头企业和相关配套企业。全年共引进招商引资项目53个，其中过亿元项目20个，过20亿元项目3个，过50亿元项目2个，合同引资183.25亿元，到位资金56.7亿元，其中省外境内资金额48亿元。同时，不断扩大对外开放，全年实际使用外资10570万美元，增长725.78%；实现进出口总额16100万美元，增长562.55%，实现园区外贸“破零倍增”。

强基础抓产业，发展潜力显著提升。贯彻落实省、市“产业项目建设年”精神，强化项目建设服务，严格落实“五个一”“项目建设110”工作制度，积极开展“项目护建”专项行动，为项目建设保驾护航。全年完成固定资产投资148亿元，建设项目104个，工业投资占比达57.1%。全年建设工业项目76个，建成投产项目26个，瑞泰科技、ADM、康普一笑堂等19个重点项目建成投产，工业项目建设、投产个数均创历史新高，位列全市园区第一。其中五洲通项目一期从开工到试投产仅用210天，刷新天易速度。“园中园”快速发展，柏屹、宏信、佳海聚集一批中小微企业，其中柏屹一期已有28家企业投产，年产值6亿元以上，税收1500万元以上。县第二污水处理厂、海棠路综合整治、玉兰北路提质改造等全面竣工通车，产业配套不断完善，民生更加美好。

重创新激活力，科创能力显著提升。新建成天易众创空间和柏屹众创空间，新增各类创新创业孵化面积10万平方米，引进入驻孵化团队和企业40余家，农用无人机、康宁达等一批项目在省市创新创业比赛中获奖。申报复审高新技术企业22家，总数达38家，均为历年最多。园区企业申请专利177件，获授权专利108件；30%以上规模工业企业建立了研发部门；信诺颜料、离心机厂获批市工程技术研究中心；傲派自动化柔性装箱机、大功率柴油发动机双燃料系统等一批技术国内领先。

抓实体扶企业，产业效益显著提升。高标准编制食品医药、智能装备制造、新材料和科技创新发展规划，开展产业振兴年活动，实体经济保持快速发展，三大主导产业规模工业产值增速均在15%以上，其中食品医药增速达到42.9%，三大主导产业规模工业产值占全区的95.8%。7成以上企业实现正增长，五洲通成为园区首家税收过亿元的企业，纳税达1.36亿元，税收过千万的企业达31家，其中工业企业7家（五洲通、伍子醉、胖哥、小龙王、工业防腐保温公司、柏屹、珠江啤酒），工业企业税收占比达26.83%，比2017年同期提高8个百分点。

防风险守底线，要素聚集能力显著提升。全面推进三大攻坚战。打好蓝天、碧水、净土保卫战，及时发现、及时制止、及时整改各类生态环保问题。全年共清理整治违法堆砂场7处，取缔洗砂场14处；完成草籽喷播约130万平方米，绿幔覆盖约280万平方米，绿心复绿栽植苗木约1万株，草皮约4万平方米。守住不发生重大金融风险的底线，有效盘活资产，不断开拓融资新渠道，成功发行天易融通10.8亿元企业债，实现湘潭县直接融资的“零突破”，成功发行2亿元PPN、3亿元债权融资计划，共计融资到账资金67.22亿元，保障资金“生命线”安全。全年供应建设用地103.77公顷，其中工业用地68.4公顷，商住用地35.37公顷，实现土地出让收入19.43亿元。全年征收土地151.18公顷，腾地213.33公顷，签订房屋合同232户（其中国有土地上52户、企业3家），安全拆除198户，迁坟1500冢，支付征拆补偿资金3.06亿元，有效保障重点产业项目建设用地需求。

优环境树品牌，服务能力显著提升。完成园区机构改革，搭建企业、项目和创新创业三个服务平台，建立企业、项目服务机制和创新创业服务体系，推行精细化、专业化服务，行政审批、企业服务、项目建设环境全面提升，得到企业、项目的好评，全方位、精准化的招商引资服务得到市领导和客商的肯定。《一次招商就是一段佳话》在湖南日报头版报道并得到市委书记曹炯芳的批示，“潭商大会·天易专场”活动得到市领导和客商的赞赏；抓产业项目建设的做法多次得到市委市政府主要领导的肯定，作为典型在全市推介，全市产业园区现场调度会在天易召开。天易经开区成为湘潭市唯一获评全省2017—2018年发展开放型经济优秀园区，获评2018年全省商务工作优秀经济园区，被省政府办公厅评为2018年度真抓实干成效明显的园区（推动产业发展、招商引资、项目建设方面）。

【湘潭天易经济开发区非公有制企业第一届纪律检查委员会选举产生】 2018年1月5日，中共湖南湘潭天易经济开发区非公有制企业第一届代表大会第二次会议选举产生第一届纪律检查委员会。会议由天易经开区党工委委员、管委会副主任、非公党委书记胡明伟主持。天易经开区党工委委员、管委会常务副主任王成林，县委常委、纪委书记、监委主任胡亚湘，天易经开区党工委委员，纪工委书记陈群量出席会议。

【安置区移交】 2018年1月17日，天易经开区举行安置区移交仪式，将11个安置区的日常管理工作移交易俗河镇人民政府。仪式由县委常委、常务副县长周贤主持，县领导荣虎成、罗义彬，天易经开区、易俗河镇相关负责人参加移交仪式。

【“湖南名牌产品”授牌】 经湖南省质量技术监督局组织评定，湘潭天易经开区湖南新向维包装有限公司、湖南康宁达医疗科技股份有限公司两家企业的两项产品获得2017年“湖南名牌产品”称号。2018年4月8日，湘潭县食品药品工商质监局为两家企业授牌。

【外贸转型升级“一站式”公共服务平台开通】 2018年5月18日，外贸转型升级“一站式”公共服务平台——湘潭天易经开区外贸综合服务中心正式投入运营。

（张　缤）

天易经开区杨河工业园

【概况】 2018年，湘潭天易经开区杨河工业园由湘潭县杨嘉桥镇片区和河口镇片区组成，形成“一轴、两片”的功能结构，“一轴”为武广大道产业发展轴，“两片”分别为西部城镇综合片和东部产业拓展片，总规划面积683.27公顷。

杨河工业园依托天易经开区的平台优势、资源优势、政策优势以及便利的交通区位优势，积极发动已落户的园区企业参与招商引资，盘活原有土地和厂房资产。杨河工业园投入资金392万元回购湘潭星河科技和湖南美农生物闲置土地2.50公顷，与湘潭常乐建材有限公司的1.80公顷土地回购已达成初步意向。开工建设的三树青、吉安汽配汽车零配件仓储物流检测中心2个项目，其中吉安汽配已完成竣工投产，三树青已完成主体建设。2018年推动的湖南择利制造和湘潭天意和建，已完成工商注册、发改立项。

（袁　晶）

天易经开区茶恩竹木工业园

【概况】 根据湘潭县委、县政府“一区多园”的发展战略，湘潭县茶恩寺镇成立天易示范区茶恩竹木工业园，形成以竹制品产业为支撑的特色产业园。2018年，茶恩竹木工业园完成土地平整及排污的设计工作，通过项目评审，园区污水处理厂建设目前已经完成选址，设计及其他工作按程序全力推进。湘宝竹制品生产项目和湖南一丰粮油等项目已完成工商注册、发改立项。

（袁　晶）

天易经开区青山皮鞋工业园

【概况】 青山皮鞋工业园认真按照县委、县政府“一区带多园”发展战略要求，以创新省级工业集中区为总目标，以项目建设为主战场，以全新服务为保障，强举措，重推进，园区在运行、建设、扩展等方面保持良好发展势头。直达皮鞋工业园的青山大道建设主体已完成，打破长期以来制约青山皮鞋工业园发展的交通问题，为园区发展注入强劲动力。2018年青山皮鞋工业园完成5000平方米文体广场和园区公共服务平台项目的立项、设计、评审等前期工作，综合服务楼等省项目1000万元资金到位就可动工建设。

（袁　晶）

农 业

概 述

【概况】 2018年，全县完成农业总产值87.5亿元，增长3.4%（同比，下同）；农村居民人均可支配收入1.8万元以上，增长8.7%。全年完成粮食面积9.04万公顷，产粮62.6万吨。种植蔬菜、湘莲、花卉苗木、中药材等经济作物4.06万公顷。出栏生猪175万头。全年实现农业产业化产值300亿元以上，完成规模以上农产品加工业产值250亿元以上。全县农机拥有量和总动力达到31.68万台、144.67万千瓦，农机生产总值过10亿元，农作物综合机械化率69.75%。

2018年，湘潭县获“全国农村创业创新典型县”“全省粮食生产标兵县”“全省养殖业工作目标管理考核先进县”等荣誉称号，“湘潭湘莲”成功获评“湖南省十大农业公共区域品牌”“全国特色农产品优势区”。

（唐 杰）

农业产业化

【概况】 2018年，湘潭县农业产业化工作以现代农业示范园区建设和“三产融合”、产业扶贫等为工作重点，突出抓好项目建设和招商引资。全县各类市级以上龙头企业47家（含新增），其中省级9家，市级38家（其中加工企业32家）。全年实现农产品加工产值328亿元以上，新增规模农产品加工企业5家。2018年，申报省级龙头企业，有荷味食品、傲龙饲料、伍子醉槟榔3家企业入围；全年新申报10家市级龙头企业并全部通过；梅林山庄、莲花山庄创建省四星级休闲农庄，湘之坊创建湖南省休闲农业示范点，湘潭县创建全省休闲农业与乡村旅游示范县。

园区建设方面。梅林桥园区内步步高、绿丰等企业全年共投入1000万元以上，万亩蔬菜基地新增流转土地130多公顷，新上湖南景鸿湘莲公司100公顷藕带和荷虾鱼共养、长沙慧日生物技术有限公司30公顷中药材种植、浙江辰星生态农业9.5公顷四季水果采摘等一批新项目，梅林山庄完成投资5000万元，于4月7日对外试营业。天马园区莲冠等企业新扩建湘莲基地200公顷以上，北马峰公司的红薯粉加工厂、新时代六斗冲公司的500头黄牛养殖、双溪公司的罗氏虾养殖等一批项目来势看好。碧泉潭园区已完成核心区333.33公顷高档优质稻土地流转等工作，顺天富硒彩米基地已完成33.33公顷的土地流转，集停车、集贸、产品展示等功能于一体的华绿产品展示中心建设已经进入立项规划设计报批流程。金风食品在全县发展糯稻种植，面积不断扩大；湘之坊开展各类节会活动，有效促进旅游收入和农产品销售。

农产品质量安全认证和品牌建设方面。全年无公害农产品认证企业25家，认证产品65个，绿色食品认证企业10家，认证产品30个。以湘莲区域品牌为引领，积极组织企业参加国际农产品交易会等节会，取得良好成效。2018年，湘莲区域公共品牌申报为全省特色农产品区域品牌。湖南莲冠湘莲食品有限公司湘莲荣获第十六届中国国际农产品交易会金奖。

争资争项方面。继续争取“百企”“农产品加工”“特色农产品区域品牌”“休闲农业示范县、点”等一批项目，初步统计达300多万元；争取园区示范性主题项目（产业）资金636万元，位居全市第一。

（唐 杰）

精准扶贫工作

【概况】 2018年，湘潭县认真贯彻落实上级关于精准扶贫工作的决策部署，科学组织，压实责任，以推进脱贫攻坚突出问题集中整改和“三落实”集中行动为抓手，强化工作举措，精准扶贫各项工作有序推进。

强化组织保障。强化县乡两级脱贫攻坚领导机构，全面落实党政“一把手”“双组长”负责制。各级党政主要负责人严格落实领导责任，扎实开展“三走访三督导三签字”活动，县委书记、县长“三走访”活动覆盖全县28个原省定贫困村，共帮助贫困村解决具体问题36个。建立脱贫攻坚工作例会制度，县精准扶贫工作领导小组定期召开调度会议。县委常委会、县政府常务会多次传达学习上级脱贫攻坚有关文件、会议精神，安排部署脱贫攻坚工作。根据年度脱贫攻坚任务和减贫计划，县委、县政府与乡镇签定脱贫攻坚承诺书和减贫责任状17份，乡镇与村签定减贫责任状321份，将减贫任务分解到户到人。

强化体系建设。坚持脱贫“任务书”清单化、扶贫“路线图”规范化，出台《湘潭县关于坚决打赢脱贫攻坚战的实施意见》《湘潭县建立健全稳定脱贫长效机制》《湘潭县精准扶贫工作实施方案》《湘潭县精准脱贫行动实施方案》《湘潭县脱贫攻坚工作考核办法》《湘潭县脱贫攻坚督查巡查工作实施细则》《湘潭县乡镇党政正职脱贫攻坚工作问责规定（试行）》《湘潭县脱贫攻坚责任清单》《湘潭县脱贫攻坚工作问责办法》《关于进一步推进精准扶贫工作的意见》和《湘潭县脱贫攻坚“三落实”集中行动工作方案》等一系列文件，构建“1+7+23”脱贫攻坚政策支撑体系，形成可量化、可操作的工作程序。

强化驻村帮扶。按照“精锐出战”的原则，优先安排优秀年轻干部、后备干部和有基层工作经验的干部参加驻村帮扶工作，精心选派244支驻村帮助队695名驻村干部投身脱贫攻坚主战场，实现贫困人口100人以上村驻村帮扶全覆盖。严格规范干部驻村帮扶工作，实行驻村帮扶每天视频签到，切实做到每周岗位在村、工作在村。对帮助队工作情况进行全面督查考核，坚持考勤和考绩相结合，平时考核、年度考核与期满考核相结合，工作总结与村民测评、村干部评议相结合，并把考核结果记入个人档案，作为干部提拔使用、评先评优的重要依据。2018年，将工作成效显著的7名驻村干部列为后备干部，6名驻村干部得到优先提拔使用，并对4名履职不力的驻村干部进行调整。

强化结对帮扶。以“干群一家亲，党群心连心”结对帮扶活动为载体，组织325个机关事业单位党支部参与结对共建，13000余名机关事业单位工作人员、农村党员与贫困户结对帮扶，实现贫困户结对帮扶全覆盖。制定出台《湘潭县贫困户帮扶责任人考核管理暂行办法》，压紧压实帮扶责任人责任。组织帮扶责任人开展业务培训和测试，全面提升帮扶责任人素质能力。帮扶责任人根据结对帮扶贫困户的家庭情况，制定详细的帮扶计划，全力推动相关帮扶措施落实，各帮扶责任人年均走访4次以上，切实提升结对帮扶工作成效。

强化督查考核。以脱贫攻坚“三落实”集中行动为抓手，切实加大对扶贫工作的督查指导力度。由县扶贫办牵头完善扶贫督查机制，整合县委巡察办、县委督查室、县审计局、县专治办等部门力量，成立专门的督查小组，制定督查计划，全年对驻村帮扶、结对帮扶、产业扶贫、教育扶贫等扶贫政策落实情况开展专项督查4次，开展走访指导20次以上。将脱贫攻坚工作纳入县对乡镇绩效考核范围，明确规定根据考核结果，对乡镇可采取直接提档或直接降档的奖惩办法，倒逼政策、责任、工作全面落实。

强化作风保障。从严从实抓好扶贫领域腐败和作风问题专项整治，按照“优先处置、提级办理”要求，对扶贫领域腐败和作风问题深挖细查、严查严处，营造风清气正的扶贫大环境。构建巡察、审计、督查“三位一体”的监督工作格局，完善“三公开”机制，确保脱贫攻坚工作在“阳光下运行”，推动脱贫政策落地落实。在省扶贫领域作风问题专项治理工作罗霄山片区座谈会上，湘潭县就专项治理工作作典型发言。

推进产业扶贫。坚决贯彻省委“四跟四走”产业扶贫思路，按照“一镇一品”要求，重点支持粮食、生猪、湘莲、竹木、油茶5大主导产业和茶叶、蔬菜、中药材、畜禽、养蜂、油菜、水果、槟榔、休闲旅游9大特色产业发展，不断壮大脱贫攻坚的产业基础。全面摸排28个原省定贫困村及面上村的经济基础、产业发展、经营主体帮扶及贫困户意愿等情况，着力实施“村企联动”“村社联动”活动，大力推行“1+2”（1个农业龙头企业+1个原省定贫困村和1个面上村）产业帮扶模式，实现产业扶贫全覆盖。强化利益联结机制，通过产业扶持、入股分红、生产奖补、承包管理、包种领养等方式让贫困户稳定增收。全年实施产业扶贫项目190个1028.6万元，奖扶新型农业经营主体190家，带动5012名贫困人口增收。

推进就业扶贫。坚持以贫困劳动力就业为目标，全面落实就业创业扶持政策，湘潭县以就业扶贫推动稳定脱贫的做法被省委《湖南工作》推介，并被评为“全国农村创业创新典型县”。通过积极开展“春风行动”“就业扶贫日”专场招聘会、“311”就业服务，全县8319名有就业意愿的建档立卡贫困劳动力已有8275名实现就业，贫困劳动力月平均收入达2335元。按照“好中选优”的原则共培育国家级、市级、县级就业扶贫基地6家，市级精准扶贫爱心单位4家，县级精准扶贫爱心单位和就业扶贫车间各1个，安置300多名贫困劳动力就近就业。依托培训机构，将培训开展到乡镇、村，建档立卡贫困人员参与全县各类培训达10520人次。同时，根据各乡镇特色产业发展和群众需求，组织开展槟榔、湘莲、竹木加工、油纸伞制作等特色培训共40多场，培训贫困劳动力2000多人。对吸纳贫困劳动力就近就业的单位给予岗位补贴、社保补贴8.33万元，为136名参加技能培训的贫困劳动力拨付培训补贴和培训生活费补贴16.8万元，为2841名跨区域外出务工的贫困劳动力发放交通补助77.57万元。

推进安居工程。严格按照对象识别、等级鉴定、对象公示审批、审核验收上报、资金下拨等工作流程，精细精准实施农村危房改造工程。对建档立卡贫困户新建房屋每户补助3万元（建档立卡特困家庭由县民政部门再补贴3万元）、修缮加固房屋每户补助1万元。截至12月31日，已完成建档立卡贫困户农村危房改造1269户，通过一卡通拨付危房改造补贴3043万余元。大力实施易地扶贫搬迁，于2017年全面完成233人的扶贫搬迁总任务，并加强后续产业帮扶，确保搬迁户“搬得出、稳得住、能脱贫”。

推进教育扶贫。做好控辍保学工作，全县没有义务教育阶段建档立卡贫困家庭子女辍学现象。对就读的建档立卡贫困学生（包括县籍和外县籍学生）按照国家资助（学前1000元、小学1000元、初中1250元、一般普通高中4600元、省级示范性高中5000元、职业教育4400元）和地方资助（学前教育和义务教育1000元、普通高中和中职教育1800元）的标准落实生活补助并免费发放教辅资料，共计补助12294人次，总计资金1349万余元。对县籍在县外就读的从幼儿至大学生，经过建档立卡贫困学生申报，乡镇中心学校和乡镇扶贫办核实，严格按照标准补助伙食费，共计补助1977人，总计资金3404600元，确保在县域外就读学生的教育资助。申报2018年春秋两季雨露计划1940人次，通过一卡通拔付雨露计划补贴291万元。各学段所有建档立卡贫困学生资助政策实现全覆盖，全县没有一人因贫困而失学。

推进健康扶贫。加快实施健康扶贫“三个一批”行动计划，落实“三提高、两补贴、一减免、一兜底”综合保障政策。整合资金1202万余元，实现全县46183名贫困人口城乡居民医保、“扶贫特惠保”、家庭医生签约服务全覆盖。建设“一站式”服务平台，对贫困患者实施“先诊疗后付费”，整合资金879.85万元，对14802名贫困患者实施健康扶贫兜底保障，县域内医疗共结算9087人次、4329.15万元，贫困户个人仅支付367.34万元，报销比例达91.51%。

推进兜底保障。将农村最低生活保障标准由每年的4080元提高到5520元，按照A类460元/月、B类280元/月、C类150元/月的兜底补助标准及时发放到位。2018年共发放兜底保障资金4713万余元。严格按照省、市要求，积极开展农村低保户“回头看”，确保无错退、漏保现象。落实残疾人“两项补贴”应审尽审、教育助学应补尽补。另外，20342名残疾人员还享受城乡居民医保参保补助，共计资金145.37万元；对10923名残疾人员实行养老保险代缴，共计资金82.81万元，做到符合条件的城乡居民养老保险应保尽保。

推进金融扶贫。建设28个金融扶贫服务站，配备金融扶贫专干，完善贫困村金融服务功能。截至2018年底，共向建档立卡贫困户发放小额信贷6150笔，总额近1.78亿元，累计贴息1427万元，风险补偿资金余额2292万元。全县无逾期贷款、无呆账死账，也没有动用风险补偿资金。

推进基础扶贫。完成28个原省定贫困村的农网改造工作，有效解决贫困村的用电难题。完成安保工程项目5.32千米，自然村公路通达计划84.54千米，农村公路窄路加宽160千米，贫困村的基础设施和公共服务设施得到有效改善。制定贫困户安全饮水实施方案，通过安装自来水、打井等方式为686名贫困人口解决饮水问题。全力实施城乡供水一体化PPP项目，推进全县农村人口饮水提质。

全面精准识别。扎实开展脱贫攻坚突出问题集中整改，组织乡村干部、驻村帮助队逐村逐户开展排查，重点排查非建档立卡的低保户、残疾人户、重病户、危房户和移民户等五类人员。做到符合条件的对象应纳尽纳，对不符合条件的对象认真做好解释工作，贫困识别准确率大幅提升。

严格脱贫退出。健全贫困户退出机制，严格按照“一超过、两不愁、三保障”的标准，严格执行村民主评议、贫困户确认、村级公示、乡镇入户核实、乡镇公示上报、县比对抽查、市州核查、县市区批准公告等程序，做好脱贫退出工作，坚决防止“数字”脱贫、虚假脱贫。2018年全县脱贫4047户11000人。

巩固脱贫成效。扎实开展已脱贫对象“回头看”工作，排查出因病因灾返贫户10户28人。坚持脱贫不脱政策、不脱措施、不脱责任，始终做好跟踪服务工作，及时掌握贫困户脱贫后的生产生活状况，避免脱贫再返贫。针对基础薄弱、可能返贫的对象，重点在技能培训、就业帮扶、产业带动等措施上下功夫，切实增强扶贫对象的造血功能，确保贫困户长期稳定脱贫。

强化资金监管。按照省、市关于财政扶贫资金管理使用相关要求，出台了《湘潭县财政扶贫资金管理办法》《湘潭县产业扶贫贷款贴息管理办法》《湘潭县金融产业扶贫风险补偿资金管理办法》等规范性文件，严格执行财政专项扶贫资金县级报账、国库集中支付制度，逐步建立覆盖资金分配、拨付、使用、项目立项、实施、验收、绩效评价、监督管理等各个环节的资金管理制度体系。

加强典型推介。广泛宣传扶贫工作先进事迹和典型经验，营造比学赶超的工作氛围。2018年，实时报送工作动态、经验做法110余条，湘潭县以就业促脱贫、青山桥镇“驻村讲堂”、 湘潭县“电商+扶贫”等30余项经验做法被中国网、中国扶贫网、湖南日报、湖南卫视、湘潭日报等国家、省、市媒体宣传推介。县扶贫办副主任易文斌、茶恩寺镇桥市村支部书记尹友根获评湖南省脱贫攻坚先进个人，茶恩寺镇茶花村村民王彬、湘潭县白泉养羊专业合作社法人代表陈水林被授予湖南省“百名最美扶贫人物”荣誉称号。 （唐　杰）

农村环境综合整治

【概况】 2018年，在县委、县政府的正确领导下，以推进全面建成小康社会为目标，以建设美丽乡村为导向，以开展改善农村人居环境集中整治和探索完善长效管理机制为抓手，统筹安排，深入推进人居环境整治工作，城乡环境卫生面貌明显改善，人民群众环境卫生意识持续提高。321个行政村全部实现农村垃圾无害化处理，覆盖居民92万余人，农村垃圾集中处理率为100%，城乡常态保洁率达100%，农村垃圾分类收集与减量处理覆盖率达70%以上。城乡生活垃圾治理体系健全，组织领导体制、监督考核机制、资金投入、保洁队伍建立、农村生活垃圾收集运输处理等情况良好，顺利通过农村生活垃圾治理省级中期评估。

突出长效治理，健全农村人居

环境管理机制。组织统筹机制健全。成立县长任组长的领导小组；明确部门职责，制定实施方案，完善农村生活垃圾收集、分类、转运和处理设施布局，编制《湖南省湘潭县农村地区生活垃圾治理专项规划(2016—2020年)》，对全县农村垃圾治理统筹安排。网格管理机制健全，县、乡、村、组、户的五级网格覆盖全县，齐抓共管的网格体系基本形成。督查考评机制健全，突出基础考核，完善“月检查、季考评、年总评”和明查与暗访、督查与督办、常规检查与专项检查“三结合”的评价机制。

坚持规划引领,完善村庄规划布局。突出规划引领，积极推进“多规合一”的编制和实施，不断完善村庄规划布局。完成梅林、天马、碧泉潭3个现代农业示范园规划及云湖森林小镇、花石特色小镇规划，全面启动村庄规划“全覆盖”工作，全年完成133个村庄规划，其中改善类村庄规划30个，简易类村庄规划50个，编制建房说明书53个。

创建示范镇区，提升城乡管理水平。不断改善城乡面貌，推广示范镇区创建，实行街长责任制，与保洁公司签订协议，与镇区街道商住户、门店签订《门前三包责任书》，以乡镇为主体，由县城管执法、规划执法、交通路政、公安交警等单位组成镇区执法队伍，依法整治乡镇镇区“六乱”现象，全年整治乱搭乱建22000平方米、乱贴乱画15849处、乱堆乱放2448处、乱摆乱占2321处、乱倾乱倒600处、乱停乱靠4512处。中路铺、乌石镇区整治效果尤为明显。

狠抓日常保洁，形成常态化良好格局。紧紧抓住“日常保洁、垃圾清运”的主线，坚持问题导向，强化日常巡查，狠抓整改落实， 做到保洁常态化，逐步实现“四个没有”▲的目标。抓保洁队伍建设。按照500人配备1个保洁员的标准，全县建立起一支近3000名专（兼）职乡村保洁队伍，制定并完善管理制度和激励机制，充分调动保洁员工作积极性，清扫员、宣传员、评比员、回收员的“四员”职责得到较好发挥。积极推进保洁市场化。在以乡镇为主体的镇区保洁市场化服务的基础上，为提高效率、降低成本，积极推进公路保洁市场化模式。

完善基础设施，健全垃圾分类处理网络。项目建设推进顺利，射埠、中路铺、云湖桥、石鼓、杨嘉桥、茶恩寺、谭家山7个乡镇垃圾中转站建成并投入运行；青山桥、花石、石潭、云湖桥、射埠5个乡镇污水处理设施建设完工，可以投入运行；谭家山、中路铺、茶恩寺、石鼓4个乡镇污水处理设施建设进入项目前期工作。全县1000余个国省县道沿线敞口垃圾池基本拆除到位，新配置户外垃圾桶1460个，户用垃圾桶5600个，垃圾收集箱577个，垃圾收集车29辆、转运车12辆、压缩车2辆，电动保洁车131辆，环卫设施得到进一步完善。畅通再生资源回收处理渠道，提升县级再生资源服务能力，完成可回收垃圾处理量达600余吨，总体可再生利用物资量同比上年度有所增多，可再生利用率有所提高。

推进“厕所革命”，办好民生实事工程。根据《湘潭县2018年“厕所革命”实施方案》，2018年，湘潭县“厕所革命”以湘江、涓水、涟水湘潭段沿线村庄为重点，涉及10个乡镇，75个村，2130个村民小组。采用混凝土现浇三格式化粪池和一体化化粪池两种方式推进“厕改”工作，所占比重分别是64%和36%。到12月底，已累计完成农户“厕改”11268座，完成总任务的112.68%。（黄　丽）

▲“四个没有”：是指房前屋后没有零星垃圾、集镇村组没有散放垃圾、河流塘渠没有漂浮垃圾、田间地头没有有害垃圾。

农村能源建设

【概况】2018年，新建池容1000立方米大型沼气工程1处，新安装路灯230盏，争取畜禽粪污资源化利用整县推进项目中大型沼气工程6处，中央预算内投资1052万元，省级专项资金30万元，市级专项资金24万元，共1106万元。

项目建设：大型沼气项目。湘潭县新红生猪饲养专业合作社石潭镇养殖基地规模化大型沼气工程已按初步要求完成所有建设内容，新建1000立方米厌氧发酵池、220立方米沼气储气罐，购置50千瓦沼气发电机组1套以及其他相关附属设施，该项目运行准状态良好。畜禽粪污资源化利用整县推进项目中大型沼气工程6处，完成项目的初步设计，项目招标和业主单位与建设单位合同签定等前期工作，该批项目总投资2483.8万元，其中中央预算内投资1052万元，省市配套211.4万元，企业自筹1220.4万元，项目建设内容包括7000立方米发酵主池，1390立方米储气罐及其它相关附属设施，年产沼气110万立方米。省级示范项目。石潭镇兆托村沼气推广新能源示范项目。此项目在全村五条主干道安装路灯132盏，该项目建成后美化农村生活环境，方便人民群众夜间出行，保障人民群众生命财产安全，争取省级专项资金10万元。云湖桥镇良湖村新能源推广示范项目。此项目在全村主干道安装路灯98盏。争取省级专项资金10万元。湘潭县信达种桑养蚕专业合作社对台桑枝综合利用食用菌生产示范基地建设项目。该项目集中投资生产设备，配套生产车间，生产基地三大类，项目的实施增加种桑养蚕的附加值，错开养蚕生产期，食用菌生产后菌包去掉塑料袋后，可用于有机生产的原材料，形成完整的生态产业链。争取省级专项资金10万元。

沼气安全生产：2018年，湘潭县有大中型沼气工程10处，卫生新校园、小区联户供气项目68处。2018年，以湘潭县农业局为主体与湖南方达可再生能源技术服务公司签订大型沼气工程第三方安全运营与日常管理服务合同，合同中托管费用为26.8万元，明确服务内容，双方的责任、义务，采用人防与技防相结合管理方法加以管理，由该局负责监管并指定由第三方运营服务公司统一组织。开展定期的走访、巡查，及时发现安全隐患，及时维修服务，填写好隐患整治任务交办单、安全生产检查台账，湘潭县依托湖南方达可再生能源技术服务有限公司，负责相关数据的收集与整理，实现远程监控，彻底消除安全隐患，坚决遏制和杜绝安全事故的发生。全县10处大型沼气工程项目按照各级部门的整改意见，已全部整改到位，安全隐患已销号、清零，实现全年零事故。建立主管部门"一单五制"▲制度，压实企业主体责任，督促各企业完善"一必须五到位"制度，各相关企业安全生产主体责任清单要和第三方运营服务单位按照《安全生产法》等法律法规要求，做好安全突发事件应对处置工作，按照"应急与预防并重，常态与非常态相结合"的原则，进一步完善应急预案和应急机制，健全安全应急体系，落实安全工作责任，认真查找沼气建设和使用中的安全隐患，做好巡查记录，完善安全管理措施。建立重大事故报告制度，遇有重大安全事故，当日内将情况及时上报县农业局可再生农村能源办公室，该办于元月31日、3月1日、7月20日、9月29日按照"一单五制""一必须五到位"的要求，对全县10处大中型沼气工程进行安全检查，下达事故隐患整治任务交办单，当场指出隐患内容，责令企业及时与托管公司联系限期整改，排除安全隐患。

▲"一单五制"：是指建立隐患清单，实行台账制、交办制、销号制、通报制、清零制。

（唐 杰）

农村经济管理

【概况】 2018年，湘潭县着力完善机制、不断创新举措，扎实推进各项工作完成，取得较好成效。2018年度获评省农村承包地确权登记颁证先进单位、省农民权益维护和农民负担监督管理工作先进单位及省农民专业合作组织建设先进单位，土地确权工作代表湘潭市接受省级验收。

【农民负担监督】 2018年，湘潭县始终把贯彻落实中央、省、市农民负担监管工作作为"三农"工作的重点，进一步落实党政主要领导亲自抓、负总责的工作制度，坚持谁主管、谁负责，县农维监办牵头，各相关单位、各乡镇分工协作，齐抓共管的工作机制。继续将农民权益维护和农民负担监管工作纳入各级各部门目标管理考核、政府绩效考核和党风廉政责任制考核重要内容，考核情况直接与责任单位评先评优以及单位负责人提拔、任用挂钩。3月份，16个县直涉农收费部门、惠农资金实施执行部门以及17个乡镇与县政府签订农民负担监督管理责任状，将减负惠农工作责任层层分解到各级各部门。向各乡镇各村组发放农民负担监督卡26万份，将惠农涉农相关政策告知到村户。3月15日，县农维监办下发通知，要求各涉农单位和乡镇开展自查自纠，通过自查自纠未发现重大问题。5月3日，县农维监办印发《关于对获得2015—2017年省、市奖补资金的新型经营主体和村开展自查自纠的通知》，通过自查自纠，各奖补资金均已拨付到位。5月11日，根据潭县发〔2018〕14号文件要求，县农维监办下发《关于在全县开展涉农乱摊派问题自查自纠的通知》，通过自查自纠，共查出向村级组织违规摊派订阅报刊246件，涉及金额234775.2元，已全部整改完毕。6月至9月，为进一步规范农村征地拆迁补偿安置，切实维护农民群众合法权益，根据省减负办文件要求，县农维监办牵头组织县征地拆迁事务所以及天易经济开发区土地房屋征收拆迁事务所对2015年以来所实施征拆项目的政策执行、补偿安置、资金分配使用情况展开全面的排查。通过认真排查，未发现相关问题。9月3日至5日，对17个乡镇惠农减负工作开展情况进行督查。针对查出的问题和现象，县农维监办下发10个问题整改交办函，明确具体整改期限和整改目标要求，落实了相关部门的整改责任，确保减负工作落实到位。9月6—11日，由县教育局牵头，联合县发改局和县农维监办对全县2018年下半年开学工作进行督查，未发现学校乱收费现象。

【村级财务清理审计】 2018年4月，制定并印发《关于开展村级财务审计工作的通知》，全县17个乡镇党委政府高度重视，经发部门严格落实通知精神，全面开展工作部署，相继出台相关工作方案和计划，成立村级财务审计领导小组和审计组，部署开展审计工作，进一步健全和规范村级财务管理制度，促进农村经济发展和维护社会稳定。全县共审计村（社区、居委会）205个，审计金额达8.7亿元，发现问题线索清单200余条，查处违规金额162万元，退赔处理金额87.9万元。查处违纪人员10人，移送司法机关人员10人。

【集体经济发展】 为加快全县村级集体经济的发展壮大，着力增强村级运转和公共服务能力，夯实新农村建设基础，推进农村经济社会又好又快发展，按照省农委、省财政厅联合下发的《湖南省农业财政专项支持集体经济发展试点的指导意见》文件精神，湘潭县积极探索村集体经济发展的有效形式。2月份，对全县村级集体经济现状进行调研。调研组通过听取汇报、实地查看、走访座谈等方式，对全县的17个乡镇调查摸底，并深入到2个典型村进行走访座谈，全面了解全县村级集体经济发展现状，并对现状进行简要分析，针对现状提出如何加强村级集体经济的建议和对策。5月份，陪同市委组织部、市农经站领导到中路铺镇凤形山村进行集体经济发展调研。11月份，根据《湖南省农业农村厅办公室关于申报2018年村级集体经济发展奖励村的通知》（湘农办经管〔2018〕226号）文件精神要求，县农经站积极组织申报，其中中路铺镇凤形山村、河口镇华中村获得村级集体经济重点培育村奖励项目资金，花石镇九如村、青山桥镇三富村、河口镇石泉村获得村级集体经济进步村奖励项目资金。

【土地承包和土地流转】 2018年，为了解全县农村土地经营权流转情况，推进全县农村土地有序流转，建立健全土地承包经营权流转管理和服务，县农经站坚持每半年统计一次全县土地流转情况。是年，全县耕地流转面积达到3.13万公顷，流转比例占全县家庭承包耕地合同面积的56%，全县土地流转面积在6.67公顷以上的有388家，共流转8980公顷，占全县流转耕地总面积的28.7%；流向新型农业经营主体的1.33万公顷，占全县流转耕地总面积的42.4%。全县的土地流转主要呈现流转规模扩大、流转主体多元、流转方向集中等特点，集中连片、适度规模的流转方式已成为发展主流。同时，加强土地承包日常化管理工作，规范农村土地流转行为。按照依法、自愿原则，加强对土地流转的引导和监管，指导流转双方签订规范合法的土地流转合同，从根本上减少土地经营矛盾纠纷。以成立土地股份合作社为抓手，发挥村级作用，做好流入方与流出方的矛盾协调工作，全县已经注册成立土地股份合作社68家。通过完善土地承包经营纠纷调处机制，及时有效调处各类土地承包、土地流转纠纷。共调处各类承包流转确权纠纷15起，为土地流转健康有序、可持续发展起到保驾护航的作用，降低流转风险。

【新型经营主体培育】 截至2018年12月，在工商部门注册的农民专业合作社达到1873家，家庭农场1220家，按照发展层次，县级示范社115家、市级示范社66家、省级示范社14家、国家级示范社7家；市级示范家庭农场32家，县级示范家庭农场42家，合作社入社农户约2.6万户，合作社和家庭农场辐射带动周边农户5万余户，示范效应得到明显的体现，广大社员通过加入合作社能够最大程度的规避风险，增加收入。2018年，成功申报2家省级示范合作社，向市里推荐11家市级示范合作社和17家市级示范家庭农场，培育6~8家县级示范合作社，20家县级示范家庭农场。

【土地确权颁证】 2018年，全县农村土地确权登记颁证涉及17个乡镇、321个村，9024个村民组，涉及承包耕地农户22.52万户，县域内耕地计税面积49.87公顷，实际完成承包耕地确权面积（实测面积）59.35公顷，占应确权面积的119.01%，已完成测绘承包农户22.52万户，已印制农村土地承包经营权证书22.13万本，全部发到乡镇、农户，颁证率98.26%。数据已汇交到农业农村部，县级自查全面完成，市级核查顺利通过，向省递交基本完成报告和自查情况报告，代表湘潭市接受省级验收，并以总分94.5的高分通过。档案整理全面开展。县委县政府领导多次调度推进工作，为推进农村土地承包经营权确权颁证工作提供坚强有力的组织保障。同时县级财政在非常紧张的情况下，优先安排确权配套资金，确保工作顺利开展。实行“周排名，月调度，季督查，年考核”的工作制度，县确权办实行分片指导，督促乡镇、技术公司加快推进确权工作，及时发现和解决工作中出现的情况和问题，加快工作扫尾。湘潭县始终坚持稳定当头，好字为先，工作中坚持进度服从质量，时间服从效果，严格规范操作。为确保质量，县确权办组织质量抽查，同时要求乡镇组织质量自查，覆盖到村。县乡累计抽查467个组的3500余户，同时邀请第三方机构进行数据质量抽查，严格把控工作质量。

【农村集体产权制度改革】 全县农村集体产权制度改革涉及17个乡镇，329个村（社区、居委会），省级试点村为中路铺镇凤形山村、河口镇华中村。2018年，村（社区、居委会）全面完成清产核资阶段工作，数据全部录入全国农村集体资产清产核资管理系统。从清查结果来看，账面资产总额76532.8万元，其中经营性资产5997.3万元，核实资产总额76644.9万元，其中经营性资产6476.4万元；2个省级农村集体产权制度改革试点村，均已完成清产核资任务，成员身份界定工作基本完成。（唐　杰）

种植业

【概况】 2018年，湘潭县粮食生产以“提质、增效”为目标，努力推进农业供给侧结构性改革，优化粮食品种结构，全年，完成粮食播种面积8.42万公顷，粮食总产量59.57万吨。其中，早稻面积3.51万公顷，总产23.41万吨；一季稻面积0.81万公顷，总产6.47万吨；晚稻面积3.69万公顷，总产27.21万吨；旱粮面积0.41万公顷，总产2.48万吨。大力发展高档优质稻生产，高档优质稻种植面积1万公顷，加大高档优质基地建设力度，基地面积0.37万公顷。完成蔬菜种植面积1.92万公顷（含复种面积），总产量60.1万吨，总产值18.2亿元。落实经济作物种植面积1.025万公顷。其中，湘莲3146.7公顷，柑桔类1816.7公顷，梨子159.9公顷，葡萄311.3公顷，茶叶1522.7公顷，棉花688公顷，西甜瓜1496公顷，花卉苗木764公顷，花生683.3公顷，凉薯661.3公顷，中药材381.3公顷，蚕桑456.7公顷，杨梅168.7公顷，其他经济作物1143.3公顷。

实行产销联动，依托湖南华绿生物科技有限公司、湘潭县裕湘粮食收购有限公司和湘潭金滔盛世农业科技有限公司大力发展订单生产，打造稻米本地品牌，通过品牌创建促进基地建设和企业发展，带动农民增收。推动绿色兴农、质量兴农和品牌强农，加快粮油产业高质量发展，大力推进农业供给侧结构性改革，发展碧泉潭贡米、优质糯稻和中路铺小籽花生等特色粮油产业。湖南华绿生物科技有限公司在锦石乡以碧泉潭为核心建设333公顷高档优质稻生产基地。湖南金风食品有限责任公司加大优质糯稻基地建设力度，优质糯稻订单面积达到333公顷。

强化蔬菜技术培训和指导,认真抓好蔬菜质量安全.积极争取资金扶持蔬菜基地建设。认真组织各项目的实施，2018年，在湘潭县易俗河镇的大猫、睿铖、建兴三家合作社进行镉污染耕地主要蔬菜作物安全性评价实验项目。积极引导蔬菜基地进行无公害农产品认证，全县有23个基地通过无公害产地认定，13家单位35个蔬菜品种获得农业部无公害农产品认证。协调搞好蔬菜承保工作，2018年，蔬菜承保单位52家，承保面积659.93公顷。

【种植结构调整】 2018年，是湘潭县严格管控区大面积结构调整开局之年，完成结构调整面积8060公顷。结构调整模式多样化，水产养殖、杂交构树、中药材种植、花卉苗木等多年生调整模式来势良好。种植结构调整全产业建设初具规模，全县有35家种植结构调整经营主体进行产业链建设的配套建设，开展产业化经营服务，尤其以湘潭华阳构树产业发展公司、湖南北马峰生态农业科技公司、湘潭迅丰生态农业公司、湘潭县祥瑞种养专业合作社、湘潭县新时代六斗冲农业公司和湖南莲冠湘莲食品公司等经营主体的全产业链建设更为突出。湘潭县在长株潭地区种植结构调整及休耕治理工作推进会议作典型发言。有华阳集团杂交构树种植及饲料加工、北马峰生态农业红薯全产业链天之蟾黑斑蛙养殖、新怡生态水果及草皮种植等4个示范片得到省治理办高度认可。

成立种植结构调整及休耕治理工作领导小组，抽调专人成立湘潭县种植结构调整工作指挥部，建立县级领导联点指导工作机制。建立领导、专家及责任单位分片包干联系乡镇和专家组成员项目负责制度，着重做好技术服务指导和政策的宣传解读工作，组织编写《湘潭县种植结构调整技术及农民素质培训读本》及《湘潭县2018年种植结构调整及休耕治理工作政策指南》，出台《2018年湘潭县种植结构调整奖补试行标准》。全年开展技术培训700场次，深入一线进行技术指导服务420人次。县政府通过招商引进中国华阳集团在谭家山镇建设万亩杂交构树种植基地并在中路铺镇投资建设华阳生物饲料厂，白石、茶恩、石鼓、花石、排头、射埠、易俗河等乡镇通过招商引资引进省内外经营主体发展龙虾、芡实、中药材、鸢尾、草皮等产业；同时积极引导在外发展的老乡回故乡参与种植结构调整工作。

【水稻集中育秧】 为提升水稻育秧专业化、规模化、社会化服务水平，促进水稻绿色高质高效发展，实现粮食稳量提质增效，湘潭县积极推进水稻集中育秧，2018年，完成水稻集中育秧面积2812公顷，育秧主体216个，其中核心示范面积1383公顷。

【惠农政策落实】 切实做好耕地地力保护补贴和粮食适度规模经营补贴的登记、审核、汇总、公示、复核和发放工作，做到数据真实、上报及时，确保补贴及时、足额、依规发放给种粮农民和规模经营主体，充分发挥补贴资金的支农稳粮作用。县乡两级做好基础数据审核、监督考核等工作，严防虚报、套取农业支持保护补贴资金。2018年，实际发放耕地地力补贴资金1.14亿元；发放2017年粮食适度规模奖扶资金1060.93万元。

【秋冬种生产】 2018年，制定《湘潭县2018年秋冬种生产工作方案》，全县计划落实秋冬种总面积3.5万公顷。重点抓好锦石碧泉潭、易俗河梅林、花石白马峰、云湖桥、中路铺、乌石6个千亩油菜高产示范片和扶持50亩以上连片油菜、蔬菜种植大户。县乡两级将增加投入，强化措施，搞好服务，确保超额完成任务。为确保油菜高产示范片和油菜大户种植面积的落实，通过政府采购的形式采购优质油菜种子17800公斤。全县实际完成油菜种植面积0.8万公顷、绿肥面积1.33万公顷。

【农业执法】 2018年，农业综合执法大队高度重视农业行政执法工作，农业、农机、畜牧、渔政四个中队分工合作，协调配合，充分发挥执法职能作用，制定《湘潭县农资打假专项治理行动实施方案》《湘潭县农机安全生产打非治违“春雷百日行动”和“机手安全教育年”活动方案》《湘潭县农作物种子市场监管方案》《湘潭县湘江干流春季禁渔实施方案》《农产品质量安全工作方案》等，明确工作任务，安排部署各项具体工作。全年立案18起，包括种子案件4起，肥料案件1起，农药案件7起，渔政案件1起，兽药案件5起；结案18起，行政处罚人民币115729.4元。农业执法大队坚持严格、公正、文明执法，努力提高农业执法队伍法律素质和执法水平，不断提高依法办事水平，全年无案件行政诉讼和行政复议，没有出现重大坑害农民事件和重大农产品质量安全事故。

【湘莲产业发展】 湘潭县是湘莲产业的核心区域，具有极佳的种植资源禀赋，拥有悠久的种植文化传统，积累先进适用的栽培技术，形成涵盖良种选育、标准化种植、加工流通与品牌营销、农旅融合的全产业链发展格局。湘莲产业现已拥有品牌、良种、基地、加工、交易等方面的优势，凸显其在全国莲子产业的巨大影响力与领头羊地位。2018年，湘莲获评湖南省十大农产品区域公用品牌，湘潭县被农业农村部认定为湘潭湘莲特色农产品优势区。湘潭县湘莲种植面积3146.67公顷，年加工量10万吨，重点推广种植地标产品“寸三莲”，有效地稳定湘莲规模种植面积，为湘莲规模化发展提供了良好的条件。

湘莲产业坚持“政府引导、市场主导、项目推动、龙头带动、社会参与”模式，稳步推进湘莲产业发展。县政府主导成立湖南湘莲产业发展有限公司。该公司是省工商行政管理局核准注册登记的湖南唯一的湘莲行业国有企业，注册资金1亿元，主要从事湘莲产业宣传推广、湘莲产品研发、市场拓展、电子商务、招商引资、原种保护、建设仓储物流等业务的综合性公司。公司的成立有效完善产业链条，拓展产品市场，有力促进湘莲产业的快速发展。进一步发挥湘莲行业协会职能，积极引导行业沟通、协调和监督职能，促进行业健康有序发展。

整合各方资金，保障产业链建设有效开展。2018年，市政府在财政预算中设立200万元“湘莲产业链发展专项”资金，重点支持湘莲品牌宣传、寸三莲原种保护和提纯繁育、新产品新工艺开发以及湘莲高产高效示范基地建设。省、市农委将湘莲列为种植结构调整替代作物目录，通过政策奖补引导群众种植湘莲，新增湘莲种植面积333.33公顷。在花石建立以湘莲原种场为主体的“长株潭种植结构调整湘莲种苗基地”，确保1万公顷湘莲基地优质种苗供应。推广湘莲种植保险，由政府承担50%费用，参保1246.67公顷，减少湘莲种植风险。

增加科技投入，筑牢产业发展基础。加强对湘莲良种繁育、结实率的科研攻关。2018年，组织县内专业技术人才成立湘莲专家工作室，进行湘莲种植、品种筛选等试验。同时，继续聘请湖南省蔬菜研究所研究员马艳青、农科院教授魏林开展“寸三莲”的提纯复壮及新品种选育、湘莲腐败病防治等方面的研究工作。完善湘莲标准体系建设。2018年9月份，湖南省发布“莲藕腐败病测报技术规程”（DB43/T 1448-2018）、“莲藕叶部病害诊断和综合防治技术规程”（DB43/T1449-2018）的地方标准。对《绿色食品湘莲生产技术规程》进行重新修订，规范湘莲产品原料质量、消费者权益保护。强化技术指导。把湘莲作为种植结构调整主要替代作物，组织技术人员到集中连片的乡镇授课。重点做好花石镇万亩湘莲高产示范片，梅林桥、中路铺、白石和茶恩寺高产示范带的技术指导工作，进一步提高湘莲种植的科技含量。

创新发展模式，增强农企竞争活力。推行多样化的全产业链组织形式：市场主导型，以依托湘莲龙头企业、农民专业合作社、家庭农场、农产品交易市场等，开展农批对接、农超对接，将产业链上中下游紧密连接起来。企业带动型，以国、省、市级湘莲龙头企业为龙头，统一技术门槛和生产标准，抱团开拓市场。科企合作型，湘莲产业链上的各企业围绕关键技术，深化与科研院所或高等学校的合作，开展技术攻关，促进技术创新。部分湘莲龙头企业与科研机构联合建设科技研发中心，研发新产品、新技术，提高核心竞争力。通过科企合作，实现科研、生产、经营和推广的多方面、多层次协作，极大促进湘莲产业链条的发展。在湘莲科技成果转化应用方面成果丰硕，突出体现在品种保护选育、绿色高产栽培、精深加工以及副产物综合利用等领域，聘请大学教授和技术能人组成专家服务团队，通过选育提纯技术加强对“腐败病”的综合防控。多家加工龙头企业坚持自主创新研发，不断开发新工艺、新产品，为湘莲产业发展和技术提升提供了技术保障。此外，湘潭县地处长株潭城市群核心区，区位优势明显，湘莲产业的发展可以得到省、市科研单位、高等院校、技术推广部门及相关企业在新品种、新技术、新设备、病虫害防治等方面的科技支撑。

做好出书办节，提升湘莲文化品味。做好“湘品出境”丛书《湘潭县湘莲》编纂工作。根据湖南检验检疫局“湘品出境”丛书编纂出版方案要求，完成《湘潭县湘莲》编辑工作。初稿已上报，将由湖南检验检疫局正式出版发行。成功举办湘莲文化艺术旅游节。在花石镇连续三年成功举办湘潭·花石“赏荷之旅”暨“湘莲产品文化节”活动，每年可吸引游客8万余人次，充分展示湘莲的独特魅力，进一步提升湘莲品牌的知名度和美誉度。

强化品牌建设，提升农产品竞争力。全县有“宏兴隆”“粒粒珍”2个中国驰名商标，“莲美”“莲冠湘”等5个湖南省著名商标，一批湘莲品牌和产品相继在国际国内获得大奖。湘潭弘茂湘莲产业发展有限责任公司获评省级企业技术中心。湖南莲冠湘莲食品有限公司申请并获批1项发明专利和5项实用新型专利。莲美公司和莲冠湘莲公司分别成功创建省级、市级现代农业特色园。在中国中部农博会上湘莲产业得到重点推介。

培育龙头企业，引领产业快速发展。按照“扶优、扶大、扶强”的原则，着力培育一批规模大、技术含量高、竞争力强的农业产业化龙头企业。2018年，引进投资4.5亿元的广州酒家利口福湖南基地，重点支持湘莲精深加工，延伸产业链条，提高农产品附加值和综合效益。加强与国内大型农业产业化企业的对接合作，引进外来资本、技术、人才，改造、提升现有企业。鼓励有条件的龙头企业进行现代企业制度改革，争取上市融资。支持具有明显优势的龙头企业，以资本运营和优势品牌为纽带，盘活资本存量，整合资源要素，开展跨区域、跨行业、跨所有制的联合和合作，组建企业集团。截至2018年底，全县有湘莲产业加工企业47家,其中规模以上19家、农业产业化企业省级4家、市级8家，形成“龙头企业+中小企业+个体工商户+种植户”的发展格局和完整产业链。

【耕地修复治理和休耕】 2018年度，湘潭县修复治理安全利用区污染耕地达666.67公顷。其中，易俗河镇郭家桥村233.33公顷、宝塔村100公顷中度污染耕地，采取种植低镉早稻品种、优化水分管理、施用石灰、施用有机肥、施用土壤调理剂5个治理技术措施；杨嘉桥镇柳福村173.33公顷、雁银村160公顷轻度污染耕地，采取种植低镉早稻品种、优化水分管理、施用石灰、施用有机肥4个治理技术措施。

2018年，全县耕地轮作休耕制度试点区域涉及全县11个乡镇26个村，休耕总面积2012.08公顷，深翻耕面积、种植绿肥面积均为2012.08公顷。全县设立休耕监测点20个，涉及11个乡镇18个村。监测点按监测方案要求，均设立了监测分区处理；采集水稻样品40个、土壤样品60个。全县安装休耕试点标志牌23块、监测标牌标识20块。

（唐　杰）

农业综合开发

【概况】 2018年，湘潭县农业综合开发办公室围绕县委政府“挺进全国百强县”“创建全国文明城市”这一总体目标，狠抓农业综合开发项目建设，着力加快全县农业现代化进程，年度内完成投资2432万元，全部为上级财政资金。

土地治理项目。2018年，土地治理项目实施锦石乡、排头乡、花石镇高标准农田建设项目（第一批和第二批），也是全县重点工程项目之一，财政总投资1832万元。其中，第一批项目计划总投资1403万元，全部为上级财政投资，涉及锦石乡、排头乡和花石镇7个行政村，项目共划分为11个标段，于2018年10月动工建设，打造高标准农田626.67公顷；2018年9月，力争第二批高标准农田建设项目资金429万元，其中中央财政投资232万元、省级财政资金197万元，项目划分为4个标段，于2019年2月正式动工建设，打造高标准农田193.33公顷。两批项目实施完成后，项目区新增和改善灌溉面积700公顷，新增和改善除涝面积113.33公顷，粮食增产增加收入319.88万元。

部门项目建设。2018年，获批部门项目2个，分别为501.33公顷水稻土地托管新建项目和433.33公顷土地托管项目，上级财政总投资560万元，均由县供销社牵头负责实施，湘潭县农开办着力加强项目资金监管。通过部门项目建设，发展具有区域特色的农业主导产业，对具有带动作用的项目给予重点扶持，推进农业产业结构调整，促使产业化水平不断提高，形成专业化、规模化的生产格局。

地方立项项目。2018年，争取湘潭市农业综合开发水毁修复项目财政投资40万元，资金于2018年12月底到位。

【省农业农村厅到湘潭县调研高标准农田建设项目建设】 12月27日，省农业农村厅农田建设与农垦处负责人唐满平一行3人到湘潭县调研农业综合开发高标准农田建设项目建设情况。当日，他们到花石白马峰等地了解2018年高标项目建设情况，并针对机构改革以后项目如何实施管理、项目建设标准等情况进行调研座谈。 （刘仙桃）

养殖业

【概况】 2018年，根据春秋两季集中免疫统计，共免疫注射猪口蹄疫147.6万头、牛、羊口蹄免疫12.45万只，高致病性禽流感515.59万羽，三种重大动物疫病强制性免疫密度、免疫抗体合格率、标识佩戴率达到标准。严格依法依规，坚持临栏检疫与申报点检疫相结合的做法，从严打击违法犯罪行为，确保人民群众餐桌安全。多措并举，保障畜禽疫情平稳，实现"疫情不扩散，人员不感染"的防控目标。

突出做好畜禽养殖污染治理工作。涟水河沿岸500米范围内养殖污染治理工作。据统计，湘潭县涟水河沿岸年出栏50头生猪等畜禽养殖场（户）达716户，栏舍面积达158820平方米，涉及到石潭镇、杨嘉桥镇、云湖桥镇、河口镇4个乡镇。2018年，681个畜禽养殖场（户）已签订退养协议，35个畜禽养殖场（户）正在进行提质改造，268个养殖场（户）已完成治理任务。治理工作正在稳步推进。禁养区畜禽养殖污染治理工作。全县禁养区范围内共有57个畜禽养殖户，栏舍面积共计16779.37平方米，涉及到包括中路铺、易俗河等12个乡镇。2018年，禁养区范围内有污染物排放的养殖户全部签订退养协议，完成治理任务。网箱养殖专项整治工作。县内天然水域存在养殖行为的湘江茶恩寺段和白石段，共有网箱40口，饲料仓库船1条、运输船1条。其中茶恩寺有网箱养殖户2户，网箱19口；白石有网箱养殖户1户，船型网箱21口，饲料仓库船1条、运输船1条，此项工作已经全面完成。列雁金河网箱养殖专项整治任务于10月6日全部完成。畜禽粪污资源化利用整县推进项目。2018年，出台一系列关于实施畜禽粪污资源化利用项目的文件，明确目标任务，责任分工，技术路线，工作举措，资金来源等；完成34个规模养殖场粪污处理设施改造任务，其余289个规模场已全部完成分户设计；粪污集中处理中心正在加紧建设，年内完成建设投资800余万；9个大规模养殖场大型沼气及其粪污处理配套设施建设工程完成设计评审。该项目在2019年11月全面完成建设任务。

重点做好非洲猪瘟防控工作。强化疫情排查工作。对生猪养殖场（户）、生猪屠宰场、生猪交易场所、肉类交易市场以及肉类冷藏场所、饲料加工企业等重点加强拉网式排查工作。加强生猪调运监管。从9月13日起，在5个高速公路出入口和1个国道出入口设立6个检疫消毒临时哨卡。每个哨卡实行24小时三班轮流值守，对运输生猪及其产品的车辆进行查验并消毒。11月10日起，根据新的疫情防控形势需要，又在320等国道、省道增设9个县级哨卡，对运输生猪及生猪产品的车辆进行监督检查和消毒。狠抓餐厨剩余物监管。对辖区内畜禽养殖场（户）进行全面摸底调查，对使用泔水、餐厨废弃物养猪的养殖户的姓名、养殖场名称、地点、年出栏量、产品销售去向、饲料来源（自配料、全价料、泔水等情况，进行分类统计，明确监管责任人，实行责任追究可溯源制度。同时通过广泛宣传发动，要求养殖户禁止使用泔水、餐厨废弃物饲喂生猪。重点做好"两场"防治工作。加强对规模养殖场、原种猪场以及"两场"周边3千米范围内的猪场、屠宰场等重点场所的疫情排查。做好湘潭市沙子岭猪资源场、湖南新五丰股份有限公司湘潭分公司原种猪场、伟鸿（湘潭）农牧科技有限公司原种猪场三个"高代次"种猪场周边3千米范围内的中小养猪户实行暂停养殖工作，及时做好涉及"高次代"种猪场周边3千米范围内10个村，367户养猪户，共计12546头存栏生猪的清退工作，已于12月中旬成功通过市级部门验收。加强对8类重点人员的管理。针对屠户、兽医、种公猪经营户、保险公司现场查勘人员、流动肉摊主、生猪贩运户、排查及应急处置相关人员、养殖户这8类重点人员，分别制定管理办法与措施。

切实保护增殖渔业资源。继续在湘江干流实施4~6月春季禁渔制度，有重点、有计划地开展巡查执法行动，强化禁渔期间的监督管理，做到全面禁渔，接案必复，接案必出，严厉打击违禁行为。禁渔期间，没收钢制机动渔船一艘，收缴背包式电鱼机7台套，地笼4100余米，边套子22套，有力地震慑违法分子，圆满完成春季禁渔的工作任务。2018年9月12日，在湘潭县河口镇新昱船厂码头举行湘江湘潭段鱼类人工增殖放流活动，共投放四大家鱼（草、鲢、鳙）380万尾优质鱼苗鱼种，有效促进全县渔业资源多样性。为推进全县河长制工作，全面开展整治电毒炸鱼等非法捕捞执法行动。发放宣传资料500余份，通告100余张，在沿河两岸多处醒目位置树立"禁止电鱼、毒鱼、炸鱼，保护渔业资源，电鱼违法，重者入刑"的宣传公示牌，并公示举报电话。没收电鱼钢制机动渔船2艘，收缴背包式电鱼机12台套，行政处罚1例。按照"统一领导，属地管理"原则，为解决点多面广、取证困难等实际问题，特申请县人民政府将渔政部分行政执法权委托给乡镇人民政府行使，既可节约大量行政成本，又可及时有效地处置举报案件。 （唐 杰）

林　业

【概况】 2018年，湘潭县林业用地面积9.89万公顷，公益林面积有4.6万公顷，其中国家级公益林4.0万公顷、省级公益林0.6万公顷。2018年，湘潭县林业工作围绕县委县政府“挺进全国百强县，创建全国文明城市”的目标，以生态文明建设为总揽，突出造林绿化和资源管护，全年，实现营造林7266.7公顷，义务植树204万株，森林蓄积量达445.17万立方米,森林覆盖率达48.26%，林木绿化率达48.26%，蓄积量增长率达3.5%，湿地保护率稳定在70.2%以上，古树名木建档率100%，森林火灾受害率控制在0.9‰以下，争取上级资金3093.2万元。

【造林绿化】 2018年，湘潭县造林绿化建设以长江防护林、林业改革发展资金造林补助、森林抚育、“长株潭”生态绿心矿区复绿等工程项目为龙头，带动全域荒山造林、封山育林、林相提质改造。完成人工造林1266.7公顷，封山育林1333.3公顷，退化林改造666.7公顷，森林抚育4000公顷。

【义务植树】 2018年，深入开展全民义务植树活动，组织110余家县属单位集中义务植树。公民义务植树尽责率达96.75%，人均植树4棵，造林面积累计1600公顷，打造义务植树典型基地24个，其中市级2个，县级5个，乡镇17个。巩固建设石鼓顶峰寒梅园、乌石彭德怀故里红枫园、齐白石故居杏花园、梅林桥桃花园，打造“四片一走廊”特色林相景观。

【退耕还林还湿试点工程】2018年，湘潭县认真贯彻落实省政府关于湘江保护的决策部署，根据《关于进一步推进湘江流域退耕还林还湿试点工作的通知》文件精神，以寻笔港退耕还林还湿示范工程为蓝本，着力推动唐家湖退耕还林还湿项目，建设总面积达55.46公顷，总投资1200万元，年净化污水达2591.4万立方米。12月2日，通过省林业局专家组的项目验收。

【森林城市建设】 以湘潭市创建国家森林城市为契机，2018年，湘潭县积极推动省级森林城市创建工作，成立以县委书记为顾问、县长为组长的工作领导小组，高规格推动森林城市建设；编制省级森林城市建设规划，统筹城乡绿化一体化建设。全年发放宣传资料5000余份，进社区集中宣讲5次，设立创森标识标牌50余块，组织创森流动大舞台、“最美护林员”“十创百点”、首届“森林城市杯”摄影比赛等宣传活动，推进湘江风光带森林景观建设、城区桥头公园综合改造提质等项目。

【林业资源管理】 2018年，共办理征用林地审批14起，收缴植被恢复费734.0789万元，查处擅自改变林地用途单位5家。核发林木采伐证46份，采伐总面积110.33公顷，严格控制在采伐限额内。落实生态公益林资金，聘请护林员，发放爱鸟宣传资料5000份，销毁捕鸟网达2000平方米。对全县789株古树名木进行挂牌保护。针对分水乡等地松材线虫病疫情，全面调查，积极除治，清理枯死松木2450株。全年，共完成1000余立方米木材、1万根楠竹的调运检疫和80万株造林苗木的产地检疫。

【林业行政执法】 2018年，开展“利剑行动”“绿剑2018”“扫黑除恶”“打击非法采砂洗砂”等专项打击行动，共排查线索40余条，出动警力220余人次，出动车辆70余辆次。办理各类案件共25起，其中刑事案件6起，治安案件1起，林业行政案件18起,共处理违法人员24人，挽回经济损失100余万元。

【林业审批服务】 2018年，受理森林资源流转5起，调处山林权属纠纷3起，商品林承保4.34万公顷，公益林承保4.57万公顷。政务中心林业窗口共办理、办结行政许可事项715件，录入行政许可审批业务500余条，群众满意率100%，被评为第三季度“红旗窗口”。

【森林防火】 2018年，湘潭县没有发生重特大森林火灾和人员伤亡事故，火灾受害率控制在1‰以内，未发生受灾面积30公顷以上森林火灾；接到报警电话160余个，核实森林火灾4起,过火总面积44公顷，受害总面积32公顷。派出宣传车100余台次，出动宣传员600余人次，发放《禁火令》及宣传单8万余份，设立大型森林防火宣传牌6处，小型宣传牌30块。组织森林防火民兵应急分队培训15天，参训防火民兵100余人。

【林业产业】 2018年，落实乡村振兴战略，结合当地特有林业产业，扶持特色品牌，促进林农增收致富。建设以射埠为主的油茶基地，新造油茶133.3公顷，低改200公顷，抚育1333.3公顷。2018年，省级油茶产业示范基地建设项目完成整地233.3公顷。争取省级楠竹发展专项资金60万元。积极支持林下经济发展，成功推荐国、省农民林业专业合作社示范社5家，国家、省级林下经济示范基地4家。以齐白石森林公园为基础，保护园内核心区、缓冲区的森林景观，整合齐白石景区、隐山景区，积极申报国家级森林公园，树立湘潭县森林旅游第一品牌。 （夏智武）

水　利

【概况】 2018年，县水务局完成争支争项1.64亿元。全县完成各类水利建设总投入3.99亿元，面上水利建设完成各类面上水利工程1.3万处，新增农田有效灌溉面积333.33公顷，新增节水灌溉面积339.33公顷，完成“五小”项目村建设103个，完成重点水损水毁工程92处。完成朝阳渠白石河段、青山河合兴坝至晓楠港河段治理工程、四水治理杨嘉桥保护圈和石潭保护圈堤防加固工程、紫荆山水库灌区节水灌溉省级配套资金改造项目、2018年中央财政农田水利项目和农业水价综合改革试点县项目建设任务。全力推进城乡供水一体化PPP项目建设，完成省重点民生实事项目3940人贫困人口农村饮水安全任务。

2018 年 3 月，县水务局被省人力资源和社会保障厅、省水利厅评为“全省‘芙蓉杯’水利建设管理先进单位”。县水务局荣获“全县争支争项竞赛二等奖”、被评为全县 2018 年度“安全生产工作优秀单位”“环境保护工作先进单位”和“人口优生优育综合治理工作 A 类模范单位”。

【水土流失治理和水土保持监督管理】 2018 年，完成继述桥河小流域水土流失治理工作，争取 2019 年度中路铺项目区银泉河小流域治理项目。全年征收水土保持补偿费 50 万元，完成审批水保方案报告书表 10 个，治理水土流失面积近 1 平方千米，减少水土流失近 8 万吨，有效地控制开发建设及生产过程的水土流失状况。

【水资源管理】 2018 年，全年征收水资源费 76. 99 万元。3 月，省水利厅将湘潭县定为首批县域节水型社会达标建设县城，同时拨付专项资金 100 万元，湘潭县节水型社会达标建设工作已经全面完成。

【防汛抗旱】 2018 年，湘潭县出现数十年罕见的冬春夏连旱，降雨偏少导致基础水严重不足，抗旱形势严峻。6 月份，全县多次召开防汛抗旱调度会，要求各级各部门做好抗长旱、抗大旱的准备。7 月 26 日，县防指启动抗旱Ⅳ级应急响应，县财政下拨抗旱应急资金 380 万元，全县各级各部门全力做好抗旱救灾工作。加强人畜饮水调度，确保涓水沿线花石、排头、射埠等 3 个自来水厂取水；加强水库调度，确保人饮供水。加强韶灌受益区调度，县防指与韶灌局南、北干渠管理处根据干渠轮灌方案按日编排轮灌计划，确保均衡受益，合理确定保灌范围。充分发挥 2015 年和 2016 年实施的抗旱应急水源工程引调提水项目石坝口水库引水工程、吟江提水工程和严冲水库连通工程的作用，得到当地老百姓高度肯定。做好防汛抗旱服务工作，组织辖区内的抗旱服务队进行技术培训，村民及时维修机埠，组织群众开展渠道清淤扫障。气象部门检查维护人工增雨作业的高炮和火箭炮，准备炮源，布置人工增雨作用点，适时开展人工增雨作业，全县共发射火箭弹 22 发，高炮 80 发，作业从 6 月 7 日开始至 8 月 17 日结束，省气象局开展飞机人工增雨，效果明显。2018 年，湘潭县没有因旱情出现水利工程险情和人员伤亡，也未发生一起群体性上访事件，全面实现省、市明确的防汛抗旱“五个确保”目标。

【河长制工作】 2018 年，湘潭县对标对表夯实河长制基础工作，各级河长坚持带着目的和问题巡河，整合部门力量坚持问题导向，各尽其职有效治理水环境，县环保、住建、农业、林业、交通等部门及相关乡镇密切配合，在城镇污水处理、工业废水处理、禽畜养殖退养、网箱退养、“僵尸船”专项整治、黑臭水体治理等方面卓有成效，重点水域水质明显改善。积极开展“清四乱”专项整治行动，加强河湖管理保护力度，严格水务综合执法，结合“利剑行动”全面开展非法吸砂、洗砂采砂整治行动，及时清理“地摊子”砂场，严厉打击河道内“乱采、乱建、乱占、乱堆”行为。2018 年，湘潭县河长制工作获得“全省河长制湖长制真抓实干县”荣誉，在全市河长制考核荣获“先进县”。2019 年 1 月份，湘潭县紫荆河易俗河镇段成功入选湖南省“美丽河湖”前 30 条之一。

【2018 年度中央财政农田水利建设项目和农业水价综合改革试点县项目】 该项目批复概算工程投资 2500.95 万元，其中中央财政农田水利建设项目 2100.47 万元，农业水价综合改革试点县项目 400.48 万元。根据有关政策精神，结合当地实际情况，中央财政农田水利建设项目资金中央财政补助 1300 万元，省级财政补助 300 万元，县及县以下财政 200 万元，群众自筹资金 300.47 万元；农业水价综合改革试点县项目省级财政补助 400 万元，群众自筹资金 0.48 万元。项目涉及白石镇 6 个村，分别为杏花、白石、莲花、友爱、湖田及潭口村。农田水利项目建设内容为渠道改造 10. 2 千米，高效节水灌溉面积 333.33 公顷，铺设低压管道 37. 48 千米，装配式渠道试点建设面积 212 公顷，改造斗、农渠 25. 12 千米/77 条，新修机耕道 0.51 千米，改造泵站 3 处/41 千瓦；农业水价综合改革试点建设内容为：装配式农渠改造 1. 2 千米/3 条，配套巴歇尔量水设施 82 套；配套计量水表 157 套。该项目 2018 年 10 月开工建设。 （齐华志）

农业机械化

【概况】 2018 年，全年共补贴农户 312 户，申领确认书 596 份，补贴机具 687 台。共计补贴金额 1499.886 万元（九华补贴资金 1467.449 万元），其中报废补贴资金 68.1 万元（九华申请报废补贴资金 66.5 万元）；培训各类农机手 175 人次，年检机车 850 台，全县没有发生农机作业重大安全事故；农机专业合作社总数达到 215 家，其中，2018 年现代合作社 12 家。全县农机拥有量和总动力达到 31.68 万台、144.67 万千瓦，农机生产总值 10 亿多元，农作物综合机械化率 69.75%，是全省一类农机大县。其中水稻机耕率达到 98.8%，机收率达到 98.9%，机插率达到 36.6%，综合机械化率达到 75.95%。

2018 年，继续实行“百千万”现代农机合作社建设项目并积极整合粮食适度规模经营项目资源，结合全县现代农机合作社规范化建设实施方案，实施以奖代补，突出重点扶持和典型示范。重点突出规范化建设，对已申报的 58 家现代农机合作社进行有效管理，同时在合作模式上创新，促进合作社的健康、快速发展。全县在工商部门注册的农机服务专业合作社达到 215 个，2018 年，成功申报现代农机合作社 12 家。其中省财政扶持的现代农机合作社 70 家，是全省最多的县市之一。

结合推进平安县城的创建工作，积极创新方法，强化管理，多措并举助力“平安县城”建设。有序推进农机互助保险。进一步提高农机专业合作社抗安全风险能力，目前互助保险受理农机事故 3 起，已理赔 3 起 0.5 万多元。免费服务小微农机企业。坚决执行国家发改委、财政部等文件政策，积极为小微农机合作社企业开展农机上户上牌等6项免费服务。全年上户拖拉机151台、联合收割机97台，全年年检拖拉机850台、收割机126台，切实为合作社减少负担，提高安全。创新方法打造平安农机。锦石乡被评为全省“平安农机”示范乡镇，全年无重大农机安全隐患，无重特大农机安全事故的发生。切实开展安全隐患排查。以季节性安全生产检查、节假日期间与专项整治相结合，按照定期与不定期的安全大检查的制度相配合。组织开展农机安全“春雷百日行动”和“机手安全教育年”活动、拖拉机的年度检审专项整治活动、多部门联合打击非法改拼装拖拉机专项整治活动等。在安全生产检查中，共发现并排除安全隐患15起，纠正违规行为15起，现场直接整改1处，发放整改通知书限期整改1起；探索农机监理新模式：全面清查，摸清“家底”，建立高标准农机档案；全面规范牌证管理，新车上户挂牌率达到100%；全面规范农机手培训与考试工作，做到培训合格率100%；全面加强横向联系，探索联合执法新路子，进一步规范全县拖拉机管理，年检拖拉机收割机850台以上，确保农机平安、无事故，助力“平安县城”建设。

进一步规范对农机驾驶操作人员的培训和考核，切实做到理论培训、技术培训不少于规定课时，技术培训保证机手能够熟练掌握有关的操作技能，全年开展各类农机培训班5期，培训各类农机手175人次。精心组织机构跨区作业服务，免费帮助机手办理跨区作业证，在中国农业机械化信息网上发布跨区作业信息，了解跨区作业点的具体情况、价格等，保障机手一路绿色通行。全年共免费发放联合收割机跨区作业证126张。（唐　杰）

气　象

【概况】　2018年，县气象局围绕气象服务这个中心，努力提升气象服务地方经济的能力，完成湘潭县突发事件预警信息系统建设。气象防雷监管稳抓不放，加强内部管理，深入推进全面从严治党。

有效提升综合防灾减灾能力。做好地方气象服务工作，增强预报预测业务水平。定期向县委县政府、相关部门提供气象专题服务、重大活动专题气象预报等决策气象服务。2018年，气象局共对外发布各类气象预报服务42期，为县委、县政府及各部门提供公众气象服务约4944人次。积极发布气象灾害预警信息，针对高温、暴雨、雷电等灾害性天气，通过手机短信、QQ、电子邮箱、湘潭县红网等向全县发布。

做好汛期的预报服务工作。该局加强汛期气象服务的部署，细化各项工作安排。加强值班值守，实行24小时双岗值班和领导带班值班制度，每次值班做好留痕管理，在“市县一体化”平台上记录服务过程，实现气象服务值班工作痕迹“全过程、自动化”记录；设立专人负责气象装备保障人员，制定区域自动站日检查制度，及时维护、维修和巡检，提升自动站在线率。

2018年，全县共出现4次大雨以上降水过程，其中4月22日和6月19日均出现一次暴雨过程，平均降水量分别为52.3毫米和51.6毫米。通过科学研判，对降雨的强度、落区、发生时间做出精准的预报，并提前向决策部门和社会公众发布预警信息，为抗洪抢险决策工作提供科学可靠的依据，受到湘潭县党政领导的高度赞扬。

深入推进为农气象服务。针对2018年全县降水偏少的气候特点，充分利用mas平台等方式向农户提供农业灾害预警信息，并使用梅林桥镇和排头乡农田小气候站的气象信息电子显示屏投放农业气象信息。针对县内农业大户，持续开展直通式气象服务，共2次到田间地头向农民专业合作社、农村种粮大户进行农情调研，受到种养大户的好评与肯定。

2018年，湘潭县作为标准化农业示范县，杨嘉桥镇和花石镇作为湘潭县标准化防灾减灾示范乡镇已申报完毕，进一步完善乡镇气象灾害防御组织体系，构建气象为农服务的长效机制，提高为农气象服务水平。

人影工作有序开展。2018年，汛期降水偏少，高温日数偏多，水库蓄水量严重不足，粮食作物生长受到较大的影响，针对严重的旱情，该局积极部署，作业人员时刻待命，抓住机会进行人影作业，自6月7日起共进行16次人影作业，发射火箭弹22枚，高炮80发，有效缓解旱情，得到县委、县政府、相关部门和社会的高度关注和好评。

完成湘潭县突发事件预警信息发布中心建设，提升县域防灾减灾能力。年初制定项目建设方案，并严格按照财政评审、政府采购、招投标等标准流程进行项目建设。9月12日，领导班子赴永州道县对突发事件预警信息系统的建设问题进行学习交流。目前该项目的所有建设环节已竣工，该局已于12月26日进行整体搬迁，成为湘潭市首家完成突发事件预警信息系统建设的单位。

履行防雷监管职能，强化气象防雷监管责任力度。2018年，完成全县加油加气站、危化企业、雷管炸药库等102家企业的防雷设施安全检查。同时，加强防雷检测的队伍建设，规范防雷检测人员的行为，做到操作规范化。

广泛宣传气象、防雷相关法律法规知识。通过3·23气象日、5·12防灾减灾日等活动进行综合防灾减灾知识的科普宣传，发放防雷宣传挂图、避险手册、科学认知雷电等自然灾害气象科普资料，提高公众的气象防灾减灾意识和自救。

（黄昱博）

移民开发

【概况】　2018年，全县移民部门安排移民后扶资金2904.86万元，实施后扶项目327个，其中：道路交通类项目67处，移民资金投入498万；农田水利类项目197处，投入资金1343万；农村社会事业类25处，投入资金210万；产业开发类项目24处，投入资金294万；整村推进项目11处，投入资金420万；移民培训项目投入资金60万；贫困移民慰问50.86万；避险解困项目投入 29 万。完成 575 名建档立卡贫困移民的精准识别工作，完成 11 户 27 人避险解困重点民生实事任务。2018 年发放口粮补贴资金 94 万元。强力推进移民培训，组织培训 530 人次，其中，实用技术培训 400 人，技能培训 115 人，自主培训 15 人。

【移民后扶资金监管】 2018 年，通过乡镇财税管理信息网，以银行"一卡通"形式，及时足额发放移民直补资金 697.245 万元，核减移民人口 96 人。发放移民独生子女户和计划生育两女户特殊困难家庭医疗补助 3.45 万元；奖励扶助移民大学生、高中生 2.6 万元；移民特扶补助 0.6 万元。

【移民产业开发】 2018 年，移民产业开发项目 24 处，投入移民资金 294 万元。完成油茶提质改造 120 公顷，茶叶基地提质改造 26.67 公顷，中药材栽培 20 公顷，蔬菜、蚕桑种植 80 公顷、水果基地改造 43.33 公顷。

（齐华志）

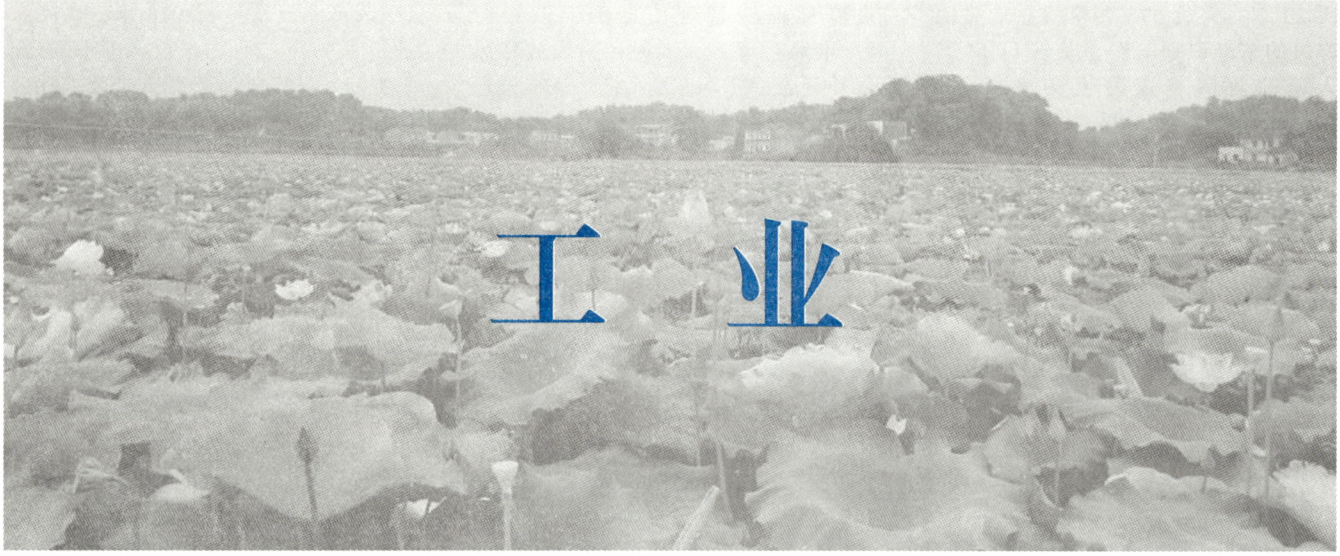

工 业

概 述

【概况】 2018年，湘潭县新增规模工业企业18家，全县规模企业总数达到248家；完成规模工业总产值593.3亿元，同比增长12.2%，完成规模工业增加值168.7亿元，同比增长7.8%，园区规模工业增加值完成129.62亿元，占比达到76.8%。湘潭县351个在建工业投资项目共完成工业投资117.07亿元，同比增长28.9%，完成工业技改68.1亿元，同比增长50.3%；万元规模工业增加值能耗降低率为18.17%。

【园区建设】 乡镇园区认真贯彻县委县政府“一区带多园”经济发展战略，全力推进园区建设工作，乡镇园区工业经济呈现出良好的发展态势。2018年，茶恩、青山、杨河3个乡镇工业园，分别完成规模工业产值5.2亿元、17.5亿元、33.1亿元，合计完成规模工业产值55.9亿元，全县占比9%,同比增长14.2%，其发展增速均超过全县工业发展平均水平。年内三个乡镇工业园有投资意向的在谈项目28家，有湘潭觉之味槟榔等6家企业与园区签订投资意向协议书，为乡镇工业园的发展壮大，注入一股新鲜血液。

【国有工业企业改革】 湘潭县经直国有工业企业共有15家，已经全部改制完毕，所有社会事务已经移交至当地社区。

【企业服务】 开展走访帮扶活动。制定起草《关于进一步深入开展“企业帮扶”行动工作的通知》（潭县帮〔2018〕1号）和2018年县级领导、县直机关单位联系规模企业安排表，在全县工业企业中继续深入开展“企业帮扶”行动，采取有效措施，确保帮扶工作落到实处，取得实效。积极争取项目资金扶持。1月份，牵头组织相关职能部门召开2017年度湘潭县新型工业化—中小企业发展专项资金项目评审会，并联合县财政局企财股下达《2017年度湘潭县新型工业化——中小企业发展专项资金的通知》（潭财发〔2018〕12号），支持本县企业在中小企业转型升级、“两化”融合、制造强县、食品医药、中小企业服务体系建设等方面共计300万元。推荐的市电机车——韶力移动智能云平台应用系统、云飞电子商务司—省核心服务机构服务业务补助项目、天人合产业发展—省中小微企业创业创新基地服务业务补助项目等成功获批2018年湖南省中小企业发展专项资金73万元。组织富民农机机械、华绿生物科技等4家企业成功获批2018年湘潭市中小企业专项资金40万元。同时，先后成功组织湘潭离心机有限公司等18家企业成功获批湘潭市小巨人企业，市电机车成功获批湖南省小巨人企业，莲港紧固件、南方电机车等4家企业成功获批湖南省“企业上云”标杆示范企业。切实加强服务平台建设。2018年，湘潭县中小微企业公共服务平台已注册企业383家、服务机构86家、政府机构12家、个人用户200余人、微信公众号709人关注。发布政务信息1867篇、企业发布动态703条。平台微信公众号共群发26次，推送信息53条，推送文章52篇。

2018年湘潭县规模工业企业一览表

总计（247家）

表3

天易示范区（136家）		
湘潭县李家采石场有限公司	湘潭洪顺建材有限公司	湘潭县宇诚塑胶有限公司
湘潭县宏广石料有限公司	湖南长乐建材有限公司	湖南国雅彩印有限公司
湖南统塑管业有限公司	湖南实达丰新材料科技有限公司	湘潭宏硕汽车部件有限公司
湖南普卡科技制造有限公司	湘潭湘达离心机有限公司	湖南鑫煜混凝土股份有限公司
湘潭建联丰禾生物科技有限责任公司	湖南湖湘木刻艺术产业有限公司	湖南金力型材有限公司
湖南盈通供水设备有限公司	湘潭县海能塑料薄膜制造有限公司	湖南傲派自动化设备有限公司
湖南双玺科技有限公司	湖南湘久阳能源科技有限公司	湖南杰萃生物技术有限公司
湖南映日荷花食品有限公司	湘潭市电机车厂有限公司	湘潭市电线电缆有限公司
湘潭红燕化工有限公司	湘潭宏润金属科技有限公司	湖南涓江鞋业有限公司
湘潭億特玻璃有限责任公司	湘潭源远海泡石新材料股份有限公司	湘潭市明宇纸品印刷有限公司
湖南中建建科建筑科技有限公司	湘潭市乡味食品有限公司	湖南意歌生态科技有限公司
湖南嘉逸环保设备开发有限公司	湖南恒会昌彩印包装有限公司	湘潭浏阳河饲料科技有限公司
湖南新向维包装有限公司	湖南银钻特种变压器有限公司	湖南同方电气有限公司
湖南鼎珩智能机械有限公司	湖南傲农生物科技有限公司	湘潭潭建佳程混凝土有限公司
湖南力神新材料科技有限公司	湖南江南钢构工程有限公司	湘潭富民农业机械有限公司
湖南可菲香精香料科技有限公司	湖南圣达工程机械制造有限公司	湖南吉光科技有限责任公司
湘潭国发重工有限公司	湖南金风食品有限责任公司	湖南省妙研食品有限公司
湖南莲港紧固件有限公司	湖南贡莲皇酒业有限公司	湖南珠江啤酒有限公司
湖南文达阀门制造有限公司	湘潭博亿机电设备制造有限公司	湘潭诚骏混凝土有限公司
湖南泰克互感器有限公司	湖南敏锐科技有限公司	湖南康宁达医疗科技股份有限公司
湖南江宏机械制造有限公司	湘潭三金特种玻璃有限责任公司	湖南银远电气有限公司
湖南惠天然冶金材料有限公司	湘潭市新峰金属科技有限公司	湖南五里重型机械有限公司
湖南乐为机车配件有限公司	湖南江麓建筑工程机械有限公司	湘潭市特种线缆有限公司
北京中农大动物保健品集团湘潭兽药厂	湖南宏兴隆湘莲食品有限公司	湘潭高耐合金制造有限公司
湖南胖哥食品有限责任公司	湘潭县宏发化工塑料助剂有限公司	湘潭海鑫金属节能制品有限公司
湖南湘液设备有限公司	湘潭鑫华特种钢制造有限公司	湖南南电电气有限公司
湘潭湘华纸厂	湘潭市银汉设备制造有限公司	湘潭县柯奇矿产有限公司
湖南彩达包装印务有限公司	湘潭市新大粉末冶金设备制造有限公司	湖南京燕化工有限公司
湘潭京湘供水有限责任公司	湘潭县康大工贸有限责任公司	湘潭市仙女竹业有限公司
湖南中联陶瓷机械有限公司	湘潭华宇电炉制造有限公司	湖南五洲通药业有限责任公司
湘潭市三星液压机械制造有限公司	小龙王食品有限公司	湘潭县虹达彩印有限责任公司
湘潭离心机有限公司	湖南力威液压设备有限公司	湖南信诺颜料科技有限公司
湖南森泰生物科技有限公司	湖南古汉堂阿胶药业有限公司	湖南省鸿益食品添加剂有限公司
湘潭市至诚机械制造有限公司	湘潭县楚润碲业有限公司	湘潭鼎峰曲轴制造有限公司
湘潭市冶金设备制造有限公司	湘潭市金鹰环保设备有限公司	湖南中成科技发展有限公司
湘潭县恒盛化工有限公司	湖南斯瑞摩科技有限公司	湖南恩尔保险箱制造有限公司

续表 3

天易示范区（136 家）		
湖南圣雅凯生物科技有限公司	湘潭宝马金属材料有限公司	湘潭县金阳灯饰有限公司
湘潭冠华环保制品有限公司	湖南韶力电气有限公司	湘潭埃索凯生化科技有限公司
湘潭市华光机械制造有限公司	湘潭县亿鑫锌业有限公司	湘潭县建华建材有限公司
湘潭炜达机电制造有限公司	湘潭绿沁园食品有限公司	湖南腾宇称重设备系统有限公司
湘潭宏强机械制造有限公司	湘潭瑞鑫电气科技有限责任公司	湖南伍子醉食品有限公司
湖南飞山奇建筑科技有限公司	湘潭培旭科技有限公司	湘潭华夏锌钢科技有限公司
湖南恒源龙金属制品有限公司	湘潭弘茂湘莲产业发展有限责任公司	湘潭百晟金属材料有限公司
湘潭市烘尚食品有限责任公司	湘潭北汽大世汽车系统有限公司	湘潭万洁通风环保设备有限公司
湖南博富印刷股份有限公司	湖南汇特焊材科技有限公司	湖南九宇新材料有限公司
湖南鑫聚利机械有限公司		
杨嘉桥（17 家）		
湖南牵引电气设备有限公司	湖南常乐新型建材科技有限公司	湘潭县醉爱食品有限公司
湘潭冠杰塑料制品有限公司	湘潭县瑞珑文体用品有限公司	湘潭县玉桥化工有限公司
湘潭熙源建材有限公司	湘潭华旺建设工程有限公司	湘潭市嘉鸿包装有限公司
湖南华绿生态农业发展有限公司	湘潭羊鹿茶业有限公司	湖南鸿雁海泡石科技有限公司
湘潭振兴木业有限公司	湖南鑫湘木业有限公司	湘潭县湘海新材料科技有限公司
湖南老子兴食品有限公司	湖南嘉瑞达自动化设备有限公司	
河口（11 家）		
湘潭县荷味食品有限公司	湘潭执邦混凝土有限公司	湘潭南方电机车制造有限公司
湖南东方管桩有限公司	湘潭县东凌彩印有限公司	湘潭县亿鑫建材有限公司
湖南华森板业有限公司	湘潭县离心机厂有限公司	湘潭东升电气制造有限公司
湖南三农设施科技股份有限公司	湖南豪杰包装制品有限公司	
青山（13 家）		
湘潭县昌峰机械制造有限公司	湘潭凤舞九天鞋业有限公司	湘潭东达鞋业有限公司
湘潭志高缘鞋业有限责任公司	湖南爱丽丝鞋业有限责任公司	湖南省花之王鞋业有限公司
湘潭红玫瑰鞋业有限公司	湖南百舌鸟鞋业有限公司	湘潭着意乐鞋业有限公司
湘潭伊利莱鞋业有限公司	湖南豪友鞋业有限公司	湘潭亚康鞋业有限公司
湖南琪尔美鞋业有限公司		
茶恩（7 家）		
湖南玉秀竹业有限公司	湖南润竹竹业有限公司	湖南祥盛竹业有限公司
湖南茶花竹业有限公司	湘潭县华钢竹业有限公司	湖南福鑫木业有限公司
湖南湘宝竹木制品有限公司		
花石（15 家）		
湖南堂皇湘莲食品有限公司	湘潭泵业集团有限公司花石水泵厂	湖南和亿莲业有限公司
湖南粒粒珍湘莲有限公司	湖南荷香村食品有限公司	湖南莲冠湘莲食品有限公司
湖南万荷堂湘莲食品有限公司	湘潭县新辉湘莲食品有限责任公司	湖南花石陶瓷玻璃机械有限公司
湖南莲美食品有限公司	湘潭县莲珍湘莲食品有限公司	湘潭兴宏运湘莲食品有限公司
湘潭县泽润生态农业发展有限公司	湖南金隆食品有限公司	湘潭县齐心湘莲食品有限公司

续表 3

云湖桥（17）家		
湖南华绿生物科技有限公司	湘潭鑫达油脂有限公司	湘潭县淀粉制品有限公司
上海九鼎粉体材料（湘潭）有限公司	湘潭森科木制品有限公司	湘潭县铁合金有限公司
湖南代代福食品有限公司	湘潭县恒老爷食品有限公司	湖南鑫通恒发炉料有限公司
湘潭大雷特种玻璃有限责任公司	湘潭槟之皇食品有限公司	湘潭路宝沥青有限公司
湘潭县东兴木业有限责任公司	湘潭市康盛玻璃制品有限公司	湖南锦恒电力物资有限责任公司
湘潭亿格印务有限公司	湘潭赛睿食品科技有限责任公司	
射埠（10家）		
湖南农其科技开发有限公司	湘潭县大方玻璃有限公司	湘潭县和成建材有限公司
湘潭县湘浙特种铸造有限公司	湘潭县佳昱玻灯有限公司	湘潭赛普新材料有限公司
湘潭至诚农业发展有限公司	湘潭船形茶业有限公司	湘潭县众利冶金炉料有限公司
湘潭县万力石业有限责任公司		
谭家山（5家）		
湘潭通用离心机有限公司	湖南瑞兴锌业有限公司	湖南百里醇油茶科技发展有限公司
湘潭县湘佰亿煤业有限公司	湖南新昌福食品有限公司	
中路铺（4家）		
湘潭皓月玻璃有限公司	湖南佳盛搪瓷材料有限公司	湖南省湘潭县电焊条辅料有限公司
湘潭三兴工业科技有限公司		
白石（3家）		
湘潭宇诚电子有限公司	湘潭盛华塑业有限公司	湘潭智投建材有限公司
石潭（2家）		
湘潭湘涟农机制造有限公司	湘潭县旺润玻璃制造有限公司	
乌石（2家）		
湘潭市三联矿业有限公司	湘潭县云峰锰业有限公司	
排头（4家）		
湖南鸿添混凝土有限公司	湘潭县华远莲业有限责任公司	湖南潇湘制泵有限公司
湘潭华为湘莲有限公司		
锦石（1家）		
湘潭飞跃湘莲食品有限公司		
石鼓（1家）		
湘潭县怡和顺食品有限公司		

2018年湘潭县主要工业经济指标汇总表

表4

项目	单位	2017年	增长率	2018年	增长率（%）
规模企业个数	个	227	—	248	—
规模工业产值	亿元	561.6	14.8%	593.3	12.3
规模工业增加值	亿元	152.3	7.6%	168.7	7.8
天易示范区产值	亿元	429.3	21%	451.8	15.0
天易示范区产值占比	%	76.40%	—	76%	—
工业固定资产投资	亿元	151.17	16.7	117.07	28.9
工业技改	亿元	134.41	14.2	68.1	50.3

主要行业

【机电工业】 2018年年末，全县规模工业企业中，机电类企业84家，实现产值205.3亿元，同比增长5.6%。湘潭市电机车厂有限公司生产的管式阀控密封免维铅酸蓄电池，湖南鼎珩智能生产的桥梁检测车，湖南力威液压设备有限公司节能型全自动保压卸荷水阀和液压升降式拦河坝（水闸）等是该产业的主要发展领域。

【医药工业】 2018年年末，全县规模工业企业中，医药类企业4家，其中年产值过亿元的企业有3家，全年实现产值13亿元，同比增长88%。主要有湖南五洲通药业有限公司、湖南古汉堂阿胶制药公司等企业。

【食品工业】 2018年年末，全县规模工业企业中，食品类企业53家，其中年产值过亿元的企业有34家，全年实现产值232.6亿元，同比增长17%。主要产品是槟榔、湘莲等。

【信息化产业】 2018年年末，全县规模工业企业中，信息化产业类规模企业13家，实现产值62.4亿元，同比减少6%。主要产品是电线电缆、通信电缆、机器人、自动物流生产线、电子元器件、互感器等。

【新材料】 2018年年末，全县规模工业企业中，新材料类企业28家，其中年产值过亿元的企业有18家。实现产值56.6亿元，同比减少4.7%。主要产品有康宁达医疗设备公司生产的环保型辐射防护材料、信诺颜料科技公司生产的新型无机非金属功能搪瓷材料等。

（袁　晶）

交通运输

【概况】　2018年是交通、公路行政事业单位机构合并改革之年。县交通运输局围绕“大办交通、办大交通、办人民满意的交通”的思路,按照县委、县政府部署安排的各项目标任务和省、市交通主管部门的具体要求，交通运输工作实现高质量发展。完成交通基础设施建设投资10.71亿元（其中干线公路7.17亿元，农村公路建设2.31亿元，农村公路养护1.23亿元，以上未包含天易经开区的投资）。燃油税省转移支付资金1643万元全部用于交通建设(含养护配套资金630万元)。争取自然村通水泥路省级计划1424千米，1217条村、组道路受益。争资争项到位资金7675万元（任务4600万元)，完成任务数的167%。

全年共承办县“两会”关于农村公路建设、公交规划、交通路网、涉及客运秩序行业管理等方面县级建议、提案73件，见面率、满意率、办结率均为100%。

【交通项目建设】　为化解政府债务、防范金融风险,结合县域的实际情况。取消2018年《政府工作报告》中明确的县级农村公路建设计划600千米（新建300千米和拓宽改造300千米）和开通易俗河至乌石、易俗河至茶恩寺两条公交线路两项任务。保留省级农村公路脱贫攻坚自然村通水泥（沥青）路和窄路加宽建设计划。完成自然村通水泥(沥青）路109千米、超额完成窄路加宽（拓宽改造）160余千米目标任务。加快推进干线公路建设。德怀大道建成通车，年度完成投资2.78亿元。青山大道完成路基工程96%(路基土石方96%；涵洞工程98%；防护工程90%）；桥梁工程88%(下部结构100%，支座垫石已完成砼浇筑，上部结构小箱梁12片预制并已完成梁体架设)，年度完成投资3582万元。白马公路完成路基土石方工程80%，碎石垫层1.68千米，水稳K1+200~K1+500段底基层及下基层全幅摊铺，K1+500~K2+500段底基层及下基层右半幅摊铺；防护排水工程已完成38%，预制梁场上庵子中桥12片箱梁及马家堰大桥1片箱梁预制；上庵子桩基、墩柱、盖梁及桥台耳背墙施工，马家堰大桥10根桩基施工及2#系梁砼浇筑，年度完成投资2678.3万元。107国道提质改造由市交发集团负责实施，2018年，完成谭家山、梅林桥5.8千米，年度完成投资5800万元。推进“四好”农村路建设。完成2018年脱贫攻坚自然村通水泥路109千米目标任务；会车平台960个，危桥改造10座、安保工程176.36千米；完成柱坳线、长巨线、永南线等大中修40千米，S219（原云回线X022）换板6000平方米，清灌缝及小修保养525千米。农村公路列养率100%，县、乡、村道列养率分别达到100%、85%、75%。

【公共交通建设】　2018年，先后对601、602、603、605路4条城区公交线路进行调整和延伸，并在原有运行车辆（32台）的基础上，新增投放车辆24台，合计56台（其中，城区公交46台、城乡公交10台)；县域公交188台。综合用地站场约50532平方米，公交综合用地为207.1平方米/标台；全县17个乡镇，乡镇班车通车率达100%，行政村班车通车率为100%；县城公共交通车辆保有量达18.77标台/万人。

【交通运输安全生产】　2018年，根据《湖南省道路运输安全“隐患清零”升级版》及《〈湖南省道路运输安全“隐患清零”管理办法〉考核细则》（简称“1+2”文件）精神要求，扎实开展道路运输安全“隐患清零”行动，切实有效的纠正和打击各类道路运输违规违法行为，同时将道路运输“隐患清零”的工作模式推向全系统各行各业。7月底，省厅考核组对“两客一危”平台数据、安全生产事故及“隐患清零”现场检查，综合评定为全省县级单位第九名，奖励10万元。年底代表行业部门接受省、市安全生产考核，得到高度认可。同时，加大交通运输安全生产监管力度，严把特定时段、重点部位、重点路段的安全关，确保交通运输安全生产态势平稳，实现交通运输安全无责任事故的工作目标。定期对车站、运输车辆各项安全指标进行抽查，并组织不定期检查抽查，运输企业进行日安全检查，确保对所有客运车辆安全进行全面普查。发现排查安全隐患33处，并跟踪整改到位。按照“谁检测、谁负责”，“谁签章、谁负责”，“谁发证、谁负责”的原则，严格要求车辆维护。2018年，因政策原因，注销总质量小于等于4.5普货车辆，其中，2018年年审1145台，新办或换证355台；总计注销总质量小于等于4.5普货车辆3073台，清理下次年审日期小于等于2017年12月的普货车辆985台。有效车辆年审记录871台，新办459台，换证446台。全方位履行交通安全监管职责。强化工程质量、造价的监管，项目受监率达100%，项目良好率达100%。

【交通综合执法】 全年巡查公路264个工作日计37226千米，巡查水域227个工作日计280海里，行政执法类案件立案271起（其中公路日常案件34起，非法营运案件8起，非法吸砂案件7起，超限超载案件141起，非法改型改装案件73起，其他违法案件8起），结案271起，结案率100%，全年收取罚没收入201.20万元。2018年，路政管理将公路建筑控制区的管控作为工作重点，采取抓源头，严控制，多协调等措施，对非交通标志、马路市场、违章建筑物、非法道口等影响公路安全畅通的违章行为进行集中整治。全年，共下达《责令清除违法行为通知书》8份，《整改通知书》30份，《暂停施工通知书》25份，参与马路市场专项整治行动7次，联合整治行动34次，消除安全隐患14处，拆除非公路标志标牌54块，拆除建控区乱搭乱建的棚屋12处195平方米,清理占道堆放物67处607平方米，驱逐占道经营的摊点42处，有力的维护路产路权。按照“疏堵结合、标本兼治、综合治理、依法监管”的原则，持续开展“打非”工作，组织人员在城区重点地段和主干道进行宣传,鼓励群众积极举报非法营运车辆。在执法上，采取错时执法与流动巡查相结合的方式，在早中晚上下班高峰期，非法营运车辆密集的重点路段进行打击，加强对长期从事非法营运、屡教不改“黑车”的查处力度。组织全县维修、驾培市场进行专项整治，全年检查汽车维修厂75家，驾校13家，责令停业整顿2家，对湘运湘潭县分公司安全教育培训人数不符合要求一事立案查处，责令限期改正，处罚款20000元。与高速交警联合开展安全隐患清零行动，每月不定期开展1~2次联合执法行动，依托杨嘉桥、射埠、回龙桥等收费站出入口严查客运车辆超员、非法营运、非法运输危险品、货车超限超载等违法行为。全年，共检查客运车辆864台次、货运车辆1400余台次、查处非法营运车辆8台，与交警、城管等部门开展联合行动26次，劝导摩托车、中巴车等各类车辆630台次。针对往年水上交通执法偏弱的现状，开展系统性的水上执法检查，以各类货运码头为工作重点，检查运输货船的经营资质，是否存在非法转移固体废物和非法吸砂的行为，同时对船舶负责人宣传水上运输法律法规，禁止船舶停靠非法码头装卸货物。积极与市海事局进行工作对接，由市局牵头与衡阳、株洲等市县的航道局、地方海事处联系，开展联合执法行动，形成合力。开展联合专项整治行动8次，检查船舶80余艘，查处配员不足擅自航行、标识不明及非法吸砂等违法行为7起，现场强制拆除非法吸砂装备1起，确保水上交通运输安全。实行驻站与机动相结合的工作模式，驾照扣分与罚款、卸货相结合，进一步加大路面执法力度。对全县30家源头企业，逐一上门调查，重新登记造册，签订《源头企业规范装载承诺书》，组织运输企业负责人和车主代表座谈会，认真听取与会代表的建议和意见，对出厂货运车辆规范装载等规定重申工作要求。加大对雍和物流、诚骏混凝土公司等重点监管企业进行走访、约谈。成立联合督导组，每月进行不少于一次的督导检查，建立工作台账，形成书面记录，做到发现问题，现场整改，有效落实。全年，共投入执法人员5600人次，检测车辆36000余台次，查处超限超载车辆212台次（交通部门查处141台次、交警部门查处71台次），查处源头企业10家、卸驳载货物6223.89吨，转驳货物6177.33吨，驾驶证记分353分，处罚金74.56万元。投诉处理及时高效。全年承办投诉件89件（中巴车乱停乱靠21件，超限超载运输投诉18件，非法改装投诉5件，货车不按要求覆盖篷布抛洒遗漏5起，非法营运25件，违法建房投诉7起，路损案件举报6起、驾校1起，环保督查1起），通过开展信访座谈、电话沟通、上门回访等方式，投诉回复率100%，满意率达98%。

（旷　军）

公路建设与管理

【概况】 2018年，养护中心公路养护经费共计投入1437.12万元，其中国省道养护经费380万元、成建制县道养护经费630万元（其中日常保养71.53万元、小修259.43万元、养护工程248.04万元、交调8万元、安全生产15万元、水毁应急等28万元）；农村公路（县道）养护经费427.12万元、农村公路（县道）中修补板及清灌缝项目经费294.13万元。安排乡镇农村公路乡、村道日常养护经费265.48万元，维修经费327.63万元。

2018年，实际管养国省干线76.54千米，成建制养护县道270.07千米，农村公路县道198.29千米，乡道480.33千米，村道1213.82千米。其中，国、省道、成建制养护县道及农村公路县道由下属5个中心养护站实施养护生产；农村公路乡、村道由养护中心按季度进行日常养护检查。开展国、省、县道定期和不定期养护巡查48次，下发稽查通报12期；开展农村公路养护巡查或指导20次，通报稽查情况4期。

加强日常养护工作。主要是加强预防性养护、桥梁养护和沿线交通安全设施的养护。完成G107、G320实施45.8千米的清灌缝处治和裂纹处治；完成国道107水泥砼路面、国道320、省道313全线实施交通标线，对国省道所有的桥梁进行专项检查和养护，重点对国道107飞龙桥、仁寿桥、省道313线工农桥实施锥坡和基础加固处治。成建制县道重点针对部分线路的路肩、水沟、绿化及交通安全设施实施修整处治，共实施路肩水沟修整140千米，行道树刷白71千米，道路标线46千米。日常养护共修补路面坑槽3500平方米，设置减速带900余米，修复波形护栏1100米，修复更换标志牌150套等。全年雨天应急处治及夜间路障处理50余次。农村公路（县、乡、村道）：2018年，局下达乡镇农村公路维修计划补板20000平方米，预防性养护369千米，创建吴大线等三条文明示范路和涓榨线等三条绿化美化示范路，创建易俗河、中路铺两个示范乡镇。养护工程项目顺利推进。完成石中线补板4827平方米，河岭线、山花线、湘青线清灌缝74.04千米，韶茶干线抢修工程0.24千米，农村公路县道补板8000平方米，农村公路长巨线、李古线共计39.57千米清灌缝，湘青线大修1.75千米等项目。公路应急抢险。2018年，全年未发生较大的公路水毁情况，主要在前两年水毁垮塌的边坡进行清理及设置安全警示标志，砌筑路肩墙修复部分垮塌路基。（旷　军）

邮　政

【概况】　2018年，湘潭县邮政有31个营业网点，4个城区网点，24个农村支局，另有3个空白乡镇网点（云湖桥、日华、石潭坝）。县分公司机关设有6个部室，即寄递事业部、综合办公室、市场经营部、金融业务部、渠道平台部、文化传媒部。全年累计完成收入11050.33万元，同比增幅14.84%，增长绝对值1428万元，收入绝对值排名全市第一。

提升普服质量。实现四项业务在普服网点的全面开办，城区、乡镇政府所在地投递“周六班”覆盖率大幅提升；全县城区党政机关《人民日报》《湖南日报》等主要党报实现当日见报；机要通信连续12年未发生国家秘密载体失泄密事故。服务质量得到有效提升，申诉处理满意率达到100%。积极助力精准脱贫攻坚战。积极推进“一县一品”农产品进城项目，销售额将近1000万元。积极响应习近平总书记“精准扶贫”首倡地——湘西十八洞村扶贫活动，组织湘莲、红薯粉、药糖等本地农特产品销售，得到县委、县政府的充分肯定。创新做好教育扶贫。积极开展形式多样的爱心公益活动，加大留守儿童等困难群体关爱力度，积极落实党报党刊发行、教育期刊免费阅读、农家书屋文化工程，持续推进扶贫助学、送文化下乡等智力帮扶，提升贫困地区文化水平。

加快服务体系建设。湘潭县邮政共成立专、兼职营销团队34个，共计189人。农村支局实行普邮员负总责的“1+T+N”网格化片区经理管理模式，3个重镇支局增设“地推经理”。

寄递改革稳步实施。2018年，实现寄递收入638.63万元，其中快包完成收入479.74万元，同期增幅达30.25%，标快完成收入44.51万元，同期增幅达41.94%。金融转型持续推进。2018年，完成收入8347.72万元，占分公司总收入的75.54%，金融总资产规模达到52.56亿元，全年新增总资产5.9亿元，其中余额2.13亿元，保费2.6亿元，理财1.12亿元。农村电商开创新局面。实现分销收入994.2万元，完成进度134.35%，同比增长576.18万元。完成简易险保费金额77.03万元，全省邮政排名第五。车险累计出单714台，累计商业保费158.73万元，全市邮政排名第一。9·19电商节发展邮乐小店3218户，销售额45.5万元，批销额815.13万元，全年完成批销1898.59万元。文化传媒稳步向前。报刊发展并驾齐驱，全年实现收入435.78万。集邮专业创收350.28万元。值彭德怀诞辰120周年之际，策划设计《伟人故里 魅力湘潭》专题邮品，得到县委、县政府和活动筹备委员会的首肯，作为纪念活动当日馈赠嘉宾的精美礼品。LED户外广告已通过政府部门审批和省公司立项。

健全内部管控，提升财务管控效益。1—12月，成本费用总支出7257万元，实现收支差额4000万元，保障企业经营发展需求。优化人资管理制度。9月，成立寄递事业部，实现寄递业务的发展加速。完善员工绩效考核办法，金融从业人员月岗位绩效采用网点奖金池模式，真正实现多劳多得。加强安全保卫支撑能力。相应成立安全服务质量稽查部，常态化开展“安全生产月”“平安邮政”活动工作，严格落实邮件收寄“3个100%”制度，确保全国重大活动期间邮政寄递渠道安全，荣获县委、县政府“平安合格单位”荣誉称号。强化金融案件风险防控力度，严格按照上级精神，层层签订承诺书，按时做好人员的排查、岗位的轮换、综柜人员的配备，增强全县邮政的金融案件风险防控能力与水平。（左秋梅）

电　信

【概况】　2018年，湘潭县分公司设有综合管理部、销售服务部、网络部、渠道分部、维系分部、管线巡护中心、政企分部、易俗河营业部、天易营业部、商客分部、校园分部、接入网维护中心、易俗河区域维护中心、天易区域维护中心共14个部门。农村设15个支局、4个区域维护中心，分别为河口支局、石潭支局、云湖桥支局、杨嘉桥支局、梅林桥支局、中路铺支局、谭家山支局、白石铺支局、茶恩寺支局、射埠支局、乌石支局、排头支局、花石支局、青山桥支局和石鼓支局、中路铺区域维护中心、花石区域维护中心、石潭区域维护中心、杨嘉桥区域维护中心。

2018年,公司荣获中国电信湖南公司一类县分公司SBU荣誉称号,被授予“天翼先锋提升奖”;天易营业部主任王树辉、排头支局长卢泉仲、石潭区域维护中心主任欧阳度云被评为中国电信湖南公司2018年度最佳小CEO,欧阳度云被评为省级天翼先锋。

2018年，县分公司累计完成经营收入16945万元，平台收入同比增长3342万，增幅达到24.5%。净增移动用户4.17万户，净增宽带用户1.79万户，净增ITV用户1.92万户，完成利润5495.13万元。

2018年，新建一台BAS设备MSE-3，湘潭县的BAS设备达到三台，共扩容100个G的上行。全年，共计新增21台OLT，扩容1216个PON口，对16台OLT进行更换。新建政企EPON设备8台，有效的支撑政企单位的语音需求。为持续对光功率进行整治、提高单个用户的上行带宽，提升客户感知，全年，裂变割接373个端口，割接用户达到12384户。湘潭县C网基站在网225个，4G基站527个，其中800M基站295个，城乡基本覆盖4G信号。2018年，建设投资4100万元，其中设备投资600万元，主干配线光缆投资1400万元，驻地网管道建设投资200万元，C网基站建设投资1900万元。

门店建设全面提速，优化渠道门店布局。共建设门店23家。有效门店个数达到167家。按照集团智慧营业厅1.0的标准新建湘潭县智慧营业厅，该营业厅为中国电信湖南首家智慧营业厅。

积极推进网络优化建设提升客户服务感知。完善偏远农村光网深度覆盖，共计新建8526个FTTH端口。农村新建90个800M基站，29个1.8G基站，4G信号已全面覆盖湘潭县地区。提升装维人员素质和装维质量，对农村区维进行三轮次的装维技能、服务意识、划小指标、智能组网等方面的培训；通过每月组织全县装维员大晨会和每周区维小晨会，加强对装维人员的日常管理，打造按标准化装维团队。全面完成湘潭县“雪亮工程”建设和验收工作，湘潭县辖区内17个乡镇完成监控平台建设和342个村（社区）共2000路的视频监控接入，整个项目于2018年9月30日通过湘潭县委政法委的检查验收。

（袁晓天）

移动通信

【概况】　湘潭县移动通信分公司是负责湘潭县域移动通信网络建设运行管理和经营服务的主导运营商，下设综合部、网络部、市场部（含政企中心、宽带中心、客服中心、渠道中心），以及5个乡镇营业部。2018年，湘潭县移动分公司先后获得“全国模范职工小家”“省级文明单位”“省级青年文明号”“省级芙蓉标兵岗”等荣誉称号。

2018年，湘潭县移动通信分公司坚持“立足地方，服务人民，奉献社会”的宗旨，始终践行中国移动“正德厚生 臻于至善”的企业核心价值观，积极响应国家“提速降费”的工作要求，加大宽带网的建设及基础通信网络力度，共计完成248个行政村的宽带全覆盖建设，实现全县4G网络的全覆盖，4G基站达到972个。通话用户数突破39.5万户，市场占有率为58%左右，年运营收入达2.4亿，年上缴税金近千万元,企业人均劳动生产率、服务质量在省、市同行业中名列前茅。

（严　建）

联通通信

【概况】　2018年，湘潭县联通分公司坚持党建引领与创新管理、决策部署、人才建设、生产经营、企业文化向融合，文化兴企，将党建融入贯穿公司发展中，在工作和生活上打造“小而美”的湘潭联通，推进互联网化运营，贯彻能力为本，聚焦实体渠道稳盘赋能、强化渠道产能、网络精准高效，提升支撑能力和内部活力迸发动能，聚焦能力为本，加速实现高质量发展。

2018年，新建基站26个，物理站点已达697个，用户18.7万户，年收入1.43亿元。为推动全县经济发展和社会信息化建设做出贡献。

（卢洋洋）

商　务

【概况】 2018年，湘潭县社会消费品零售总额累计实现96亿元，同比增长10.3%,增速在全市五个县（市、区）中排名第二。其中，限额以上企业（单位）实现社会消费品零售额15.1亿元，同比增长14.59%，新增限上企业12家，全市社消零工作年度考核综合排名第一。成功挖掘整理出品“齐氏”“黎氏”两大名人菜各十二道菜品，成功获评“中国湘莲美食之乡”。指导易俗河镇国药店参选“湖南老字号”，县内企业首获评该称号。农村淘宝项目已开通68个村级服务站，47个淘帮手，销售额已过5000万元。农村商贸综合服务体入驻供应商达30余家，各乡镇门店达2400余家，销售额突破2亿元。与县内科技企业千里码数据科技有限公司签订协议，农产品质量溯源体系正在建设。组织召开县槟榔产业调度会议、县槟榔产业发展工作交流会，确立县内槟榔行业龙头企业联合办公长效机制，拟定《槟榔行业税收奖励办法》，争取引进省槟榔检测中心，申报注册“湘潭槟榔”地理标志证明商标。11月份，由县领导带队赴北京中国标准化研究院，争取出台槟榔产业国家标准并进入国家食品目录。

【成品油监管】 2018年，认真贯彻国家、省、市制定的成品油管理的一系列方针政策，大力宣传成品油的法律法规，完善各项管理制度，严格审批程序，按照要求申报成品油零售经营批准证书，满足群众生产生活用油需要。组织对全县92家加油站进行年检，年检率达100%，及时准确掌握全县成品油市场的动态。完成7家城区加油站“厕所革命”改造任务，完成30座加油站“蓝天保卫战”油气回收改造工作。为有效地整顿和规范全县成品油市场，县商务粮食局会同相关部门开展成品油市场“百日安全整治行动”，共检查各类加油站点50余次，下达责令停止违法行为通知书4份，立案9起，执行到位罚款11.5万元。

【对外贸易】 2018年，完成进出口总额16860万美元，同比增长512.9%，其中出口完成16655万美元，进口完成205万美元，增幅居全市第一，总量在市县区排名第二，全县进出口额1000万美元以上的企业已达4家。全年，全县累计对外输出劳务人员3200人次，完成劳务合作营业额7200万美元，对外承包工程和劳务合作营业额任务完成在增幅、总量和进度上全市排名第一，增幅49.53%。重点组织20余家企业参加东盟博览会、进博会等境内外展会，举办全县外贸业务知识培训，参加人数达80余人，并组织30家企业参加市局培训，全面提升外贸人员业务水平。有进出口业绩企业33家，新办备案登记企业29家，破零企业10家。

【开展“引老乡 回故乡 建家乡”招商考察活动】 2018年6月7日至10日，湘潭县人民政府副县长肖燎带领由县商务粮食局相关人员组成的工作组赴深圳开展“引老乡，回故乡，建家乡”招商考察活动。工作组一行先后考察深圳湘潭商会、深圳恒富集团、深圳红大建设集团等企业，并与湘籍企业家就招商引资工作交流洽谈。深圳湘潭商会左泽亮秘书长表示：在深湘籍人士将充分利用商会这个平台，充分扩展渠道，多方联络，重点推进500强企业到家乡投资创业，为家乡的经济建设做出应有的贡献。

【举行湘潭县“湖南电商扶贫小店”推广培训会】 2018年8月31日，湘潭县“湖南电商扶贫小店”推广培训会举行。县领导肖燎出席培训会。各乡镇商务专干、各村电商应用人员以及农村淘宝、86077平台服务点工作人员等500余人参加培训。省商务厅电商处相关负责人应邀讲课。他向参训人员分享电子商务的成功创业案例，讲解“湖南电商扶贫小店”的开店流程、产品发布、网店经营、宣传与促销等专业技能，为参训人员运用网络技术促销农特产品出“金点子”。

【马路市场整治工作】 2018年3月，按照《湘潭县马路市场综合整治工作方案》要求，由湘潭县商务粮食局牵头，各乡镇和有关县直职能部门协同配合、强力推进，按照集中治理与长效管理相结合、依法行政与服务群众相结合、堵与疏相结合的总体要求，重点整治马路市场存在的无证无照经营、违法占地经营及没有经营条件等突出问题，全面深入开展马路市场综合整治。共计开展执法行动30余次，专项督查5次，报送信息20余篇次。截至8月份，全县58个县道以上马路市场已按计划全部取缔。

【湘潭县电子商务协会正式成立】 9月28日，湘潭县电子商务协会正式成立，县领导肖燎参加。县电子商务协会不断加强网络平台建设，强化电商培训，做大电商规模，建立健全物流体系，努力将协会打造成湘潭县电子商务发展的“助推器”，传统产业转型升级的“加速器”。会上，县电子商务协会与炎陵县电子商务协会以及天易农商银行签订战略合作协议。 （周术清）

招　商

【概况】 2018年，招商引资引进新项目81个,其中过亿元项目22个，过30亿元项目3个，引进500强企业子公司投资项目3个。接待客商780批次，接洽项目226个。全县实现县外到位资金62亿元。全年利用省内境外资金53.22亿元，同比增长25.46%，完成市目标任务的109.73%，利用外资1.2亿美元，同比增长40.13%，完成市目标任务的125%，同比增幅和完成率两项指标均居全市五个县市区第一。

2018年4月14日，印发《湘潭县人民政府办公室〈关于湘潭县招商引资竞赛实施方案（试行）的通知〉》文件，全县17个乡镇和57个县直单位均为招商引资竞赛单位。全年策划包装项目33个，其中16个项目列入湘潭市2018年产业发展招商引资项目库（工业项目6个，旅游服务业5个，乡村振兴5个），编印成《湘潭县投资指南》。精心组织和策划参加省市县招商推介活动，组团参加湖南——长三角经贸合作洽谈周、第20届中国国际投资贸易洽谈会、2018年中日（长沙）汽车零部件产业洽谈会、2018年中国湘潭潭商大会、第十四届湘台经贸文化交流合作会、2018年中国国际进口博览会、珠三角承接产业转移主题招商活动。

（周术清）

供销合作

【概况】 2018年，湘潭县供销合作总社全面推进深化供销社综合改革工作，与谭家山镇粮农水稻种植合作社、青山桥镇衡香农机服务专业合作社、射埠镇金涛盛世农业科技有限公司、中路铺镇香群水稻种植合作社、春水农业发展有限公司合作共建4个土地托管中心，开展农资配送、农机服务、统防统治等大田托管服务，共计托管土地1万余公顷。支持培育羊鹿茶叶种植合作社、湘潭县农家汇蔬果种植专业合作社、湘潭县科盛种植合作社、湘潭县新怡生态农业发展有限公司4个农产品标准化生产基地，共完成标准化基地建设400余公顷。培育谭家山镇粮农水稻种植合作社、河口镇青石种养专业合作社等5个全国供销社系统农民专业合作社示范社。

全面推动项目建设。2018年，以县农业生产资料公司为建设主体的河口大田托管中心建设得到县政府的大力支持，无偿将原古塘桥粮站划给县农业生产资料公司用于项目建设，由于生产资料公司的债务问题，暂时停止办理过户，项目建设延缓进行。市惠农公司为建设主体的中路铺土地托管中心，已完成土地平整和烘干厂房建设，完善农资供应、农机服务、技术培训等服务；以县锦绣莲乡商贸有限公司为建设主体的惠农综合服务工程示范县项目建设目前已在茶恩寺等9个乡镇成立惠农综合服务中心，在大荷塘、太阳等85个村成立村级供销惠农服务公司，构建县、乡（镇）、村三级新型惠农服务体系；县级农产品展示中心和县级电子商务运营中心建设已通过县人民政府同意，将县供销社机关搬迁到原工商局5楼办公，将县供销社办公楼腾出，作为湘潭县锦绣莲乡商贸有限公司电商运营中心、湘潭县特色农产品展示中心和线下实体门店，门店已挂牌。

加强基层组织体系建设和供销惠农服务体系建设。2018年，继续在乡镇成立农合联或惠农综合服务中心、村级成立供销惠农公司的方式构建乡（镇）、村级网络，已有茶恩寺镇、分水乡等14个乡镇挂牌成立农合联履行基层社职能，锦石乡的大荷塘、太阳、胜利村等85个村成立供销惠农服务公司（加挂村级综合服务社的牌子），另外有杨嘉桥镇九江村等76个村挂牌成立村级综合服务社。结合惠农综合服务工程示范县项目建设，把基层组织体系建设结合惠农服务体系和电商服务体系建设同步进行，在2017年已成立农合联的乡镇成立乡镇惠农综合服务中心，鼓励条件成熟的其他乡镇结合乡镇电商服务站的建设成立乡镇惠农综合服务中心，已有中路铺镇、射埠镇、谭家山镇、云湖桥镇、花石镇、青山桥镇、茶恩寺镇、白石镇、分水乡9个乡镇挂牌成立惠农综台服务中心；村级综合服务社和村级供销惠农服务公司、村级电商服务点实行三位一体、同步建设。

县级农合联已成立筹备小组，完成组织部管干部兼职申请、发起单位、理事单位、会员单位的走访确定、民政局的核名和批复等工作。

（李　波）

粮食购销

【概况】 2018年，县商务粮食局深入基层一线了解实际情况，发挥主观能动性，克服客观困难，不断推进粮食工作，及时腾出仓容2万吨进行粮食收购，全年共收购粮食36467吨（其中：早籼稻28646吨，中晚稻7821吨），有效保证余粮应收尽收，防止农民“卖粮难”现象的发生。坚决执行上级会议和文件精神，按时按质完成粮食收储工作，8月初，完成县级储备任务3385吨。9月底，完成1720吨省储粮轮换计划。8月底，建成7家粮食产后服务中心，有效地为种粮农户提供“代清理、代烘干、代储存、代加工、代销售”服务，为农民排忧解难，减少浪费，增加收入，提高粮食产后的质量安全。7月底，完成智慧粮库建设，实现省、市、县、粮库四级网络连接，有效利用智能化信息平台管理管控粮情，确保粮食安全。认真做好日常粮食执法和政策性粮食出库驻库监管等工作。（左　军）

烟草专卖

【概况】　2018年，湘潭县烟草专卖局（分公司）坚持“稳中求进”总基调，紧盯目标任务，扎实推进各项工作。全面强化党建工作。组织党员进社区服务，开展“党群心连心，干群一家亲”结对帮扶活动，单位与个人捐款共计21万余元。认真组织开展支部五化建设，2018年，被湘潭县直机关工委授予“先进基层党组织”荣誉称号。认真落实“三供一业”维修改造和职能移交分离，保障职工居民权益。与云湖桥七里小学结对帮扶，对留守儿童进行捐助，荣获“2018年湖南省留守儿童关爱帮扶活动爱心单位”称号。

稳步推进卷烟营销。强化客户服务，靓化终端形象，打造现代零售终端建设8家，特色零售终端350家，对城区和集镇主干道1500家普通终端完成提质改造。2018年，实现销量41591箱，完成销售额12.26亿元，单箱均价29482元。实现税收7419.28万元，同比增长7.78%。大力规范专卖管理。组织开展“春雷8号”“百日会战”等专项行动。全年查处各类涉烟案件288起，其中5万元或5万支以上真烟案件26起。查获各类违法卷烟635.4万支，其中假烟走私烟143.8万支，罚没金额31.74万元。联合公安机关，成功破获国标级假烟网络案1起，批捕2人，判刑3人。积极适应“放管服”新要求，推动许可证办理相关程序接入政府统一平台，切实降低行政许可门槛。2018年，新办烟草专卖零售许可证790户，持证经营户3521户。（唐煜勋）

旅　游

【概况】　2018年，新增湖南省五星级乡村旅游区（点）1个（梅林山庄），四星级乡村旅游区（点）1个（白石人家）和三星级乡村旅游区（点）4个（故乡柴火饭店、水库山庄、建新酒家、东剑农庄）。至年末，全县已拥有1个国家AAAA级旅游景区（乌石风景旅游区）、4个国家AAA级旅游景区（五龙山大杰寺、周小舟故居、齐白石文化旅游区和梅林农业公园）、1家五星级旅游饭店（鑫田国际大酒店）、2家三星级旅游饭店（润玉酒店和长江宾馆）、2个省级特色旅游名镇（乌石镇和白石镇）、2个省级特色旅游名村（乌石村和金霞村）、4家五星级乡村旅游区（点）、1个省级红色旅游景点（周小舟故居）、1家省级三星级旅行社（金侨国际旅行社）、10家省级家庭旅馆等旅游品牌。全年，共接待游客957.89万人次，超往年同期水平17.93%。旅游综合收入达86.82亿元，超往年同期水平71.24%。其中乡村旅游餐饮、住宿、休闲和农特产品销售收入达25.56亿元，超往年同期水平15.8%。

出台《加快湘潭县旅游业发展的扶持奖励暂行办法》等文件，合理安排300万元全域旅游发展专项资金，引导扶持重点项目和基础设施规划建设、产品开发及宣传推介等。并连续三年获得湖南省精品旅游线路重点县（第三批）项目、每年800万的建设资金支持；推进景区（点）提档升级，实施彭德怀故里旅游区创国家AAAAA级景区工程，着力推进齐白石文化旅游区、大杰寺等等级景区提档升级，启动梅林农业公园AAAA级景区创建工作；开发旅游线路和新业态，开发“穿越昌山户外运动”“湖湘文化研学”“乡村休闲体验”“环湘骑行”等多条旅游线路和骑行绿道、白石安定林场自行车越野赛道、石鼓露营基地项目，启动彭德怀故里、梅林农业公园等省级研学旅行基地建设，继续推进梅林山庄文化会展康养项目；组织主办“庆新春·闹元宵”、石鼓·顶峰之旅、锦石乡碧泉潭“花朝节”“书香中路铺·古韵五龙山”湘潭首届龙文化节、谭家山“杨梅文化旅游节”“花石赏荷之旅”、梅林夏季乡村旅游节等各类旅游节会；县内6家国家等级景区全部实现互联互通，完成韶茶线、潭花复线路段的规划设计等前期工作。实施“德怀大道”快速旅游干线、G107全域旅游景观大道、齐白石文化旅游区旅游环线建设。多角度的宣传推介湘潭县旅游产品，在县内主要景区（点）沿线道路等醒目位置投放户外广告宣传牌和旅游标识标牌，编印《湘潭县乡村旅游指南》宣传册，组织全县旅游企业参加全省旅游商品博览会，推送旅游商品参加旅游商品大赛。（龙　荟）

风景名胜

【周小舟故居】　周小舟故居位于湘潭县排头乡黄荆坪管区，始建于1805年，为一幢大型双天井复合式传统建筑，建筑面积共800多平方米，大小房屋30多间。房子坐西北朝东南，依山面塘，属典型的湘中民居建筑，但规模比一般的民居大两倍以上。房子自左至右共9弄相连，每弄有3~4进，堂屋两侧的厢房设左、右两个天井。夹在其他房间中间，既不靠外墙，又不靠天井的“聋子屋”，从房顶上安装“采光斗”采光。1912年11月11日，周小舟诞生在这里，并在此度过童年和少年时代，后参加革命，建国后曾担任中共湖南省委第一书记，1958年进行农村调查时回过这里。2011年被公布为湖南省省级文物保护单位，并划定保护范围与建筑控制地带，2009—2011年进行全面维修。周小舟故居于2013年评定为国家AAA级景区（点）和湖南省红色旅游示范点。

【五龙山大杰寺】　五龙山大杰寺地处湘潭县中路铺镇境内，始建于明代崇祯五年（1632年），寺院建筑属于重檐宫殿式，飞檐斗拱，琉璃瓦盖、金碧辉煌。寺院占地面积53000平方米，建筑面积10000多平方米，坐北朝南，由山门、天王殿、大雄宝殿、万圣殿四部分组成，自南而北排列在一条中轴线上，左右两侧分别设有钟鼓楼、念佛堂、玄帝殿、寿佛殿、龙山客堂。清光绪年间(1888—1892年)，齐白石、王仲言等7人在此成立“龙山诗社”，公推齐白石担任社长。1997年唯静法师接过弘法之棒，化缘上千万元修建山门、天王殿、钟鼓楼、念佛堂、斋堂、寮房、藏经楼、观音殿、禅堂、万佛堂等。寺院现已成为省内规模较大的寺院。先后被确立为“湖南省重点宗教活动场所”“湖南省首届和谐寺院先进集体”“湘潭市宗教文化旅游示范点”，2013年成功创建为国家AAA级旅游景区(点)。

【湘潭梅林农业公园】 湘潭梅林农业公园位于湘潭县易俗河镇，辖梅林桥、高桥、谷洪3个村。2013年7月，开始投资建设。2015年，建成对外开放。公园以生态田园为主题，以紫荆河、梅林山庄、虎形山为亮点，建设紫荆河骑行、田园风光走廊、虎形山登山健步、汽车越野、航空飞行营地、儿童乐园、花海乐园等项目，打造春看油菜、夏赏荷花、秋摘葡果、冬观梅林为“四季景观”。美女晒羞、石人石马、虎笑潭、眺岳峰四大景点吸引众多游客。公园作为省市美丽乡村建设示范片、市城乡统筹发展示范片、市两型综合示范片。2016年，成功创建为国家AAA级旅游景区（点）。

【齐白石文化旅游区】 齐白石文化旅游区位于湘潭县白石镇杏花村107国道旁，是杰出的人民艺术家、世界文化名人、国际和平奖获得者齐白石的家乡。景区处于莲花峰下，距县城35千米，与衡阳相距60千米，是长沙—南岳人文黄金旅游线的重要景区。景区总规划面积4平方千米，是以齐白石故居为核心，以国画创作基地、自行车游道、农家休闲体验项目为辅的旅游区，年接待游客达20余万人次，2016年，成功创建为国家AAA级旅游景区(点)。

【白石文化生态旅游区】 白石文化生态旅游区位于世界文化名人、著名国画大师齐白石的故乡湘潭县白石镇，2007年3月被评为国家AA级旅游景区（点)。景区交通便利，旅游资源丰富，主要包括齐白石森林公园（晓霞山)、紫荆湖景区、五龙山、百泉湖、齐白石故居、黎氏八骏故居、尹氏宗祠、马英九祖居地潭口村等多个景点，该旅游区人杰地灵，文化底蕴深厚，养育齐白石、黎氏八骏等历史文化名人，并逐步形成独特的白石文化，吸引国内外无数文化艺术家和崇拜者前来探寻白石文化的真谛。

乡村旅游区（点）

【概况】 县域内乡村旅游区（点）成为带动农民就业、增加农民收入，推动旅游产业结构调整的重要力量。2018年，县内已授牌的省级乡村旅游区（点）共计13家，其中五星级乡村旅游区（点）4家，四星级乡村旅游区（点）2家，三星级乡村旅游区（点）7家。

宾馆酒店选介

【鑫田国际大酒店】 鑫田国际大酒店投资总额4.5亿元，于2010年3月正式开业，是一家集商务、旅游、会议宴会、健康美食、休闲娱乐为一体的综合性豪华酒店，2014年被正式评为国家五星级旅游饭店。该酒店占地面积4万多平方米，建筑面积5万多平方米，园林绿化面积达70%，名花古木簇拥，环境优雅。酒店有各式客房，房间装饰豪华典雅，设备高档齐全。酒店有大、中、小各类会议室，能满足不同会议需求，其中多功能国际会议中心可容纳600多人，配备同声传译、多媒体投影、视频会议等先进设备。酒店有中餐厅、西餐厅、大小贵宾房、酒吧等，可同时满足2000多人用餐，其中宴会大厅可供600多人用餐。酒店设有KTV、桑拿、按摩、足浴、棋牌、健身、美容美发、游泳池、乒乓球、网球等娱乐休闲项目，购物商场、大型停车场一应俱全。

【润玉酒店】 润玉酒店由湘潭润玉房地产公司投资兴建，总投资4800万元，是集客房、餐饮、商务、会议、休闲于一体的综合型商务旅游度假酒店。酒店功能齐全，设施一流，格调优雅，管理科学。酒店内客房别致舒适，有豪华休闲间、豪华套间、行政套间、标准单人间、高级单人间和高级双人间，客房内均装有宽带。酒店提供叫醒服务、留言服务、叫车服务、洗衣服务、全天候送餐服务等。茶吧清静、优雅、舒适，会议室多功能，可满足40~200人不同规格、不同层次的会议需求。2015年成功通过三星级旅游饭店复核评定。

【长江宾馆】 长江宾馆是湘潭县首家旅游星级饭店，总投资5000余万元，占地面积4000余平方米，集餐饮、住宿、会务、娱乐于一体，是度假、休闲、旅游、商务、集会的理想场所。宾馆设有宴会厅7个、风格各异的大小餐饮包厢25个，可供2000多人同时就餐；设有豪华套房、商务套房、标准单人间、标准双人间、标准三人间等106间，还设有会议室、茶座、足浴、棋牌等，能满足宾客不同需求。2015年成功通过三星级旅游饭店复核评定。

（龙　蓉）

2018 年湘潭县旅游景区基本情况一览表

表 5

景区（点）名称	等级	地 址
乌石风景名胜旅游区	AAAA	乌石镇乌石村
周小舟故居	AAA	排头乡星星村
五龙山大杰寺	AAA	中路铺镇柱塘村
齐白石文化旅游区	AAA	白石镇
梅林农业公园	AAA	易俗河镇
白石文化生态旅游区	AA	白石镇

彭德怀纪念馆

【概况】 彭德怀纪念馆坐落在湘潭县西南的乌石镇，于 1998 年 10 月建成开馆，是以全国重点文物保护单位——彭德怀故居为依托建立起来的全国唯一一座完整、系统地介绍彭德怀生平业绩的传记性专馆，包括彭德怀故居、彭德怀纪念馆、彭德怀铜像、彭德怀墓、德怀亭、烈士墓等纪念设施，控制面积 30 公顷，占地面积 10.67 公顷，现有陈列室 1400 平方米，文物资料库房 200 余平方米，展线 370 余米，拥有文物藏品 2302 件，照片资料 3000 余件，拥有国家 AAAA 级旅游景区、全国爱国主义教育基地、国家国防教育示范基地全国百家红色旅游经典景区、中国十大红色旅游景区、全国十大陈列精品、国家勘察设计二等奖和国家二级博物馆 9 块国字招牌和 8 项国家级荣誉，被上海同济大学、中国农业银行上海分行、湖南步步高连锁有限公司等 160 余家企事业单位确定为爱国主义教育基地和德育教育基地。

为纪念彭德怀 120 周年诞辰，该馆自 2018 年 4 月 1 日正式闭馆维修。于 10 月 24 日重新开馆。开馆以来，游客接待人次呈几何级增长，提供免费讲解 200 余批次，累计接待游客 20 万人次，日均游客接待量超过 8000 人次。编辑馆刊 5 期，上报信息 100 余条，撰写新闻稿件 50 余条。由县委、县政府、彭德怀纪念馆等单位联合摄制的长篇重大革命历史题材电视剧《彭德怀元帅》荣获第 31 届（2015—2017 年度）电视剧“飞天奖”，积极开展市级文明单位、平安景区创建工作，围绕县委中心工作安排与纪念馆工作实际积极开展“三创一治”工作，学雷锋服务点、志愿者服务、免费讲解、语音导览、安检制度常态化，开展馆区环境综合整治，WIFI 实现全覆盖，文明宣传、文明劝导经常化，文明意识深入人心，智慧景区建设深入推进。

景区建设工作。以彭总诞辰纪念日为时间节点，对照 AAAAA 景区标准先行实施九大建设项目并全部投入使用，景区基础配套设施进一步完善。其中：德怀大道建设项目起于潭衡高速射埠互通入口，止于乌石镇白云屋场，采用一级公路标准，设计速度 80 千米/小时，路基宽度 29 米，作为射埠—乌石—韶山干线的一部分，实现两大伟人故里的半小时交通快速通达。彭德怀精神宣讲中心项目位于彭德怀纪念馆南侧原乌石镇林场，占地面积 22240 平方米，建筑面积 4065 平方米，包括宣讲礼堂、电影院、报告厅、专题展览馆等，定期举办彭总精神宣讲会、报告会、专题讲座、主题展览，循环播放红色主题电影，与纪念馆互为补充、共同构建“宣传彭总精神、讲好彭总故事”的重要阵地。景区道路工程改扩建项目包括德怀大道连接线提质改造、景区原外环线提质改造、故居经德怀墓至楠木冲水库游道、纪念馆至故居新建电瓶车游道，总长 2.8 千米。改陈布展项目结合中共十九大精神和近年来彭德怀生平思想研究的最新成果，全面完成《百战垂青史 忠诚铸丰碑——彭德怀生平业绩陈列》内容、形式设计和改陈布展工作。彭德怀故居修缮工程项目对国家重点文物保护单位彭德怀故居进行保护性修缮，全面完成故居本体维修、消防、安防工程。民居改造项目完成民居美化 658 开间，农家乐、民俗等产业培育工作同步开展。乌石河流域专项治理项目以乌石河沿线灌溉渠道为重点，打造景观水利，形成优美的景区滨水区。乌石景区综合管网改造项目敷设排水明沟 2492 米、暗沟 5086 米、雨水检查井 190 座、弱电套管 6578 米。景区维修维护和提质改造项目依据 AAAAA 景区标准和彭德怀 120 周年诞辰的需要，对馆舍进行维修维护，对景区旅游导向系统、亮化系统和绿化景观进行提质，同步实施智慧景区硬件设施建设。

文化工作方面。新的基本陈列2018年彭德怀120周年诞辰之际举办《百战垂青史，忠诚铸丰碑——彭德怀生平业绩》对外收展；由中央人民广播电台、彭德怀纪念馆联合录制，著名评书艺术家刘兰芳演播的66集长篇评书《彭大将军》于10月11日起在中央人民广播电台播出，全国120多家电台相继播出；文献资料片《彭大将军》于10月24日在彭德怀精神宣讲中心首映，目前已免费放映30多场，震撼人心；两书一册（《彭德怀元帅纪念文集》《彭德怀元帅》《巍巍丰碑　风范长存——纪念彭德怀诞辰120周年影像集》）于10月23日向全国首发，人民日报等主流媒体进行宣传报导。

争资争项工作。吃透文件，把握政策，争取国家发改委国家三期红色旅游项目资金1099万元；积极对接，争取国家文物局支持彭德怀故居本体维修和消防安防专项资金632万元；把握旅游新业态，争取省发改委支持彭德怀精神宣讲中心项目补助资金500万元；争取省市县旅游部门全域旅游补助及奖励资金80万元；争取将军陶瓷企业捐赠60万元用于彭德怀精神宣讲中心精神柱建设，10万元用于扶贫助学。财政部改陈布展专项资金800万元，中宣部改陈布展250万元，总计3360万元。

文物征集与保护工作方面。积极与国博、军博、军档、彭总亲属、彭总身边工作人员等积极联系，全年征集各类文物资料206件，复制文物资料115件，丰富馆藏；向彭总亲属、彭总身边工作人员、彭总两次回乡参与接待的百姓征集彭总的小故事，为深入研究彭总精神，弘扬彭总精神提供丰富的素材；2018年，德怀墓成功申报省级重点文物保护单位，该馆新展陈《百战垂青史　忠诚铸丰碑——彭德怀生平业绩陈列》荣获省文物局组织开展的“弘扬优秀传统文化，培育社会主义核心价值观”主题策划方案优秀奖。

AAAAA创建工作。成立湘潭县乌石景区创建国家AAAAA级旅游景区工作领导小组，做好《湘潭县乌石景区创建国家AAAAA级旅游景区提升规划及策划咨询服务项目》公开招投标工作，明确了乌石景区创建红线范围3.93平方千米和完成1:500地形图测绘，制作汇报文本、汇报PPT文本、景区宣传片等景观质量评定资料送审稿，11月18日举办“穿越五峰山地越野赛”为AAAAA创建宣传造势。乌石景区创建AAAAA景区初具雏形。

【纪念彭德怀120周年诞辰工作】 2018年，以县委、县政府名义在《湖南日报》发表题为《继承和弘扬彭总精神，谱写新时代湘潭县改革发展稳定新篇章》的纪念文章；举办了彭德怀铜像广场敬献花篮仪式、彭德怀120周年诞辰纪念座谈会、长篇评书《彭大将军》首播仪式、“彭德怀精神柱捐赠仪式”“两书一册”首发仪式等纪念活动和宣传活动，邀请了党政军领导、老首长亲属、彭总亲属、彭总身边工作人员及家乡人民代表，彭总生前战斗工作过的军队、单位或地方代表，彭总生平和思想研究、宣传方面的专家、艺术家代表，兄弟纪念馆负责人，湘潭县历任县主要领导及县内老领导，参与、支持彭德怀故里建设的企事业单位及个人代表，中央、省、市、县新闻媒体的朋友们共400余人参加纪念活动，得到社会各界的高度认可。

【AAAAA级旅游景区项目建设】 7月24日，县委书记傅国平，县委常委、宣传部部长李豪雄，县人民政府副县长杨欣荣，彭德怀纪念馆党组书记、馆长李日方以及筹委会、彭德怀纪念馆、县发改局、县科技经信局、县财政局、县国土局、县住建局、县规划局、县文旅体局、县文旅投公司、县农建投公司、乌石镇、县邮政局、县供电公司、县电信公司、县移动公司、县联通公司负责人到乌石察看彭德怀故里创国家AAAAA级旅游景区项目建设，并在乌石镇政府三楼会议室召开调度会，会议明确要求彭德怀精神宣讲中心、德怀大道、景区道路、故居修缮、镇区改造、改陈布展等项目以及其他相关配套设施工程必须于9月15日前竣工。

【修缮工作调度会】 9月18日，县委书记傅国平，在乌石镇政府三楼会议室召开调度会。会议明确由副县长荣虎成负责彭总120周年诞辰项目建设工作，全权代表县委、县政府履行项目管理职责、决策项目建设相关问题；由刘国金负责宣讲中心、景区道路建设项目，李日方负责改陈布展、故居修缮项目，周波负责镇区工程扫尾及综合整治工作，王铁钢负责争取复绿工作；各项目业主单位须责成施工单位增加力量、增加班次、增加作业面，采取三班倒的方式赶工期、赶进度，财政、审计部门全程参与、加强监督，做好新增工程量的认定、签证和审计工作。　（欧阳思洁）

财 政

【概况】 2018年，全县完成一般公共预算收入28.71亿元，占调整预算的97.96%，比2017年增加503万元，同比增长0.18%；完成一般公共预算支出67.1亿元，比2017年增加13.15亿元，同比增长24.37%。

加强财政征管。坚持依法征收、应收尽收，着力改善供给结构、支持产业发展、助力实体经济，在服务经济社会发展中培育壮大财源。落实各项减税清费政策，牵头落实县直部门争支争项竞赛工作，全县累计争支争项到位资金9亿元，超目标任务1.6亿元。通过科学合理制定收入目标及任务，强化收入组织调度，严格非税收入管理，财税收入稳中提质。全年税收收入完成20.98亿元，财政收入完成28.71亿元，税收占财政总收入的比重为73.07%。

保障财政支出。将精准供给作为预算管理的基点，增强支出安排与政策决策的对接，加大对财政资金的统筹使用力度，加快预算执行进度，着力保障各类重点支出。2018年，民生支出完成48.48亿元，占财政总支出的72.25%。通过"一卡通"发放惠农（扶贫）补贴39项，发放补贴资金3.8亿元。同时，通过争取上级在转移支付、专项补助、重大项目等方面的支持，大力整合资金，助力"三大攻坚战"，努力确保重大基础设施项目有序推进。2018年，中央、省、市、县安排财政扶贫资金5700万元，重点支持建档立卡贫困户在健康、教育、医疗、产业、就业、养老等领域精准脱贫。争取上级环保资金支持3.47亿元，重点用于矿山生态环境整治以及寻笔港和邯郸港的城市黑臭水体治理。

加强财政监管。2018年，对全县17个乡镇财政所的财务管理情况进行专项督查。对扶贫专项资金、重点工程项目资金等项目专项资金进行检查。运用"互联网+监督"平台，对涉农民生的26个项目单位和262项项目资金，逐项进行核实，并督促项目单位按时落实到位。

推进预算改革。全面推进预算公开，全县79家部门预算单位和17个乡镇，除涉密单位外，全部公开了2018年部门预算情况。实现专项资金实质性整合，县设专项25个，实行"一个专项，一个办法"。从严规范和控制"三公"经费支出，大力压减一般性支出，2018年，全县一般性支出压减7700多万元。实行政府收支分类科目改革，增设政府预算经济分类，并对机关、事业单位、企业、个人单独设置科目，分门别类、各有侧重地归集反映相关支出，进一步强化预算约束。

全面推进预算绩效管理。全面实施绩效管理"全方位、全过程、全覆盖"。审核全县79家县直机关预算单位的部门整体支出的绩效目标，审核预算资金27.78亿元。对10个重点绩效评价项目实施税务现场评价，审核预算资金7644万元，评价结果没有"低"等次；选取2个专项支出"城镇污水处理经费和环卫市场化经费"委托两家会计师事务所开展了中期绩效评价；对17个乡镇2016年度部门整体支出重点绩效评价结果存在问题的整改情况进行重点跟踪监控。将重点绩效评价结果和绩效管理工作考核结果按评定等次纳入政府绩效考核范围。在扶贫专项资金中选取"产业扶贫引导资金"试探性地开展脱贫攻坚领域的重点绩效评价，为今后扶贫项目资金绩效评价打下基础。

加强国有资产管理。全面清查核实全县国有资产，摸清国有资产"家底"，划拨盘活资产，实现国有资产的保值增值。牵头制定《湘潭县县管国有公司重组转型实施方案》，推动县内3家县管国有公司重组转型，完善公司法人治理结构和薪酬管理体制，逐步剥离融资平台政府融资职能。为落实债务防控风险责任，牵头制定《湘潭县部分国有资产划转方案》，清查核实出部分可利用资产注入相关国有企业，进行资产盘活。完善相关资产管理具体要求，明确各个管理环节的责任分工，为建立政府向人大报告国有资产情况提供准确数据夯实基础。为切实推行公务车改革，对行政单位补贴发放情况进行了检查，完成国有企业公务车改革工作，并对事业单位涉及车改的人员、车辆、补贴各方面费用进行测算、并收集整理相关意见。

加强政府采购管理。简化采购程序，优化采购流程。清理原有审批、审核事项，明确财政部门除法定的采购方式审批、进口产品核准外，其他事项全都实行备案管理。2018年，湘潭县政府采购实施计划申报备案共计1745个。加强预算部门的政府采购主体职责。切实强化预算部门依法履行公共服务职能的采购决策机制，清理规范集中采购目录范围，扩大预算部门在选择采购方式、代理机构等方面的自主权。创新监督管理方式。将工作重点从事前审批向事中事后监管转变，从具体事务向完善制度、落实政策转变。完善对代理机构的常态化监督检查机制。依托信息化和大数据分析，加强对采购活动的动态监管，重点加强对公开招标数额标准以下项目和单一来源采购项目的预警跟踪。加强投诉处理专业化机制建设，完善投诉处理工作机制、应诉机制，更好地维护供应商的合法权益。2018年，全县累计执行政府采购预算464991.37万元，实际采购总规模420631.19万元，节约资金44360.18万元，节约率为9.54%。

有效防控政府性债务风险。摸清债务底数尽数。严格按照省委、省政府的要求，全面清理核实全县政府性债务情况，全面甄别隐性债务，摸清全县债务底数。同时，建立全口径债务月报制度，实现债务数据的及时、准确统计，对全县债务情况进行有效监控。逐步压实化债责任。牵头制定湘潭县化解债务工作方案，明确“369化债思路”，以保兑付和化存量为目标，强化主体责任，落实举债终身问责和债务问题倒查责任机制。债务风险有效防控。依据“369化债思路”，积极筹集资金化债，通过对接金融机构实现对高成本融资项目债务成功降息、展期，确保资金不断链、不发生区域性风险。

加强队伍干部建设。坚定不移抓好党建工作。全面贯彻落实习近平新时代中国特色社会主义思想和中共十九大精神，坚持以“党建领航工程”为统揽，以“五化建设”为平台，以“四责四诺”为抓手，不断提升财政机关党建工作水平。驰而不息加强机关作风建设。密切关注“四风”问题新动向，聚焦习总书记指出的形式主义、官僚主义十种新表现，严防各种不良之风卷土重来、反弹回潮。制定《财政局机关作风建设专项督查制度》，严肃工作纪律，进一步修订《财政系统请休假制度》，明确请休假的审批流程和时限要求等。持之以恒抓好党风廉政建设。全面推进财政源头反腐机制建设，堵塞管理漏洞，扎牢制度笼子，印发2018年度落实党风廉政建设责任制“6+1”责任清单。大力支持派驻纪检组监督执纪问责，畅通党内外监督渠道，重点查纠不正之风、查处不收敛不收手、问题线索反映集中、群众反映强烈的问题。（杨　晶）

国家税务

【概况】 2018年是税务改革力度最大、税收收入增幅最高、面临发展考验最多的一年。全体干部职工砥砺奋进，务实担当，形成推进税收事业的强大动力，取得各项税收工作的显著成效。

坚持把深化改革作为第一动力，改革强税实现新突破。机构改革平稳落地。围绕机构改革三场主攻战，遵循上级方案、体现总体要求，压实改革责任、落细改革举措，制定改革“作战图”，稳健有序推进，确保了新机构挂牌平稳顺畅、“三定”工作有效落地、征管职责顺利划转，人事安排均衡有序、内设机构运转畅通、干部队伍思想稳定，各项改革任务均取得好于预期的成效，“四合”改革经验得到省、市领导的高度肯定和表扬性批示。税费改革高位推进。大力抓好个人所得税改革。狠抓扣缴客户端推广、系统操作辅导、新政策宣传等重点工作，扣缴义务人培训全覆盖，改革平稳顺利落地，减税红利惠及广大纳税人；深入推进增值税改革。积极落实增值税税率调整等三项改革措施，全县1354户一般纳税人享受增值税税率下调优惠政策，累计减税3930万元。13户一般纳税人享受增值税留抵退税优惠政策，退税金额1300余万元；加快出口退税进度，全年办理出口退（免）税753万元，同比增长4.7%;规范企业所得税管理，全县汇算清缴企业2651户，汇缴面达到100%;环保税顺利开征，成功实现税费制度平稳转换。

坚持把集成融合作为第一要务，依法治税取得新进步。全力克服经济下行、减税降费、预期调高等多重压力，紧紧抓住组织收入这一中心不放松，牢固树立组织收入纪律意识和高质量发展理念，科学算好经济税源账，着力提升征管主动性，2018年，全县累计组织税收收入20.98亿元，同比增收3.89亿元，增长22.78%。税收收入占全县财政收入的比重达到75.1%，同比增长15个百分点，为地方财政收入增长作出积极贡献。税收征管不断增效。完成金税三期系统并库数据清理1200余条，双轨试运行工作平稳有序推进，“金三”并库首战告捷。自然人税收管理系统、社保费和非税收入征管系统等顺利上线。抓好“二网并一网”，县局中心机房、5个派出机构的网络顺利整合到位。扎实开展风险管控活动，完成风险管理全流程101户次，入库税款滞纳金3200余万元，风险应对率100%。深入开展扫黑除恶专项行动，协助调查涉恶线索1起，移送县经侦大队假发票案1起、增值税发票虚开虚抵案件10起，刑事拘留2人。法治税收深入推进。继续开展“三项制度”试点，规范税收执法行为。狠抓重大税务案件审理、税收执法督察、税收规范性文件清理等工作，行政执法更加规范高效。推进内控机制建设，推送税收业务类疑点数据21个，查补入库税款及滞纳金3.5万元。有效落实“谁执法、谁普法”工作要求，统筹抓好系统普法和社会普法，成立湘潭县第一个青少年税收普法基地，参评湖南省“七五”普法先进集体，《一段延续三十年的税宣情》在中国税务报头版头条刊发，得到总局局长王军的肯定批示。

坚持把优化服务作为第一理念，

便民办税迈出新步伐。依托“网上纳税人学堂”、实体纳税人课堂、征管微信交流群等载体，多点发力，税收宣传辐射面进一步扩大。全年开展纳税人培训40余场次，培训纳税人5000余人次，制作宣传产品3000余册，向纳税人推送各类税收政策200余条，“三问”服务民营企业发展做法在湖南日报、湘潭日报等新闻媒体上推介。服务举措优化升级。梳理整合原国税、地税17项业务差异流程，“一厅通办”“最多跑一次”“全程网上办”、新办纳税人套餐式服务等便民服务举措有效推行，合并后纳税人办税平均等待时间比去年同期缩短50%；完善考核评价机制，建立以服务业绩为重点，服务质量、服务能力和服务态度等要素构成的办税大厅个人考核指标体系，经验在全市系统推介。信用评价增添活力。围绕助力企业发展，扎实开展“问需求、优服务、促改革”CD级纳税人大走访活动，全年AB级良好信用纳税人占比84%，较2017年提升14个百分点；推动“银税互动”深层次发展，36户小微企业成功申请“税易贷”“云税贷”3700余万元。

坚持把筑牢基础作为第一抓手，人才兴税呈现新风貌。广泛开展教育培训。开展全员教育培训活动，创新线上答题、线下考试教育方式，促进干部业务融合提升，在总局“四新”网络知识竞赛中成绩位居全省第二，全市第一。着力加强人文关怀。发挥工青妇等群团组织作用，加速融合进程、凝聚队伍合力。开展助困扶弱等慰问活动，落实老干部“两项待遇”，充分体现组织关怀，县局工会荣获“全国模范职工之家”。深入推进文明创建。积极参与“湖南省文明卫生县城”“全国文明城市”复查迎检工作，300余人次参与县城志愿服务活动；持续深化税务文化建设、创先争优工作，县局复检保留“湖南省文明标兵单位”称号。落实精准扶贫任务，对313户贫困户走访1252次，筹措慰问帮扶资金42万余元。做好“希望工程”捐资助学，开展“蓝盾护雏”“青春暖冬”等活动，荣获“湖南省留守儿童关爱帮扶活动爱心单位”。严格规范内部管理。机构改革以来，制定完善工作管理制度和办法28个，为新机构平稳运转提供有效保障；绩效管理“指挥棒”作用充分发挥，促进改革和税收工作落实落地；政务服务、财务管理、后勤保障、基建工作、网络安全等均保持良好态势，取得新的进步。

坚持把党的建设作为第一责任，政治引领步入新常态。加强思想政治建设。坚持税务机关首先是政治机关的定位，认真学习贯彻习近平新时代中国特色社会主义思想，推动“两学一做”学习教育常态化制度化，引导全体干部牢固树立“四个意识”，坚决做到“两个维护”。开展“四合”大讨论、谈话谈心等活动，有效凝聚“不分两家人、不讲两家话、不存两条心、不搞两圈子”的共识，实现思想认识的高度统一。发挥领导核心作用，始终坚持党对税收工作的全面领导，先后召开联合党委会议、党委会议20余次，抓统筹、强指挥，严格执行上级改革部署、推进各项重点工作。2018年9月，该局在全省税务系统党建工作会议上作落实从严治党主体责任工作汇报。健全党的组织体系。及时完成机关党委、团总支、工会、妇委会的成立工作，新设立14个基层党支部，党建带群建迈出坚实步伐。搭建“党建教育综合评价体系”，推进党支部“五化”建设，入选“国家税务总局基层党建工作示范点”培育单位。狠抓作风纪律建设。反复传达强调“六项纪律”“六个严禁”等纪律要求，正确运用监督执纪“四种形态”，班子成员和各单位负责人开展例行廉政谈话39人次，提醒谈话6人次，诫勉谈话2人次。严格开展作风纪律督查，发布督查通报12期，保障令行禁止、风清气正。

（王志标）

金融·证券·保险

概 述

【概况】 2018年，驻县银行类金融机构共16家，年末全县银行类金融机构存款余额430.97亿元，较上年末增加30.57亿元，增长7.63%；贷款余额310.67亿元，较上年年末增长67.38亿元，增长27.7%，贷存比72.09%。驻县保险公司21家，其中寿险保费收入6.35亿元，产险保费收入2.66亿元。驻县证券公司1家，共有在册员工11人，全年客户资产达2亿元，累计实现交易量40.7亿元。

金 融

湘潭天易农商银行

【概况】 至2018年年末，全行各项存款余额为168.63亿元，较年初净增9.32亿元，增幅为5.85%；存款日均余额为167.9亿元，较上年同期净增11.93亿元；各项贷款余额为106.14亿元（含贴现及转贴现），较年初净增24.8亿元，增幅30.48%；个人贷款客户净增6398户；企业贷款客户净增67户。电子银行替代率为75.63%；手机银行有效客户净增7854户；社保IC卡金融应用激活率为82.18%。全年实现总收入90246万元，实现账面利润14530万元。全年上交各项税收6600万元。全年保持零发案。

【服务地方经济发展】 湘潭天易农商银行坚持以三农、小微实体经济融资需求为着力点，不断加大贷款投放力度，涉农、小微企业贷款保持持续增长，普惠型小微企业贷款投放实现预期目标，全面完成“两增两控”▲监管计划。全行扶贫小额贷款风险防控有力，到期扶贫小额贷款全部收回，产业扶贫贷款余额较年初净投放8575万元，实现扶贫领域信贷投放数量与质量的双提升；借力金融安全区创建，扎实开展农户评级授信与信用村的创建工作。多次与县金融办对接，推动全县创建金融安全区工作的开展，并作为主承办行推动全县农户评级授信工作，全年累计采集农户信息20.23万户，对其中17.45万户农户进行授信，同时今年申报市级信用村18个已获批人行验收通过，实现县域每个乡镇至少一个市级信用村的创建；积极参与“三长联动”▲，推动小微企业服务。对接监管部门的“携手中小微三长联动”活动，加大湘莲产业等产业链企业金融服务力度。加大小微企业贷款投放力度，以实现“两增两控”为目标加大金融支小金融服务力度，有效的促进辖内实体经济又好又快发展；逐步拓宽融资渠道，创新金融服务。以省农担公司为纽带，发放省农担涉农担保贷款4笔，合计625万元；围绕县域新兴消费为载体，以居民购房信贷需求为消费热点，加大按揭贷款投放;成功引进佳海产业园，通过前期园区担保后期厂房抵押的形式发放厂房按揭贷款2户，金额587万元。

▲ 1.“两增”即单户授信总额1000万元以下（含）小微企业贷款同比增速不低于各项贷款同比增速，贷款户数不低于上年同期水平，“两控”即合理控制小微企业贷款资产质量水平和贷款综合成本；突出对小微企业贷款量质并重、可持续增长的监管导向。

2.“三长联动”既链长+盟长+行长”的“三长”联动机制，目的是改善小微企业金融服务，支持“产业项目年”建设。

中国农业银行湘潭县支行

【概况】 2018年，中国农业银行湘潭县支行各项存款余额57.05亿元，各项贷款余额28.34亿元。获中国农业银行总行三农先进单位，中国农业银行湖南省分行一级支行经营管理先进单位。

【服务地方经济发展】 中国农业银行湘潭县支行2018年惠农通有效机

具347台，实现金融性交易笔数269288笔，实现交易总额4.1亿元，助农取款金额648万元，比上年同期增加232万元，民生缴费257万元，电费代缴2356万元，比上年同期增加26万元，城乡居民基本养老保险58万元，E管家注册数量287户，在“服务三农”工作中持续保持先进地位。目前，“惠农通”工程正从单一缴费、结算模式向“互联网+”综合性金融服务平台转变，实现“惠农通”工程修路，民生代理项目跑车的新格局。2018年，累计投放扶贫贷款6165万元，贷款均执行的基准利率，计划完成率500%，带动45户贫困人口通过直接就业或土地流转方式增收创收。

中国农业发展银行湘潭县支行

【概况】 2018年，中国农业发展银行湘潭县支行各项贷款余额为317661.32万元，比年初增加106132.82万元，增长50.17%；不良贷款余额和不良贷款比率为0；各项存款余额129332.46万元，比年初增加69060.46万元，增长114.58%；各项存款日均余额为106680.09万元，较年初增加35397.18万元，增长49.66%;中间业务收入3.34万元，同比减少6.72万元，减幅66.8%；实现帐面利润5126.24万元，同比增加1280.74万元，增长33.3%，人均利润244万元；资产318558.24万元，负债312687.1万元，资产负债率98%；成本收入比为11.71%；资产利润率为1.87%。办理国际结算业务量190.7万美元，同比增加190.7万元;资金自给率为41.82%。

【服务地方经济发展】 2018年，中国农业发展银行湘潭县支行支持裕湘公司累计轮换地方储备粮5105吨，实现回笼货款1241万元，收回贷款950.81万元。年度累计发放地方调控粮贷款7105万元，累计支持收购超标粮17481吨。全力支持农村基础设施建设，审批棚户区改造项目2个，贷款179000万元，目前已投放136000万元，按项目进度支付棚改资金32261万元。及时拨付易地扶贫信贷资金336.75万元和扶贫专项建设基金60.5万元，协助县政府做好易地扶贫搬迁242人。认真落实产业扶贫政策，向湖南圣雅凯生物科技有限公司发放短期流动资金贷款1900万元，通过对该公司的支持，解决3名“建档立卡”贫困人口的就业问题，落实中国农业发展银行的产业扶贫政策，全力服从服务于党和国家的脱贫攻坚战略。

中国银行易俗河支行

【概况】 中国银行易俗河支行人民币个人存款（含表内理财）余额12.98亿元，存款日均余额12.71亿元。人民币公司存款余额4.67亿元，日均余额4.74亿元，各项贷款余额7.77亿元，其中，零售贷款余额4.37亿元，零售贷款累计投放8330万元，公司贷款余额3.12亿元，较年初新增5520万元。公司贷款不良余额19.1万元，零售贷款不良余额229万元，较年初下降122万元。

【各项业务快速增长】 2018年，中国银行易俗河支行重点跟进学校、医院、污水处理等与民生相关的项目，取得一定成效。湘潭县天易经开区物流园市政工程PPP项目成功获批7.8亿元，湖南伍子醉食品有限公司成功获批6000万元，并成功投放，积极叙做湘潭县第二污水处理厂PPP项目，关注碧桂园、天一家园、华丰山庄、天元海棠湾等本地楼盘项目，持续叙做按揭贷款。紧跟时政，抓住机会，湘潭县第二污水处理厂PPP项目成功获批信用总量6000万元并成功投放，湘潭县天易物流园市政工程PPP项目成功投放3.7亿元；同时对接湘莲大道三期工程部帮助发放拆迁资金，成功发放拆迁资金1.8亿元；积极响应国家号召，助力普惠金融业务发展，易俗河支行一直在行动，在“惠三湘”的活动中，发展9户中小企业客户，投放2803万元。

中国建设银行易俗河支行

【概况】 2018年，中国建设银行湘潭县支行各项贷款余额达到32.2亿元，年新增1亿元，其中个人贷款余额11亿元，年新增2亿元。建行湘潭县支行全口径存款时点余额30.4亿元，较年初新增3.1亿元，存款与2015年相比实现翻番；实现账面利润10611万元。

2018年，荣获全国青年文明号、全国金融五一巾帼标兵岗、中国银行业五星级银行网点、中国银行业文明规范服务千佳网点等诸多全国性荣誉。同时还获得第5届总行“文明单位”“青年文明号”“女职工文明示范岗”“平安建行”创建活动先进集体、总行电子银行“协作共赢抢占高点”评先创优活动先进集体、湖南省金融系统“青年五四奖章集体”等荣誉。

中国工商银行湘潭县支行

【概况】 2018年，中国工商银行湘潭县支行各项存款净增15175万元。其中储蓄存款净增8055万元，对公存款7119万元。三项存款全面完成任务，储蓄存款排名同业第3，对公存款排名第2。各项贷款净增20323万元，公司贷款、个人贷款、小微贷款三项贷款全面完成上级行下达任务；实现中间业务收入506万元，拨备前利润2630万元、净利润2033万元。资产质量继续保持自开业以来“零”不良记录。在湘潭市行长经营绩效、业务发展及两个责任制落实评比考核中，全县三个网点均名列第2位。湘潭县支行实现资产负债规模小行向效益强行跨越。

【服务地方经济发展】 2018年，中国工商银行湘潭县支行向当地税务局共缴纳增值税等各项税金385万元，较去年同期增加41万元，增幅11.91%。在经济形势下行的情况下，中国工商银行湘潭县支行对湖南省高速公路投资集团有限公司、人民医院、伍子醉等单位投放贷款1.85亿元，极大地支持当地企事业单位的经济发展。2018年投放小微企业贷款2595万元。

中国邮政储蓄银行湘潭县支行

【概况】 2018年，湘潭县支行按照市分行总体发展要求，以“二次创业”为主线，以零售商业银行市场为定位，以“利润”为中心，致力于优化资源配置、全面推动经营转型与提质升级，强化风险管控、努力创建学习型银行，各项工作指标完成较好。

至年末，县支行2018年完成收入4390万元，其中个金业务收入为1285.41万元，公司业务收入为621.04万元，零售信贷业务收入为2206.8万元，其他收入为-27.48万元。县支行个金储蓄存款余额为10.66亿，本年储蓄时点负增长2741万元；本年手机银行新增激活9701户，完成年进度95.11%；保险本年销售394.8万，其中中邮期交保险销售184万，信用卡全年发卡1554张，完成进度34%；ETC新增1574户，完成比例为98.38%，排名全市第1位。公司业务余额为3.0亿元，本年新增时点6762.83万元，完成比例为45.09%；本年新增日均余额为9889.45元，完成比例为124.77%。信贷贷款余额104858万元，本年净增32382万元；其中小贷本年净增200万元，贷款余额1683万元，逾期金额277万元，逾期率16.46%，不良金额277万元，不良率16.46%；个商本年净增189万元，贷款余额15224万元，逾期金额763万元，逾期5.01%，不良金额799万元，不良率5.25%；小企业法贷本年净增2377万元，贷款余额5069万元，逾期金额830万元，逾期率16.37%，不良金额830万元，不良率16.37%；消费贷本年净增30016万元，贷款余额82882万元(其中房贷余额41674万元，本年净增17630万元，汽消贷款余额30401万元，本年净增12310万元，综消、信消贷款余额10808万元，本年净增76万元)，逾期金额291万元，逾期率0.35%，不良金额367万元，不良率0.44%。各项贷款逾期额2161万元，逾期率2.06%，较上年末逾期额下降46万元，逾期率下降0.99个百分点；不良额2272万元，不良率2.17%，较上年末不良额下降-569万元，不良率下降0.18个百分点。2018年，湘潭县支行累计收回不良资产1771.82万元，超额提前完成市分行下达的全年900万元清收任务，完成全年计划比例196.87%，呆账核销累计核销贷款7户10笔，核销贷款金额196.26万元，累计核销信用卡6户6笔，核销信用卡金额11.50万元，全市排名第1。

华融湘江银行湘潭县支行

【概况】 2018年，华融湘江银行湘潭县支行各类存款时点为172334万元，较年初增长17467万元。其中对公存款为71533万元，较年初增长14028万元；储蓄存款100801万元,较年初增长3439万元。各类表内贷款余额205793万元，较年初增长31873万元。手机银行新增5300户，微信银行新增2866户，网上银行新增4290户，完成率分别为295%、362%、555%。

【服务地方经济发展】 2018年，华融湘江银行湘潭县支行共计发放贷款140笔，其中按揭贷款87笔，金额3396万元；个投16笔，金额6440万元；对公业务36笔，金额115491万元。

上海农商银行湘潭县支行

【概况】 2018年，上海农商银行湘潭县支行各项存款余额93933万元，较年初减少25102万元;各项贷款余额322518万元，较年初增加62577万元；不良贷款（五级）余额41297万元，比年初增加2197万元，不良贷款率12.56%，比年初下降2.13个百分点。全年实现营业净收入6318万元，实现中间业务收入1421万元。

【服务地方经济发展】 2018年，上海农商银行湘潭县支行根据总行提出推进零售业务二次转型工作要求，成立零售业务二次转型暨公私联动领导小组，加强组织领导，落实各级责任，细分各项任务，全力推进该项战略任务的完成。通过制定一系列竞赛方案、开展“天天出单”活动、在全行微信群中每天通报进度，营造氛围等措施，支行零售业务也有一些亮点，为支行业务发展作出较大贡献。同时，支行大力推进小微贷款的营销，全力推进普惠金融建设，出台强有力的小微、普惠金融奖惩办法，召开推进会，并对各营销团队和客户经理都明确目标任务，坚持重奖重罚，2018年，支行小微贷款余额比年初增加5000多万元，完成总行下达的目标任务。

上海农商银行湘潭县支行营业部在县域金融机构中唯一被人民银行湘潭中支评为“湘潭市金融消费权益保护标准化网点”、被人行长沙中支授予“金融知识普及体验基地”；支行四个网点在参加总行星级文明评比中，营业部获评五星级网点，天易分理处、花石分理处达到四星级网点标准，九华分理处通过三星级网点评定。

中国光大银行湘潭天易支行

【概况】 2018年，中国光大银行湘潭天易支行一般性存款时点余额为15.38亿元，较年初新增1.25亿元，存款年日均为15.13亿元；表内授信余额18.15亿元，较年初新增1.21亿元；个贷时点余额1.57亿元，较年初新增2655万元，总计投放4541万。财富级以上客户212户，其中：私行级客户24户，零售AUM余额为10.06亿元，较年初新增11789万，白金信用卡新增878户，普卡新增1941户，实现代理中收132万元，完成全年任务的92%；随心贷余额320万。

【服务地方经济发展】 对公业务转型较快，完成新增双重客户授信启用5户，合计综合授信2.89亿；完成大资产项目一个，合计投放金额14000万元；小微授信客户增加6户。在做好客户产品配置同时，加大客户资产有效提升和转介绍客户新增活动，有力带动支行AUM新增和代理理财、保险、券商、信托的销售。截至11月30日，支行零售业务规模达10.06亿，其中代理规模较年初新增9956万；全年实现代理中收132.23万；完成全年任务92%；

从分行代理中收落后行成为先进行。

长沙银行湘潭县支行

【概况】 2018年，长沙银行湘潭县支行各项存款余额13.6亿元,较年初新增1.6亿元，表内外各项贷款余额22亿元，较年初新增2.1亿元。全年新增信用卡3001张，新增零售客户开户数12442户；新增全口径有效客户数6143户。对私管理资产共计销售20.53亿元。

【业务多元化发展】 积极做好交叉营销，全年共计完成交叉客户数12245户。大力提高快乐秒贷授信业务的使用率，截至12月已联系过50%的授信客户，大部分客户表示浓厚兴趣。

兴业银行湘潭易俗河支行

【概况】 兴业银行股份有限公司兴业银行始终坚持“真诚服务，相伴成长”的经营理念，致力于为客户提供全面、优质、高效的金融服务。

2018年，兴业银行湘潭易俗河支行多措并举，秉着为客户量身定制个性化、精细化的金融服务方案，为广大小微企业提供易速贷、交易贷、连连贷、税收贷、工业厂房按揭等贷款服务；为各企事业单位和个人提供个人贷款服务、个人综合消费贷款、个人留学贷款、个人旅游贷款、个人汽车消费贷款、个人医疗贷款、个人工资消费贷款、集团员工消费贷等贷款服务；个人存款服务：安愉分期付息（按月付息，月月收益，满足日常生活开支），安愉只能定期（支取便利，灵活计息，让存款尽享定期收益）。个人理财服务：天天万利宝；现金宝1号、3号、4号；私人银行家族信托产品。截至2018年12月31日，该行一般性存款32566.5万元，贷款余额54805.3万元。

中信银行湘潭易俗河支行

【概况】 2018年，中信银行湘潭易俗河支行存款时点4.69亿元，较年初增长0.82亿元，日均3.57亿元，较年初增长1.70亿元，在中信银行湘潭分行的4家支行内，是对公业绩唯一保持正增长的支行；零售存款总资产时点2.88亿元，较年初增长1.1亿，日均2.7亿元，较年初增长9800余万；储蓄存款7521万，较年初增加2200余万。

【服务地方经济发展】 2018年,中信银行湘潭易俗河支行成功落地步步高集团授信，启用交发集团2.4亿元贷款、盛弘实业1.6亿元贷款、天易水利投2亿元流贷、振湘投2亿元流贷续作；经过一年的深度经营和调整，易俗河支行对公业务在当地打下较为坚实的基础，在区域银行间地位得到提高，特别是易俗河支行成功争取湘潭县非税10000万元定期存款，这笔业务是易俗河支行成立以来在县域取得的第1笔机构存款业务，为支行未来对公存款向“保证金+机构+结算”的良性结构发展奠定坚实的基础。截至2018年末，易俗河支行团队新增对公有效户4户，全员实现有效户新增；新增对公基础户2户，一人未完成年末新增1户的指标。

湖南湘潭湘淮村镇银行

【概况】 2018年，湖南湘潭湘淮村镇银行资产总额54504.89万元，较年初增加5735.02万元，增幅11.76%，其中各项贷款余额35896.09万元，较年初增加8024.49万元，增幅28.79%。负债总额37882.92万元，较年初增加4894.36万元，增幅14.84%，其中各项存款余额27404.6万元，较年初减少248.34万元，下降0.9%。所有者权益16621.97万元，较年初增加840.66万元，增幅5.33%。

截至2018年年末，湖南湘潭湘淮村镇银行贷款总户数807户，较年初增加262户，户均余额44.48万元，较年初下降6.66万元。涉农贷款余额35567.59万元，较上年同期增加7881.99万元，增幅28.47%；小微企业贷款20902.48万元，较上年同期增加7096.2万元，增幅51.4%，全面完成银监部门核定的“两增两控”目标。存款余额较年初略微下降，定期存款占比提升，存款稳定性增强。定期存款余额14098.63万元，较年初增加8779.78万元，增幅165.07%。存款总户数5646户，较年初增加1613户，增幅40%。

交通银行湘潭大鹏支行

【概况】 2018年，交通银行湘潭大鹏支行持续做好社保卡业务文章，大力推动社保卡的发卡和激活工作。截至2018年年底支行的社保卡总发卡量突破6000张。优化网点采集制卡流程，发卡效率加快，新增发卡429户。同时在省、市人社部门的重视下，存量卡片的激活工作有所提升，全年累计激活717户，激活率达到58.5%，较去年提升10%。

全员联动，多渠道拓展基础客户群体。年初以来，抓住总行和分行在信用卡业务方面的客户特惠活动，推动全员大力发卡，以厅堂加外拓的模式，实现活户新增232户，较去年同年实现翻倍增长；四季度抓住收单业务费率优惠新政策积极开拓收单商户业务，连续2个月开展集中式的上门收单业务拓展，累计实现40户的商户新增。

积极借力，开拓公司业务新局面。2018年年初以来，在县金融办和三促办的大力支持下，召开天易经开区小企业金融服务推荐会，参会企业12家。会后针对参会企业进行及时的跟进营销，实现开户3户，授信上报2户，贷款发放1户。

浦发银行湘潭易俗河支行

【概况】 2018年，浦发银行湘潭易俗河支行坚持党建引领，认真落实总分行年度工作会议精神，围绕“调结构、保收入、强管理、降风险”的工作主线，全面对标计划目标，全力做好经营管理各项工作。按照湘潭分行“一行一策”改革发展方案，全力推进转型发展，为今后的工作打下良好的基础。

截至年末，浦发银行湘潭易俗河支行一般性存款余额7444万，较年初新增4111万；贷款余额1.4亿元，较年初新增1.2亿元。总体资产不良率控制在“一行一策”三年规划1%目标内，公司类不良贷款继续为0。

证　券

方正证券湘潭县大鹏中路证券营业部

【概况】 方正证券股份有限公司湘潭县大鹏中路证券营业部成立于2012年6月，营业部位于湘潭县中特慧谷时空综合楼一楼，营业面积240平方米，是湘潭县唯一一家合法的证券经营机构。2013年，获得经纪人资格，为全县人民提供全金融牌照的投资理财平台。至2018年，营业部在册员工11人，业务范围包括证券经纪业务、融资融券业务、期货业务、基金代销业务，是综合型证券营业部。在业务资格不断完善的同时，营业部积极向财富管理转型，多种理财业务全面发展，同时大力推进融资融券业务、期货业务、个股期权业务，实现证券经纪与期货经纪一体化。

2018年，在国内外经济下行环境下，主要业务指标有所下降，但该营业部开发新业务，发掘业务增长新的动力指标，客户资产达2亿元，累计实现交易量40.7亿元。营业部秉承以客户为中心，以专业稳健的态度服务广大客户，力求为湘潭县的金融产品普及，投资者教育做出贡献。

保　险

中国人民财产保险湘潭支公司

【概况】 2018年，湘潭支公司完成保费收入6636万元，(缴纳各类税金690万元)。其中车险保费4310万元，非车非农险保费660万元，常规险种签单保费4970万元；因今年政策性农业保险的特殊性，仅完成签单保费1466万元。直接赔款合计4838.49万元。

公司下辖花石、石潭、中路铺、青山桥、河口5个“三农”营销服务部覆盖全县17个乡镇321个村。2018年，赔付水稻保险赔款589.54万元，理赔受益户12731户；能繁母猪保险赔款273.5万元，理赔受益户2664户；育肥猪保险赔款302.72万元，理赔受益户4106户；全年支付政策性农业保险赔款1165.76万元，有1.95万户农户在理赔中得到补偿。

公司扎实推进农业保险的各项工作，在保障农业安全、促进农民增收和农村社会稳定等方面做出一定的贡献，是全县农业保险的主要服务商，承办育肥猪等政策性农业保险业务,为30万户次农民累计提供70亿元的农业风险保障，支付各类农业保险赔款逾3亿元,得到各级财政的高度肯定；积极投身扶贫事业，积极探索产业扶贫，推动“保险跟着扶贫走”的模式，大力实施民生扶贫，全面推进就业扶贫方面，提供数百个协保员、营销员等就业岗位，为贫困人群增加收入来源，助推其生活水平的提升；持续优化客户服务，积极承担企业社会责任，在历年灾害救助中始终承担保险“排头兵”和“主力军”责任，保险理赔做到“应赔尽赔快赔”，得到政府和人民的肯定；坚持诚信文明从业，连续8年荣获湖南财险业车险理赔服务质量第1名，多次荣获“纳税信用A级单位”荣誉；积极投身于湘潭县创建全国县级文明城市的工作当中，按照县政府安排克服自身困难，从人力物力上支持创文创卫工作；积极响应政府号召与茶恩寺镇茶花村做好精准扶贫工作；支公司班子成员自发一对一资助石潭、龙口等乡镇贫困学生。

中国人寿保险湘潭支公司

【概况】 2018年，中国人寿保险湘潭支公司紧紧围绕“转型升级，加快发展”的经营思路，继续秉承“创新致远，队伍制胜”的发展理念，在“创新引领”上寻突破，在“强司富员”上做文章，各项工作得到较好的落实，公司呈现向好的发展趋势。

截至2018年年末，中国人寿保险湘潭支公司共完成期交保费3311万元，其中10年期保费1469万；标准保费1421万；短险保费1427万。市场份额遥遥领先，稳居湘潭县保险业的龙头地位。作为湘潭县最大的金融保险企业，中国人寿保险湘潭支公司始终坚持积极履行社会职责、竭诚服务湘潭县经济建设，2017—2018年纳税678.08万元（注：一年期以上长期寿险及健康险属国家免税产品），引领行业发展。中国人寿保险湘潭支公司与湘潭天易农商行积极对接洽谈，截至12月底，共完成保费61659.23万元；23个网点，出单网点16个，出单率69.6%。为构建社会信用与金融安全体系，防范地方金融风险，维护县域经济社会稳定发挥应有的作用。

阳光财险湘潭县支公司

【概况】 2018年，阳光财产保险股份有限公司湘潭县支公司在上级公司的正确领导和支持下，在支公司广大员工的共同努力下，坚决贯彻落实阳光发展观、价值观，在市场竞争激烈的情况下，阳光财险湘潭县支公司坚守经营底线，坚持以客户为中心，以服务为根本，在各方面取得不错的成绩。2018年共实现保费收入1195.9万元，支付赔款800万元，上缴税收169万元，其中增值税及附加税59万元，代收代缴车船税110万元。承保数量7901件，提供保险保障金额54.03亿元，其中承保财产险保单数量245件，保费收入112.1万元，承保车险保单数量6487件，保费收入974.2万元，承保意健险保单数量1169件，保费收入109.6万元。已经赔付的案件共1329件，已支付赔款800万元。其中支付车险赔案件数1114件，支付车险赔款744万元，支付财产险赔案件数41件，支付财产险赔款40万元，支付意健险赔案件数174件，支付意健险赔款16万元。

太平洋保险湘潭县支公司

【概况】 2018年，太平洋保险湘潭县支公司紧紧围绕“双优双对标”的经营思路，在依法合规、稳健经营的前提下，实现公司又好又快发展，较好服务湘潭县县域经济发展。

2018年，太平洋保险湘潭县支公司实现保费收入4760万元，同比增长46.51%，完成年度目标任务的110.7%。其中车险2697万元，同比增长18.81%，完成年度目标任务的96.32%；非车险完成保费461万元，同比增长103.59%，完成年度目标115.27%；农险完成保费1752.2万元，同比增长112.94%，完成目标任务的123.20%。对标行业增速，截至2018年11月份，整体保费增速达49.61%，居行业第1，行业平均增速为13.38%，超行业36.23%。其中，车险超行业9.79%；非车险增速超行业97.89%；农险增速超行业90.14%。

2018年，太平洋保险湘潭县支公司市场份额占比为18.47%，同比提升4.19%，市场排名第3。

中华联合保险湘潭县支公司

【概况】 中华财险，全称中华联合财产保险股份有限公司，致力于支持地方经济建设，农业发展及民生保障等保险服务，先后承保、农业保险，养老机构责任险，自然灾害公众责任险等等。

2018年，中华联合保险湘潭县支公司实现保费收入2172万元，其中：车险实现保费收入1094万元，非车财险实现保费收入14万元，意健险实现保费收入207万元，农险实现保费收入601万元，责任险实现保费收入256万元。2018年，中华联合保险湘潭县支公司累计赔付支出1771万元。其中：车险累计赔付支出1035万元，非车财险累计赔付支出32万元，意外险累计赔付支出61万元（含学平险），责任保险累计赔付支出70万元（含校方责任险），健康险累计赔付支出202万元（主要是扶贫特惠保险），农险累计赔付支出370万元。

新华保险湘潭县营业区

【概况】 新华保险湘潭县营业区，共有管理内勤人员5人，2018年有效销售人员全年人力255人，6个营业部，34个组，根据湖南省湘潭市寿险行业2018年业务情况统计报表数据显示，2018年新华保险湘潭县营业区实现原保险保费收入3570万元，同比增长27.7%。其中首期10年期交保费702万元，续期保费2696万元，6357件保单。2018年公司共赔付金额415万元，让客户真正的享受到保险的实惠和保险的功用。

（楚　洁）

教育·科技

教　育

【概况】　2018年，全县建设标准化学校（含教学点）18所，义务教育阶段学校“全面改薄”20条底线全部达标；新建完成云湖桥镇幼儿园和杨嘉桥镇中心幼儿园，完成厕所革命24所学校的厕所新建和改造任务，云湖桥镇泉坝小学、石潭镇白托中心小学、花石镇潭溪小学、青山桥镇晓南中心小学等农村薄弱学校面貌焕然一新。

2018年，公开招聘教师310名（计划350名），选送师范委培生150名，县一中面向全国重点师范院校自主招聘教师19名，接收安排了41名公费定向培养师范生，补强农村师资队伍；成功争创国培项目县，开展中小学教师“送教下乡”，数理化教师、幼儿园教师送培到县、校长提能工程、培训者团队、物理教师实验等各类培训，共计培训教师达3000人次。

实施县域办学模式改革。实行县一中与县九中集团化办学。将县九中更名为县一中教育集团县九中校区。江声中学与天易水竹学校实行融合办学，江声中学派出优秀管理人员赴天易水竹学校担任校长，在校本部和天易水竹学校中遴选优秀教师，配齐配优天易水竹学校（初中部）管理干部和师资力量，开展公办教职员工薪酬体制改革试点工作。同时，城区优质学校与乡镇薄弱学校开展合作办学，选派城区优质学校管理人员去乡镇学校任第一校长，以优质学校带动农村薄弱学校办学理念更新和师资水平的提升。全力消除义务教育大班额。出台了《湘潭县消除义务教育大班额专项行动实施方案》（潭县政办函〔2018〕66号），通过强化思想疏导、严把招生入口、改班扩班、加强硬件建设、把控插班条件、解决师资缺口、严格奖惩制度等措施，2018年，湘潭县消除“超大班额”教学班140个，分流学生1714人，实现全县超大班额的清零。

学前教育

【概况】　全县现有幼儿园244所，其中公办幼儿园24所，做到乡镇全覆盖；民办幼儿园220所（普惠性民办幼儿园170所，普惠性民办幼儿园比例为77.27%），有省级保育教育规范园1所，省级骨干幼儿园2所，市级骨干幼儿园3所；全县在园幼儿人数为24213人，学前三年毛入园率为81.35%，学前一年入园率为100%。在公办园和普惠性幼儿园就读的幼儿人数占在园幼儿人数比例达79.47%。

普通中小学教育

【概况】　全县招收六周岁一年级学龄儿童8946人，适龄儿童少年入学率达100%，年巩固率为100%，三类残疾少年儿童入学率达92.34%；小学毕业生7445人，根据“就近入学”原则整体升入初中；全县在校初中生29472人，初中辍学率控制在0.1%以内，毕业发证率97.84%，初中毕业生升入高中阶段学校的入学率97.55%。

全县现有普通高中学校9所，其中公办7所，民办2所（云龙实验中学、凤凰高中），省级示范性高中3所（县一中、凤凰中学、县五中），市级示范性高中4所（县二中、县四中、县九中、云龙实验中学）。普通高中在校生18348人，其中公办学校在校生12918人，民办学校在校生5388人。2018年，高考录取率达到46.48%，中考普高上线率为71.69%，各科及格率、优秀率、人均分均位居全市县市区前列。

职业教育

【概况】　全县有中等职业技术学校4所（其中公办1所，民办3所），在籍学生5866人，教职工485人；有乡镇农校17所，县级职教中心1

个（设在湘潭县职业技术学校）；全年实现各类培训2万余人。

积极推进职教改革，加强中等职业学校管理，不断提升职业学校的管理水平，湘潭县职业技术学校成功创建“省级卓越学校”和1个省级重点建设专业交通运输类群，在省级技能竞赛中获得1个一等奖，4个二等奖，实现历史性突破。湘潭县就业职业技术学校为省级骨干民办学校。

特殊教育

【概况】 全县有特教学校1所，学生58人；就近随班就读学生273人。全县6–14周岁三类适龄残疾儿童共计235人，其中视力类残疾儿童21人、听力类残疾儿童49人、智力类残疾儿童164人，已入学三类适龄残疾儿童214人（含特校），未入学21人，三类残疾儿童入学率91.06%。

湘潭县特殊教育学校位于易俗河镇金雀东路，占地面积2500平方米，现有教学大楼和生活用楼，有教职工12人，其中正式教师9人，临聘老师2人，生活教师2人，食堂工作人员2人，门卫2人。7至14周岁的多动症、脑瘫、自闭症、唐氏综合症、癫痫等各类智力障碍学生共计48人（学生来自全县各个乡镇，除易俗河镇学生外全部在校寄宿，且绝大部分学生家庭条件困难），设有4个教学班。特教学校根据培智学校义务教育阶段课程标准，设置生活语文、生活数学、生活适应等七门课程，全年上门送教850余次，为94名残疾儿童送去知识，送去温暖。

民办教育

【概况】 全县有民办学校283所，其中幼儿园220所，小学1所，初中2所，高中1所，完全中学1所，职校3所，民办培训学校55所。民办中小学校学生22580人，其中小学生1560人，占全县小学学生总人数的3.08%，初中生12210人，占全县初中学生总数的42.87%，高中生6051人，占全县高中学生总数的31.06%，中职生2759人，占全县职中学生总数的47.03%。凤凰中学为省示范高中学校，江声实验学校是湖南省中小学百校联盟常务副理长单位、湖南省中小学科技创新教育基地校，云龙小学是省级食品安全示范学校、湖南省教育学会机器人教育研究专业委员会第三届常务理事单位；云龙小学、就业职业技术学校、江声实验学校、英才幼儿园、中路铺欣欣幼儿园为全省“骨干民办学校”，易俗河快乐幼儿园、云湖桥天骄幼儿园、中路铺晨曦旗舰幼儿园、科旺职业技术学校为市级“骨干民办学校”。 （李　阳）

农民素质教育

【概况】 2018年，湘潭县确定乌石镇天龙村、石鼓镇将军村、分水乡分水村、青山桥镇三富村、花石镇新加村、排头乡严冲村6个村为农民培训和劳务经济示范村；湘潭县春静水稻种植专业合作社、湘潭惠农水稻种植专业合作社、湘潭县超粮水稻种植专业合作社、湘潭县禾香水稻种植专业合作社、湘潭县湘田水稻种植专业合作社5个新型农业经营主体为农民培训实训基地；花石镇农校和云湖桥镇农校为乡镇示范农校。同时推荐湘潭县春静水稻种植专业合作社、湘潭县三汇蔬菜种植有限公司、湘潭县新铺土地股份专业合作社和湘潭县石潭镇八角村4个单位申报市农委农民培训实训基地。

3月下旬，在乌石镇天龙村、茶恩寺镇双花村、分水乡分水村、青山桥镇青山桥村、石鼓镇将军村、花石镇长潭村等6个省定贫困村，开展精准扶贫脱贫素质提升工程。“三下乡”及培训活动，举办培训班6期次，共培训农民405人次，发放各种技术资料800多份；开展“三下乡”活动6期次，参与农民600余人次，共向农民群众赠送实用科技书籍3600册。

按照《2018年湘潭县全民素质提升工程工作方案》的要求，深入开展农业技术到基层宣讲活动，培养更多的明政策、有思想、懂技术的新农民，为乡村振兴战略的实施提供坚实的人才保障和技术支持，全年举办培训班39期次，共培训农民1866人次，发放各种技术资料4000多份。

开展“冬春农民大培训”活动，利用各种会议，全县共举办各种技术培训班350期次，培训4.6万人次，发放技术资料6.5万份。

全县共认定新型职业农民1314人。2018年，湘潭县培育生产经营新型职业农民350人，线上培训1000人，另外遴选和组织50名现代青年农场主到湖南生物机电学院参加培训。

2018年，遴选和组织5位优秀新型职业农民典型赴境外培训，彭艳、余意、颜小平三位已经于12月分别去日本、韩国及台湾参加培训，彭力强、李媛也即将赴境外培训。 （唐　杰）

科　技

【概况】 2018年，湘潭县新增高新技术企业26家，其中重新认定3家，有效高企达到46家，新增数量增长率达到108.7%；全年全县实现高新技术产值415.3亿元，同比增长15.7%，增加值达到122亿元，同比增长16.8%，占GDP的比重为27.6%；全年的快报数据规模以上企业科技投入达到17.1亿元，同比增长34%；完成技术合同交易额9113万元，同比增长30%，完成科技成果登记5项。全县专利申请372件，发明专利申请85件，实用新型专利申请162件，外观专利申请125件，专利授权270件，发明专利授权18件，实用新型专利授权160件，外观专利授权92件，万人有效发明专利1.19件。

【科技特派员工作】 2018年，共选派科技特派员135名。其中，省派科技特派员4名，市派科教特派员19名，县派科技特派员112名。全年组织县内合作社或公司成功申报市级科技特派员项目9项，共18万元；市级以上星创天地项目5项，共50万元；市级以上科普基地或科普活动项目6项，共30万元；众创空间1项，共2万元。县科经局组织迅丰生态农业有限公司、团山养牛合作社等7家合作社或公司申报市委组织部的科技特派员重点项目；组织北马峰、南苹生态等13家公司或合作社申报2019年市级科技特派员单位；飞山奇、高耐合金、弘茂湘莲等10家企业申报2019年市级科技特派专家企业。起草制定《关于申报2018年县级科技特派员专项的通知》《湘潭县科技特派员资金管理办法》，收集县级科技特派员项目申报书52份，立项43项，按规范程序下拨项目资金共150万元。县科经局联合县委组织部、天易经开区管委会组织开展两次科技特派专家巡诊活动。邀请湘潭大学、湘潭建筑学院等多家院校的专家教授走进湖南飞山奇建筑科技有限公司、湖南信诺颜料科技有限公司等18家企业现场解惑、技术指导。开展湘潭县（青山桥）皮鞋皮具特色产业园科技特派专家服务进园区活动，邀请湖南省环通企业管理咨询有限公司总经理、高级咨询师韩辉老师现场授课，共计培训600余人次。

【科普宣传】 2018年，县科技和经济信息化局根据县委宣传部的要求，组织种养技术专家在杨嘉桥镇参与“三下乡”活动，现场进行农业政策、种养技术的咨询服务。发放各类实用技术宣传资料500多份，接受群众咨询50多人次。湘潭县2018年科技活动周由县科经局、与县委组织部、天易经开区管委会、县科协等多部门联动，围绕“科技创新、强国富民”主题，开展科技知识“进企业”、应急知识“进社区”、科普知识“进学校”、科技知识“进园区”、科技知识“进农村”等一系列科技活动周活动，采用现场培训，科技宣传、科技特派专家专题讲座、现场巡诊等多种形式相结合，累计培训1600人次，现场咨询1200人次，解答技术问题200人次，发放技术资料1500余份。

【创新人才工作】 2018年5月，县人社局牵头举行“中国创翼”湘潭县创新创业大赛，县科经局组织11家个人和企业参赛，其中湖南顺天农业科技有限公司的“富硒彩米和稻草蘑菇种植”获得市、县一等奖。6月，湖南省科技厅举办的创新创业大赛，湖南康宁达医疗科技股份有限公司、千里码数据服务有限公司等8家企业报名参赛。湖南顺天农业科技有限公司的“富硒彩米和稻草蘑菇种植”获得了省级金奖。11月，组织乡镇有关部门负责人、农业企业（农业示范合作组织）高层经营管理人员等40人赴湖南农业大学举办一期农业科技人才创新驱动专题研修班；通过科技创新创业培训，进一步提升农业企业经营管理人才素质和拓展科技创新发展的思维。

【专利执法工作】 2018年，县科经局组织人员对县城区步步高超市同丰店，易俗河诚信购物商场，碧桂园邻里乐购益丰大药房等商场和药店开展专项执法联合行动16次，重点检查流通商品、药品市场假冒专利行为。联合执法检查商品药品300余种，执法人员仔细查看各类产品的外包装、说明书及专利标识，对假冒专利立案30起，处理30起，案值达10万元，并按规定程序处理，对案卷进行规范整理归档。商场管理人员认真学习专利保护相关知识，增强知识产权法律意识，提高对假冒专利等商品的识别能力，有力地维护消费者的合法权益。

【知识产权宣传周】 “4·26”知识产权宣传周活动期间举办一系列活动：在大鹏路湘潭县政府大院前坪，湘潭县科经局专利股联合市场与质量技术监督局商标股组织专业咨询队伍，面向群众和机关干部开展以“倡导创新文化 尊重知识产权”为主题的“面对面”现场宣传活动。活动共展出宣传展板4块、悬挂宣传标语2条、发放知识产权宣传单500余份；4月23日，湘潭天易经开区、县科经局联合举办“湘潭县企业专利质押融资与专利保护培训讲座，对“知识产权质押融资运用”等多方面内容进行专题讲解，全县园区企业负责人、技术骨干以及天易经开区、县专利股相关人员共计100余人参加培训。

（袁　晶）

文化·体育·传媒

文 化

【概况】 2018年，湘潭县文化旅游体育局围绕县委、县政府挺进“全国百强县”，创建“全国文明城市”工作目标，以弘扬社会主义核心价值观为导向，以改革开放事业成果为素材，积极开展文化艺术创作和群众文化活动，各项工作稳步推进，取得明显的效果。新建成合格村综合文化服务中心104个，人均拥有公共文体设施面积5.7平方米，超额完成全面建成小康社会指标。成功组织并圆满完成湘潭县2018年百姓春节联欢晚会、正月十五“庆新春·闹元宵”系列文化体育活动、“欢乐潇湘·大美湘潭·莲乡大舞台”全县群众文艺汇演活动等。县文化馆、县图书馆实行免费开放，县文化馆共接纳文艺爱好者15000余人次，开展培训共计72场次；派出专业人员深入各机关单位、各乡镇和社区等，开展各种辅导共140余次，受益人群达到16000余人。继续推进17个乡镇文体广电站免费开放工作，组织17个乡镇321个行政村以321家农家书屋为阵地，开展阅读、科技培训等系列活动。年内，各乡镇文体广电站免费接待群众25000人次，举办文化讲座和培训26期，开展公众读书活动25次，参与读者10050人次，开展文化信息资源共享服务每周5次，每天开放7小时以上。

【文化产业】 2018年，湘潭县42家文化产业统计单位上报文化产业总产值39.87亿元，新增入库企业湖南国雅彩印包装有限公司1家。6月份，湖南兴隆文化传媒有限公司、湖南楠方装饰工程有限公司、湖南东方凯盛文化传播公司、湘潭谷岸电影娱乐有限公司，迎接国家统计局委托湖南省统计局组织的双随机抽查执法大检查；7月份湖南虹达包装有限公司迎省委宣传部、省财政厅申报省级文化产业发展基金引导资金；9月份开始，按照县全国第四次经济普查的要求，对全县文化产业及其关联的个体、企业进行全面调查走访摸底。

【文艺创作】 原创节目花鼓戏表演唱《晓南互通顺民心》获得湖南第六届艺术节“三湘群星奖”金奖（音乐作品类）；程仁的草书作品《文心雕龙·风骨篇》获评省艺术节“齐白石艺术奖”（书法类）；花鼓弹词表演唱《新时代禁毒歌》在湖南省“国际禁毒日”演出中获银奖；党课宣讲节目《新思想如春风吹煦农家》获省委宣传部“好声音讲坛—新思想进基层”微宣讲总决赛一等奖，《十九大精神耀莲城，乡村振兴展新貌》获湘潭市党课宣讲一等奖。石鼓镇被省文化厅命名为“湖南民间文化艺术之乡”。组织实施“十三五”规划中期评估。莫柏槐被评为“全省农家书屋全面建设十周年先进个人”、乌石峰村获“全省示范农家书屋”称号、冯美林被授予“全省优秀农家书屋管理员”荣誉。

【“欢乐潇湘·大美湘潭·莲乡大舞台”全县群众文艺会演活动】 2018年，“欢乐潇湘·大美湘潭·莲乡大舞台”全县群众文艺会演活动开展17个乡镇专场、卫计系统、教育系统、县直机关专场以及市级复赛湘潭县专场汇演活动共计21场，参演群众达3300余人次，观众达40000余人次。湘潭县优秀节目《双采莲》《危机三小时》《姹紫嫣红》荣获“欢乐潇湘”全省群众文艺会演三等奖。其中，节目《双采莲》被选送代表湘潭地区参加“欢乐潇湘”湖南省群众文艺会演优秀节目展演。

【“庆新春·闹元宵”系列文化体育活动】 湘潭县2018年“庆新春·闹元宵”系列文化体育活动中在白石文化广场和湘江风光带举行。此次活动立足弘扬传统文化、传承县域精神、彰显本地特色，高度整合文化、旅游、体育资源，形式多样、内容丰富，分龙腾虎跃庆新年、喜猜灯谜闹元宵、万人同食汤圆、群众文艺汇演、旅游商品展销、花鼓戏表演、免费观影等多个子活动进行。其中，万人同食汤圆邀请县内知名餐饮企业、旅游酒店现场制作汤圆，免费提供品尝，吸引广大群众积极参与，热气腾腾的汤圆、欢乐喜庆的笑脸，承载着人们对新的一年美好生活的向往和期待。

【百姓春节联欢晚会】 2月9日,农历小年夜晚7点半，湘潭县2018年百姓春节联欢晚会在湘潭县艺体馆拉开序幕，来自湘潭县的480余名艺术家、文艺工作者与2000余名观众同聚一堂，欢庆这一美好时刻。歌伴舞《happy中国年》、小品《扶不扶》、意境展示《莲乡三咏》、花鼓戏表演唱《晓南互通顺民心》等14个精彩节目轮番上演，每一个节目编排匠心独运，表演精彩纷呈，展现出莲乡群众积极向上、热爱生活的精神风貌，获得观众的热烈掌声。1个半小时的表演，让观众沉浸在无与伦比的美好享受中。此外，分布全国各地的12万网友通过微信观看现场直播共享这一美轮美奂的文艺盛宴。

【广电管理】 2018年，为确保湘潭县广播电视安全播出，春节、国庆或特护期期间，印发广播电视安全播出管理文件通知，深入各乡镇有线电视站开展安全播出检查。加强广播电视直播卫星“户户通”后续管理，维护人员上门维护维修125次。全年易俗河万达影城和芒果影城以及云湖桥镇谷岸影城共放映电影31881场，观看人数达到286336人次。

【文化市场】 2018年，切实加强执法队伍素质建设，完善文化市场监管机制。在加强日常监管的同时，组织开展歌舞娱乐场所、“扫黄打非”、校园周边环境等各类专项整治及安全生产大检查行动，大力整顿文化经营秩序，全县文化市场经营秩序进一步规范，全年没有发生安全生产事故，无重大“涉黄、涉非”案件。被推荐为“全省文化市场综合执法绩效考评县级先进单位”。

全年共开展执法检查528次，出动检查人员3950人次，查处违规经营网吧35家，歌厅2家，开具《责令整改通知书》56份，检查经营单位2400家次，缴毁各类非法出版物及印刷品3000余册（张），受理群众举报20件，实施各类行政处罚案件37起。

【图书管理】 2018年，以“阅读·进步·文明”为主题，将图书工作与文明创建结合，努力推进全民阅读。外借服务：每周免费对外开放60小时以上，新增纸质书籍10000余册，报刊200余种，接待读者13万余人次，新增或更换新证4000余个，拥有固定读者有7000余人。总分馆建设：共建成6个图书馆分馆,共计配置图书馆12000余册，自动借阅设备1套，超星电子阅读机1台，开通系统端口6个。目前各分馆运行良好，共接待读者达3万人次，借阅26000余册次。阅读活动：正月十五，在白石广场开展.“庆新春·闹元宵”系列猜灯谜竞赛活动。4月23日，与云湖桥镇清风村村委会联合举办“4·23”世界读书日阅读推广系列活动。5月10日，与湘潭日报社合作开展“小记者变身图书管理员”活动。11月30日，和射埠镇继述桥中学分馆组织学生开展《“悦”读，阅精彩》阅读分享活动。在“书香湖南·共创共享儿童阅读新时代”——2018年省市少年儿童系列读书活动中，选送的16个少儿音频作品到省、市评选，荣获省、市级组织奖、阅读活动奖及优秀指导奖。

【文物管理与保护】 开展“5·18”国际博物馆日、“文化与自然遗产日”和文物宣传周系列宣传活动，举办活动3场，发放宣传资料6000余份；完成齐白石故居和周小舟故居的保养维修；完成市级文物保护单位“濂溪书堂”的保护修缮；完成省级重点文物保护单位的四有档案编制工作；完成文物保护单位的晋级申报工作，湘潭县新增彭德怀墓、陈鹏年墓、王闿运墓、湘潭大学早期建筑群、砚井、云湖天河渡槽、南河石渡渡槽、英雄关隧洞8处省级文物保护单位；完成湘潭县子敬学校二期工程项目的前期考古勘探工作和大汉子敬龙城建设工程的考古发掘工作。

2018年湘潭县文物保护单位一览表

表6

序号	名称	保护级别	年代	地点	保护范围	建设控制地带
1	齐白石故居	全国重点文物保护单位	清	白石镇杏花村	墙基四至30米	保外50米
2	彭德怀故居	全国重点文物保护单位	民国	乌石镇乌石村	围墙基至东20米，南52米，西55米，北40米	建控地带四至为东至乌石希望小学西墙，并延伸其北至山脊，南至新塘，西至后山脊及机耕道，北至山脊
3	砚井	省级文物保护单位	宋	易俗河镇砚井社区	文物边界向外延伸10米处	保护范围边界向外延伸20米处
4	胡安国、胡宏墓	省级文物保护单位	南宋	排头乡隐山村	墓外缘起至50米	保外30米

续表 6

序号	名称	保护级别	年代	地点	保护范围	建设控制地带
5	陈鹏年墓	省级文物保护单位	清	分水乡槐北村	文物边界向外延伸 10 米处	保护范围边界向外延伸 30 米外
6	黎氏故居	省级文物保护单位	清	中路铺镇菱角村	外墙墙基起至 30 米	保外 30 米
7	寺门前义渡	省级文物保护单位	清	白石镇潭口	渡口外沿起至 30 米	保外 30 米
8	尹氏宗祠	省级文物保护单位	清	白石镇莲花村	围墙基四至 30 米	保外 100 米
9	周小舟故居	省级文物保护单位	清	排头乡狮龙村	外墙墙基起至 50 米	保外 50 米
10	王闿运墓	省级文物保护单位	民国	杨嘉桥镇白鹿冲村	文物边界向外延伸 15 米处	保护范围边界向外延伸 30 米处
11	湘潭大学早期建筑群	省级文物保护单位	民国	杨嘉桥镇王家山社区	文物边界东向延伸 18 米处，东南向至西南向延伸 15 米处，西向延伸 18 米处，西北向至东北向延伸 15 米处	保护范围边界向外延伸 30 米处
12	韶山灌区工程——云湖天河渡槽	省级文物保护单位	1963 年	云湖桥镇云湖村	文物边界向外延伸 9 米处	保护范围边界向外延伸 21 米处
13	韶山灌区工程——英雄关隧洞	省级文物保护单位	1963 年	云湖桥镇古湖村	文物边界向外延伸 9 米处	保护范围边界向外延伸 21 米处
14	韶山灌区工程——南河石渡渡槽	省级文物保护单位	1963 年	射埠镇方上桥村	文物边界向外延伸 9 米处	保护范围边界向外延伸 21 米处
15	彭德怀墓	省级文物保护单位	1998 年	乌石镇乌石村	文物边界向外延伸 20 米处。	保护范围边界向外延伸 40 米处
16	碧泉潭	市级文物保护单位	唐	锦石乡锦石村	潭口外沿东 2 米、南 6 米、西 10 米、北 6 米	保外东 3 米、南 7.5 米、西 9 米、北 32.5 米
17	汉城桥	县级文物保护单位	清	花石镇长岭村	桥四至各 10 米	无
18	桂再堂（左宗棠故居）	市级文物保护单位	清	排头乡辰山村	墙基起至 50 米	保外 50 米
19	濂溪书堂	市级文物保护单位	清	排头乡隐山村	墙基起至 50 米	保外 50 米
20	乌石峰庙	县级文物保护单位	清	乌石镇乌石村	庙墙外四至 150 米	无
21	石家大屋	市级文物保护单位	民国	排头乡排头岭村	墙基起至东 8 米、南 22 米、西 8 米、北 10 米	保外东 25 米、南 45 米、西 30 米、北 20 米
22	天妃宫	县级文物保护单位	民国	白石镇杏花村	墙基起至 10 米；建：保外 20 米	保外 20 米

【数字资源建设与服务】 继续完善移动图书馆及数字资源建设。新增数字资源 8TB，新增 400 多种电子报纸和 500 多种电子期刊和 100 万余种电子书籍、音频等资源。新增哪吒看书一体机 1 台，新增 4000 余册少儿有声绘本。电子阅览室接待上网读者 5000 余人次，移动图书馆点击量达到 360 余万次。为将县级图书馆接入国家数字图书馆网络体系，县图书馆与省图书馆开通互联互通专线，使公共数字文化在基层实现共建共享。

【出版管理】 2018 年，紧紧围绕放管服改革这一中心,以合理布局、优化结构为目标，加强对审批项目的指导、鼓励、支持，不断优化文化新闻出版市场布局和环境。全年共受理行政事项 43 项，根据上级要求对 32 家印刷企业、139 家网吧、37 家歌厅进行年度核验，对不符合要求的单位采取通报告知、勒令整改、行政处罚等手段，有效维护全县文化市场的繁荣与稳定。

【电影放映】 2018 年，安排 25 支放映队伍在全县 17 个乡镇 643 个村点放映电影 7716 场，在城区广场及社区放映电影 897 场，观众人数达 82 万人次。

【图书发行】 2018 年，湖南省新华书店有限责任公司湘潭县分公司坚持围绕党和政府的中心工作，传播科学真理、弘扬先进文化，教育引导群众、凝聚奋进力量，积极发挥主渠道和精神文明建设阵地作用，全体员工齐心协力，攻坚克难，努力完成各项任务指标，为实现“文化强县”，“教育强县”的总体目标作出显著贡献。

始终坚持做好党政经典著作、党和国家重要文献的发行，做好中共中央治国理政新理念新思想新战略等重大主题出版宣传。2018 年，《习近平谈治国理政》发行 3000 册、《习近平新时代中国特色社会主义思想三十讲》发行 14000 余册、“两会”系列 1400 余册。

教材发行工作。2018 年，湖南省新华书店有限责任公司湘潭县分公司始终严格遵守国家教委的相关规定，按照湘潭县教育局的有关要求，优化教材首发流程，确保学生用到正版实用的教材。全公司为做好教材发行工作，都不遗余力相互配合，反复核实、加班加点，确保“课前到书，人手一册”。 研学实践也取得初步成绩，本着“教育需要实践，成长需要体验”的理念，让学生们在移动的课堂里收获知识，在研学的时光里加速成长。让他们进一步将所思所得与课本充分结合起来，更深层次地感受“研有所学、学有所获”。

全员阅读。2018 年，湘潭县新华书店先后在天易金霞小学、石潭镇中心小学举办“全民阅读名家进校园”活动，活动邀请著名儿童文学作家安武林作为主讲嘉宾。“名家进校园”活动是湘潭县新华书店积极响应“全民阅读”“文化惠民”工程的一次重大举措，活动开展以来，受到学校师生与家长的高度赞扬。新华书店立足服务群众需求，在图书发行中担当中流砥柱，提供一大批群众喜爱的优秀出版物，成为广大师生、群众的精神文化家园。

体育

【概况】 2018 年，湘潭县全面贯彻执行《体育法》，《国务院全民健身实施计划（2016 年—2020 年）》文件精神，推动体育事业和全民健身活动的深入开展，巩固全民健身示范城市成果，精心组织系列大型群众体育活动。

开展全民健身运动，群众体育活动丰富多彩。正月十五日组织开展“庆新春 闹元宵”系列文体活动，拉开全县全民健身活动序幕。精彩的舞龙舞狮表演精彩绝伦，让人拍案叫好；万人健走活动，吸引了数千名机关干部职工和人民群众来到沿江风光带实地健走，为第二届“万步有约”职业人群健走激励大奖赛营造氛围和声势。联合承办全国第二届“万步有约”职业人群健走激励大奖赛，广泛开展全民健身运动，关注职业人群健康。举办首届“健康湖南”全民运动会湘潭县海选赛，成功开展 12 个项目，上万名运动员和工作人员参与其中，影响空前。举办第三届“无限风光在顶峰——石鼓·顶峰之旅”登山比赛。承办“千里湘江第一湾”自行车邀请赛，吸引数百名国内自行车高手参赛；纪念彭德怀诞辰 120 周年系列活动——乌石穿越五峰越野赛，众多省内越野高手来到红色革命基地感受红色文化氛围的同时激烈拼搏、勇攀高峰。

【群众体育】 湘潭县全民健身服务中心已投入使用，并承办多项比赛和大型活动；对全县范围内的体育健身器材进行维修维护，保障人民群众运动健身的安全和正常开展；举办大众广播体操、气排球、广场舞、篮球等多个项目培训班，参与培训的人员超过 600 人，全县共注册登记的社会体育指导员达 900 余名。

【竞技体育】 狠抓湘潭县传统体育项目田径、乒乓球等项目的训练，积极开展其它运动项目的普及，努力提高竞技水平，深入各类运动项目训练现场，指导并解决训练中存在的问题，对教练员、运动员从严要求，制定并形成一系列科学训练体系，为参加各类体育赛事取得佳绩奠定坚实的基础。2018 年，湘潭县男女拔河队参加首届“健康湖南”全民运动会省级决赛双双夺冠，县一中足球队代表湘潭市参加第九届省运会获得第二名的好成绩。

【体育产业】 体彩站以提高销量和转变工作作风为主线，根据市场变化及时制定各项工作目标及应对措施，全面加快湘潭县体彩事业又好又快发展。2018 年，湘潭县体育彩票销量门店 29 家，总销量达 2400 万元。 （龙 荟）

广播电视

【概况】 2018 年，湘潭县广播电视台始终围绕县委、县政府“三创一治”“四责四诺”“五联五问”“党建领航”“脱贫攻坚”“乡村振兴”“改革开放四十周年”“扫黑除恶”“垃圾焚烧”“一区多园”“项目建设”“招商引资”“三大攻坚战”中心工作，充分发挥电视台、报纸、网站等平台特色，开展形式多样的报道，确保每个时期都有不同的宣传重点和主题。全年共制作播出《湘潭县新闻》256期，播出稿件1800余条；《湘潭县报》编发报纸49期，稿件1300余条，《江边有个湘潭县》编发6期；湘潭县网站共编发稿件2900余篇；《湘潭县手机报》编发244期；“湘潭县发布”微信公众号编发246期（含增刊、特刊和子刊），用心打造台、报、网、广播、手机合一的集成新闻平台。

湘潭县广播电视台实行“三媒融合”以来，新闻采编和经营“两分开”，由广告中心对外统一承接台、报、网站的商业广告，建设大广告中心，扩大中心职能，配强基础设施，提高组织协调策划调度能力。以承办各类活动为抓手，实行大型活动经费承包制，加强成本核算，提高活动效益，实现产业经营的新突破。是年，认真落实县委、县政府关于开展“五大竞赛”的有关要求，依据中央对“十三五”文化旅游提升工程的指示精神，向上级主管部门申请中央补助地方公共文化服务体系建设专项项目资金和高山台（晓霞山）基础设施建设资金共计110万元。

【外宣工作】 湘潭县广播电视台坚持“新闻立台”的办台宗旨，实行融媒体改革后，以“中央厨房”（总编室）为龙头，准确把握重大节点、敏感话题、社会热点，主动对接中央、省、市主流媒体，积极主动做好外宣上稿工作，全台在省级以上媒体上稿370余篇次，创造建台以来年度上稿最高纪录。其中，在人民网、新华网、光明网等中央级媒体转载发稿55篇；在湖南卫视、湖南经视等主流媒体发稿40余条；在红网、新湖南等省级媒体发稿230余篇，其中红网首页发稿25篇；在上级纸质媒体发稿53篇。《湖南湘潭：武警警官路遇车祸勇救七人》《【为了民族的复兴英雄烈士谱】罗亦农：最英勇的战士》等稿件在央视上稿，《湘潭县获评“全国法治先进县”》《湘潭县领导干部化身志愿者 助力“美化家园 共创文明城”公益活动》等稿件在红网首页和新湖南得到重点推荐。《挺进百强县 创建文明城》在湖南日报整版刊发，《湘潭县全域旅游助推乡村振兴》《湘潭县城乡一体迈大步》等稿件在《湖南日报》（市州版）头条发表。通过开展正面有效的宣传推介，构建湘潭县奋发向上的对外形象。

【栏目专题报道】 湘潭县广播电视台以“贴近实际、贴近群众、贴近生活”为宗旨，全力打造以新闻资讯节目为主，服务本土的县内新闻媒体。自办栏目有六档：《湘潭县新闻》《大美莲乡》《法治天地》《走进新农村》《莲乡卫计》《莲乡清风伴我行》；编辑栏目有《农广视角》《生活视觉》《致富故事汇》《乡村法制》《健康面对面》《每周文娱》《匠人精神》《光影纵横》《第一首映》《品质》《快乐健康中国行》《致富巧有道》《X诊所》《健康湘潭》《养生大国医》《普法小剧场》《联盟视界》《莲乡气象》《星梦剧场》等。

《湘潭县新闻》：坚持每周五期新闻5（时政）+2（社会）的基本格局，全年制作新闻256期1800余条；《大美莲乡》：其内容坚持服务于全县经济建设和社会发展，紧紧围绕县委、县政府中心工作；紧跟县委、县政府主要领导实时调度各项重点工作的步伐；紧贴基层及百姓关心关注的民生实事，确定报道重点，组织精干力量，精心策划制作，积极发挥新闻媒体宣传的导向作用。全年制作10期。《法治天地》：以生动的案例吸引观众眼球，增强广大人民群众的法律意识和法制观念，为“法制湘潭县”建设营造良好的舆论氛围。全年制作10期。《走进新农村》：以服务于全县农业、农村、农民为宗旨，全面宣传党和政府对“三农”方面的各项方针政策，重点围绕新农村建设、特色农业经济、民俗文化、乡村老手艺、乡村旅游、美丽乡村建设等主题开展，体现莲乡农村、农业特色。全年制作10期。《莲乡卫计》：普及卫生计生健康知识，宣传国家的卫生计生法律、法规、政策，发布卫生计生工作动态，推介卫生计生一线先进典型，使卫生计生工作更好地服务百姓、惠及民生。全年12期。

【公益宣传】 2018年，湘潭县广播电视台调整出更多时段和版面开展公益宣传，频道每天确保了60分钟以上、60余次的公益宣传，自制有关县域精神、创文、创卫等相关内容的公益广告作品58条，为“三创一治”、扫黑除恶营造了浓厚的社会氛围。

【电视专题片】 调集优势力量，全年完成40余个专题片：科普专题片《探秘垃圾焚烧发电》，招商引资推介专题片《大美莲乡》和《魅力鞋都青山桥》，县人大的《城区教育现状纪实》，县委组织部网络教育宣讲片《十九大精神耀莲乡》等，以及省委组织部在县委党校组织全省村支部书记学习培训的全程拍摄和视频花絮剪辑。其中《十九大精神耀莲乡》节目在全省微宣讲课比赛中荣获一等奖，青山桥皮鞋推介片在广州推介会上产生良好影响。

【主办（承办、协办）全县各类大型活动】 2018年，湘潭县广播电视台积极承办县委、县政府各类活动和赛事，承办乡镇党委和县直行业系统党工委书记公开述职述廉、妇联“三八”妇女节表彰会议、全县劳模表彰大会、纪念中共中央发布“五一”口号70周年文艺晚会、全县环保公益行、全县食品安全演练、彭德怀诞辰120周年等活动，同时利用平台和资源优势，积极与乡镇合作，大力推介“石鼓登峰”“花石赏荷”“梅林游园”“云湖摘橙”“乌石采茶”“谭家山‘梅’雨季节与你有约”等活动的开展。

【成功举办“十里风荷”2018湘潭县第三届青少年才艺大赛】 2018年，与湘潭县教育局联合举办湘潭县第三届青少年才艺大赛，比赛分为声乐、舞蹈、器乐、武术四大类别，吸引了来自全县60余家中小学校2000余名学生参赛，通过三场初赛、三场复赛、一场晋级赛和一场总决赛，历时近5个月的层层选拔，决出金奖1名、银奖2名、铜奖3

名、才艺之星12名，单项奖“最具潜力之星”“最具人气之星”“最具活力之星”各一名。总决赛暨颁奖晚会吸引县内近1200名观众到场观赛，此次大赛加入微信投票、微信直播和群众互动，其中微信投票参与人数达到40余万人次，总决赛当晚观众微信点击量达到11万人次，是湘潭县全年最受群众关注的文化活动赛事。

【改革创新】 2018年，湘潭县广播电视台在全省率先实施媒体融合，通过前期调研反复论证，制定成立融媒体中心的方案并报县委、县政府批准同意，采取“全员竞聘、双向选择”的方案予以实施。整合县台、县网站、县报社的人员、技术、硬件资源，创新工作流程，以“中央厨房”（总编室）为龙头，通过数据库的资源共享，各传播渠道、子媒体根据自身需要对数据库中的素材进行二次加工，逐级发布、传播，开创出一条集台、报、网、微、端、广播的多平台县级媒体融合发展的新路，受到省市行业主管部门的高度肯定。

【农村广播“村村响”建设】 2018年，县委（潭县发〔2018〕1号文件）将充实“广播‘村村响’内容，提升村民素质”列为专项重点工作任务，湘潭县广播电视台作为责任单位全力推进，充实人员力量，精心组织编排节目，每天准时播出。围绕县委、县政府“强工惠农”战略和“两大目标”，广播“村村响”平台进一步充实公共服务类节目内容，将节目固定为《湘潭县新闻》《农广天地》《经典音乐、快乐气象》《声动莲乡》四大板块，开设《莲乡职教》专栏，围绕2018年县委县政府中心工作增加习近平新时代中国特色社会主义思想、垃圾焚烧发电知识、湘潭县党史人物故事等特定内容。同时，积极发挥协调、服务的职能职责，加强乡镇与供货商的衔接，为乡镇提供配件的保障和技术的指导和支撑，对照《湘潭县人民政府办公室关于印发〈湘潭县广播“村村响”维护运行管理办法〉的通知》，加强日常考核和半年度、年度考核，严格落实考核细则，强化考核结果的运用，重点解决“村村响”广播全面正常运营及维护的问题。各乡镇利用镇、村广播平台，开展民调走访、农村环境卫生整治讲评、防灾减灾和灾害预警等宣传，减少各种会议和管理成本，提高应急处置能力，拉近干部与群众距离，有效推动农村工作开展。

【中央无线覆盖第二期工程建设顺利验收】 由湘潭县承担的中央电视节目无线数字化覆盖工程地面数字电视广播发射系统（第二批）发射设备的建设任务，安装无线数字电视发射机二台，共发射国标电视节目19套（中央台12套、省5套、市、县各1套）。历经近2年的建设、调试，已于2018年11月顺利迎接省局验收。

湘潭县广播电台

【概　况】 湘潭县调频广播（106.5MHZ）发射台继续在雨湖区响塘乡仙女山发送调频广播节目。坚持整点呼台“这里是湘潭县人民广播电台”。湘潭县广播电视台、电台实行《湘潭县新闻》资源共享，并严格执行当日20:00—20:15首播，次日8:00—8:15重播制度以及新闻三审制度。2018年9月17日，湘潭县文化旅游体育局根据省新闻出版广电局《关于继续做好集中整治违规设置使用调频广播电台专项行动的通知》的通知要求，对FM 106.5MHz电台位于湘潭县原响塘乡仙女山的发射基站予以查封。湘潭县广播电视台按要求报送相关资料申请复播，接管自办。

湘潭县报刊

【概　况】 《湘潭县报》每周一期、对开彩版，内部刊物，免费赠阅，每期1万份，发行到县内各乡镇、机关、企事业单位县籍知名人士和县城主要街道门面。由湘潭县广播电视台具体承办，人员内部组合，县报工作经费由县财政每年预算30万元，对外宣传刊物《江边有个湘潭县》由县财政每年预算30万元，不足部分由湘潭县广播电视台自筹解决。是年，湘潭县报社有员工4人，在中央、省、市级媒体发稿共计60条，其中《湖南日报》上刊发两个整版报道，2篇报道在《湘潭日报》头版头条发表，外宣上稿工作在量和质上都有新突破。全年出版《湘潭县报》49期，每期四版，共发稿1200余条；2018年，编纂出版县刊《江边有个湘潭县》6期，全面完成各项目标任务。

（黄希群）

卫生医疗·计划生育

卫生医疗

【概况】 2018年，全县卫生工作紧紧围绕县委“三创一治”和挺进“全国百强县”的战略部署，高质量建设健康主题公园，受到省创卫检查组的高度肯定;指导县京湘供水有限公司水质A类达标，为全县高分通过“省级文明卫生城市”做出积极贡献。公共卫生工作连续八年排名全市第一。2018年，排名全省前三。计生工作获评“全省人口和计划生育工作优秀单位”，各项直报数据位居全省先进行列，高分通过“全国基层中医药工作先进县”复评。在全国第三届“万步有约”大赛上取得健走全国第二名的优异成绩，荣获全国“银牌健走示范区”称号。实事工作获评“全省两癌免费检查等重点民生实事项目先进集体”。县新生儿抢救中心、危重孕产妇救助中心通过省级验收。

【疾病预防控制】 2018年，全县无甲类传染病报告，报告法定传染病5984例，报告死亡4例（艾滋病4例），发病率为691.55/10万，死亡率为0.46/10万，报告率和及时报告率均为100%，网报质量评价指数位居省市前列。全县各医疗卫计单位严格按照监测方案，做好不明原因肺炎、H7N9、流感、手足口病、登革热、布病等重点传染病监测，及时介入非洲猪瘟监测防控；认真落实预检分诊制度，按要求开设发热门诊、肠道门诊,加强对门诊的管理，并充分发挥哨点作用；全年共检测常规监测样品4697份。各乡镇（中心）卫生院和县级医疗机构实行“日报告和零报告”制度，强化传染病及突发公共卫生事件监测、分析，及时预警，开展风险评估4期。及时有效处置传染病疫情70余起，无二代病例发生，疫情得到及时控制；妥善处置3起突发公共卫生事件，1起食用野蘑菇引起的食源性疾病暴发疫情，1起县内首例人感染猪链球菌病疫情，1起易俗河镇白云阳光幼儿园水痘暴发疫情，经采取有效防控措施，事件均得到及时有效的处置。严格按照国家免疫接种程序开展儿童预防接种工作，顺利完成各项常规免疫规划工作。全面完成麻疹、风疹、AFP、AEFI等免疫规划监测工作任务，各项监测指标均达到市级量化考核工作要求，免疫规划用疫苗接种率以乡镇为单位达95%以上，免疫针对疾病发病率维持在最低水平。全县已累计登记在册重性精神障碍患者4456人，报告患病率4.69‰；管理严重精神障碍患者4338人，管理率97.4%；规范管理 4243人，规范管理率96.3%；服药人数4211人，服药率94.5%；规律服药3448人，规律服药率77.4%，各项指标均超额完成任务。

【卫生监督】 2018年，政务窗口共受理224家（118家公共场所、74家生活饮用水、放射单位32家）单位卫生许可申请，发放《卫生许可证》224个；受理22家医疗机构现场验收申请。全年查处各类违反卫生法律法规案件26起（医疗案件18起、生活饮用水案件2起、公共场所案件1起、“两非”案件5起），移送公安机关3起、申请法院强制执行1起。罚款到位5.83万元。

【医疗服务】 2018年，继续推进“平安医院”创建，加强对医疗机构的监管，狠抓医疗质量与安全管理措施的落实。调处医疗纠纷74起，调处成功73起，没有因医疗纠纷引发群体性事件或恶劣社会影响，无因调处不当或调处不及时引发的纠纷激化、群体性械斗及越级上访事件。严格实行医疗机构准入制度，核发“医疗机构执业许可证”的医疗机构共773家。全年新办医疗机构16家，依法注销医疗机构24家；办理医师执业注册438人，其中首次注册101人，变更注册253人，注销注册67人，多机构备案17人；护士执业注册941人，其中首次注册119人，重新注册8人，变更注册247人，延续注册542人，注销注册25人。开展2017—2018年度医疗机构校验及换发证工作，已通过校验并换发证的机构共750家。顺利完成并通过“全国基层中医药先进单位”的复评。圆满完成2018年医学订单定向生招录及资格审查任务，招录4人，调剂1人。开展各类学习培训14次，培训医务人员1300余人次。全面完成19家乡镇卫生院实验室生物安全备案相关工作。积极开展“送医送药送健康，百场义诊进乡村”活动。全年3家县直医院义诊队开展义诊56场次。钟金盆、宋文军被评为首届“湘潭好医生”，县中医院侯建、县疾控中心谢小莲、石潭镇中心卫生院李思、花石镇中心卫生院谭海英评为首届“湘潭百佳医生”。

【爱国卫生】 2018年，全县爱国卫生工作紧紧围绕创建省级卫生县城的目标，通过全县各部门、各单位的共同努力和广大人民群众的广泛参与，扎实开展，深入推进，成效明显。充分发动群众，深入开展以清垃圾、清积水、清死角、清菜地、清粪坑为重点的病媒生物孳生地整治工作，对垃圾桶（箱）进行加盖，累计清除孳生地3万余处，治理率达到95%以上。防治设施不断完善。新增毒饵站1000余个，更换毒饵站2000余个。农贸市场、“八小”门店、宾馆酒店、集体食堂等重点单位和场所的“三防”设施完好率达到90%。积极推进病媒生物防制社会化、市场化服务，全县机关事业单位市场化率达到100%，八小”门店、宾馆酒店、副食店、企业市场化率达到95%以上。蟑螂密度控制达到C级标准。认真开展农村改厕的专项调查。2018年，全县农村卫生厕所普及率为85.88%。省级卫生县城创建成效显著，以93.8的高分通过省级技术考核鉴定，成功创建为“湖南省卫生县城”。各类卫生创建广泛开展。以创建省级卫生县城为抓手，积极推进卫生镇村、文明卫生单位、无烟单位创建工作。乌石镇、中路铺镇成功创建为“湖南省卫生镇”，青山桥镇镇创建为“湘潭市卫生镇”，创建省级卫生村（社区）9个、省级文明卫生单位11家、市级文明卫生单位12家、市级卫生村15家、市级无烟单位15家。

【农村卫生】 2018年，全县免费建立城乡居民健康档案823788份，建档率95.66%，高于省定指标15.66个百分点。报告法定传染病5548例，发病率584.27/10万，死亡率0.42/10万。肺结核患者系统管理率97.92%；报告突发公共卫生事件两起，无死亡病例。接受国家基本公共卫生省级考核，获全省第三名。全县现有贫困人口46183人、贫困户17603户。“三个一批”“先诊疗、后付费”“一站式结算”“家庭医生签约服务”工作落地见效，全面完成建档立卡贫困人口居民电子健康档案建档，建立家庭医生签约服务团队138支，全面实行家庭医生签约服务，建档立卡贫困人口签约率100%，全县常住人口97.71万，已签约325518万，占33.51%。县域内住院实际报销比例达到91.13%。开展健康教育咨询活动372余次，接受现场咨询4.6万余人次。举办健康知识讲座1886次，参与人数84117人次。在国家、省、市、县主流媒体或门户网站发表健康教育新闻文章60余篇，其中省级以上媒体40篇，宣传栏更新12期。医卫项目建设快速推进。着力加强医疗卫生服务体系建设，进一步加大对医院建设用地、修建资金、学科建设等支持力度，全力推进县人民医院门诊医技及内科住院大楼、县妇幼保健院整体搬迁项目建设。2018年，完成争支争项920万元，均达规定要求。完成漏登和2017年度新增老年乡村医生摸底、公示、审核，共有32位对象列入2017年度老年乡村医生生活困难补助新增发放对象，现有814位老年乡村医生享受此项补助。设立固定禁毒宣传栏22个，发放宣传材料15000余份，悬挂宣传横幅12条，接受群众咨询达5930人次、接受省、市、县禁毒考评效果良好。

【妇幼保健】 2018年，全县妇幼健康战线认真贯彻落实新时期卫生健康工作方针，以妇女儿童健康为中心，全力保障母婴安全，扎实推进出生缺陷综合防治、创新实施重点民生实事项目，妇幼健康服务工作取得明显成效。全年孕产妇死亡率13.37/10万，5岁以下儿童死亡率5.88‰，均控制在省定指标之内。农村适龄妇女“两癌”免费检查23470人，任务完成率106.68%。孕产妇免费产前筛查6083人，目标任务完成率101.3%。新生儿疾病免费筛查6160名，目标任务完成率100%。整合婚前医学检查、孕前优生健康检查、叶酸增补项目工作，全县婚前医学检查率90.09%，孕前优生健康检查目标人群覆盖率100%；育龄妇女叶酸服用率95.25%，叶酸服用依从率89.06%；孕产妇产前筛查率100.22%；早孕建册率91.89%；产后访视率94.31%；新生儿疾病筛查率97.92%，新生儿听力筛查率97.75%。2018年，全县活产出生缺陷发生率97.82/万，比上年同比下降。办理出生医学证明证件6876张，废证24张，废证率为0.34%，协查核实出生医学证明5份，全县均无错发、遗失、违法违规等现象。计划生育技术服务机构日常开展计划生育技术服务咨询、指导和技术服务工作，全年县内有效落实长效避孕节育措施1506例，上、取环3222例，无一例手术并发症发生；组织县级病残儿医学鉴定3例，市级1例；组织计划生育手术并发症人员鉴定1例；实施爱心助孕1对。

【卫生计生综合监督执法】 湘潭县卫生计生综合监督执法局成立于2016年1月，由原湘潭县卫生监督所与原湘潭县人口和计划生育执法局整合组建而成，占地面积0.4公顷。为县卫生和计划生育局管理的公益一类事业单位，核定全额事业编制34名，设局长一名。单位在编人员29人，实际在岗人员26人，其中，班子成员4名。设有办公室、法制稽查科（内设“两非”办）、计划生育执法科、公共场所卫生监督科、医疗卫生监督科、综合卫生监督科（内设学校卫生监督科）共6个科室。

湘潭县卫生计生综合监督执法局的主要工作职责是依法承担全县学校卫生、公共场所卫生、放射和职业卫生、生活饮用水卫生、医疗机构卫生、职业卫生、传染病防治及计划生育等综合监督执法工作，查处违法行为。具体负责实施卫生计生专项整治和日常监督检查；参与职责范围内卫生许可的申请受理、初审、上报和证件发放、管理等具体工作；监督检查公共场所卫生、生活饮用水卫生、学校卫生及消毒产品和涉及饮用水安全产品；监督检查放射诊疗、职业健康检查和职业病诊断、传染病疫情报告、疫情控制措施、消毒隔离制度执行情况、医疗废物处置情况和菌（毒）种管理情况；监督检查母婴保健机构、计划生育技术服务机构服务内容和从业人员的行为规范，查处违法行为；依法查处违反卫生和计划生育法律法规行为；依法打击非法行医、非法采供血和“两非”行为；整顿和规范医疗服务秩序。指导基层卫生计生综合监督执法行为，监督和规范社会抚养费征收、管理及使用；督查督办社会抚养费征收和违反违纪案件，受理违法行为的投诉、举报；开展卫生计生法律法规宣传教育和执法监察。

人口和计划生育

【概况】 2018年，计划生育工作紧紧围绕“改体制、强管理、优资源、扩渠道、抓基础”的基本原则，深入贯彻落实中共十九大精神，深入推进计划生育服务管理改革，攻坚克难，开拓奋进，稳步推进各项计生工作。6月，荣获全国生育状况抽样调查优秀单位的荣誉称号。计生工作获评“全省人口和计划生育工作优秀单位”，各项直报数据位居全省先进行列，计生综治“智慧阳光直报系统”年度考核排名全市第二，为市委市政府对县委县政府绩效考核增加1.5分。

2018年，全县共出生11132人，比上年同期报表减少1501人，符合政策生育率97.14%，出生性别比为107.89:100，政策外多孩率2.64%，出生率11.15‰，自然增长率4.91‰，各项指标均控制在合理范围内。

2018年，县委、县政府坚持计划生育国策地位、党政负责、工作机制、考核标准、问责力度“五个不变”，县人大、县政协就全面两孩政策落实、基层计生工作开展情况进行调研。县政府成立以县长为组长的卫计工作领导小组，主要领导经常听取汇报，及时掌握动态，定期开展讲评。1月30日，召开县卫计工作领导小组会议，对2017年计生工作进行了总结，研究2018年工作目标及工作重点。会议通过《湘潭县卫计工作领导小组关于完善计划生育工作约谈制度的实施意见的通知》，列出11条触及底线约谈制度。

保障措施到位。全县县级财政按计生工作财政经常性增长幅度标准投入到位，中央、省、市级专项经费足额配套并在规定时间内拨付到位。坚持“职责不减，队伍不散，人员不减”的原则，全面整合加强计生工作队伍建设，计生工作人员按辖区内常住人口5000:1的比例配置到位。

积极开展数据核查和业务培训。通过分析报表数据结合市卫计委基层指导科数据通报，发现各乡镇出生漏报情况较严重。发现问题后，该局积极采取措施，于2月8—9日，对花石镇、射埠镇、河口镇、谭家山镇、中路铺镇、乌石镇、排头乡7个乡镇进行2018年度第一轮数据核查，共计查处出生漏错报15例，对工作滑坡较严重的乡镇执行“黄牌警告”或“预否决”。8月对乡镇卫计办主任、微机员和部分村专干进行相关政策和业务进行培训会。

做好计生优质服务。根据市卫计委《关于做好春节期间计划生育优质服务的通知》精神，积极组织各乡镇开展“四送一问”活动，对活动开展不积极的乡镇进行点名批评。全县“健康湘潭”APP注册完善1.2万个；送“生育服务证”上门7879本；送母子健康手册、优检、“两癌筛查”、孕前健康检查、爱心助孕、奖扶特扶政策3万多份；落实避孕节育措施8746个；全员人口数据质量在98%以上。

计生综合治理协同有序。切实履行信息共享职责。2018年，承担有信息共享职责的综治单位分别以“实时通”或数据打包的方式通报相应信息。公安部门向卫计部门通报新上户、迁入育龄妇女及死亡注销人员信息共计7932条;教育部门通报上年度新入小学学生信息8437条;民政部门通报婚姻登记信息4256条。切实履行协同管理职责。各综治单位在表彰评选、人才提拔任用等方面严把计生审查关;宣传部门、组织部门将计生相关知识、政策纳入党委中心组学习及党校主体班培训必修内容。切实履行了利益导向职责。各综治单位2018年在落实各项优惠政策时，优先考虑计生家庭。民政部门扶助、慰问计生家庭12万余元，教育部门用于落实计生家庭优惠政策资金14万多元。省计生工作考核上报系统上报工作得到肯定。2018年，湘潭县上报工作经省评审获得A类评价，在全市排名第二，受到了省、市的充分肯定。

严格计生审查执法。共计审查1812人次，审查单位244家，否决个人10人，否决单位1家。严肃查处“两非”。全年，通过系统督查，交办线索，掌握“两非”线索10余条，已办理案件5起。

推动公共服务均等化。积极推进流动人口卫生计生基本公共服务均等化，切实做好了春节期间流动人口卫生计生服务工作。开展关怀关爱义诊活动。春节前后，各乡镇卫计办联合镇卫生院利用节日前后多次开展“把健康带回家”流动人口卫生计生关怀关爱义诊活动，惠及群众2万余名，免费进行健康咨询、量血压、测血糖等义诊服务4千多人次，发放购物袋、避孕套、宣传资料等计划生育宣传材料15254余份、健康包2480个，在寒冷的冬日为广大人民群众带去温暖。开展春风送温暖、关爱留守儿童活动。在专项活动期间，组织各乡镇党委、政府对农村困难家庭、失独家庭和留守儿童生活情况进行了摸底。年前，部分镇领导及计生办有关同志带着慰问金深入全县农村困难家庭、失独家庭及留守儿童家中开展慰问服务活动，将温暖之情送到他们的心坎上。开展跨省流出人口清查活动。按照省、市《关于开展跨省流动人口数据清理工作的通知》文件精神，县局精心安排部署，细化工作流程，完善流动人口台账资料、健康档案、证明查验工作，做好流动人口信息系统的信息采集、数据录入、跨区域核查协查等工作。通过此次活动，有效提升全县流动人口卫生计生管理服务水平，同时更为下一阶段流动人口服务管理工作奠定良好的基础。

完善卫计执法体系。乡镇卫计监督执法体系建设日趋完善，易俗河镇卫计监督管理所拟创建省级卫计综合监督示范所，县卫计综合监督执法局拟创建省级卫计综合监督示范机构。

稳步推进利导工作。春节前，对全县所有计划生育特殊家庭开展慰问，确保对象能过个平安温暖的节日。3月5—9日，对乡镇“两扶”申报资料进行全面审批，共计审批资料1035份，奖扶审批通过818人，特扶审批通过109人。

（左怀湘）

社会生活

人民生活

【概况】 2018年，湘潭县城镇居民人均可支配收入34843元，比上年增长7.8%。全年工资性收入21457元，比上年增长8.0%，对可支配收入增长的贡献率为63.0%，工资性收入占人均可支配收入的比重为61.6%；经营净收入6399元，增长6.8%，贡献率为16.2%，占18.4%；财产净收入2014元，增长12.0%，贡献率为8.6%，占5.8%；转移净收入4972元，增长6.7%，贡献率为12.3%，占14.3%。

全县城镇居民人均消费支出19956元，增长9.2%。消费结构中，食品烟酒支出5863元，占29.5%；衣着支出1820元，占9.2%；居住支出3568元，占18.0%；生活用品及服务支出1214元，占6.1%；交通通信支出2469元，占12.4%；教育文化娱乐支出3280元，占16.5%；医疗保健支出1312元，占6.6%；其它用品和服务350元，占1.8%。年末人均居住面积为54平方米。

2018年，农村居民人均可支配收入18435元，增长8.6%。全年工资性收入9220元，比上年增长10.0%，对可支配收入增长的贡献率为57.6%，工资性收入占可支配收入的比重为50.0%；经营净收入5662元，增长5.6%，贡献率为20.4%，占30.7%；财产净收入322元，增长10.7%，贡献率为2.1%，占1.8%；转移净收入3231元，增长9.7%，贡献率为19.9%，占17.5%。

农村居民人均生活消费支出14538元，增长9.1%。消费结构中，食品烟酒支出4463元，占30.4%；衣着支出723元，占4.9%；居住支出2971元，占20.2%；生活用品及服务支出912元，占6.2%；交通通信支出1318元，占9.0%；教育文化娱乐支出2349元，占16.0%；医疗保健支出1588元，占10.8%；其它用品和服务支出358元，占2.4%。年末人均居住面积为57平方米。

(胡州益)

劳动就业

【概况】 2018年，全县新增城镇就业8556人，完成目标任务6300人的136%；失业人员再就业1353人，按成目标任务1300人的104%；就业困难人员再就业357人，完成目标任务300人的119%；农村劳动力新增转移就业5363人，完成目标任务5000人的107%；新增贫困劳动力转移就业626人，完成目标任务550人的114%；城镇登记失业率2.98%。

新增创业主体1217户；带动就业2480人，完成目标任务2400人的103.6%，其中带动城镇就业1240人，完成目标任务1200人的103%；"两后生"技能培训81人，完成目标任务55人的147%；贫困劳动力技能培训292人，完成目标任务220人的133%；创业培训820人，完成目标任务820人的100%；发放创业贷款2520万元，完成目标任务2500人的100%；贴息95万元；开展职业技能鉴定17批次，参加鉴定962人，取得"职业资格证"885人，其中取得初级"职业资格证"774人，中级"职业资格证"5人。

加强培训，提升业务能力。组织各乡镇业务骨干参加县局组织的各项业务培训；指导乡镇开展业务培训，提升村级协理员业务素质和能力，确保工作有序推动。积极宣传。通过县、乡、村三级公共就业信息服务平台，QQ群、微信群，印发宣传资料等多种方式进行宣传，营造"人人学政策、人人懂政策"的良好氛围。分步落实，确保效果。各乡镇结合本地实际情况分时间段落实不同工作，春节前后对劳动力进行摸底，了解就业情况及意愿，农闲时间组织农村剩余劳动力参加实用技能培训，深入企业走访解决单位用工问题等，均取得较为显著的成效。

结合实际，打造亮点。县就业局多次走访乡镇，指导乡镇结合本地实际深入开展就业创业工作，打造符合本地实际的特色亮点。易俗河镇结合创建国家现代农业示范园建设，建设魅力新梅林，通过集中的土地流转、以“企业+基地+合作社”模式引进企业和个体投资创业，打造107国道沿线工业集中区，加大招商引资力度，拓展就业岗位；花石镇通过“湘莲文化艺术节”“七夕情人节晚会”“潇湘艺术文化节”等活动打造具有花石特色的现代旅游产业，同时规范行业行为规则，使湘莲产业健康稳步持续发展。

多形式做好就业服务工作。各乡镇利用春风行动、就业援助、精准扶贫等契机，通过举办或协办现场招聘会，实现批量安置农村剩余劳动力实现就业，全县共计举办现场招聘会10场，提供各类就业岗位12259个，现场达成就业意向2513人。通过招商引资和“引老乡、回故乡、建家乡”等活动，吸引外来企业和返乡人员在本地落户办厂，不断扩大本地就业规模。茶恩寺镇双江竹木制品厂和湖南湘宝竹木制品有限公司带动就业200多人；分水乡湘潭县祥瑞农业合作社和盈丰合作社解决近200人就近就业；花石镇天马现代农业示范园区就业基地、雨春食品有限公司精准扶贫就业安置基地、可唯食品有限公司精准扶贫就业基地解决500余人的就业。

稳步推进创新创业工作。落实责任体系，分解2018年度《湘潭县创新创业三年行动计划（2016-2018年）》目标任务，对全县17个乡镇和26个县直责任单位下达年度工作目标任务，并列入相关责任单位的年度绩效考核。

加大创业扶持力度。出台《关于支持农村创客发展推动创新创业的意见》，明确支持农村创客发展推动创新创业的工作目标，力争3年内吸引1000名创客主体进驻农村，重点培育100个农村电商、100个智慧农业项目、100个乡村旅游的创新创业示范典型，建设梅林桥、天马、碧泉潭、白石、乌石、花石“六个农业创客园”。通过实施创客招募培育行动，搭建创客平台，完善服务体系，加强政策扶持，鼓励农村劳动者自主创业。

积极开展创业培训。在县人社局就业培训中心及湘潭县职业技术学校、花石镇、射埠镇、排头乡等单位开展创业培训，共培训学员820人。后续跟踪服务760人，对符合条件的创业者申请创业贷款给予贴息扶持，全年发放创业贷款2520万元，贴息95万元。

发挥典型示范引领作用。做好第三届“中国创翼”创业创新大赛湘潭县赛区选拔赛。经过赛前精心准备，共有42个项目报名。通过报名、海选、培训、选拔赛、实地走访等环节，共评选县级获奖项目17个，发放奖金18万元；推荐参加市级大赛项目10个，获奖项目6个，获得奖金6万元；推荐参加省级大赛1个，获得专项组二等奖，获得奖金6万元。严格程序，推动“2151”工程和“双百工程”创新创业带动就业示范典型的评选。全年申报省、市、县创新创业带动就业示范典型评选的共72家，经过资料初审、实地走访、召开联席会议等程序，推荐30多个对象参加市级的评选，最终31家单位获评，发放奖补资金221万元；推荐4家参加省级评选。评定县级创新创业带动就业示范典型45家，发放奖补资金151万元。

开展技能培训，组织技能鉴定。全年在易俗河镇、云湖桥镇、石鼓镇、茶恩寺镇等11个乡镇举办育婴师培训班19期886人，其中建档立卡贫困对象136人。各乡镇组织养蜂、乌鸡养殖等特色培训10期近500人，其中建档立卡扶贫对象98人。组织学员进行初级技能等级考试，经过精心组织，参加考试的886人有773人通过考试。抓好高技能人才培养，通过技能竞赛促进高技能人才成长，选派10名选手参加湘潭市数控技能竞赛，获得数控车工和数控铣工两大类一等奖3名，二等奖2名，三等奖1名。与县总工会等单位联合举办县级焊工技能竞赛，评选出一等奖1名、二等奖3名、三等奖5名。委托湘潭县职业技术学校与湖南傲派自动化有限公司、湖南杰萃生物技术有限公司两家企业对接，开展“校企一体，课岗对接”的人才培养模式，为两家企业培训中级技能人才50名，弥补企业人才短缺局面。

认真落实就业扶贫工作。印发《湘潭县2018年就业扶贫工作实施方案》，将任务分解到各乡镇。召开乡镇、社区工作人员就业扶贫工作业务培训会，召开“两后生”工作培训动员会，开展“两后生”技能培训81人。深入开展“311”就业扶贫行动，结合贫困劳动力的就业需求和特点，为有就业意愿且未就业的贫困劳动力推荐3次岗位、提供1次职业指导、提供1次职业培训信息。开发就业扶贫特设岗位，认定就业扶贫安置基地5个，安置贫困劳动力近300人，认定湘潭县精准扶贫爱心单位和就业扶贫车间1个，帮扶26名贫困劳动力就近就业；开发保洁保绿等公益性岗位，安排贫困劳动力就业17人。落实就业扶贫补贴政策，认定劳务经纪人41名；落实转移就业交通补助，对跨区域外出务工的建档立卡贫困劳动力给予一定的交通补助，全年落实交通补助28.12万元；对安置建档立卡贫困劳动力就业1年以上的企业给与岗位补贴和社保补贴，全年有新向维、小龙王等6家单位40名贫困劳动力享受岗位补贴、3名享受社保补贴，共计6.83万元。

狠抓失业保险工作。强化失业保险参保扩面工作，积极主动进行失业保险政策宣传，到天易经开区、吴家巷工业园、柏屹创新园区、湘潭县教育局、各乡镇宣传政策。全年有湘潭天捷硬质材料有限公司、湘潭湘海新材料科技有限公司、长沙玉诚环境景观工程有限公司湘潭县分公司等33家单位新增参保，全县总参保单位达407家，总参保人数27005人。

积极开展基金征缴。以五险缴费基数统一申报为契机，加大对参保单位缴费基数的核定及基金征缴。对新增参保和批量申报失业的单位，上门核对工资发放表、会计台账等报表查实；对失业保险欠费严重的单位，以上门催缴、督促落实为主，电话催收为辅的方式进行征缴，全年共征缴失业保险费832万元。

确保待遇发放。全年私营企业及湘潭矿业失业人员待遇享受共1772人(其中湘潭矿业集团1464人)，失业保险基金支出3420万元。

严抓基金安全管理。按照《失

业保险条例》《湖南省失业保险申领发放办法》及《湘潭市失业保险申领发放暂行办法》，加强失业保险内网管理和“一事两岗两审”制度，进一步完善和规范失业保险基金安全管理制度，确保基金安全管理到位。

劳动监察

【概况】 2018年，共受理劳动争议案件104起，上年年末结案6起，涉及劳动者人数163人，已结案105起，为劳动者挽回经济损失580万元，发挥调解组织解决劳动争议“第一道防线”作用。

全年,登记受理投诉举报案183起，其中协调解决126起；立案57起，其中行政处罚案件1件，罚没收入额0.1万元。督促76家用人单位为2700余人办理社会保险登记、申报或缴费手续，为劳动者补签劳动合同书640余份，依法为760名农民工追发工资630万元。印发《湘潭县治理拖欠农民工工资问题三年行动计划（2017—2019年）》《湘潭县农民工欠薪应急周转金管理暂行办法》《关于做好建设领域农民工工资专用账户管理及银行代发工作的通知》，开展农民工工资支付情况、清理整顿人力资源市场秩序、用人单位遵守劳动用工和社会保险法律法规情况的专项检查行动。严格执行农民工工资保证金制度，全年，共有58家建筑单位和施工企业缴纳农民工工资保证金，缴存农民工工资保证金达5380万元，比上年同期增长128%。

社会保障

【概况】 2018年，持续开展全民参保登记工作，全年社保卡采集数7.21万，制卡2.81万张；全县累计社保卡采集数78.69万、制卡数78.18万、发卡数70.62万，超额完成目标任务。

【企业职工养老保险】 2018年，全县企业职工基本养老保险参保企业总数605家，参保在职人数45157人，征收基本养老保险费59207万元，完成目标任务40600万元的145.8%；同级财政补助1610万元，完成年度目标任务。严格落实补缴政策，印发《关于企业职工基本养老保险补缴有关事项的通告》，广泛宣传，认真解决历史遗留问题，促进参保缴费。为全县28085名企业离退休人员发放基本养老金68400万元，发放747名参保人员死亡丧葬费、抚恤金3702万元。7月按政策实现养老金待遇“十四连增”，人均增长117.07元，增长率6%，调增后全县企业离退休人员月人均养老金达1937元。

【机关事业单位养老保险】 2018年，全县在职参保人数14549人，实际缴费人数13762人，占参保人数的95%。全年，征缴养老保险费3.66亿元，征缴职业年金4323.6万元，滚存结余3431.6万元。发放养老金4.4亿元，基本养老金支出较上年同期增加46%。对全县退休人员进行调资，人均月增资169元。推进机关事业单位养老保险制度改革，全县新制度改革待遇计发任务1416人，完成对比、计算并发放到位901人，完成2014年10月后已故退休人员待遇调整补发480人。

【城乡居民社会养老保险】 2018年，城乡居民社会养老保险实际参保缴费503325人，完成目标任务的102%；征缴保费4651万元，完成目标任务的145%。为33605名符合城乡居保参保缴费条件的各类特殊人群代缴保费320.342万元。严格落实政策，从1月1日起，全县城乡居民基础养老金最低标准由每人每月85元提高到103元。全面取消集中认证工作，采取上户手工认证、手机网络认证等方式进行待遇领取资格核查。完善业务下沉乡镇经办程序，增设基层金融服务网点，解决服务群众“最后一公里”问题。

【工伤保险】 2018年，全县新增参保职工6928人，完成目标任务1800人的385%，累计参保人数53978人。基金总收入49741万元，其中潭煤老工伤预留费用46670万元，征缴工伤保险基金3071万元，完成目标任务1400万元的219%。共发生工伤事故505起，享受工伤待遇1359人次，基金总支出5787.7万元，其中一次性伤残补助金2100万元、一次性工伤医疗补助金510万元、医疗费1178万元、抚恤金72万元、丧葬费24.5万元，为8个工亡职工支付补助金575.5万元。全年工伤保险基金滚存节余43953.3万元，基金运作规范，安全完整。

【工伤认定】 2018年，受理工伤认定申请552起，下达《认定工伤决定书》514起，《不予认定工伤决定书》10起，实地调查核实143起，收集、初审劳动能力鉴定234起。

【失业保险】 2018年，新增参保单位33家，新增参保763人，总参保人数27005人，基金征缴832万元，为1772人发放失业保险金3420万元，累计结余3482.61万元。

【城乡居民医疗保险】 2018年，全县稳步实施职工基本医疗保险、职工生育保险、城乡居民基本医疗保险、大病保险政策制度，稳妥推进征缴体制和医疗保障机构改革，推进“智能监审、智能监控、在线查房”医保监控系统，实施省内和跨省异地联网结算，开设异地就医专门微信公众号，规范经办服务流程。城镇职工参保45296人，城乡居民参保762947人,外地参保29184人，合计838243人，基本医疗保险参保率96.54%。调整城乡居民医保住院报销比例、大病保险、职工生育保险、特殊病门诊、普通门诊、意外伤害等政策。推进106个病种按病种收付费工作，新版药品目录收载药品2818个（其中中成药1363个），增加500余种，药品自付比例整体下调两个百分点，将36种国家谈判药品纳入医保目录乙类范围，门诊特殊病种由34种增加到46种，大病特药由16种增加到50种，城乡居民在乡镇卫生院报销比例提高到90%，终末期肾病透析治疗报销比例提高到80%，将60天产假纳入生育保险生育津贴发放范围，医疗保障水平不断提升。

全县46234名精准扶贫对象100%参保。对参加城乡居民医保的建档立卡贫困人口、特困供养人员(暂不适应于农村和城市低保对象),在各级定点医疗机构住院就医的政策范围内的医疗费用报销比例提高10%;对建档立卡贫困人口、特困供养人员、城乡低保对象大病保险起付线降低50%,;对参加城乡居民医保的建档立卡贫困人员提高门诊统筹最高基金支付限额为1500元/人/年;实施健康扶贫“一站式”结算,县域外实际报销比例77%,县域内实际报销比例达到91.35%。有效缓解人民群众“因病致贫、因病返贫”问题。

年内,全县职工医保征缴20584.62万元(不含个人账户),支出9126.87万元,享受住院待遇10344人次;特殊人群财政补助收入1321万元(离休干部309万元,荣残军人1012万元),支出1313万元;生育保险征收805.16万元,支出470.68万元,享受生育待遇2990人次;城乡居民医保账面基金收入51259万元,其中个人缴费13717万元,中央补助收入21515万元,省级补助收入11109万元,市级补助收入691万元,县级补助收入4076万元,利息收入142万元,其它收入9万元。支出56719万元,其中住院基金支出49677万元(含意外伤害保险支出),门诊统筹(含特殊病)支出2304万元,大病保险支出4738万元。账面累计结余5214万元。(李圣权)

住房保障

【概况】 实施农村危房改造是贯彻落实科学发展观、构建社会主义和谐社会的一项重要惠民政策,建档立卡贫困户危房改造是脱贫攻坚“两不愁、三保障”目标的重要组成部分。2018年,农村危房改造1989户全部开工,竣工1693户,超额完成省市农村危房改造和实事工作任务,由财政直接通过银行一卡通系统将1652户危改资金共计3481.13万元直接发放给农户。其中建档立卡贫困户农村危房改造1352户,拨付建档立卡贫困户危房改造补贴3219.35万元,并顺利通过国家、省脱贫攻坚检查。(李圣权)

社会事务

【城乡低保】 从2018年1月1日起,全面提高四类对象补贴标准。其中:农村特困供养人员月补助标准由460元提高至600元;城市特困供养人员月补助标准由600元提高至650元;城乡特困集中供养人员月生活标准提高至700元;城市最低生活保障标准由每人每月460元提高至500元;农村最低生活保障标准线由每人每月340元提高至460元;困难残疾人生活补贴标准由每人每月60元提高至70元;重度残疾人护理标准由每人每月50元提高至70元;社会散居孤儿生活费标准由每人每月600元提高至800元;集中供养孤儿生活费标准由每人每月1000元提高至1200元。实现农村居民最低生活保障标准与扶贫标准“两线合一”,年发放城乡低保和特困人员保障金9270.54万元,28343名城乡困难群众基本生活得到有效保障;发挥临时和救急难等救助的辅助作用,年内,共救助临时和救急难人员5182人次;资助85户农村特困家庭兴建住房;建成农村“留守儿童之家”63个。

【婚姻登记】 2018年,湘潭县办理结婚登记5139对,离婚登记2277对,补发结婚证1597对,补发离婚登记证172人,登记合格率100%。

【福利事业】 全县共有67家投注站,其中:城区站点34家、乡镇33家,有刮刮乐岗亭2个,中福在线销售厅1个。2018年,全年福利彩票销量累计达到7125万元。其中300万元以上的站点1家,200万元以上的站点2家,销量100万元以上站点21家。全年未出现安全事故或重大负面舆情。

【慈善事业】 2018年,全县有孤儿118人,发放生活费55.36万,有困境儿童277人,发放保障金24.18万元。

2018年,严格落实《关于开展困难残疾人生活补贴和重度残疾人护理补贴清理认定工作的通知》(潭县民发〔2018〕89号),全县清理认定后同时享受残疾人两项补贴8382人,只享受重度残疾人护理补贴158人,只享受困难残疾人生活补贴2491人,全县残疾人两项补贴总人数为11031人。

【老龄工作】 2018年,湘潭县有养老服务机构和养老设施共计342个,其中,敬老院35个,农村幸福院201个,省级养老服务示范点20个,省级示范老协会9个,省定日间照料中心11个,县级养老服务示范点24个,民办养老机构(含未办证的)15个,县福利中心1家。建立社区老年协会34个,建会率100%;建立村老年协会321个,建会率100%。全县有百岁老人32名、90~99周岁老人2665名、80~89周岁老人22853名,全年共发放高龄生活补贴资金341.405万元。

【殡葬管理】 2018年,湘潭县殡葬执法大队受理信访举报28起,立案16起,联合执法16次,执法中拆除活人墓28座,拆除骨灰存放格位5592个,查封非法建筑火化炉、骨灰存放格楼各1座。开展违规搭棚治丧执法次数11次、开展违规大操大办劝导次数27次,乱埋乱葬整治摸底排查乱埋乱葬坟墓6座、活人墓30座、豪华墓(大墓)11座。开展监管执法27次,违规祭扫整治207次,对组织封建迷信活动劝导执法200次、对生产封建迷信丧葬用品开展执法47次、对销售封建迷信丧葬用品开展执法77次、对使用封建迷信丧葬用品开展劝导71次,在321个建制村成立红白理事会。

(黄添水)

乡 镇

云湖桥镇

【概况】 云湖桥镇地处湘潭县西北部，总面积127.9平方千米，耕地面积3406.67公顷，其中水田面积3200公顷，林地面积5566.67公顷，森林覆盖率44.2%，水面面积786.67公顷。2018年，辖21个行政村和1个社区，总人口62817人,总户数20769户。其中男性32062人，占比51.04%，女性30755人，占比48.96%。潭邵高速公路、国道320、湘黔复线纵贯东西，省道330线，3条县道横跨南北。

全年实现工农业总产值41.2亿元，实现工业总产值35.5亿元，同比增长6.2%，其中实现规模以上工业总产值23.8亿元，同比增长20.8%；实现利润8286万元，同比增长11%；固定资产投入项目27个，完成投资5.76亿元，工业企业技术改造项目18个，工业技改完成4.55亿元。全年完成税收15558万元，其中国税完成14735万元，地税完成823万元。农业总产值5.68亿元，农业增加值3.29亿元，农民人均纯收入19152元，同比增长1581元。

全年引进项目7个，分别是：湖南锦恒电力新建年产10万根电杆生产线项目、中隽新材料年产1.5万吨混凝土生产线项目、康永达特色养殖项目、武哥槟榔建设槟榔生产线项目、匠味食品新建食品加工生产线项目、湘潭金林食品科技公司肉制食品生产线项目、湖南金宏泰续投1500万元建设10万吨硝铵生产线项目。

播种水稻面积6266.67公顷、生产粮食4.29万余吨。经济作物种植面积680公顷，主要种类脐橙、油菜、西瓜、茶叶。养殖业：猪存栏6.83万头，出栏数11.7万头，鸡鸭鹅存栏14.3358万羽，出笼数11.8405万羽，牛羊存栏0.1624万头，出栏0.1474万头。

做好建中、新南、云湖、飞轮水库、管区内各排灌渠防汛工作，确保无险情；申报安排布置移民项目10个，移民工程费用58万元。

城乡居民医保参加人数54286人，参合率95.16%；新型城乡居民基本养老保险参保完成17786人，参保率89%；年末共有城镇低保84人、月均发放保障金2.9万元，农村低保979人、年发放保障金264.98万元；发放救助金额276.78万余元，退伍军人优抚救济款12.25万余元；完成农村劳动力转移就业22168人次，其中省外就业11763人次、省内10405人次（市内就业6555人次）；农村新增转移就业459人，城镇新增就业572人；年内有特困供养对象343人，入住敬老院88人，全镇敬老院3所；全镇共有优抚对象745人，年领取优抚补助347.88万元，“三属”人员▲8人、年领取补助14.17万元。全年脱贫629人，249户。全镇共78人申请获得“雨露计划”教育助学补助共计11.7万元,享受春季贫困幼儿资助94人，享受寄宿生补助小学生54人，初中生307人，23人获得“及时雨”教育助学。

全年出生660人，人口自然增长率2.21‰，出生率10.5‰，死亡521人，死亡率8.28‰，其中符合政策生育640人，符合政策生育率96.97%；男孩出生355人，女孩出生305人，性别比116.39；多孩率3.03%；期内落实长效节育措施460例，落实补救措施116例。

全镇有4所中学，12所小学，21所幼儿园，教师212人，中小学生总人数为2649人。其中初中学生846人，小学生1803人，在园幼儿1220人。2018年，新申报建设8个村级文化综合服务中心，组织开展免费送戏下乡5场，成功举办第四届云湖脐橙文化旅游节，连续16年坚持出版《云湖》双月刊，镇、村文化氛围浓厚。

全年共发出安全生产监督现场检查记录145份，发现问题及隐患214项，下达责令整改指令29份，完成整改复查28份，行政处罚决定书15份，其中立案调查处罚7份，简易处罚8份，共处罚金额65700元。

▲ “三属” 人员为革命烈士家属、因公牺牲军人家属、病故军人家属。

2018 年云湖桥镇各行政村基本情况一览表

表 7

村名	面积（平方千米）	户数（户）	人口（人）	农村经济总收入（万元）	农村经济总费用（万元）	农村经济净收入（万元）	农民人均纯收入（元）
北岸村	9.6	1388	4237	7380.46	5355.31	2405.49	19699
良湖村	6.2	859	2742	5296.67	3536.27	2133.68	19173
向红村	3.7	808	2570	4818.09	3494.44	1713.96	17880
新联村	10.05	1439	4554	8183.65	3091.66	5382.3	16948
清风村	5.7	1092	3526	6612.88	4993.46	2009.69	18153
东石村	9.2	1073	3317	6130.65	4489.95	2031.07	17843
烟山村	7.2	865	2652	5123.54	3447.49	2066.36	17777
黄金村	6.6	822	2465	4753.95	3101.10	2043.16	18083
古湖村	6.7	925	2885	5327.87	3724.09	1994.08	16881
云湖村	7.6	1326	4114	7616.43	5521.78	2484.97	17046
飞栏村	5.7	820	2659	5268.49	3671.16	1987.64	17553
新中塘村	3.9	838	2684	5057.2	3458.91	1988.8	17674
新中湾村	2.8	740	2282	4503.28	2981.8	1911.77	16933
七里铺村	5.7	1249	4014	6917.49	4878.06	2429.74	18148
烈马村	7.1	581	1814	4307.39	2452.77	1867.79	17956
芦塘村	6.5	604	1867	5194.4	2668.23	1936.58	17788
天鹅村	5.8	622	1914	3881.49	2672.46	1599.34	16937
响石村	4.6	641	1990	4141.76	2688.68	1843.39	17170
狮山村	5	695	2202	4408.69	2813.53	1985.47	17955
楠竹村	3.3	743	2385	4717.38	3193.31	1914.38	17947
石井铺村	3.8	916	2962	5559.78	3959.11	1990.98	17486
云湖社区	—	1723	2982	—	—	—	—

【清风村 24 小时图书馆开馆】 2 月 5 日，云湖桥镇清风村 24 小时自助图书馆举行开馆仪式。市委宣传部副部长杨铁桥、副县长杨欣荣、市文体广新局副局长娄向前、市图书馆馆长李翠平，云湖桥镇党委书记刘奇志、镇长彭光宇，清风村党总支书记伍谷等参加开馆仪式。仪式由县文化旅游体育局副局长黄中柱主持。清风村 24 小时自助图书馆位于清风村村级活动中心内，是湖南省首家乡村 24 小时自助图书馆。图书馆面积 100 多平方米，共有藏书 6000 余册，读者凭身份证、读者证刷卡入馆。馆内配有自助借还一体机一台，所有的借书和还书都可在一体机上自助完成。同时，图书馆内还配备歌德电子借阅机，读者可通过查询、扫描查找，下载电子图书。

【首届“健康湖南”全民运动会暨 2018 湖南 IPTV 广场舞大赛云湖桥镇海选赛拉开帷幕】 7 月 29 日，首届“健康湖南”全民运动会暨 2018 湖南 IPTV 广场舞大赛云湖桥镇海选赛在镇政府院内精彩上演。来自云湖桥镇本土的 11 支队伍参与角逐。通过评委打分和观众现场投票两个环节，《舞动青春》《十送红军》《三月里的小雨》分获前三名。比赛充分展现云湖桥镇群众积极参与文化建设、乐于健身的热情，也体现出新时代全民健身、全民参与的理念不断深入人心。

【第四届脐橙文化节开幕】 12 月 1 日，湘潭县云湖桥镇第四届脐橙文化旅游节隆重开幕，活动吸引长株潭等地近千名游客观光采摘。湘潭市委副秘书长赵志超、湘潭市旅游外事侨务港澳局副局长方新文、湘潭市林业局副局长贺汉明、共青团湘潭市委副书记谢晖，中共湘潭县委常委、宣传部部长李豪雄、湘潭县人民政府副县长陈义、湘潭县人大常委会副主任曾耀辉、湘潭县政协副主席何晓春、共青团湘潭县委书记龙江、湘潭县文体旅游局局长莫柏槐、云湖桥镇党委副书记、镇长刘江华等市县镇领导出席在新联村湖南行寅贤农业科技有限公司举行的启动仪式。共青团湘潭市委在活动现场授牌湖南行寅贤农业科技有限公司成为湘潭市青少年生态科普示范基地。脐橙文化节中，组织一系列趣味活动，并设立农产品展示平台，清风茶、百花蜜、酸枣片、山茶油、剁辣椒、绿壳土鸡蛋、竹元素酒等20个本土土特产品供大家挑选。

（阳旭东）

石潭镇

【概况】 石潭镇位于湘潭县西部边陲，北接云湖桥镇，南临乌石镇，东临杨嘉桥镇和射埠镇，西接湘乡市东郊乡。国道320和湘黔铁路复线与涟水平行，横穿镇北，“韶茶”“湘湘”两条县级公路干线从镇内经过，贯通南北与东西，交通便利，区位优势明显。总面积124.87平方千米，森林覆盖率31.65%，耕地面积4304.3公顷，其中水田面积4082.3公顷（其中计税面积3735.8公顷），旱土面积222.1公顷。辖4个管区（古城、白托、列家桥、石潭）、24个村、5个居委会、630个村（居）民小组。人口数71691人，人口出生数749人，出生率9.49‰，符合政策生育率96.78%，死亡352人，死亡率4.9‰，人口自然增长率4.59‰。

经济运行稳中蓄力。全年完成税收收入1900万元，其中国税收入937万，地税收入963万；财政收入5883万元，财政支出5761万元；实现固定资产投资1.31亿元，规模企业工业总产值0.61亿元，农民人均所得增幅9%，全年完成招商引资5800万元。

现代农业提档升级。全镇专业合作社72家，家庭农场74个，粮食播种面积完成7333.33公顷，经济作物及蔬菜种植面积1786.67公顷，存栏生猪91516头，出栏生猪26万头，存笼家禽197532羽，出产水产品1806吨，完成农业保险投保面积6200公顷，其中大户投保面积466.67公顷；完成种植结构调整168.47公顷，其中规模性种植合计面积122公顷；高效率完成三项改革，土地流转耕地面积达1795.53公顷，土地确权工作通过省级验收，全面开展清产核资，完成三轮公示；大力推进水利设施建设，完成重点水毁修复工程28处、8个村的“五小”水利建设。

招商引资再结硕果。以“产业项目建设年”活动为平台，与双禾米业公司达成投资协议，投资3500万元，仓储面积达4000平方米，仓储容量1.5万吨，力图打造石潭品牌米业；实施“引凤筑巢”战略，吉美泰电子科技有限公司、湖南建湘建筑有限公司与石潭镇达成投资意向，预计成为新的经济增长点。

项目工程多点开花。湘潭县第六水厂项目完成征地协议的签订，迁坟搬迁工作完成50%；污水处理厂项目已进行附属工程建设，预计2019年初投入使用；中低压配电网改造项目已有杨田村等5个村全部完工并投入使用；通自然村公路项目已完成地基建设，道路已建设29千米；1121工程已完成前期征拆工作，已进行施工建设。

扩权强镇成效明显。全面促进强执法防事故行动向纵深推进，全年执法巡查250余次，下达限期整改通知书和停工通知书47份，开展安全检查108次、联合执法行动19次，立案10起；开展燃气执法72次，下发责令整改通知12份，关闭非法燃气点3家;开展建筑执法52次，下达整改通知23份。扎实开展马路市场综合整治行动，成功取缔1处、整治4处；拆除非法建造墓地6座，切实巩固殡葬改革成果。

城镇面貌明显改观。开展“六乱”整治行动，拆除大、小招牌50余块，500余平方米；全面推行街长制，每周五对5条主干道分段进行专项整治；新增、投放分类垃圾桶400余个，花费18万余元对镇区基础设施进行全面维修加固；推进城镇文明乡风建设，在原有古镇文化宣传牌和文化墙的基础上，增加100余块公益广告牌，镇文体广场主体建设基本完工，预计2019年初投入使用。

生态环境日益向好。全面完成第二次全国污染源普查前期准备工作;以“蓝天、碧水、净土”为总要求，下达环保责令整改文书65份，查封关停3家违规企业并拆除相关设备;认真落实“厕所革命”，完成1500户农厕改造任务；大力推进涟水河500米范围内养殖污染治理，181户已签订协议，27户通过签订验收，结合“利剑行动”，关停取缔3家非法洗砂场，对3家非法开采林地和改变林地性质的非法商家下达停工整改通知，迅速开展复绿工作。

精准扶贫持续发力。经过筛选识别，建档立卡贫困户1219户2827人，其中已脱贫人口889户2242人，2018年234户608人的脱贫计划全部完成。通过奖扶资金引导8个经营主体与150户贫困户签订帮扶合同，为420户贫困户提供小额信贷服务；督促落实危房改造工作，已动工137户，竣工126户；“雨露计划”共计申报144人次，审核发放教育补助资金35.7万余元；全面完成“四类人员”集中清理及贫困户动态调整工作；对1219户贫困户实现家庭医生签约全覆盖。

群众福祉不断改善。全镇落实多孩补救措施66例，免费孕前检查完成260对，免费中筛390例，两癌筛查共计普查1586人；救助各类困难群众800余人次，发放救助资金共计42.1万余元；新增城镇就业人员672人，新增农村劳动力转移就业488人，新增贫困劳动力转移就业35人，贫困家庭“两后生”技能培训3人，全面完成两轮民情大走访，期间共计走访群众19716户，收集251条反馈意见，实现“见面”“交办”“反馈”三个100%；全方位开展涉黑涉恶线索摸排，收集线索5条，核查5条；完成160套“雪亮工程”建设，实现覆盖率100%，坚持应急分队义务巡逻，确保社会管理综合治理横向到边，纵向到底。

政府建设规范有序。认真贯彻全面从严治党要求，深入开展主题教育活动，坚决执行中央八项规定精神，扎实推进“纠四风”“治陋习”和雁过拔毛式腐败整治，已办结11件，立案审查4起4人；全面摸底盘查政府债务，清查、盘活现有国有资产，严格对标，对一般商品和服务支出压减10%。

2018年石潭镇各行政村基本情况一览表

表8

村名	总面积（平方千米）	耕地面积（公顷）	户数（户）	村民小组（个）	人口数（人）	农村经济总收入（万元）	农村经济总费用（万元）	农民人均纯收入（元）
合计	124.87	3735.8	17373	596	67024	2737	2763	18538
古城	4.4	198.47	1021	25	4504	46	98	17980
莳竹	2.5	103.26	522	11	2080	49	41	17085
联盟	2.7	108.07	625	17	2658	64	76	17078
兆托	2.5	164.2	632	19	2586	44	50	17083
托下	204	114.6	620	14	2467	55	46	17217
天桥	3.7	184.13	706	21	2640	74	79	16953
石桥	10.9	236.67	1245	37	4824	168	143	16714
向韶	3	120	574	15	2145	45	81	17006
芙蓉	3.2	165.93	645	27	2595	28	18	17046
八角	3.3	156.53	638	20	2585	43	65	17465
青和	3.5	114.47	501	24	1985	129	117	16463
甘泉	6.2	151.87	659	27	2380	133	103	16401
列家桥	3.8	107.07	500	18	1872	227	194	17148
中新	4.8	143.07	610	23	2017	121	104	16596
双红	9.1	208.47	782	32	2875	75	109	16424
同庆	5	140.47	594	23	2242	107	138	16976
骏马	8.5	217.53	1083	38	3670	203	180	16705
红佳	7.2	219	933	37	3572	94	119	17020
杨田	5.8	180.53	787	31	3217	317	134	16949
中山	7.9	150.73	696	24	2695	209	220	17018
紫涟	3.3	128.13	589	28	2362	61	117	16817
白托寺	5.1	213.6	982	34	3462	144	134	16905
象塘新	6.7	114.33	661	27	2461	127	149	16436
新合	8.1	94.67	765	24	3130	174	248	17126

【召开2017年度党政领导班子绩效考核测评大会】 1月11日，石潭镇召开2017年度党政领导班子绩效考核测评大会。会议由镇党委书记主持，县委组织部常务副部长赵迎新作重要讲话，首先县考核组从考核的目的、程序、考核办法几个方面做重要说明，同时要求参会人员以客观公正、实事求是的态度对待考核工作。镇党委书记代表党政领导班子，将石潭镇2017年各项工作开展情况进行汇报：在县委、县政府的坚强领导下，团结带领广大党员干部群众，攻坚克难，高标准完成村（居）“两委”换届选举；众志成城，战胜特大洪灾；有条不紊，扎实推进项目建设工作；全镇政治、经济、文化、社会、生态文明建设全面进步。

【第六届党代表大会第二次会议】 1月18日，石潭镇隆重召开第六届党代表大会第二次会议。全镇110名党代表，27名列席代表出席会议。

此次党代会会议由镇党委副书记、镇长冯传强主持。会上，该镇党委书记王富强、党委委员陈立强分别代表镇党委和镇纪委作工作报告，提交与会党代表审阅并获得一致通过。同时，与会党代表对石潭镇镇党委班子工作进行民主测评。据会后统计，与会党代表对镇党委满意度达到99.8%。

【中国共产党湘潭县石潭镇第六届代表大会第三次会议】 中国共产党湘潭县石潭镇第六届代表大会第三次会议于12月18日上午在石潭镇政府三楼会议室顺利闭幕。大会听取、审议并通过镇党委工作报告、镇纪委工作报告以及党费收缴情况报告；党委委员进行述职述廉并接受民主测评，分代表小组进行讨论并撰写提案。

【石潭镇召开六届人大五次会议】 12月24日，石潭镇第六届人民代表大会第五次会议顺利召开。会议听取和审议石潭镇2018年政府工作报告、石潭镇2018年人大主席团工作报告、石潭镇2018年财政预算执行情况和2019年财政预算（草案）报告，并进行分组讨论，通过各项报告的决议。会议同时对田锡光等15名先进人大代表予以通报表彰。

（张煜华）

乌石镇

【概况】 乌石镇位于湘潭县西部偏中，东与锦石乡、射埠镇相邻，南与排头乡接壤，西与湘乡市近郊，北与石潭镇相连，距县城约40千米，是彭德怀元帅的故乡。总面积96.12平方千米，辖13个村和1个居委会，385个村民小组。耕地面积2131.2公顷。其中，水田1959.4公顷，旱土171.8公顷。林地4403.6公顷，水面849.0公顷。总户数10646户39382人，其中，男性21671人，占比55.03%；女性17711人，占比44.97%；农业人口38149人，占比96.87%；少数民族15个162人。全年出生441人，人口出生率1.12%；死亡人数156人，人口死亡率0.40%。人口自然增长率0.72%。

全年实现财政总收入5780万元，财政总支出5780万元。完成国税收入328万元，地税收入124万元。农村经济总收入61725.68万元，增长2.50%。农村集体经济收入652.78万元，增长5.50%。农民人均纯收入16723.6元,增长8.9%。

工农业总产值3.822亿元，其中工业总产值1.124亿元，农业总产值2.698亿元。全境工业企业7家，规模以上企业1家，总产值2317万元。工业企业主要涉及家具制造、石灰石开采等行业。

农作物播种总面积4669.86公顷，其中粮食作物播种总面积3005.87公顷，总产量2.56万吨。粮食作物中，水稻播种面积2639.2公顷，玉米66.67公顷，红薯133.33公顷，豆类100公顷，马铃薯66.67公顷。播种油菜600公顷，绿肥666.67公顷。早稻亩产460千克，中稻与一季晚稻亩产610千克，双季晚稻亩产517千克。旱粮总产3910吨，亩平单产710千克。全年新增合作社6家、家庭农场2家。截至2018年底，共发展合作社49家，家庭农场数量27家。农机全年累计购机32台，发放农机购置补贴资金100余万元。存栏生猪4.2万头，年出栏10万头；存栏牛0.035万头；出栏0.02万头；存栏羊0.55万头；出栏0.2万头；存栏鸡12.9万羽，出栏32万羽，全镇引进立华养鸡4户，年出栏25万羽以上，平均每户增收10万元以上。

全境有小（一）型水库4座，小（二）型水库6座。2018年，共计完成7个“五小”项目村水利工程项目、水损水毁恢复工程项目和重点水利工程建设项目，总计各类水利工程654处，完成骨干山塘建设53口，高标准渠道建设12.2千米，渠道清污扫障120千米，完成土石方40万立方米，投入劳动工日40万个，总计投入资金520万元，并通过市、县的验收。

德怀大道于2018年9月21日实现通车；美丽乡村示范片建设基本完成，共计投入6500余万元，铺设综合管网4600余米，完成民居改造495户，整修人行道4600余米，新装特色路灯290余盏；宣讲中心建成投入使用，纪念馆改陈布展顺利完成；希望小学改扩建、卫生院提质改造等工程已完成。共投入52.7万元完善农村基础设施，加强农村改水、改厕、改厨建设，镇区共铺设污水管网4000余米，配套日处理达2000吨的污水处理厂，全镇无害化卫生厕所达1500余座。

全镇有初中3所，小学5所，农校1所。在岗教师125人，中小学生1645人。幼儿园9所，入园幼儿580名。

6月26日，乌石镇文学艺术界联合会第二次会员代表大会召开。彭德怀120周年诞辰系列活动取得圆满成功。成功举办乌石镇第二届“将军颂”文艺会演。乌石特色农产品知名度大幅提升，大禹兴农系列农产品利用电商销量保持上升趋势。11月15日，乌石镇通过省级卫生镇考核验收。

2018年，出生438人，其中一孩191人，二孩211人，多孩36人，男女性别比100:90.43。落实补救措施110例，长效节育措施120例，免费孕前检查174例，产前筛查245例，两癌筛查1165例。

全年对生产经营单位共执法检查130余次，排查整治违法违规行为或安全隐患37处，下达现场处置措施决定书1份，下达行政处罚决定书7份，立案并办结2起，实施简易程序5起，共处罚金额5600元，对计划外的非煤矿山每月开展1次巡查，并及时向县安监局报告云峰锰业存在通风方面的重大案例隐患，促使其停止一切生产经营活动，报告三联矿业存在的职业病方面的问题，由县安监局立案调查。打击非法采砂行为，全年开展集中行动3次，扣押挖机3台，处罚金6.6万元。

在原享受“五保”供养489人的基础上共清理对象88人，城镇低保户的重新认定由原先的17户29人的基础上清理和重新认定为9户17人。精准扶贫临时救助453人次，共计发放资金36.24万元，优抚临时救助164人次，共计发放资金12.85万元。全镇敬老院1个，入院供养对象50人。城乡居民医疗保险参保率96.43%，全年全镇报销总人次7810人次，报销金额为1866.62万元。农村养老保险参保11572人，享受养老金（60岁以上）6877人，发放养老金约850万元。

新增农村劳动力转移就业248人,城镇新增就业72人，失业人员实现再就业15人，困难人员实现就业4人，送农民工赴县就业局参加SIYB创业就业培训27人次，协办精准扶贫专场招聘会1场。

全镇共有党总支13个、党支部59个（其中流动党支部11个），党员1166人。年内新发展党员13人。成立流动党员支部11个，建立党员网格群。全年，共召开党委会21次、党建工作例会6次。打造7个村级服务阵地规范化建设项目村，继续推行村干部值班坐班制度，落实便民服务站、全程代办制度。重点培养村级后备干部31名，其中女性11名。完成乌石镇联校、乌石卫生院、乌石派出所等党组织整建制转出。

清查公务接待消费1569笔，整改办公用房509.07平方米，督促主动退缴红包礼金2人次，退缴违规津补贴19.2万元。提醒谈话23人次，诫勉谈话5人次。重点对10户易地搬迁户、18户特困建房户进行政策落实的监督检查，对3个省定贫困村扶贫专项资金使用情况进行专项审计，核查各类问题线索24件，党纪政务立案18件，追缴违纪资金17.89万元。

2018年乌石镇各行政村基本情况一览表

表9

村名	面积（平方千米）	户数（户）	人口数（人）	农村经济总收入（万元）	农村经济总费用（万元）	农村经济净收入（万元）	农民人均纯收入（元）
双庙	5.6	613	2412	4018.3	2636.9	1381.4	16725
乌石	10.9	1417	5180	6034	3958.4	2075.6	17897
众兴	9.9	1122	4153	5868.6	3905.6	1963	14588
平山	6.9	883	3130	6017.3	3947.9	2069.4	17234
大明	6.6	793	2982	3746.3	2425.1	1321.2	17178
岳冲桥	6.9	710	2396	3676.8	2321.2	1355.6	16911
四美	3.4	367	1368	1762.2	1128.5	633.7	15114
乌石峰	5.3	639	2473	3698.5	2488.6	1209.9	14297
华龙	6.7	775	2714	3719	2438.3	1280.7	17473
锦绣	9.7	1059	3883	5325	3492.7	1832.3	17200
石峰	5.8	636	2530	5172.4	3210.4	1962	16195
景泉	9.9	701	2703	3437.3	2237.9	1199.4	16201
天龙	6.4	820	2922	3930.1	2639.8	1290.3	14537
居委会	2.1	111	536	5319.9	3472.7	1847.2	18355

【湘潭县第四届乌石采茶之旅活动拉开帷幕】 5月6日，“到彭总故里采茶去”第四届乌石采茶之旅活动在羊鹿茶乌石种植基地举行。来自白石古莲城的业主们及长株潭等周边城市的数百名游客到达现场。当天，成功举办签约仪式，分别签订用工优先、新型职业农民培训基地建设等协议。

【“湘潭乌石腊肉”被评为“湖南省休闲农业创新创意产品优胜奖”】 “湘潭乌石腊肉”选用砂子岭猪为原料，经低温腌制和传统冷烟熏制，风干保存而成，安全性相对于传统腊肉制品较高，其特点是入口熏香浓郁、肥瘦适宜，是乌石镇有着悠久历史的传统农产品。彭德怀纪念馆举办“彭总回家了”大型活动时，该产品曾受到彭德怀扮演者董勇及剧组的高度赞誉与认可。2018年，”湘潭乌石腊肉”被湘潭县人民政府评为“群众最喜爱的十大农产品”，被湖南省农业委员会评为“湖南省休闲农业创新创意产品优胜奖”。

【德怀大道顺利通车】 9月16日，随着潭衡西线高速射埠互通入口连接线沥青面层摊铺的完成，射埠互通至乌石公路（德怀大道）沥青路面实现全线贯通，顺利通车。

【彭德怀120周年诞辰系列活动获得圆满成功】 10月24日，在乌石镇彭德怀纪念馆、彭德怀故居开展纪念彭德怀120周年诞辰系列活动。

（黄祎俤）

杨嘉桥镇

【概况】 杨嘉桥镇地处湘潭县西部，因当地邓家坝村有一座桥名曰杨嘉桥而得名。该镇东、南面与河口镇相连，西靠石潭镇，北接姜畲镇，距县城15千米，距湘潭市区8

千米。该镇是个典型的农业大镇，农业以粮食、蔬菜、发展农副产品为主。羊鹿茶声名远播，曾多次获国家、省、市各类奖项。矿藏以海泡石、石灰石为主，特别是海泡石矿藏十分丰富，占全国90%以上，为全国之最，该镇也因此被誉为“中国海泡石之乡”。镇域总面积115.92平方千米，其中陆地100.34平方千米，水域15.29平方千米，林地面积3002.6公顷。耕地面积3815.33公顷，灌溉面积4600公顷。全镇有4个堤垸，13千米长列雁金河，有4座小Ⅱ型水库，有骨干山塘3000余口，其中1万立方米以上的骨干塘750口，有斗渠以上的灌溉渠道180千米。辖杨嘉桥、峡山口、荆州、雁坪4个管区，21个行政村，1个社区，2个居委会，585个村民小组，8个居民小组，19045户，62959人。其中，男性32613人，占比52%；女性30346人，占比48%。

2018年，该镇完成财政总收入6031.08万元，同比增长21.76%，税收2265万元，同比增长21.97%，财政总支出5427.81万元，财政税收进入全县“五强”乡镇。完成企业总产值19.68亿元，同比增长49.6%，企业增加值57000万元，其中规模工业企业总产值18.32亿元，同比增长45.1%。全年引进新建项目6个，其中完成项目5个，在建项目1个。

园区主体逐步充实。通过提升分管规格、优化招商环境、增强园区办力量、加强项目引进等手段，园区发展迅速，全年洽谈企业12家，签订协议书、立项并登记备案2家，总投资超过4.4亿元。园区面积不断扩大。天易经开区杨河工业园杨嘉桥片区一期工程建设，完成园区供水、电力扩容、园区大道亮化等基础设施建设，在园区一期工程已实施的基础上，完成九江村泉塘组16.88公顷土地征收工作。园区定位逐渐清晰。8月，副县长唐仁光在该镇召开专题会议，协商河口与该镇的土地问题，为园区规划更优、发展更好创造条件。12月，县政府明确将杨河工业园打造为废钢循环经济发展园。

三大攻坚稳步推进。风险防范把关重措施。严把财源出口，严控新增债务，优化财政支出结构，严控一般性支出，完善镇村财务管理制度、三资平台制度，实现村级5万元以上重大项目建设及1万元以上的采购项目全部公开招投标；加强村级财务人员培训，开展专题培训2次；推进“互联网+监督”平台建设；加强镇村账务审计，完成8个村的财务进行审计清理；营造诚实守信的金融环境，创建信用乡镇、信用村，开展1500余户农户评级授信工作；打击非法集资，发放宣传手册12000份，对全镇非法集资情况进行全面的摸排，发现参与网络非法集资3人次；推进第四次全国经济普查工作，完成309家单位抽样、12家个体户的清查摸底工作，核查率为100%。精准扶贫抓实显成效。深入实施“五个一批”工程，2018年，新识别贫困户30户75人，脱贫290户763人。突出产业扶贫，利用奖扶资金引导华绿公司、湘恒槟榔厂、鑫茂、益盛、建坤农场等新型农业经营主体以安排贫困户就业、提供技术支持、培训等方式，带动贫困户增收。加大就业扶贫，举办“春风行动”，30家企业在家门口提供岗位，以华绿公司、青山绿水养殖公司为代表的本土企业和合作社，共帮扶77户贫困户。借力金融扶贫，365名贫困户参与小额信贷服务，共贷款1036万元。做好健康扶贫，确保贫困户享受健康扶贫政策,实现城乡居民医疗保险贫困户全覆盖，开展医疗义诊37场次，免费体检4637人次，免费发放药品4000余元、发放临时医疗救助资金14.32万元，全面完成家庭医生免费签约。抓好教育扶贫，实现建档立卡贫困家庭在校学生资助全覆盖，落实“雨露计划”，提供2018年春季职业教育补助44人66000元，慰问贫困学子52人68000元。推进危房改造，114户建档立卡贫困户纳入危房改造项目，全年危房改造验收合格186户，到账资金325万元。积极推进“三创一治”工作，投入120万余元推进镇区、村级、主干道沿线、列雁金河、涟水沿岸等重点区域环境综合整治，抓好村常态保洁，做好可回收垃圾转运。全力推进秸秆禁烧确保空气清，召开秸秆禁烧工作专题会议8次，悬挂横幅50余条，张贴宣传通告200余份，挂图80余份，发放致农户公开信12000余份，回收送达回执10000余份，成立1支10人以上扑火应急分队，每个村民小组设立1~2名流动哨，扶持新桥村广坤合作社，打造秸秆综合利用典型和多个无烟村。完成列雁金河网箱退养，水面网箱全部拆除，涟水河养殖退养签订协议220户。扎实推进“厕所革命”工作，完成改厕1586座，完成率106%，进度居全县前列。有序推进禽畜资源化利用，完成70户设计工作。加大打击非法毁林盗采土方资源、非法采砂盗采矿产资源、非法洗砂等力度，罚款12.8万元。抓好环保突出问题整改，及时处理并回复中央环保督查组交办的3个问题、市生态环委会交办的2个问题。积极完成第二次污染普查工作。加大植树造林，完成造林13.33公顷，封山育林20公顷，中幼林抚育间伐33.33公顷，对湘乡干线、三边绿化进行补植补造，提质改造，发动村民“四旁”义务植树9万多株。寻笔港湿地59.33公顷提质改造项目全面完工。

民生工程成效明显。推动重点实事项目完成。新增城镇就业467人，新增农村劳动力转移就业473人，“两癌”免费检查1010人，免费产前筛查300人，救助贫困重性精神障碍患者11人，扶助60周岁以上失独老人13人，医保收缴率达95.16%。完成自然村通水泥路1.3千米，提质改造农村公路2.2千米，硬化农村公路5千米。资助解决农村特困户建房6户。推进重点工程项目落实。完善青少年综合实践基地建设，新建4个馆室，室外拓展训练基地实现对外开放。完成涟水防洪改造工程和灾毁土地复垦及农村土地整治项目。完成柳福村等8个村中低压配电网改造工程，新建、改造10千伏架空线路14.8千米、配电变压器52台、低压线路89.96千米，杨铁线改造完成。完成垃圾中转站建设并投入运行、投资145万元完成镇政府前道路改造工程、投资3.2万元完成镇污水处理池的围挡建设及土地平整、投资15万元新建搬迁峡山口市场。

推进农业持续发展。2018年，

农民人均纯收入为15856元，增速为7.5%，水稻种植面积达6266.67公顷，粮食总产量达9.1万吨，其中推广优质稻种植面积达4200公顷，粮食总产量达6.1万吨，全年水稻病虫害专业化统防统治面积达1066.67公顷；全镇存栏生猪14.2万头，畜禽养殖户5600户，其中母猪1.2万头，存栏羊4200头，牛1100头，家禽20.68万羽。惠农保农民利益。全镇发放惠农补贴告知书和惠农补贴明白册1.65万份、扶贫补贴告知书3500份，发放惠农补贴29项2184.8万元；完成雁银、金笔、合金等三个村51.89公顷的休耕面积任务和雁银、柳福村333.33公顷的耕地轻度污染治理任务。改革促农业发展。完成种植结构调整433.33公顷，打造铺子岭村、金凤村等多个亮点模式，其中流转的329公顷土地主要种植丝瓜、大豆、油葵、油茶、丝瓜、南瓜、冬瓜等作物，完成任务数的70%。扎实推动农村集体产权制度改革，全面完成清产核资和农村土地确权工作。16000余户权证全部发放到位。发展农业合作社，新增合作社2家，合计51家，新增家庭农场7家，合计45家，其中县示范合作社1家，县示范家庭农场3家，夯实休闲农业发展基础。大力度推进水利建设。完成650处水利建设，修缮骨干塘400口，总投资4000余万元，建设高标准渠道20千米。总投资2800万元，对震福堤、同福堤、龙华堤防渗灌浆1320米，对7处涵闸进行接长、重建。全力做好防汛抗旱，全年未发生重大水灾旱灾。严密防控非洲猪瘟。发放明白卡、防控技术指南共2万余份，发动镇村干部、养殖户、村级防疫员与检疫员、生猪屠宰商积极参与，签订防控工作责任状、承诺书10000余份。开展疫情排查，完成全镇5600户养殖户的摸底清查，开展地毯式排查2批次，入户1.2万户次。开展清理消毒，发放石灰385.6吨，消毒药80吨，对主干道、赶集点、超市、餐饮单位等进行消毒。开展执法行动，设立4处检疫消毒临时哨卡，实行24小时值班制，对所有过往车辆进行全面消毒，对16户泔水喂猪户进行执法，拆毁相关设备，全镇防控非洲猪瘟有序防控。

筑牢社会稳定防线。平稳推进湘潭垃圾焚烧发电项目工作。组织110名镇干部、5个项目村支村两委班子开展群众工作，制定群众工作方案、应急方案、维稳预案等文件，组织16批次1600余人次赴益阳、常州等地现场参观。营造和谐社会环境。深入开展扫黑除恶专项行动，发放各类宣传资料20000余份，全面摸底镇域镇村干部、党员、组长的涉黑情况。加大纠纷的排查和解决行动力度，成功调解纠纷175起，回复和办理12345热线及网络舆情200件，网上信访办结42件。优化镇综治中心建设，成立村（社区）综治中心，实施“雪亮工程”，实现社会公共区域监控点位镇域全覆盖。推进网格化管理，全镇共计16120户、62015人数据信息全部录入网格系统，基础数据完成率100%。贯彻落实“七五”普法规划，强化法治宣传教育，组织镇政府工作人员开展2018年度学法考法工作，全镇参考率和通过率均为100%。提升群众满意度。扎实开展入户走访，收集和听取群众对全镇发展的意见和建议，累计发放各类资料36000余份。开展平安村（社区）创建，开展“平安创建”评选微信投票活动，1万人次参与投票，民调工作排名全市第三、全县第一。严守安全生产底线。落实企业安全生产责任年工作要求，以“三大行动”“打非治违”为重点，先后组织烟花爆竹“打非治违”、建筑市场、燃气市场、农机安全检查等专项执法行动，检查生产经营单位184家次，排查安全隐患254条，立案11起，罚款33000元，全年无重大安全事故发生。

科教文卫全面发展。文化方面，结合县“三下乡”活动，组织开展“迎新春·送春联”活动、举办杨嘉桥镇首届“百姓广场舞大赛”、参加湘潭县“欢乐潇湘·大美湘潭”石潭片区赛活动、完成金河村、旷家新村、富家村、柳福村四个村文化服务中心建设。教育方面，义务教育阶段适龄儿童小学入学率100%，初中100%。巩固率小学100%，中学99.5%。三残儿童入学率达90%，初中升入高中及各类职业学校比率97%。

党的建设全面加强。理论学习持续深入。突出党建的政治引领作用，始终把学习贯彻中共十九大及习近平新时代中国特色社会主义思想作为首要政治任务，发放十九大读本200余份，新党章2000份。开展党委中心组学习7期，讲授主题党课40余次，开展2轮30场次党的理论政策集中宣讲，举办入党积极分子暨发展党员业务培训会，培训人数共计1700人次。基层党建全面夯实。持续推进党支部建设，金福村、同福村被评定为市级“五星”党组织，湘水缘先锋工程入选湘潭市示范“红色”两新党支部，12个机关（事业）单位支部重组为9个。开展村级班子提升创优，重点培育2位“百好”书记，49名村级后备干部。召开党建业务培训专题会3次，金河、金蛟两个软弱涣散党支部成功摘帽。推进优质村部建设，完成村部改扩建6个、新建3个。投资20余万元，打造湘潭市第一个乡镇党建主题文化广场，占地0.3公顷。金笔村、白鹿村分别投入8万元、2万元，打造主题鲜明的村级党建文化广场；非公支部湘水缘支部投入40万元，改造支部和党员活动室、新建26.8米长的“五化”建设形象展示栏、100余米的的党员爱国主义教育宣传栏以及学习教育基地。干部队伍素质显著提升。持续开展“师傅在身边”干部技能培训；开展“五联五问”活动，密切联系群众，组织走访调研；规范干部管理，印发《杨嘉桥镇管理制度汇编》；完善镇村干部考核评价机制，推进4个管区办公场地分设并完成标准化建设，遴选2名年轻干部为“党政协理员”。

完善意识形态工作联席会议制度、舆情报送和回应制度，定期开展意识形态排查，及时做好重要节点和敏感时期的舆论监管；强化宣传队伍，全年新闻稿件省市采用近30篇，县网刊发60余篇，微信公众号平台发布73期；开设道德讲堂，开展科技文化卫生“三下乡”、文明祭扫活动、中国梦劳动美文艺会演等文化活动，持续开展文明劝导志愿活动，推进移风易俗。镇机关成功创建市级文明卫生单位、县级文明单位，金福村、金笔村、同福村、白鹿村、杨嘉桥村、金凤村、铺子岭村、九江村、雁银村、金河村、合金村11个村创建县级文明村；会聚统战力量，动态更新镇域统战人士台账，完善宗教管理，打造镇级统战创建室，同福村创建为市级同心美丽乡村、白鹿村创建为县级同心美丽乡村。高效推进群团工作，完成科协、工会、妇联、团委等群团组织换届选举。

全面推进从严治党。全面落实党要管党、从严治党的政治责任，县委第五巡察组巡察反馈的问题全面整改到位，全年签订党风廉政建设责任状84份，例行廉政谈话106人，开展督查32次，下发督查通报5期；开展诫勉谈话14次，提醒谈话10次；受理各类信访举报件17件，全部案结，立案15起，问责党员干部15人；认真开展纠“四风”专项监督检查活动、违规发放津贴补贴奖金福利自查自纠、违规公款购买消费酒水问题集中排查整治与清理国家工作人员违规参与涉矿等经营性活动专项整治；强化党性党纪党风教育，组织观看纪录片《有权不可任性》，党内政治生态明显好转。

扎实做好国防动员和后备力量建设，开展2次国防教育，征兵27人，对民兵进行整组，民兵调整为65人。

2018年杨嘉桥镇各行政村基本情况一览表

表10

村名	总面积（平方千米）	耕地面积（公顷）	村民小组（个）	户数（户）	人口数（人）	农村经济总收入（万元）	农村经济总费用（万元）	农村经济净收入（万元）	农民人均纯收入（元）
合金村	6.87	143.19	23	731	2451	4824	1104	3720	15177
金笔村	5.681	159.66	24	803	2731	5024	992	4032	14764
三湘村	6.482	226.38	31	1097	3799	6756	978	5678	14946
华东村	5.659	166.33	30	823	2819	5480	1155	4325	15342
金蛟村	5.462	206.53	35	870	3139	5734	1002	4732	15075
白鹿村	6.297	162.8	30	973	3090	5684	1034	4650	15048
铺子岭村	4.883	127.73	21	743	2396	4562	940	3622	15117
九江村	5.316	119.80	21	576	1848	3915	1079	2836	15346
富家村	7.608	238.81	32	923	3201	5968	1168	4800	14995
杨嘉桥村	6.944	150.24	30	872	2635	5212	1237	3975	15085
金福村	5.193	215.57	27	943	3394	6599	1182	5417	15960
燕荆村	4.668	134.34	28	713	2635	4828	933	3895	14781
金河村	6.361	181.3	33	862	2861	5330	933	4397	15368
雁银村	7.961	215.93	35	872	2899	5212	1045	4167	14374
柳福村	6.535	223.98	35	1041	3740	6621	963	5658	15128
同福村	3.312	171.53	20	714	2614	5048	1019	4029	15413
金凤村	2.057	104.71	11	509	1888	3616	724	2892	15317
金洪村	4.552	155.84	28	931	3236	6001	1031	4970	15358
旷家新村	5.884	211.64	30	939	3315	6084	997	5087	15345
新福村	2.67	164.56	24	572	2171	4054	751	3303	15214
新桥村	5.525	259.16	37	900	3477	6298	1019	5279	15182
机关社区	—	—	2	521	865	—	—	2206	25503
王家山社区	—	—	3	645	1062	—	—	2719	25603
电厂街社区	—	—	3	332	498	—	—	1296	26024

【中国共产党杨嘉桥镇第六届代表大会第三次会议召开】 2018年12月25日，中共杨嘉桥镇第六届代表大会第三次会议顺利召开，来自该镇139名正式代表出席会议，县党代表及该镇非代表的党政负责人、村党总支书记、机关事业单位支部书记等22人列席会议。会前，全体代表认真学习《中国共产党支部工作条例（试行）》。大会在庄严的国歌声中拉开序幕。会议听取审议并通过《奋发有为，凝心聚力，全面建设新时代都市农业新镇》党委工作报告、《聚焦中心工作，践行“四种形态”，为营造风清气正的政治环境不懈努力》纪委工作报告以及2018年度党费收缴使用和管理情况的工作报告。会议分6个代表团对党委、纪委工作报告提出意见，并撰写代表提案上交大会主席团。此次会议共收到各代表组、代表提出的提案26件，其中，民生类15件、党建类9件、文教卫生类1件、生态文明类1件，全面反映全镇党员群众意愿。2019年，杨嘉桥镇将认真贯彻习近平新时代中国特色社会主义思想，以党的领导为根本，把发展壮大镇域经济作为第一要务，切实打赢“三大攻坚战”，深化贯彻“务实、创新、执行”六字理念，决胜全面小康。最后，大会在庄严的《国际歌》声中胜利闭幕。

【杨嘉桥镇举行第一届广场舞比赛】 4月11日，杨嘉桥镇举行第一届广场舞比赛，来自全镇的14支广场舞队伍共168人参赛。此次演出共14个节目，内容包括赞美祖国、讴歌新时代、点赞新时代、共圆中国梦等，特色显著，展示斗志昂扬的精神风貌，营造一种积极向上的文化氛围，同时丰富村民的业余生活。最终，旷家新村凭借出色的创意、鲜明的主题、轻盈的舞姿，成为该镇第一届广场舞比赛冠军。

【主题党日活动】 为进一步丰富主题党日的活动形式，4月27日，杨嘉桥镇开展“备汛涟水堤、千名党员大扫障”主题党日活动，镇全体党政负责人及镇域各支部的千余名党员参加活动。早上8时，千名党员积极响应号召，分支部到达同福堤、正福堤、龙华堤、沿河堤四大片区背水坡面的28个责任地段除杂树、杂草。此次扫障活动，特色鲜明且富有成效，参与率高，参与人数接近该镇全体党员总数的一半，超过预期，各支部活动现场干事、创先争优氛围浓厚，各支部展现良好风貌，打出该镇“撸起袖子加油干”的名片。（戴　群）

河口镇

【概况】 河口镇位于湘潭县中部偏北，东临县城、梅林桥，南界射埠，西邻杨嘉桥，北与湘潭市隔江相望，涟水、涓水在此汇入湘江，潭花公路、潭衡西线贯穿全镇，水陆交通便利、区位优势明显。镇域总面积93.78平方千米，耕地面积3683.65万平方米，水田面积3405.78万平方米，旱地面积277.87万平方米。辖3个管区，16个行政村，1个居委会，434个村民小组，13634户，4.59万人，其中男性23549人，占比51.3%，女性22377人，占比48.7%，农业人口4.3万人，占比93.7%。

2018年，工业生产总值17.8亿元。国税收入4053万元，地税收入1728万元，两税合计收入5781万元，较上年同期增长36.8%。

发展潜力不断集聚。投资1.5亿元，年创外汇2000万美元的湖南择利制造有限公司建设项目已完成发改立项，正在办理环评手续，其先进的企业管理模式可作为河口镇企业的标杆进行推广。投资1.2亿元的易俗河港区一期建设项目正在进行征拆，建成后将降低企业运输成本，对促进河口镇经济发展具有重要意义。滨江风光带杨河段建设工程河口段全程6.3千米，项目途径3个村、42个村民小组，全程总造价1.8亿元。项目全线完成征拆工作，临水面的堤防工程完成90%。

产业振兴全面激发。用好第二轮土地承包到期后再延长30年的政策，大力推进土地流转，累计流转土地面积达1600公顷；落实农业种植结构调整及休耕面积466.67公顷，引导农民种植蔬菜、水果、花卉、油茶、苗木，养殖蟹、虾、鱼等水产品；万亩良种油茶基地产生经济效益500万元，带动1000余名农户增收；培育合作社36家，家庭农场24家；增加新型职业农民50名；支持湘潭荷味食品有限公司、湘潭凯俊农业科技有限公司等农业产业化龙头企业加快发展；推动“互联网+农业”，积极发展农村淘宝。2018年，河口镇出栏生猪11.16万头，水产总量达2017吨，实现农业总产值3.6亿元。

湘潭垃圾焚烧发电项目有序推进。自2018年4月9日项目选址动员会召开后，河口镇102名干部上户走访群众多次，收集整理群众意见67条，帮助群众解决生产生活问题49个；组织部分群众代表、党员、市县镇人大代表、政协委员、退休人员、企业职工、重点人员及其家属共计2100人次前去永州、益阳、常州等地参观学习；结合“主题党日”活动组织党员学习垃圾焚烧发电知识及相关法律条文；积极配合公安，对组织煽动聚众闹事、故意堵塞交通等违法行为进行坚决打击；项目的各项工作正在稳步推进，群众支持率稳中有升。

杨河工业园发展卓有成效。主动出击，积极洽谈引进项目，累计洽谈湖南华宇控股集团有限公司、湖南珍源环保科技有限公司、湘潭佳程建材有限公司等8家建设项目，其中湖南珍源环保科技有限公司、湘潭佳程建材有限公司和湖南长乐建材有限公司已与河口镇签订投资意向协议书；着力破解园区土地要素供给不足的瓶颈，投入500万元完成园区3.07公顷土地的回购，投入360万元完成3.47公顷土地征收工作；市县决策引入战略合作伙伴，打造湖南湘潭循环产业园。2018年，河口镇共有企业50余家，其中规模企业11家。

基础设施不断完善。完成华中村、三华村、上桐村3个村部的新建和石枫村、红陶村2个村部的改扩建工作；完成双板桥街道、古塘桥街道的亮化工程，架设路灯83盏；完成双板桥排水工程建设和红陶村等6个村中低压配电网改造；全年完成道路硬化20.2千米，土路修缮6.7千米，山塘硬化12口，水利工程建设11处，紫杨村、宏兴村村部改造等。

生态保护成效显著。大力宣传马路市场整治工作，4个马路市场得到有效整治；深入开展涟水流域养殖粪污治理；全面拆除砂易线、潭花线、大鹏西路及高速公路连接线沿线垃圾池，在每个行政村设立4到8个点集中收集村级生活垃圾，对垃圾进行分类回收；开展乡村绿化行动，退耕还林10余公顷；有效完成污染源普查工作；集中整治砖厂、沙场等高污染、粉尘企业，严控建筑施工扬尘、渣土运输和道路扬尘；全力开展秸秆禁烧工作，积极拓宽秸秆利用渠道；从严从实抓好环保督查反馈问题整改，完成"蓝天保卫战"交办件92件；成功创建市级卫生单位。

乡风文明逐步形成。坚持"文化兴镇"发展战略，组织举办"同圆中国梦 共促河口兴"贯彻十九大迎新春文艺会演、"移风易俗引领风尚、文明新风润泽城乡"主题群众联欢舞汇等各类文娱活动；河口镇文体广场投入使用，河口村、石枫村文化服务中心建设全面完成；积极开展经营性麻将馆专项整治，全镇共摸排经营性麻将馆177家，已办证44家；对全镇所有网吧、音像书店等文化市场开展安全检查，没收非法文化制品，清理不良文化现象。

民生服务坚实有力。落实31项惠农补贴，发放补贴资金1571.92万元；"厕所革命"完成1230座；城乡医保参保率达96.8%；9390人次享受住院报销1985余万元；为农村低保860人、城镇低保50人，月发放保障金23.23万元；对河口敬老院生活设施、消防设施进行提质改造，新增护理员；稳步推进天易二期安置区建设；对4类重点贫困对象危房进行全面核查，完成31户建档立卡户危房改造；组织专业人员对河口镇中小学生、65岁以上的老年人进行免费体检；对建档立卡贫困户、河口籍现役军人和非现役文职人员的直系亲属等6类特殊人群实现家庭医生全覆盖。

脱贫攻坚扎实推动。为职业类贫困学生申报"雨露计划"74人次；大力进行劳动力转移培训，共开办2期就业培训班，举办2场专场招聘会，新增农村劳动力转移142人、城镇就业263人，全镇就业率达到70%；大力实施产业扶贫，8家农业经营主体与78户贫困户签订产业帮扶协议；深入开展小额信贷，联合湘潭天易农商行为17户贫困户发放贷款51万元。

社会事业全面发展。加强国防和后备力量建设，圆满完成征兵工作；加强民兵队伍建设，高质量完成民兵整组工作；狠抓青少年道德素质教育，教育质量不断提高；全力推动区域化妇建工作，涓水村儿童早教发展社区家庭支持服务项目作为全国示范点在非洲推广；全面启动农村集体产权制度改革工作；开展全国第四次经济普查工作，完成单位及个体户的清查；扎实做好河长制工作，加大巡河力度；对渠道进行清淤，科学组织8轮轮灌，全面取得抗旱胜利。

综合治理不断深入。对河口镇境内中小学食堂、幼儿园开展"食品安全护苗行动"；强化非洲猪瘟防控工作，保证舌尖上的安全；定期、不定期对学校、公共场所、人饮水、医疗机构共计108家单位进行监督巡查380次，立案查处3家非法行医机构；深入开展安全生产"打非治违"行动，取缔1处非法洗砂场，依法对4家烟花鞭炮零售点、4家企业的违法行为立案，罚款共计20900元；完成16个村的村级综治中心建设，划分二级网格17个，三级网格89个；推动"雪亮工程"等平安载体建设；组建村级义务巡防队伍，利用"互联网+社会联防"的工作模式，提高巡防成效；开展扫黑除恶专项斗争，摸排涉黑涉恶线索，营造安全和谐河口。

2018年河口镇各行政村基本情况一览表

表11

村名	面积（平方千米）	户数（户）	人口（人）	农村经济总收入（万元）	农村经济总费用（万元）	农村经济净收入（万元）	农民人均纯收入（元）
河口村	5.6	2065	5172	15113.85	5715.94	9397.91	20351.24
中湾村	5.7	982	3430	10181.99	3702.00	6479.99	21159.15
先丰桥村	8.1	991	3458	9809.18	3807.62	6001.56	19438.26
涓水村	4.5	1118	3839	10968.64	4081.95	6886.69	20091.41
卓江村	4.1	963	3498	10700.84	3890.20	6810.641	21806.50
华中村	8.1	1072	3640	10530.30	4214.46	6315.84	19433.35
紫杨村	5.7	780	2725	7874.09	3122.31	4751.78	19530.27
莲托村	3.4	596	2047	6268.30	2543.32	3724.98	20380.93
宏兴村	5.7	804	2925	8670.84	3619.63	5051.21	19341.40
红陶村	7.7	578	2084	6304.56	2620.76	3683.79	19797.74
上桐村	6.4	816	2781	8732.04	3832.95	4899.09	19730.24

续表 11

村名	面积（平方千米）	户数（户）	人口（人）	农村经济总收入（万元）	农村经济总费用（万元）	农村经济净收入（万元）	农民人均纯收入（元）
三华村	9.2	1010	3370	9730.92	3979.95	5750.97	19113.02
西京村	4.8	489	1635	4588.99	1874.11	2714.88	18597.36
古星村	4	452	1636	5044.86	1949.57	3095.30	21190.29
石泉村	7.2	530	1856	5416.37	2137.80	3278.57	19784.47
石枫村	3.6	425	1522	4243.92	1678.70	2565.22	18876.75

【迎新春文艺会演】 2月6日，由河口镇党委、政府主办，镇文化站、老科协、保健协会、关工委、文联协办的“同圆中国梦，共促河口兴”贯彻十九大迎新春文艺会演在河口镇大会议室里精彩上演。镇长代表镇党委、政府对河口镇经济文化等领域取得的成绩进行总结汇报，并表示新的一年将坚决把思想和行动统一到十九大精神上来，深入贯彻新发展理念，着力解决发展不平衡不充分的问题，坚持在发展中保障和改善民生，多谋民生之利、多解民生之忧，着力补齐民生短板。随后，振奋人心的演讲正式拉开演出的序幕，《乡村处处一片新》《中国梦》《十九大精神永放光芒》《望海潮，赞河口，迎新年》等节目一一上演。

【湘潭生活垃圾焚烧发电项目】 2018年4月9日，县委、县政府召开湘潭垃圾焚烧发电项目动员大会，项目选址在河口镇宏兴村早发组，湘潭生活垃圾焚烧发电项目计划投资约8亿元，采用PPP模式运作，引入社会资本参与项目融资、建设、运营及维护等工作。项目核心区占地面积约7.8公顷，300米防护区占地58多公顷，日处理垃圾为1200吨，年处理能力为43.8万吨，预计年发电量为1.56亿千瓦时，上网电量为1.28亿千瓦时。

【河口镇第六届人民代表大会第四次会议】 8月3日，河口镇第六届人民代表大会第四次会议在河口镇二楼大会议室隆重举行，河口镇71名正式代表以及85名列席代表参会。会议审议并通过《河口镇2018年政府半年度工作报告》《河口镇人大主席团半年度工作报告》和《河口镇2018年上半年财政预算执行情况报告》。会议共征集镇人大代表建议、批评和意见17条。会议还邀请专家向全体与会代表宣讲垃圾焚烧发电知识，增强代表们对垃圾焚烧发电历史、流程、工艺、污染防控、监管等方面的了解和对垃圾焚烧发电项目建设必要性的认识。

【河口镇党建带妇建　共建ECD项目】 9月19日，埃塞俄比亚、乌干达两国政府官员及联合国儿基会驻两国ECD项目人员、联合国儿基会驻华办事处官员、全国妇联联络部相关人员以及省妇联相关负责人一行15人到河口镇涓水村考察儿童早期发展社区家庭支持服务项目（Early Childhood Development，下文简称ECD项目）建设情况，省、市、县妇联以及该镇相关负责人陪同考察。

【河口镇第六届人民代表大会第五次会议】 12月11日，河口镇第六届人民代表大会第五次会议在河口镇政府二楼大会议室拉开序幕。来自河口镇各处的71名人大代表以及76名列席代表出席会议，履行宪法和法律赋予的神圣职责，共谋河口发展大计。大会表彰优秀代表小组、优秀人大代表和优秀人大工作者；听取、审议并通过河口镇人民政府关于政府工作的报告；听取、审议并通过河口镇人大主席团工作报告；审议并通过河口镇人民政府关于财政工作的报告；会议选举产生河口镇人民政府镇长朱振华。

【河口镇周转房正式投入使用】 河口镇周转房项目于2016年6月由湘潭县建筑规划设计院进行规划设计，占地500平方米，总建筑面积2035平方米，新建34套干部周转房，配备建设水、电、消防、环保等相关设施。2017年2月，湖南承运环境建设集团有限公司通过招投标，以373万的价格中标。3月初拆除原办公楼后在原址开工建设周转房，总工期180天，2017年年底交付。2018年4月1日，正式投入使用。

（郗　巩）

射埠镇

【概况】 射埠镇位于湘潭县中部，涓水中游，与易俗河、河口、谭家山、中路铺、锦石、乌石、花石、石潭8乡（镇）毗邻。潭花、韶井公路在此交汇，岳临高速由南往北纵穿射埠，德怀大道于2018年9月通车，区位交通优势明显。境内盛产茶油，为有名的茶油之乡，矿产丰富，蕴藏着铁矿石、石灰石、黄金、矽砂等矿产资源。镇辖22个行政村，1个社区；面积170.96平方千米，镇区总面积为3.2平方千米；耕地面积4425.51公顷，其中水田4139.96公顷，旱土285.55公顷，山地面积8640公顷，森林覆盖率47.46%。总户数20302户，总人口数62606人，其中男性32598人，占比52%；女性30008人，占比48%；少数民族269人，占比0.43%，主要为土家族、苗族、壮族。

2018年，射埠镇农村居民人均可支配收入达13400元，完成规模工业总产值8.4亿元，固定资产投资4.37亿元，招商引资到位资金5200万元；两税收入完成2454万元，其中国税收入1917万元、地税收入537万元，均超额完成任务。全镇有中小企业21家，以生石灰、机械加工、玻璃灯饰和农业企业为主，其中规模以上工业企业9家。

农业基础有效夯实。土地确权工作基本完成，种植结构逐步调整，2018年共计在杨基、高凤、来仪等9个村调整面积633.33公顷；开展全国第四次经济普查工作，完成单位及个体户的清查；产权制度改革高效推进，22个村、1个社区和637个组的清产核资工作全面完成；土地流转高效推进，累计流转土地面积266.67公顷，培育新型合作社5家、家庭农场5家；支持船形茶叶、天子山茶油等农业产业化龙头企业加快发展，完成油茶低改200公顷；推动农业科技创新，镇农推中心邓述东利用冬季闲田“秸秆种菇”，为解决稻草焚烧难题提供新思路；其团队打造的“一亩田脱贫”项目荣获湖南省第三届青年社会组织公益创投大赛金奖，助力脱贫攻坚。基层服务阵地建设进一步加强，全面完成吟江、谷合、方上桥等6个村级活动中心的新建或改扩建；完成大小水库检修13座，骨干山塘整修50口、堤垸河渠扫障120道，科学组织22轮轮灌，全面取得抗旱胜利；完成百水村的扶贫路硬化13.5千米、上春等村村道拓宽20.5千米；造林“三边”绿化5千米，义务植树11万株；全镇粮食年总产量5万吨、水产品2630吨，存笼禽类22万羽，存栏生猪3.6万头；“非洲猪瘟”防控措施有效落实，设立6个道路哨卡24小时检疫值勤，确保镇域范围内无疑似疫点出现，整体形势可控。

项目建设如火如荼。全力做好德怀大道项目建设协调工作，先后组织召开镇、村、组协调会议21次，9月底顺利建成通车；800千伏变电站后续还水还路工程建设有序实施，基本完成任务；射埠镇农村综合服务平台建设已完成，于2018年12月24日正式入驻办公；巨鱼村等9个村的中低压配电网改造实施到位；射埠二桥、三桥建设项进入施工阶段，2019年有望建成通车。园区建设卓有成效。2018年3月，射埠建材产业园建设获县委、县政府批准，明确产业园区以“碳酸钙精深加工”为主导产业，打造湖南省最大的建材生产、加工基地的发展定位，并成功回购“华远”公司4.27公顷项目用地，为项目落地扫清障碍。并由县规划设计院编制“射埠建材产业园”概念性规划及控制性详规，县国土局正组织进行碳酸钙资源储量勘探。总投资6000万元的立华牧业年产18万吨饲料项目已签订投资备忘，将于2019年率先入驻园区。

生态环境持续优化。圆满完成中央环保督察组交办的8个问题；落实全国第二次污染源普查，果断处理污染事件4起，处理群众环保信访事件47件；打响“蓝天、碧水、净土”保卫战，全力开展秸秆禁烧工作，推广安装碎草机32台次；深入开展涓水流域综合治理，贯彻落实省1号总河长令要求，镇、村河长全年巡河2000余次；一体化推进农村垃圾、污水、旱厕专项整治“三大革命”，共计清理农村生活垃圾5000吨，转运可回收垃圾79吨，实现农村生活垃圾治理和污水排污口巡查全覆盖，全面完成谷合等8个村的1500座改厕任务；做好卫片执法工作，组建镇执法中队，严厉打击非法开采、非法洗砂行为，取缔砂场2家。完成6个集贸市场的整治,全部成功取缔或搬迁。抓实垃圾禁烧工作，全面拆除潭花线、韶井线、四土线沿线垃圾池，添置垃圾桶等环卫清洁设施100余套，拆除大、小型破损广告招牌3000余块，拆除违建面积2000余平方米，创文成果得到巩固。

“三创一治”全面升级。“村村响”惠民工程有效落实，成为巩固和扩大宣传舆论的重要渠道；深入做好“同心美丽乡村”创建工作，成功组织开展“莲乡大舞台”大型群众文艺汇演，组织“五个一百”微宣讲活动26场次，完成7个新建村级综合文化服务中心申报工作，联系新华书店为22个农家书屋发放书籍共4180本，丰富群众的精神文化生活；顺利完成船形村、仙凤村两个标准化教学点建设，射埠镇中心小学获市级“安全文明校园”称号，全县小学抽测六年级考试中心校人均成绩居乡镇系列第一，教学硬件设施不断改善，教育“软实力”不断提升；积极开展经营性麻将馆专项整治，对全镇所有网吧、音像书店等文化市场开展检查，共关闭、关停无证照网吧和KTV10家。

脱贫攻坚精准发力。产业扶贫、健康扶贫、教育扶贫等扶贫政策全面落实。脱贫攻坚“三落实”工作有效推进，对全镇1102户、2391名贫困户的4轮走访慰问全面完成；全镇纳入危房改造的危房或无房建档立卡贫困户共计173户，房屋新建或改造全部完成；全镇享受教育扶贫137人，申报“雨露计划”45人次，产业扶贫落实222户，20余家企业、合作社、家庭农场等产业主体通过就业及产业带动帮扶贫困户1500余人；全年开展“送医送药送健康”下乡义诊活动40场次，847名因病致贫、因病返贫贫困人口获得优质医疗服务，建档立卡贫困人口家庭医生签约全覆盖，健康扶贫扎实推进。2018年度237户、509名贫困户的脱贫退出验收工作全面完成。

社会事业持续向好。大力开展劳动力转移培训，共开办就业培训班2期，举办精准扶贫、春风行动专场招聘会2场，新增农村劳动力转移456人、城镇就业530人，超额完成任务；落实31项惠农补贴，发放补贴资金3038万元，为各类困难群体发放临时救助资金57万余元；新农保代扣代缴全面启动，完成城乡医保筹资958万元，参保率达95.78%，8572人次享受住院报销、大病保险补偿共计4857.8万余元；2018年度，共计出生649人，其中政策内出生636人，符合政策率为98%，完成孕前优生免费检查296对、实事项目产前筛查258例、农村适龄妇女“两癌”筛查1773人；积极推进退伍军人及其他优抚对象信息采集和悬挂光荣牌工作，完成890名对象的信息采集任务；加强国防和后备力量建设，圆满完成征兵工作；加强民兵队伍建设，高质量完成民兵整组工作；全力推动区域化妇建工作，高凤村儿童早教发展社区家庭支持服务项目成为全国示范点并在非洲推广。

社会大局和谐稳定。扎实开展民情大走访，镇村干部共计460余人次走访近5万户，收集意见建议758条，下半年民调工作全县排名第一；农村综治网格化管理不断加强，“雪亮工程”115个点位设备安装到位，并正常运行；维稳工作取得实效，全国“两会”特护期实现重点人员零进京零非访；以“扫黑除恶”专项行动为突破口，全年排查矛盾纠纷158起，调处158起，调处成功率98%，全年无一起民转刑案件，公众安全感和对政法部门的满意度获得双提升。深入开展企业安全生产主体责任年和执法监管年两大主体活动，全力配合完成县安委会第一巡查组对射埠镇安全生产工作巡查。深入各企业、各安全生产责任单位，落实安全生产日常检查、联合检查290次，下达隐患整改文书28份，没收非法烟花鞭炮产品58件，立案调查12起，经济处罚1.33万元，关闭取缔经营单位及停产停业整顿5家。安全生产整体形势平稳。

把党建工作和经济工作、项目建设、产业发展等重点工作同安排部署，同检查督促，同考核奖惩。坚持政治建设统领全局，学习教育强抓不怠高度重视政治理论学习，全年共开展党委中心组学习8次，邀请市委党校教授专题宣讲十九大精神2次，对村级开展理论政策宣讲3轮全覆盖；结合主题党日活动引导全镇各级党组织开展十九大精神学习讨论5批次；坚持正确的舆论导向，牢牢掌握意识形态工作领导权，通过微信、门户网站、广播“村村响”等平台，积极宣传基层党建、社会主义核心价值观、党风廉政建设、“三创一治”等内容；强化对自媒体的管控，进一步健全完善各类稿件审查制度，对一些苗头性问题做到早预防、早发现。坚持打造战斗阵地堡垒，“五化”建设有序推进。党建站每月组织开展对村级的党建督查，针对发现的问题及时交办，申报杨基村等5个五星党组织；通过日常佩戴党徽、亮明身份、主动作为，在工作生活中起到较强的引领和表率；有效整顿软弱涣散党组织，通过领导挂点、部门帮扶、干部驻村整合各方资源和力量，严督实导，跟踪问效，确保软弱涣散党组织整顿到位。坚持党风党纪廉政建设，从严治党全面加强。严格落实上级党委和纪委关于党风廉政建设各项决策部署和要求，明确镇党委、纪委落实党风廉政建设责任分工，签订党风廉政建设责任书107份，组织党员干部观看廉政警示教育片2场次156人次,举办廉政专题讲座3次，发放廉政学习资料300余份。从严治党“两个责任”全面落实，严肃查处作风方面案件、严肃整治发生在群众身边的不正之风，接收处理信访件16件，做到件件有回复、事事有回音；立案查处案件31件起，办结29起，其中受开除党籍处分15人，党内严重警告处分3人，党内警告处分11人，营造在位清廉、在岗勤政的良好风气。坚持正确选人用人导向，激发干事创业活力。2018年，选任10名对工作尽心竭力、成绩斐然的“85后”中层干部。12月16日，组织射埠镇先进模范人员开展户外拓展训练，激发干部干事创业激情。坚持强化政治协商职能，群团改革高质完成。高质完成对工会、妇联的增补选改革和团委的换届选举。全力配合圆满完成市委第六巡察组对射埠镇的政治巡察工作任务，先后多次召开党委会议进行专题研究，对巡察交办的39项问题和6条巡察意见进行迅速整改落实。并通过进一步建章立制，制定4项议事规则，完善镇、村两级财务管理制度，各项工作走上制度化、规范化轨道。同时，高质量配合完成中央、省委巡视组交办件7件。

2018年射埠镇各行政村基本情况一览表

表12

村名	面积（平方千米）	村民小组（个）	户数（户）	人口（人）	农村经济总收入（万元）	农村经济总费用（万元）	农民人均纯收入（元）
射埠村	3.40	25	793	2480	4789.68	1392.88	13650
霞湾村	5.60	27	815	3314	6085.95	1823.16	13750
新烟塘村	5.50	28	710	2818	5182.39	1658.52	13415
上春村	4.30	28	585	2184	4829.94	1689.95	13309
新建村	4.50	21	484	1769	3345.18	1264.84	13445
蟠龙村	9.60	33	768	2993	5556.20	2199.19	13446
旺冲村	7.90	29	791	3135	5698.56	2149.42	13340
百水村	6.30	34	804	3388	6062.89	2121.29	13434
高丰村	7.70	34	1015	3639	6874.38	2529.42	13439
方上桥村	8.10	30	887	3260	5992.58	1972.52	13331
金龙霞村	8.60	35	925	3394	6225.18	2226.15	13452

续表 12

村名	面积 (平方千米)	村民小组 (个)	户数 (户)	人口 (人)	农村经济总收入 (万元)	农村经济总费用 (万元)	农民人均纯收入 (元)
巨鱼村	7.80	29	893	3268	6027.38	2127.03	13334
吟江村	7.80	25	701	2455	5028.17	1886.77	13495
盛源村	8.80	35	794	2890	5559.54	2005.8	13296
谷合村	5.80	30	748	2721	5317.49	1910.99	13519
土桥铺村	10.10	26	804	2882	5389.40	1907.95	13279
桂塘村	7.20	26	476	1710	3233.61	1195.29	13220
来仪村	3.40	18	480	1770	3447.07	1315.99	13240
涓江新村	7.90	22	630	2428	4485.38	1651.90	13370
继述桥村	12.60	35	902	3298	6051.56	2120.35	13420
高凤村	13.00	37	849	3460	6490.00	2410.66	13390
杨基村	12.60	30	882	3486	6494.10	2286.50	13666

【市委第六巡察组对射埠镇党委展开政治巡察】 按照市委巡察工作统一部署，2018 年 3 月 6 日至 4 月 28 日，市委第六巡察组对射埠镇党委展开政治巡察。3 月 6 日，市委第六巡察组进驻射埠，射埠镇组织全体党政班子成员、站办所长、村支书、部分人大代表、政协委员及部分村民代参加开巡察动员会，为期 2 个月的巡察拉开序幕。

【段伟长到射埠镇调研园区创建和项目建设】 3 月 27 日，县委副书记、县长段伟长到射埠就园区创建、项目建设现场办公，县领导唐剑恒、荣虎成、刘新玉参加。会议原则同意射埠镇设立以碳酸钙资源为主导产业的建材工业园，由县莲乡土地公司筹资回购位于建材工业园的华远公司项目用地。明确由县国土资源局牵头负责，射埠镇配合，做好射埠镇碳酸钙资源的拍卖工作，并解决碳酸钙产业的相关历史遗留问题。

【射埠镇党政办等 17 个站办所顺利迁回射埠镇农村综合服务平台办公】 12 月 24 日，射埠镇党政办等 17 个站办所顺利迁回射埠镇农村综合服务平台办公。射埠镇农村综合服务平台、机关食堂及附属用房建设项目总投资 829 万元。项目规划用地面积 2400 平方米，总建筑面积 2864.8 平方米，主要设计功能为机关各站办所工作开展和业务办理，含食堂、“五小设施”、工会活动室等，项目的立项、设计、规划、报批等施工建设前期准备工作在 2017 年 1 月份已全部完成。2017 年 3 月 28 日项目正式开工，2017 年 9 完成主体封顶，2018 年 12 月投入使用。

（伍　蕾）

锦石乡

【概况】 锦石乡位于湘潭县境中部，涓水中游，距县城 36 千米。东与花石镇的金塘和金丰村、射埠镇金岭等村毗邻，西连乌石镇的明德、龚泉村，南与排头乡的回龙、雪佳、苍冲、辰山、龙潭、紫山、长山等村接壤，与花石镇的盐埠、涓江等村隔涓水相望，北临射埠镇方仑、长延、上春、张公、新塘、余家、众星村，因境内涓水西岸有历史悠久的锦石小集市，乡依地名。总面积 56.70 平方千米，辖 11 个行政村，323 个村民小组,总户数 7215 户，总人口 30436 人，男性 15245 人，占 51%，女性 15191 人，占 49%，非农业人口 1001 人，人口自然增长率 4.2‰。耕地面积 1989 公顷，其中水田 1882 公顷。经济结构以传统的种植业、养殖业为主，境内的碧泉潭乃湖湘文化发祥地。

2018 年，实现工农业总产值 9.08 亿元，比上年增长 8%。财政总收入 3680 万元，增长 34.3%；财政总支出 3577 万元，增长 30.5%。上缴国税 169 万元、地税 90 万元，共计 259 万，增长 36.3%。农村经济总收入 85230.37 万元，增长 9%；农村集体经济收入 21274.33 万元，增长 10%；农民人均纯收入 15728.2 元，增长 10%。年末银行存款余额 1.41 亿元，增长 2.2%。全年规模企业用电量 1900 万千瓦时，下降 1%。

全年累计实现工业总产值 1.10 亿元，比上年增长 8.9%；工业税金 184.2 万元，利润总额 253.1 万元。

农村与农业。粮食播种面积达 3403.47 公顷、总产量 2.56 万吨。推进农村土地依法有序流转，推广土地信托、大田托管、农村合作社等新型流转模式，全乡新型合作组织达到 100 户，推进种植结构调整，各类经济作物种植面积达 866.67 多公顷。出栏生猪 4.7 万余头、出笼家禽 35.2 万余羽、水产品 1600 余吨。特种养殖业迅速增长，新增龙虾养殖 20 余公顷、青蛙养殖 13.33 公顷，肉鸡养殖 28 万余羽。全力以赴开展非洲猪瘟防控，通过多种措施确保全乡不发生疫情。全年完成营造林任务36公顷，其中幼林抚育16公顷，间伐林13.33公顷。切实做好森林防火工作，全年未发生一起重大森林火灾。

镇区建设。实施乡政府至碧泉溪段1800米“白改黑”、排水排污设施建设，安装路灯70盏，大幅提升镇区通行能力。

园区建设。乡党委、政府年初提出“经济一切工作到园区”的建设思路，全力建设碧泉潭现代农业示范园。3月成功举办锦石乡首届“花朝节”暨碧泉潭现代农业示范园开园典礼活动，吸引近两万人次参与。扎实推进园区基础设施建设，成功申报“九路一桥”项目，完成碧泉溪河道综合治理项目一期工程，与湘潭大学达成初步协议，合作共同建设碧泉书院，依托湖南华绿公司打造万亩泉水生态农业基地，完成333.33公顷高档优质稻土地流转、种植工作。碧泉潭大米于2018年11月成功获得“有机产品”种植加工双料认证。

湿地项目建设。2018年4月上旬，启动唐家湖退耕还林还湿项目第一期55.33公顷建设，12月2日，顺利通过省林业厅等上级单位的验收。

社会事业。全年发放惠农资金1190万元，其中耕地地力保护补贴444.8万元、种粮大户奖励资金90.1万元、家庭农场补贴资金3.06万元、库区移民补贴7.74万元、动物防疫员工资2.2万元、牲猪调出奖励资金48.94万元、村干部工资127.2万元、“五保”补贴116.7万元、低保补贴127.1万元、重残补贴70.8万元、高龄老人生活补助5.9万元、危房改造资金91.1万元。

计生与教育。锦石乡2018年出生364人，其中男孩192人、女孩172人。男女性别比为112:100，符合政策生育率为97%。教育事业成绩斐然，在2018年全县人均分、优秀率、合格率、普高上线率四项评比中，锦石乡均居湘潭县前列。其中碧泉中学较2017年的基础上综合评价提升34个名次，名列全县中学系列第10名。锦石中学办学规模和质量逐年攀升，2018年考录县一中19人。

脱贫攻坚。全乡建档立卡贫困户459户共1115人。其中已脱贫294户738人，未脱贫160户369人，2018年脱贫42户128人。

社会治安综合治理。深入推进网格化管理模式，将全乡划分为47个四级网格，配齐47名网格指导员和网格员，将各类民生事务全部纳入到网格管理。先后开展“平安示范村”“平安示范单位”等网上评选活动，平安创建深入人心。

全年接收管教各类社区服刑人员51人，期满解除社区矫正对象45人，社区矫正服刑在册人数6人；建成规范化村调委会7个，排查调处各类矛盾纠纷27起，成功25件，没有因调解不及时而引发的民转刑案件和群众性集体上访案件。

开展安全生产隐患排查治理和“打非治违”专项行动，积极开展校车管理、交通安全、食品安全、特殊行业等重点领域的安全监管。查处关停涓江沿线全部采砂、洗砂行为，地毯式清查全乡存在安全隐患的商店，全年未发生安全生产责任事故。

基层党建。大力推进“党建领航工程”，结合实际制定出台锦石乡“火车头”计划、“后备军”计划、人才库计划、谈心交心计划、“三力”提升计划、夯基固本计划六大实施方案。按照“党旗引领乡村振兴，党员助推园区发展”要求，成立碧泉潭现代农业示范园临时党支部，覆盖周边5个行政村、106名党员，将党建工作与碧泉潭现代农业示范园发展有机结合，强化园区党建，提升党支部组织力，助推园区发展。成立党群互助爱心总社。共收到募捐善款18000余元，慰问帮扶困难党员群众及贫困学生近80人，社会反响良好。严格参照党支部“五化”建设标准，建设一批规范化村级服务阵地。锦石乡11个村（5个新建，6个改建）村级规范化服务阵地在县内率先实现全覆盖，较好满足党员活动和服务群众需要。碧泉村成功打造为县“三同”主题周实践活动基地。在县派驻村帮扶工作队进驻软弱涣散村的同时，乡镇配套建立11支“一对一”结对帮扶队，分别深入11个行政村，落实党员干部直接联系服务群众和“党建+精准扶贫”各项制度，发挥党建助推脱贫攻坚工作作用。清塘村党总支被市委组织部授牌首批五星党支部。

2018年锦石乡各行政村基本情况一览表

表13

村名	面积（平方千米）	户数（户）	人口（人）	农村经济总收入（万元）	农村经济总费用（万元）	农村经济净收入（万元）	农民人均纯收入（元）
太阳村	5.40	812	3186	8610.70	2956.40	4041.10	27024
金湖村	2.70	615	2392	5940.30	2029.30	2782.30	24832
东剑村	9.90	761	2986	8341.40	2767.10	4013.90	27934
大荷塘村	4.80	852	3329	8683.70	2797.20	4317.00	25637
东边新村	4.20	672	2676	6493.10	2041.10	3071.20	25536
碧泉村	10.60	952	3657	8890.10	2789.80	4515.80	25512
锦石村	3.20	458	1779	4462.20	1406.20	2267.30	12887

续表 13

村名	面积（平方千米）	户数（户）	人口（人）	农村经济总收入（万元）	农村经济总费用（万元）	农村经济净收入（万元）	农民人均纯收入（元）
清塘村	4.90	701	2776	6675.60	1975.30	3315.30	25499
文佳村	4.00	643	2576	5680.90	2031.30	2393.60	25910
唐家湖村	1.80	573	2254	6510.20	2341.50	3205.50	12960
胜利村	5.00	697	2748	7051.10	2381.20	3676.10	12910

【杨欣荣一行到锦石中学调研标准化学校建设】 3月14日，湘潭县人民政府副县长杨欣荣率县政府办、教育局、文化旅游体育局主要负责人到锦石中学，对学校省标准化学校建设进行调研。在锦石乡党委、政府主要负责人陪同下，杨欣荣听取锦石中学的工作汇报，对学校的教育教学，乡村少年宫建设，校园文化建设及学校食品安全管理给予充分肯定，特别是对学校老师的精气神十分满意。在学校文化墙边，杨欣荣驻足良久，兴致勃勃地察看学校的学子规，认为锦石中学有内涵、有底蕴，可以将内容在全县内推广。关于学校标准化建设，杨县长要求学校高起点规划、高标准建设，要求特别注重校园文化建设，特别注重建设细节，要进一步加快标准化建设进度，做好未建项目的规划设计，加快在建项目的施工进度，抓好建成项目的设施配备，将锦石中学打造成精美的标准化学校。

【碧泉潭现代农业示范园开园典礼暨锦石乡首届“花朝节”开幕】 3月24日，碧泉潭现代农业示范园开园典礼暨锦石乡首届“花朝节”开幕。县委副书记周艳希宣布碧泉潭现代农业示范园正式开园，县领导刘耀奇、李豪雄、曾耀辉、杨欣荣、刘新玉、马新国参加活动。开园仪式上，县委常委、组织部部长刘耀奇表示，碧泉潭现代农业示范园的开园，将为推动现代农业发展、提高农业效益、增加农民收益提供有力支撑。他希望，碧泉潭现代农业示范园在创新农业发展业态、开发多种功能、挖掘综合效益方面树立新的标杆，让更多有实力、有眼光、有信誉的企业入驻园区，实现多方共赢。据了解，碧泉潭现代农业示范园是湘潭市10个重点打造的现代农业示范园之一，全面推行“县统领、乡镇为主、园区建设指挥部具体实施”的建设体制，是以建设“泉水农业”为特色的现代农业示范园。规划区域共涉及周边6个行政村，规划面积2673.33公顷，核心区为碧泉潭周边约4平方千米。“花朝节”由来已久，是中国的一项民俗活动，意在纪念百花的生日。在本届“花朝节”中，旗袍秀、摄影比赛、广场舞大赛、马拉松赛跑、“花朝节”祈福、湖湘文化大讲堂等活动一一举行，吸引四面八方的游客。花神祭祀祈福在蒙蒙细雨中拉开序幕，4名身穿汉服的姑娘头戴鲜花依次列队，通过祭拜花神来表达对春天的祝福。

【戴德清一行深入锦石乡调研】 3月20日，市委常委、市委政法委书记戴德清一行深入锦石乡调研指导碧泉潭现代农业示范园工作。戴德清一行先后走访碧泉潭、碧泉矿泉水厂、华绿油菜花基地、碧泉槟榔厂、碧泉村部。戴德清对示范园前期工作的开展情况予以充分肯定，他指出，要整合优势生态资源，合理规划农村产业布局，完善农村基础设施建设，培育新的经济增长点，实现产业兴村富民目标。调研座谈会上，戴德清强调，要突出特色，搞好设计。做好文化和泉水的结合，将文化与观光、特色和高端农产品开发有机结合，将规模做大，影响力做强。戴德清要求，要抓好招商，发展产业；要加大投入，完善基础设施；要广泛宣传，发动群众；要强化责任，落实措施。

【湘潭文化专家学者考察碧泉潭发展建设】 4月18日下午，湘潭大学副校长刘建平、湘潭市委党校副校长洪学敏等专家学者到湘潭县锦石乡碧泉潭参观考察，并就碧泉潭水资源的保护利用和碧泉书院的恢复重建与当地干部群众进行深入交流探讨。碧泉潭位于锦石乡碧泉村龙潭山下，距今已有1300多年。近年来，锦石乡党委、政府紧紧抓住湘潭市大力发展全域旅游的机遇，充分发挥碧泉潭水资源优势和深厚的湖湘文化底蕴，全力推进碧泉美丽乡村市级示范村建设。为助推乡村旅游业发展，3月成功举办碧泉潭现代农业示范园开园典礼暨锦石乡首届“花朝节”，吸引近两万名游客和观众参加。随着乡村文化旅游的升温，慕名到碧泉潭的游客越来越多。座谈会上，刘建平说，碧泉潭是湖湘文化的源头，滋养三湘大地千年文脉。锦石乡要以树立“文化自信”为宗旨，做好地方经济发展与湖湘文化的大文章；要站在弘扬中华优秀传统文化角度，统一思想，提高认识；要放眼衡山文定书院、宁乡南轩书院等周边书院，做好旅游的科学规划，并合理开发，有效保护稀有资源。洪学敏表示，锦石乡应加强与湘潭高校的合作，把碧泉潭与碧泉书院打造成湖湘文化的圣地，推动地方经济文化发展。

【周艳希一行到锦石乡检查工作】 7月5日，县委副书记周艳希一行到锦石乡检查半年度工作情况，重点检查项目建设、种植结构调整以及精准扶贫等工作。在锦石乡负责人的带领下，周艳希分别察看碧泉潭现代农业示范园的产品展示中心建设情况、村级服务阵地建设情况以及种植结构调整相关工作。同时，周艳希仔细核查扶贫手册填写情况，并实地走访两户贫困户谭某和颜某，查看改造后的房屋质量，询问他们享受扶贫政策的情况，并鼓励其利用好政策，自力更生，争取早日脱贫。

【湘潭县锦石乡成立党群互助爱心总社】 党群互助爱心总社是锦石乡党委为充分发挥党员先锋模范作用，激发党群互助活力，救助弱势群体，弘扬中华民族的优良传统的重点创新工作。6月28日，锦石乡党委书记为党群互助爱心总社举行揭牌仪式。锦石乡党群互助爱心总社秉承“呼唤爱心，奉献爱心”的宗旨，充分发挥党员先锋模范作用，践行志愿精神，奉献爱心，激发党群互助活力，救助弱势群体，服务社会，弘扬中华民族的优良传统，发扬“爱无限，心相连，情相系，手相牵”的“红柳精神”，开展和组织各种公益活动，争取人人加入到献爱心的活动中来，为建设和谐、美丽、文明锦石贡献出自己的一份力量。在随后的募捐仪式上，锦石乡工作人员宣读党群互助爱心总社募捐倡议书。随后，在领导班子的带领下，全体机关人员依次向捐款箱内投入自己的一片爱心，会场内一直暖流涌动，感恩之情洋溢。据悉此次募捐活动共筹集爱心善款14000余元，其中飞跃湘莲、碧泉水厂、碧泉槟榔加工厂、碧泉潭现代农业示范园党支部各捐献2000元。

【胡长清实地察看唐家湖退耕还林还湿项目】 10月24日，湖南省林业厅厅长胡长清、湖南省林科院生物环境所所长田育新、湘潭市林业局副局长易晓玲、湘潭县副县长陈义、湘潭县林业局局长陈金红一行实地查看湘潭县锦石乡唐家湖湿地退耕还林还湿项目建设工作推进情况。唐家湖退耕还湿项目位于锦石乡涓水河中游，北侧，积雨面积30平方千米，退耕还林还湿项目总面积46.67公顷。于2018年5月开始动工，涵盖锦石乡唐家湖村和金湖村两个行政村。该项目的实施对涓水流域的抵御洪水、蓄水抗旱、净化农业面源污染、净化生活污水、治理黑臭水体、保持生物多样性等方面起到十分重要的作用。该项目已经完成6千米生态廊道建设，20公顷的湿地水生植物种植，栽植2000株绿色植物，其中包括柳树、茶花、四季桂、丹桂、水杉等。时值候鸟南飞的季节，据当地村民介绍，已看见野鸭、白鹭、喜鹊等多种候鸟在湿地内觅食筑巢，同时该乡为保护湿地生态的多样性，计划在12月初投放鱼苗20万尾，吸引更多候鸟在锦石乡唐家湖湿地停留觅食和筑巢。唐家湖退耕还林还湿项目的开工建设，将有效地保护区域内鸟类、鱼类等动物资源和这片山水相依的湿地生态系统。同时，还可利用唐家湖湿地优美的生态景观环境，并结合碧泉潭现代农业示范园开展生态观光、休闲养生、科普教育、民俗文化等活动，开发生态健康养生旅游产品，丰富区域旅游产品和旅游线路组合，打造成为湘江流域生态湿地建设的样板试点工程，推动区域生态旅游，带动当地群众脱贫致富和促进地方经济社会发展。

（赵航远）

排头乡

【概况】 排头乡位于湘潭县境西南，是湖湘文化的发源地之一，全乡总面积124.7平方千米，乡设一管区、二管区2个管区，18个行政村，638个村民小组。耕地面积4323.5公顷，其中水田3756.5公顷、旱地567公顷，林地面积2533公顷，水面面积1733.3公顷。全乡总户数18177户，总人口60933人，其中男性31233人，女性29700人；农业人口59467人，非农人口1466人。全乡全年出生597人，出生率为9.8‰；死亡367人，死亡率为6.02‰，人口自然增长率为3.77‰，男女比例为1.07：1。

2018年，排头乡党委、政府围绕“特色农业稳乡、优势工业强乡、生态旅游兴乡、湖湘文化促乡、村镇建设亮乡”的工作思路，科学谋划、集中力量、突出重点、整合资源、狠抓落实，努力实现农业增产、农民增收、农村稳定。

实现工农业总产值6.87亿元。财政总收入4625万元，下降1.31%；财政总支出4625万元，下降1.31%。上缴国税472万元、地税168万元，增长37%。

完成工业总产值3.96亿元，规模工业增加值1.19亿元，高新技术产业投资1680万元，研究与开发投入705.2万元;完成工业技术改造、固定资产投入2.71亿元。招商引资6个项目，实现到位资金5100万元，其中新建项目5个：莲城湘莲建设项目、宝云轩木业建设项目、伟蘅食品项目、扬河生态农业项目、天之蟾生态农业项目;续建项目1个，华远湘莲二期项目。所有招商引资项目已建成投产。申请虹宇机械盘式微耕机技术、潇湘制泵立式自吸泵技术的研发等6家发明专利。

实现农业总产值2.91亿元。种植水稻双季4200公顷，其中优质稻达2806.67公顷，秋冬种666.67多公顷，完成全年县下达的粮食生产面积与秋冬种任务。推广高速插秧机5台，机插面积2533.33多公顷，推广水稻烘干机5组，大型轮式拖拉机8台。

全乡流转并进行种植调整耕地467.89公顷，超额完成任务。围绕乡村振兴战略，打造“一村一品”初具规模，有湘潭天之蟾有限公司的13.33公顷青蛙生态养殖基地、扬河生态农业发展公司的千亩蔬菜基地、兴田生态农业公司的13.33公顷绿化草皮基地，广东华懿水生植物有限公司种植鸢尾美人蕉、伟蘅农业生态种植蔬菜33.33多公顷。种植结构调整项目间接或者直接带动当地就业600多人。

完成长防林造林任务10公顷，封山育林13.33公顷，组织义务植树10万株，八百多年的垂丝香柏成功申报 “湖南十棵树王”之一。隐山村分别成功申报为省级“秀美村庄”和市级“生态文化示范村”。通过加强宣传、组织护林员巡查等方式，有效提高群众的防火意识，全年未发生一起重大森林火灾。全乡存栏生猪5.8万头，出栏数14.2万头，鸡、鸭、鹅存栏17万羽，出笼数18.5万羽。

2018年，全乡有学校13所，其中初中3所，小学10所，在校老师163人，上学期在校学生2162人，下学期在校学生2130人。幼儿园8所，上学期在园幼儿812人，下学期在园幼儿695人。严冲中学被评为国家级青少年校园足球特色学校；紫山小学正在创建航模制作特色学校；严冲小学的书香校园特色建设持续推进，2018年获得县级文明校园称号。文联全年编发《隐山》刊物4期。积极开展“三创一治”工作，在全乡范围内开展文明家庭评比工作，共计评出文明家庭示范户185户。

2018年，回龙桥镇区规划并划好277个停车位。新建回龙桥镇区十字路口绿地300平方米，悬挂中国结50个。拆除破损招牌27块，广告牌47块，破损横幅12条，清理牛皮癣210处。在镇区十字路口规范早市蔬菜、鱼肉摊位30个。完成自来水管网续建1200米，自来水厂已开始供水。镇区进行电力增容，安装2台变压器。对双联村、隐山村、狮龙村、严冲村、排头岭村的村部进行改扩建，对回龙桥村、南下村、华宇村进行新建。完成三格式混凝土和玻璃钢式厕所784个，其中三格式混凝土厕所146个，玻璃钢式厕所638个，对三格式混凝土厕所完成乡级验收。

新增硬化水泥路30.58千米，修复改造桥梁5座，完成省拓宽计划7.36千米，完成道路补块763平方米，清缝灌油16.3千米。高速公路清污、水毁、垮塌5处，增设减速带28处、道路警示标志26处，修复道路损坏处136处，增设限宽墩2组，增设交通警示灯1组，设立交通安全围栏4800余米，取得显著成效，消除道路交通安全隐患。完成水渠硬化13.7千米，疏通渠道17千米，硬化山塘27口，加深山塘20口，完成13座水坝改建，6座水库保养；渠道清淤扫障三处约7.8千米，隧道清污4处约500米，硬化水渠6处，山塘清污17口，栏木冲水库准备恢复启闭设施。抗旱期间，启动临时机埠17处，固定机埠6处，切实保障农田供水。落实“河长制”工作，对全乡12座水库、涓水、胜天河等主要河道制作“河长指示牌”，落实河库保洁、巡查、整治工作，对南田水库水质污染进行重点整治。

2018年，全年调解化解矛盾纠纷190余件。借助社区矫正信息管理系统，对社区矫正对象实行手机APP、电子腕带等方式定位监控，定位率达100%。累计接收社区矫正人员83人，累计解除67人，居住地变更2人，现在册矫正人员14人,依法治乡效果明显。综治“三位一体”（综治中心建设、雪亮工程、网格化服务管理）逐步完善。18个村通过科学布点，在主要交通要道、路口，共计安装95个治安视频监控点，已投入使用，对各类违法犯罪人员形成有效震慑；96个网格分别配备网格员、指导员，已基本完善网格化系统数据录入，完成居民服务事件录入1236条，事件录入107件。

全年共发放宅基地批准书70余本。开展土地动态巡查120余次。共发现和制止各类违法占地建房行为10余宗。对矿山企业进行动态巡查30余次。严格按照执法计划有序开展安全生产行政执法工作，开展计划检查执法168次，下达隐患整改文书19份，立案调查11起，经济处罚0.74万元。积极配合县安全生产巡查工作，对11家安委会成员单位下达交办单，整改隐患28处，对2家工贸企业、1家加油站、1家烟花爆竹店下达交办单，整改安全隐患13条。开展企业污染源、规模化养殖污染源信息采集填报，36家企业、26家规模化养殖场纳入普查范围，进行经纬度定位。强力推进“散乱污”企业整治工作，强拆1处非法洗沙点和1处卤水加工作坊，2处无证生产的樟脑油加工厂成功销号。

建档立卡贫困户共有1014户2856人，全年实现脱贫退出312户870人。全乡农村低保对象共计607户1150人，社会救助兜底保障948人；新批“五保”23人。敬老院2所，安置“五保”老人100人。退役军人和其他优抚对象信息采集工作基本完善，优抚对象1450余人，其中重点优抚对象470人。农村部分计划生育家庭奖励扶助对象准确率和资金发放到位率、独生子女保健费发放率均为100%。家庭医生签约活动全面推广。

2018年，新增城镇就业人数122人，失业人员再就业完成20人，就业困难人员再就业完成10人；新增农村劳动力转移人数是518人，其中帮扶就业困难对象7人，创业培训完成64人，技能培训102人。全乡新农合参合人数达48190人，总参合率达95%，参合农户累计补偿448人次，补偿金额达20.89万元。全乡参加养老保险22665人，缴费264万元，60岁以上享受养老保险11608人。

排头乡党委辖37个党支部。其中，机关事业党支部7个。有党员1635名。党员冬春训在乡政府集中培训2天，各支部集中学习2次。开展农民大学生培养计划招生，春秋两季排头乡共招生学员9人。开展党（总）支部书记集中培训2次，联点干部和第一书记集中学习培训4次，开展入党积极分子集中培训1期，从入党积极分子中按照1:3的高标准原则，全年新发展党员18名，其中35岁以下有10人。

2018年，严格落实《排头乡机关干部日常管理制度》等各项制度，坚持以制度管人、管事，强化干部作风建设；召开各类专项整治会议5次，组织开展作风督查12次，对精准扶贫、网格化管理和“大走访”活动等中心工作督查4次，印发督查通报6期，开展廉政谈话287人次。依据党章处置15名不合格党员，其中开除党籍7名、除名3名、取消预备党员资格2名、延期转正3名。

2018 年排头乡各行政村基本情况一览表

表 14

建制村名称	总面积（平方千米）	户数（户）	人口（人）	农村经济总收入（元）	农村经济总费用（元）	农民人均纯收入（元）
合荣村	3.6	698	2143	624715	633642	15827
先劲村	6.9	741	2348	1100531	951384	15826
红祺村	6.9	1032	3462	841805	1123964	15827
松梓村	3.3	686	2147	937867	701518	15897
苍冲村	4.8	639	2031	1184975	1202979	15827
南下村	9	1373	4850	2685695	2300761	15827
兴田村	4.6	892	3106	1507431	2185720	15827
华宇村	5.9	1059	3727	1639777	830869	15827
回龙桥村	10.4	1463	5473	1944275	1776336	16874
排头岭村	9.1	1148	3916	1442151	1587895	15839
人雄山村	5.6	862	2691	2099334	2953862	15827
严冲村	7.9	1343	4299	1695303	1251018	15937
龙佳村	7.3	909	2896	2278793	2044842	18085
隐山村	7.9	1094	3716	605607	560474	15827
狮龙村	11	1373	4538	1519453	1322532	15827
辰山村	6.3	915	2991	1652184	1677630	15948
双联村	7.3	959	3215	2417482	1417324	15827
团结村	6.9	991	3381	2241230	1971198	12194
总计	124.7	18177	60933	28418608	26493948	284870

【排头乡召开工会联合会第五次代表大会】 10 月 26 日，排头乡胜利召开湘潭县排头乡工会联合会第五次代表大会。代表们听取并审议排头乡第五次工会联合会工作报告，报告对过去五年的工会联合会工作进行回顾和总结，重申上级对工会联合会工作的要求，实事求是地肯定乡工会工作，并提出今后五年该乡工会工作的指导思想、工作目标和具体措施。大会选举产生乡第五次工会联合会委员，张杨佑任排头乡工会联合会第五届主席，谢新东、宾勇、彭水平任工会联合会副主席，选举经济审查委主任、委员，女工委主任、委员。

【排头乡召开经济工作务虚会】 11 月 2 日，排头乡召开经济工作务虚会，全体负责人、管区、站办所负责人参加会议。会议围绕“今年怎么看”、“形势怎么判”、“明年怎么干”、“工作怎么抓来进行”，明确 2019 年全乡经济发展方向。

【排头乡召开第六届人大第五次会议】 12 月 21 日，排头乡胜利召开湘潭县排头乡第六届代表大会第五次会议。会议听取、审议并通过排头乡政府 2018 年工作报告、人大主席团 2018 年工作报告、第六届人民代表大会第四次会议代表建议办理工作情况汇报和 2018 年财政预算执行情况报告，选举产生排头乡第六届人民政府乡长，周杏安全票当选，同时征集人大代表建议，并讨论、决定其他法定职权范围内的事项。

【排头乡召开第六届党代表大会第三次会议】 12 月 22 日，排头乡胜利召开中国共产党湘潭县排头乡第六届代表大会第三次会议。大会认真听取、审议并通过中共湘潭县排头乡第六届委员会工作报告、中共湘潭县排头乡纪律检查委员会工作报告以及中共排头乡第六届委员会关于党费收缴使用情况管理的报告。党委委员进行述职述廉并接受民主测评。

（苏　杏）

花石镇

【概况】 花石镇位于湘潭县西南部，衡峰远峙，涓水穿流。镇域总面积为201.25平方千米，城镇面积4.2平方千米，耕地面积3780.29公顷，其中水田面积3434.23公顷，旱土面积346.06公顷，林地面积10618.4公顷，森林覆盖率55.4%，水面面积2062.74公顷。全镇辖31个行政村，1个社区，总人口92928人。2018年，出生人口数988人，出生率1.06%。人口死亡数667人，死亡率0.7%，人口自然增长率0.36%。其中男性人口47706人，占比51.3 %，女性人口45222人，占比48.7%。城镇非农户口有19720人，少数民族有459人，主要是苗族、土家族、壮族，占总人口的0.49%。全镇工业企业28个，其中规模工业企业15个，主要是湘莲企业。全年规模工业总产值完成31亿元，固定资产投资完成5.8亿元，招商引资完成1.27亿元，财税收入完成1822万元。

全镇粮食播种总面积3681公顷，粮食总产达2.8万吨。全镇共计发展牲猪19.89万多头，其中存栏牲猪6.44万头，鸡鸭鹅存笼26.87万羽，水产品总量达3210吨。顺利通过市、县防疫检查，两季防疫密度都达到100%。全年完成造林绿化任务93.33公顷，义务植树19万株，认真开展森林防火宣传月活动，全年组织4次森林防火集训，一年来全镇未发生重大森林火灾。积极备战防汛抗旱工作，对重点防护工程险工、险段，实行定时检查，确保安全度汛。加大水利建设项目争取，全镇累计投入水利建设资金达1600万元。移民后扶项目基础设施建设和产业开发等总投入888.8万元。2018年共补贴机具9台套，补贴金额5.85万元。第四次经济普查完成普查登记个体工商户7165户，单位713家。雨春食品有限公司、花香食品厂落户该镇，中农城投有限责任公司、香港荣华食品、湖南美村建设有限公司与该镇考察洽谈并达成投资意向。天马现代农业园园区共争取农开、电力、水利、道路等各类基础设施投资近6000万元。红薯产业蓬勃发展，发展连片种植近133.33公顷，平均亩产达6千克，引进国内先进的薯粉加工设备并建成薯粉加工厂，进一步延伸产业链，明年计划种植红薯333.33公顷以上。全年完成镇区门店风貌改造等项目，污水处理站已全面完成设备的安装和附属工程建设，即将进入调试运营阶段。垃圾中转站的主体站房已全面完工，压缩设备和附属工程已完成招投标手续。农村厕所革命目前已完成三格化粪池1330座。全面启动2018年危房改造工作，申报危房改造159户，已全面开工建设，已竣工151户。积极做好全镇30个村156个点1560公顷的种植结构调整工作，积极申报湘潭市“种植结构调整推进先进乡镇”。

全域开展“三创一治”工作，通过整治取缔马路市场和加强日常巡查，积极推进“六乱”治理，查处违法违章建筑14处，已完成拆除工作；镇区统一划设停车位703个，实现车辆有序停靠。发动群众开展文明劝导志愿者服务20次，劝阻各类“不文明”行为200余人次，镇区建设井然有序。全面开展安全生产检查，确保群众生命财产安全，全镇共排查各类安全隐患380处，下达整改指令155份，已整改到位375处，5处正在整改中。拆除非法采砂场3处，刑拘涉嫌非法经营烟花鞭炮业主2名。深入贯彻落实上级会议精神，专题对“扫黑除恶”专项行动工作进行部署，共摸排线索7条，破获涉恶案件5起，抓获涉恶人员6人。全年完成中央、省委巡视组交办信访案件共4件，“三大攻坚战”信访件3件，信访系统交办件95件。全年辖区内共调解各类矛盾纠纷155起，调处成功率99.6%。

全年完成省、市、县为民办实事工程18项。全镇共有中学6所，小学22所，学生5364人，老师347人，幼儿园13所，入园幼儿1275人。全镇有1所中心卫生院和1所卫生分院，共有医护人员101人。全镇道路新建19.8千米，道路拓宽8千米。

全年共立案25件，已经结案21件，其余4件，暂未结案。将监督职能履行到位，对各项重点工作、如扶贫、创文、民调等开展全面督查，全年共督查12次，发各类督查通报9期，有力的改进工作作风。努力办好信访案件。重视各类信访件办理，注重化解基层各类信访积案，化解各类矛盾，全年共有信访件16件，已经办结8件，正在办理的8件。全年发展党员25人，预备党员转正19人，培养入党积极分子140人。

进一步提高城乡低保保障水平，积极开展社会救助工作，临时救助对象提供医疗补助993人次，共计61.25万元，2018年度全镇住院医疗补偿4901145元。稳步推进精准扶贫工作，2018年经历两次动态调整，整户新识别贫困户53户127人，全年脱贫577户1489人。卫计工作全面推进，全年共落实长效节育措施660例，为1960名适龄妇女提供免费两癌筛查服务。继续推行城乡居民养老保险，已经完成任务的95%，失业保险征缴全面完成。统筹推进城镇就业外创新创业工作，新增农村转移就业659人，城镇新增就业732人；建立就业基地2个，创建农业示范园1个；完成大学生跟踪服务110余人个，贫困劳动力信息录入2160人，失业就业登记服务213人，完成新增贫困劳动力单位转移就业93人，上报转移就业交通补助572人，技能培训完成“两后生”培训9人，月嫂培训80人、厨师培训28人、种养殖培训87人；完成城乡居民养老保险征缴22651人、基金征缴318万元；举办2场招聘会、3次职业技能培训、2期创业培训。

2018年花石镇各行政村基本情况一览表

表15

村名	面积（平方千米）	户数（户）	人口（人）	农村经济总收入（万元）	农村经济总费用（万元）	农村经济净收入（万元）	农民人均纯收入（元）
和平村	9.50	1456	4985	8913.9	2234	6679.9	13400
花石社区	2.00	2007	2465	—	—	—	—
中华村	12.30	1246	4411	9323.00	2583	6740.00	15280
罗汉村	5.86	973	3100	7879.00	1989	5890.00	19000
花石村	2.80	809	2864	7595.60	2156	5439.60	18993
马垅村	5.00	826	3087	8738.60	2212	6526.60	21142
新加村	5.95	1090	3645	9561.95	2600	6961.95	19100
红中村	3.50	891	3306	8151.10	2200	5951.10	18001
双溪村	4.50	493	1859	4615.80	1000	3615.80	19450
金莲村	6.16	756	2621	5719.81	1500	4219.81	16100
涓江村	3.50	744	2610	5710.90	1300	4410.90	16900
盐埠村	4.94	1254	4360	8961.00	2203	6758.00	15500
永仁村	4.84	624	1982	4928.50	1101	3827.50	19311
金枫村	18.50	1087	3928	7753.60	1600	6153.60	15666
润塘村	6.80	660	2379	6544.20	2000	4544.20	19101
龙潭村	9.50	1019	3609	7795.60	1800	5995.60	16613
石坝村	10.60	793	2675	5874.40	1111	4763.40	17807
紫荆村	8.00	950	3287	7350.60	1603	5747.60	17486
天马山村	8.00	849	2828	6559.80	1315	5244.80	18546
中心村	6.00	515	1889	5063.20	1441	3622.20	19175
铜锣村	4.00	492	1817	4895.60	1407	34488.60	19200
见楼村	4.60	1009	3500	8218.60	2502	5716.60	16333
九如村	3.10	509	1789	5114.50	2000	3114.50	17409
泥湾村	4.50	973	3252	9675.60	3500	6175.60	18990
长潭村	6.70	1029	4112	10329.50	3004	7325.50	17815
龙口村	3.00	819	2842	8166.60	2511	5655.60	19900
天石村	4.70	567	1545	4686.50	1700	2986.50	19330
日华村	8.80	987	3549	8688.20	2300	6388.20	18000
湘江村	3.90	531	1963	6024.10	2210	3814.10	19430
百和村	5.30	527	1842	5798.90	2207	3591.90	19500
琵琶村	5.60	570	2195	5701.00	1723	3987.00	18123
双桥村	8.80	762	2632	6916.50	2200	4716.50	17920

【花石镇举办第五届湘莲文化艺术旅游节】　7月14日，中国·湘潭花石第五届湘莲文化艺术旅游节在湘潭县花石镇开幕。近年来，花石镇已连续成功举办四届湘潭花石“赏荷之旅”系列活动，“湘莲文化艺术旅游节”已初具品牌效应，成为湘潭旅游独具特色的一张名片。此次湘莲文化艺术旅游节活动由湘潭县人民政府、湘潭市住房和城乡建设局、湘潭市旅游外事侨务港澳局指导，湘潭县农业局、湘潭县住房和城乡建设局、湘潭县文化旅游体育局、湖南湘莲产业发展有限公司、花石镇人民政府主办，共分为湘莲文化艺术旅游节开幕式暨产业兴旺之成果展示、湘潭县首届手工白莲加工技艺大赛、荷花宴、花石民俗趣味节目竞演、乡风文明之“荷”你有约风采展示、“万步有约”职业人群健走激励活动六大板块。

（周　星）

分水乡

【概况】　分水乡位于湘潭县西南边陲，距湘潭县城70余千米，北邻湘乡市梅桥镇，东与排头乡毗邻，西与石鼓镇接壤，南临青山桥镇。全乡总面积85.33平方千米，耕地2321公顷。共有11002户，计40849人，其中男性21123人，女性19726人，农业人口数39624人，占全乡人口数97%，少数民族人数172人，占比0.42%，辖15个行政村，409个村民小组。乡经济以农业为主，村民主要从事制皮鞋、种养等产业，农作物除水稻等常规作物外，经济作物以油茶种植为主，境内锰、磷、铀的藏量较大，只进行小容量开采，效益较好。交通线路有县道030线、县道028线、县道026线经过境内，交通较为便利。

全乡完成固定资产投资7150万元，实现国税入库1508万元，地税入库23万元；实现生产总值7.5亿元，社会消费品零售总额1.35亿元。

党的建设不断加强。党的政治建设更加强化。该镇始终把加强党的政治建设作为首要任务，大力实施“党建领航工程”，以“钉钉子”精神全面推进“六大计划”和“九个100行动”。围绕十九大精神开展宣讲，邀请全国十九大代表毛雨时上党课，全年开展党员教育培训3次、冬春训2次，培训参与率达90%以上。党的组织建设更加规范。严格按照“五化”建设标准和星级考评办法，督促各党支部完成“五化”建设，认真开展党支部星级创评工作，争取完成5个五星党支部、14个四星党支部星级验收评定，虎形山村党总支已被市委组织部评为首批市级五星党支部；加强基层服务阵地建设，旗山村、珍鸽村新建村部已投入使用，新山、石桥、永红3个村新建主体工程已完工，正在进行装修，虎形山村、晓冲村改建村部也已投入使用。党的队伍建设更加优化。坚持以好干部标准选干部、以战斗力标准配班子，优先提拔使用表现优秀的基层干部。2018年，5名年轻人提拔为中层干部，进一步巩固乡镇中层干部队伍、提高青年干部的干事热情。选任12名乡镇干部为村第一支部书记，市县乡共选派15个驻村帮助队，协助村管理党建、精准扶贫、经济规划建设等工作，为村级各项事业发展提供政策支持和业务指导。发展17名年纪轻、学历高的预备党员，其中35岁以下9人，大专及以上学历8人；推荐10名优秀农村青年（村后备干部）参加电视大学的高升专教育。党的作风建设更加严格。贯彻落实党支部工作条例，扎实开展2个软弱涣散党组织整顿；严格党员积分制管理制度，培养党员自主性，要求党员自觉参加组织生活；各支部“三会一课”、主题党日活动开展丰富多彩，举办主题党日活动200余次，30余场宣讲会将党的政策和理论送到农村党员身边。党的思想建设更加升华。牢牢把握住意识形态的话语权，落实抓好意识形态主体责任。坚持将意识形态工作同中心工作同安排、同部署、同考核，抓好责任落实。大力营造分水乡“大宣传”的格局，牢牢把握新闻舆论的主动权，大力弘扬社会正能量，牢牢把握宣传主旋律。加大对干部的理论教育力度，打造三观正的干部队伍。党的群团建设更加有效。切实加强党对政府、人大、政协、武装的领导，支持人大和政协依法履行职能，进一步增强乡党委总揽全局、协调各方的核心领导作用。圆满完成工、青、妇换届选举工作；加强国防教育，完成民兵整组调整改革工作任务。探索新的征兵宣传方式，是年，通过政府短信、微信平台针对适龄青年做大量政策宣传和解释工作，圆满完成上级交予的征兵任务。

农业结构不断优化。以种植结构调整为契机，加快推进规模化经营，重点打造“一村一品”，成功申请66.67公顷油茶基地，注册“分水坳黑山羊”“北冲糯米酒”两个地域商标，成立2018年湘潭县特批唯一一家农合联，有效地促进分水乡特色农产品推广，年底，“北冲糯米酒”已走向市场，供不应求。

农业规模不断扩大。积极引导壮大新型农业经营主体，禾香水稻合作社带领周边群众种植再生稻233.33公顷，迅丰农业带领周边群众种植红薯达80多公顷；全乡规模经营主体不断涌现，全乡共有各类种养合作社52家，农机合作社6家，土地股份合作社10家，家庭农场发展迅速，在乡备案38家；全乡发展种植水稻2公顷以上的适度规模经营户115户，常年存栏生猪300头以上的规模养殖场11户，发展黑山羊存栏100头以上的专业大户21户，新山红宇牛场现存栏牛达70多头。成立分水乡土地流转服务中心，流转耕地达1200多公顷，流转林地达600多公顷。开展第四次全国经济普查工作和土地确权颁证工作，进展顺利。认真做好动物防疫工作，积极做好非洲猪瘟防控工作。

招商引资取得突破。创新招商举措，成功引进湘潭锴瑞资源循环有限公司，已成为乡内稳定税源；新引进湘潭县自然香食品科技有限公司已完成投资600万元，带动当地群众就业；7月，农夫山泉股份公司水源勘察部经理带领团队来乡考察白沙井矿泉水开发项目和彭何红心矮晚柚基地，基地全年新流转土地16.67公顷，已种植66.67公顷红心矮晚柚。

项目建设稳步推进。全力推进项目建设，大冲垅高标准农田建设项目和湾头村南方草地现代畜牧业推进行动项目已全面竣工，分水乡湾头村、珍鸽村中低压配电网改造工程，已全面完工，切实保障群众生产生活用电需求。加大力度完善农业基础设施，投入310万元对52口骨干山塘进行清淤硬化，修建1座河坝，渠道硬化0.5千米，清淤扫障120千米；湘潭市通自然村水泥（沥青）路项目开工试点在分水举行，硬化公路6.2千米，拓宽公路7.937千米，搭建农村公路会车平台33处，湘青线梅家咀至古木岭2千米路段修建已全面动工，便利群众的出行。新建干部周转房，年底将搬迁入住。

乡村面貌逐步改善。青山绿水就是金山银山，坚决打赢“蓝天、碧水、净土”保卫战，中央环保督察组交办问题全部整改到位，省环保督察组交办乡里六个非法采洗砂问题，已全部进行“两断三清一绿”；全面落实河长制，开展巡河护河行动，切实保护好分水水资源；做好重金属污染修复综合治理、无害化病死动物处理、养殖业污染防治工作，全面禁止垃圾和稻草秸秆焚烧，有效保护分水的空气环境，增强人民的蓝天幸福感；深入开展“利剑行动”执法，组织派出所、乡执法中队、乡安监站等部门连续开展执法行动，查处非法采洗砂点13处，拆除捣毁非法采砂点11处，扣押采洗砂设备6台，刑事拘留2人，行政拘留3人，有效保护分水的青山绿水。大力开展营林造林工作，防治松材线虫正在有序开展。全面完成4个马路市场取缔工作，并形成马路市场常态化管理。

精准扶贫扎实推进。做好就业扶贫、教育扶贫、产业扶贫、医疗扶贫等，严格将各项扶贫政策落实到位，精准扶贫注重“造血式”扶贫，积极引导乡内5家产业主体申请产业扶贫项目，广泛宣传产业扶贫政策，引导全乡193户（659人）贫困户实行产业化项目，发放小额信贷309户，共计914万，带动贫困户产业发展；持续推动就业扶贫，推荐528名贫困户（含15名残疾人士）到合作社和企业就业；开展绿色种养殖技术培训班8期，对贫困户进行技术培训，提升脱贫能力；认真做好教育扶贫，引导全乡65名建档立卡的贫困学生申报“雨露计划”，全乡297名贫困学生享受教育补助39.3万元。

民生保障不断健全。成立社会工作服务站，积极开展低保认定工作。2018年，新纳入45人，退出30人，对466人残疾人两项补贴重新认定，应退尽退，应纳尽纳，切实保障困难群众基本生活；采集退役军人信息890人，优抚“八一”走访1084人，及时足额发放各类优抚对象的抚恤优待经费，全年救助1200人，发放临时各类救助资金100余万元；切实改善集中供养人员生活环境，解决敬老院饮水问题，对厕所、洗漱间进行改造；积极加大对新型城乡居民医保和农村居民养老保险征缴力度，征缴面不断扩大；扎实做好贫困户危房改造工作，严格按要求，依程序办事，2018年共计实施危房改造66户，其中建档立卡贫困户46户。

卫生计生优化服务。全面优化卫生计生服务，落实好各项卫生计生政策，2018年更新4个人口文化广场，新增奖扶38名，特扶2名；完成免费孕前检查121对，唐氏中筛45名，两癌筛查552例，有力地落实民生实事。

安全生产形势向好。以创建“省级安全生产示范乡镇”为目标，提高监管水平。全年组织执法检查12次，制作现场检查记录78份，下达责令限期整改指令书14份，下达整改复查意见书12份，行政（当场）处罚决定书（单位）2份，现场处理措施决定书1份，立案审批（单位）2份；深入开展“打非治违”专项行动，共查处存在非法销售烟花爆竹摊点7个、门店4家，查处违禁烟花爆竹4万余元；认真落实“一单五制”管理，对排查出的47条安全隐患逐条交办、整改、清零；强力推进“强执法防事故”行动，立案4起，有力推动企业单位对安全生产工作的清醒认识。

社会治安和谐稳定。全面完成“三位一体”建设，深入开展扫黑除恶专项斗争，发放33000余份宣传资料，2018年分水乡共收集涉黑涉恶线索8条，打击处理犯罪嫌疑人3人；开展机关干部大走访活动2次，收集意见和建议200余条，交办督办并处理9条；认真做好矛盾纠纷化缓解工作，全乡共发生各类矛盾纠纷135起，成功调处132起，调解成功率97.8%，将矛盾纠纷化解在萌芽状态。

自身建设成效显著。在全乡范围内深入开展主题教育活动，积极组织学习中共十九大会议精神，切实加强乡村干部队伍建设，提升凝聚力和向心力；坚持实干导向和基层导向，全力落实“四责四诺、五联五问”，狠抓干部执行力，旗帜鲜明地为担当者担当、让有为者有位，全乡党员干部干事创业氛围愈发浓厚。坚持作风建设“经常抓、见常态，深入抓、见实效，持久抓、见长效”，大力查摆和整治干部当中“懒、混、散、浮、乱”现象，开展机关干部日常廉政谈话220人次，开展专项检查20余次，开展作风督察11次，各类明查暗访16次，对违规违纪严肃立案审查，对触及纪律红线的人、事，决不庇护，依法依程序给予处分。积极推进政务公开制度，及时公开财政收支和重大事项。

（周　旭）

2018年分水乡各行政村基本情况一览表

表16

村名	人数	户数	面积（平方千米）	农村经济总收入（万元）	农村经济总费用（万元）	农村经济净收入（万元）	农民人均纯收入（元）
合计	40540	10500	91.87	107667.07	47457.74	60209.33	14850
旗山	2640	670	10.43	7011.37	3090.49	3920.88	14852
永红	2940	773	6.62	7808.12	3441.68	4366.44	14852
湾头	2482	655	6.66	6591.75	2905.53	3686.22	14852
大垅	1938	485	3.83	5246.98	2268.70	2978.28	15368
大冲垅	3685	970	8.48	9886.7	4313.81	5572.89	15123
合家	1674	440	3.63	4445.85	1959.65	2486.20	14852
虎形山	4364	1103	8.18	11490.01	5108.67	6381.34	14623
分水	4529	1060	7.59	12028.22	5301.83	6726.39	14852
彭何	3154	810	5.77	8376.47	3692.20	4684.27	14852
晓冲	2167	580	4.85	5655.17	2536.78	3118.39	14390
较场	2435	640	3.78	6666.93	2850.51	3816.42	15673
石桥	2635	710	5.94	7298.09	3084.64	4213.46	15990
珍鸽	2055	536	4.86	5257.72	2405.66	2852.05	13879
新山	1995	520	4.95	5198.37	2335.43	2862.94	14351
槐北	1847	548	6.29	4705.31	2162.17	2543.13	13769

石鼓镇

【概况】 石鼓镇位于湘潭县西南边陲，有着“湘潭西藏”之称，与湘乡市、双峰县接壤，东南毗邻青山桥镇，东北接分水乡，拥有湘军古道、石龙寺、曾国藩稍息亭等丰富的人文资源，昌山、曹家坳瀑布、铜梁水库等自然资源和大理石等多样的矿产资源，总面积为96.05平方千米。全镇辖有16个行政村、1个居委会，14536户，总人口50611人，党员1436人，人口自然增长率0.033%。耕地面积为2584.82公顷，其中水田2343.97公顷、旱土240.85公顷，水域面积为452.38公顷。全镇共有学校20所，内含高中1所，初中2所，小学11所，幼儿园6所（公办1所）。

农业稳步发展。建立533.33公顷高产油菜示范基地、湘莲种植基地和龙虾养殖基地；完成种植结构调整346.67公顷，主推以湘莲、莲鱼共养和油茶为主的农业产业；全年新发展1家合作社和6户家庭农场，其中益农水稻种植专业合作社已争创市级示范合作社，湘峰养鸡专业合作社和森梅生猪饲养专业合作社正在申请创建市级示范社，安乐的乐旺家庭农场受到市县领导重视并获得一定的资金扶持；牲猪存栏0.6万头，母猪存栏620头，发展家禽12万羽，牛200头，羊1400只，全镇牲猪存栏在300头以上的规模户有11户，禽类存笼5000羽以上的养殖场3家；农机补贴机具9台，补贴资金5万元，安装碎草机18台，建立13.33公顷机插秧示范基地。

生态建设不断加强。完成长防林工程6.67公顷，其他造林37.33公顷，长防林封山育林33.33公顷，现有林培育40公顷，通过省、市、县各级验收以及新一轮退耕还林国检；完成旅游专线路边花草种植和历年绿化管护任务，义务植树11.8万株，其中栽种红梅1000余株，新增寒梅观赏园1.33公顷，持续推进石鼓绿色长廊建设。

重点项目协调推进。通过前期的协调与努力，投资9166万的青山河石鼓段河堤加固项目，已全线开工，计划2019年汛期前完成临水护坡工程；投资1.35亿元的城乡供水一体化PPP项目（铜梁水厂二期工程），已如期完成征地、租赁等相关手续，正在建设取水泵房，预计2019年10月完成主体工程。

乡村旅游持续发展。联合青山桥、分水工会举办第二届“穿越昌山”活动，成功举办第四届“无限风光在顶峰—石鼓·顶峰之旅”，吸引团队游和自驾游客5万余人，新增高档次民宿1处；利用非遗文化优势，发展特色油纸伞制作产业。全镇年产值100万元以上的工艺伞厂已达4家。

基础设施逐步完善。实施镇区排水工程、路灯铺设和道路“白改黑”提质改造项目，镇区面貌焕然一新；全年硬化及拓宽公路51.97千米，完成路基9.35千米，重建危桥2座；完成沿红村、石鼓万家片、铜梁双河片、路口云霞片4个片区的“五小”水利项目，恢复面上重点水毁工程20多处；3个省定贫困村安装26个污水处理设备，解决污水处理问题。

综合环境治理初显成效。扎实开展取缔马路市场专项行动和镇区“六乱”治理工作；强力推行垃圾分类减量处理，已建成栗梅、珠联、明道等9个村垃圾分类回收站；山花线沿线原有垃圾池已全部拆除并使用封闭垃圾箱代替，切实将环境卫生整治工作规范化和常态化。

脱贫攻坚深入实施。层层召开扶贫工作专题会议，优化1479户结对帮扶责任人，形成县、镇两级干部职工帮扶为主体，力促帮扶成效大提升的良好局面。全年共清理“四类人员”131户437人、不符合政策的小额信贷贫困户28户，让识贫更精准；对38户易地搬迁户进行全面回头看，其中8户存在部分面积超标以及5户旧房拆除复垦不及时的问题迅速进行整改；出台石鼓镇扶贫资金使用实施细则，对扶贫资金使用不规范及存在的“趴账”等问题，由镇财政所指导逐一整改，规范资金使用程序。在产业扶贫上进行突破，采取资金奖扶和贫困户入股分红的方式，鼓励贫困户参与油纸伞制作与订单加工。石鼓镇贫困户从事制伞工作的有200余人，参与入股分红的有89户；鼓励贫困户以土地入股分红和劳务协作的方式参与种养合作社，带动贫困户产业转型53.33公顷，土地流转66.67公顷。全年实现508户1394人如期脱贫。

民生实事着力落实。完成城乡居民养老保险待遇人员生存认证7640名；做好敬老院服务质量提升工作，对敬老院护理床位进行改造；对全镇698位享受两项补贴的残疾对象进行入户识别，动态调整享受待遇，并为贫困残疾对象免费发放辅助用具；积极申报，完成4户特困户建房。完成农村劳动力转移就业152人、城镇新增转移就业120人；失业人员再就业15人，就业困难对象再就业人5人。组织开展为期15天的“育婴师”职业技能培训，报名参加培训人员106人（其中贫困户14人）；通过对“两后生”进行摸底申报，已有10人报考职校就读。

计生工作稳步开展。2018年全镇共出生545人，出生婴儿性别比为98.91，符合政策生育率97.61%。落实长效节育措施共341例，免费孕前检查完成240对，产前筛查完成200人；适龄妇女“两癌”免费检查共完成1100人，新增奖扶对象84人，特扶8人；成立4个志愿服务分队，对11户60岁以上的失独家庭，提供每月不少于5个小时的家政服务。

农村文化日益丰富。申报并实施海南等5个文化服务中心阵地建设；组织开展2018年欢乐潇湘文艺会演活动，参加湘潭县好声音讲坛百姓微宣讲比赛；成功纳入2018—2020年“湖南省民间文化艺术之乡”名录，文化保护工作稳步推进。

社会管理逐步加强。扎实开展民调大走访工作，营造“人人做民调，户户懂民调”的浓厚氛围；开展平安创建和矛盾纠纷问题大排查大化解活动，成功有效处理10起突发性意外伤亡事件，切实做到民情稳定。安装“雪亮工程”点位92个，其中枪机74个，球机18个；社戒社康执行人员为24人，执行率达100%，其中建档23人，建档率为95.8%。认真开展安全教育宣传活动，全年分线带队开展安全执法检查20余次，排查安全隐患48处并督促进行整改；排查出5个重点防火区域，安排责任人进行重点管理，确保人民群众的生命财产安全；对镇域范围内的非法采砂洗砂行为进行动态巡查和重点打击，立案查处一起并处罚金4000元。

2018年石鼓镇各行政村基本情况一览表

表17

村名	面积（平方千米）	户数（户）	人口（人）	农村经济总收入（万元）	农村经济总费用（万元）	农村经济净收入（万元）	农民人均纯收入（元）
大桥居委会	2.8	516	1018	3268.45	1734.08	1534.37	15072.42
歇马村	8.6	1226	4254	6595.99	1672.65	4923.34	11573.44
沿红村	4.6	744	2707	4545.41	1344.26	3201.15	11825.46
路口村	4.9	837	3086	5051.50	1379.70	3671.80	11898.25
高家坪村	3.4	449	1580	2644.11	779.63	1864.48	11800.48
西冲村	5.2	737	2593	4291.53	1225.19	3066.34	11825.46
石鼓村	8.4	1141	3906	7696.92	1935.66	5761.26	14749.78
将军村	5.5	1030	3417	5548.43	1637.21	3911.22	11446.35
安乐村	6.2	688	2437	3970.47	1168.02	2802.45	11499.57

续表 17

村名	面积（平方千米）	户数（户）	人口（人）	农村经济总收入（万元）	农村经济总费用（万元）	农村经济净收入（万元）	农民人均纯收入（元）
七家坪村	3	494	1878	3062.69	841.05	2221.64	11829.81
四路村	5.55	721	2534	4314.57	1219.05	3095.52	12215.94
铜梁村	5	779	3035	4860.10	1446.80	3413.30	11246.47
福霄村	4.3	776	2723	4497.32	1266.30	3231.02	11865.66
海南村	9.9	1491	5383	9224.15	2293.04	6931.11	12875.92
栗梅村	5.8	892	3376	5547.31	1368.36	4178.95	12378.39
明道村	6.2	918	3419	5897.24	1408.05	4489.19	13130.11
珠联村	6.7	922	3265	5438.96	1410.89	4028.07	12337.11

【第四届“无限风光在顶峰——石鼓·顶峰之旅”】 3月，石鼓镇举办第四届“无限风光在顶峰——石鼓·顶峰之旅”活动。石鼓镇坚持以新型农业为主，走乡村旅游的发展道路。委托专业公司编制石鼓顶峰乡村旅游区规划，成为指导景区未来五年的发展蓝本；与市场接轨，和湖南百纳旅游景区运营管理有限公司合作成立平台，加大景区的宣传、推广、策划、招商等，设立新媒体“石鼓旅游”公众号，大力推广“无限风光在顶峰——登湘潭西藏、游湘军古道、品非遗文化、赏四季花海”旅游形象品牌，提升景区服务水平；以油菜花节、穿越昌山、篝火晚会、溯溪等活动为载体，引入油纸伞、风车、卡通稻草人、登山跑步比赛等元素，促旅游升温；大力推进旅游基础设施的建设，打造寒梅园、桃花基地建设，完成生态停车场、旅游公厕、湖尾游步道、村道拓宽等基础设施建设，景区的可进入性和接待能力进一步提升。乡村旅游成为石鼓经济发展新的增长点。

（周立坤）

青山桥镇

【概况】 青山桥镇地处湘潭县西南边陲，南与衡山县长青乡接壤、西南与双峰县荷叶镇、井字镇交界，西邻石鼓镇，北靠分水乡，东连排头乡、花石镇，距县城70千米，素有“皮鞋之乡”“唢呐艺术之乡”之美誉。全镇总面积109.37平方千米。耕地面积2197公顷（其中水田面积2093公顷、旱土面积104公顷），山地面积5732公顷，水域面积650公顷，林地面积5648公顷，森林覆盖率达52.67%。全镇共辖18个村1个社区。2018年，全镇总人口50255人，其中镇区人口18397人。总人口中，男性25514人，占50.76%；女性24741人，占49.24%。2018年，该镇全年共出生508人，人口出生率1.01%，全年共死亡人口754人，人口死亡率1.50%，人口自然增长率-0.49%。

全镇全年完成农业总产值5.03亿元、工业总产值15.98亿元、规模企业实现利润4179万元、工业固定资产投资完成8亿元、实现社会消费品零售总额4.71亿元、税收755万元、财政收入5611万元、人均纯收入15045元。

坚持产镇融合，镇域经济全面提升。推进园区建设，工业发展稳步提升。湖南省（青山桥）皮鞋皮具特色产业园是2017年12月经湖南省发改委授牌成立的皮鞋皮具特色产业园，2018年，青山皮鞋产业链被确定为市重点发展的18条产业链之一，园区三期工程被确定为2018年湘潭市重点工程。8月份在县委、县政府组织下成功举办广州智能制造皮鞋皮具专场推介会。累计开发土地57.33公顷，有各类入园企业32家，其中规模以上皮鞋生产企业13家，年产值过千万以上企业15家，有省著名商标企业3家，已成为湖南省最大的皮鞋生产基地。2018年，成功吸引湖南星辉鞋业有限公司、湘潭励诚鞋业有限公司落户园区。产品逐步转向外贸，完成出口到欧美市场外单30万双，企业转型成效显著。同时总投资1000万的湘潭新光燃气有限公司液化气储配站项目也成功签约落户，并动工建设。推进竞赛工程，项目建设稳步提速。2018年，青山桥镇共有市县重点项目2个、乡镇项目竞赛项目5个。其中，市重点项目园区三期工程稳步推进，县重点项目青山大道建设已完成全部清表工作和特殊路基处理。乡镇项目竞赛项目中天塘村、霞岭村农村土地整治项目，青山桥镇马栏坝村等6个村中低压配电网改造工程已全面完成。晓南中心小学提质改造项目已全部完成主体工程，正在进行装饰工程；通自然村公路已完成14.6千米的路基建设；陈龙线大中修工程已全线竣工通车。发展绿色农业，农业结构不断优化。大力进行种植结构调整，完成110公顷整体流转，落实粮食播种面积4000公顷。晓南示范点被县农业局推荐为全省再生稻观摩培训示范点，完成91.73公顷耕地修复。大力发展生态林业。全年完成的长防林封山育林33.33公顷，中幼林抚育10公顷，义务植树12万株。落实农机规范化管理。全镇各类农机总数突破4.18万台套，3家农机服务专业合作社申报省级“百千万”工程项目。成功举办“湘潭县双抢水稻生产全程机械化”现场演示活动。农经工作稳步推进。土地确权颁证已基本完成，农村集体产权制度改革工作正在全力推进，全镇村（社区）财务审计工作基本完成。非洲猪瘟防控工作成效明显。

坚持服务人民，社会事业全面进步。脱贫攻坚全面推进。聚焦“两不愁、三保障”，完成稳定脱贫937人的任务。通过夯实各项帮扶措施及帮扶责任，扎实推进产业扶贫发展，以土地流转、发展特色农业为基础，为15户贫困户申报“自主创业”，328户贫困户结成产业帮扶。持续改善贫困村基础设施，整合危房改造等项目，加快改善贫困群众住房条件，完成危房改造户138户，其中新建112户。全镇实现城乡医保参保人数36702人，收缴医保筹资611万元，参保率为96%，全年累计报销14708人次，报销金额为2353万元。救助重大疾病患者及生活困难对象200余人，发放救助款18万多元，发放救灾资金15万元。新增城镇就业313人、新增农村劳动力转移就业247人，并成功创建“湖南省创新创业示范乡镇”。完成退役军人信息采集。积极推动信用乡镇、信用村（社区）的创建工作，其中新铺村已被推荐为信用村。“一江两水”沿线农村改厕450余座。民生工程不断完善。全年全镇已完成基础设施投入745万，其他项目投入335万元：城乡一体化供水（PPP）项目入镇区供水主管网工程进入施工阶段，镇区垃圾中转站、污水处理厂主管网完成建设，镇区新增污水管网建设项目正在招投标阶段即将进场施工；“五小”水利项目村建设5个、面上重点工程5处、高标准骨干塘35口、恢复水毁工程90处、河坝改造6座、机埠改造2座、渠道清淤122千米，投资1400万元的青山河晓南段治理工程完成40%工程量。乡风文明不断加强。深入推进殡葬改革工作，开展丧葬用品市场整治行动6次；取缔联兴永安、晓南堆栈、镇区3处马路市场，综合整治桥头铺、霞岭六合港、鳌鱼3处马路市场。扎实推进市级卫生镇创建工作，并通过县级初检。开展农家书屋“春节读好书”活动及寒暑假农家书屋管理员志愿者服务活动，举办青山桥镇趣味运动会和霞岭村农民运动会，评选出82个家庭为“文明家庭”。

坚持责任为先，治理能力全面提高。综合治理成效明显。坚持以建设和谐青山为目标，大力开展“扫黑除恶”专项斗争，制定《青山桥镇扫黑除恶专项行动工作方案》，在人员集中区域悬挂横幅20条，出动宣传车15台次，张贴宣传标语500条，共摸排上报涉黑涉恶线索7条。深入开展群众大走访工作，全年共召开282个户主会，新装监控摄像头108个，认真做好对非法集资活动的监测和预警工作，开展打击非法集资专项行动。群众安全感和满意度不断提升，2018年群众满意度测评年度位居全县第二、全市第八。依法行政不断完善。规范行政执法工作，结合“河长制”“利剑行动”“蓝天、碧水、净土保卫战”等行动大力开展污染防治工作。组织河道巡查400余人次、制止水政违法行为20余次、联合行政执法打击非法吸沙行为24次，其中与衡山县白果镇联合执法1次，捣毁简易吸沙设备21处，并关闭青山沙场；查处一处违规生产有机玻璃水场所，并移交县环保局处理；制止焚烧秸秆行为207起，扑灭火点43处。严格管控镇区乱搭乱建等“六乱”行为，全年共完成行政执法案件立案96起，结案92起，处罚金额70.85万元，行政拘留1人，拆除房屋7栋。安全生产不断强化。全年组织开展各类安全生产专项执法92次，出动执法人员378人次，检查各类生产经营单位365家，排查各类安全隐患472处，依法关闭烟花鞭炮非法储存销售点、证照到期等生产经营单位24家。对辖区企业、学校等人员密集场所开展食品安全检查42次，排查安全隐患28处，下达限时整改通知书18份，均整改到位。 （虢 铸）

2018年青山桥镇各行政村基本情况一览表

表18

村名	面积（平方千米）	耕地面积（公顷）	户数（户）	村民小组（个）	人口（人）	农村经济总收入（万元）	农村经济总费用（万元）	农村经济净收入（万元）	农民人均纯收入（元）
青山社区	2.70	0	570	18	2280	4138.65	1448.52	2690.13	18152
青山桥村	6.60	206.40	1028	33	4038	6672.39	2135.16	4537.23	16524
高屯村	3.50	122.40	577	19	2226	3490.14	1116.84	2373.30	15679
马栏坝村	7.00	197.40	1002	44	3926	6066.45	2123.25	3943.20	15452
观元村	6.60	173.00	822	35	3518	5250.61	1680.19	3570.42	14925
三富村	8.90	224.00	970	36	3836	5808.47	1916.79	3891.68	15142
松柏村	5.00	124.10	482	17	1907	3004.28	931.24	2073.04	15754
龙舞村	5.20	54.00	360	12	1328	1896.78	550.06	1346.72	14283

续表 18

村名	面积（平方千米）	耕地面积（公顷）	户数（户）	村民小组（个）	人口（人）	农村经济总收入（万元）	农村经济总费用（万元）	农村经济净收入（万元）	农民人均纯收入（元）
大兴塘村	7.60	98.40	533	21	2101	3010.31	903.09	2107.22	14328
霞岭村	4.90	84.50	487	15	1916	2840.47	908.95	1931.52	14825
福门村	6.60	121.50	525	25	2639	3848.18	1346.86	2501.32	14582
天塘村	7.60	77.90	469	28	1762	2481.95	744.58	1737.37	14086
桥头铺村	5.40	117.20	622	22	2569	3688.57	1032.79	2655.78	14358
高强村	5.60	169.30	534	39	2264	3318.79	1028.82	2289.97	14659
新铺村	2.70	127.40	488	18	2154	3286.57	985.97	2300.60	15258
高山寺村	2.60	127.60	540	20	2415	3700.74	1184.23	2516.51	15324
晓南村	4.60	220.30	917	37	4071	6255.09	1876.52	4378.57	15365
四境村	7.40	233.20	724	32	3073	4564.02	1369.20	3194.82	14852
扶冲村	4.10	138.80	500	24	2291	3381.05	1014.31	2366.74	14758

易俗河镇

【概况】 易俗河镇古称洛口，是湘潭县城关镇，坐落于湘江和涓水汇合处，正处在长沙、株洲、湘潭“金三角”一体化的核心区。交通十分便利，有国道107线和国道320线贯穿其中。镇域面积212.408平方千米（城区面积23平方千米、美丽乡村示范片24.5平方千米、天易经开区规划建设区99平方千米）。耕地6344.6公顷（水田5946.7公顷、旱地397.9公顷），林地7705公顷，水域3186.1公顷。全镇设7个管区，辖31个村和13个社区居委会，有976个村（居）民小组，总人口约24万人（其中农业人口约8.3万人）。2018年，全镇户籍总人口148268人，其中已婚育龄妇女22719人，全镇出生人口1773人，符合政策生育率97.23%，男女性别比为106.40:100。

2018年，共完成税收收入20819万元（其中国税12171万元，地税8648万元），实现规模工业总产值17亿元，完成固定资产投资18.80亿元。农民人均纯收入达20999元，同比增长12%。全年共签订土地协议17份，面积涉及107.13公顷，签订房屋协议26户，安全拆除13户，迁坟226冢；全年及时制止农村违规建房行为4处、拆除违建面积1500余平方米，配合处理城区违搭改造破坏行为57起、拆除违规搭建2400余平方米。

是年，发放政策性补贴32项，补贴金额总计3086.82万余元，受益农户40492人次；成立村级土地流转合作社15家，完成15个村种植结构调整1120公顷，完成5个村治理式休耕面积249.91公顷，共发放低镉早、晚稻种子12.7万余千克，落实粮食播种面积8333.33公顷，治理重金属污染耕地1933.33公顷，发放农民购置农机补贴资金2.20万余元，完成全镇31个村土地确权工作；全年完成村道硬化17.38千米，水利工程1235处，土石方85.43万方，骨干塘建设73口，堤垸、渠道清淤扫障243.8千米，建设高标准渠道6.10千米；严防“非洲猪瘟”，春、秋两季防疫中共免疫生猪4.70万头、牛103头、羊2557头，免疫家禽32.30万羽，占应免的100%；全年完成造林13.33公顷，森林抚育20公顷，油茶种植基地13.33公顷，义务植树18.6万株。

是年，共举办“周周乐”社区文化节、“欢乐潇湘”等大型群众文化活动11场；建设城区居民户外健身场地105处，其中广场舞点23处，大型农村文体广场3处，健身场地31处；共张贴宣传公益画1600幅，安装宣传栏57个、户外广告422块，发布美篇15篇，推送公众号资讯17篇，全面建成社区图书室、培训室、文体活动室、文化资源共享工程服务室，免费向社区居民开放。

统筹城乡社会救助体系，发放各类社会救助金、抚恤金150余万元；重新认定城市低保906户1353人，农村低保646户1077人；新增城镇转移就业2167人，农村劳动力新增转移就业264人，城乡居民养老保险基金征缴完成285.70万元，完成率124.2%，城乡居民医疗保险征缴基金完成1345万元，完成率100%，其中精准扶贫对象3646人全部参保；对全镇476对夫妇实行免费孕前优生健康检查，1440位产妇进行免费产前筛查，3019名农村女性实施免费“两癌”筛查，对“春蕾女童”、失依儿童等进行慰问，发放慰问款7万余元。

全年对全镇建档立卡贫困户开展动态调整，纳入扶贫系统391人，清退248人，现有建档立卡贫困户1275户，贫困人口3503人；完成贫困户脱贫退出61户155人任务目标，调整落实帮扶责任人148人次，下拨贫困户慰问费26万元，申报和帮扶贫困学生享受“雨露计划”56人、资金16.80万元，核实20个村

47户贫困户的房屋纳入改造范围。

全体党政负责人、中层干部签订《党风廉政建设主体责任纪实手册》323份，健全“党委统一领导、党政齐抓共管、纪委组织协调、部门各司其责”的工作体制；全年共组织作风督查27次，会议督查21次，中心工作督查23次，立案并办结15件（党纪立案14件，政纪立案1件），印发督查通报5期，接待信访举报87人次，受理各类纪检信访27件，已办结26件。

成立民情中心，通过走访及时收集、交办（上报）、化解、反馈各类矛盾纠纷，参与走访干部达2421人，共走访46078户（共有常住户47632户、空置户13814户），走访率96.74%，共计收集到问题意见1793件，答复率达100%；每月10日、15日、20日、27日安排党代表、人大代表、政协委员在工作室轮班接待群众共80余批次，收集解决群众问题意见40余件；深入推进“扫黑除恶”专项斗争宣传、排查和上报工作，“雪亮工程”安装161只摄像机，平均在线率保持在90%以上；加强网格化管理，共聘用网格员163名，全面完成基础信息采集、录入和更新工作，实现网格管理服务全覆盖。全年共接待群众185批389人次，办理网上信访件97件，没有发生进京滋事、集访、非访情况。

安全生产检查共出动车辆1315车次，检查人员3185人次，检查、巡查单位3791家次，查处非法违法行为78起，下达执法文书279份，立案27起，收缴非法物资估值18.2万元，经济处罚48967元。

全镇民兵共编组应急、专业、特殊三支基干民兵队伍共117人，普通民兵4170人，成立村（社区）民兵连44个，全年出动民兵300余人次出色完成急、险、难任务，并为部队输送优秀兵员45人，11月份代表湖南省民兵调整改革验收唯一乡镇层级单位接受中央军委国防动员部检查取得满分成绩。

2018年易俗河镇各行政村基本情况一览表

表19

村名	面积（平方千米）	户数（户）	人口（人）	农村经济总收入（万元）	农村经济总费用（万元）	农村经济净收入（万元）	农民人均纯收入（元）
合计	199.62	21366	82597	231467.10	103787.40	127679.70	18769
烟塘村	3.90	942	3698	6585.90	1671.30	4914.60	21032
山塘村	3.50	431	1665	3205.70	1071.30	2134.40	20058
金霞村	3.41	498	1768	4486.40	1201.50	3284.90	20652
赤湖村	6.49	673	3186	6775.50	1989.10	4786.40	20118
八角村	5.76	642	2586	6065.30	1771.30	4294.00	19984
青光村	8.23	883	3845	7185.60	2688.60	4497.00	19163
水竹村	5.67	524	2150	6048.50	1678.50	4370.00	19587
京竹村	2.31	592	2548	5885.60	1486.80	4398.80	22018
樟树村	3.46	438	1695	4285.50	1078.50	3207.00	20114
赋江村	6.54	841	3205	5985.30	2373.60	3611.70	18124
杉荫村	7.76	697	2625	7412.30	3389.60	4022.70	17657
银塘村	7.39	1095	4285	8385.60	3368.50	5017.10	19105
万荷村	6.60	791	2855	8701.40	4089.70	4611.70	16895
安联村	6.10	698	2635	8348.30	4298.60	4049.70	17890
麦子石村	10.90	932	3496	13145.80	6294.50	6851.30	17856
石壁村	5.40	654	2578	5813.60	2872.20	2941.40	16351
双梅村	9.30	696	2796	8103.80	4577.60	3526.20	17214
黄竹村	6.30	621	2155	6108.70	3778.80	2329.90	17103
梅林村	11.20	982	3535	14012.30	5268.50	8743.80	18910
谷洪村	5.80	596	2190	9698.30	5182.20	4516.10	17653
高桥村	8.70	731	2785	8708.40	5383.60	3324.80	17846
宝塔村	6.40	463	1720	6103.50	2875.50	3228.00	16754

续表 19

村名	面积（平方千米）	户数（户）	人口（人）	农村经济总收入（万元）	农村经济总费用（万元）	农村经济净收入（万元）	农民人均纯收入（元）
友谊村	5.60	399	1495	4913.50	2770.80	2142.70	16783
白云村	8.50	582	2295	4808.60	1078.90	3729.70	17132
飞龙桥村	5.70	756	2755	8805.20	4656.70	4148.50	18109
新虎村	4.50	463	1768	5198.30	2753.80	2444.50	17387
新塘村	8.20	1108	4262	13165.80	6968.40	6197.40	18103
踏龙村	6.00	461	1775	5763.70	3076.80	2686.90	16385
高岭村	8.00	678	2675	9088.60	4858.40	4230.20	16458
凫杨村	5.70	673	2535	8978.60	4561.30	4417.30	16850
郭家桥村	6.30	826	3036	9693.50	4672.50	5021.00	17125

2018 年易俗河镇社区居委会基本情况一览表

表 20

社区名称	面积（平方米）	居民小组数（个）	党员数（人）	户籍人口数（人）	流动人口数（人）	总人口数（人）	服务用房面积（平方米）	公共活动场所（处）
合计	16026568	98	1023	65671	87607	153278	6448	59
富豪阁社区	145864	4	79	2135	4711	6846	480	5
吴家巷社区	350000	3	44	3142	19139	22281	440	2
城塘社区	427713	9	116	5233	111	5344	600	3
百花社区	980000	12	202	16528	376	16904	1258	11
牛头岭社区	4000000	10	120	5623	4842	10465	260	6
砚井社区	2000000	10	138	6342	523	6865	300	1
云龙社区	2000000	9	54	5196	10927	16123	980	16
赵家洲社区	1090000	15	50	1848	12275	14123	460	0
凤形山社区	972991	8	103	8212	10993	19205	500	0
大湖塘社区	1100000	8	8	204	4114	4318	230	1
瓦屋湾社区	820000	4	31	1243	8115	9358	220	3
花果山社区	960000	3	57	9713	6958	16671	400	1
晓木塘社区	1180000	3	21	252	4523	4775	320	10

【中共易俗河镇第六届代表大会第三次会议胜利召开】 1 月 23 日，中共湘潭县易俗河镇第六届代表大会第三次会议胜利召开，来自基层党组织、各条战线的 141 名党代表、15 名列席党代表参加会议。

大会听取并审议通过题为《不忘初心，不辱使命，努力将全市最大乡镇建设成为全市最强乡镇》的党委工作报告、听取并审议纪律检查委员会工作报告，审议通过党费收缴情况报告。

【易俗河镇第一届人民代表大会第四次会议胜利召开】 2 月 3 日，易俗河镇召开第一届人民代表大会第四次会议，来自全镇 125 名镇人大代表出席会议，省、市、县党员代表、人大代表、政协委员、各村（居）委、镇属及驻镇单位主要负责人等 100 人列席会议。

【易俗河镇召开纪念中国共产党成立 97 周年暨“七一”表彰大会】 6 月 28 日，易俗河镇召开纪念中国共产党成立 97 周年暨“七一”表彰大会。会议由镇党委副书记、镇长黄宏伟主持，全体党政负责人、管区主任、各支部书记、总支书记、全体受表彰对象参加会议。

【易俗河镇党政领导干部年终绩效考核大会】　12月27日，易俗河镇召开2018年度党政领导班子和领导干部年终绩效考核测评大会，全体党政负责人、站办所长、村（社区）书记、党代表、老干部代表、政协代表、人大代表参加会议，县委组织部相关负责人率考核组到会指导并监督。镇党委副书记、镇长黄宏伟向大会作2018年度工作目标任务完成情况汇报。

【易俗河镇开展“五联五问”走访调研活动】　4月10日，易俗河镇党委书记陈赞带队深入各村开展“五联五问”走访调研活动，县派工作队员、第一支部书记一同参加。

在省定贫困村石壁村，陈赞听取村支部书记对脱贫攻坚工作开展情况的汇报，查看全村的脱贫攻坚台账资料，了解贫困村基础设施建设、产业扶贫、危房改造等工作开展情况，并根据各项工作实际，提出指导性意见；在基础薄弱村友谊村，与村干部深入交流，了解基础设施建设情况，并到现场查看新建村部建设筹备情况，督促施工进度。最后，陈赞与所在村人大代表、政协委员、党代表、群众代表开展交流座谈，听取他们对镇党委、政府的意见建议。

【易俗河镇政协委员“深调研、齐参与”　助力乡村振兴“马车”大步走】　5月5日，易俗河镇联工委组织全体政协委员视察梅林现代农业示范园、湘潭县绿丰蔬菜种植专业合作社发展现状。委员们详细解梅林现代农业园当前的基本情况、工作进度、产业结构分布，深入田间地头，参观步步高、绿丰、博农蔬菜、伟民蔬菜等十余家农业龙头企业和农业专业合作，实地察看133.33公顷蔬菜种植、6万多平方米建设大棚。

随后，委员们回到易俗河镇政府召开专题调研座谈会，认真分析此次调研情况，深入探讨当前梅林示范片土地流转、产业扶持、紫荆湖开发、AAAA级景区创建、服务中心建设等工作，交流总结全面推进易俗河镇乡村振兴战略的对策建议。　　　　（郗　畅）

谭家山镇

【概况】　谭家山镇位于湘潭县东部中段，距县城15千米，南与中路铺镇、西与射埠镇、北与易俗河镇接壤，东与株洲市天元区雷打石镇、三门镇、株洲县古岳峰毗邻，总面积100.45平方千米。镇区辖14个村，农业人口数34779人；3个社区，城镇居民数11826人；总户数17268户，人口总数46605人，其中男性24434人，占比52.43%，女性22171人，占比47.57%。绝大部分为汉族，有土家、苗、侗、壮等16个少数民族172人。耕地面积2556.93公顷，其中水田2393.09公顷，旱地161.6公顷，山塘1690口，山林面积5306.67公顷，森林覆盖率52.83%。境内矿产资源丰富，交通便利，国道107线纵贯南北，省道313线横穿东西，武广高铁从中穿越，东距京广澳高速铁篱笆互通口仅3千米。娄醴高速从南部穿过、且与国道107线互通，对外交通联系便捷，城镇规划控制区3.6平方千米，其中核心镇区规划控制区1.2平方千米。

2018年，完成税收收入3632万元（国税2761万元，地税871万元），同比增长14%。完成固定资产投资2.1亿元，规模工业总产值3.9亿。全年共招商24批次，共引进6家企业，总投资15700万元。其中湖南甘智食品有限公司、恒邦建材有限公司、天岳建材有限公司、湖南湘佰亿煤业有限公司、中国华阳集团有限公司均已投产使用，海福龙新能源有限公司正在建设中。2018年，乡镇竞赛项目全年已完成16个项目投资18313万元，其中10个项目已竣工（干部周转房建设项目；甘智食品公司厂房建设；林泉山省级示范基地土地平整、育苗种植等项目；泰鸿蔬菜基地羊肚菌基地建设；重金属治理项目；恒邦建材厂投产；天岳建材加工厂投产；谭家山镇农村土地整治项目；谭家山镇中低压配电网改造工程；谭家山镇排水排污工程），5个正在建设中（谭家山镇污水处理厂；霞峰美谷矿区转型示范区长塘出淤、护坡建设；万亩构树基地项目；龙亭母猪繁育场场地转让、厂房建设工程；通自然村公路建设项目）。

全镇农田计税面积2261.07公顷，其中2018年休耕面积567.6公顷；重金属污染VIP+n修复面积377.4公顷。严格管控区1852.73公顷，已进行替代种植面积671.67公顷。早稻种植面积1986公顷，产量12590吨，一季稻207公顷，产量2370吨，晚稻2011公顷，产量14080吨；种植玉米265公顷，产量2190吨；种植甘薯103公顷，产量852吨；马铃薯35.6公顷，产量1347吨；花生41公顷，产量91吨；油菜320公顷，产量400吨；棉花16公顷，产量8.9吨。蔬菜种植1076公顷，西瓜种植152公顷，莲藕27.3公顷，茶叶34.7公顷，梨园30公顷，柑桔园74.7公顷，葡萄园47公顷。存栏生猪1.65万头，家禽13.40万羽，抓好春秋两季动物防疫、检疫工作，做好非洲猪瘟防控工作，全年没有发生大的动物疫情。新增农民合作社9家、家庭农场3家。全镇共有合作社78家、家庭农场34家。全面开展第4次全国经济普查工作，432户已全部核查到位，个体户完成预计的103%。集体产权制度改革正在进行清产核资阶段，14个村已进行第二轮公示。

投入水利建设资金1200多万元，完工水利工程856处，完成土石方70万立方，完成劳动工日70万个，其中骨干山塘建设56处，高标准渠12千米，渠道清污扫障110千米。分路口社区内新建1个临时便民服务点，新增环保垃圾箱8个。投资120万元新建1个垃圾中转站已投入使用，配备垃圾压缩设备1台，转运车和勾臂车各1台，勾臂挂箱20个，最大垃圾日处理量可达8吨。新建和拓宽农村公路5千米，完成通自然村公路路基建设25千米，完成镇区污水主管网建设2300余米，污水处理厂完成选址地勘，完成精美莲乡立面改造151户。组织住户自拆及集中专项行动拆除各类违章建筑26处，1855余平方米，大型户外广告牌1000余平方米，没有发生1例恶性拆拆事件，也没有引发1例上访事件。

全镇共有建档立卡贫困人口803户1752人，其中479户1109人已全部实现“一超过、两不愁、三保障”▲。深入开展结对帮扶，选派镇村党员干部与350户贫困对象进行一对一帮扶，送上慰问金和慰问品。大力实施“安居工程”，为贫困户新建、维修房屋77户，投入35万元为216户贫困户免费安装安全饮水设施。深入实施“春雷助学”和“雨露计划”，对60余名贫困学生开展慰问、申请补助资金。举办就业扶贫专场招聘会，新增农村劳动力转移610人，共安排32名贫困人员走上工作岗位。大力实施产业扶贫，共扶持发展一镇一品、农业公司、专业合作社、家庭农场20余家，产业扶贫共覆盖建档立卡贫困户313户，共为贫困群众增加收入280余万元。顺利完成城镇低保审核清理工作，享受城镇低保41户、58人；享受农村低保364户、605人，享受特困供养人员300人，（其中分散供养特困人员258人，集中供养42人），推荐75户贫困户申报危房改造且都已竣工并通过验收，确保其住房无忧。

积极落实惠民政策，设立“一门受理、协同办理”工作机制和服务平台，镇政府办公楼大厅设置城乡低保、医疗救助、社会救助、“五保”申请、老年证办理、殡改、流浪救助及残联工作服务窗口，全年共接待各类来访对象近万人次。全年共救助各类困难群众296户，发放救助资金273270元，发放救灾棉被85床，救助22例流浪人员；优抚救助各类困难群众共237户，发放优抚救助资金294600余元。退伍军人信息申报1385人，外出务工资料不齐50份，已超出2018年“八一”慰问花名册213人。全年共办理老年人优待证430人次；高龄老人补贴按县局要求打卡发放（80~89岁54人，90~99岁112人）；享受精简退职21人。新型城乡居民医保参保率完成88.26%，普通住院补偿共5568人次，全年全镇城乡居民基本医疗保险整体报销达到近60%，真正解决居民看病难、看病贵的问题；新增农村劳动力转移就业165人，新增城镇转移就业289人，失业人员再就业41人，困难人员再就业8人，举办精准扶贫招聘会1场，达成就业意向115人。加强校园安全、食品安全、周边环境治理和校车管理工作。投入240万元改善长岭中学、茶园中学、紫竹小学等学校的办学条件。

2018年，出生479人，其中男孩248人、女孩231人，政策内多孩19人，政策外多孩6人。符合政策生育率98.53%，多孩率1.25%。出生人口性别比108.77:100。全镇共2所中学，9所小学，在校学生1936人，教师188人，其中党员69人。12所幼儿园全部依法依程序办证教学，入园幼儿数880人。加强乡镇文化建设，全面开展移风易俗行动，指导7个村开展县级文明镇村创建，各村（社区）建立健全“一约四会”▲制度，开展“殡葬改革”和“天价彩礼”治理行动，与全镇党员干部签订文明操办婚丧喜庆协议书1500余份。组织干部群众参全民健身运动会，成功举办“杨梅文化旅游节”，参加“欢乐潇湘·幸福湘潭”莲乡大舞台大型群众文艺中路铺专场汇演，其中霞峰村代表队舞蹈“想西藏”获得第二名。

全年人口基础数据录入46281条，事件上报194件，居民服务861件，反馈率、办结率、满意率均达到100%。共化解7起信访积案，办理上级转送网上信访件33起，接待来访群众331批次，539人次。17个村（社区）建立人民调解委员会，聘请纠纷信息员，镇村两级人民调解组织受案156起，调处156起，成功156起，成功率100%。为人民群众挽回经济损失380余万元。积极排查梳理解决矛盾纠纷241起，发放便民册30000本，宣传折页20000份，平安建设环保袋30000个，共计表彰平安村（社区）3个、平安组32组、平安家庭419户、平安创建先进个人12人。群众安全感测评成绩2018年县排名第7名，同比上升2个名次，连续3年排名进步。市排名第26名，同比上升11个名次。开展3级约谈共67人次，其中村（社区）支部书记、主任34人次、站办所长 33 人次。“雪亮工程”施工完毕， 97处村级视频监控已全面上线。进行涉黑涉恶线索摸底排查工作4次，登记线索37条，刑拘5人。

2018年，镇安委会组织相关安全生产检查执法活动12批次，出动执法人员62人次，检查生产经营单位96家，立案调查10起，行政处罚19000元，其中简易程序6起，一般程序4起。落实企业主体责任，对全镇15家烟花爆竹零售店、2家加油站、7家工贸企业进3次安全生产宣传培训，2次应急演练。全镇范围内进行4次宣传车宣传，悬挂安全生产宣传横幅100余条，安全宣传标语2000余条。全年共检查生产经营单位96家，共查出各类安全隐患112条处，累计下达各类责令限期整改决定书32份。在全镇开展非法采砂行动，共关闭非法采砂场地17处，立案调查9处。共拆除违章建筑86处，涉及面积4331平方米，有效地遏制非法违法占地建房行为。

▲ 1.“一超”：指脱贫人口家庭年人均纯收入稳定超过国家扶贫标准。“两不愁”：指农户吃饭和穿衣有保障，能够稳定实现不愁吃、不愁穿。主要评判依据：“三保障”：指脱贫人口义务教育、基本医疗和住房安全有保障。

2.“一约四会”：即村规民约和红白理事会、道德评议会、村民议事会和禁毒禁赌会。

2018年谭家山镇各行政村基本情况一览表

表21

村（社区）	面积（平方千米）	户数（户）	人口（人）	农村经济 总收入（万元）	农村经济总费用（万元）	农村经济净收入（万元）	农民人均纯收入（元）
高丰村	5.70	876	2746	5124	1737	3218	12223
茶金村	2.80	596	1762	3087	1005	2311	11985
龙亭村	7.70	878	2741	4695	1638	3099	11107
谭家山村	5.30	867	2451	4516	1287	3125	12100
铁竹村	6.90	850	2616	4879	1659	3284	12043
紫竹村	8.80	1182	3370	6377	2307	4091	11034
霞峰村	7.70	1085	3074	5534	1798	3825	12210
花塘村	6.60	770	2509	4816	1654	3129	12006
红星村	8.50	967	3092	5517	1866	3659	12034
棠霞村	5.60	950	2603	4807	1568	3087	10573
长岭村	4.50	897	2230	3735	1345	2571	11194
石垅村	9.80	955	3099	5031	1746	3549	12073
月仙村	8.40	1043	3127	5845	1891	3927	12036
石荷村	10.00	869	2661	5216	1684	3267	11884
土地庙社区	3.00	2843	5227	5024	1587	3149	12364
佐塘社区	2.10	1625	3270	5017	1643	3134	11962
分路口社区	3.00	1026	3118	5471	1756	3348	12940

【谭家山镇开展平安村（社区）、平安组、平安家庭表彰大会】 9月21日，谭家山镇在原龙畅洗煤厂召开平安村（社区）、平安组、平安家庭表彰大会，对民主评议推选出的419户平安家庭、32个平安组、3个平安村（社区）、12位平安创建先进个人进行表彰，并颁发奖牌。此次平安创建评选表彰活动结合民情走访工作一起开展，各村（社区）及时召开户主会，积极发动群众参与平安家庭的评选，形成平安建设，人人参与，平安成果，人人共享的良好局面。

【谭家山镇举办2018年杨梅文化旅游节】 6月2日，谭家山镇杨梅文化旅游节正式拉开帷幕，开展“吃杨梅比赛”“全民健身长跑”“农产品产销会”“寻白石画作，品精品杨梅”“文化采风”等一系列活动。大批市民、游客前往精榜乌梅基地，在登高望远、品尝鲜杨梅的同时，体验采摘的乐趣。精榜乌梅基地是谭家山镇跟随矿区综合治理的步伐，摸索新的经济发展模式，不断探索从“黑色工业”向“绿色产业”的转型之路上的一个缩影。谭家山镇广大现代特色农业基地也积极响应，纷纷参与到活动中来，亮出自己的产品和特色。

【谭家山镇严打非法采（洗）砂专项行动】 2018年，为全面整顿规范采砂环境秩序，依法严厉打击和有效遏制非法采砂行为，充分做好环境整治工作，谭家山镇采取主管领导坐镇指挥、分管领导现场处置的方式，组织派出所、执法中队、建规站等单位对镇域内非法采砂点多次进行集中清理整治行动，有力打击非法采砂行为。谭家山镇深入开展非法采（洗）砂专项整治行动以来，共打击非法采砂15起、非法采石2起、非法洗砂3起，暂扣违法工具挖机6台、铲车2台，约谈非法开采者20余人并做询问笔录，刑拘5人。共拆除6处非法洗砂点。经过整治行动，谭家山镇25处非法采砂洗砂场地已全部停工，并按要求拆除清理到位。

【谭家山镇首座垃圾中转站建成使用】 为有效解决镇区及分路口社区的生产生活垃圾，改善和提升居民的生活环境，2018年，谭家山镇人民政府投资120万元在分路口新建一个垃圾中转站，占地面积2000平方米，建筑面积231平方米，配备垃圾压缩设备1台，转运车和勾臂车各1台，勾臂挂箱20个，最大垃圾日处理量可达8吨。该项目建设成本低、占地面积小、节能低耗、环保无异味、操作简易、节省人力，改善原有生活垃圾收集点设施落后、污染严重、效率低下的情况。中转站投用后，周边垃圾治理能力得到明显提升，得到周边老百姓的一致认可。

【湘潭县谭家山镇霞峰村举办文明大舞台】 11月1日，由谭家山镇霞峰村和市联点共建单位——湘潭市疾控中心联合主办的文明大舞台活动在村级综合文化中心举行。活动现场观看群众有300多人。此次活动在镇党委、政府双联共建工作精密部署下，密切与共建单位湘潭市疾控中心协商，全面落实十九大全会精神，振兴乡村丰富群众的精神文化生活。

【湘潭县调研组到谭家山镇调研农业种植结构调整情况】 4月17日，县委办副主任余成武、县农业局党委委员、总农艺师扶利民一行到谭家山镇调研农业种植结构调整情况。调研组实地走访胜佳种养合作社在龙亭村的西瓜种植基地，并询问合作社土地流转进度、种植规模、生产技术水平以及销售渠道等情况。

谭家山镇主管农业负责人表示，在农业种植结构调整政策利好的带动下，促进更多的农业公司、合作社及家庭农场共同发力，发挥示范引领作用，走出一条乡村振兴的谭家山特色之路。

【谭家山镇开展2018“精准扶贫”春风行动招聘会】 3月8日，谭家山镇在土地庙社区举办2018“精准扶贫”春风行动招聘会。招聘会上有包括湘潭通用离心机有限公司、湖南甘智食品有限公司在内的50余家企业提供100多个岗位供参与者选择，共吸引1000余人参加，其中达成初步就业意向和留下联系方式的有300余人。同时，谭家山镇结合本次招聘会对扫黑除恶、平安创建、非法采砂等内容进行宣传，共发放宣传资料8000余份，方便群众了解更多的就业资讯的同时掌握政府相关政策。

（张　姣）

中路铺镇

【概况】 中路铺镇位于湘潭县境东南部，距湘潭市区35千米，县城28千米。东与株洲县接壤，南靠白石，西与花石、射埠毗连，北接谭家山。古为驿站，因居长沙至衡阳古驿道中点而得名中路铺，是湘潭县南部重要的商贸中心，是一座充满生机和活力的历史重镇。辖区总面积183.60平方千米，全镇有20个行政村和1个社区，603个村民小组，总人口6.70万人。城镇区面积2.55平方千米，镇区已形成两纵五横的街道，有各类铺店580个，大型超市3家，中型超市5家，小型超市7家，大型连锁药店4家，综合性农贸市场1个，菜食品专业市场1个，五星级乡村酒店3家，综合型农贸市场每月逢三、八赶集，是湘潭、衡山、株洲等市、县相邻数十个镇的主要的物资集散地。中路铺镇区位优势明显，国道107线纵穿南北，韶井公路横贯东西；地形地貌多样，主要矿产以石灰石、矽砂、硅砂为主。自然环境优美，全镇森林覆盖率达67%，有“山奇、云雾奇”的晓霞山齐白石省级森林公园，有“日出水美”的百泉湖；生活环境清新，文化、教育等社会事业蓬勃发展。

2018年，经济发展跑出加速度，全年完成税收1592万元，比上年同期增长317万元，其中国税完成1113万元；固定资产投资3.40亿元，规模工业总产值3.89亿。

招商引资成效显著。引进华阳构树、立华牧业等大型企业，社会资本投资突破1亿元；项目建设基本完工，重点项目全年投资总计1.55亿元；农业发展迅速推进，全年，完成种植结构调整面积1333余公顷，借助此项工作，全镇新型农业主体得到进一步发展，拥有农业主体、合作社140家。“铺里香”小籽花生、龙凤茶叶、立华鸡、中路铺药糖等产品名气不断提升。同时，积极开展农村集体产权制度改革，凤形山村被定为“省级产权制度改革工作试点村”，全镇积极举办“古韵五龙山 书香中路铺”湘潭首届龙文化节、元旦篝火晚会、“欢乐潇湘·幸福湘潭·莲乡大舞台”等群众性特色活动，通过地方文化的展示，多渠道吸引游客，镇域知名度和美誉度得到进一步提升。积极推动美丽乡村建设，黎氏故居征拆全面铺开，晓霞山收购稳步推进，环线公路初具雏形，全域旅游产业发展潜力不断增加。

农业农村工作稳步推进。2018年，流转耕地面积2000公顷，2公顷以上种粮大户302户，湘莲面积增加至533.30公顷以上，累计完成种植结构调整面积1516.13公顷，在重金属修复治理工作中，全面落实响古村原上田片96.60公顷的措施承包治理工作，落实大湾桥整村138.67公顷的治理式休耕工作。推广插秧机7台，遥控飞行喷雾器3台及其他农机，合计补贴金额83.14万元，农业机械的发展更具均衡性、合理性。春秋两季防疫做到各防疫员入户率100%，耳标100%，免疫率100%，督促整改3起养殖污染，共无害化处理公共区域75起437头，并做好重大动物疫病防控工作，未发生非洲猪瘟疫情。

年内完成长江防护林新造32.13公顷，封山育林33.33公顷，森林抚育83.33公顷，获评“2018年湘潭市森林乡镇”，同时积极为民服务，通过一站式服务平台，为农民代办砍伐、运输证等相关手续共计42件。继续承担市县级义务植树基地的建设任务，精心组织，周密安排，义务植树基地是与晓霞山森林公园齐力打造的百亩海棠园，共计植树10000株，柳桥村和竹冲村新栽油茶林73.33公顷，良种油茶林面积约333.33公顷。

5月开展以“法治进乡村，培育新农民”为主题的“农村法治宣传月”集中宣传活动，实现村（社区）公共法律服务点全覆盖，严格落实一村（社区）一顾问，全镇20个村及1个社区全部聘用村（社区）法律顾问，进一步满足人民群众的法律需求。此外，拆除镇区各违章1000多平方米，拆除违章横幅、广告牌等20余处，大力提升镇容镇貌。积极推进雪亮工程，各重要路口、公共场所124个摄像头已全部安装完毕。

3月下旬，在天螺、水口、荷塘等16处山洪灾害点组织山洪灾害应急演练。投入水利建设资金1200余万元，其中整合部门项目资金约600万元。实际完成工程处数352处，其中完成竹冲、柱塘、凤形山、潭湖、碧云和拗柴6个村的“五小水利项目”村建设任务。共计完成53个移民后扶项目，投入移民后扶项目610万元，竹冲村的整村推进项目被县水务局作为优秀工程推荐到省移民局。及时申报人口异动，精准掌握移民的生活状况，对29户困难移民进行慰问，送去慰问金15500元。

基础设施逐渐完善。镇区提质改造项目共计改造雨污水管道4500米，铺设沥青路面23000平方米，铺设人行道彩板4000平方米，安装路灯110盏。年底，项目已竣工并投入使用。农环项目共计建设压缩式垃圾中装站1座，配套垃圾转运车1辆；配套勾臂车1辆，箱式垃圾箱25个；配套电动保洁车10辆，户外垃圾桶300个；建设人工湿地污水处理厂2座；配套4格污水处理池50套，项目已全面竣工，所有设备已交付使用。镇区污水处理厂建设项目拟建地埋式污水处理厂两座，日处理量1500吨。该项目已完成土地征收和设计、招投标等前期工作。基础设施的建设，大大提升城镇品位，有效地改善群众的居住条件和生活环境。年内共计完成危房改造98户，动员采取投亲靠友方式解决安全住房的62户，保障四类对象的安全住房问题。

项目建设快速实施。年内，湘潭立华牧业3500万羽一体化养鸡、华阳生物饲料厂、黎氏八骏故居修缮工程3个重点项目共计完成投资1.55亿；8项县竞赛项目完成投资7156万元，五龙山油道建设、镇区道路提质改造、竹冲村、拗柴村农村土地整治、大栗湾光伏发电、柱拗线大中修建设、柱塘村等7个村中低压配电网改造工程6个项目先后完工，通自然村公路建设、镇区污水处理厂项目计划2年内完工。镇本级实施的竞赛项目3个，已完成投资4060万元，其中晓霞山环线公路提质改造项目已完工并投入使用，大栗湾20MWp光伏电站项目实现并网发电，已完成整体工程量的99.8%。2018年，新建村级服务阵地5个，改建村级服务阵地8个，已初步实现村级服务阵地规范化建设全覆盖。投资110万元，建成压缩式垃圾中转站及配套环卫设施，已投入使用。

乡村治理日益加强，镇村面貌焕然一新。环境卫生方面，投入资金近100万元，积极开展“三创一治”和创建省级卫生镇工作，国道107线与田宏公司签订清扫保洁服务合同，实行市场化运作，确保国道107线常态化保洁；全年转运可回收垃圾74吨，超额完成县级任务。此外，成立中路铺镇文明劝导队，对不文明行为进行日常劝导，通过全镇上下的努力，已顺利通过省级卫生镇的考核验收，凤形山村和凤形社区分别被评为“省级卫生村”、“省级卫生社区”。

中路铺镇有学校24所。其中，初中4所，小学6所，幼儿园14所。在校学生4980人。设有农村书屋39个、文化活动室40个，均免费开放。群众文艺活动深入人心，20个农村文化服务中心投入使用。广播“村村响”工程全面使用。

是年，全镇出生667人，政策内出生651人，政策外出生16人，符合政策生育率97.6%，男女性别比111:100，出生率10.67‰；死亡率6.90‰，人口自然增长率3.77‰。落实长效节育措施479例，按政策办理生育证件489本，完成免费孕前检查278对，“两癌”筛查1443人。现场集中开展宣传9次，发放卫计宣传资料3.2万余份，树立大型宣传牌2块，固定宣传展板18块，发放卫计宣传礼品6000余份。

2月份，成功举办一场大型精准扶贫“春风行动”招聘会，30多家企业参加招聘，200多名求职者与用人单位达成就业意向。全镇农村劳动力新增转移就业496人，初次新增转移就业人员91人,再次转移就业405人。贫困劳动力新增就业人员48人。扶持创业5户，其中新创业户3户、“两后生”培训5人。开展人岗匹配38人次，贫困劳动力技能培训30人。精准扶贫创业培训班30人。城镇新增就业523人，累计新增就业人数544人。自然减员人数20人。失业人员实现再就业人数53人，就业困难人员实现就业13人。均已超额完成目标任务。

全年，共有687名残疾人享受补助，新办残疾证47个。对3户残疾人家庭进行无障碍改造。共收助残款3万余元，走访慰问102户，成功申办凤形社区康复站。大力引导残疾人参加各类职业培训。10月举办为期6天30个残疾人实用技术培训学习，为14名“智力扶残，后代扶强”人员发放助学金5200元；为17名高中阶段残疾学生和贫困残疾家庭子女发放助学金19400元；为14名残疾大学生和贫困残疾家庭大学生发放助学金53000元助学。

年内，共开展安全生产执法检查45次，累计检查生产经营单位160家次，发现隐患60余处，下达执法文书185份，立案16起，处罚金额34600元，并组织企业开展安全知识讲课和开展安全生产警示教育15场次，参与企业应急演练7次，发现1处采砂1处碎石厂1处洗砂厂，全部责令关闭，立案4起，扣押挖机4台，罚款1万元；为光伏发电重点项目的推进出动执法10余次。多次赴华阳饲料厂现场维护秩序；全年镇区共计巡查270余次，全年出动宣传车百余次，立案10余起。现场处置非法采伐、晓霞山违规建房3次；处置拆除柱塘樟脑丸油厂，茅塘沙发厂，镇区沙发厂和各烟花炮竹店5次，配合立案4起，维护文化广场各项活动秩序4次；配合整治主干道非法墓碑广告2次；配合处置超美水库、金银村、水口村等处违规挖塘和填埋5次。

是年，中路铺镇党委辖下级党组织67个，1个村党委，15个党总支，50个党支部，其中农村党支部42个，机关事业党支部5个，“两新”组织党支部3个。有党员2173名，预备党员20人，其中，女性党员356人，占比16.4%；大专及以上学历党员448人，占比20.6%；60岁以上党员1078人，占比49.6%。各机关党支部到村开展共建活动52余次，帮扶慰问困难群众200余户。

发展新党员 21 名。镇党校开办各类教育培训 20 期，参训人数 2203 余人次。

年内，组织党风廉政建设专题学习 5 次，开展作风督查 22 次，印发作风建设专项督查通报 6 期，镇村干部遵纪廉政谈话 147 人（次），通报批评违反工作纪律或财经纪律镇村干部 10 人（次），诫勉谈话 7 人（次），立案 12 起 12 人，自办案件 7 起，开除党籍 2 人，留党察看 2 人，党内严重警告 3 人，党内警告 5 人，全镇未出现 1 起因镇村干部纪律作风问题引发的群众上访。

2018 年中路铺镇各行政村基本情况一览表

表 22

村名	总面积（平方千米）	耕地面积（公顷）	户数（户）	村民小组（个）	人口数（人）	农村经济总收入（万元）	农村经济总费用（万元）	农村经济净收入（万元）	农民人均纯收入（元）
竹冲村	8.60	318.30	866	35	3045	9769	3902	5867	22300
柳桥村	14.00	514.80	1437	70	5365	17078	6389	10689	23500
柱塘村	8.30	270.50	802	35	3053	7827	3235	4592	18579
凤形山村	6.00	147.00	519	18	2071	6586	2285	4301	24500
碧云村	8.30	322.10	802	24	3031	9202	3562	5640	19678
潭湖村	11.60	446.10	1221	44	4719	13848	5356	8492	19567
中路铺村	3.40	147.50	480	18	1805	5315	2085	3230	20456
金银村	7.10	185.70	624	25	2384	6030	2610	3420	18952
茅塘村	5.90	181.40	486	17	1904	5722	2341	3381	20564
荷塘村	6.40	151.90	600	20	2442	7337	3002	4335	22645
天螺村	5.80	150.50	610	23	2158	6907	2675	4232	23752
石狮村	7.61	225.80	759	30	2883	9374	3791	5583	20158
拗柴村	8.60	226.90	834	26	3181	8871	2950	5921	19562
水口桥村	6.70	194.70	640	23	2397	7111	2675	4436	20159
响鼓村	6.60	167.20	659	30	2428	7160	2685	4475	21057
金石村	17.8	183.2	888	36	3492	8556	3595	4961	18526
菱角村	12.70	203.20	732	36	3207	9194	3462	5732	19537
群力村	7.90	139.50	562	20	2239	6568	2256	4312	20158
大湾桥村	9.80	194.30	709	29	2687	8042	3452	4590	18562
石潭坝村	15.40	340.60	1193	44	4452	13812	5210	8602	21065
凤形社区	2.60	—	1443	10	3381	17001	4621	12380	20587

【湘潭首届龙文化节】 4 月 8 日“书香中路铺 古韵五龙山”湘潭首届龙文化节在湘潭县中路铺镇五龙山大杰寺开幕。中路铺镇以龙文化节的举办为契机，进一步弘扬地方特色文化，变资源优势为经济优势，加大资金投入，强化旅游基础设施建设，全面开发集生态观光、休闲度假和健康养生为一体的文化旅游胜地。

【湘潭市人社局大调研活动】 5 月 24 日，湘潭市人社局党组成员、总会计师肖清满一行赴中路铺镇开展“抓重点、补短板、强弱项”大调研活动，参观政务中心，对全镇社保、医疗保险收缴等情况进行询问。之后参加相关调研会。会上，县有关部门就全县 103 号文件执行情况、两费收缴进度与现存问题、社保卡发放和应用等情况作详细汇报。随后企业代表就企业社保、工伤医疗保险等问题进行反映；镇民社办负责人就有关工作推进情况与现存问题作详细汇报。

【移民培训】 6 月 12 日，湘潭县中路铺镇举行关于大豆和高粱的实用技术培训，镇重点移民村移民群众、移民村主要干部及创业致富带头人共 70 余人参加培训。培训班邀请县农业局专家谭建帮授课，采取专题讲座、讨论交流相结合的方式，使种植户们认识和了解新形势下大豆和高粱的栽培技术、后期病虫害防治以及先进的种植机械的使用。

【庆祝中国共产党成立97周年暨“七一”表彰大会】 6月27日上午，湘潭县中路铺镇召开庆祝建党九十七周年暨“七一”表彰大会，党政负责人、政府机关党员、中层干部、村（社区）支委成员、企业支部代表、预备党员、入党积极分子等参加会议，会议由党委副书记陈泽锋主持。会上表彰2017—2018年度先进基层党组织、优秀支部书记、优秀党务工作者和优秀共产党员，组织委员就当前党建工作进行讲评，镇党委书记结合党建工作为全体党员上党课。

【通过省级卫生镇考核验收】 11月15日，湖南省爱卫办组织考核评估组到中路铺镇进行省级卫生镇考核验收，考核组一行通过听取工作汇报、查阅资料、分组分类走访等方式展开考核，仔细查看沿街商铺、餐饮店、中心小学、卫生院、发廊、居民小区等场所的环境卫生、硬件设施，对爱卫组织管理、健康教育、镇容环境卫生、环境保护、单位及居民区卫生、公共场所与食品卫生、除病防害等工作进行综合验收评估，最终中路铺镇以总分89.7分顺利通过考核验收。

（张骞予）

白石镇

【概况】 白石镇地处湘潭县东南部，毗邻株洲县、衡山县、衡东县，距湘潭市48千米，近瞰湘江，远眺南岳，属于长株潭衡的“金三角”。境内有全国重点文物保护单位世界文化名人齐白石故居和省级文物保护单位尹氏宗祠和寺门前义渡。白石镇是台湾地区领导人马英九的祖籍地，武广高速铁路、国道107线贯穿全境，青山绿水，有得天独厚的自然生态环境。总面积100.40平方千米，辖13个行政村、1个居委会，331个村民小组，11319户。总人口42006人，其中，男性21661人，占总人口51.6%；女性20345人，占总人口48.4%。耕地2700.70公顷。其中，水田2129.60公顷，旱地571.10公顷。林业用地5680公顷。

全年，白石镇实现工业总产值6.40亿，完成税收981万元。农村年人均纯收入17647元，较2017年增长8%。

全年，实现规模以上企业工业总产值5.20亿元，技术改造投入3.20亿元，能耗下降7.8%，实现固定资产投入3.20亿，工业企业实现利润5500万元。新引进企业2家，在谈企业2家。引进湖南蛟龙材料有限公司落户原白石油毡厂，生产耐高温炮泥，厂房已搭建完成，即将投产；引进湘潭智投有限公司落户原同信煤业，生产环保建材，已开始运营；在谈的企业湘潭今迅竹业公司，主营一次性卫生筷子，拟选址白石村，投资200万元。

全年，全镇土地流转总面积达1533.30公顷，水田流转面积达1066.70公顷，6公顷以上的流转大户43户，林地流转面积166.70公顷。逐步由家庭经营向种养大户、家庭农场、专业合作社等新型经营主体转变。全年新增专业合作社2个，共有38个，注册资金近2100余万元；新增家庭农场2家，总数已发展到32家，土地流转面积达413.30公顷。以各村统一预流转土地进行调整为基础，调整种植结构面积640公顷，包括莲鱼、莲虾共养，艾草、油菜种植等新农产品种。

全年，共落实水稻面积1533.3公顷，推广新品种、新技术各3个，水稻集中育秧149.30公顷。高中档优质稻的推广力度进一步加大，湖田、马家堰、深溪等村再生稻生产示范片渐成规模。土地确权上，合同签订工作全部到位，确权颁证全部完成。农村集体产权制度改革工作上，入户核查、三轮公示和数据录入等年度任务都已全面完成。有养殖户3560户，生猪存栏2.08万头、鸡鸭存栏12.63万羽、牛存栏150头、羊存栏5900头，登记入户率100%。完成春秋两季动物防疫、非洲猪瘟防控、粪污治理项目、春季禁渔、能繁母猪和育肥猪保险工作、病死猪（畜禽）无害化处理和申报补贴等工作。新造长防林23.30公顷、中幼林抚育、间伐46.70公顷；“杨梅园”“银杏园”“杏花园”三园6.70公顷抚育除杂工作全部完成。杏花村作为义务植树基地，3月县级单位开展大型义务植树活动，反响热烈。

项目推进加速。白马公路路基完成70%，年内建成两座桥梁主体；四个省市水利项目、通自然村公路建设全部完工；中低压配电网改造基本完成，剩余双新村正待省级施工计划批复。乡镇竞赛项目白石大道道路提质改造工程7月成功通过验收。

全年，镇级河长巡河40余次，其中每月的“党政班子集体大巡河”受到上级好评；组织河道类执法7次，拆除违建25处。制定更新各类防灾预案，补充监测设施，设立防汛抗旱快反装备库；修复水损水毁工程75处，成功应对7月连日旱情。完成各类水利工程640余处，解决农村安全饮水新增249人，杏花等5村“五小”水利项目已全部验收通过。

制定农村人居环境整治工作方案和考核制度，建立健全保洁机制和保洁队伍，聘用95名村级专职保洁员对村域范围内进行专门清理，打扫覆盖率达到100%。结合县“三创一治”工作要求，开展马路市场集中整治行动30余次，在全县率先完成马路市场取缔工作，确保良好的市场经营秩序；组织中心小学危房拆除，保障师生教学安全；多次配合水利部门对潭口非法采砂行为进行打击，并在湘江内河口设立管桩50根，有效防止运砂船靠岸；开展省级文明卫生单位创建，10月通过省爱卫办考核。

加强综治维稳工作。全年共接待来访163批次496人，调解矛盾纠纷41例，交办答复网上信访案件28起；将扫黑除恶专项斗争与民调走访相结合，入户讲解宣传，并在人员密集区、重点场所张贴各类通告，营造良好的宣传氛围。共打击处理涉黑涉恶违法犯罪嫌疑人14人。全年无赴省进京上访人员，为全县唯一“三无”乡镇，镇村民调成绩提升显著。

严格落实安全生产“党政同责、

一岗双责”制度，与各站办所、村、企业等单位层层签订安全生产责任状，督促企业完善安全生产各项制度，明确其主体责任。全年组织安全生产集中学习5次，实操演练1次；开展燃气市场、食品药品等领域突击执法检查等30余次，“打非治违百日行动”23次，立案8起，消除安全隐患26处，处罚4万余元。

全镇贫困户每户明确一名干部作为帮扶责任人，按照一户一策、一人一档的工作思路，分类制定计划进行有效帮扶。全年完成贫困农户小额贷款贴息198户、13万余元；贫困户家庭子女享受雨露计划37户；易地搬迁贫困户3户全部整改到位。在结对帮扶基础上，积极探索解决就业、稳定脱贫新路子。宇诚电子、黄茅槟榔厂等企业雇佣贫困户26人；各农业主体吸收带动贫困户280余户，直接增收80余万元。

完成新增农村劳动力转移就业231人，新增城镇就业60人；失业人员实现再就业10人，扶助就业困难对象实现再就业任务5人。城乡居民养老保险参保人数14246人，正常享受新农保待遇领取人员7089人，新增缴费人数673人，新增待遇领取人员319人。完成企业退休人员视频认证275人。全民参保登记全面完成，社保卡发放率达90%以上。

3个文体广场已全部建成并投入使用；6个公共文化设施建设全面达标完成。24个“村村响”广播室，228个广播接收点运行基本正常。文艺队伍进一步壮大，村级文艺队伍发展至18支，文艺爱好者上千人，文艺节目包括广场舞蹈、腰鼓、相声、小品等。在白石村、深溪村开展2次大型群艺活动，单场节目超过30个，吸引数千名群众参与和观看。上半年开展“党建领航”杯拔河赛，冠军莲花村队参加省级运动会，以全胜成绩勇夺“健康湖南”拔河比赛全省冠军；8月份承办重走白石艺术之路系列采风活动启动仪式，吸引数百名省内外艺术家驻足；11月底，共同承办第五届齐白石国际文化艺术节，并作为“白石文化探源之旅”首站，迎接八方来客。

年内，全镇出生人口456人，其中男孩236，女孩220人，性别比107.27，符合政策生育率95.18%。

是年，白石镇党委辖12个党总支，42个党支部。其中，农业党支部31个，占所有党支部的73.8%。有党员1183名。其中，农村党员1065名。发展党员13名，预备党员转正12名，培训入党积极分子72名。

全年，组织中心组学习10次、书记大讲堂5次，邀请市县领导开展中共十九大精神专题授课8次；结合班子成员联村、主题党日等宣讲70余场，培训党员干部4千余人次。各支部定期将学习资料上传至“红星云”平台、支部交流群，引导党员积极学习。同时，开展学习心得交流活动，进一步凝聚共识，在全镇掀起学习讨论热潮。对机关各支部党员进行合理调整，打造标准化党员活动室；先后5次组织村级党建督查，针对所发现问题及时交办；组织各村集中参观学习，深入开展交流探讨；申报杏花等4个五星党组织并全部成功创建。通过领导挂点、部门帮扶、干部驻村整合各方资源力量，完成昭金村软弱涣散党组织整顿；申报深溪等6个新建或改扩建村部，做到标准化全覆盖，已全部投入使用。杏花村部作为“三同教育”基地，积极提质，受到入驻县科干班学员一致好评。

实行干部联村制度，及时为群众联系、代办日常业务，开展政府服务中心便民、利民一站式服务；强化惠农资金使用管理与监督，落实政务公开制度；建立互联网+监督平台，打造“阳光政务”，全面完成村级财务网上公开；进一步完善各项规章制度，保持政令畅通，推动政府由“管理型”向“服务型”的积极转变。

开展政府职能建设、狠抓工作作风，组织廉政谈话人数达到200余人次，制定机关微信考勤制度，实行站办所人员日报告；实现干部作风监督检查工作的常态化、制度化。2018年，以民调走访、基层党建、精准扶贫等工作为重点，开展专项督查12次，通报批评12人，提醒谈话15人，诫勉谈话4人。查办各类案件12件，党纪政纪处分12人，追回违纪资金43.50万元。通过制度落实和日常有效监管，镇村两级干部作风明显好转，机关行政效率明显提高。

2018年白石镇各行政村基本情况一览表

表23

村名	面积（平方千米）	户数（户）	人口（人）	农村经济总收入（万元）	农村经济总费用（万元）	农村经济净收入（万元）	农民人均纯收入（元）
白石村	10.20	1107	4128	10378	4265	6113	18388
杏花村	4.20	645	2425	2957	1348	1609	18674
深溪村	8.10	931	3490	8383	3327	5056	18309
莲花村	14.90	1004	3669	6053	2580	3473	18729

续表 23

村名	面积（平方千米）	户数（户）	人口（人）	农村经济总收入（万元）	农村经济总费用（万元）	农村经济净收入（万元）	农民人均纯收入（元）
潭口村	10.10	1138	4398	8359	3902	4457	18329
马家堰村	5.10	919	3534	9039	3761	5278	18315
龙凤村	11.10	1131	4197	9606	3985	5621	18541
湖田村	7.90	1006	3715	10686	4235	6451	18540
昭金村	10.80	1144	4175	10680	4398	6282	18119
双新村	4.60	410	1497	5892	2417	3475	18658
友爱村	6.80	574	2142	5919	2614	3305	17684
黄毛村	6.80	644	2415	6066	2528	3538	18566
团山村	2.50	248	930	2524	1184	1340	18152
望江楼居委会	1.20	418	1291	5210	2613	2597	18616

【赵志超调研白石文化旅游产业】 3月6日，市委副秘书长赵志超带队赴白石镇对白石文化旅游产业发展开展专题调研，县委常委、统战部部长陈卫兵，副县长杨欣荣，相关县直单位及白石镇等负责人参与调研活动。

【杨真平调研潭口示范片同心美丽乡村】 4月12日，市委常委、统战部部长杨真平带队民革湘潭市委、市农委、国土、水务、交通等相关单位负责人到白石镇调研潭口示范片同心美丽乡村建设，并召开现场办公会。

【白石镇举办“党建领航杯”拔河比赛】 4月25日—5月4日，白石镇举办“党建领航杯”拔河比赛，白石镇机关、14个村（居）及驻镇单位共计16支队伍400余人参赛。

【“大匠之门——重走白石艺术之路”启动仪式在白石镇举行】 8月8日，“大匠之门——重走白石艺术之路”系列文艺采风创作交流活动在白石镇拉开序幕。来自中央美院、北京画院、省文联、省美术家协会等地的知名艺术家及相关领导共120余人参与启动仪式。

（黄小佩　郑凌飞）

茶恩寺镇

【概况】 茶恩寺镇位于湘潭县南端，东临湘江，与衡东县隔江相望，南与衡山县交界，西与本县花石镇接壤，西北与本县中路铺镇毗邻，北与本县白石镇相连。全镇总面积13713公顷，耕地2943公顷，其中水田面积2670公顷，旱土面积273公顷；全镇林业用地面积8274公顷，林面积4012公顷。全镇辖17个村，1个居委会，374个村民小组、2个居民小组，总人口48604人。全年，工农业总产值10.10亿元，其中工业总产值5.4亿元，农业总产值4.70亿元。

工业经济方面。园区建设步伐进一步加快，一期场地平整工作稳步推进，日处理300吨污水处理厂建设列入县政府2019年工作计划。湖南一丰粮油、湘宝竹业2期等项目签订入园意向书，预计年纳税额400万元，年产值1.20亿元。6月上旬，在深圳举办“请老乡，回故乡，建家乡”招商引资洽谈会，达成合作意向项目8个。多次召开竹木企业家和电商企业家座谈会，邀请瑞兹家居和蓝拓科技到镇投资考察，结合资本市场县域工程试点，积极对接金融服务机构和电商物流平台，着力整合现有资源，指导建立行业协会，扶植企业做大做强。全年完成企业总产值4.8亿元，完成规模企业工业总产值4.60亿元，工业企业实现利润600余万元。税收收入（国税、地税）共计337万元，财政总收入4279万元，圆满完成年度目标任务。

现代农业建设方面。现有规模合作社66家，实现流转土地1333余公顷。333.33公顷种植结构调整和104公顷休耕任务圆满完成，其中湘莲80公顷，特色水果和蔬菜基地72公顷。加强林政管理，行政立案2起，罚款2.2万元，刑事立案1起、刑事拘留1人。共完成“五小”水利项目和“一事一议”项目360万元。拓宽硬化乡村道路16.4千米，在千家、东三、樊田、吴家等村开展电力增容改造项目。投入资金80余万元开展抗旱工作。实现农业全程机械化服务，土地确权、第四次经济普查、集体产权制度改革清产核资等工作稳步推进，春秋动物防疫工作全面落实，非洲猪瘟防控扎实开展。

生态文明方面。贯彻落实省1号总河长令，全面落实茶恩寺镇“一江九渠九库”河长制工作要求，治理河库“四乱”，维护河清水绿。落实秸秆禁烧，回收农资废弃物及畜禽粪污治理，严格管控农业面源污染。全面开展全国污染源普查工作，核查全镇工业企业58家，查封

1家，查处3家。全面整治镇区“六乱”，与镇区门店签订和张贴三包责任制，狠抓重点区域，将重点区域划分到镇区市场化保洁。成功取缔2处马路市场，提质整改茶恩寺镇区农贸市场，新建金坪村农贸市场。在人口密集区域增加投放垃圾桶和移动垃圾箱，全镇人居环境整治工作实现常态化管理。开展非法挖山采砂采石专项巡查17次，确保辖区范围内无一例非法挖山采砂采石行为。

乡村治理方面。在全镇各村开展“社会主义核心价值观宣讲进基层”活动，建设“村民综合文化服务中心”，村部规范化建设新建4个，改扩建5个。组建志愿者服务队，利用“村村响”传播正能量，引领乡风文明，其中茶花村龙井片节俭操办婚丧喜庆事宜的传统，被推荐到各级进行宣传。开展首届“乡村振兴杯”农民趣味运动会，开展“道德讲堂”“传统文化进乡村”等文体活动。加大镇“三资”平台对村级重点项目的监管，全年受理项目申报19件。扎实推进安全生产“强执法 防事故”行动，立案调查12起，收缴罚款3万余元。开展食品安全专项检查行动20余次，工作成绩名列全县前茅。组建乡镇执法队伍，落实法律顾问聘请制度，加大农村普法力度。完成镇村两级综治中心建设，加大“雪亮工程”利用，健全网格化管理作用。广泛开展“扫黑除恶”专项斗争，会商“三县四镇”开展“扫黑除恶”专项斗争联动机制。成功打掉一起强卖强买的恶势力团伙，打响全县“扫黑除恶”专项斗争第一枪。开展“民情大走访”，收集各类矛盾纠纷97起，交办、督办97起。派出所共受案142起，结案86起，行政拘留17人。

社会保障方面。全力推进精准扶贫，开展脱贫攻坚“三落实”和结对帮扶大排查工作。落实贫困人口动态调整管理，完成脱贫退出175户586人，现有贫困人口852户2684人。落实雨露计划66人次，完成危房改造65户。就业创业服务到位，新增城镇就业93人、农村劳动力转移就业245人、贫困劳动力就业31人，职业技能培训、创业扶持全面落实。城乡居民养老保险、医疗保险有序推进，保障水平不断提高。特困人员救助工作进一步规范，敬老院完成公办民营改革，临时救助一般对象130户，救助金额16万余元；优抚对象117户，救助金额为17.60万元。星月学校确定为县级留守儿童试点学校，茶恩中学成功创建“市级文明校园”

干部管理方面。开展主题教育活动，深入学习贯彻中共十九大精神。完善镇村干部、站办所和村绩效考核办法，加强日常管理，实行差异化考核，不断提高镇村干部的责任心、紧迫感和积极性，充分发挥绩效考核“指挥棒”作用。在全镇各站办所、村和全体干部中开展“四责四诺”“五联五问”活动，实行月计划、周公布，不断提升工作效率。推行“马上就办”“一站式办理”工作模式，方便群众办事。强化政务公开工作，机关干部实行佩证上岗制度。开办新时代党群讲习所，开展“我成长、我担当”演讲比赛，激发干部干事创业热情和本领。加强干部作风建设，开展扶贫领域腐败和作风问题监督执纪工作，强化“四种形态”运用，密集开展各类日常监督检查。2018年，印发督查通报17期，坚持督查通报到人到事，与绩效考核挂钩。2018年，镇档案工作通过省二级标准化档案管理验收，保密工作不断加强，圆满完成征兵任务。

安全生产方面。开展安全生产大检查，落实领导干部带队检查制度，全年累计对全镇17家企业开展检查，共发现并督促整改隐患17处；开展集中烟花鞭炮“清剿”行动2次，协助县市场监管局关闭取缔非法食品加工厂1处。对全镇安全监管人员进行2个批次的安全教育培训，不断提高企业和职工的安全生产意识。全年安全生产实现“零伤亡、零事故”。

信访综治方面。健全群防群治网络，构建“大防控”格局，建立镇综治中心，落实领导干部坐班制和重点信访“五包一”制度，实施“打抚结合”，实现进京非访“零上访”。扎实推进“雪亮工程”建设。已完成108个电子监控安装，划分18个三级网格机构，80个四级网格机构。17名反邪教信息员、349名志愿者和义务巡逻分队对推动“平安茶恩”建设做出显著成绩。部门联动，建立“大调解”机制。镇村两级调委会共受理各种纠纷36起，千方百计化解积案。

2018年茶恩寺镇各行政村基本情况一览表

表24

村名	面积（平方千米）	户数（户）	人口（人）	农村经济总收入（万元）	农村经济总费用（万元）	农村经济净收入（万元）	农民人均纯收入（元）
合计	137.12	12630	48323	174691.4	93049.74	81641.61	16895
上丰村	4.4	489	1950	6874.30	3263.45	2996.80	15368
吴家村	4.4	569	1618	7122.33	3070.68	2760.97	17066

表 24

村 名	面积(平方千米)	户数(户)	人口(人)	农村经济总收入(万元)	农村经济总费用(万元)	农村经济净收入(万元)	农民人均纯收入(元)
茶恩村	6.31	446	2029	7947.19	3989.84	3890.24	19176
青坪村	5.23	624	2210	8775.87	3677.49	3161.24	14307
樊田村	6.77	618	2444	6734.81	3118.10	4607.97	18857
双阳村	8.66	726	3116	12073.92	7052.28	6067.54	19471
茶花村	8.24	666	2883	8682.82	3988.07	4814.41	16699
金坪村	7.76	860	3266	12687.54	6992.68	5719.77	17511
双凤村	10.72	783	2869	11415.21	7164.15	5034.75	17550
晓花村	4.06	450	1837	6167.67	3539.48	2798.14	15236
花桥村	9.33	767	3395	12183.66	6150.07	5349.20	15755
千家村	11.1	1123	4507	12656.49	6630.98	6779.44	15042
双花村	9.22	990	1762	6283.91	3549.65	2864.34	16257
柏棠村	8.21	862	3452	12457.53	6442.05	5026.17	14559
东三村	16.06	1262	5003	16953.10	10290.08	8079.68	16150
桥市村	7.72	714	2996	12932.07	6991.27	5477.86	18287
宁桥村	8.93	681	2987	12743.06	7139.45	5951.64	19923

【湘潭县首个镇级新时代农民讲习所】 6月14日，茶恩寺镇成立镇村干部、农民群众讲习所。镇村干部、农民群众讲习所是镇党委政府以习近平新时代中国特色社会主义思想和乡村振兴战略为主线，为加强镇村干部、农民群众对党的政策理解和个人综合素质的提升，打造的互动交流平台。讲习所的固定学员以35岁以下的青年干部为主，其他自愿参加的镇村干部为辅。镇组织委员制定的“四责四诺”计划中明确：开班仪式中党政负责人、村支部书记作为导师进行授课，学员们要踊跃发言。

在“茶恩青年夜校”的基础上发展起来的讲习所计划每月开班2次。下一步，讲习所将进一步丰富内容和形式，结合党委政府各项中心工作和农民群众关心的热点、焦点问题，通过互动交流的形式，增强干群互动。讲习所计划半年内将影响力覆盖到全镇，力争掀起一股“以民为本、脚步为亲”的到户讲习活动热潮。

【湖南一丰粮油有限公司入驻】 1月23日茶恩寺镇党委政府与湖南一丰粮油有限公司完成正式签约，将湖南一丰粮油有限公司引进茶恩寺产业园。

湖南一丰粮油有限公司是广西一丰粮油有限公司根据自身发展需要，计划在湖南省布局的子公司，该公司投资商旗下拥有广东一海再生资源有限公司。湖南一丰粮油有限公司在茶恩寺总投资额为7143.91万元，建设期为2年，预计净利润可达827.42万元/年，预计用地5.33公顷，建设办公大楼、食用油中包装厂、配套的吹瓶厂及停车，用工人数约100人。 （罗 昕）

人物·荣誉录

艰苦奋斗模范

【安伟庄】

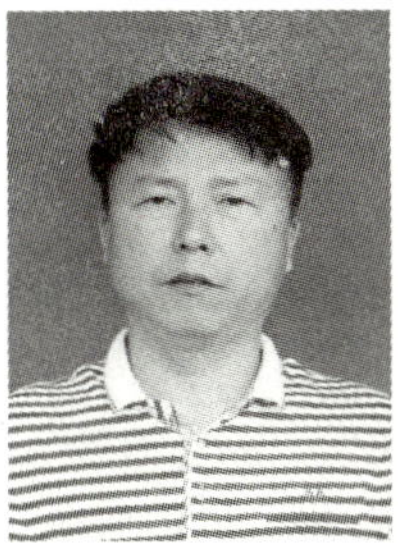

湖南华绿生物科技有限公司总经理助理，创造“华绿模式”，服务种植大户600多户，总服务面积8666.67余公顷，带动种植农户5000多户。开展农技服务讲座100多次，提供各种农资5万吨。他指导公司建设烘干系统，烘干机日烘干能力420吨，解决农户晒谷难的大问题。向种田大户提供融资贷款担保800多万元，为种田大户经营解决困难。

【黄学文】

湖南古铺文化旅游发展有限公司总经理、湖南龙凤庄园生态农业有限公司园艺师。从1990年养猪业开始，到现在流转53.33公顷土地建设龙凤庄园。历年来免费为养猪户提供防疫药费3.5万元；免费上门指导养猪、种植苗技术18000人次，免费提供种苗费1.5万元，带动当地种植苗木农户年均增收6万元。2008年个人捐款12万元修村道；2001—2017年扶贫帮困捐款40多万元，出资3.5万元支持举办公益活动，解决36个贫困家庭人员就业。

【张　坪】

湘潭县诚和信种养合作社理事长。2015年年底回乡创业，2016年年初成立合作社，流转土地20公顷种植蔬菜和优质稻，发展社员100户，帮助乡邻脱贫致富，安置贫困户就业10人，发放工资15万元；2018年，流转土地32公顷种植蔬菜和水稻，2年累计为当地提供140多个就业岗位；为24户建档立卡贫困户累计增收30多万元；个人连续2年拿出数万元春节慰问贫困户。

【胡新建】

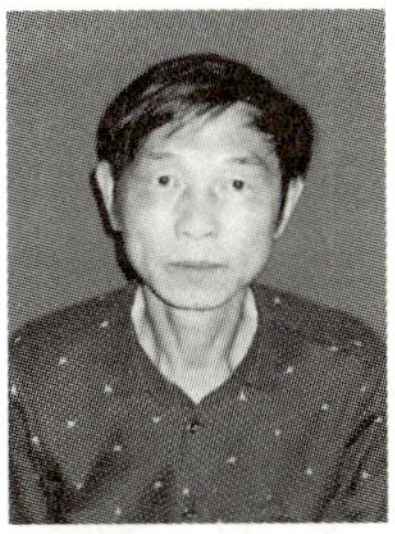

湘潭县兴发水稻种植合作社理事长。他一直致力于水稻、湘莲种植业发展，在县内流转133.33公顷土地种植湘莲及水稻；在外县、市、省推广湘莲种植80多公顷；免费为当地湘莲种植户提供技术服务；全力支持花石全域旅游，带头在万亩基地种植湘莲66.67公顷，带领当地群众每年创收200多万元；解决当地60多个固定就业岗位；个人捐款40万元硬化道路、水渠、安装路灯。

【左铁根】

湘潭县睿达种养合作社理事长，他为带领乡亲共同致富，放弃百万年薪返乡创办种养专业合作社，先后投入100余万元资金，种植辣椒13.33公顷，带动村民增收400余万元。2018年新增流转13.33公顷土地（休耕土地）种植经济作物，提供就业岗位100余个，发动周边村民种植湘研辣椒20公顷，年收益600余万元。热心公益，捐资5万元对连组水泥路进行硬化；关爱空巢老人，重阳节邀请县花鼓戏剧团进村演出共庆节日。

默默奉献模范

【王　沛】

中共湘潭县纪委常委，湘潭市纪检监察系统的“硬汉”。他苦心钻研业务，在办案过程中细细琢磨案情，研究方法，并向有经验的领导请教，在短短2年时间里，他便迅速成为县纪委办案中坚

力量，业务骨干。其主编的《纪检监察纪律审查工作实用手册》，成为全省基层纪检人如何开展工作指导书。工作扎实，敢较真碰硬，办案上百起，始终坚持原则，严守底线，任劳任怨。曾获“优秀共青团干部”“纪检监察工作先进个人”“党员示范岗”等荣誉，2013年6月被县政府记“三等功”，2016年7月被县委评为“优秀共产党员”，2016年8月被评为湖南省纪检系统先进个人，湘潭县第二届道德模范。2017年被中纪委嘉奖。

【王　磊】

湘潭县公安局刑侦大队大队长。他带领的刑侦大队先后获得“规范执法随岗训练省级示范点”“全省优秀刑警队”“打击盗骗毒 全力保民安”专项行动成绩突出集体、“全省公安机关侦破命案工作成绩突出集体”等省级先进荣誉；个人2016年曾获评公安部打击整治假币违法犯罪专项行动成绩突出个人、2008年全省禁毒工作先进个人、2010—2011年度全省优秀刑警、2017年全省优秀人民警察、全省“湘警之星”、2017年度湘潭市打击治理电信网络新型违法犯罪工作先进个人、2017年湘潭县“十佳政法干警”；2001年、2008年被市公安局记三等功，2003年被县委、县人民政府记三等功，2010年、2012年被县公安局记三等功，2016年、2017年被县委评为优秀共产党员，2007年、2013年、2014年3次受到县政府嘉奖。

【朱雨良】

湘潭县人民医院党委副书记，心血管专家。曾获得多种荣誉：2003年被县政府授予“抗击非典先进个人”；2006年被湘潭市人民政府推选为“211”工程第二批次人才，“专业技术骨干人才”；2007年被评为湘潭县优秀专家；2009年被市委、市政府评选为市级优秀专家。2009年组织筹建重症医学科。2011年开始开展心血管介入手术，年均开展手术1000多台次。先后在国家级杂志上发表《辛伐他汀早期强化治疗急性冠脉综合征案例和疗效的研究》《慢性心力衰竭QT及QT离散度增加与心功能的关系》等学术论文。

【陈树根】

湘潭县一中物理教师、奥赛部主任、工会主席。他任教五届毕业班，奥赛及高考物理成绩均居全市第一，全省第五，14名学生夺得省级物理奥赛金牌，38名学生考入清华、北大；为打造省级物理奥赛培训基地和全国百强名校做出突出贡献；个人捐款1万多元，组织爱心捐款40多万元，资助45名特困学生；为县委县政府招商引资做出特别贡献；获市优秀专家、省级物理奥赛金牌教练、县“五一先锋”等80多个荣誉。

【唐建光】

湘潭县锦石乡文佳村支部书记。他组织新建560平方米的村部办公楼和多功能文化服务中心，解决村部活动场地靠租借的问题。将荒废20年的猪场重新开发利用，建成1个年产20万羽的养鸡场。争取联合国儿童基金会0~3岁早教项目在村上试点。组织村民对全村80%水渠、山塘进行硬化和绿化，实现组组通公路。建起村级残疾人康复室，向市残联申请“帮千户连万家活动村”，争取物资10余万元，服务于村内残疾人群。

爱岗敬业模范

【刘素芳】

湖南小龙王食品有限公司生产部副部长。在公司举办的技能比武中，她多次获得操作第一名。公司

原果来料员工手选工序，在她的推动下由原来手选8~9个品种改进为3~4个品种，降低劳动成本。她建议根据市场需求及品种规格来筛选产品，为公司节约成本20万余元，提高员工工效约20%。注重车间的工序管理，公司从原来纵向管理3个车间改变成横向管理4大车间，提高物料的综合利用率和工作效率。她为企业培养出200余名员工。常年奔赴吉首、新化的联系点，为公司招募一线工人，招工人数累计达千人，多年被公司评为招工先进奖。在日常工作和生活中，她多次组织为特困职工捐款捐物。

【李昌雄】

湖南琪尔美鞋业公司董事长。2006年他回乡投资办厂，组织完善《行业单价执行标准》《工龄奖励》等6项制度，引领行业步入规范化发展轨道。每年拨款2万余元用于职工的慰问和困难帮扶。积极引领带动30多家制鞋企业入园，20家加入电子商务信息化网络。10年来，他修路捐款共计11万元。近3年为青山地区各类公益事业捐款达15万元，为当地提供就业岗位200余个。每年出资6000余元资助3名困难职工子女。

【周国强】

湖南五洲通药业公司业务员。2006年入职，他负责的片区销售额连续11年持续增长，2017年片区销售收入突破1亿余元，占公司年度销售总额的22.37%。他进修3年攻读法律大专，又通过函授取得湖南科技学院制药工程本科学历。他关注公司的持续发展，同时推动公司对客户的精细化管理，使循症医学销售方法在公

司得到推广普及。2015 年至 2017 年，他资助 6 名贫困大学生，累计资助金额达 6 万余元；2017 年洪涝灾害期间，为避免灾后疾病的发生，他向公司申请捐赠一批价值 5 万余元苯扎溴铵溶液用于灾后消毒使用，由县疾控中心验收、并发放到各受灾乡镇，得到灾区民众一致好评。

【冯志军】

湘潭县石潭镇水利站站长。他对全镇的水利设备设施和沟渠了如指掌，经常对全镇堤坝进行全面巡防保护，对 145 处泵站及设备进行检查维护，确保设备设施高效运转，确保全镇内水利沟渠安全完好。2017 年的特大洪灾中，他一直坚守在抗洪抢险一线，不仅将第一手情报及时汇报给指挥部，而且自己带头下水排除重大险情。在牛车坝闸门关不住，河水倒灌的情况下，他立即跳入水中，清理杂物，多次潜入 2 米多深的水中，将险情排除，保住堤垸。

【周令军】

湖南胖哥食品有限公司副总经理。公司 2017 年发放职工工资 5000 多万元，上交国家税收 4000 万元。根据公司发展要求，2016 年引进污水处理净化系统、污水处理监控系统。2017 年组织单位的技术骨干动手改造设备老化、技术陈旧制冷机房。多次组织安全隐患排查，2017 年全公司（含 3 个工业园）安全死亡事故为零，交通重大事故为零，特大、重大污染事故为零，公司被评为“湘潭市安全生产示范企业”。公司先后被认定为“中国驰名商标”“湖南著名商标”“湖南名牌产品”和湖南省槟榔行业“先进企业”，并成为行业内信誉较好的龙头企业。

开拓创新模范

【焦树春】

湘潭县离心机厂有限公司技术主管。在技术岗位工作 22 年，他带领团队研发 10 余种机型，被广泛应用于化工、化肥、石油、轻工、纺织、制药、食品、冶金、环保等十多个行业，为企业培养出一大批技术人员，推动县离心机厂从生产型企业向技术革新型企业转变。

【周成才】

湖南新向维包装有限公司车间主管。他自学包装专业基础理论知识、印刷机台操作各项原理，帮助公司攻克各类技术难题。公司印刷车间成品剩余色墨在 2015 年前没有进行统一管理，造成原材料的浪费，他经过反复试验，最终通过使用自制的“专用集油箱”统一收集剩余色墨实现循环利用，车间月度油墨总用量降低 1/3。在某款槟榔包装印刷过程中，他建议客户使用复合白纸替代原有白色油墨，节约生产成本约 50 万元；过去公司的材料报废率居高不下，他带领整个印刷车间经过 3 个月的努力，通过生产过程控制、工艺更新，使月度总报废率从 8%降低到 4%。他待人热诚，注重安全生产管理，带领的印刷车间工伤率和离职率是全公司最低的。

【张　准】

湖南万通建设集团助理工程师。

他辗转忙碌于县城的多个重点工程项目，长期奋战在施工一线。负责的县中医院住院综合楼暨“治未病中心”建设项目 2017 年荣获湖南省建设工程质量“芙蓉奖”，负责的万通逸城项目荣获湖南工程质量常见问题专项治理省级示范观摩工程。为工程部培养的技术骨干在工程部工作的拓展中发挥重要作用。

【邓述东】

湘潭县射埠镇农技站站长。他培育的富硒彩米在 2014 年中国绿色食品博览会获得“金奖”；研发的“一种有效降低稻谷镉含量的水稻栽培方法”获“国家发明专利授权”“湘潭市科学技术进步奖三等奖”“湘潭县科学技术进步奖一等奖”。2015 年自行研究再生稻高产栽培方法，实现亩产全省领先，在县内大面积推广。2017 年被评为“优秀专家”。为解决稻草焚烧难题，成功种植野生菌菇。省科技厅已推荐其参与国家科技部科技创新创业人才评选。

【符利辉】

湘潭县动物疫病预防控制中心主任、高级畜牧师。她致力于将畜牧科技转化为现实生产力，推动 16 种新产品，15 项新技术的推广应用。先后获评全国农牧渔业丰收奖、市第六批优秀专家、县第二届优秀专家、县优秀科技特派员、县优秀政协委员等荣誉称号，多次获县政府嘉奖。

荣誉录

2018 年湘潭县获中央部委级表彰的先进集体名录

表 25

获奖单位	获奖名称	授奖单位
湘潭县	全国农村创业创新典型县范例	农业农村部
湘潭县财政局	2017 年度部办财经报刊宣传发行工作先进单位	财政部
湘潭县司法局	全国创建“平安医院”先进单位	中央政法委等 9 部委

2018 年湘潭县获省厅级表彰的先进集体名录

表 26

获奖单位	获奖名称	授奖单位
湘潭县	2018 年度城乡居保经办管理服务工作优秀单位	湖南省城乡居民社会养老保险管理服务中心
湘潭县	2018 年度县级城乡居保信息宣传工作优秀单位	湖南省城乡居民社会养老保险管理服务中心
湘潭县	省安全生产工作先进单位	湖南省委办公厅、湖南省人民政府办公厅
湖南湘潭天易经济开发区	2018 年度真抓实干成效明显园区	湖南省人民政府办公室
湖南湘潭天易经济开发区	2018 年度全省商务工作先进单位	湖南省商务厅
湘潭县委督查室	2018 年度全省党委督查工作先进基层单位	中共湖南省委办公厅
湘潭县财政局	“抓重点补短板强弱项”活动获奖单位	湖南省财政厅
湘潭县财政局	资产报表先进单位	湖南省财政厅
湘潭县财政局	政府资产报告先进单位	湖南省财政厅
湘潭县财政局	负债所形成的资产报表先进单位	湖南省财政厅
湘潭县财政局	2018 年度县级乡村财政财务管理工作先进单位	湖南省财政厅
湘潭县公安局	全省三年禁毒大行动先进集体	湖南省禁毒委员会
湘潭县公安局	全省公安刑事技术工作成绩突出单位	湖南省公安厅

续表 26

获奖单位	获奖名称	授奖单位
湘潭县公安局	集体三等功	湖南省公安厅
湘潭县公安局交警大队	全省道路交通安全管理工作成绩突出单位	湖南省公安厅
湘潭县教育局	湖南省教育强县	湖南省教育督导委员会
湘潭县一中	省男子甲组足球比赛第二名	湖南省第十三届运动会组委会
湘潭县江声中学	湖南省校园足球总决赛甲组第三名	湖南省教育厅组织委员会
湘潭县职校	湖南省文明风采体育类男子篮球赛优胜奖	湖南省教育厅
湘潭县职校	湖南省文明风采体育类女子排球赛优胜奖	湖南省教育厅
湘潭县八中	湖南省安全文明校园	湖南省教育厅
乌石镇乌石峰村	全省示范农家书屋称号	湖南省新闻出版广电局
湘潭县石鼓镇	湖南民间文化艺术之乡	湖南省文化和旅游厅
湘潭县文化馆	“莲乡文化志愿行”活动基层文化志愿服务示范项目	湖南省文化和旅游厅
梅林山庄	湖南省五星级乡村旅游区（点）	湖南省文化和旅游厅
白石人家	湖南省四星级乡村旅游区（点）	湖南省文化和旅游厅
故乡柴火饭店、水库山庄、建新酒家、东剑农庄	湖南省三星级乡村旅游区（点）	湖南省文化和旅游厅
湘潭县图书馆	第 37 届全省少年儿童系列读书活动“组织奖”	省委宣传部、省文明办、省文化厅、省新闻出版广电局、团省委、省妇联、省关工委
湘潭县天易金霞小学	第 37 届全省少年儿童系列读书活动“阅读活动奖”	省委宣传部、省文明办、省文化厅、省新闻出版广电局、团省委、省妇联、省关工委

续表 26

获奖单位	获奖名称	授奖单位
中共湘潭县委党校	湖南省综合示范性县级党校行政学校	中共湖南省委干部教育工作领导小组办公室
中共湘潭县委统战部	2018 年度全省统战工作实践创新成果奖	湖南省委统战部
湘潭县科技和经济信息化局	全省工业经济运行监测协调工作先进单位	湖南省工业和信息化厅
湘潭县科技和经济信息化局	2018 年全省中小企业“上云”行动优秀单位	湖南省工业和信息化厅
湘潭县广播电视台	湖南省文明卫生单位	湖南省爱国卫生运动委员会
湘潭县云湖桥镇	2018 年全省计划生育基层群众自治先进乡镇街道	湖南省计划生育协会
花石镇人民政府	省新型城镇化试点第一阶段工作绩效三等	湖南省推进新型城镇化工作领导小组
湘潭县石鼓镇	湖南民间文化艺术之乡（2018—2020 年）	湖南省文化厅
湘潭县中路铺镇	湖南省卫生乡镇	湖南省爱国卫生运动委员会
湘潭县白石镇人民政府	2018 年度湖南省文明卫生单位	湖南省爱国卫生运动委员会
湘潭县计划生育协会	2018 年度全省计生协工作绩效考核“模范单位”	湖南省计划生育协会
乌石镇司法所	全省“三调联动解纠纷防控风险促发展”专项调解活动先进集体	湖南省司法厅

2018 年湘潭县获中央部委级表彰的先进个人名录

表 27

姓　名	单位与职务	获奖名称	授奖单位
陈升根	竹冲村党总支书记	全国五一劳动奖章	中华全国总工会
何灿辉	湘潭县法院信访室主任	全国法院先进个人	最高人民法院
唐魏文	湘潭县法院行政庭庭长	全国法院先进个人	最高人民法院
刘伟政	湘潭县法院审委会专职委员	荣誉天平奖	最高人民法院

2018 年度湘潭县获省厅级表彰的先进个人名录

表 28

姓　名	单位与职务	获奖名称	授奖单位
童柏柳	湘潭县价格认证和监测中心主任	全国价格认证先进个人	国家发展和改革委员会价格认证中心
肖小年	湘潭县人民政府政务服务服务中心主任	全省政务公开工作先进个人	湖南省人民政府办公厅
陈　梁	石潭镇畜牧站站长	湖南省动物防疫职业技能竞赛优秀选手	湖南省动物疫病预防控制中心
符念龙	射埠镇党委书记	“三大攻坚战”中积极担当作为党员干部	中共湖南省委组织部
邓述东	射埠镇农推中心主任	湖南省第三届青年社会组织公益创投大赛金奖	中国共产主义青年团湖南省委员会、湖南省民政厅、省司法厅、省财政厅等
成铁德	县委办综合组科员	2018 年度全省党委信息工作先进个人	中共湖南省委办公厅
李　波	党建办主任	2018 年全省财政系统党务干部培训班优秀学员	湖南省财政厅
张浩繁	湘潭县公安局经侦大队大队长	二等功	湖南省公安厅
陈关平	湘潭县公安局警务保障室主任	二等功	湖南省公安厅
王　磊	湘潭县公安局刑侦大队大队长	三等功	湖南省公安厅
王海峰	湘潭县公安局巡防大队大队长	三等功	湖南省公安厅
李　俊	湘潭县公安局河口派出所副所长	三等功	湖南省公安厅
谢英姿	湘潭县法律援助中心主任	全省最美法律援助人	湖南省司法厅
刘新群	湘潭县司法局党组书记、副局长	全省优秀人民调解员	湖南省司法厅
赵兵林	锦石乡司法所所长	全省优秀人民调解会	湖南省司法厅
宋敏波	分水乡司法所所长	全省优秀人民调解员	湖南省司法厅
赵紫剑	湘潭县法院执行局政委	“决胜执行难战役”先进个人	湖南省高级人民法院
刘干权	湘潭县信访局	百佳业务能手	湖南省信访局
王文波	湘潭县信访局	“三调联动解纠纷、防控风险促发展”专项调解活动先进个人	省司法厅、省高级人民法院、省公安厅、省信访局

续表 28

姓　名	单位与职务	获奖名称	授奖单位
郭良玉	湘潭县一中	湖南省政府采购评审专家	湖南省人民政府
莫柏槐	湘潭县文化旅游体育局	2008——2018 年农家书屋建设十周年省级先进个人	湖南省新闻出版广电局
程　仁	湘潭县文化旅游体育局	第六届湖南艺术节书法类“齐白石艺术奖”	湖南省文化和旅游厅
冯美林	中路铺镇菱角村	全省优秀农家书屋管理员	湖南省新闻出版广电局
陈　芳	天易金霞小学	“书香湖南 ·共创共享儿童阅读新时代”第 37 届全省少年儿童系列读书活动优秀指导奖	中共湖南省委宣传部、省文明办、省文化厅、省新闻出版广电局、团省委、省妇联、省关工委
杨翠芳	天易金霞小学	“书香湖南 ·共创共享儿童阅读新时代”第 37 届全省少年儿童系列读书活动优秀指导奖	中共湖南省委宣传部、省文明办、省文化厅、省新闻出版广电局、团省委、省妇联、省关工委
胡晟成	天易金霞小学	湖南省少年儿童原创音频大赛小学组一等奖	中共湖南省委宣传部、省文明办、省文化厅、省新闻出版广电局、团省委、省妇联、省关工委
廖紫菲	天易金霞小学	湖南省少年儿童原创音频大赛小学组一等奖	中共湖南省委宣传部、省文明办、省文化厅、省新闻出版广电局、团省委、省妇联、省关工委
陈芊豫	天易金霞小学	湖南省少年儿童原创音频大赛小学组一等奖	中共湖南省委宣传部、省文明办、省文化厅、省新闻出版广电局、团省委、省妇联、省关工委
龙妍月	天易金霞小学	湖南省少年儿童原创音频大赛小学组三等奖	中共湖南省委宣传部、省文明办、省文化厅、省新闻出版广电局、团省委、省妇联、省关工委
刘谨璇	天易金霞小学	湖南省少年儿童原创音频大赛小学组三等奖	中共湖南省委宣传部、省文明办、省文化厅、省新闻出版广电局、团省委、省妇联、省关工委
陈慕蓉	天易金霞小学	湖南省少年儿童原创音频大赛小学组三等奖	中共湖南省委宣传部、省文明办、省文化厅、省新闻出版广电局、团省委、省妇联、省关工委
向涵宇	天易金霞小学	湖南省少年儿童原创音频大赛小学组三等奖	中共湖南省委宣传部、省文明办、省文化厅、省新闻出版广电局、团省委、省妇联、省关工委

续表 28

姓 名	单位与职务	获奖名称	授奖单位
李妍妍	凤凰初级中学	湖南省少年儿童原创音频大赛中学组一等奖	中共湖南省委宣传部、省文明办、省文化厅、省新闻出版广电局、团省委、省妇联、省关工委
梁思远	凤凰初级中学	湖南省少年儿童原创音频大赛中学组二等奖	中共湖南省委宣传部、省文明办、省文化厅、省新闻出版广电局、团省委、省妇联、省关工委
朱鑫珗	凤凰初级中学	湖南省少年儿童原创音频大赛中学组二等奖	中共湖南省委宣传部、省文明办、省文化厅、省新闻出版广电局、团省委、省妇联、省关工委
唐靖宇	凤凰初级中学	湖南省少年儿童原创音频大赛中学组三等奖	中共湖南省委宣传部、省文明办、省文化厅、省新闻出版广电局、团省委、省妇联、省关工委
温 朔	凤凰初级中学	湖南省少年儿童原创音频大赛中学组三等奖	中共湖南省委宣传部、省文明办、省文化厅、省新闻出版广电局、团省委、省妇联、省关工委

2018 年湘潭县获正高级以上职称人员名单

表 29

姓 名	职 称	单 位
钟金盆	主任医师	湘潭县妇幼保健院
陈文星	主任药师	湘潭县中医医院
马志忠	主任医师	湘潭县中医医院
韩 健	中小学高级教师	湘潭县第一中学
何立军	中小学高级教师	湘潭江声实验中学

2018 年湘潭县国民经济主要指标一览表

表 30

指　　标	单位	2018 年	2017 年
一、综合			
地区生产总值（按当年价格计算）	亿元	443.6	404.3
第一产业	亿元	51.2	62.6
第二产业	亿元	229.9	202.4
第三产业	亿元	162.5	139.2
人均地区生产总值	元	51175	46832
三次产业结构比	%	11.5:51.8:36.7	15.5:50.1:34.4
二、农业			
农业总产值	亿元	87.5	107.0
粮食种植面积	万公顷	9.04	10.65
粮食总产量	万吨	62.6	75.0
蔬菜种植面积	万公顷	1.92	2.61
蔬菜产量	万吨	60.1	80.1
水产品产量	万吨	4.18	4.66
禽蛋产量	万吨	1.85	2.10
三、工业			
规模工业企业个数	个	233	227
规模工业企业总产值	亿元	593.3	561.6

续表 30

指　　　标	单位	2018 年	2017 年
规模工业增加值	亿元	168.7	152.3
规模工业企业实现主营业务收入	亿元	548.7	528.8
规模工业企业实现利润	亿元	19.0	17.0
四、建设领域			
（一）固定资产投资	亿元	245.2	214.4
按经济类型分			
国有投资	亿元	31.7	59.6
非国有投资	亿元	163.1	185.6
按投资方向分			
产业投资	亿元	136.5	119.4
基础设施投资	亿元	18.8	53.1
房地产开发投资	亿元	36.2	28.2
施工项目	个	501	563
其中：新开工项目	个	447	512
（二）建筑业			
具有资质等级的总承包和专业承包建筑业企业个数	个	32	27
具有资质等级的总承包和专业承包建筑业企业总产值	亿元	47.8	38.1
具有资质等级的总承包和专业承包建筑业企业利润总额	亿元	1.99	1.57
具有资质等级的总承包和专业承包建筑业企业完成房屋施工面积	万平方米	273.4	221.3
具有资质等级的总承包和专业承包建筑业企业完成房屋竣工面积	万平方米	183.0	135.1
五、贸易			
社会消费品零售总额	亿元	96.0	92.5

（县统计局　提供）

2018年湘潭县预算内财政收入情况一览表

表31

单位:万元

项　　目	2017年	2018年
财政总收入	286607	287110
一、地方财政收入	200350	178759
(一) 税收收入	87116	101438
1. 国内增值税 (25%)	32389	43546
2. 营业税	1025	41
3. 企业所得税40%部分	7705	8892
4. 企业所得税退税	—	—
5. 个人所得税40%部分	2721	3933
6. 资源税	97	114
7. 城市维护建设税	4712	5958
8. 房产税	2265	2078
9. 印花税	1099	1522
10. 城镇土地使用税	6674	4120
11. 土地增值税	9337	12858
12. 车船税	1617	1759
13. 耕地占用税	4356	636
14. 契税	13119	15952
15. 环保税	—	29
16. 固定资产投资方向调节税	—	—
17. 其他税收收入	—	—
(二) 非税收入	113234	77321
1. 专项收入	10328	27084
2. 行政事业性收费收入	6302	6124
3. 罚没收入	5124	4343
4. 国有资本经营收入	—	—
5. 国有资源 (资产) 有偿使用收入	1022	1614
6. 捐赠收入	—	73
7. 政府住房基金收入	3140	5590
8. 其他收入	87276	32493
二、上划收入	86257	108351

2018 年湘潭县预算内财政支出情况一览表

表 32　　　　单位：万元

项　　目	2017 年	2018 年
一般预算支出合计	496216	671486
其中：一般公共服务	72850	77298
外交	—	—
国防	542	749
公共安全	23765	25690
教育	82229	111009
科学技术	4304	7231
文化体育与传媒	7710	11000
社会保障和就业	93780	107513
医疗卫生	65789	88302
节能环保	7805	16500
城乡社区事务	14068	49306
农林水事务	78894	90700
交通运输	14853	40295
资源勘探电力信息等事务	5353	12462
商业服务业等事务	2247	3100
金融监管等事务支出	—	—
援助其他地区支出	—	—
地震灾后恢复重建支出	—	—
国土资源气象等事务	4683	6322
住房保障支出	7308	10450
粮油物资管理事务	1491	2028
其他支出（类）	247	300
债务付息支出	8298	11231
债务发行费用支出	—	—

（县财政局　提供）

2018年湘潭县农村住户抽样调查情况一览表

表33

指 标 名 称	单位	总计	城镇住户	农村住户
一、调查户数	户	140	50	90
1. 期内住户常住成员数	人	443	154	284
二、人均可支配收入	元	24818	34842	18435
1. 工资性收入	元	13834	21310	9074
2. 经营净收入	元	5951	6350	5697
3. 财产净收入	元	968	1966	333
4. 转移净收入	元	4065	5217	3331
三、人均消费支出	元	16646	19956	14538
1. 食品烟酒	元	4870	5618	4393
2. 衣着	元	1053	1688	649
3. 居住	元	3328	3898	2964
4. 生活用品及服务	元	915	1126	780
5. 交通通信	元	1782	2423	1374
6. 教育文化娱乐	元	2898	3633	2430
7. 医疗保健	元	1523	1227	1711
8. 其他用品和服务	元	277	343	236
四、人均住房建筑面积	平方米	57	58	56
五、住户耐用消费品拥有情况				
1. 汽车	辆	52	32	20
2. 洗衣机	台	145	53	92
3. 冰箱	台	141	50	91
4. 空调	台	176	90	86
5. 手机	台	404	136	268

（县国调队　提供）

文献文摘

湘潭县人民检察院工作报告

——2019 年 1 月 1 日在湘潭县第十六届人民代表大会第三次会议上

县人民检察院检察长 胡湘晖

2018 年工作回顾

2018 年，我院在县委和上级检察机关的正确领导下，在县人大及其常委会的有力监督下，在县政府、县政协及社会各界的大力支持下，深入学习贯彻习近平新时代中国特色社会主义思想和中共十九大精神，紧紧围绕全县发展大局、坚决执行县委决策部署，忠诚履行法律赋予的职责，努力维护社会稳定，不断强化法律监督，深化司法体制改革，加强队伍建设，着力检务保障，促进公平正义，为推进我县经济社会新发展贡献检察力量。全年受各级各类表彰 67 人次，获全省检察机关宣传综合工作先进单位、全省检察机关检察文化活动先进单位等集体荣誉，涌现出了全省检察机关未检业务能手等优秀干警，《检察建议调研报告》被《大东方》杂志采用并获该杂志全国论文一等奖，冯某某放火、故意杀人案被省检察院评为优秀公诉案件，胡水平与湘潭县新发煤矿工伤保险待遇纠纷执行检察建议案被省检察院评为民事行政检察优案，案件质量工作连续 6 年位居全市基层检察院第一，全年民调工作在全县各政法单位排名第一，在全市检察系统排名第二。

一、在服务大局中体现担当，全力保障经济社会发展

全力护航经济发展。落实“除虫护花”工作机制①，创新观念服务非公经济，成立驻天易经开区检察联络室，深入园区宣传法律法规，为企业提供法律咨询、行政执法活动监督等优质检察服务。如因证据不足依法不捕小龙王食品有限公司某财物人员涉嫌经济犯罪后，迅速提前介入，引导公安机关侦查取证并顺利批准逮捕，有力维护了企业合法权益。着眼于营造诚信有序市场环境，重点打击合同诈骗、金融犯罪等破坏市场经济秩序犯罪，批捕 15 件 21 人，起诉 25 件 47 人。围绕深入实施创新驱动战略，依法起诉侵犯知识产权犯罪 4 件 11 人，起诉短信、网络等诈骗犯罪 7 件 12 人。

积极保障民生民利。打击危害食品药品安全犯罪，依法批捕生产、销售有毒、有害食品等犯罪 2 件 4 人，起诉 4 件 13 人，有力保护人民群众食品安全。对污染环境、非法采矿等犯罪批捕 5 件 8 人，起诉 9 件 23 人，有力保护大美莲乡的绿水青山。办理公益诉讼②案件 44 件，其中行政公益诉讼 40 件，刑事附带民事公益诉讼③4 件，发出诉前检察建议④34 份。办理了全省首例重大破坏生态环境刑事附带民事公益诉讼案件，促使被告人出资 100 余万元对被污染的环境进行全面修复，省检察院组织全省 140 余名民行干警现场观摩庭审，取得了较好的

治效果、法律效果和社会效果。主动参与社会治理。做好涉法涉诉信访⑤工作，落实检察长接待日、点名约访等制度，通过风险排查、释法说理等举措，办结各类信访 57 件。设立集案件查询、控告申诉受理、律师接待等多功能于一体的“12309”检察服务中心，推行“一站式”服务。全面落实“谁执法谁普法”责任制，将以案释法贯穿案前、案中、案后全过程。协同法院开展刑事案件庭审进乡镇，做好警示、预防犯罪的文章。开展“检察在身边”司法公正行、“美丽乡村绿色无毒”等活动。推行未成年人刑事案件捕诉监防一体化⑥，积极开展犯罪记录封存、亲情会见等工作。开展法治宣讲进校园活动 10 场，受教育学生 3000 余人，发放法律知识读本 6000 余册，未检工作走在全市前列。11 月联合湘潭市电视台进天易金霞小学，共同开启普法教育进校园之旅。

积极投入中心工作。对县委县

政府部署的各项中心工作，积极动员、严格执行、全员参与，将落实情况纳入年终考核，确保中心工作做好做实。积极落实“四责四诺”“五联五问”工作部署，结合我院实际制定工作方案，全员签订“四责四诺”承诺书并严格执行。三创一治、精准扶贫等工作开展得有声有色，定点巡逻、河口执勤等维稳工作均毫无怨言、不折不扣地完成，深入社区、企业、乡镇开展大调研、大走访活动，切实提高人民群众对检察工作满意度。

二、在执法办案中体现司法为民，全力维护社会稳定

充分履行捕诉职能。积极开展“平安莲乡”建设，切实增强人民群众安全感。全年受理批捕案件434件549人，同比增长16.7%；批准逮捕331件411人，逮捕率74.3%，同比下降6.3%。受理审查起诉案件644件819人，同比增长1.8%，审结650件810人（含积案），审结率87%（位居全市基层院第一）；提起公诉530件667人，起诉率81.4%，同比下降5.5%。接受上级安排、攻坚克难，成立由3名员额检察官、6名检察官助理、书记员组成的专案组，审查起诉公安部高度关注、市委高度重视的 “伊思多尔”传销案，该案案情复杂、案卷多达3000余册，涉案人员遍布全国各地，涉案金额63亿元，公安部门已扣押冻结11.7亿元。严厉打击严重扰乱社会秩序的犯罪行为，如对在河口镇高速路口涉嫌聚众扰乱交通秩序等犯罪的多名犯罪嫌疑人做到快审快结。

深入开展扫黑除恶专项斗争。落实各级党委和上级检察机关对扫黑除恶专项斗争的工作部署，切实加强组织领导和制度建设，成立由检察长任组长的领导小组，制定工作方案、出台相关举措。积极与县法院、县公安局等单位沟通协调，定期召开扫黑除恶衔接工作联席会议，完善重大涉黑涉恶案件会商机制。建立情况报送制度，坚决贯彻落实重大涉黑涉恶案件提交上级检察机关、县委政法委请示报告、备案审查制度。对涉黑涉恶的犯罪嫌疑人必捕必诉，批捕恶势力犯罪6件13人、起诉恶势力犯罪3件12人。如对通过非法手段垄断茶恩寺镇梓树交易市场的侯某等5人涉嫌寻衅滋事、强迫交易一案依法提起公诉，被分别判处一年至四年六个月的刑罚。

积极化解矛盾纠纷。落实宽严相济刑事政策，对犯罪情节较轻、社会危害性较小等情况的犯罪嫌疑人依法从宽处理，决定不批捕105件142人（存疑不捕24人，无社会危险性不捕118人），不捕率25.7%。不起诉96件114人，附条件不诉5件6人，不诉率14.8%。推进检调对接工作，促成刑事和解61件。落实律师参与化解和代理涉法涉诉信访案件制度，主动致函法律援助机构，对确有特殊困难的刑事案件被害人、涉法涉诉信访人、刑事申诉人积极开展司法救助。开展羁押必要性审查⑦15人，经审查后建议改变强制措施14人，被采纳14人。

三、在法律监督中促进公平正义，全力深耕主责主业

加强刑事立案和侦查活动监督。对侦查机关应当立案而未立案的，要求说明不立案理由8件，监督公安机关立案7件、撤案1件；纠正漏捕17人，其中14人被判处三年以上有期徒刑；追诉漏犯10人，追诉漏罪22笔。对侦查活动违法行为发出纠正违法通知书15件，采纳15件。如在审查批捕犯罪嫌疑人冯某、文某涉嫌盗窃、抢劫一案时，发现黄某、马某、蔡某等人对盗窃的毒狗肉进行销售，致使毒狗肉流向餐桌，遂对此三人涉嫌销售不符合安全标准的食品犯罪进行立案监督，要求公安机关立案侦查，并向法院提起刑事附带民事公益诉讼，县法院当庭宣布徒刑以上有罪判决，并支持了民事公益诉讼请求。

着力刑事审判活动监督。提出刑事抗诉7件8人，已获改判3件4人；对审判活动中违反法定程序、侵犯当事人合法权益等违法情况提出意见15件，纠正15件，纠正率100%，发出检察建议6件。如在办理王韧等人虚开增值税专用发票案中，我院依法追诉了单位犯罪，县法院在判决中同时对单位和涉案自然人判处罚金，本院审查后认为对自然人判处罚金属于判决错误，遂依法抗诉，中级人民法院采纳并进行了改判。对法院应当按从旧兼从轻原则⑧判决的胡某某行贿案，依法提出再审建议，法院采纳建议再审改判获纠正，此案也是县院建院以来向法院提出再审建议获改判的第一案。

狠抓民事行政诉讼监督。受理民事行政诉讼监督案件150件，同比增长4.3倍，审结83件。其中办结不服生效裁判监督案2件，作出不支持监督申请决定1件，终结审查1件；办结审判程序违法活动监督案件41件，发出检察建议40份；办结执行监督案18件，其中作出不支持监督申请决定3件，发出检察建议15份；办结督促履职案件20件，发出检察建议20份。支持起诉2件，如对我县云湖桥镇某村民组诉汤某借款合同纠纷案支持起诉，经调解落实到位，切实维护了村民组合法利益，为保障村组换届财务有序交接提供了法律途径。

强化刑罚执行和监管活动监督。监督暂予监外执行⑨案件3件，审查社区矫正评估意见295份，书面纠正刑罚执行和监管活动违法10件。发出检察建议13份，采纳11件，采纳率84.6%。受理控告申诉6件，均回复到位。进一步推进开展判处实刑未收监执行专项清理活动，通过手术取出4名被告人体内异物，重拳打击利用吞食异物逃避刑罚的行为。监督收监暂予监外执行犯罪1名。重点开展打击“牢头狱霸”和体罚虐待等违法行为，通过办理在押人员黄某故意伤害案有效保护在押人员的合法权益。

四、在改革创新中激发活力，全力落实司法改革

积极支持监察体制改革，深入推进反腐败斗争。切实提高政治站位，按照监察体制改革相关要求，完成职务犯罪侦查预防职能、人员转隶和线索移送等工作。继续发挥检察职能在反腐败斗争中的重要作用，积极探索与监察委办案衔接机制，完善提前介入、案件移送、补充调查等程序，成立专门办案组办理职务犯罪案件。全年受理监察委移送案件12件13人（其中省、市监察委移送5件6人），起诉7件7人，判决3件3人。检察长高度重视、亲自审查起诉并出庭支持公诉全市首例监察委移送的扶贫干部张某某涉嫌贪污案，财政、扶贫等系统400余名工作人员旁听庭审。被委以重托，审查起诉湘潭市监察委成立以来查办的本市第一起处级干部湘潭市粮食局副局长毕某卫涉嫌受贿案。

大力推进司法体制改革。对员额检察官、检察辅助人员、司法行政人员实现分类管理，26名员额检察官均配置到一线办案，入额院领导带头办理疑难复杂等各类案件113件。推行检察官办案责任制，明确权力清单、考核细则和监督机制，妥善处理独立办案与办案质效管理的关系。推行“捕诉合一”办案机制，扁平化管理体制得到进一步加强。强化检察职业保障建设，完成检察官职务套改、等级确定、按期晋升等工作。高度重视“科技强检”战略，有条不紊推进智慧检务、检察信息化建设。在省、市院的指定、指导下，对检察意见刚性机制建设工作进行试点，目前已制定为期5个月的试点工作方案并完成前期梳理工作，调研报告已初具雏形。

着力深化以审判为中心的诉讼制度改革[10]。贯彻证据裁判规则，严防案件“带病”进入审判程序。强化诉前主导、审前过滤和证据审查，对故意杀人等严重暴力案件、电信网络诈骗等涉及面广、有重大影响案件提前介入9件。积极推进“四类人员”[11]出庭作证，确保事实调查在法庭、证据展示在法庭、控诉辩护在法庭，增强庭审实质化。推进“轻案快办”程序办理案件落地有效，立足检察环节认罪认罚从宽制度[12]处理工作特点，明确适用范围，规范办案流程，办理案件85件，办案周期平均缩短9.3天/件。

五、在从严治检中增强素能，全力打造过硬检察队伍

加强党风廉政和思想作风建设。持续深化“两学一做”学习教育，组织学习党的十九大精神和习近平新时代中国特色社会主义思想，以及关于政法、检察工作的新定位新要求，增强政治定力，坚定理想信念，检察长十九大精神学习笔记在《检察日报》征文活动中获“百优笔记”。狠抓作风建设，扎实开展“干净干事创新业”作风建设专项行动、全力整治“庸、懒、散、慢、推”等作风问题，着力增强干警创新精神、担当精神和工匠精神。抓实机关党建工作，认真落实党风廉政建设主体责任和监督责任，严格执行廉政谈话、诫勉谈话和述职述廉等制度，做到苗头性、倾向性问题早发现、早处理，确保队伍“零违纪”。

积极强化内外监督制约。及时主动向县人大及其常委会报告检察工作和专项工作的开展情况。出台关于进一步加强与人大代表沟通联络工作的实施方案，实现人大代表联络工作常态化、规范化，全年走访人大代表、政协委员100余人，举办检察开放日2次。认真办理代表、委员对司法改革等工作提出的建议、意见，切实将建议意见转化为推动检察工作发展的动力。进一步强化内部监督，持续开展检务督察活动，及时纠正执法办案中存在的问题。加强案件质量管理，开展案件评查和讲评工作，全年评查案件1035件。规范运行检察统一业务应用系统，对执法办案实行统一、实时、动态监督。

有效提升队伍综合素能。开展干警分类分层培训，组织干警参加各级各类学习培训140余人次。积极推进检察文化建设，组织公诉辩论赛、读书交流会、八一进军营、纪念改革开放40周年演讲比赛等活动，通过学训结合、以赛代训等多种形式挖掘好苗子、培养好人才。突出青年干警培养，采取竞争上岗、以老带新、轮岗交流等措施，促进青年干警成长成才。积极推进省院指定的青年干警列席检委会试点工作，切实提高青年干警综合素能和检委会科学决策，省院于7月10日在我院召开全省检察机关教育培训工作推进会并现场观摩了我院青年干警列席检委会会议情况，省院党组成员、政治部主任董石桂高度评价我院相关做法，并向全省检察机关予以推广。

加大司法公开和检察宣传力度。推进检察权阳光运行，全面推进案件信息网上公开，全年发布案件程序性信息1377条、公开法律文书519份、重要案件信息16条。编发莲乡检察报4期，编发《莲乡检察手机报》5期，依托“两微一端”，发布相关动态300余条，主动发布重点工作、重要改革和重大案件信息，及时回应社会关切。加大检察宣传力度，在各级各类新闻媒体发表宣传稿件110余篇，湘潭电视台《湘潭检察》栏目涉及我院报道57条。深入社区、学校、乡镇进行法制宣传17次，发放各类宣传资料3万余份。

各位代表，检察事业的发展，离不开县委的正确领导，离不开县人大、政府、政协以及社会各界的监督、关心和支持。在此，我代表县人民检察院全体干警向在座的各位领导、人大代表、政协委员和社会各界人士表示衷心的感谢！并致以崇高的敬意！

回顾一年的工作，我们清醒地认识到工作中还存在一些问题和不足，具体表现在：服务经济社会发展大局的举措尚需进一步探索；有的职能发挥与新时代人民对美好生活的向往还有一定距离；工作创新的力度与检察改革的要求还有差距，检察宣传力度不够；个别检察干警在思想观念、工作能力等方面与新形势新要求还不相适应，检察队伍整体素质有待进一步提升。对此，我们将以务实的态度和有效的措施，尽最大努力抓好做实。

2019年工作安排

2019年，我院将以习近平新时代中国特色社会主义思想为指导，紧紧围绕我县经济社会发展大局，全面落实县委和上级检察机关决策部署，坚持以司法办案为中心，继续深化司法改革，不断加强法律监督，进一步强化队伍建设，高水平全面推进各项检察工作，努力让人民群众在每一个司法案件中感受到公平正义，为我县高质量发展提供更加有力的司法保障。

一、以更加主动的作为，护航高质量发展

牢牢把握为大局服务，为人民司法。围绕防范化解重大风险、精准扶贫、污染防治“三大攻坚战”，打好检察组合拳，力促高质量发展。深入推进互联网检察，积极参与互联网金融等重点领域风险防范和处置，严惩以“金融创新”为幌子的非法集资、非法吸收公众存款等犯罪。进一步加强生态检察，深化破坏环境资源等重点领域检察监督，进一步探索实践生态司法修复机制。深入开展非公经济领域检察监督，依法平等保护非公经济和企业家，做深做透服务非公经济工作。细化深化检察环节改革创新，不断提升规范、高效、便民服务品质。

二、以更加有为的担当，维护社会大局稳定

加强刑事案件分析研判，深入研究社会治安形势，充分发挥捕诉职能，积极推进平安莲乡建设。深入开展扫黑除恶专项斗争，切实增强人民群众安全感。加大力度惩治扰乱正常工作秩序、经营秩序、交通秩序的犯罪，继续从严打击电信网络诈骗、“套路贷”等犯罪，依法快捕快诉生产销售有毒有害食品犯罪，保障人民安居乐业。依托执法办案，充分发挥法律在定纷止争中的作用，坚持和发展新时代“枫桥经验”，积极有效化解矛盾，最大限度修复社会关系，减少社会对抗面，促进社会和谐。

三、以更加有力的措施，强化检察监督主业

坚持宪法定位，聚焦法律监督主责主业，加大监督力度。把严防冤假错案放在首位，深化审查逮捕、审查起诉的监督属性，在纠错的同时注重防漏，完善立案、侦查、审判、执行和申诉各项监督机制。切实补齐民事检察工作短板，重点围绕国家利益和社会公共利益开展生效裁判监督，加强民事虚假诉讼监督和民事执行活动监督，完善多元化民事检察监督格局。紧紧围绕大局中心和人民群众关心关注的突出问题开展行政检察工作，充分运用好公益诉讼这一刚性手段，通过督促起诉、支持起诉、诉前检察建议等方式，监督个案问题解决，帮助行政部门破解执法难题。

四、以更加严格的要求，打造过硬检察队伍

以党的十九大精神为引领，大力弘扬“莲乡精神”。继续深入开展好“不忘初心、牢记使命”主题教育活动。坚持党建引领、业务引领、文化引领，注重实干实绩导向，用好分类培训、岗位练兵、轮岗交流等载体，进一步提升队伍专业化、职业化水平。从严从实加强纪律作风建设，坚持纠正“四风”问题，严格落实中央八项规定实施细则，严格规范干警司法办案纪律和“八小时外”行为，健全作风督察机制、司法权运行制约和监督机制，促进队伍清正、清廉。深化检务公开，加大检察宣传，自觉接受人大依法监督、政协民主监督和社会各界监督，以公开促公正，以公正赢公信。各位代表，新时代赋予新使命，新目标开启新征程。我院将高举习近平新时代中国特色社会主义思想伟大旗帜，坚持党对检察工作的领导，不忘初心，牢记使命，全面贯彻落实本次会议的精神，认真推进执行本次会议的部署，切实推动莲乡检察事业再上新台阶、再创新辉煌，为我县“挺进全国百强县、创建全国文明城市”发展目标作出更大的贡献！

注释：

①“除虫护花”工作机制：是湖南省检察院创造性建立的查办涉企案件经济影响评估制度，是在严守司法底线的前提下改进办案方式方法，在办好案件的同时帮助企业更好地合规发展，做到既铁腕“除虫”又柔情“护花”。

②公益诉讼：指针对危害国家和社会公共利益的行为提起的诉讼，可以分为民事公益诉讼和行政公益诉讼。检察机关是法律监督机关，主要是通过公权力对公权力实施法律监督，检察机关探索公益诉讼的重点是针对行政机关侵害公益的违法行政行为提起诉讼。

③公益诉讼诉前检察建议：检察机关在提起行政公益诉讼前应当先行向相关行政机关提出检察建议，督促其纠正违法行政行为或者依法履行职责。行政机关在收到检察建议书后一个月内依法办理，并将办理情况及时书面回复检察机关。

④刑事附带民事公益诉讼：人民检察院对破坏生态环境和资源保护、食品药品安全领域侵害众多消费者合法权益等损害社会公共利益的犯罪行为提起刑事公诉时，可以向人民法院一并提起附带民事公益诉讼，由人民法院同一审判组织审理。

⑤涉法涉诉信访：把涉及民商事、行政、刑事等诉讼权利救济的信访事项从普通信访体制中分离出来，由政法机关依法处理。各级信访部门对到本部门上访的涉诉信访群众，应当引导其到政法机关反映问题；对按规定受理的涉及公安机关、司法行政机关的涉法涉诉信访事项，收到的群众涉法涉诉信件，应当转同级政法机关依法处理。

⑥捕诉监防一体化：指以未成年人这一特殊主体为适用标准，将审查逮捕、审查起诉、诉讼监督和预防帮教四项检察职能统归未检机构，由同一承办人跟进同一案件的全过程，最大限度预防、矫治、减少未成年人违法犯罪。

⑦羁押必要性审查：是指人民检察院依据《中华人民共和国刑事诉讼法》规定，对被逮捕的犯罪嫌疑人、被告人有无继续羁押的必要性进行审查，对不需要继续羁押的，建议办案机关予以释放或者变更强制措施的监督活动。

⑧从旧兼从轻原则：指刑法对于其生效前发生的未经审判或者判决尚未确定的行为不具有溯及力，但是如果与行为时的法律（旧法）比较，不认为是犯罪或者处刑较轻的，仍然适用。

⑨暂予监外执行：指对于被处无期徒刑、有期徒刑或者拘役的罪犯，由于符合法定情形，决定暂不收监或者收监以后又决定改为暂时监外服刑，由社区矫正机构负责执行的刑罚执行制度。

⑩ 以审判为中心的诉讼制度改革：是指在坚持司法机关分工负责、互相配合、互相制约原则的前提下，在刑事诉讼活动中以法院审判为中心，侦查机关、人民检察院应当按照裁判的要求和标准收集、固定、审查、运用证据，对于关涉被告人刑事责任的事实认定与法律适用，必须严格遵循法定程序，通过法庭审判进行裁决。

⑪四类人员出庭：四类人员分别为证人、鉴定人、侦查人员以及有专业知识的人。

⑫认罪认罚从宽制度：指对犯罪嫌疑人、刑事被告人自愿如实供述自己的罪行、对指控的犯罪事实

没有异议、同意人民检察院量刑建议并签署具结书的案件，可以依法从宽处理。

湘潭县人民法院工作报告

——2019 年 1 月 1 日在湘潭县第十六届人民代表大会第三次会议上

湘潭县人民法院院长　余清华

2018 年工作回顾

2018 年来，我院坚持以习近平新时代中国特色社会主义思想为指导，全面贯彻落实中共十八大和十九大精神，在县委的坚强领导、县人大及其常委会的有力监督和县政府、县政协的全力支持下，忠诚履行宪法和法律赋予的职责，坚持党建领航、公正司法，不断提高审判质量效率、队伍素质能力和司法公信力，各项工作取得新成效。全年共受理各类案件 7918 件，办结 6743 件（含旧存，下同），同比分别上升 24%和 21%，收、结案数量均创历史新高。员额法官人均结案 164 件，同比增加 38 件。信访室主任何灿辉荣获全国法院信访工作先进个人，司法宣传工作稳居全省法院前十名，办案质量、效率、效果主要指标，继续保持在全市法院前列。

一、着眼发展，充分发挥审判职能，执法办案工作迈上新台阶

依法惩治刑事犯罪。审结各类刑事案件 552 件，判处罪犯 703 人。深入开展扫黑除恶专项斗争，成立专门合议庭，积极摸排涉黑涉恶犯罪线索，并及时移送。依法审结侯勇等 5 人涉恶势力犯罪案件，5 名被告人分别以寻衅滋事、强迫交易罪被判处 1 年至 4 年不等有期徒刑。严惩严重影响社会治安和群众安全感的各类犯罪行为，审结故意伤害、抢劫、强奸、盗窃等暴力犯罪和侵财类犯罪 198 案 207 人；严惩涉毒品犯罪 67 案 69 人；审结寻衅滋事等妨害社会管理秩序犯罪 111 案 132 人。严惩电信网络犯罪，审结网络传销等涉众型经济犯罪 7 案 14 人。依法审理以李旭成等罪犯组织、领导的“天津天狮”传销团伙案件，严厉打击“精神传销”[①]，切实维护社会和谐稳定。严惩危害食品药品安全、污染环境犯罪，及时审理文建忠等 6 名罪犯生产销售有毒、有害食品案件，切实维护人民群众生命健康安全。依法审结我省首例由检察机关提起公诉的重大破坏生态环境污染刑事附带民事公益诉讼[②]案，并当庭宣判，使公益诉讼成为依法保护环境的“重武器”。该案作为典型案例，在中央电视台、湖南经视台播出。严惩贪污贿赂犯罪，审结贪污贿赂案件 9 案 9 人。公开审理了我县首例由县监察委员会调查终结移送检察机关提起公诉的国家工作人员贪污扶贫资金一案，依法严惩扶贫领域犯罪。积极参与社会治安综合治理，依法打击非法上访，维护正常的信访秩序。公开审理胡小平、胡建忠、胡洪波三人因非法上访危害社会公共秩序的寻衅滋事案，三罪犯被分别判处一年六个月至二年六个月不等的有期徒刑。规范暂予监外执行工作，集中开展收押未羁押罪犯专项清理活动，加大对为逃避打击而吞食异物的犯罪分子的打击力度，对 5 名罪犯实施了异物取出手术，并全部收监。

妥善处理民商事案件。共受理民商事案件 4270 件，审结 3587 件，同比分别上升 20%和 9%。依法保障民生权益，审结交通事故、产品责任、医疗纠纷等人身、财产侵权纠纷 1479 件。审结婚姻、继承等家事纠纷 766 件，切实保障未成年人、妇女、老年人、残疾人等合法权益。畅通劳动者维权绿色通道，审结劳动争议案件 55 件。积极审理破产案件，依法移送、裁定 3 家企业破产，涉案总标的额 7.3 亿元，并充分运用破产清算、和解等手段，积极稳妥办理破产案件，其中湖南龙畅房产及关联企业的破产工作，目前已经办理好所建房屋入住和房产证手续，小区绿化、水电等设施已全部到位，并与部分银行达成了《破产债权清偿协议书》，免除部分债权，提高了普通债权的清偿率。充分发挥简易程序办案快捷特点，分流近千件案件进入速裁庭办理，其中一名员额法官一年结案 550 余件。积极适用督促程序，引导银信部门针对标的数额不大、事实清楚、权利义务关系明确的案件优先适用支付令，841 件案件平均结案时间不到 20 天。一年来，审结涉及各商业银行金融案件近千件，标的 9.21 亿元，为市场主体营造安全的投资创业环境。

监督支持依法行政。共受理行政诉讼案件 127 件，审结 94 件，同比分别上升 55%和 27%。坚持合法性审查标准，注重实质性化解行政争议，经法院协调促成和解、撤诉 25 件。受理非诉行政审查案件 33 件，裁定准予执行 25 件。强力推进项目建设环境治理，构建和谐拆迁环境。共审结征收拆迁行政诉讼案件 31 件，受理拆迁行政强制执行案件 18 件，并已全部处理完毕，没有出现一例重大信访案件和不稳定事件，保障了重点建设项目征收拆迁工作的顺利推进。

强力推进“基本解决执行难”工作。受理执行案件 2690 件，执结 2373 件，同比分别上升 33%和 50%，执行到位金额 4.5 亿元，同比增长 114%，执行工作综合考核评价领先全市法院。全面决胜执行难[③]。根据最高法院部署，2018 年是“基本解决执行难”的攻坚之年，为此，成立了决胜执行难领导小组，一把手任组长，全体院领导参与。主动向县委汇报“基本解决执行难”各项工作部署，得到了党委、人大、政府、政协对人民法院执行工作的强力支持。目前已建立了“基本解决执行难”联席会议机制，有效解决了被执行人财产线上线下查控难、拒执犯罪[④]打击不力等难题。针对 2016 年以来的 5200 余件执行案件进行全面清理，执行效果较好。目前有财产可供执行案件执结率达 92%，终结本次执行案件合格率达 97%，涉执行信访案件化解率 90%。一年来，我们先后三次开展“雷霆行动——金融执行风暴”、涉民生案件专项执行，召开新闻发布会、执行兑现大会，其中当场兑现执行款 5800 余万元。继续推进“反规避执行”[⑤]行动。加大对被执行人隐瞒、藏匿、转移财产行为打击力度，共司法拘留 125 人，判刑 2 人，并将 371 名“老赖”纳入失信被执行人名单，这些人将在乘坐飞机、高铁

(二等座以上)和列车软卧、出境、招投标、贷款、担任公司高管、获得政府奖励和荣誉等方面受到严格限制,使"老赖"一处失信,处处受限。积极开展司法救助。主动协调相关部门,对部分因被执行人确实无能力履行裁判、导致生活陷入困难的119名申请执行人进行救助,共发放129万元的执行救助金,彰显司法关怀。强力推进执行行为规范化。为杜绝不规范执行行为,加强了执行案件流程管理,严格规范终结本次执行的所有程序。全面施行"一案一账号"执行案款管理,规范执行款项收取和发放,降低廉政风险。全面推行阳光执行,执行文书全部上网公开。涉案财产处置一律依法在互联网上拍卖,成交1.57亿元。

二、勇于创新,深入推进司法改革,内生动力获得新释放

完善立案登记制。实行立案首问责任制,确保符合条件的案件有案必立、有诉必理,当场立案率达96%。推广案件当事人及其代理人在网上完成立案登记全部手续的新型立案方式,网上立案31件。深化利民惠民举措,依法为追索抚育费、赡养费、人身损害赔偿金、劳动报酬但经济上确有困难的115名当事人,在立案阶段缓、减、免交诉讼费用180万元,确保有理无钱的当事人打得起官司。稳步推进庭审实质化。继续推动刑事案件非法证据排除⑥和庭前会议制度⑦,保证庭审在查明事实、认定证据、保护诉权、公正裁判中发挥决定性作用,并为61名限制行为能力、开庭审理时不满十八周岁的被告人提供法律援助,指定律师出庭辩护,从而切实防范冤假错案。大力建设智慧法院。对标智慧法院"三全三化"⑧建设要求,将6000余案件电子卷宗随案同步生成,依法应当上网的裁判文书全部上网。全面开通门户网站和微博、微信,开辟"裁判文书、审判流程、执行信息、庭审直播录播"四个公开平台,形成"一网两微四平台"司法公开新格局。目前,我院已通过互联网向当事人公开刑事、民事、行政、国家赔偿案件的审判流程信息,当事人可凭借提交给法院的有效身份信息和立案时获取的查询码,登录中国审判流程信息公开网便可查询案件流程信息。实现庭审直播常态化。已升级改造所有科技法庭,并通过新浪网等新媒体平台直播百余场庭审活动全过程,让法院的审判经得起公众的"围观"。严格落实司法责任制。出台司法责任制改革实施方案,明确审判职责清单、夯实院、庭长管理责任,做到用权有据、用权有序、用权有责。进一步落实员额法官文书签发权,将院、庭长的审判管理权由个案审批、文书签发,转向监督案件质效和统一裁判尺度。建立专业法官会议制度,就疑难复杂案件、统一法律适用等问题提供咨询意见上百次供合议庭参考,进一步提高裁判质量。严格法官业绩考评。入额必办案,院庭长办案常态化。全年院庭长带头办案5369件,占全院结案总数的79.6%。科学制定法官业绩考核办法,并直接考评到每名员额法官,改变了"吃大锅饭"弊端,进一步激发了队伍内生动力。

三、严字当头,全面落实从严治院,队伍建设呈现新面貌

切实加强党对审判工作的绝对领导。认真学习贯彻习近平新时代中国特色社会主义思想,通过院领导讲党课、邀请专家上党课、以支部为单位开展党建理论专题学习培训等形式,教育引导党员干部牢固树立"四个意识",坚定"四个自信",筑牢思想根基。认真贯彻执行重大决策、重大事项和重大案件及时向县委请示报告制度。加强基层党建工作。成立了我市法院首个法庭党支部—花石法庭党支部,并为所有法庭至少配备了1名党员。积极组织干警参与文明创建、脱贫攻坚行动,在谭家山镇3个村开展帮扶活动,指派优秀党员到青山桥镇2个村任驻村工作队队长,助力乡村振兴发展。狠抓廉洁司法。开展了纪律作风整顿、廉洁司法警示教育等活动,排查风险隐患。对违反中央八项规定的突出问题展开专项治理,重点清查了公务接待、办公用房、车辆使用等,并全部整改到位。严肃查办违纪违法行为,对3名干警依法予以党纪政纪处分。狠抓队伍素质提升。认真推进法院文化走廊、文化墙建设,注重干警的文化熏陶,提振队伍的精气神。举行员额法官入职典礼、干警宪法宣誓仪式,提升职业尊荣感。强化制度建设,制定并完善队伍建设、行政管理、审判管理等制度,进一步扎紧制度的"笼子"。开展百日办案劳动竞赛、办案能手劳动竞赛、裁判文书评比、学术论文研讨、案件检查评查等活动,干警的司法能力得到有效提升。

四、强化监督,着力改进法院工作,司法公信力得到新提升

依法接受人大监督和政协民主监督。积极邀请人大代表、政协委员视察调研、见证执行、庭审观摩,充分展示法院工作全貌。及时办结人大代表书面建议1件、口头建议27件。广泛接受社会监督。开展"让人民群众走进法院,让法院走进人民群众心中"活动,主动邀请社会各界人士参加法院"公众开放日"活动,参观人数累计近千人次。积极开展"公平正义就在身边"为主题的司法公正行活动,开展巡回审判24场次,让公众了解法院、理解和信任法院,进一步提升公众对司法的满意度。制订科学的随机排案机制,杜绝法官选择案件办理。进一步加强人民陪审工作,81名人民陪审员先后参与1526件案件的审理,参审率达到100%。加强与新闻媒体合作沟通,主动邀请新闻记者来院旁听庭审或参与执行,传播法院好声音。切实履行司法领域意识形态安全责任,筑牢"互联网+"时代网络安全"防火墙"。利用法院官方微博及微信公众平台,及时发布2000余条反映我院各项工作状况信息,传播司法正能量。

各位代表,2018年县人民法院工作的发展进步,离不开县委坚强领导和县人大及其常委会的有力监督,离不开县政府、县政协和社会各界的大力支持,离不开人大代表、政协委员的关心帮助。在此,我代表县人民法院表示衷心的感谢并致以崇高的敬意!

同时,我们也清醒地认识到,面对经济发展新常态和人民群众新期待,法院工作还存在不少问题和困难:一是案多人少矛盾日趋严重。尽管我们不断优化人员配置,实行案件繁简分流,主动加班加点,但未结案数仍高位徘徊，多数法官超负荷工作，身心健康越来越令人担忧。二是部分法官的司法能力不能完全适应司法体制改革后的职责要求，极少数法官短时期难以适应独立办案要求，类案裁判尺度不统一等现象亟待加以解决。三是人民群众对攻克“执行难”的关切与现实执行效果仍有不小差距，消极执行、选择性执行、乱执行仍一定程度存在，对抗拒执行惩戒不够，跨部门联合惩治力度还不大。四是对标全面从严治党的新要求，部分干警责任意识不强、司法作风不正现象仍然存在。对这些问题，我们不回避、不遮掩，将紧紧依靠县委领导，紧紧依靠全县人民支持，采取切实有力的措施，努力加以解决。

2019 年工作安排

2019 年，我院总体工作思路是：高举习近平新时代中国特色社会主义思想伟大旗帜，深入学习贯彻中共十九大精神，紧紧围绕县委中心工作，切实履行好维护社会大局稳定、促进社会公平正义、保障人民安居乐业的职责，为我县决胜全面建成小康社会提供高质量的司法保障。

强化政治建设，确保法院工作发展正确的政治方向。党的绝对领导是人民法院工作的坚强政治保障，政治建设是法院的根本建设，政治身份是法院队伍的第一身份。深入学习贯彻习近平新时代中国特色社会主义思想，加强意识形态管理，进一步增强“四个意识”、坚定“四个自信”，严守政治纪律和政治规矩，坚决维护习近平总书记核心地位，坚决维护党中央权威和集中统一领导。认真落实习近平总书记在民营企业座谈会上的重要讲话精神，依法、平等、全面保护企业合法权益，营造企业家健康成长环境，坚决防止将经济纠纷当作犯罪处理，坚决防止将民事责任变为刑事责任，切实维护企业家人身和财产安全。忠诚履行审判职能，服务经济社会发展大局。深入推进扫黑除恶专项斗争，对黑恶犯罪始终保持高压态势，突出打击重点。依法严惩杀人、抢劫等严重刑事犯罪和“两抢一盗”⑨、故意伤害、制毒贩毒、危害食品药品安全等多发性刑事犯罪以及非法集资、电信网络诈骗等新型犯罪，全力维护人民群众生命财产安全。严惩贪污贿赂犯罪，确保对腐败犯罪的惩治力度不减。借鉴“枫桥经验”⑩，充分运用调判结合方式妥善处理离婚、抚养、赡养、继承等婚姻家庭纠纷案件，就地处理纠纷，不让矛盾升级。依法审理买卖合同纠纷、民间借贷纠纷，制裁不诚信行为，增强公民规则意识和法律意识。依法解决行政争议，支持和监督行政机关依法行政，维护行政相对人的合法权益。继续加大执行工作力度，严肃问责消极执行、选择性执行、乱执行，提升执行工作规范化水平，决不让生效裁判成为“一纸白条”，切实增强人民群众在执行工作中的获得感。

深化司法责任制改革，不断健全新型司法权运行机制。健全领导干部带头办案制度，完善重大、疑难、复杂案件由院庭长直接审理机制和考核机制。加快内设机构改革进程，明年 3 月底前全面完成。加快组建新型审判团队，杜绝团队中员额法官与法官助理、书记员间职责不清现象。健全新型管理监督机制，强化院庭长对“四类案件”的监督管理职责。继续推进以审判为中心的刑事诉讼制度改革，使罪刑法定、疑罪从无、非法证据排除等法律原则和制度落到实处。统筹推进“智慧法院”建设，推进全业务网上办理、全流程依法公开、全方位智能服务，推进法院工作从数字化向智慧化升级。

争取多方支持，积极推进审判法庭的建设。我院“审判法庭”建设项目作为湖南省政法基础设施建设“十三五”规划方案项目，于 2016 年 11 月经市发改委批准同意建设。在去年的人民代表大会上，我代表县法院向全体代表承诺今年完成审判法庭建设，但因今年 4 月份的政策调整，导致工程暂缓建设，今年 10 月份经批准重新启动项目建设。目前该项目已完成建设用地不动产登记核证、工程勘察、设计方案规划审查、绿色建筑专家评审、建设用地“三通一平”、施工围墙建设以及招标代理机构选定等工作，即将进入招投标程序。我们深信，有县委的坚强领导和全县人民的支持，一个功能完备、服务高效的文明诉讼场所在 2019 年定能主体建成。

各位代表，新时代赋予人民法院新使命，我院将认真落实本次大会决议，不忘初心，牢记使命，扎实工作，努力开创人民法院工作新局面，为挺进“全国百强县”、创建“全国文明城市”作出新的更大贡献！

注释：

①“精神传销”是指一些不法培训教育机构、信息咨询公司等打着“心灵培训”“领导力培训”“灵修”等旗号，采取心理暗示、催眠洗脑等方式对学员进行精神控制的行为。

②公益诉讼：是指特定的国家机关和相关的组织和个人，根据法律的授权，对违反法律法规，侵犯国家利益、社会利益或特定的他人利益的行为，向法院起诉，由法院依法追究法律责任的活动。

③执行难：是指判决等执行依据生效后，被执行人本身具有履行义务的能力，但因为种种原因无法执行的情形。具体包括被执行人故意转移、隐匿财产，导致法院查控难；被执行人下落不明，难以找到；有关部门不配合，导致执行工作难以顺利开展等情形。对于法院已经最大限度利用已有的资源进行查控，并对被执行人采取了限制高消费、列入全国失信被执行人名单等措施，案件仍然无法按照执行依据执行到位，属“执行不能”，不属于“执行难”范畴。

④拒执犯罪：拒执罪全称拒不执行判决、裁定罪，是指对人民法院已生效的有给付内容的判决、裁定负有履行义务的当事人，在有履行能力并且能够履行的情况下，拒不履行，情节严重的行为。

⑤“反规避执行”：指人民法院及其他协助单位对规避执行行为进行反击、压制和处罚的各项体制机制和措施手段的总和，是通过完善法律制度、提升管理水平，持续、有效地压缩被执行人规避执行空间，致使被执行人无法律和体制漏洞可

钻，并最终建立让被执行人及协助义务人不敢规避、不能规避的体制和机制。

⑥非法证据排除：是对非法取得的供述和非法搜查扣押取得的证据予以排除的统称，司法机关不得采纳非法证据。

⑦庭前会议制度：对于证据材料较多、案情重大复杂、社会影响重大的案件，在开庭以前，审判人员可以召集公诉人、当事人和辩护人，对案件管辖、回避、非法证据排除、是否调取新证等与审判相关问题，了解情况，听取意见。

⑧“三全三化”：实现“全业务网上办理”，构建“网络化”法院；做到“全流程依法公开”，构建“阳光化”法院；提供“全方位智能服务”，构建“智能化”法院。

⑨“两抢一盗”：指抢劫、抢夺、盗窃三类多发性侵财案件。

⑩“枫桥经验”：20世纪60年代初，浙江省诸暨市枫桥镇干部群众创造了“发动和依靠群众，坚持矛盾不上交，就地解决。实现捕人少，治安好”的“枫桥经验”，1963年毛泽东曾亲笔批示“要各地仿效，经过试点，推广去做”。

关于湘潭县2018年国民经济和社会发展计划执行情况与2019年国民经济和社会发展计划（草案）的报告

——2018年12月31日在湘潭县第十六届人民代表大会第三次会议

县发展和改革局局长　赵龙江

一、2018年国民经济和社会发展计划执行情况

2018年在县委、县政府的坚强领导和县人大、县政协的支持监督下，全县紧扣“挺进全国百强县、创建全国文明城市”发展目标，强力实施“强工壮县、惠农富民”发展举措，县内实现地区生产总值442亿元，增长8.5%（预计，同比，下同）；完成固定资产投资202亿元，增长18.0%；规模工业增加值162亿元，增长7.5%；城镇居民、农村居民人均可支配收入达34810元、18452元，分别增长7.7%、8.7%；实现财政总收入28.66亿元，税收占比75.1%。

1. 经济运行总体平稳。现代农业稳步推进，全年完成粮食种植面积126.3万亩，产粮59.57万吨。结构调整12.14万亩，种植蔬菜、经济作物114万余亩（含结构调整和复种），实现产值28亿元。推进6条县管河流“一河一策”编制和“样板河”建设，农业基础设施不断夯实，农林牧渔产业经济效益稳步增长。工业经济平稳运行，全年完成规模农产品加工总产值270亿元，45家市级以上龙头企业实现销售收入125亿元以上。全县新增规模工业企业24家，实现规模工业总产值578亿元；新增高新技术企业25家，实现高新技术产值388亿元；完成规模工业增加值162亿元，其中园区规模工业增加值占比达80%。现代服务业加速发展，全县实现社会消费品零售总额102.2亿元，增长10.2%；年内实现第三产业增加值161亿元，增长10.6%，农村商贸综合服务体销售额突破2亿元。强势推进全域旅游，实现旅游综合收入57.7亿元。

2. 内需动力稳步增强。深入开展产业项目建设年活动，建立健全产业项目建设年联席会议制度，出台“1+10”实施方案，即《推进湘潭县产业项目建设年活动的实施方案》和项目加速、科技创新、智能制造、招商落地、产业人才引进、园区提质、动能转换、环境优化、要素保障、银行业“联动共建产业”等十大行动方案，进一步优化实体经济发展环境。全年开工重点项目117个，完成投资120亿元；乡镇竞赛项目开工102个，完成投资10亿元。坚持“一区多园”发展，推进千亿园区建设，天易经开区主要经济指标保持25%以上的快速增长完成技工贸总收入1010亿元，成功跻身千亿园区行列。杨河工业园、青山皮鞋工业园、茶恩竹木工业园完成规模工业产值全县占比达10%以上。争支争项成效显著，全年完成争支争项资金9亿元，争取上级转移支付和专项补助资金35亿元。

3. 三大攻坚有序推进。全面开展防范化解重大风险攻坚战。坚守不发生重大金融风险的底线，全力保民生、保重点、减支出。有效压减政府性投资项目70%，压减财政预算支出10%。深入开展污染防治攻坚战，以蓝天、碧水、净土保卫战为抓手，全面开展企业排污、工地扬尘、渣土车运输、餐饮油烟、饮用水水源地保护、秸秆和垃圾禁烧等专项整治；土壤污染防治试点工作全面启动，河长制责任全面落实，饮用水源地规范化建设全面推进。持续开展脱贫攻坚战，严格按照“五个一批”脱贫思路，通过提高保障、产业扶贫、助学就业、危房改造、医疗救助等措施，将“一户一策”落到实处，全年投入扶贫资金5700万元，完成11008个贫困人口脱贫任务，贫困发生率下降至0.48%。

4. 城乡面貌加速改善。认真开展“城市双修”工程建设，完成棚户区改造3013户，拆除违法建筑面积2.6万平方米。玉兰北路、滨江风光带全线贯通，湘莲大道三期、云龙东路、梧桐路等骨干道路建设快速推进，二污水处理厂、文体公园、云龙路匝道等配套设施全面完成。全面提升小街小巷品质，加强城区主干道绿化和亮化建设，县城环境更加优美。加快花石、乌石、白石等特色小镇建设，德怀大道全线通车，青山大道、白马公路有序推进。认真落实“农村双改”，投入1.78亿元，完成危房改造1487户，完成“一江两水”沿线重点村庄厕所革命，改造农村厕所15008座。

5. 改革攻坚统筹推进。积极推进167项重点事项改革，全面深化“放管服”改革，推行行政审批“三集中、三到位”“马上办”“就近办”“最多跑一次”等系列改革，取消调整65项行政权力事项、277项没有法律依据证明材料，全面推行“多证合一”、并联审批、“互联网+政务服务”，政务一体化平台正式启动；首创项目备案“当场办结”和“容缺办理”制度，审批提速2/3以上。稳妥推进公平竞争审查制度改革，有序清理废除妨碍统一市场和公平竞争的政策措施，全县审查增量文件83件，清查存量文件110

件。全面深化农业农村改革，土地确权颁证、农村清产核资整体任务全面完成。成功争取一系列改革工作试点，承担湘潭县推进安全生产领域改革发展、城乡交通运输一体化示范县等国家级试点2项，敬老院公建民营、国土空间规划编制试点等省级改革试点12项，乡纪检监察一体化管理新模式等市级改革试点5项。

6. 民生保障持续增强。以第二批结合新型城镇化开展支持农民工等人员返乡创业试点县为契机，年内新增创业主体1217户，开展创业培训782人，发放创业贷款2530万元。创业带动城乡就业2480人，其中带动城镇就业1240人。新增城镇就业8549人，农村劳动力新增转移就业5363人，城镇失业率控制在4.1%以内。养老保险参保60.67万人，医疗保险参保85.03万人，全县社保卡持卡78.05万人。建设标准化学校18所，义务教育阶段学校“全面改薄”20条底线全部达标，整修扩建任务全面完成，“超大班额”“3点半现象”全面消除。城区就学和管理难题切实解决，集团化办学、融合办学、合作办学等模式全面启动，进一步助推教育均衡发展。稳步推进分级诊疗制度、紧密型医共体、健康扶贫等工作。文化活动亮点突出，积极开展“百姓春节联欢晚会”“欢乐潇湘”等群众文化活动，成功举办“彭德怀诞辰120周年”纪念活动和全国第三届“万步有约”职业人群健走激励大赛，协办省青少年田径趣味运动会等体育赛事。

2018年，虽然全县经济社会发展取得了一定成绩，但因内外经济形势和压缩地方政府投资等因素影响，部分指标与年初计划目标存在一定差距。如规模工业增加值7.5%，低于目标值4.5个百分点；城镇、农村居民收入增长7.7%、8.7%，分别低于目标值0.3和1.3个百分点；社会消费品零售总额增长10.2%，低于目标值0.8个百分点。2019年，我们将继续努力克服经济形势严峻、财政资金紧张的内外压力，确保全县实体经济稳中向好、新旧动能持续转换加快、债务风险和环境污染有效遏制、营商环境持续改善。

二、2019年国民经济和社会发展计划（草案）

2019年全县国民经济和社会发展主要预期目标：

——地区生产总值增长8%左右，力争达到9%；

——财政税收占比80%左右，力争达88%；

——规模工业增加值增长9%左右,力争达到11%；

——固定资产投资增长16%左右，力争达到18%；

——社会消费品零售总额增长10%左右，力争达到12%；

——城镇居民、农村居民人均可支配收入分别增长8%、9%左右。

1. 顺应形势变化，强化发展规划的战略导向。扎实推进“十三五”规划实施，针对进度滞后的预期性指标，建立工作机制，进行跟踪调度，确保指标进度合理支撑全面小康目标。深入开展“十四五”规划前期研究，2019年是“十四五”规划编制启动年，充分考虑内外部形势变化，对接发展目标，围绕高质量发展、基本现代化指标体系及2035年远景目标等开展重大课题研究。加强发展规划的协调统领，探索建立以发展规划为统领、以空间规划为基础、以专项规划和区域规划为支撑的规划体系。

2. 培育壮大实体经济，加快推进产业转型升级。紧紧围绕“挺进全国百强县”奋斗目标，注重发展实体经济。加快推进农村一、二、三产业融合发展，全面落实粮食安全责任制，深入做好“两区划定”工作，稳定粮食产能，提升粮食品质，完成粮食面积103万亩，其中高档优质稻15万亩，粮食总产48万吨。完成种植业结构调整11万亩以上，新增规模农产品加工企业5家以上。全面落实湘潭打造智能制造谷行动计划，积极融入长株潭国家自主创新示范区建设，加速智能制造，培育一批主营业务突出、竞争力强、成长性好、创新能力强的企业，推动中小企业“专精特新”发展。深入推动“两化融合”，加快信息通信基础设施建设，全力推进智慧莲乡建设。突出金融、物流、科技、信息、电商、旅游、康养、商贸服务等重点领域，启动服务业重点企业培育、重点项目推进、高层次人才培养等专项行动。

3. 突出重点项目建设，激发有效投资活力。严格按照省市关于加快重点项目建设的部署要求，着重围绕实现高质量发展目标，聚焦稳投资、补短板、强实体、惠民生。计划围绕三大主导产业和湘莲、槟榔、人文等优势资源，力争全年新引进项目40个以上，实现到位资金50亿元以上，引进500强企业5家以上；继续推进“放管服”改革，进一步优化县域经济发展环境，着力推进重大项目建设，力争全年实施重点项目100个以上，计划投资120亿元以上。深入实施“一区多园”战略，全力推进信息化、制度化、标准化三项建设。加快推进杨河工业园、青山皮鞋工业园、花石湘莲产业园、茶恩竹木产业园4个特色产业园区发展，稳步推进107国道经济带建设。

4. 实施乡村振兴战略，统筹城乡协调发展。继续支持梅林、天马、碧泉现代农业示范园和白石、乌石等田园综合体建设，推进涓水流域绿色经济带建设。推进花石湘莲小镇、乌石军事文化小镇建设，推进谭家山矿区生态环境保护修复工程，建设矿区转型生态小镇。大力推进三产融合，统筹乡村旅游和红色旅游资源，规划编制精品旅游线路，助推全域旅游发展，力争全年接待游客1000万人次以上，旅游综合收入68亿元以上。全面提升县城品质，不断优化县城道路交通，推进下摄司大桥、莲花大道二期一标段建设，加快梧桐南路、云龙东路等主次干道建设，完成湘莲大道三期、县城第二污水厂配套管网工程建设。启动“智慧城管”平台建设，不断提升城市治理水平和服务质量。

5. 倡导绿色发展，全力推进“三大攻坚”。坚决打好防范化解重大风险、污染防治、精准脱贫三大攻坚战。全面落实化债要求，严控新增支出。严厉打击经济犯罪，坚决守住不发生系统性金融风险底线。严格落实河长制，全力推进湘江、涓水、涟水流域综合整治；全面实施垃圾秸秆禁烧、烟花爆竹禁燃工作，管控好工地和道路扬尘污染，确保空气质量优良天数持续上升。推进谭家山等矿区生态环境修复治理。持续开展打击非法采砂洗砂专项行动，加大基本农田保护力度，确保土壤环境质量不下降。加快实施健康扶贫、教育扶贫、安居工程和人饮工程，坚决完成省下达的年度脱贫任务。

6. 深化重点领域改革，增强发展内生动力。深化行政审批改革，推进智慧政务建设，全面推行“互联网+政务服务”，实现审批服务便民化、智慧化。深化行政管理改革，严格按照党政机构改革要求，扎实做好行政机构改革工作，完善行政运行机制，推动形成简约高效的基层管理体制。深化农业农村改革，加快推进农村土地承包经营权确权登记颁证工作，扩大土地流转规模，发展适度规模经营，推进农村土地综合整治与农业发展、村庄整治、集体经济发展、历史村落保护等有机结合，实现耕地集中连片保护，建设，用地集约高效。深化医药卫生体制改革，继续推进医共体建设推动县、乡、村紧密型医共体，确保我县就诊人次占比县域内就诊人次等各项医改数据指标控制在省市要求范围。加快推进养老服务体系改革，继续扩大公办民营、医养结合等养老服务改革试点。

7. 优化公共服务，提升全民幸福指数。加大教育、医疗、卫生、文体等民生事业投入力度，助推全民创业就业。推进义务教育高质量均衡发展，优化中小学和幼儿园布局，重点抓好天易贵竹学校、子敬初中的新建。抓好统筹城乡就业和医疗资源布局工作，进一步建立和完善县、乡、村三级就业服务网格体系和卫生计生服务体系。加快推进殡葬制度改革，加快县殡仪馆和公墓山建设。扎实推进农村低保提标扩面工作，继续扩大大病救助范围和报销比例，力争实现大病救助比率90%以上。完成棚户区400户、农村危房改造600户和农村电网改造126个村任务，保障群众基本需求。全面建成覆盖县、乡、村三级的公共法律服务体系，维护经济和社会发展环境。

关于湘潭县2018年财政预算执行情况和2019年财政预算（草案）的报告

——2018年12月31日在湘潭县第十六届人民代表大会第三次会议

县财政局局长　杨　林

一、2018年全县财政预算执行情况

（一）一般公共预算执行情况

截至2018年11月底，全县地方财政总收入完成25.34亿元（其中税收完成19.04亿元、非税完成6.3亿元，税收占比75.13%），为调整预算目标29.31亿元的86.45%，比上年同期增加0.56亿元，增长2.23%。全年公共财政收入预计完成74.05亿元，其中：地方一般公共预算收入17.66亿元,上级补助收入32.95亿元，调入资金16.32亿元，债务转贷收入6.19亿元，动用上年结余资金0.05亿元，调入预算稳定调节基金0.88亿元。

2018年，公共财政支出预计完成74.05亿元。其中：一般公共预算支出完成67.61亿元，上解支出1.15亿元；债务还本支出1.75亿元；置换债券支出3.54亿元。截至2018年11月底，一般公共预算支出完成61.5亿元，为调整预算的91%。其中：一般公共服务支出11.5亿元，国防支出0.08亿元，公共安全支出2.67亿元，教育支出9.72亿元，科学技术支出0.59亿元，文化体育与传媒支出1.1亿元，社会保障和就业支出11.02亿元，医疗卫生与计划生育支出7.23亿元，节能环保支出0.87亿元，城乡社区事务支出1.63亿元，农林水事务支出8.66亿元，交通运输支出1.84亿元，资源勘探电力信息等事务支出1.25亿元，商业服务业等事物支出0.28亿元，国土资源气象等事务支出0.58亿元，住房保障支出0.91亿元，粮油物资储备事务支出0.18亿元，债务付息支出1.36亿元，其他支出0.03亿元。

2018年度地方财政一般预算支出全年完成情况及预算收支平衡情况，待年度完成后按程序提请人大常委会审议。

（二）政府性基金预算执行情况

2018年，2018年1—11月，政府性基金收入完成15.02亿元，支出完成2.09亿元。全年预计完成18.82亿元，其中：县本级政府性基金收入17.45亿元，政府性基金上年结余0.01亿元，地方政府债券转贷收入1.36亿元。支出预计完成18.82亿元，其中：政府性基金支出2.12亿元，地方政府专项债务转贷支出1.36亿元，上解支出0.02亿元，调出资金15.32亿元。

（三）国有资本经营预算执行情况

2018年1—11月，国有资本经营收入完成1.012亿元，支出完成1.012亿元。全年预计国有资本经营收入完成1.012亿元，支出完成1.012亿元，其中：调出1亿元到一般公共预算。

（四）社会保险基金预算执行情况

2018年1—11月，社会保险基金收入完成13.03亿元，社会保险基金支出完成13.05亿元。全年预计社会保险基金收入完成13.46亿元，支出完成13.23亿元，当年结余0.23亿元。

二、2018年财政主要工作

2018年，面对复杂的宏观经济环境，我们在县委、县政府的坚强领导下，在县人大和县政协的监督支持下，紧紧围绕年初工作目标，坚持稳中求进，积极作为，确保了各项财税工作顺利推进，财政运行态势良好。

1. 抓收入，财力保障稳中提升。围绕全年财税收支目标，突出抓收重点，依法征收，应收尽收，促进收入和财力同步协调增长。同时积极与上级对接，全年争取上级转移支付和专项补助资金预计35亿元，比上年增加7.3亿元，同比增长26%。落实县直部门争支争项竞赛工作，预计全年县直单位争支争项资金9亿元，超额完成目标任务1.6亿元。

2. 保“三保”，支出结构不断优化。增强支出安排与政策决策的对接，着力保障各类重点支出，坚

守“保工资、保运转、保基本民生”底线，合理调度资金，年中压减单位部门预算支出8728万元，调整用于保障和改善基本民生，全年民生投入占财政总支出的73%。

3. 强管理，财政运行高效有序。一是推进预决算全面公开。2018年政府预决算、79家单位部门预决算及17个乡镇预决算，除涉密单位和事项以外，全部实行了公开，预算约束进一步加强。二是推进国库集中支付电子化改革，完善国库运行机制，提高财政运行效率和透明度，预算支出更加规范。三是加强财政库款管理，全面清理往来款项，及时盘活存量资金，加快转移支付执行进度。

4. 防风险，债务管理逐步规范。坚持标本兼治，依法依规管控债务风险，严格按照我县防范化解政府隐性债务风险实施方案，明确政府隐性债务化解的时间表和线路图。建立完善工作调度、债务统计、数据报备、资金调度等债务管理运行机制，出台并落实《湘潭县防范和化解地方债务风险工作实施方案》《湘潭县政府性债务风险应急预案》，加强举债项目的监控与管理。

三、2019年财政预算安排（草案）

（一）一般公共预算安排情况

2019年全县地方财政总收入预期28.66亿元。全年公共财政收入预计完成61.15亿元，其中：地方一般公共预算收入预计15.97亿元，上级补助收入预计35.15亿元，地方政府一般债券收入预计2.74亿元，调入资金7.29亿元。2019年全县公共财政支出预计61.15亿元。其中：安排一般公共预算支出60亿元，上解上级支出1.15亿元。当年预算安排收支平衡。

一般预算支出分科目安排如下：一般公共服务支出10.04亿元，国防支出0.08亿元，公共安全支出2.6亿元，教育支出9.48亿元，科学技术支出0.66亿元，文化体育与传媒支出1.07亿元，社会保障和就业支出11.06亿元，医疗卫生与计划生育支出7.06亿元，节能环保支出0.85亿元，城乡社区事务支出1.59亿元，农林水事务支出8.45亿元，交通运输支出1.79亿元，资源勘探电力信息等事务支出1.22亿元，商业服务业等事物支出0.27亿元，国土资源气象等事务支出0.57亿元，住房保障支出0.88亿元，粮油物资储备事务支出0.18亿元，其他支出0.03亿元，债务付息支出1.52亿元，预备费0.6亿元。

（二）政府性基金预算安排情况

2019年，纳入县本级政府性基金预算编制范围的基金项目3项，收入合计22.6亿元。其中：县本级政府性基金预算收入20.6亿元，地方政府专项债券转贷收入2亿元。安排政府性基金支出预算22.6亿元。其中：政府性基金预算支出15.31亿元，调出资金7.29亿元。无结余。

（三）国有资本经营预算安排情况

2019年，纳入国有资本经营预算的单位9家，国有资本经营收入预算10.051亿元，安排支出预算10.051亿元。无结余。

（四）社会保险基金预算安排情况

2019年纳入社会保险基金预算编制范围的项目7项，基金收入预算14.81亿元，安排基金支出预算14.28亿元。当年结余0.53亿元。

四、2019年财政工作重点

（一）推进财源建设，夯实财政收入质量。一是充分发挥各项财政政策功效，以“产业项目建设年”为契机，加快特色优势产业发展，支持实体经济发展，加大招商引力度，做优财源载体。二是继续贯彻落实财政收入质量提升“三年行动计划”，加强收入征管，加大对重点税源、重点行业、重点税种的征管稽查力度。强化综合治税，挤干地方收入水分，提升收入质量。三是继续加强与上级对接，认真研究各项财政经济政策，加大争支争项力度，积极争取一般性转移支付收入，实现上级转移支付规模不断增大。

（二）严格预算约束，强化财政支出管理。一是以预算法为遵循，按照财政支出次序，做好“保工资、保运转、保基本民生”资金安排，优先保障“三大攻坚战”等重点领域、重点项目资金需求；树立“过紧日子”思想，大力压减一般事务支出，严控建设类项目支出，进一步压缩“三公”经费，财政支出实现“有保有压”。二是夯实财政基础管理。加强国库资金管理，盘活财政存量资金；启动政府综合财务报表的编制，做好新旧政府会计制度编制转换衔接。三是深入推进财政绩效评价。强化绩效目标管理，健全重大政策、项目绩效跟踪监控机制；加强绩效管理激励约束和考核结果应用，将部门整体绩效与预算安排相挂钩。

（三）着眼精准高效，保障重点领域资金需求。一是继续完善民生财政政策。加强政策的预期引导，强化财政承受能力评估，把更多的新增财力投入到基本民生领域。大力推广民生领域政府购买服务，鼓励社会资本参与，挖掘和推动新的民生领域PPP项目入库。二是积极服务乡村振兴战略。努力争取国、省、市项目资金支持，推进美丽乡村和农村生态事业建设；积极培育新型农业经营主体，大力推进农村集体经济和一、二、三产业融合发展。以产业扶贫为抓手，推进支持村级集体经济发展试点，构建稳定脱贫的财政支持长效机制。三是助力环境保护和生态文明建设。以保卫蓝天、湘江保护与治理、城区黑臭水体基础治理为重点，进一步发挥公共财政对绿色发展的保障作用，支持打好污染防治攻坚战。

（四）聚焦转型升级，助推县域经济高质量发展。一是贯彻执行减税降费政策。全面贯彻落实增值税税率下调以及中小微企业普惠性税收优惠政策；积极推进降低社保缴费率，精减各项涉企收费，着力减轻市场负担，进一步释放减税降费政策红利，激发市场主体活力。二是落实高质量发展奖励政策。按照我县促进县域经济高质量发展和鼓励干部干事创业工作要求，整合一、二、三产业专项资金，全面落实财政奖励与高质量发展相挂钩机制，促进县域经济做强做优。三是建立财政金融联动机制。全力支持民营企业、中小企业发展壮大，重点解决企业融资难，融资贵问题。充分发挥政府融资担保作用，释放融资担保公司融资增信功能，让金融资本更好地服务企业、市场发展。

（五）树立风险意识，加强政府性债务管控。一是坚持贯彻化债部署。全面落实化债方案，将化解政府性债务规模、保障本息还款作为全年重点工作予以保障。二是积极筹措财政偿债资金。积极争取和扩大上级一般债券和专项债券的规模与比重，在整个化债周期内，根据财力情况安排偿债资金，确保资金不断链。三是切实加强应急响应。建立健全政府隐性债务风险应急处置工作机制，重点关注社会舆情，落实防范债务风险的主体责任，坚决守住不发生系统性金融风险底线，确保全县经济社会持续健康发展。

各位代表，财政工作任务艰巨、责任重大，我们将在县委县政府的坚强领导下，严格按照县十六届人民代表大会会议的决议和要求，围绕全县重大决策部署，科学谋划，扎实工作，攻坚克难，圆满完成各项工作任务，为我县经济社会发展做出新的更大贡献！

文件目录

中共湘潭县委重要文件目录

1. 潭县发〔2018〕1号，《关于全面推进乡村振兴战略的实施意见》；

2. 潭县发〔2018〕2号，《关于实施一区多园战略加快乡镇特色园区发展的意见》；

3. 潭县发〔2018〕4号，《关于深入学习贯彻党的十九大精神全力挺进“全国百强县”、创建“全国文明城市”的意见》；

4. 潭县发〔2018〕5号，《关于创建省级森林城市的决定》；

5. 潭县发〔2018〕6号，《关于建设教育强县的实施意见》；

6. 潭县发〔2018〕8号，《关于印发〈全面落实“四责四诺”加强执行力建设的实施方案〉的通知》；

7. 潭县发〔2018〕9号，《关于修改〈中共湘潭县委巡察工作办法〉的决定》；

8. 潭县发〔2018〕16号，《关于落实食品安全党政同责的实施意见》；

9. 潭县发〔2018〕17号，《关于印发〈湘潭县全面推进农村集体产权制度改革的实施方案〉的通知》；

10. 潭县发〔2018〕18号，《关于印发〈湘潭县深入学习宣传贯彻习近平新时代中国特色社会主义思想工作方案〉的通知》。

湘潭县人民政府重要文件目录

1. 潭县政函〔2018〕13号，《关于开展春节期间居（村）民楼院火灾隐患清查活动的通告》；

2. 潭县政函〔2018〕19号，《关于取缔全国、省、县道马路市场的通告》；

3. 潭县政发〔2018〕1号，《湘潭县支持农村创客发展推动创新创业的意见（试行）》；

4. 潭县政函〔2018〕31号，《关于在全县开展违法建设整治活动的通告》；

5. 潭县政函〔2018〕41号，《关于在全县推进殡葬改革的通告》；

6. 潭县政发〔2018〕3号，《关于印发〈湘潭县突发事件总体应急预案〉的通知》；

7. 潭县政函〔2018〕47号，《湘潭县人民政府通告》；

8. 潭县政函〔2018〕54号，《湘潭县人民政府通告》；

9. 潭县政函〔2018〕58号，《关于部分楼盘业主反映住宅土地使用年限问题的通告》；

10. 潭县政发〔2018〕4号，《县政府关于取消调整一批行政权力事项的通知》；

11. 潭县政函〔2018〕65号，《关于对涟水河湘潭县段沿岸养殖污染治理的通知》；

12. 潭县政函〔2018〕70号，《湘潭县人民政府通告》；

13. 潭县政函〔2018〕72号，《关于开展经营性麻将馆专项整治工作的通告》；

14. 潭县政函〔2018〕89号，《关于2018年度防空警报试鸣的公告》；

15. 潭县政函〔2018〕95号，《关于切实加强非洲猪瘟疫情防控工作的通告》；

16. 潭县政函〔2018〕100号，《关于严厉打击电捕鱼等非法捕捞行为的通告》。

中共湘潭县委办公室重要文件目录

1. 潭县办发〔2018〕2号，《印发〈关于禁止领导干部利用职权或者职务上的影响在金融活动中谋取私利的规定（试行）〉的通知》；

2. 潭县办发〔2018〕4号，《关于印发〈湘潭县治理信访工作突出问题责任追究办法〉的通知》；

3. 潭县办发〔2018〕7号，《印发〈关于推进审计全覆盖的实施意见〉的通知》；

4. 潭县办发〔2018〕8号，《关于印发〈湘潭县深化文化市场综合执法改革的实施方案〉的通知》；

5. 潭县办发〔2018〕13号，《关于印发〈湘潭县科协系统深化改革实施方案〉的通知》；

6. 潭县办发〔2018〕15号，《关于印发〈湘潭县安全生产工作考核办法〉的通知》；

7. 潭县办发〔2018〕16号，《印发〈关于进一步加强和改进新形势下机关党建工作的若干规定〉的通知》；

8. 潭县办发〔2018〕18号，《印发〈关于支持检察机关依法开展公益诉讼工作的实施意见〉的通知》；

9. 潭县办发〔2018〕19号，《关于做好湘潭县党内规范性文件备案工作的通知》；

10. 潭县办〔2018〕6号，《关于印发〈湘潭县创建省级金融安全区工作方案〉的通知》；

11. 潭县办〔2018〕25号，《关于进一步严格执行领导干部外出等重大事项请示报告制度保持通讯畅通的通知》；

12. 潭县办〔2018〕30号，《印发〈关于党员干部带头推动殡葬改革的实施意见〉的通知》；

13. 潭县办〔2018〕32号，《关于印发〈湘潭县县直机关工作人员到基层开展公务活动用餐交纳伙食费的有关规定〉的通知》；

14. 潭县办〔2018〕41号，《印发〈关于进一步推进精准扶贫工作的意见〉的通知》；

15. 潭县办〔2018〕42号，《关于印发〈湘潭县脱贫攻坚责任清单〉的通知》；

16. 潭县办〔2018〕43号，《关于印发〈湘潭县脱贫攻坚工作问责办法（试行）〉的通知》；

17. 潭县办〔2018〕48号，《印发〈关于全面推进“马上就办、最多跑一次”改革工作方案（试行）〉的通知》；

18. 潭县办〔2018〕51号，《关于印发〈湘潭县进一步理顺乡镇财政所管理体制工作实施方案〉的通知》。

湘潭县人民政府办公室重要文件目录

1. 潭县政办发〔2018〕1号，《关于印发〈湘潭县政府投资项目管理办法〉的通知》；

2. 潭县政办发〔2018〕2号，《湘潭县政府性资金存款管理暂行办法》；

3. 潭县政办发〔2018〕3号，《关于推进金融支持县域经济发展的实施意见》；

4 .潭县政办发〔2018〕4号，《关于印发〈湘潭县劳动模范管理办法〉的通知》；

5. 潭县政办发〔2018〕5号，《关于印发〈湘潭县鼓励现代农业发展投资暂行办法〉的通知》；

6. 潭县政办发〔2018〕6号，《关于印发〈湘潭县殡葬管理办法〉的通知》；

7. 潭县政办发〔2018〕7号，《关于印发〈湘潭县防汛应急预案〉的通知》；

8. 潭县政办发〔2018〕9号，《关于印发〈湘潭县耕地开垦项目管理办法〉的通知》；

9. 潭县政办发〔2018〕10号，《关于印发〈湘潭县加快社会信用体系建设的实施方案〉的通知》；

10. 潭县政办发〔2018〕11号，《关于印发〈湘潭县建立完善守信联合激励和失信联合惩戒制度加快推进社会诚信建设的实施方案〉的通知》；

11. 潭县政办发〔2018〕12号，《湘潭县治理拖欠农民工工资问题三年行动计划（2017—2019)》；

12.潭县政办发〔2018〕13号，《关于全面推行政府法律顾问制度的实施意见》；

13.潭县政办发〔2018〕14号，《湘潭县加快企业股改上市三年行动计划（2018—2020年)》；

14. 潭县政办发〔2018〕15号，《湘潭县重大行政决策合法性审查办法》；

15. 潭县政办发〔2018〕16号，《关于加强政务诚信建设的实施方案》；

16. 潭县政办发〔2018〕17号，《关于印发〈湘潭县加快全域旅游发展扶持奖励暂行办法〉的通知》；

17. 潭县政办发〔2018〕18号，《关于印发〈湘潭县县管国有公司绩效薪酬管理暂行办法〉的通知》；

18. 潭县政办发〔2018〕19号，《关于印发〈湘潭县县管国有公司绩效考核办法（试行)〉的通知》；

19. 潭县政办发〔2018〕20号，《关于印发〈湘潭县耕地开垦项目管理办法（修订)〉的通知》；

20. 潭县政办发〔2018〕21号，《关于印发〈湘潭县养殖水域滩涂规划（2018-2030)〉的通知》；

21. 潭县政办发〔2018〕23号，《湘潭县财政投资评审管理办法》；

22. 潭县政办发〔2018〕24号，《关于修订〈湘潭县解决城镇开发国有建设用地权证办理历史遗留问题的实施意见〉的通知》；

23. 潭县政办发〔2018〕27号，《关于印发〈湘潭县饮用水源地突发环境事件应急预案〉的通知》；

24. 潭县政办发〔2018〕28号，《关于印发〈湘潭县突发事件应急预案（修订)〉的通知》；

25. 潭县政办发〔2018〕29号，《关于印发〈湘潭县城区禁止露天焚烧垃圾管理暂行办法〉的通知》；

26. 潭县政办函〔2018〕78号，《关于调整湘潭县城镇土地使用税征收范围的通知》；

27. 潭县政办函〔2018〕107号，《关于印发〈县重大动物商情应急预案〉的通知》；

28. 潭县政办函〔2018〕115号，《关于印发〈湘潭县畜禽粪污资源化利用整县推进项目建设工作方案〉的通知》。

索 引

说 明

一、本索引采用分析索引方法，按索引条目第一字汉语拼音（同音字按声调）顺序排列。第一字相同，按第二字音序排列，以此类推。

二、部类用蓝体字标明。标引调后的阿拉伯数字表示内容所在页码。

Y

Z